Robert Schumanns Briefe.

Neue Folge.

Herausgegeben

von

F. Gustav Jansen.

Zweite vermehrte und verbesserte Auflage.

Leipzig.
Druck und Verlag von Breitkopf und Härtel.
1904.

Vorwort zur zweiten Auflage.

In stark vermehrter Auflage werden hier Schumanns Briefe dargeboten, 590 gegen früher 312, wozu noch die Briefauszüge in den Anmerkungen kommen. Gleichwohl bin ich bei ihrer Auswahl strenger verfahren als in der ersten Ausgabe, manchem Leser vielleicht zu strenge. Aber es lag mir nicht daran, eine möglichst große Zahl von Briefen zu bringen. Denn auch der theilnehmendste Leser müßte ungeduldig werden, sollte er alle Schreiben vorübergehender Bedeutung lesen, Aufträge für Notenschreiber, Einladungen zu Proben und Concerten, Erwiderungen an junge Musiker, die ein Urtheil über ihre Compositionen oder Bescheid über die Aussichten eines Musiklehrers in Düsseldorf erbaten — alles Briefe, die nur als Autographen Werth haben. Man wird es auch billigen, daß ich in den mitgetheilten Briefen Entbehrliches und Unwichtiges ausgeschieden habe, ebenso die häufig wiederkehrenden formellen Briefanfänge und Schlüsse, Wiederholungen in gleichzeitigen Schreiben an verschiedene Empfänger und Honorarangelegenheiten der Mitarbeiter der Neuen Zeitschrift.

Dagegen mußte ich in möglichster Vollständigkeit alles geben, was in die schwere Zeit des Kampfes von Wieck gegen Schumann Licht bringen kann. In meinen Davidsbündlern 1883 und in der ersten Auflage der Briefe 1886 hatte ich alles auf den Conflict Bezügliche unterdrückt, lediglich aus Rücksicht auf Frau Clara Schumann, die eine Veröffentlichung der Prozeßsache nicht wünschte und mir wiederholt mit allem Nachdruck erklärte, „ihr Mann bedürfe keiner Rechtfertigung."

Nach ihrem Tode durfte diese Rücksicht nicht mehr genommen werden, zumal die schmerzlichste Periode in Robert und Clara Schumanns Leben, über die so viel halb Wahres und ganz Falsches umläuft, inzwischen in B. Litzmanns „Leben Clara Schumanns" (Bd. I, 1902) eine urkundlich beglaubigte Darstellung gefunden hat.

Litzmanns Buch ist überall mit tiefem Antheil aufgenommen worden, nur nicht von Clara Schumanns Halbschwester, Fräulein Marie Wieck, die ihm in einer öffentlichen „Erklärung" nachsagt, es würfe „ein gänzlich falsches unwahres Licht auf Friedr. Wieck." Ohne diesen Vorwurf irgendwie zu begründen — denn die Berufung auf ihr eigenes Miterleben jener Zeit ist hinfällig, da sie während der Conflictsjahre noch im Kindesalter stand — verweist Fräulein Wieck auf Kohuts und Joß' Biographien, in denen „die Verhältnisse richtig geschildert" seien.

Ich gestehe in das Lob dieser nur auf die Beiträge des Fräulein Wieck gestützten und in ihrem Auftrage verfaßten Schriften nicht einstimmen zu können, denn meine Nachforschungen über das Verhältniß Wiecks zu Schumann haben zu anderen Ergebnissen geführt.

Wie unzuverlässig diese Schriften*) sind, dafür nur eine Probe.

Über Wieck und den von ihm verweigerten Heirathsconsens sagt Kohut (S. 107), daß die ihn leitenden Motive „nur edle" gewesen seien; „nur aus übergroßer Liebe für Clara" wäre Wieck taub gegen die Bitten der Verlobten geblieben, habe auch nur „anfänglich" (S. 106) seine Einwilligung versagt. Nach Joß (II S. 74) bezweckte Wiecks Widerstand „übrigens nicht eine endgiltige Vereitlung der Verbindung Claras mit Schumann, sondern war nur gegen eine frühzeitige Ehe gerichtet."

Summarischer verfährt R. Batka in einem (ebenfalls von Fräulein Wieck veranlaßten) Aufsatz in der Neuen Musik-Zeitung 1894 S. 114: „R. Schumann und Fr. Wieck", worin er versichert, „daß an all dem Gerede über die Feindschaft und Gehässigkeit des alten Wieck gegen den Bräutigam seiner Tochter Clara, wie es sich von Biographie zu Biographie forterbt, kein wahres Wort ist." Wieck habe nicht gewollt, daß sein „Kleinod" sich „an jenen Robert ketten" sollte, „den verbummelten Studenten, verpfuschten Claviervirtuosen und unbeachteten Componisten, den unpraktischen Träumer ohne sichere Lebensstellung und Aussicht für die Zukunft! ... Daß er [Wieck] ihn aber beschimpft und sogar eine Schmähschrift gegen ihn veröffentlicht haben soll, ist jedenfalls Lüge."

Die Streiter für Wieck sind sich darin gleich, daß sie die stets freundschaftlichen Gesinnungen Wiecks gegen Schumann mehr oder weniger geräuschvoll behaupten, aber nicht nachweisen können. Ihre Beweise haben immer nur aus Briefen bestanden, die nach erfolgter Aussöhnung geschrieben sind. Einige Briefe von Wieck an Schumann sind erhalten geblieben, die Schumann 1844 in Rußland empfing, worin er mit „Lieber Herr Sohn", „Mein liebster Sohn", „Liebster Schumann" angeredet wird. Diese Briefe sind aber doch keine Widerlegung von Wiecks feindlicher Stellung in den Jahren vorher! Wie Schumann selbst über die Aussöhnung mit Wieck gedacht hat, zeigen am schlagendsten seine Worte vom 19. Juli 1843 an Verhulst (s. Seite 230): „Auch mit mir suchte er

* Dr. A. Kohut: „Fr. Wieck. Ein Lebens- und Künstlerbild." 1888.
Dr. V. Joß: (I) „Fr. Wieck und sein Verhältniß zu R. Schumann." 1900.
" " " (II) „Der Musikpädagoge Fr. Wieck und seine Familie. Mit besonderer Berücksichtigung seines Schwiegersohnes R. Schumann." 1902.

wieder anzuknüpfen. Der Mann hat aber kein Gefühl, sonst würde er so etwas gar nicht wagen." So urtheilte Schumann, aber um Claras willen wies er die gebotene Hand nicht zurück.

Eigenthümlich ist, daß die von Wiecks Parteigängern veröffentlichten Briefe einigemal so verschiedenen Wortlaut haben, z. B. Wiecks Brief vom 9. Aug. 1830 bei Batka („Musik. Streifzüge" 1899 S. 31) und bei Joß (II S. 29).

Noch eigenthümlicher ist, daß in drei (recht fehlerhaften) Abdrücken eines Briefes übereinstimmend ein Wort vom Original abweicht, und daß an Stelle dieses unrichtig gelesenen Wortes auch so merkwürdig übereinstimmend dasselbe falsche Wort steht. Clara schreibt nämlich am 1. Mai 1839 ihrem Vater über seine Einwilligung: „Ohne letztere wäre ich ganz unglücklich, ich könnte nie Ruhe haben, und Dich, der ja so viel Gemüth hat, würde das auch unglücklich machen." So lautet die Stelle bei Kohut (S. 112) und zweimal bei Joß (I S. 36 und II S. 62). Dabei ist nur das kleine Versehen untergelaufen, daß im Originalbriefe nicht „Dich" steht sondern „Schumann" — also: „und Schumann, der so viel Gemüth hat" ꝛc. Der Sinn ist wohl nicht ganz derselbe.

Am eigenthümlichsten ist es einem Briefe des Dr. Reuter ergangen, einem Abschiedsschreiben an Wieck, das Kohut einmal, Joß zweimal abdruckt. Kohut bringt den Brief (S. 281) ohne jeden Commentar:

„Leipzig im Juli 1853

Verehrtester Herr Wieck.

Ich kann nicht von dieser Welt scheiden, ohne Ihnen einen Abschiedsgruß zu sagen, und meinen wärmsten Dank auszusprechen für so unendlich viel Gutes und Schönes, was Sie mir im Leben erwiesen haben. Unter allen Umständen habe ich Ihnen stets dafür die dankbarste Gesinnung in meinem Innern bewahrt. Ihr stets theilnehmendes Entgegenkommen, Ihr künstlerischer und gesellig genußreicher Umgang, das schöne Leben in Ihrem Hause, Alles das hat mir so manche glückliche Tage verschafft, wofür Sie insbesondere auch Ihrer Frau Gemahlin meinen schönsten Dank sagen wollen.

Und Ihnen noch Grüße und Wünsche, meine verehrte und liebe Marie, in der ich stets künstlerisch und persönlich ein Bild der keuschen Reinheit verehrt habe. Gebe Ihnen der Himmel alles Glück, das Sie verdienen!

Und Ihnen Herr Wieck noch langes Leben und rüstiges Walten für die Kunst und die Ihrigen!

Sie sehen es meinem Briefe wohl an, wie schwach ich bin.

Also auf ewig Lebewohl!

Ihr aufrichtig ergebener

M. E. Reuter."

Joß sagt (I S. 46) in einer Vorbemerkung zu dem Briefe, daß Reuter „in dem Streite zwischen Wieck und dessen Schwiegersohn auf Seite des letzteren stand," aber „einige Jahre später Wieck in einem Schreiben um Entschuldigung für seine allzuhitzige Parteinahme bat." Das Schreiben lautet jetzt so:

„Ich kann die Welt nicht verlassen, ohne noch vorher einmal an Sie zu schreiben und den innigsten Abschied zu nehmen. Meine Krankheit ist derart, daß sich das Schlimmste befürchten läßt. Nehmen Sie noch Dank für Alles und verzeihen Sie nur, wenn ich vielleicht in der Heirathssache Ihrer Tochter zu sehr auf deren Seite war. Die Erfahrung hat gelehrt, daß Sie in Vielem Recht hatten. Darum Ihr ewig dankbarer

Dr. Reuter."

Joß fügt der Vorbemerkung zum zweiten Abdruck dieses Briefes (II S. 73) ein beachtenswerthes Wort hinzu, daß nämlich Reuter „anfangs" auf Seiten Schumanns gestanden habe. Damit widerruft er selbst gewissermaßen seine erste Behauptung.

Ist aber der Abschiedsbrief in dieser Fassung echt?

Das muß man wohl bezweifeln, denn Reuter hat von seinem letzten Krankenlager aus auch an Schumann ein Schreiben gerichtet, das sich mit jenem Briefe nicht in Einklang bringen läßt. Die wahre Gesinnung Reuters wird man aber aus diesem Briefe erkennen:

„Leipzig, den 2. Juli 1852.

Empfangen Sie, meine hochverehrte Clara und mein theurer Schumann, den letzten Gruß von dem, der Sie über alle Menschen hochhielt und von Grund der Seele liebt. Innigen Dank für so viel Gutes und Schönes, was mir von Ihnen und durch Sie zu Theil geworden ist, für Ihre wohlwollende Gesinnung und Freundschaft, die mich stets so glücklich machte.

Damit Sie ein kleines Andenken von mir im Hause haben, schicke ich Ihnen das Bild. Habe ich je gewünscht, reich zu sein, so ist es jetzt, damit ich denen, die dessen viel würdiger sind, zeigen könnte, wie dankbar ich ihnen bin.

Noch stemmt sich meine feste Natur gegen den Tod und doch erflehe ich ihn täglich 50 Mal, denn meine Leiden übersteigen alle Grenzen und Begriffe.

Leben Sie glücklich und gedenken Sie manchmal meiner mit der alten Liebe.

Ihr ewig treuer

Reuter." *)

* Original des Briefes in der Kgl. Bibliothek zu Berlin.

Das ist Reuter — der ruhige, ernste, treue Mensch, der bis an sein Lebensende Robert und Clara in der vertrautesten Freundschaft nahe stand. Erst am 30. Juli 1853 wurde der einsame Kranke — Reuter war unvermählt — von seinen qualvollen Leiden erlöst. —

Über Wiecks schriftstellerische Thätigkeit sagt Joß (II S. 164): „Die meisten seiner Arbeiten veröffentlichte er in den ‚Leipziger Signalen‘ und unter dem Pseudonym Raro in Schumanns ‚N. Zeitschrift f. M.‘, der er als einer der eifrigsten Mitarbeiter und als Mitredacteur angehörte.“ Das ist dieselbe Unkenntniß der Zeitschrift wie bei Wasielewski, der in seiner Schumann-Biographie (in allen drei Auflagen) verkündete, Wieck habe für Schumanns Zeitschrift „unter seinem vollen Namen geschrieben“, wonach das von ihm Beigesteuerte zu „controliren“ sei. Und dabei steht in der ganzen Zeitschrift auch nicht ein einziger Artikel mit Wiecks Namen!

Aber genug. Ich würde zu einem Eingehen auf die genannten, von Frl. Marie Wieck inspirirten Schriften gar keine Veranlassung gehabt haben, wenn sie nicht dazu dienen sollten, die Meinung über Friedr. Wieck trotz allem günstig zu stimmen. Das zeigt viel Pietät für den Vater, aber wenig Anerkennung geschichtlicher Thatsachen. Wer aber kann Wieck von dem Vorwurf der Härte gegen seine Tochter Clara — wenigstens in jenen Jahren — freisprechen?

Diese Härte lag eben in seiner Natur und zeigte sich auch gegen seinen Sohn erster Ehe, Alwin Wieck. Über diesen schrieb er an Schumann nach Rußland (den 16. April 1844) in der herzlosesten Weise und suchte Schumann förmlich gegen Alwin aufzuhetzen. —

Bei dem Abdruck der Briefe Schumanns war ich stets auf größte Treue der Wiedergabe bedacht, die ich thunlichst durch Zurückgehen auf die Urschriften zu erreichen suchte. Diese boten aber auch noch Schwierigkeiten genug, da die Handschrift Schumanns, besonders in seinen Studentenbriefen und den ersten Tagebüchern so klein und kritzlig ist, daß man vieles nur aus dem Zusammenhange errathen kann. So rasch Schumann schrieb, so passirte es ihm doch selten, daß er ein Wort wieder ausstrich, häufiger, daß er eins ausließ. In solchen Fällen habe ich das muthmaßlich vergessene Wort in [ ] ergänzt; wo aber alles Muthmaßen vergeblich war, findet man das durch Punkte und ein [?] bezeichnet. Alles durch eckige Klammern Eingeschlossene ist vom Herausgeber hinzugefügt worden.

Schumanns Orthographie ist grundsätzlich beibehalten worden, aber nicht ohne Einschränkungen. Wo Schumann selbst schwankte, ist der Gleichmäßigkeit zuliebe das durchgeführt worden, was er vorwiegend schrieb — also z. B. alles, etwas, viel, einiges, manches rc., dagegen:

Jeder, Jemand, Alle, Viele ꝛc., sowie bei Weitem, vor Allem, im Voraus ꝛc.

Beseitigt habe ich die unser heutiges Auge störenden Apostrophe, auch in den Satzzeichen hier und da einiges geändert, wenn es zum rascheren Verständniß des Textes wünschenswerth schien. Auch wo Schumann einmal ein grammatisches Versehen durchgeschlüpft ist, glaubte ich das ohne Bedenken berichtigen zu dürfen. Bei seinem raschen Schreiben sind ihm bisweilen kleine Flüchtigkeiten aus der Feder geflossen, die schwerlich jemand verewigt sehn möchte. Diese kleinen Eingriffe lassen selbstverständlich die wesentlichen Eigenthümlichkeiten der Briefe und des Briefschreibers unangetastet und wollen nur leise löschen, was den Genuß des Lesens beeinträchtigen könnte.

Ausgeschlossen von Änderungen sind die Briefe aus Endenich, um ihren herzergreifenden Eindruck durch nichts abzuschwächen. Schumanns Briefe an seine Frau theile ich buchstabengetreu nach seiner eigenen Handschrift mit, die an Brahms und den einen an Joachim nach Hanslicks Veröffentlichung in der Wiener „Neuen freien Presse" (October 1896), die an Simrock nach Erlers Abdruck.

Als die „Jugendbriefe" Schumanns erschienen waren, sprach ich in einem Aufsatz über diesen kostbaren Briefschatz (Grenzboten 1886, II, 264) meine Überzeugung aus, daß eine Biographie Schumanns erst noch geschrieben werden müsse, und daß Wasielewskis Schrift nur als eine Vorarbeit dazu gelten könne. Denn, wie ich damals sagte, „was Gründlichkeit in der Aufsuchung, Durchforschung und Sichtung des Materials, was Sorgfalt der Darstellung, was insbesondere eine tiefere Erfassung von Schumanns Individualität und gerechte Würdigung seiner künstlerischen Begabung betrifft, so entspricht sie den an ein wissenschaftliches Werk heutzutage zu stellenden Anforderungen nur in geringem Grade. Freilich war es auch bis jetzt nicht möglich, ein allen Anforderungen genügendes Lebensbild Schumanns hinzustellen, da der wichtigste Theil des Materials — im Besitze der Frau Clara Schumann — dem Verfasser verschlossen blieb." Dennoch hat sich Wasielewskis Arbeit als erster Versuch ihrer Art weiter Verbreitung erfreuen können, und aus ihr schöpften fast alle, die über Schumann geschrieben haben, nicht zu Schumanns Vortheil. Nur Spitta ist von Wasielewskis Einfluß vollkommen frei, aber auch Erlers mit wohlthuender Pietät zusammengetragenes Buch: „R. Schumanns Leben. Aus seinen Briefen geschildert" (2 Bde., 1887.) und Reimanns Biographie sind selbständiger, ernst und wohlmeinend.

Der reiche handschriftliche Nachlaß Robert und Clara Schumanns ist jetzt der Forschung frei gegeben und zuerst von Litzmann für sein Lebensbild Clara Schumanns benutzt worden. Er wird auch der einstigen Biographie Robert Schumanns zur Grundlage dienen.

Dieser nun möchte auch meine Arbeit dienstbar sein und zur tieferen Erkenntniß und Würdigung des edlen Robert Schumann beitragen, auf den anzuwenden ist, was er von Ludwig Schunke sagte, daß „mit dem hohen Künstler ein noch höherer Mensch von der Erde geschieden sei.“

Den herzlichsten Dank sage ich allen denen, die meine Neuausgabe durch Mittheilung von bisher ungedruckten Briefen bereichert haben. Fräulein Marie Schumann stellte mir Schumanns Conceptbuch freundlichst zur Verfügung, ebenso die Briefe Nro. 207, 263, 311, 327, 330. Freiin H. v. Vesque überließ mir die an Vesque von Püttlingen, Miß Laidlaw die an sie selbst gerichteten Briefe, Herr Major Lemke die an Aug. Lemke, Hr. A. W. Gottschalg die an Montag (auch Nro. 350), Frau Prof. Schmidt-Köhne die an Heinr. Schmidt, Frau Prof. Bargiel die an Wold. Bargiel. Hr. Prof. G. v. Britto (Nro. 117), Hr. E. Grabau (Nro. 111), Frau M. Koch (Nro. 229), Hr. M. Kalbeck (Nro. 209), Hr. Leutnant Rellstab (Nro. 297), Hr. O. Liebmann (Nro. 234), Hr. Hofpianist H. Scholtz (Nro. 258 u. 260), Frau Director Henne (Nro. 264), Hr. Joh. O. Herm. Schulz i. F. Otto Aug. Schulz (Nro. 294 u. 373), Hr. Director Bennett (Nro. 378), Hr. Prof. Dr. H. Meyer (Nro. 353), Hr. Kammerherr v. Ebart (Nro. 361), Frl. M. Jahn (Nro. 336), Hr. Pastor Schöpff (Nro. 367), Hr. J. Ludwig in London (Nro. 368), Hr. E. Speyer (Nro. 178), Hr. Const. Sander (Nro. 532 u. 541), Hr. Prof. Cart (Nro. 505), Hr. O. Vormbaum (Nro. 575) haben mir die durch Zahlen bezeichneten Briefe gesandt. Ihnen allen den verbindlichsten Dank!

Eine Anzahl Briefe der 1. Auflage haben mir jetzt im Original vorgelegen: die an Rosen, ausgenommen Nro. 11, (Eigenthum des Frl. M. Schumann), an Hirschbach (Eigenthum des Hrn. Alb. Röthing) und an Therese Schumann, ohne Nro. 64, 78, 109 u. 145. Ferner sind mit der Urschrift verglichen worden: Nro. 174, 202, 236, 366, 437, 460, 485, 504, 520, 574.

Gedruckten Vorlagen entnahm ich die Briefe an David (J. Eckardt „F. David und d. Familie Mendelssohn“, 1888), an Stern (R. Stern „Erinnerungsblätter an J. Stern“, 1896), an Gade (D. Gade „Aufzeichnungen und Briefe“, 1894), Nro. 310 u. 382 (La Mara „Musikerbriefe aus 5 Jahrh.“, 1886), Nro. 426 (Ledeburs „Tonkünstler-Lex. Berlins“, 1861 S. 647), Nro. 180, 288, 292 u. 372 (Grenzboten 1898, IV, 146 f.), Nro. 448 (A. Mosers „Lebensbild Joachims“, 1898), Nro. 445 (D. Rundschau 1903 „Schumann u. Brahms“ von M. Kalbeck), Nro. 338 („Die Musik“, 1903 Octoberheft). Andere Quellen findet man in den Anmerkungen angegeben.

Mehrere Briefe hatte ich in zwei gedruckten Vorlagen: die an Andersen von E. Jonas und von Erler, die an Spohr von Erler und

Schletterer. Von den Briefen an Simonin de Sire lagen mir Drucke von Erler und Abschriften von Frl. Schumann vor; von denen an Zuccalmaglio waren drei Vorlagen zu vergleichen: Drucke von Hüffer und von Erler, Abschriften von Frl. Schumann, von denen an Henselt Drucke von Erler und von La Mara, Abschriften von Frl. Schumann. Die übrigen, hier nicht einzeln aufgeführten Briefe sind größtentheils Erlers Briefsammluug entnommen.

Mit peinlicher Sorgfalt hat Schumann sämtliche an ihn gerichteten Briefe, ungefähr 4600, geordnet und numerirt. Diese Sammlung, einige zwanzig Bände stark, wird in der Königl. Bibliothek zu Berlin aufbewahrt und ist für vorliegende Ausgabe vielfach benutzt worden.

Hannover, den 1. December 1903.

F. Gustav Jansen.

Inhalt.

Erste Abtheilung: 1828—1840.

Zweite Abtheilung: 1840—1854.

Dritte Abtheilung: Briefe aus Endenich.

Vierte Abtheilung: Briefe an Verleger.

Erste Abtheilung:

1828—1840.

1. An Gisbert Rosen, stud. jur. in Heidelberg.

Leipzig, den 5ten Juni 1828.

Mein theurer Rosen!

Heute ist der 19te Juni; so lange hat es leider gedauert, ehe ich den Brief fortsetzen konnte. — Ach! wer doch mit Dir in Heidelberg wäre — Leipzig ist ein infames Nest, wo man seines Lebens nicht froh werden kann — das Geld macht reißende Fortschritte und mehr, als man in Collegien u. Hörsälen machen kann — eine Bemerkung, die geistreich genug aus dem Leben gegriffen ist und noch dazu aus meinem. Hier sitz' ich nun ohne Geld, ohne alles, im stummen Vergleichen der Gegenwart mit den jüngst verflossenen Stunden, die ich mit Dir so innig, so heiter verlebte, und bleibe sinnend vor Deinem Bilde stehen und vor dem komischen Schicksal, welches die Menschen auf so entgegengesetzten Wegen zusammenführt, vereint und wieder aus einander reißt. Du sitzest vielleicht jetzt auf den Ruinen des alten Bergschlosses und lächelst vergnügt und heiter die Blüthen des Juni an, während ich auf den Ruinen meiner eingesunkenen Luftschlösser und meiner Träume stehe und weinend in den düstern Himmel der Gegenwart und der Zukunft blicke.

Himmel! Dieser Brief scheint ja entsetzlich ernst zu werden und das soll er bei Gott nicht; melancholische Gesichter, wie Deines u. andern Leuten ihres, müssen aufgeheitert werden, auf daß sie lächeln wie ein verklärter Vollmond oder wie eine Pfundrose, u. meinen melancholischen Ernst will ich für mich behalten, weil es doch die Menschen wenig interessiren kann, ob ich lächle oder weine.

Meine Reise über Regensburg war verflucht ennuyant und ich vermißte Dich nur zu sehr in diesem Erz-Katholizismus. Ich mache nicht gerne Reisebeschreibungen und vollends solche, weil sie ekelhafte Gefühle aufrühren, welche in der Erinnerung unterdrückt werden müssen. Es reiche hin, Dir zu sagen, daß ich recht innig an Dich dachte, daß mir das Bild der lieblichen Clara [v. Kurrer] im Traume und im Wachen entgegen schwebte, und daß ich recht von Herzen froh war, wie ich meine alte geliebte Heimathsstadt Zwickau wiedersah. Ganz Zwickau war bestürzt, wie ich nur einige Stunden dableiben wollte; denn in Zwickau hatte noch kein Mensch etwas von Augsburg, München ꝛc. ꝛc. gehört, geschweige denn etwas davon gesehen; sie wollten also etwas davon erzählt haben; ich aber war unerbittlich, drückte mich nach 3 Stunden, die ich dort blieb, in eine Ecke des Postwagens und — weinte recht innig und dachte über alles nach, was mir schon vom Herzen gerissen ward und noch zertrümmert vor mir liegt, und sann über mein wildes Schlaraffenleben nach, was ich seit 8 Wochen geführt hatte und leider jetzt noch führe. Du irrst Dich gewaltig, wenn Du glaubst, ich sei liederlich — nicht die Probe — ich bin ordentlicher, als ich sein könnte — aber ich befinde mich hier ganz erbärmlich und das Studentenleben scheint mir zu niedrig, als daß ich in dieses stürzen sollte. Ich war nicht übel Willens, Dir meine Ideen über Burschenschaft ꝛc. ausführlicher auseinander [zu] setzen; aber solche Sachen erschweren das Briefporto gewaltig, da es Dich ohnehin schon 8 Gr. 6 Pf. kostet.

Mein angenehmer Rosen, wie geht es Dir denn? Heut' ist herrliches Wetter — gestern war ich im Rosenthale und trank eine Tasse Kaffee ꝛc. ꝛc. Denn Briefe zu schreiben und nicht zu wissen, was man schreiben soll, ist eine schwierige Aufgabe — die verfluchte Feder will auch gar nicht schreiben u. Dein Kopf wird ohnehin in der Entzifferung dieses Hieroglyphen-Sanskrit zerbrechen; Du kannst ihn aber zu Deinem Bruder in Paris schicken, der ihn schon verballhornisiren wird. Ich bin heute ganz entsetzlich lustig, wenn Dich das interessirt, aus dem einfachen Grunde, weil ich kein Geld habe und es dann Mode ist, fideler zu sein, als wenn man welches hat. Angenehmer Rosen, ich frage noch einmal, wie befindest Du Dich denn — es ist schrecklich, acht gute Groschen zahlen zu müssen, um dies zu erfahren; aber es geht nicht anders; die Welt haut sich gegenseitig über ihre Eselsohren und deshalb kommt Gleichgewicht hinein. Und doch freut mich jede Zeile, jeder Brief von Dir innig und ich will gern bezahlen, wenn ich nur von Dir Briefe erhalte.

Es wird Dich interessiren zu hören, daß Renz sich mit dem Grafen Brühl in Zweinaundorf paukte, daß ich dabei den würdigen Posten eines Schleppfuchses abgab u. daß Renz einen tüchtigen Nachhieb in der rechten Seite besah. Renz hat übrigens vorgestern der ganzen Lusatia aufgebrummt — lauter welthistorische Sachen u. der Annalen der Geschichte würdig! Semmel hat keine Lust zu schreiben, läßt Dich aber herzlich grüßen; Matthies u. Burckhardt lassen Dir weiter nichts sagen, als daß Du ein ungeheurer Ochse, sage Ochse, wärest; warum? weiß ich nicht. Welcher hat auch Suite mit Sachsen; es fließt jetzt unbändiges Blut in den Paukereien u. es fällt fast jeden Tag eine vor; Fischer hat sich noch nicht gemeldet, gleich Semain [?] Forstjäger aus Aschaffenburg. Semmel bekümmert sich übrigens wenig um die Burschenschaft und lacht frenetisch über die schweblichen, nebligen Begriffe von Volksthum, Deutschthum rc., und die inflammirten Burschen ärgern sich darob gewaltig. Ach! welche Ideale machte ich mir von einem Burschen und wie armselig fand ich sie meist. Jetzt gehe ich sachte zum ernsthaften Capitel meines Briefes über, und den ganzen Aufenthalt in Augsburg, und Deinen in Zwickau und Gera trägt mir der Genius der Freundschaft vor die sehnsüchtigen Augen vorüber. Ach, daß doch jede glückliche Minute sich selbst mordet!

Auf meiner Rückreise über Bayreuth besuchte ich, durch die Güte der alten Rollwenzel, Jean Pauls Witwe und bekam von ihr sein Bild. Wenn die ganze Welt Jean Paul läse, so würde sie bestimmt besser, aber unglücklicher — er hat mich oft dem Wahnsinne nahe gebracht, aber der Regenbogen des Friedens u. der menschliche Geist schwebt immer sanft über alle Thränen, und das Herz wird wunderbar erhoben und mild verklärt.

Mit Deinem Briefe gehen zwei nach Augsburg an den Dr. und Clara ab, und Du kannst nicht verlangen, daß ich nach solchen lyrischen erschöpfenden Ergießungen mich noch ferner ergießen soll. Claras Bild ist noch nicht ganz aus meinem Herzen verdrängt u. in der regen großen Stadt vernarben solche Wunden bald. Darum lebe wohl, mein geliebter Freund; Caroline u. Emilie Süßmann denken noch mit Entzücken an Dich u. haben mir Deinen sentimentalen Stammbuchsvers gezeigt. Lebe denn recht glücklich; jeder Genius des Menschen sei mit Dir und der der Freudenthränen begleite Dich ewig. Behalte aber auch den Freund lieb, der nur wenige Minuten mit Dir zusammenlebte, aber das recht innig und froh und Dich von Herzen lieb gewann, weil er in Dir einen menschlichen, weichen und doch kräftigen Jüngling fand. Vergiß der schönen Stunden nie, die wir zusammen lebten und bleibe so menschlich, so gut, wie Du es jetzt bist. Antworte bald. Dein

Robert Schumann.

2. An den Vormund, Kaufmann Rudel in Zwickau.

Leipzig am 4ten Juli 1828.

Ew. Wohlgeboren

sage ich meinen verbindlichsten Dank für die auf den Monat abgesendeten 25 Thaler und schließe sogleich die Bitte ein, mir mit jedem letzten Tage des Monates eine Anweisung zu schicken, weil sonst das jedesmalige Porto viel betrüge. . .

Die Jurisprudenz habe ich ganz gewiß als mein Brodstudium erwählt u. ich will fleißig in ihr arbeiten, so eiskalt u. trocken auch der Anfang ist. . . Ew. Wohlgeb. .

dankbar-ergebener

Robert Schumann.

3. An den Capellmeister G. Wiedebein in Braunschweig.

Leipzig am 15ten Juli 1828.

Ew. Wohlgeboren

möchten das kühne Hervortreten eines achtzehnjährigen Jünglings entschuldigen, welcher durch das Heft Ihrer über alles Lob erhabenen Lieder begeistert, mit seinen schwachen Tönen selber in die heilige Tonwelt einzugreifen wagte.

Ihre Lieder schufen mir manche glückliche Minute, und ich lernte durch diese Jean Pauls verhüllte Worte verstehen und enträthseln. Jean Pauls dunkle Geistertöne wurden mir durch jenes magische Verhüllen Ihrer Tonschöpfungen erst licht und klar, wie ungefähr zwei Negationen affirmiren, und der ganze Himmel der Töne, dieser Freudethränen der Seele, sank wie verklärt über alle meine Gefühle.

Haben Sie Nachsicht mit dem Jünglinge, der, uneingeweiht in die Mysterien der Töne, mit unsichrer Hand zu eigner Dichtung entflammt wurde und Ihnen diese ersten Versuche zur gütigen, aber strenggerechten Beurtheilung vorlegt.

Kerners Gedichte, die mich durch jene geheimnißvolle überirdische Kraft, die man oft in den Dichtungen Goethes und Jean Pauls findet, am meisten anzogen, brachten mich zuerst auf den Gedanken, meine schwachen Kräfte zu versuchen, weil in diesen schon jedes Wort ein Sphärenton ist, der erst durch die Note bestimmt werden muß. Ich schließe hier zugleich die ergebenste Bitte ein, wenn es mir anders zusteht, den Meister der Töne um etwas zu bitten, und ersuche Sie im Namen Aller, die Ihre Lieder kennen und mit Sehnsucht dem zweiten Hefte entgegensehen, uns bald mit der Composition Kernerscher Lieder zu erfreuen, denen Ihre sanften, weichen, wehmüthigen Accorde erst den schönsten Text und die tiefste Bedeutung geben können. Noch ersuche ich Sie, beifolgende Lieder, wenn anders Ihre vielfachen Arbeiten Ihnen so viel Zeit übrig lassen, zu beliebiger Zeit mit einer Antwort zurückzusenden.

Wie sehr auch immer fremder Beifall Sie überall belohnen möge, so kann doch nur der Tonhimmel der Begeisterung und Entzückung, in dem Sie wohnen, Ihnen den schönsten Lohn und Kranz darreichen.

Möchte der Maßstab von Ihren Liedern nicht der der meinigen sein, und möchte Ihnen jeder Ton eine sanfte Erinnerung an ein fernes, fremdes Herz geben, welchem Sie alles geben. Nehmen Sie die Versicherung meiner tiefsten Liebe und innigsten Verehrung, der ich verharre Ew. Wohlgeboren

ergebenster
Robert Schumann
Stud. jur. wohnhaft auf dem
Brühl Nro. 454 1ste Etage.

4. An G. Wiedebein.

Leipzig, d. 5ten August 28.

Verehrter!

Meinen wärmsten, wärmsten Dank für den Brief[1], in welchem mir jedes Wort theuer und heilig ist. Ich hatte wahrscheinlich in meinem vorigen Briefe vergessen, Ihnen zu sagen, daß ich weder Kenner der Harmonielehre, des Generalbasses ꝛc., noch Contrapunktist, sondern reiner, einfältiger Zögling der leitenden Natur bin und allein einem blinden, eiteln Triebe folgte, der die Fesseln abschütteln wollte. Jetzt soll es aber an das Studium der Compositionslehre gehen, und das Messer des Verstandes soll ohne Gnade alles wegkratzen, was die regellose Fantasie etwa, die sich, wenigstens beim Jünglinge, immer wie Ideal und Leben entgegensteht und mit ihrer Mitherrscherin, dem Verstande nicht besonders vertragen will, in sein Gebiet einpaschen wollte — — freilich dürfen die harten Löwentatzen der Vernunft die weichen Hände der lyrischen Tonmuse, die auf den Tasten unsrer Gefühle spielt, nicht ganz zerquetschen wollen, wenn auch der Verstand, wie bei den Römern, nicht die Magd sein soll, welche der Fantasie die Schleppe nachträgt, sondern mit der Fackel vor ihr geht und mit ihren Strahlen die Fantasie in die Tonwelt führt und den Schleier hebt. — Das Letzte ist die Lösung und schwierig, weil Töne überhaupt verschleierte Venusflammen sind, die wir durch den Schleier lächeln sehen, welcher aber zu zart-ätherisch und überirdisch ist, als daß wir ihn heben könnten. Darum stillt die Musik den Streit der Gefühle nicht, sondern regt ihn auf und läßt jenes verworrene, unnennbare Etwas zurück, — aber dann wird es einem so innig wohl, als ob nach einem Himmelsgewitter ein milder friedlicher Regenbogen am Himmel stände. — So ging es mir auch, wenn ich Ihre Lieder hörte und spielte. . . .

Und so will ich denn mit frischem Muthe die Stufen betreten, die in das Odeon der Töne führen, und in welchem Sie mir als einziges, unübertreffliches Ideal dastehen. Erlauben Sie mir, Ihnen nach einem Jahr Rechenschaft von meinem geringen Streben abzulegen. —

Die ganze Welt steht mir noch so jugendlich offen, und ich will Muth schöpfen und thun, was ich kann, denn: wenn Geist mit Muth ihr einet ꝛc. *)

Verehrter! So glücklich Sie, als geheiligter Priester, in den Mysterien der Tonwelt dastehn, so mögen Ihnen auch immerfort die heiligen Töne alle Schmerzensthränen abtrocknen, die das Leben wohl manchmal gibt.

Ihr ganzes Leben sei so klar und ungetrübt, wie ein sanfter Ton, und jede Thräne sei fern von Ihnen, und nur die Freudenthräne nicht oder die der Entzückung. Leben Sie so glücklich, wie Sie es verdienen; denn Sie haben schon manchem Menschen glückliche Minuten geschaffen, und mir die glücklichsten.

Robert Schumann.

5. An G. Rosen.

Leipzig am 14ten August 28.

Es muß eine ganze verdammt-komische Freude sein, mein Sanskrit zu lesen, darum geb' ich mir heute Mühe, recht schön zu schreiben, und mache eine Regel von der Ausnahme, weil in der Regel Poeten und Clavierspieler eine Hundepfote schreiben, d. h. so wie ich. Jetzt

---

*) „Wenn Geist mit Muth ihr einet, und wenn in euch
Des Schweren Reiz nie schlummernde Funken nährt,
Dann werden selbst der Apollona
Eifrigste Priester euch nicht verkennen". Klopstock.
„An die Dichter meiner Zeit".

geht der eigentliche Brief erst los und die captatio benevolentiae ist gerade aus.

Mein angenehmer Rosen le Baron malgré lui! Der glücklichen Zeit, wo Du noch Baron warst; denn mit Deiner Entbaronisirung ging meine Lebens-Freiherrlichkeit an, nämlich mein Studentenleben. Aber wie hab' ich's gefunden, keine Rosen im Leben und keinen Rosen unter den Menschen! Ich fliege manchmal, sei es nun im Jean Paul oder am Clavier, das wollen die hiesigen Deutschthümler u. Jahnianer nicht dulden. Flug-Menschen oder Luftschiffer verhalten sich überhaupt zu den Sitzfleisch-Menschen u. Mistgablern wie Bienen zu den Menschen; wenn sie fliegen, so thun sie keinem Menschen etwas, sobald man sie jedoch auf den Blumen antasten will, so stechen sie. Stach ich nun auch nicht, so schlug ich doch lieber mit Händen u. Füßen aus, um einmal jene schweblichen Begriffe von Volksthum, Nationalität &c. &c. ins Bockshorn zu jagen. Götte ist einer von den Kraft- und Charaktermenschen, wie man solche jetzt gar nicht mehr gewohnt ist, jedem lyrischen, sentimentalen Gifte feind u. episch u. praktisch; mit diesem geh' ich tagtäglich um u. er ist der einzige, mit welchem ich näher befreundet bin. An den Andern ist nicht viel und ich bekümmere mich weniger um sie, höchstens um Schütz und Günther, wenn sie nicht so einseitig wären. Übrigens spricht man von einer Aufhebung der Constitution u. dies wäre besser u. würde die kleinen Lichter ausputzen, um sie zu tilgen, u. die großen putzen, um sie heller zu machen. Semmel hat sich gänzlich zurückgezogen, raisonnirt nur manchmal u. wird deshalb oft angefeindet; er hat aber Gott sei Dank Gleichgültigkeit genug, um solche Subjecte über die Achsel anzusehen. —

Nach Heidelberg komme ich gewiß, aber leider Gottes erst zu Ostern 29; ach! daß Du doch noch da wärest, um dann in diesem blühenden Paradiese mit Dir herumschwärmen zu können; die niedlichen Bilderchen, für die ich Dir herzlich danke, geben meinen Träumen Flügel, u. ich war auf Augenblicke in meiner Heimath, im Neckarthale. Hier habe ich ohnehin noch kein Collegium besucht u. ausschließlich in der Stille gearbeitet, d. h. Clavier gespielt, etliche Briefe u. Jean Pauliaden geschrieben. Mit Deiner ausgebreiteten Correspondenz wird es auch nicht absonderlich weit her sein; vergiß wenigstens die nicht, welche Dich herzlich lieb haben, nämlich mich.

In Familien hab' ich mich nicht eingenistet u. fliehe überhaupt, ich weiß nicht warum, die erbärmlichen Menschen, komme nur wenig aus und bin manchmal so recht zerknirscht u. zerzerrt über die Winzigkeiten

u. Erbärmlichkeiten dieser egoistischen Welt. Ach! eine Welt ohne Menschen, was wär' sie? — ein unendlicher Friedhof — ein Todtenschlaf ohne Träume — eine Natur ohne Blumen u. ohne Frühling — ein todter Guckkasten ohne Figuren — und doch —! diese Welt mit Menschen, was ist sie? dasselbe — ein ungeheurer Gottesacker eingesunkener Träume — ein Todtenschlaf mit Bluträumen — ein Garten mit Cypressen und Thränenweiden — ein stummer Guckkasten mit weinenden Figuren. O Gott — das ist sie — ja!

Ob wir uns wiedersehen, wissen freilich nur die Götter; aber die Welt ist ja noch nicht so groß, als daß sie Menschen trennen könnte und vollends Freunde. Das Wiedersehen ist ja von jeher niemals so lang gewesen als die Trennung, u. wir wollen nicht weinen, wenn wir verloren haben; denn allen Menschen hat von jeher das Schicksal mit seinen Riesenfäusten das Maul verstopft u. nur die Herzen nicht, die sich in der Ferne wärmer lieben u. heiliger achten, weil sie sich wie unsichtbar oder gestorben oder überirdisch betrachten.

Von Augsburg hab' ich noch keine Nachricht, obschon ich vor einiger Zeit hingeschrieben habe; in Zwickau passirt wenig; zum Vogelschießen war ich auf einige Tage da und konnte wieder mit alter Liebe meine Lieben umarmen. O ich bin eines unendlichen Grolls fähig, aber auch einer unendlichen Liebe.

Eduard ist böse auf Dich, daß Du noch nicht geschrieben hast; schreib ihm ja, ich schrieb es Dir auch im vorigen Briefe schon.

Bist Du mit den Haupthähnen, als Capaun u. beschnittener Bursche weiland, schon losgegangen? Wo wirst Du in den Michaelisferien hinreisen? Götte wird Dich mit dem Delitzscher Schulz auf jeden Fall besuchen. Am 12ten September reise ich nach Zwickau ab, wo ich bis zum 20sten October bleibe. Wolltest Du in dieser Zeit an mich schreiben, wo möglich aber noch zuvor, so adressire den Brief nach Zwickau. — Ich habe diesen Brief nicht frankirt, weil ich nämlich in diesem Augenblicke keinen rothen Heller habe; mach' auch keinen von Deinen Briefen frei.

Ich bin erschöpft von vielem Briefschreiben; darum zürne nicht, wenn ich schließe; es wird Dir ohnehin lästig sein, mein Gewäsch anzuhören. Deine Leipziger Bekannten, die Dich ohne Ausnahmen herzlich lieben u. achten, lassen Dich tausendmal grüßen.

Lebe denn wohl, geliebter Freund; Dein Leben möge nicht mehr Gewölke haben, als zu einem schönen Abendhimmel nöthig ist, u. nicht mehr Regen, als zu einem Mondregenbogen, wenn Du Abends auf den Bergruinen sitzest u. entzückt in das Blüthenthal u. in den Sternenhimmel schaust. Vergiß aber auch dann nicht den fernen Freund, der recht zermalmt und unglücklich ist, und wünsche mir alles, was ich Dir aus der Ferne wünsche. Dein milder menschlicher Genius flattre leicht über den Koth des Lebens u. Du selbst, bleibe, was Du bist u. was Du warst — menschlich, menschlich — — —

Lebewohl! Dein

Schumann.

6. An G. Rosen.

Leipzig am 7ten November 1828.

Mein theurer weiland Baron!

Dein freundlicher, liebevoller Brief traf mich eben am Flügel, als ich von Heidelberg fantasirte u. Dein Bild so neckisch-lächelnd hinter den Tönen stand u. die entfesselten Töne menschlich in die weichsten Accorde zähmte. Ach! wer nur so wie Du schreiben könnte; ich meine, die Wein- u. Wonneberge vor der Nase u. ringsum lauter blühende Berge u. Rebenolympe[?]; so sitz' ich hier in der engen, kleinen Stube u. habe weiter nichts als die Reichsstraße u. kalte, gefrorene Handelsmenschen vor mir. Verlange also nicht einen so üppig-corinthischen, sondern einen eckig-gothischen, altfränkischen Brief.

Erst in Leipzig traf mich Dein Brief, weiß also nicht, mit welchen freudig-lächelnden Mienen Eduard u. — Therese Deinen Brief gelesen u. aufgenommen haben. Der Hauptgrund Deines so langen Stillschweigens gegen meinen Bruder war, wenn ich anders nicht irre, ein einziges — Wort; ich meine den Baron; Du warst auf jeden Fall nicht recht einig mit Dir, ob Du Dich adlich oder unadlich unterschreiben solltest. Weil ich Deinen Brief an ihn nicht gelesen habe, ob Du den Lenzischen [?] Knoten glücklich aufgebunden oder zerhauen hast, so weiß ich auch nichts zu sagen, als daß über Deinem leonischen Adel ein gewisses malerisches Helldunkel (Clairobscure) schlummert, u. daß das Zwickauer Publikum sich in zwei Parteien gespalten hat, von dem ein Achtel behauptet, Du wärst nicht von Adel, die andern 7 Achtel jedoch, Du wärest es. Mag dem nun sein, wie ihm wolle, Du bleibst doch der edle, freundliche, menschliche Mensch, für den sie Dich Alle erkannten; magst Du nun adlich oder nicht sein, Du bleibst Rosen u. — das ist genug. Das Resultat von diesem Allen ist also, daß die Mehrzahl (vereint meine Verwandten) Dich für adlich, wenigstens für edel halten.

Daß Du Götten mit einigen Thalern ausgeholfen hast, war mir um so lieber, weil er mir schon von Würzburg aus einen ... [?] Brief schickte, den ich aber 12 Tage später bekam, weil ich in dem Erzgebirge herumschwärmte u. weil ich vermuthete, daß er dann, wenn ich schickte, schon Heidelberg verlassen haben würde. Götte ist ein hoher, vortrefflicher Mensch mit großen Ideen u. dem männlich-kräftigsten Charakter; wenn er spricht, so steht er wie ein Vulkan da, aus dem lauter feurige Lava- und Feuerströme hervorstürzen; aber jetzt steht die Masse still u. die Blumen, die er im Sturze mit fortriß, glänzen frisch u. unverwelkt in der Kraftmasse u. wir können kühn darauf fortschreiten.

Das verabredete Stelldichein zu Weihnachten hat mich einige Minuten recht froh u. glücklich gestimmt; aber Dein eigner Zusatz machte, daß das Hoffen nur beim Wunsche stehen blieb. Aber auch das Hoffen ist schön, selbst bei der Unwahrscheinlichkeit einer wirklichen Erfüllung. Ob wir uns je einmal wiedersehen, liegt freilich in dem verhüllten Schooß der Götter u. des Zufalls oder Schicksals; doch hoff' ich auch hier. Daß ich Dich zu Ostern 1830, wenn ich von Heidelberg wieder nach Leipzig zurückkehre, auf einige Zeit heimsuche, ist nicht unmöglich, wenn nicht wahrscheinlich. Doch auch eine langjährige Trennung ist nicht so häßlich, wie sie die Menschen gewöhnlich nennen; je körperlicher entfernt, desto geistiger näher u. verwandter u. das soll es u. muß es auch bei uns sein; fehlt auch jener mündliche Reiz der gegenseitigen Mittheilung, so haben wir ja Eil- u. Flugposten genug, um uns, wenn auch auf wenige Augenblicke, zu sprechen. Und das soll bis auf fernere Zeiten hinreichen, wenn gerade auch nicht völlig genügen. —

Vor einigen Tagen las ich mit wahrem Vergnügen das Urtheil über die Heidelberger Jacobiner in der Leipziger Zeitung; Du gehörtest auf jeden Fall unter die 200 Reuigen, die mit einem blauen Auge, d. h. mit achttägiger Carcerstrafe wegkommen. Die räudigen oder unreinigen Schafe sind freilich schlimm genug weggekommen.

Ich habe heute eine unglückselige, unverwüstliche Schreiblaune u. ich sehe Dich erschrecken u. bleich werden, wenn Du noch eine ganze lange Seite solcher Gänse- u. Krakelfüße herausphilologiren sollst.

Ein entzückender belebender Gedanke ist es mir seit Tag u. Jahr, zu Ostern nach Heidelberg gehen zu können; alle Freudenhimmel des Wonnelebens liegen vor mir ausgebreitet, das große Faß u. die kleinen Fässer, die heiteren Menschen, die nahe Schweiz, Italien, Frankreich

u. das ganze griechische [?] Leben, das ich mir mit feurigen Tizianstrichen vormale. Es genügt mir, zu wissen, daß ich aus Deiner u. künftighin meiner Stube alle diese Rebenolympe vor mir habe, die Du mir en miniature schicktest; u. möchte die Stube sonst sein, wie sie wollte (denn ich bin in solchen häuslichen Sachen eigensinnig), dies Einzige reicht hin. Deine Blumen, wenn sie anders nicht bis zu Ostern verwelken, sollen, wie Blumen der Freundschaft, nicht verblühen u. umkommen u. mich zu dem heftigsten Blumisten machen, der Deine Pflanzen fortpflegt. Kein Leben u. nichts ist lauter Poesie u. die Prosa guckt mir immer zu viel aus dem Menschen, als daß ich mir hier die Frage vorenthalten sollte: wie viel Du halbjährlich Miethzins gibst?

Dein Schwager, als postillon d'amour, kam mir gar nicht so drollig vor; ich kann mich Dir als einen recht — exacten Götterboten oder Mercur vorstellen, der die Herzen indirect beglückt. Freilich kannst Du mir nicht zumuthen, Deine Rolle zu Ostern zu übernehmen, aus dem einfachen Grunde, weil ich der Briefschreiber lieber selbst sein möchte, als die Post zu Fuße. Ist das Mädchen hübsch u. genial, so möchte ich gern die Rolle des zweiten, Deines Freundes schon jetzt einstudiren; denn in Leipzig hab' ich leider Gottes es noch nicht dahin bringen können, mich zu verlieben.

Wenn Du wahrhaft edle Menschen jetzt in Heidelberg zu Freunden hast, so wär' es mir nicht unlieb, bei diesen Deine Rolle zu übernehmen, weil ich zu Ostern keinen Menschen in Heidelberg habe, der mich kennt u. den ich verstehe. Eine trübe Idee! u. in welche Hände wird der Zufall meine Freundschaft treiben!

Übrigens geht es mir hier besser als je, wär' ich nur nicht immer ein so armer, erbärmlicher Hiob in den Geldbeutelangelegenheiten u. -Fatalitäten. Ich führte voriges Semester ein unregelmäßiges, ungeordnetes Leben, wenn gerade auch kein liederliches; aber ich dachte nicht an jenen Vers aus den Idealen: „Beschäftigung, die nie ermattet". — Die großen, herrlichen Concerte machen mich hier vollends glücklich. Die Burschenschaft ist zerspalten u. besteht aus Menschen, die man zwar nicht hassen kann, weil sie gut u. fromm scheinen, aber auch nicht achten, weil sie gar zu gut, d. h. beschränkt ꝛc. sind. Ich kenne Alle u. Keinen; außer Flechsig[2] u. Semmel, mit denen ich tagtäglich zusammen bin, außer Renz u. Götte, der aber noch nicht hier ist, verkehre ich mit Niemanden.

Neuigkeiten weiß ich nicht; außer einigen Lappalien, z. B. daß sich Grimbart morgen paukt u. ähnlich, verlange nichts von mir zu erfahren.

Burkhardt läßt Dich nicht grüßen, weil Du noch nicht an ihn geschrieben hättest; Semmel ist noch der alte — Kosmopolit, Molinist 2c.

Es wird finster; darum sei froh, daß ich schließe; schreibe mir bald u. viel u. mehr, als ich Dir. Nächstens mehr u. besser! Lebe wohl, mein guter, guter Rosen u. denke der Stunden, wo wir glücklich waren, mit eben der Liebe wie ich u. bleibe auch in der Erinnerung u. Zukunft mein Freund, wie ich ewig der Deinige

Robert Schumann.

P. S. Kennst Du einen Dichter Grabbe, den Verfasser des Herzog von Gothland, u. kannst Du mir etwas von ihm mittheilen, da er seit langer Zeit sich in Deiner Vaterstadt Detmold aufhalten soll? Eine Antwort würde mich erfreuen, weil es mich interessirt.

7. An G. Rosen.

Schneeberg am letzten April 29.

Mein guter Rosen!

Beinahe wären meine Heidelberger Luftschlösser zerronnen; mein Bruder Julius wurde kurz nach der Entbindung seiner Frau lebensgefährlich krank; meine Mutter beschwor mich, im Falle, daß dieser sterben sollte, sie nicht zu verlassen, weil sie sonst ganz einsam wäre 2c. Jetzt ist die Krankheit wieder ganz gehoben u. ich kann Dir mit fröhlicher Zuversicht entgegenrufen: heute über 3 Wochen sitzen wir heiter zusammen u. trinken einen noblen Johannisberger.

Es wurde mir in der letzten Zeit furchtbar schwer, aus Leipzig zu gehn; eine schöne, heitere, fromme weibliche Seele hatte die meinige gefesselt; es hat Kampf gekostet, aber jetzt ist alles vorbei, u. ich stehe stark mit der unterdrückten Thräne da u. schaue hoffend u. muthig in meine Heidelberger Blüthen u. Maiblumen. Das Erste, was ich in Heidelberg suche, ist — eine Geliebte; sonst würdest Du manchmal schwer meinen Ernst besänftigen können.

Ich glaube nicht, daß ich Dir schon geschrieben habe, daß unser Freund Semmel nach seinem Examen (am 27sten d. Maiens) mit nach Heidelberg fliegen wird; das soll ein Leben werden — zu Michaelis geht's in die Schweiz und wer weiß wo alles hin — möge das schöne Kleeblatt nie verwelken! Vorgestern disputirte Semmel u. heute

Fürbringer; die Escarpins u. das Chapeau bas müßten Beiden nicht schlecht stehen.

Vorgestern war sehr brillantes Concert in Zwickau, wo 800—1000 Menschen zusammen waren; natürlich ließ ich meine Finger auch hören! ich komme gar nicht aus den Luft- und Freudenfesten heraus. Am Freitag war bal paré bei Oberstens (v. Trosky), am Sonnabend thé dansant bei Dr. Hempels, am Sonntag Schulball, wo ich ungemein betrunken war, am Montag Quartett bei Carus (Matthäi aus Leipzig), am Dienstag Gewandhausconcert u. brillantes Abendessen, am Mittwoch Déjeuner à la fourchette, zu Deutsch Gabelfrühstück, wo ich mich in Champagner durchaus nicht schlecht machte, u. heute Abend ist hier Valetball — und diese ganzen Geschichten kosten mich keinen Heller, andere schon vergessene, verfressene und vertrunkene Früh- und Abendstücke gar nicht zu erwähnen!

Den Tag meiner Ankunft in Heidelberg will ich Dir von Frankfurt aus bestimmen, wo ich mich einige Tage aufzuhalten gedenke. Den 11ten Mai, Montag Abends, reis' ich ganz bestimmt von Leipzig ab; viel Geld werd' ich leider Gottes nicht mitbringen, weil ich in Leipzig sehr viel Brumm- u. Eisbären loszubinden habe; vielleicht kannst Du mir in der ersten Zeit aushelfen; wo nicht, werden die Genies schon sich durchzubeißen wissen. Jedenfalls bin ich bis zum 18ten bei Dir.[3]

Von Studenten- u. anderen Lumpenangelegenheiten will ich mündlich berichten, und treu wie eine Geschichte. In Lpz. hat sich jüngst eine neue B[urschenschaft] constituirt, der kein einziger aus der alten beigetreten ist als einige Lumpludels.

Hier hat es heute den ganzen Tag geschneit; ich hoffe nicht auf dem Schlitten nach Heidelberg fahren zu müssen; bei Dir ist bestimmt schon alles weiß u. grün u. roth — es flimmert mir vor den Augen.

Lebe wohl, mein geliebter Fr.; das Wiedersehen wiegt jede lange Trennung auf u. so möge es die unsrige auch! Blühe freundlich fort, wie der Frühling, der mir entgegenlächelt, und Deine heitere Seele kenne keinen als diesen u. niemals einen Winter!

Dein

Bruder Robert Schumann.

Eilig!

Deine Augen dauern mich; ich konnte den Brief fast selber nicht mehr lesen.[4]

8. An den Vormund.

Heidelberg d. 10ten Juni 1829.

Ew. Wohlgeboren

melde mit Vergnügen, daß ich gesund und glücklich von meiner Reise hier angekommen bin. Daß es mir auf der Reise außerordentlich wohl gefallen hat und daß auch Heidelberg, wenn auch nicht allen meinen Wünschen, doch meinen schönsten, die ich in Leipzig hatte, entspricht, werden Sie vielleicht durch meine Mutter erfahren haben, an die ich über alles ausführlich schrieb. . .

Obgleich mir das Heidelberger Leben ziemlich eben so theuer vorkommt als das Leipziger, so hoff' ich doch, hier eher, als in Leipzig, mit 800 fl. auszukommen. Zu Michaelis bin ich gesonnen, eine kleine Reise durch die Schweiz, Oberitalien, Tyrol, Bayern u. Würtemberg zu machen, die im Ganzen 8—9 Wochen dauern wird. Meine Abreise fiele dann Ende August u. meine Ankunft Ende October. Ich habe sie ungefähr auf 60—70 Ducaten angeschlagen. Dürft' ich Sie dann wohl um einen kleinen Zuschuß bitten? . . .

am 12ten Juli.

. . . Bruder Carl wollte mich mündig sprechen lassen; wissen Sie vielleicht etwas Näheres? . . .

9. An den Vormund.

Heidelberg d. 6ten August 1829.

. . . Ich habe in dieser Berechnung alles auf das Geringste angeschlagen, die anderen kleinen und großen Nebenausgaben gar nicht mitgerechnet, keinen Schoppen Wein gerechnet, den man in jeder Gesellschaft mittrinken muß. Auch sind Sie human genug, [als] daß Sie es einem jungen Menschen verdenken sollten, wenn er Sonntags sich die benachbarten schönen Städte, wie Mannheim, Darmstadt, Speyer, Worms, Carlsruhe, Baden rc. ansieht, was doch auch Geld kostet. — Obige Summe betrug also ungefähr: 220 Thaler halbjährlich, da ich doch von Ihnen nur 180 Thaler bekomme.

Wenn ich in Leipzig kaum mit 180 Th. halbjährlich auskommen konnte, so überlegen Sie, daß ich im Gegensatz zu Heidelberg:

1) ein ganzes Vierteljahr zu Hause in den Ferien verlebte, was mir jedesmal ein Viertel des ausgesetzten Geldes ersparte, weil es mir da nichts kostete; dies geht natürlich hier nicht.

2) daß ich bei der großen Nähe von Zwickau oft bei meinen Verwandten u. Brüdern anpochen konnte;
3) daß ich keine Bücher zu bezahlen brauchte.
4) daß in Leipzig die Collegien noch einmal so wohlfeil sind.
5) daß ich in L. keinen Schuhmacher u. keinen Wäscher zu bezahlen brauchte, da mir dies gewöhnlich in Zwickau besorgt wurde.

Von den 100 Th. Reisegeld, was Sie mir nach Leipzig zu senden die Güte hatten, hab' ich wenig oder gar nichts hierher gebracht, seitdem hab' ich von Ihnen weiter nichts bekommen, als diese eben empfangenen 100 Thaler; mit diesen soll ich bis November, also gerad ein halbes Jahr (von Mai an — bis 31. October) auskommen; — Sie sehen aber aus obiger Berechnung, daß ich im wenigsten Fall 280 Thaler halbjährlich brauchte — bin ich also nicht höheren Ortes, d. h. von der obervormundschaftl. Behörde gezwungen, 180 Thaler Schulden zu machen? Und geben Sie mir nicht Recht, verehrter Herr Rudel? — Hätt' ich freilich gedacht, daß in Heidelberg das Leben so horrend theuer ist, was Sie schon aus meiner Berechnung des Mittagstisches sehen können, so wär' ich in Frankfurt umgekehrt u. wieder nach Leipzig gegangen. Sie können fragen: wie können das aber andre Studenten bestreiten? worauf ich Ihnen entgegne, daß in Heidelberg ¾tel Ausländer sind, die alle reich sind und Geld daran wenden können. Glauben Sie mir gewiß, daß es mir selber am unangenehmsten ist, ewig um Geld zu betteln, wenn es anders ginge.

Möchten Sie, verehrtester Herr Rudel, es nicht als trotzigen Einspruch gegen Ihren wohlmeinenden Rath ansehen, wenn ich Ihnen auf den zweiten Punkt Ihres Briefes einiges entgegne.

Alle studierenden Ausländer, die nach Heidelberg gehen, zieht außer den guten, berühmten Professoren, Heidelbergs schöner Lage selbst u. dem vermeinten guten Leben vorzüglich noch die naheliegende Schweiz u. Italien an. Sie u. meine Mutter wissen, daß diese Reise gleich bei meiner Abreise aus Leipzig in meinem Plane lag. Unter den vielen Gründen, außer den gewöhnlichen, daß man auf Reisen sein theoretisches u. praktisches Wissen ausbilden will u. außer denen, die ich meiner Mutter schrieb, von welcher Sie sich solche gefälligst mittheilen lassen möchten, führ' ich nur noch den finanziellen an: daß ich diese Reise doch einmal gemacht hätte, u. daß es dann doch einerlei ist, ob ich jetzt oder später das Geld dazu verwende.

Verbietet nun Ihnen Ihre Pflicht auch jedes ungesetzliche Eingreifen in obervormundschaftliche Vorschriften, so können Sie als

Privatmann doch immer Ihrem eigenen Willen Genüge thun. Ich meine, daß Sie Ihre Einwilligung geben oder wenigstens keinen Einhalt thun, wenn ich von meinen Brüdern freundschaftlichst u. privatim Geld entlehne, über das wir uns dann späterhin ausgleichen. — Auch kann ich hier so viel Geld bekommen, wie ich will, freilich mit 10—12 PCt., welches Mittel ich aber natürlich nur im unnatürlichsten Falle, d. h. wenn ich von Hause kein Reisegeld bekäme, ergreifen würde.

Noch muß ich Ihnen Ihre irrige Meinung benehmen, denn Sie glauben, daß ich Collegien versäumte; die Ferien sind nicht zum Studiren der Bücher, sondern zum Studiren eines andern großen Buches, d. h. der Welt, oder sie sind zum Reisen hauptsächlich angeordnet. Die Heidelberger Ferien beginnen nun den 21 August u. enden mit Ende October, so daß gerade meine Reise diese Ferien anfängt u. beschließt. Und so hoff' ich denn, daß Sie mir auch hier Ihre gütige Einwilligung nicht verweigern.

Der Schneckengang der sächsischen Gerichte ist zu bekannt, als daß ich zweifeln sollte, daß sie sich über meine Mündigsprechung gerade so lange berathen u. delibriren werden, wenn ich es schon ordentlich — juristisch bin.[5] Es würde gewiß auch Ihnen lieb sein, wenn Sie mich ewigen Quäler einmal sich vom Hals geschafft hätten. —

Uebrigens geht es mir recht wohl u. ganz gesund, obwohl oft bettelarm u. noch drüber. So sehr ich Ihnen, verehrter Herr Rudel, das Erste wünsche, so wenig wünsch' ich Ihnen das Zweite.

Und mit diesem innigsten Wunsche für Ihr Glück und mit der Bitte, keines meiner Worte mißzudeuten, empfehle ich mich Ihrem geneigten Wohlwollen u. schließe diesen langweiligen Brief als

Ew. Wohlgeboren
gehorsamst-ergebener
Robert Schumann.

10. An Frau Therese Schumann, geb. Semmel.
(Schumanns Schwägerin.)

Brescia, d. 16ten September 29.

Eben sah ich eine bildschöne Italienerin, die Dir etwas ähnlich war, da dacht' ich an Dich u. schreibe an Dich, meine theure Therese! Könnt' ich Dir nur so recht alles malen, den tiefblauen Himmel Italiens, das quellende, sprudelnde Grün der Erde, die Aprikosen-, Citronen-, Hanf-, Seide- und Tabakwälder, die ganzen Blumenmatten [?]

voll wogender Schmetterlinge u. wogender Zephyretten, die fernen, charakterfesten, deutschen, nervigten und — eckigen Alpen, u. dann die großen, schönen, feurig-schmachtenden Augen der Italienerinnen, fast so wie Deine, wenn Du von etwas entzückt bist, u. dann das ganze tolle, bewegsame, lebendige Leben, welches sich bewegt und nicht bewegt wird, und dann mich, wenn ich fast mein theures, mir so fest an die Brust gewachsenes Deutschland über das lyrische Italien vergesse, und wenn ich sehr deutsch und sentimental in die runde üppige Baumfülle hineinschaue oder in die Sonne, die untergeht, oder in die vaterländischen Alpen, die noch vom letzten Kuß der Sonne roth sind u. glühen u. sterben und dann kalt, wie gestorbene große Menschen dastehen — — ach! könnt' ich Dir das alles malen, Du hättest wahrlich noch einmal so viel Porto zu bezahlen, so dick und voluminös würde mein Brief.

— — — —

Gestern reist' ich bei herrlichem Wetter aus Mailand fort, wo ich mich 6 Tage lang herumgesiehlt hatte, obgleich ich nur 2 Tage dableiben wollte. Der Gründe hatte ich viele: 1) den besten, daß es mir im Ganzen gefiel, 2) des Besonderen wegen, z. B. des Domes, des palazzo reale, des escalier conduisant au Belvedere im Hôtel Reichmann, auch einer schönen Engländerin wegen, die sich weniger in mich, als in mein Clavierspiel verliebt zu haben schien; denn die Engländerinnen lieben alle mit dem Kopfe, d. h. sie lieben Brutusse oder Lord Byrons, oder Mozarte und Raphaele, weniger die äußere Schönheit, wie Apollos oder Adonisse, wenn nicht der Geist schön ist; die Italienerinnen machen es umgekehrt und lieben allein mit dem Herzen; die Deutschen vereinigen beides oder lieben auch nur einen Reiter, einen Tänzer, oder einen Reichen, der sie bald heirathet, übrigens sans comparaison, bitt' ich, und nicht persönlich zu nehmen. Ein dritter Grund war ein Graf S. aus Innsbruck, mit dem, obgleich er 14 Jahre älter ist als ich, ich mich recht geistig verbunden hatte, so viel hatten wir uns immer mitzutheilen u. zu kohlen u. zu plaudern, u. so sehr gefielen wir uns gegenseitig, schien es. Er gab mir einen reinen, erquickenden Beweis, daß es nicht lauter Lumpludel u. Affen auf der Welt gibt, obgleich er nicht gut hörte, etwas buckligt ging, u. immer erschreckliche Gesichter schnitt, nicht über die Menschheit, als mehr über die Menschen.

Wäre die ganze italienische Sprache nicht eine ewige Musik (der Graf nannte sie gut einen lang ausgehaltenen A moll-Accord) ich würde keine gescheute hören. Von dem Feuer, mit dem sie gespielt wird, kannst Du Dir eben so wenig eine Idee machen, als von der Liederlichkeit und der wenigen Eleganz u. Präcision. Ausnahmen gibt es natürlich, wie in der Scala in Mailand, wo ich wirklich über der Signora Lalande und Tamburini die Dr. Carus und Madame H. aus Chemnitz vergaß. Eine beliebte kleine Favoritarie der Lalande u. einige andere kleine Lieder, die ich in Italien hörte, will ich Dir später schicken.

Mit meinem Italienisch komm' ich wirklich gut aus u. durch; sonst ist das Prellen der Fremden in Italien sehr an der Tagesordnung. Auch geb' ich mich überall für einen Prussiano aus, was mir viel hilft, da es das angesehenste Volk ist; schlimm ist es freilich, wenn man sein Vaterland verleugnen muß; doch ist der Pfiff gut, da er Niemandem etwas schadet u. mir hilft.

Gestern konnt' ich hier wirklich recht schlecht ankommen. Es ist hier Mode, daß die Damen auf die Kaffeehäuser gehen; ich saß ruhig an meinem Tisch u. trank Chocolade; da nahte sich mir mit majestätischen Schritten eine Signora mit einem eleganten, flachen Schmetterling-Signore; die Tische waren alle besetzt u. sie setzten sich Beide straff dicht an meine Seite; ich war nicht so unverschämt, einzusehen, daß ich aufstehen sollte, da noch meine Tasse ganz voll war, u. blieb ruhig sitzen; ich merkte bald, daß sich die Signora manchmal fragend nach mir umkehrte, als ob ich mich nicht bald drücken würde, da Beide einen discorso innamorato führen zu wollen schienen. Im Verlauf ihres Gespräches hörte ich vom Signore die Worte, aber nur halb und gebrochen: questo Signore (er meinte mich) è certamente dalla Campagna, zu deutsch: „Dieser Herr kommt gewiß vom Lande"; erst that ich so, als verständ' ich nicht Italienisch. Aber es wurde noch besser; wie ich aufstand u. gehen wollte, brach der Signore mitten im Gespräche mit seiner Dame ab und sagte zu mir spöttisch: Addio, Signore. Ich wollte ihm in Gegenwart seiner Dame nichts antworten und bat den Cameriere, daß er dem bewußten Signore sagen möchte, der dalla campagna hätte etwas mit ihm zu reden. Er ließ mir antworten: wenn ich etwas mit ihm reden wollte, möchte ich zu ihm kommen. Mir fiel die Anekdote von Friedrich d. Großen ein, wie ich zu ihm hin ging, u. ich sagte ruhig-lächelnd zu ihm: Ah, mio Signore, sa a parlare spagnuolo (zu deutsch: können Sie spanisch reden) perchè io non ben so l'italiano (weil ich nicht gut italienisch kann) — er antwortete ein zweifelndes: No. Veritamente, fuhr ich fort, me ne dispiace, perciocchè altramente potrebbe legger il Don Quixote nell' Originale; ma io son Cavaliere e me piacciarebbe a rivederci — zu deutsch: „wahrhaftig, das thut mir leid, weil Sie sonst den Don Quixote in der Ursprache lesen könnten; doch bin ich Cavalier u. es würde mich freuen, wenn wir uns wiedersähen". Mit einem verlegenen »bene, Signore« sah er seine Dame an u. entließ mich. Ich habe aber nichts wieder von ihm gesehen u. gehört. Vielleicht lieg' ich schon morgen auf dem Kampfplatze, erschossen von einem Ladenbengel, wie ich hernach erfuhr. Das Schlimmste u. Aergerlichste wäre, wenn er meinen oder Friedrichs d. Großen Witz gar nicht verstanden hätte, was aber ziemlich glaublich ist, da die Ignoranz der fremden und eignen Literatur der Italiener und -innen unbeschreiblich ist.

Gott gebe, ich habe deutlich geschrieben, damit Du die tolle Geschichte ordentlich verstehst. — Uebermorgen geht's nach Verona, dann nach Vicenza, Padua u. Venedig. So unendlich dankbar ich Eduard'en sein muß, daß er mir so viel Geld geschickt hat, so kann ich doch nicht verhehlen, daß ich mir vieles entsagen muß, da ich bei näherer Revidirung meiner Kasse immer auf den verdammten Gedanken komme, nicht auszureichen u. gar meine Uhr versetzen oder verkaufen zu müssen. Gott lasse doch einmal Ducaten regnen! u. alle Thränen u. Briefe an Vormünder u. Brüder würden verschwinden!!

Wie mag es denn Euch jetzt gehen und denkt Ihr manchmal an den fernen, einsamen Wanderer, der jetzt weiter nichts hat als sein Herz, mit dem er sprechen, weinen u. lachen kann! Ach! so ein Dr. Fausts-Mantel müßte herrlich sein, und ich möchte jetzt ungesehen und unbelauscht in Eure Fenster hineinlugen und dann wieder fortfliegen nach Italien und dann Vergangenheit, Gegenwart u. Zukunft in einen Kranz flechten. Hätte der Mensch in seinen Trauerstunden so viel heitere Minuten, als in seinen heiteren so viel wehmüthige, er wäre gewiß noch glücklicher, als ich eben jetzt es bin.

Aber ich bin es sehr, glaub' es mir, und dies alles hab' ich dem guten Eduard u. dem andern, hohen Genius, dem nur die Hülle abgenommen ist[6], zu danken, die mir diese Freude gönnten u. gaben.

Addio, meine theuere Schwester; in Schmerz und Freude bleib' ich Dein und Euch Allen

Robert Schumann.

Klammere Dich recht fest an Deine Helene, wenn Du sie küssest; denn Du küssest sie von mir mit. Die Mutter, Eduard, Julius, Carl,

Emilie, Rosalie und alle die Deinen in Gera mögen sich meiner freundlich erinnern, wenn Du sie von mir grüßest. Auch Malchen und Ertel vergiß nicht.

11. An G. Rosen.

Venedig, d. 21sten September 1829.

Ich kann hier keinen geschickten Bogen Briefpapier bekommen, so daß ich ein Blatt aus meiner Brieftasche reißen mußte. — Es geht mir gut, glücklich sogar, ich hatte mich verliebt in Mailand und lag ganze sechs Tage da, meine Kasse ist ganz erschöpft und ich muß meine Uhr verkaufen und bei Kurrer in Augsburg noch borgen. Ich habe oft geschrieben, aber immer den Brief zerrissen. Von Venedig kann ich Dir keine Vorstellung machen, wohl aber von Anderem, wenn wir auf dem Schloßberge spazieren gehen, habe immer Hundewetter gehabt, desto geistigeres und reineres in meinem innern Himmel! Ach, Rosen, warum bist Du nicht mit nach Venedig gekommen, oder ich hätte nicht ohne Dich reisen sollen! — Bitte, miethe mir ein neues Logis, hörst Du, ein rechtes für mich, Du kennst mich doch so ein wenig. Versäume keine Minute. — Ach mein Herz ist gepreßt und mein Geist am escalier conduisant au Belvedere am Hôtel Reichmann. Sie gab mir eine Cypresse zum Abschiede da oben — es war eine Engländerin — recht stolz und freundlich, liebend und hassend, hart und so weich, wenn ich spielte. Verfluchte Reminiscenzen. Aus Augsburg wieder. Lebe wohl, Du Gekannter. Dein

R. Sch.

12. An G. Rosen.

Mailand, am 4ten October 1829.

Da ich in Venedig vergessen hatte, meinen Brief an Dich zu frankiren, so befürcht' ich, Du habest ihn nicht erhalten, mein geliebter Rosen! Im Grunde wär' es mir lieb, da er in einem etwas mißmuthigen Ton abgefaßt war, dem vieles zum Grunde lag, was ich nicht wiederholen will. Ich komme mir seit einigen Wochen (vielmehr immer) so arm und so reich, so matt und so kräftig, so abgelebt und so lebensmuthig vor, daß ich nie Lust hatte, zu schreiben. Es wird Dir lieb sein, des Portos wegen.

Auch heute ist es mir kaum möglich, die Feder länger als 4 Minuten zu halten; darum in aller Kürze dieses:

In Venedig ward ich krank, es war eine Art Seekrankheit mit Erbrechen, Kopfschmerzen 2c. — ein lebendiger Tod — die verdammte Erinnerung an Cypressen in Mailand wollte mir schwer aus dem Kopfe ;— ein Arzt nahm mir einen Louisdor ab, ein Schuft von Kaufmann beschummelte mich um einen halben — die Kasse bestand noch aus 2 Napoleons — nach kurzer Ueberlegung den Beschluß gefaßt, nach Mailand zurückzukehren —

Beschreiben will ich Dir überhaupt nichts, da es mir mündlich meist besser gelingt, wenn überhaupt. — Ende October komm' ich wieder.

Sag' im Augenblick das Logis auf, direct oder indirect, wenn Du meinen Brief mit dem von der Panzer nicht solltest empfangen haben. Miethe, was Du für eines wollest, nur ein ähnliches . . . [?] nicht. Thu mir es zu Liebe, Rosen![7]

Das ist alles. Lebewohl.

Robert Schumann.

13. An den Vormund.

Heidelberg, den 28sten November 1829.

Es ist besser, ich rede ganz offen mit Ihnen, und ich bitte auch Sie darum, verehrter Herr Rudel, es gegen mich zu sein; wünschen Sie, daß ich mich hier und da beschränken soll, so will ich es gerne thun, so viel es geht.

Sonst bin ich gesund und heiter und lebe ganz still auf meiner Stube; in Familien bin ich viel eingeführt, aber es zieht mich wenig hin. Im Ganzen freue ich mich auf Zwickau und Leipzig wieder herzlich. Das Heimweh überfällt mich oft.

14. An den Vormund.

Heidelberg, am 26sten März 1830.

Von meinem Leben während dieses Vierteljahres, so kostspielig es auch war, werden Ihnen in jedem Falle meine Brüder gesagt haben, daß es trotz diesem angenehm u. heiter war. Auch jetzt bin ich gesund wie ein Fisch im Wasser und froh ohnehin.

Daß ich Schulden habe, müssen Sie auch wissen, u. das ist das Einzige, was mich oft sehr drückt. Ich habe allein an den Schneider in diesem Wintersemester 140 fl. bezahlt, die andern Nebenausgaben gar nicht mitgerechnet, die ich in Leipzig mit meinem von der Obrigkeit ausgesetzten Studirgelde nicht zu bestreiten brauchte. Wenn Sie dies alles berücksichtigen, so werden Sie wenig Unterschied mit meinem Leipziger Auskommen finden. Das Schlimmste ist, daß hier alles theurer, feiner und nobler ist, weil hier der Student dominirt u. eben deshalb geprellt wird.

Wie sehr würden Sie mich verbinden, verehrtester Herr Rudel, wenn Sie mir so bald als möglich so viel als möglich sendeten! Ich habe wohl gegen 10 unbezahlte Rechnungen hier liegen, die jeder Student hier am Ende des Semesters leider zugeschickt bekommt. Ich mag Ihnen das Total meiner Passiva nicht sagen u. glaube auch kaum, daß das Geld, um welches ich Sie jetzt ergebenst ersuche, die ganze Negation meines Beutels decken möchte. Glauben Sie mir gewiß, daß nie ein Student mehr braucht, als wenn er eben keinen Kreuzer in der Tasche hat, zumal in den kleinen Universitätsstädten, wo er so viel geborgt bekömmt, wie er nur will. Ich habe einmal vor 14 Tagen in den vorhergehenden 7 Wochen keinen Heller gehabt u. kann Ihnen aufrichtig gestehen, daß ich nie so viel gebraucht habe als eben in diesen 7 Wochen. Die Wirthe schreiben dann mit doppelter Kreide u. man muß mit Doppel Kronthalern bezahlen.

Durch meine Verwandten werden Sie erfahren haben, daß es einer meiner größten Wünsche gewesen ist, in diesem wirklich herrlichen Heidelberg noch ein Halbjahr bleiben zu dürfen, u. meine Mutter hat auch diesen meinen Wunsch mit einem vollkommenen Ja erwiedert. Wie lieb würde es mir sein, mein verehrter väterlicher Freund, wenn Sie auch mir die Einwilligung dazu gäben, da der hiesige Aufenthalt ungleich lehrreicher, nützlicher und interessanter ist als in dem flachen Leipzig.

15. An den Vormund.

Heidelberg am 21sten Juni 30.

Traurige Sachen hab' ich zu melden, verehrtester Herr Rudel — Erstens hab' ich ein Repetitorium, das halbjährlich allein 80 Gulden kostet, und dann, daß ich außerdem binnen 8 Tagen mit Stadtarrest (erschrecken Sie nicht) belegt werde, wenn ich nicht bis dahin 30 fl. andere Collegiengelder bezahle. Stadtarrest ist hier nur eine Art Drohung, und es wird keinen Falls so gefährlich.

In jedem Falle ersuche ich Sie aber ergebenst, wenn es Ihnen anders nur möglich ist, mir sehr bald wieder einen Wechsel oder Geld in natura zu schicken.

Sonst bin ich heiter, gesund und fleißig; stehe jeden Tag um 5 Uhr auf und lebe, wie gesagt, herrlich und schön.

16. An den Vormund.

Heidelberg. den 30sten Juli 1830.

Das Wetter hier ist herrlich, aber siedend heiß, und mein Leben hat nichts von den Annehmlichkeiten verloren, von denen jeder meiner Briefe an Sie so voll ist. Gesund bin ich wie je. Arbeiten muß ich viel und weiß oft nicht, wie ich mit der Zeit fertig werden soll, da ich außerdem viel Englisch und Französisch treibe und auch das Clavier nicht ganz vernachlässigen darf.

Was meine Abreise anbelangt, so wird sie sehr spät im September erfolgen, da das juristische Repetitorium, das mich etwas von der Sonnenhitze abkühlt, erst spät schließt.

Die Inlage an meine Mutter wollen Sie gefälligst recht schnell besorgen, da die Sache Eile hat. Ueber das Nähere wird gewiß meine Mutter mit Ihnen sprechen.[8]

17. An Friedrich Wieck in Leipzig.

Heidelberg, d. 21. August 1830.

Verehrtester meiner Lehrer!

Es hat lange gewährt, bis alle meine Ideen ruhiger und ebener geworden sind. Fragen Sie nicht, wie es nach Empfang der Briefe in mir tobte. Jetzt geht's schon eher. Mein erstes Gefühl war Muth und der Entschluß; der Atlas war zerdrückt und ein Sonnenjüngling stand da und sah bedeutend nach Osten. Beuge der Natur [nicht] vor; der Genius könnte sich sonst auf ewig wenden. — Der Weg zur Wissenschaft geht über Alpen und über recht eisige, der Weg zur Kunst hat seine Berge, aber es sind indische, voller Blumen, Hoffnungen und Träume — so ging's ungefähr im ersten Augenblicke, nachdem ich Ihren und meiner Mutter Brief gelesen hatte. — Jetzt ist's bei Weitem ruhiger . . . .

Ich bleibe bei der Kunst, ich will bei ihr bleiben, ich kann es und muß es. Ich nehme ohne Thränen von einer Wissenschaft Abschied, die ich nicht lieben, kaum achten kann; ich blicke aber auch nicht ohne Furcht auf die lange Bahn hinaus, die zum Ziele führt, das ich mir jetzt vorgesteckt habe. Glauben Sie mir, ich bin bescheiden, habe auch viel Ursache, es zu sein; aber ich bin auch muthig, geduldig, vertrauensvoll und bildsam. Ich vertraue Ihnen ganz und gebe mich Ihnen ganz; nehmen Sie mich, wie ich bin, und haben Sie in allen Dingen Geduld mit mir. Kein Tadel wird mich niederdrücken und kein Lob soll mich fauler machen. Etliche Eimer recht, recht kalter Theorie können mir auch nichts schaden, und ich will ohne Mucksen hinhalten. Ich habe mit Ruhe und Aufmerksamkeit Ihre fünf „Aber" durchgegangen und mich überall streng geprüft, ob ich alles erfüllen kann. Verstand und Gefühl antworteten allemal: „ach natürlich" —

Verehrtester! nehmen Sie meine Hand und führen Sie mich — ich folge, wohin Sie wollen und will nie die Binde vom Auge rücken, damit es nicht vom Glanz geblendet werde. Ich wollte, Sie könnten jetzt in mich sehen; es ist still drinnen, und um die ganze Welt haucht jetzt ein leiser, lichter Morgenduft.

Vertrauen Sie denn auf mich; ich will den Namen, Ihr Schüler zu sein, verdienen. Ach! warum ist man denn manchmal so selig auf der Welt, Verehrtester? Ich weiß es.

Leben Sie herzlich wohl; binnen drei Wochen haben Sie mich und dann — — — Ihr

ergebenster

Robert Schumann.

18. An den Vormund.

Heidelberg, den 21sten Aug. 30.

Verehrtester Herr Rudel!

Meine Verwandten haben Ihnen auf jeden Fall meinen Entschluß und meinen neuen Lebensplan mitgetheilt. Glauben Sie mir es — ich bin der Kunst geboren und will ihr auch treu bleiben. So gut ich nun auch Ihre Lebensansichten kenne und sie zu würdigen weiß und lange mit mir zu Rathe gegangen bin, so bin ich doch gewiß, Ihnen gegenüber alle kleinen Zweifel zu lösen, die Sie noch haben könnten.

Mein Entschluß ist also fest und gewiß dieser: Ich widme mich sechs Monate lang in Leipzig bei Wieck ganz ausschließlich der Kunst. Vertrauen Sie ganz auf Wieck, verehrtester Herr Rudel, und warten Sie dann auf sein Urtheil. Wenn er spricht, daß ich in drei Jahren nach diesen sechs Monaten das höchste Ziel der Kunst erlangen kann, nun, so lassen Sie mich in Frieden ziehen: dann gehe ich gewiß nicht unter; — hegt Wieck aber nur den geringsten Zweifel (nach diesen sechs Monaten), nun so ist ja in der Jurisprudenz noch nichts verloren und ich bin gern bereit, dann mein Examen binnen einem Jahr zu machen, in welchem Falle ich dann immer nicht länger als vier Jahre studirt hätte.

Innigst verehrter Herr Rudel! Sie sehen nothwendig hieraus, daß ich auf jeden Fall sobald als möglich aus Heidelberg fort muß, da mir der Aufenthalt hier nur schaden kann.

Haben Sie daher die Güte, mir sobald als möglich einen ansehnlichen Wechsel zu schicken, mit dem ich die große Reise und die übrigen Schulden[9] bestreiten kann. Sie würden mich mit 150—180 Thalern ganz glücklich machen. Ich verpflichte mich dagegen, bis Ende dieses Jahres keinen Kreuzer von Ihnen zu verlangen. Wenn Sie meine Bitte ganz erfüllten, so reißen Sie mich aus einer Menge Verlegenheiten und Quäkeleien . . .

Ich empfehle mich Ihnen herzlich und mit der innigsten Hochachtung als

Ihren

ganz ergebensten

Robert Schumann.

19. An August Lemke, stud. jur. in Heidelberg.

Mein guter Lemke!

Thust Du mir wohl den Gefallen und schickst durch irgend eine Gelegenheit nach Mannheim beifolgende Noten an Heckel? Meine Schuld würd' ich binnen Kurzem aus Leipzig nachtragen. Sie beträgt höchstens 6 fl. und jetzt kann ich keinen Heller von meinem Reisegeld vermissen.

Jetzt bist Du vielleicht auf dem Rigi, wo die goldenen Höhen strahlen und perlen von Abendröthe und Lebenskraft.[10] Ich habe noch kein Reisegeld. Weiß Gott, wie das zugeht. Binnen drei Tagen geht's aber sicher nach Rotterdam.[11]

Von Leipzig schreib' ich nach meiner Ankunft. Adieu Lieber!

Dein

H[eidelberg] 10. September 30. Schumann.

Das Stammbuchblatt[12] liegt bei; es war aber kaum nöthig.

20. An den Vormund.

Heidelberg am 18 September 30.

Verehrtester Herr Rudel!

Der Himmel gebe, daß kein Unglück in Ihrem oder meinem Hause die Ursache eines so langen Schweigens sein möge! Oder sollten Sie meinen letzten dringenden Brief gar nicht erhalten haben?

Ich bitte Sie nochmals inständigst, mir bald Antwort und einen Wechsel zu schicken (wenn es Ihnen anders nur möglich sein sollte, einen sehr bedeutenden) und mich aus meinen unruhigen Zweifeln zu befreien.

Sie können sich keinen Begriff von der Angst und der schrecklichen Langeweile machen, die ich jetzt hier habe. Ich bin der einzige Student hier und irre einsam, verlassen und arm, wie ein Bettler, mit Schulden obendrein in den Gassen und Wäldern herum.

Haben Sie Nachsicht mit mir, verehrtester Herr Rudel! aber schicken Sie mir nur diesmal Geld und Geld nnd nöthigen Sie mich nicht, zu meiner Abreise Mittel zu leihen, die mir sehr schaden könnten und auch Ihnen nicht angenehm sein dürften.

Ich empfehle mich nochmals Ihrer Güte und Nachsicht angelegentlichst und zeichne mich als Ihren

ganz ergebensten, aber sehr armen

Robert Schumann.

Nach Zwickau werde ich wohl vor Ostern nicht kommen, da mich der Aufenthalt jetzt zu viel Zeit kosten würde.

Ich bitte Sie, diesen Brief meinen Verwandten mitzuteilen. Entschuldigen sie gütigst die Eile und Liederlichkeit meines Schreibens mit meiner Unruhe und Ihrem Herzen.

21. An A. Lemke in Heidelberg.

Leipzig am 11ten Januar 31.

Mein lieber guter Lemke!

Ich schreibe spät, aber doch. — Das rückwärts liegende Dunkel möge eine sanfte Fortsetzung Deines Bienenlebens gewesen sein, das von jeder Blume saugt und nippt. —

Kaum würd' ich so spät schreiben, wenn ich nicht im Augenblicke im Hesperus[13] einen Aufsatz über Euren H[eidelberger] Musikverein gelesen hätte, der mich lebendig in Deine Stube H[au]ptstraße, östlich, versetzte und an unser goldenes Schlaraffenleben (weiter war's im

Grund doch nichts) und an alle die Stunden und Nächte und Tage erinnerte, die wir zusammen verlebten, vertranken, verträumten und verspielten.

Außer Mays holder Tenorstimme ist noch keine in mein kaltes Leipzig von Euch zu mir herüber gedrungen. Und mein Wunsch und Bitte an Dich, mir alles, was mich in- oder nicht interessiren könnte, zu schreiben und zu erzählen, ist natürlich und verzeihlich. Und Du wirst mein Livius oder Eutropius sein.

Mein Leben ist ganz das alte, aus dem Mond gefallene, da die verschiedenen Lebensverhältnisse (Personen mehr) durchaus keinen Eindruck oder Änderung in meine Lebensweise bringen können.

Ich spitze mich sehr auf einen Bericht Deiner Schweizerfahrt, Liebesabenteuer, Erkennungen, Küsse und Pistolen. Von meiner kann ich Dir weniges erzählen. Jedenfalls war diese letzte die ledernste meines Lebens, da der Abschied von Heidelberg, der fast wie Regenwolken in mir hing, aus denen höchstens die liebliche Philippine von Zeit zu Zeit ihr Engelsköpfchen steckte, allerlei fatale Gedanken an Trennung im Leben überhaupt wie auch übrigens zurückließ und verursachte. Wie dann das Dampfboot immer schneller fortflog und Mannheim hinter Bäumen verschwand, da war's, als wendete sich mein Genius und als sagte er mir: die Blumen verblühen. Spaß bei Seite: der Abschied von Heidelb. ist mir sauer geworden.

Schreibe mir denn, mein alter Lieber, dem ich die Hand freundlich drücke, alles, alles, was Dich interessirt, was Dir lieb ist, wie es Dir ergangen ist, ob Du im Concert oder wer gespielt hat, ob Du Nachricht von Mitchells hast (warum wird Dein Auge so trübe auf einmal? denk' an die letzte Mondscheinnacht), wer die kleine kußlichte Voisinage Gouvernante liebt oder wen sie liebt, ob der grüne Esel noch hofft, ob die kleine gar liebe Philippine Braut ist — kurz alles. Vergiß nicht, Lauters, Herzfeld, Wolff, Wedekind, den kleinen Braune, Anderson, Wendt zu grüßen und auch sie, die holde Fantasieblume des Faulhaber!

Vergiß nicht, der Bonne wie der kleinen kußlichten Hoffmeister schöne Worte der Vergangenheit zu wiederholen und mich im Ernst zu empfehlen. Kurz — sei vernünftig, Lieber, u. thue mir alles zu Liebe.

Ich grüße Dich herzlich und tausendmal u. bin mit wahrer Freundschaft und Liebe Dein alter Schumann.

Die Abeggvariationen werden ehestens gedruckt. Erschrickst Du? Ganz Heidelberg bekommt Exemplare gratis. —

Ich hoffe, Du wirst leserlicher schreiben denn ich.

Noch ein paar Fragen und Bitten: wann gehst Du aus Heidelberg? kommst Du über Leipzig? Meine Brief- und sonstige Adresse ist Reichsstraße bei Friedrich Wieck.

Sänger hab' ich hier getroffen u. gesprochen. Nimm mich gegen Overmann und Borngasser in Schutz: es geht keinem ein Heller verloren.

Es ist bequemer, wir frankiren die Briefe nicht. — Grüße Königsfeld. —

Spricht man von mir, von meinen Schulden, meinem Durchbrennen? und wie? schreibe mir von allem. Grüße Dammance u. seine Schwestern.

Zu Ostern gehe ich nach Weimar zu Hummel. Was hast Du im Concert gespielt?

Wen liebst Du? Grüße sie.

22. An H. Dorn [in Leipzig].*)

Am 5ten [Juli 1831.]

Wollten Ew. Wohlgeboren mir durch mitkommenden Merkur gütigst wissen lassen, wann ich Sie in Ihrer Wohnung antreffen kann, um die mir versprochenen Stunden anzufangen[14] im besten Sinne des Wortes. So viel italienischen Himmel Sie gewiß über dies stärkende Eisbad gießen werden, so zittre ich und fröstle ich doch im Voraus ein wenig, der Kopf weniger als das Herz, u. bin mit der Bitte um Entschuldigung meines langen unbescheidenen Schweigens[15]

E. W.
pp.

23. An J. N. Hummel in Weimar.**)

Lpz. am 20sten Aug. 31.

Ew. Wohlgeboren möchten die Zudringlichkeit dieses Briefes u. des Ihnen unbekannten Schreibers mit der Vertraulichkeit entschuldigen, die er mit Ihren Werken schon seit Jahren schloß. Wenn dann an manchem Tage, wo Ihre Tonbilder recht klar und lebendig in mir wurden, der Wunsch erwachte, mich dem Manne nähern zu dürfen, der den Menschen schon so reiche Stunden gab, so glaubt' ich wohl nie,

*) Aus Schumanns Tagebuch („Leipziger Lebensbuch“) von 1831.
**) A. d. Conceptbuch.

daß es je geschehen könne. Da ich aber allgemein hörte, daß der Meister den Schüler, der um Rath bittet, nicht unfreundlich zurückweist, so faßte ich Vertrauen.

Ehe ich eine Bitte wage, deren Erfüllung ich Ihrem Ermessen anheimstelle, erlauben Sie mir, Hochverehrter, mich über den Zweck dieses Briefes aussprechen zu dürfen. Schon von früher Kindheit an hatte ich eine leidenschaftliche Liebe zur Musik, wenn es anders als Beweis gelten darf, daß ich den ganzen Tag am Clavier saß u. phantasirte. Mein Vater, der Buchhändler in einer Provinzialstadt Sachsens war, ein weit- und hellblickender Mann, mochte vielleicht einen Beruf zur Kunst eher erkennen als meine Mutter, die sorglich, wie alle, ein sogenanntes Brodstudium dem gefahrvollen Künstlerleben vorzog. Es wurden zwar mit Hrn. Capellmeister von Weber Verhandlungen zu meiner musikalischen Fortbildung eingeleitet; sie zogen sich jedoch in die Länge, da der Meister in England war, bis der Tod meinen Vater im J. 1826 dahinraffte. Als blinder Naturalist ging ich ohne Führung meinen Weg fort; Vorbilder konnt' ich in einer kleinen Stadt nicht haben, in der ich vielleicht selber als eines galt. Wenig nachdenkend über meine Bestimmung, meinen künftigen Lebensberuf, bezog ich vor drei Jahren die hiesige Universität, besuchte etliche Collegien, trieb aber unter guter Leitung Clavierspiel u. Composition leidenschaftlich fort. Was mein Lehrer freilich zu regeln u. bessern hatte, können Sie leicht denken, da ich wirklich alle Concerte vom Blatt spielte, im Grunde aber die C dur-Scala erst anfangen mußte. Die Fortschritte, die ich machte, gaben mir Muth, das Studium ward strenger, so daß ich nach einem Jahre das A moll-Concert (es gibt nur eines) ruhig, sicher, technisch-fehlerlos vortragen konnte, zu Zeiten sogar öffentlich spielte. Ostern 1829 ging ich nach Heidelberg, reiste später längere Zeit in der Schweiz und Italien u. kam Ostern 1830 nach Heidelberg zurück. Da kam der Gedanke: „was willst du auf der Welt?“ wie mit einemmale über mich. Lassen Sie mich nichts von dem Kampfe sagen, der fast ein halbes Jahr währte, und in dem endlich die Liebe zur Kunst gewann. Ich schrieb meiner Mutter, bat sie an Wieck in Leipzig zu schreiben, ob er glaube, daß in der Musik etwas von mir zu erwarten sei. Die Antwort des Letzteren war ermunternd, „da ich ohnedies nicht ganz unbemittelt das Gefahrvolle, das die Kunst als Broderwerb mit sich bringe, nicht so sehr zu fürchten hätte als vielleicht andere“.

Der Schritt war gethan; ich kehrte schnell nach Leipzig zurück, mit starken Vorsätzen u. feurigem Willen, glaub' ich. Aber wie fand ich meinen alten Lehrer verwandelt! Statt daß sonst jeder Ton wie auf die Goldwage gelegt, jeder Satz Seite für Seite auf das Gewissenhafteste studirt ward, ließ er mich jetzt Gutes u. Schlechtes bunt durcheinander spielen, bekümmerte sich weder um Anschlag, noch Applicatur — da sollte alles geistreich und Paganinisch vorgetragen werden, da konnt' ich nicht lebhaft u. huschelig [?] genug spielen. Mein Lehrer wollte mich dadurch über ein gewisses ängstliches, fast [?] mechanisches u. herausstudirtes Spiel heben; ich sah auch, daß seine Methode bei seiner Tochter, die in der That Außergewöhnliches verspricht, besser anschlagen mußte als bei mir, da ich mir eine so freie Behandlung noch nicht zutrauen durfte. Aber dennoch bemerkt' ich leicht, daß ich in diesem ganzen Jahre meines Leipziger Aufenthaltes vielleicht freiere Ansichten über Vortrag, Auffassung u. dgl. bekommen, aber an eigentlicher Meisterschaft des Spieles wenig gewonnen hatte.

An den Meister wend' ich mich nun vertrauensvoll, ob er mir vielleicht eine Zeitlang den Genuß seines Unterrichts gewähren wolle. Eine alte vortreffliche Mutter, die gern möchte, daß etwas Rechtes aus mir würde, spricht mit mir diese Bitte aus und setzt ihr ganzes Vertrauen in den Mann, den die Welt als so liebreich u. freundlich gegen Kunstjünger schildert.

Schüchtern leg' ich hier das erste Solo eines Concertes[16] bei, nach dem Ew. Wohlgeboren besser vielleicht als aus allen Beschreibungen den Standpunkt meiner jetzigen Bildung beurtheilen können. Zur Entschuldigung, daß ich mich schon im Concertstil versucht habe, erwähn' ich noch, daß ich vor diesem sehr viel, Größeres und Kleineres, gearbeitet hatte, u. daß mir die Concertform, da sie freier ist, eine leichtere schien, als z. B. die der Sonate.

Hochverehrter Mann — ich habe offen u. viel geschrieben u. kann für die Bitten, die ich wage, nichts geben als im Voraus meinen Dank, der Ihnen wenig werth sein kann. Wenn Sie aber diesen Brief dem langgenährten Wunsche, mich dem Meister nähern zu können, u. meiner leidenschaftlichen Liebe zur Kunst anrechnen wollen, so erlassen Sie mir vielleicht eine weitere Selberentschuldigung.

Beschloß ich je einen Brief mit den Gefühlen einer wahren Verehrung, so ist es heute.

24. An Faulhaber in Heidelberg.*)

Lpz. am 12./10. 31.

Liebster Herr Faulhaber,

Vielleicht erinnern Sie sich noch mancher Bouteille Wein, die wir zusammen bei Hrn. Lind oder Lauter, den Heidelberger Kunstmäcenen, austranken auf's Wohl der schönen Musik oder der Alexandervariationen.

Nehmen Sie das beifolgende Erstlingsoeuvre[16] in Gnaden auf! Es ist fast unter Ihren Augen entstanden, und sollte italienischer Himmel drinnen stecken, so ist es eher Heidelberger.

Sie würden mir einen Gefallen erzeigen, wenn Sie von beifolgenden sechs Exemplaren zwei an Ritzhaupt, eines an Hrn. Lind, an H. Lauter u. eines an Ihre schöne Schülerin Sophie Haub abgäben.

Wenn Sie sich meines Kindes annehmen, so empfangen Sie in seinem Namen meinen Dank!

Mit altem treuen Herzen Ihr ergebener

Robert Schumann.

25. An G. W. Fink [in Leipzig].*)

Lpz. am 10./11. 31.

P. P.

Versuchte der Unterzeichnete schon neulich sich bei Ew. Wohlgeboren in ein theoretisches Licht zu stellen,[18] so geschieht dies jetzt vielmehr noch in praktischer Hinsicht —. Im Ernst — sehr schüchtern lege ich Ihnen dieses Erstlingswerk vor (obgleich es im Pulte vielleicht schon Opus 50 ist) — Möchten Ew. Wohlgeboren nach diesem Maßstab richten und den Variationen eine recensirende Anzeige in Ihrer musikalischen Zeitung nicht versagen.

Herr Friedrich Wieck schrieb mir neulich, daß er eine Recension über Chopin an Hrn. Hofrath Rochlitz für Ihr Blatt eingesandt habe. Sollten Ew. Wohlgeboren dieser den Vorzug des Druckes vor der meinigen geben (so unerwünscht mir es käme, da ich wohl gerne der Erste sein möchte, der das schöne Werk recensirt hätte), so würden Sie mich sehr verbinden, wenn Sie mir jene Bogen zurückschickten,[19] da Haslinger, an den ich deshalb schrieb und der mich um Eile des Abdrucks in Ihrer Zeitung bat, die Recension in seinen musikal. Anzeiger aufnehmen will. Ist Ihnen im andern Falle die Fortsetzung der

*) A. d. Conceptbuch.

Caeciliana genehm, so ersuche ich Sie, mir es umgehend zu melden, der ich mich zeichne als Ew. Wohlgeboren

gz. ergeb. Diener

26. An H. Dorn.*)

Verehrter Herr!

Bis heute Abend haben Sie gewiß auf Berichtigung meiner Schuld zu rechnen. Schon seit acht Tagen leid' ich an einer psychischen Cholera, die mich fast zu Boden drückt. Wie wenig unter solchen Umständen die Welt von der Fuge zu erwarten hat, kann ich kaum versichern. Doch bin ich fleißig. In einigen Tagen flattre ich mit den Papillons zu Ihnen; es sind einige weiße darunter.

Verlassen Sie mich nicht ganz,

Lpz. am 23/12. 31. Ihren

27. An G. W. Fink.*)

Darf ich Ew. Wohlgeboren um eine oder zwei Nummern der Chopinschen Recension, oder im Falle Sie selbst keine besäßen, um eine freundliche Verwendung dafür bei Breitkopfs ersuchen, die keine einzelnen Blätter geben wollen? Und darf ich selbst Ihnen in den nächsten Tagen meine Aufwartung machen?

Wie sehr mich Ihre schönen Worte über das Beethovenspielen von Kindern[20] erquickt haben, kann ich Ihnen kaum versichern. So läßt ein hiesiger erster Clavierlehrer seinen Schüler seit einem Jahre die Eroica u. die Hummelsche Fis moll-Sonate spielen, der Knabe ist kaum zehn Jahr.

Noch eine Bitte verschieb' ich bis auf das Vergnügen der mündlichen Unterredung ꝛc.

Lpz. am 27/12. 31.

28. An H. Dorn.*)

L. am 25/4. 32.

Ew. Wohlgeboren

Nur die fortwährende Hoffnung, Geld von Haus zu erhalten, verzögerte die schuldige Entschuldigung. In den Tagen vom 1—4 Mai ist es gewiß in Ihren Händen Ew. Wohlgeb.

ergebener Diener

*) A. d. Conceptbuch.

Einschluß.

Verehrter Herr Director,

Was konnte Sie zu einem so plötzlichen Abbrechen unsres Verhältnisses veranlassen? Freilich bat ich so lange um Nachsicht u. Entschuldigung, daß Ihnen die Sache lästig wurde. Aber daß mich der Führer so kurz vor dem Ziele verlassen konnte, glaubte ich kaum; denn erst jetzt, nachdem ich zweien meiner Bekannten bis zu den Ligaturen verholfen habe, sah ich Ihren gründlichen und sicheren Lehrgang, und wie Sie oft mit einem Worte hinwarfen, was mir im Augenblick ohne Bedeutung erschien (namentlich die Intervallenlehre) u. das ich verstanden zu haben glaubte, was aber der Fall durchaus nicht gewesen war. Glauben Sie nicht, daß ich seit Ihrer Trennung still gestanden oder faul gewesen bin. Aber es ist, als wenn sich meine ganze Natur jedem Antrieb von außen widersträubt u. als wenn ich auf das Ding erst von selbst fallen müßte, um es zu verarbeiten u. ihm seine Stelle anzuweisen. Wo wir stehen geblieben waren, bin ich daher bedächtig fortgegangen (nach Marpurg), gebe aber (ich gestehe es Ihnen) nicht die Hoffnung auf, bei Ihnen noch einmal die Lehre vom Canon zu hören, sehe auch das Durch- und Durch-Nützliche der Theorie ein, da Falsches und Schädliches nur in Übertreibung oder verkehrter Anwendung liegt. Bei einer Bearbeitung Paganinischer Capricen fürs Clavier vermißte ich Ihren Beistand sehr, da die Bässe oft zweifelhaft waren, habe mich aber durch Einfachheit herausgezogen. Sonst sind sechs Intermezzos mit Alternativen, ein Präludium mit Schlußfuge zu drei Subjecten (bedenken Sie) im alten Stil fertig, die ich Ihnen gern vorlegen möchte.[21] Wenn ich nun eigentlich frage, weswegen dieser Brief geschrieben ist, so muß ich wieder antworten: „meinetwegen", sollte das nicht Egoismus sein? —

Aber vergeben Sie und entschuldigen Sie Ihren

ergebenen Schüler

29. An Castelli in Wien.*)

Am 28/4. 32.

Der Unterzeichnete erlaubt sich, Ew. Wohlg. zwei Werke, die ersten, die sich mit s. Namen an die Sonne wagen, zur gefälligen Beurtheilung im mus. Anzeiger vorzulegen. — Weniger für den . . . [?] Redacteur als für den gemüthlichen Dichter (s. Fink) füge ich den Papillons über

*) A. d. Conceptbuch.

ihr Entstehen bei, daß der Faden, der sie umschlingen soll, schwer zu fassen ist, wenn der Spieler nicht weiß, daß das Ganze nach Lesung der Schlußscene in Jean Pauls Flegeljahren componirt ward. Ew. Wohlgeboren erinnern sich vielleicht dieses fantastischen Larventanzes u. der Worte, die das Werk schließen: Noch aus der Ferne[22] herauf 2c. Wenn ich die Bitte (2c. s. Brief an Fink) —

Über die Abeggvariationen sag' ich nichts, da es klar liegt, was sie wirken sollen u. für wen sie geschrieben sind.

Noch eine andere Angelegenheit ist Sache dieses Briefes. Ew. Wohlg. finden in der gedruckten Beilage eine Recension von mir über Chopins schöne Don Juan-Variationen. Aus Versehen ist dieses Gedruckte nur die Hälfte der ganzen, u. der hiesige Redacteur, der die Sache für geschlossen hielt, bat mich, die andre geschriebene Hälfte wieder zurück zu nehmen. Vielleicht liegt es nicht außer den Interessen des Herrn Haslinger, wenn er das Ganze im mus. Anzeiger (vielleicht in einer Beilage) mit meinem Namen erscheinen ließe, da es ohnehin, glaub' ich, im mus. Anzeiger noch nicht beurtheilt worden ist. Ich ersuche Ew. Wohlg., mich Ihre Entscheidung über diesen Antrag wissen zu lassen u. ihn nur der Verehrung für Chopins Talent u. meinem Grundsatz, nichts Halbes zu geben, zuzuschreiben.[23]

Meine Adresse ist: N. Neumarkt 641.

Mit dem aufrichtigen Wunsche, 2c.

30. An Friedrich Ritzhaupt in Heidelberg.*)

Am 14. Aug. 32.

Wenn ich so recht tief in den musikalischen Himmeln sitze, so sehe ich wohl oft einen Kopf durch die Wolken hindurch, der Ihrem in Vielem gleicht, d. h. in Allem, mein lieber Fritz! Was hab' ich Ihnen nicht zu erzählen? Was haben Sie mir nicht zu verzeihen![24] Wie oft dacht' ich an Sie und ging im Stillen den Weg mit fort, den Sie unter meinen Augen einschlugen.

Wissen möcht' ich vor Allem, ob Sie überhaupt noch leben, wie es Ihrer Familie geht, der ich so unschön vergalt mit langem Schweigen — u. ob Sie die musicam für eine schöne Gabe Gottes halten[25] — und ob der Neckar noch an Heidelberg vorbeifließt — u. was die alte Christel macht — u. überhaupt vieles möcht' ich wissen.

Erfahren sollen Sie dann, wie oft ich recht bis an die Ohren im

*) A. d. Conceptbuch.

Glückstopfe stecke — daß für mich die Musik noch immer die Sprache, in der man sich mit dem Jenseits unterhalten kann — daß ich mich in Vielem ganz geändert habe, z. B. in einer zu wildfreien Lebensansicht, daß ich recht fleißig und ordentlich bin und arbeite zc. Mit einem Worte — Sie sollen viel erfahren, Musikalisches, Poetisches, auch Philosophisches.

Meine Compositionen hätt' ich gern in natura beigelegt, scheute aber Umstände u. Kosten. Sie haben es bequemer durch den Buchhändler. Über alles Andere, meine Lehr-, Bildungs- u. Zukunftspläne haben Sie im nächsten Brief Bücher zu erwarten.

Für jetzt reich' ich Ihnen nach langer Trennung freundlich die Hand in die Ferne, von der die Ihrige den Nebel bald hinwegnehmen möge.

31. An Castelli in Wien.*)

Zwickau am 6ten December 32.

Ew. Wohlgeboren

möchten meinen aufrichtigen Dank für die so sehr aufmunternde Beurtheilung im mus. Anzeiger, die ich sicher mehr oder weniger Ihrer Gewogenheit zu danken habe, in Gunst entgegennehmen. Wie frisch u. freudig ging ich wieder an die Arbeit u. dankte dabei dem Gönner, dem ich gern seinen Chiffreschleier[26] lasse. Denn wie ein unsichtbarer Warner etwas Fürchterliches für die Fantasie hat, so steht dagegen ein unsichtbarer Freund recht freundlich hinter der Zukunft, der uns in Muthlosigkeit hebt und leitet.

Eine neue Arbeit[27] bittet um Ihre gütige Vormundschaft. Spreche ich eigentlich nur für ein Stiefkind, so zog ich's wahrlich mit Fleiß u. Lust — ich gestehe es, auch nicht ohne Interesse, da es mein theoretisches Examen vor der Kritik sein soll. Im Ernst — die Bearbeitung war nicht ohne Schwierigkeiten, da die Harmonien oft dunkel u. mehrdeutig (selbst incorrect), manche von den Capricen an Rundung oder Freiheit des Ganzen nicht ganz musterhaft zu nennen sind. (Was mich aber so sehr an jeder anzog, war die Kühnheit u. Großartigkeit der Gedanken u. die schwärmerische Fantasie, die zum erstenmal ihre Ketten von sich warf.)

Wie sehr würden Sie mich verbinden, wenn Sie diesem Werke eine recensirende Anzeige in Ihrem Blatt nicht versagen wollten.[28]

---

*) A. d. Conceptbuch.

Da ich Wien im künftigen Sommer für eine längere Zeit zum Aufenthaltsort gewählt habe,[29] so ersuche ich Sie im Voraus, mir die Ehre Ihrer persönlichen Bekanntschaft nicht entziehen zu wollen, wie Ihnen die Versicherung meiner Hochachtung zu geben, mit der ich bin

Ew. Wohlgeb.

ganz ergebener

32. An Thierfelder in Schneeberg.*)

[Zwickau] Am 3ten Januar 33.

Bester Freund,

Sehr erfreut bin ich durch Ihre Einladung, bedaure aber, daß ich weder Partitur noch Stimmen[30] im Augenblicke mitschicken kann, da ich den ersten Satz ganz umgearbeitet u. die einzelnen Stimmen noch nicht ausgeschrieben habe. Eines wird Ihnen bei dieser Umarbeitung vorzüglich auffallen. Beim ersten Componiren dieses Satzes hatte ich eigentlich den Rhythmus  als durchgehend angenommen; nur gegen den Schluß hin ließ ich ihn in den freundlichern und leichteren  auflösen; für das eilige Zwickauer Concert behielt ich aber den letzteren durchgängig bei, den ich bei der neuen Partitur wieder in den älteren verwandelt habe, da er feuriger u. seltener ist, aber auch etwas sehr Widerhaariges hat. Nun, Sie werden ja selbst hören u. urtheilen!

Wenn ich den Tag Ihres Concertes bestimmt weiß, komme ich selbst einige Tage zuvor, um alles recht genau u. schön mit Ihnen durchgehen zu können. Mit Gewißheit können Sie darauf rechnen, daß die Stimmen bis morgen über 8 Tage (Mittwoch) in Ihren Händen sind. Halten Sie die Zeit von da bis zum Concert zu kurz, um ordentlich einstudiren zu können, so bitte ich umgehend um Antwort, damit ich die Stimmen nicht in unnützer Eile ausschreibe.

Am liebsten wäre es mir, wenn Sie mir den Tag des Concertes genau anzeichneten, um alles mit der gehörigen künstlerischen Ruhe zu machen. Entschuldigen Sie diesen Brei.

Alle Grüße erwiedere ich von Herzen, bitte auch Carls und den Bergschreiber [Becker] nicht zu vergessen. Es scheint mir eine Vor-

*) A. d. Conceptbuch.

bedeutung (u. eine schöne) zu sein, daß der erste Brief, den ich 33 schreibe, an Sie, verehrter Herr, gerichtet ist.

Mit Freundschaft

Ihr ergebener

---

33. An Frau Therese Schumann (z. Z. in Gera).

[Aus Zwickau. Wahrscheinlich Anfang Januar 1833]

In aller Eile ein paar Zeilen, meine gute Therese. Eduard ist heute früh in einer Geschäftsreise abgereist; die Mutter, die Dich und Alle herzlich grüßt und küßt, beeilt sich, Dir das Kleid zum Balle zu senden. Julius und Emilie befinden sich herrlich; Rosalie soll nicht ganz wohl sein, und ich — sehne mich recht sehr nach der schönen Schwägerin in Gera. Dies ist alles, was ich Dir schreiben könnte. Der Bote wartet und will fort.

So leb denn wohl, meine gute Therese: sei glücklich im Schooße Deiner Familie. Mag Dir Dein Leben freundlich erscheinen, und mag Deine schöne Seele jede zarte Freude, die das Leben und eine geliebte Mutter geben können, im vollsten Maße genießen, so werde ich doch immer sagen: sie hat mehr verdient. Vergiß aber auch dann nicht einen fernen Freund, wenn ich ihn mich nennen darf, und ein Dir innig befreundetes Herz. Adieu.

Robert Schumann.

34. An den Advocaten Dr. Töpken in Bremen.

Leipzig, am 5ten April 33.
Charfreitag.

Mein lieber und freundlicher Töpken,

Wie hat mich Ihr Brief erfreut, der freilich nicht auf Adlerflügeln zu mir kam, obgleich vor vier Wochen! Ist es recht, daß, da ich schon so lange die Frage schuldig blieb, ich auch die Antwort so lange zurückhalte? Aber Ihr Brief traf mich in meiner erzgebirgischen Heimath, mitten unter Freunden, Verwandten, Freuden und Genüssen aller Art, die der historischen Ruhe einer Antwort nachtheilig gewesen sein würden. Freilich hoffen Sie nicht zu stark auf jene; nach langer Trennung drückt man sich lieber die Hände, als daß man viel spricht — und dann fühle ich auch eine gewisse Ueberfülle an Stoff, den die Jahre nach und nach gehäuft haben.

Daß ich oft an Sie dachte, daß täglich, wenn ich recht tief in meinen Musikhimmeln sitze, ein Kopf im Hintergrunde schwebt, der Ihrem mehr als ähnlich sieht, daß ich oft den schönen festen Weg, den Sie, wie in jeder Sache, so in der Musik, unter meinen Augen einschlugen, während unserer Entfernung zu verfolgen suchte, so daß ich mir Grad und Stufe, auf der Sie jetzt stehen, ungefähr zu bezeichnen getraute — glauben Sie mir das! Freilich irrten wir, wenn wir durch eine oft eigensinnige Mechanik erlangen wollten, was nach und nach die Ruhe und Reife des spätern Alters von selber bringt — oder: wir faßten den Henkel so fest an, daß darüber bald das Gefäß verloren ging (umgekehrt ist's freilich noch schlimmer). In dieser Hinsicht und um jene Fertigkeiten ins Gleichgewicht mit den andern Kräften zu bringen, habe ich mich oft berichtigen müssen, vieles, was ich sonst für untrüglich hielt, als hemmend und nutzlos verworfen und oft die Potenzen auf entgegengesetztem Wege zu vereinigen gesucht. Denn wie in der physischen Welt heben und verdoppeln sich gleiche Kräfte, aber die stärkere ist der Tod der schwächeren und, um es auf die Kunst anzuwenden, nur durch harmonische Ausbildung der Fertigkeit und Fähigkeit (Schule und Talent) entsteht ein künstlerisches Rundes. Wenn ich Ihnen in dürren Worten eine Totalansicht der meinen zu geben versuche, so geschäh es mündlich freilich lebendiger, doch verweise ich Sie noch auf meine Vorstudien zu den Paganinischen Capricen, wo ich es unsystematisch genug, doch mehr als im eben gelesenen that.

Daß Sie die Papillons kennen, von denen mancher in der schönen Heidelberger Umgebung und in Ihrer entstand, freut mich sehr, da es Ihnen wenigstens ein Zeichen meines Lebens sein mußte. Ihre Recension soll mir sehr werth sein; ist Platz im Briefe, so lege ich ihm eine Wiener bei, die mich sehr erfreut hat. Auch in der Berliner Iris finden Sie viel Freundliches über mich.

Zur Ostermesse kommen Intermezzi (zwei Hefte, längere Papillons) und ein Allegro di bravura, deren Erscheinen ich Ihnen genauer anzeige. Im ganzen verflossenen Winter nahm eine große Sinfonie fürs Orchester, die nun beendigt ist, meine Zeit weg; von ihr erwarte ich, ohne Eitelkeit, das Meiste für die Zukunft. Clavier spiele ich wenig noch; — erschrecken Sie nicht — (auch ich bin resignirt und halte es für eine Fügung), an der rechten Hand habe ich einen lahmen, gebrochenen Finger; durch eine an sich unbedeutende Beschädigung und durch Nachlässigkeit ist das Uebel jedoch so groß, daß ich mit der ganzen Hand kaum spielen kann. Ueber dieses, wie über meine sonstigen Lebensumstände, die sich übrigens sehr heiter gestalten, über meine Aufnahme in der Künstlerwelt, die unter keinen Verhältnissen aufmunternder sein konnte, über meine Pläne für die Zukunft, wie über mein bürgerliches Leben, das im Gegensatze zur wüst-freien Weltansicht in Heidelberg zu meiner Freude nüchtern, fleißig und ordentlich geworden ist, haben Sie im nächsten Briefe allen Aufschluß zu erwarten. Ihre Briefe finden mich unter allen Bedingungen durch Wieck; der alte Lehrer ist jetzt mein ältester Freund. Ueber Clara [Wieck] werden Sie gelesen haben,; denken Sie sich das Vollendete und ich unterschreibe es. Moscheles stutzte sehr; über unser Wiedersehen, wie über sein Spiel nächstens. Kalkbrenner kommt in drei Tagen hier an; mit Hummel steh' ich in einem freundschaftlichen Briefwechsel; interessirt Sie es, so erhalten Sie seine Urtheile über mich, die mit Ihrem im Ganzen zusammentreffen würden. —

Wenn Ostern 1830 am nämlichen Tage, wie in diesem Jahre gefallen ist, so wäre morgen der Tag, an dem uns ein Einspänner nach Frankfurt und zu Paganini trug. Aus meinem Tagebuch ziehe ich folgendes: „Die ersten Kutscher — Wolkenzüge am Himmel — die „Bergstraße über Erwartung schlecht — der Melibocus — Auerbach — „Benecke (ich traf ihn hier, als er eben im Postwagen nach Berlin saß) „— die kleine Kellnerin — Lichtenbergs Auctions- (Aus Versehen habe „ich einen halben Briefbogen erwischt, bitte um Nachsicht, verspreche „Besserung)

„zeddel und Gelächter — Forster — Malaga — dann Schädtler „und Eckmeyer — Vortrinken — Quarambolagen auf der Hausflur u. s. w. „— Ostersonntag — Töpkens Flüche — traurige Gesichter — „Darmstadt — die malerische Trauerweide im Gasthof-Hofe — April„wetter, blaue und schwarze — die Warte vor Frankfurt — der lahme „Klepper u. langweiliges Danebenherlaufen — Ankunft im Schwan „— Abends Paganini — Weber (ich habe nie wieder von ihm ge„hört — vielleicht Sie?) — Entzückung (war's nicht so?) mit Weber, „Hille und Ihnen im Schwan — ferne Musik und Seligkeit im Bette „— Ostermontag — das schöne Mädchen im Weidenbusch — Abends „„Tell von Rossini" — (daneben steht im Tagebuch: Töpkens ge„sundes Urtheil) — Hinstürzen nach dem Weidenbusch — das schöne „Mädchen und Lorgnettenbombardement — Champagner — Oster-

„dienstag — mit Töpken Flügel angesehen — Al. Schmitt — „Schubertsche Walzer — Braunfels — Wachscabinett — Abschied „von Weber, vielleicht auf immer (ist bis jetzt so) — Abfahrt aus „Frankfurt — mein künstliches Ausweichen in den Frankfurter Winkel„gassen — Darmstadt —“ Jetzt schreib ich wörtlich ab: „— köstliches „Befinden nach einem Schoppen Wein — Töpken mit einem leisen „Hieb — der herrliche Melibocus im Abendglanzduft — Wein im „Wagen — der schreckliche Klepper — Verwechselung der Zügel — „endliche Ankunft in Auerbach — Lottchen — bitterer Streit mit „Töpken — ich ärgere mich seit Jahren zum erstenmal wieder — „Ostermittwoch — schlechtes Wetter — die Bergstraße blüthenschön „— in Handschuchsheim die liederlichen Preußenfüchse — Ankunft in „Heidelb. — Ende —“.

Seit langer Zeit wüßte ich nicht, daß mir ein Abschreiben (das meiner Compositionen ausgenommen) so viel Freude gemacht hätte, als das der vorigen Zeilen. Auch steht Ihr Bild jetzt so lebhaft vor mir, daß ich diesem Brief einen zweiten längeren nachschicken möchte, der Ihnen beiläufig sagte, wie sehr ich Sie immer geachtet und geliebt habe, jenen Auerbachs-Abend ausgenommen, wo Kanonen weniger verwundet hätten als das spitze Kleingewehrfeuer, in dem wir uns gefielen. Von jenen sagt man richtig, daß sie „spielen“; aber dieses dringt bis ins letzte, tiefste Glied. Jener drollige Aprilschauer hat uns später oft belustigt und Sie haben mir ihn so oft vergeben, daß ich kaum noch einmal darum ansuche.

Mit Freundschaft und Herzlichkeit sende ich Ihnen einen heitern Gruß. Möge Ihre Hand bald die Wolke wegnehmen, die noch über die letzten zwei Jahre hängt; vielleicht daß sie dann in Tropfen und warm niederfällt auf die Hand Ihres Freundes R. Schumann.

Da Platz ist, gebe ich die versprochene Recension ganz:

Wiener musikal. Ztg. Nro. 26. 1832.

I. Thème sur le nom etc.

II. Papillons.

Es ist allerwege hübsch, wenn man auf eigenen Füßen ruht, und keiner Krücken noch Anderer Schultern zur Unterstützung benöthigt. Der uns zum ersten Mal begegnende, wahrscheinlich noch jugendliche Tondichter gehört („hier war ich gespannt, erschrak aber sichtlich“) zu den seltenen Erscheinungen der Zeit; er hängt an keiner Schule, schöpft aus sich selbst („darum trink' ich jetzt so wenig“), prunkt nicht mit fremden, im Schweiße des Angesichts zusammengelesenen Federn;

hat sich eine neue ideale Welt erschaffen, worin er fast muthwillig, zuweilen sogar mit origineller Bizarrerie herumschwärmt; und schon aus diesem Grunde, eben weil ihm die Phönixeigenthümlichkeit inne wohnt, der Accolade (schlagen Sie im Dictionnaire nach) nicht unwerth ist. Freilich werden Manche, sonderlich jene, für welche beispielshalber Jean Pauls tiefgefühlte Lebensbilder böhmische Dörfer sind, oder welche vor Beethovens genialen Blitzstrahlen abhorresciren, als ob ihnen ein Vomitiv verabreicht würde — probabiliter, sag' ich, werden diese Herren in as und es auch daran gewaltig Aergerniß nehmen, ob der Kühnheit des obscuren Neophyten das Näslein rümpfen, und erklecklich Aufsehen davon machen; vielleicht wohl gar über das: „wie es ist" und „wie es sein sollte" einige Bücher Papier consumiren und ein viertelhundert Federn abstumpfen; — immerhin! — was einmal der Oeffentlichkeit übergeben wird, fällt auch dem allgemeinen Urtheile anheim; ein belehrendes verschmäht nur der Eigendünkel, während es der nach Höherem Strebende dankbar empfängt, aber treu bleibt seinem Genius, der ihn nicht leicht auf eine Irrbahn verleitet. —

Ueber die Sache selbst nur wenig Worte, da auch deren viele kaum zureichen dürften. Nro. I. ist auf ein Motiv von fünf Tönen: a, b, e, g, g, basirt; (Sind Sie nicht über die Gräfin Pauline erschrocken, deren Vater ich allein bin? ich hatte zu dieser Mystification Gründe, die ich Ihnen später mittheilen will); Nro. II. besteht aus sechs Einleitungstakten und zwölf theils kürzeren, theils längeren rhapsodischen Sätzen in wechselnden Tonarten, Zeitmaßen und Rhythmen; meist schäkernd, flatterhaft und kokettirend; ein Spiegelbild der Schmetterlingsnatur. — (Die Papillons sollen bei Weitem etwas anderes sein; im nächsten Brief erhalten Sie den Schlüssel zum Verständniß derselben.) — Nichts ist leicht zu spielen; der Vortrag erheischt Charakteristik; das Ganze will zur Erreichung des beabsichtigten Totaleindrucks sorgfältig studirt und geübt werden. Die dem Namen nach wenigstens neue Verlagshandlung introducirt sich hiermit auf eine sehr anständige Weise. 76.

Beim Abschreiben dieser Recension bin ich fast eingeschlafen, was die Handschrift hinlänglich beweist. Vergelten Sie mir dies große Opfer durch eine schnelle Antwort, ist es Ihnen anders möglich. Wir haben es bequemer, die Briefe nicht zu frankiren. Schreiben Sie mir auch von Ihren musikalischen Studien; an diesen werde ich immer viel Theil nehmen, was ich Ihnen nicht zu versichern brauche. Ich glaube Ihnen die Paganinischen Capricen nach Recht und Gewissen als vorzügliche Uebungen (höhere) empfehlen zu können und erwarte Ihr Urtheil darüber. Die obige verhüllende 76 ist, was ich später erfahren habe, der Dichter Grillparzer in Wien. —

Meine Adresse ist: in Riedels Garten (oder durch Wieck).

Adieu, lieber, bester Freund!

35. An E. Ortlepp, hier.*)

Vom 5ten Aug. 33.

Wohlgeborner Herr,

Es kann Ew. Wohlgeb. nicht entgangen sein, daß sich Herr Hofmeister seit einiger Zeit sehr lau gegen unser schönes Unternehmen[31] gezeigt u. daß er auf mein ausdrückliches Befragen allerdings den Plan absolut aufgegeben hat, aus Gründen, die freilich immer stark sind — aus finanziellen. Wir haben uns in dieser Angelegenheit an meine Brüder, Buchhändler in Zwickau u. Schneeberg, gewendet und versprachen uns Gewähr jeder billigen Anforderung. Es war das Natürlichere, daß diese mich, als nächsten Anverwandten, um Besorgung u. Redaction der etwaigen Correspondenz angegangen haben, die ich, ist die Sache im Gange, gern würdigeren Händen später anvertraue. An der Leitung haben nur die Herren Wieck u. Knorr Antheil, aber den bestimmtesten.

Nun die Frage, ob wir noch auf Ihre freundliche Mitwirkung rechnen dürfen, u. den Wunsch, daß Sie uns diese nicht entziehen möchten.

Noch muß ich in der ganzen Sache um völlige Verschwiegenheit ersuchen, da man für störende Zufälligkeiten nicht stehen kann.

Mit der Bitte, daß 2c., versichere ich Ew. Wohlg. meiner vollkommensten Hochachtung als

Ihr ergebenster

36. An Julius Mosen in Kohren.*)

Vom 7ten August 33.

Mein verehrter Herr,

Sie erinnern sich wohl kaum an eine ... [?] Gestalt, die vor etwa zwei Jahren in lustiger Gesellschaft mit Ihnen zusammen war, wenig

*) A. d. Conceptbuch.

sprach u. Ihnen zuweilen ins Auge sah. War's nun, was ich in diesem entdeckte, etwas vom Rubin, der nicht allein egoistisch einsaugt, sondern auch freudig ausströmt, oder sonst etwas Anderes, aber den Blick glaubte ich schon früher u. nach Ihrem damaligen plötzlichen Verschwinden später oft im Traum gesehen zu haben.

Wenn ich Sie bitte, diese Zeilen als Vorläufer einer längeren nachfliegenden Briefschaft anzunehmen, so erscheine ich noch überdies heute im Waffenrock u. Schild, im Auftrag einer Corporation, mit deren Ersuchen, zur nachstehenden eine neue musikalische Zeitung einleitenden Clausel Ihre Zustimmung einzuholen. Sie heißt aber so:

„Es gereicht dem Verleger d. Ztschrift zum Vergnügen zu berichten, daß er für sein Unternehmen mehrere achtungswerthe, in der Hptsache einer Kunstansicht zugethane Künstler, Dichter u. Gelehrte gewonnen hat, von denen er namhaft macht als mitwirkend für den kritischen Theil d. Herren Ortlepp, Franz Otto, Aug. Schuster (für Oper u. Lied), d. Hr. J. Knorr, Fr. Wieck (für Pianofortemusik) die Herren u. s. w. —, für Musikalisch-Belletristisches und Kunstästhetisches (im weitern Sinne), d. Herren W. von der Lühe,[32] Lyser, Jul. Körner, Mosen, Schumann, G. Schöne, Spazier u. s. f."

Dem Nachbar zur Rechten erfüllen Sie wohl die Bitte, ihm Ihre Entschließung in einer zweizeiligen Antwort zu berichten?

Nun noch die Frage: ob Sie vielleicht für die ersten Nummern, die schon als Probeblätter Ende October ausgegeben werden, etwas liefern könnten, etwa ein zur Composition passendes Gedicht, da diese Gattung nicht ausgeschlossen bleibt, oder, oder, — mit Freude sag ich's, eine musikalische Novelle, die ja Ihre ganzen Geisteselemente in neuen südlichen Aufruhr versetzen muß, in ein herrlich Gottsstadtleben.[33]

Kann Ihnen auch jetzt wenig dagegen geboten werden, so glaubt die Redaction, da das Unternehmen so schön begründet ist, mit Sicherheit in späterer Zeit allen Ihren Wünschen zuvorkommen zu können.

Antworten Sie mir mit einzigem Ja[34] u. nehmen Sie den kurzen Brief als Liebeszeichen wohlwollend auf von

Ihrem Sie hochverehrenden

R. Sch.

37. An Gottfried Weber in Darmstadt.*)

L. am 11ten Januar 1834.

Ew. Hochwohlgeboren

möchte ich lieber mit dem schönen Namen „Lehrer und Meister“ [35] anreden dürfen, wenn auch eine etwas freiere Weltansicht, die sich hier und da in den beiliegenden Compositionen ausspricht, Sie verleiten könnte, mein Studium für jünger zu halten als mich selbst, nämlich nicht viel über zwanzig Jahre.

Mit einem gewissen Zagen stelle ich Ihnen die ersten Kinder vor, aber auch freudig u. dankbar im Voraus, nicht weil ich erwarte, daß Sie über den Maßstab des Alters den der Leistung vergessen u. deshalb rücksichtsvoller sein werden, sondern weil sie zum erstenmal einem hochachtbaren Geiste näher gerückt werden.

Meinen schüchternen Wunsch, daß Sie sie vielleicht der Welt in Ihrer Caecilia mit ein paar Worten vorstellen möchten, habe ich noch die Bitte um Entschuldigung, daß ich mich direct an Sie wende, hinzuzusetzen, da ich gar wohl weiß, wie sparsam Ihnen die Stunden zugemessen sind — den Papillons, daß sie theilweise nach dem letzten Capitel der Flegeljahre von Jean Paul entstanden, u. daß ich sie dann so gefügt, daß man darin etwas vom Larventanz merken möchte u. vielleicht etwas von Winas Auge hinter der Maske — den Paganinischen Capricen, daß sie eine herrliche, aber etwas herculische Arbeit, da es in oft incorrecter Harmonieführung (obgleich meist einstimmige) manches auszureuten gab — den sämtlichen fünf, daß Ihnen das Kurze und Rhapsodische darin nicht unangenehm auffallen möchte, da Sie wissen, wie froh überhaupt junge Autoren sein müssen, wenn nur von ihnen gedruckt wird — endlich die Versicherung, daß diesen fleißigere und größere Ausbrüche folgen, nach welchen der Mensch (wie der Vesuv) leichter zu beurtheilen als nach so ausgeworfenen Steinchen. [36]

— Herr Wieck, der mein werthester Lehrer u. Freund, und seine Tochter Clara, die sich immer reicher entwickelt, lassen sich Ihnen in Hochachtung u. Verehrung empfehlen, wie ich selbst thue, der ich Ihnen für Ihre Güte nichts bieten kann, als meinen einfachen Namen.

R. S.

---

*) A. d. Conceptbuch.

38. An Rellstab in Berlin.*)

L. am 13ten Januar 34.

Darf ich Ihnen sagen, mein verehrungswerther Herr, daß ich sehr gern an Sie schreibe u. denke, zumal Dienstags, an dem die Iris einläuft? Von Woche zu Woche harrte ich sehnsüchtig auf Ihr Urtheil über meine Intermezzi, die ich schon vor langer Zeit eingesandt, muß aber fürchten, daß Sie sie gar nicht erhalten. Beurtheilen Sie die beifolgenden Impromptus ohne jene, so muß ich das letztere annehmen u. Sie um die Erlaubniß ersuchen, ein andres Exemplar schicken zu dürfen.[37] Den Impromptus habe ich noch beizufügen, daß die Oberstimme Clara Wiecks, der Baß mein Eigenthum ist. Auch mache ich Sie auf die beigefügte Jahreszahl des Erscheinens aufmerksam, was aus keinem andern Grund geschah, als dem, daß es wünschenswerth scheint, dieses in den musikalischen Titeln einzuführen, so sehr sich die Verleger aus sehr kleinen Gründen dagegen stemmen möchten.

Möge Ihnen das Kurze und Rhapsodische in den Sachen, die Sie von mir kennen, nicht unangenehm auffallen. Sie wissen ja, wie erschrecklich Verleger die Ikarusflügel jungen Autoren zusammendrücken zur unansehnlichen Wachsmasse, ich meine, wie sauer sie ihnen den Eintritt in die Welt machen. Es folgen aber größere Ausbrüche, nach denen der Mensch, wie der Aetna, besser zu beurtheilen, als nach so ausgeschleuderten Steinchen, ohne mit dem Aetna im geringsten auf den Schreiber dieses anspielen zu wollen. Nun, er ist in Ihrer Macht — er zittert aber nicht, denn er denkt an die nordische Sage, nach welcher auf dem Regenbogen die Götter zur Erde steigen.

Eben treten Stegmayer und Louis Schunke ein, die sich Ihnen angelegentlich empfehlen lassen, letzterer dankend für Ihre jüngste Recension. Beiläufig: um die Beethovensche [Sonate], von Schunke gespielt, gebe ich alles, was ich von Moscheles u. Kalkbrenner gehört.

Ich bitte um Ihre Nachsicht, Ihr Wohlwollen für Gegenwärtiges u. Zukünftiges. Ihr

39. An Dr. Töpken.

Leipzig am 27/3. 34.

Mein lieber Töpken,

Warum geben Sie gar keine Nachricht? Sie wissen, wie sehr ich Theil an Ihren Freuden und Leiden nehme. — Da ich nicht sicher

*) A. d. Conceptbuch.

weiß, ob Sie dieser Brief in Bremen trifft, fasse ich mich für heute kurz, nicht als Freund, sondern als Dirigent einer musikalischen Zeitung im Waffenrock und Reichstagsstil. Der Prospect sagt Ihnen alles. Mitdirigenten sind Kapellmeister Stegmayer, Wieck und Ludwig Schunke. Sind Sie noch der Alte, d. h. der mit Freuden alles Edlere in der Kunst unterstützt, so glauben wir keine Fehlbitte [zu] thun, wenn wir Sie zum Correspondenten der freien Reichsstadt Bremen ernennend freundlich einladen, über alles Musikalisch-Interessante von Zeit zu Zeit Bericht zu erstatten. Sie leben in Verhältnissen, daß Sie streng und rücksichtslos urtheilen können, und das sind denn die Leute, die wir wollen und gern haben. Also Hand in Hand — sprechen und handeln Sie![38]

Ich hörte, daß Franz Otto, ein vortrefflicher Liedercomponist, an Ihrer Bühne engagirt sei. Wollen Sie den einliegenden Brief befördern? Finden Sie Otto nicht, so vernichten Sie den Brief. Finden Sie ihn, so nehmen Sie sich seiner an. Er ist eine genialische Natur, aber roh und ungeschlacht nach außen.

Haben Sie meine Intermezzi und die Impromptus? Eben erscheint eine Toccata und ein großes Allegro, nächstens drei Sonaten. Ueber alles später, wenn ich erst etwas Gewisses von Ihnen weiß.

Antworten Sie bald, Lieber, Bester! — Macht es Ihnen vielleicht Vergnügen, einen Artikel „über das ganze Musiktreiben in Ihrer Vaterstadt während des vergangenen Winters“ zu liefern? Das wäre herrlich! Adressiren Sie alles an die Redaction der neuen Leipz. Zeitschrift für Musik durch Buchhändler Hartmann. Frankiren Sie keine Ihrer Zusendungen. Ich bin sehr dictatorisch im Briefe. Nun Sie kennen mich.

Grüßen Sie Ihre liebe Frau zu vielenmalen[39]

Ihr Schumann.

40. An A. Lemke in Danzig.

Leipzig am 27/3. 34.

Lieber alter Freund,

Da ich nicht weiß, ob Dich dieser Brief in irgend einer Ecke der Welt antrifft, so bin ich für heute kurz. Über die rückwärts liegenden Jahre also später das Ausführlichste.

Für heute erscheine ich vor Dir im Tressenrock u. als Herold einer freudigen musikalischen Zukunft. Der inliegende Prospect sagt Dir, so viel Du brauchst. . . Trägst Du noch dieselbe Liebe, denselben Enthusiasmus fürs Edlere in Dir, so weiß ich gewiß, daß Du mit Freuden unserer Bitte, musikalische Correspondenznachrichten aus Danzig, wie überhaupt aus dem ganzen Norden zu schicken, nachkommen wirst. Der Form nach wünschen wir sie mehr kurz u. pikant, dem Inhalte nach mehr raisonnirend (im Doppelsinn), als nach gewöhnlicher, langweiliger, geisttödtender Schlendriansart referirend.[40] Hier weißt Du alles. Eile mit Deiner Antwort, lieber, guter Fr[eund]! — Ist Dir etwas von meinen Compositionen in die Hände gekommen? — Aber über alles nächstens, wenn ich sicher weiß, daß Du noch lebst, träumst u. liebst. — Sänger u. Hecker grüß' ich herzlich. — Mache keinen Deiner Briefe frei!

Mit Liebe u. Freundschaft Dein

R. Schumann.

. . . Wo sind Mitchells? Leo—Wolff, Anderson, Clausewitz, die Heydens, Beelitz? . . .

41. An Frau Henriette Voigt, geb. Kuntze in Leipzig.

Verehrungswürdigste Frau,

Eben diese Entfernung bei sonst geistigmusikalischer Nähe könnte mich schwer zu entschuldigenden Sprachlosen reizen, noch länger still zu bleiben; — denn das Auge sieht die Ferne näher an einander gerückt — und eine Musik, die man unter'm Fenster belauscht, klingt ja um vieles ätherischer.

Ein ungekannter Warner hat bei Weitem nicht so Fürchterliches als ein verhüllter Genius, dessen Kommen wir nicht vermuthet, Wohlthuendes. Nehmen Sie Dank dafür an, daß Sie mir einen schon äußerlich schönen Tag so schön beschlossen![41]

Hier Anderes von Schubert. — Das Leben blüht jetzt so reich, daß ein Aufblick zum künftigen es nur noch theurer machen kann. Franz Schubert ist der schöne blasse Jüngling, um dessen Lippen immer ein Zug vom nahen Tode — spielt. Ja! im [ungarischen] Divertissement wartet das ganze letzte Begängniß mit langen verschleierten Männern — Katafalk und Exequien etwa wie bei einem gebliebenen französischen Marschall. Aber ich will nicht fürchten machen und es ist gut, daß vier Hände da sein müssen — sonst würden Sie vielleicht gleich selbst alles nachsehen. So aber müssen Sie warten, bis Freund Ludwig [Schunke] kömmt oder gar Ihr

Sie hoch ehrender

3. Juli 34. [früh.] R. Schumann.

42. An den Pastor Dr. Keferstein in Jena.

Ew. Wohlgeboren

Für den Aufschluß Ihres Incognitos sind wir Ihnen Dank schuldig, doppelten über den Entschluß mitzuwirken in der neuen Sache, von der wir so erfüllt sind, wie Ihr Tonleben.[42]

Verantwortlich ist der Verleger Hartmann, Redactoren die Unterzeichneten. — Wir wissen nicht, wie weit Sie die Zeitung kennen; sonst würden Sie über die Tendenz, welche die ältere Zeit anerkennen, die nächst vergangene als eine unkünstlerische bekämpfen, die kommende als eine neue poetische vorbereiten und beschleunigen helfen soll, kaum in Zweifel sein. — Daß in zwanzig Nummern nicht alles geschehen kann, überlassen wir Ihrem billigen Urtheil...

Sie möchten diese Zeilen in Freundschaft aufnehmen, wie sie in Hochachtung für Ihren dichtenden Kunstsinn geschrieben sind.

Die Redactoren:

Leipzig am 8ten Juli 34.

Ludwig Schunke, Robert Schumann, J. Knorr, Fr. Wieck.

43. An Frau H. Voigt.

Verehrteste Frau,

Sie haben mir in doppelter Hinsicht keinen Korb auf meine unbescheidene Bitte gegeben — u. wirklich scheint mir's unschön, einem lieben Mädchen, als Ernestine[43] ist, etwas so berüchtigtes zu schicken. Schon Handschuhe haben viel Herausforderndes (so zartweiße freilich weniger) u. erinnern stark an Schiller. — Für Ihre Bemühung u. die feinere Aenderung, die mir ausnehmend gefällt, meinen großen Dank, so wenig er Ihnen werth sein kann.

Haben Sie den Morgen frei, u. ist es Ihnen u. Herrn Voigt vielleicht genehm, Schubertsches zu spielen u. zu hören?[44]

In innigster Hochachtung grüßend

27/Juli. 34. [früh.] S.

44. An Frau H. Voigt.

Meine verehrte Freundin,

Sonderbar, daß mir heute ein Wiedebeinsches Lied nicht aus dem Kopf will — Darf ich Ihnen morgen Jemanden vorstellen, der mir sehr gleicht? — Der gestrige Tag möge Ihnen, wie selbst mir, ohne Unglück vorübergegangen sein — ich bin wenigstens nicht gefallen, oder man müßte das für eines anschlagen, daß Wieck mit einem ganzen Knigge im Gesicht unentschlossen war, wer an der Kirchthüre zuerst aus dem Wagen sollte, die Damen oder er — sein guter Genius entschied sich endlich für seine Person. —

Der Juli schafft so rüstig, daß ich heute ordentlich eine Arbeitslust verspüre. Wie würde ich Ihnen Dank wissen, wenn Sie mir außer den Bergerschen Studien noch irgend anderes von ihm rückgehend schicken wollten! Den Grund dazu können Sie im Aufsatz über „Keßler"[45] finden.

Ihre Nachsicht für das unaufhörliche Angehen und Bitten und für den ganzen schrecklich geschriebenen Brief!

In wärmster Hochschätzung

Am 29 Juli 34. R. Schumann.

45. An Dr. Töpken.

Leipzig, am 18ten August 34.

Sie haben noch nicht erfahren, guter Theodor Töpken, wie es einem zu Muthe ist, wenn man den Wirth von 14 zu 14 Tagen um Nachsicht bittet und dann doch wieder mit der Bitte um Prolongation vorrückt — denn Sie waren stets bei Casse. Durch eine langwierige Krankheit unseres Secretärs sind mir alle Geschäfte auf den Hals geworfen worden, so daß ich heute wieder wenig von meiner Schuld abtragen kann und dies wenige schlecht, da mir der Kopf noch von einer Correctur brummt. Noch dazu habe ich die Feder schon dreimal geschnitten, ohne etwas zu erreichen — nun thu ich's zum vierten und letztenmal. Geht's dann nicht, so erhalten Sie auch heute keinen Brief. Ich hoffe aber, sie geräth. — — —

Fürs erste großen Dank für Ihre Arbeiten, die Allen ausnehmend gefallen aus tausend Gründen. Das Geheimniß, daß sie am Tage ihrer Abreise von Bremen schon im Blatt[46] gedruckt stehen, ist lustig, aber auch klar genug, da uns leider schon im Anfang der Verleger so lang hat warten lassen, daß wir um 14 Tage zurück sind. Es sind aber gestern in einer feierlichen Conferenz so ernste Maßregeln getroffen worden, daß binnen einem Monat alles im herrlichsten Gang sein wird. Es wäre auch ungerecht gegen das Publikum, welches das Institut so lebhaft unterstützt, daß es eine Freude für uns sein muß. Prag allein zieht mit 50, Dresden mit 30, Hamburg mit 20 Exemplaren davon. —

Alles, was Jugend, folglich Zukunft hat, wird auf der Welt an-

und durchklingen. Es ist fast unerklärlich, wie dieser kritischen Honigpinselei nicht schon längst Einhalt gethan worden ist. Darum schlagen Sie mir recht zu in das Volk, wenn dieses auch wie eine Heerde ist, die einmal aufsieht, wenn es blitzt und dann ruhig weiter grast. Die Heerde richtet sich wenigstens einen Augenblick himmelan.

Darum ist uns auch Ihre projectirte Recension der Hüntenschen Clavierschule, gleicht sie der ersten nicht zu stark, sehr wünschenswerth. Vielleicht könnten Sie sie in eine leichtere, witzige Form bringen. Jedenfalls verbinden Sie uns innig, wenn Sie schicken, was Sie vorräthig haben — ja so viel als möglich; denn was von Ihnen kömmt, kann man blind dem Drucker geben...

Die 3 bin ich nicht, sondern Schunke — habe sonst aber vielen Antheil an seinen Aufsätzen, da er die Feder tausendmal schlechter führt als seine Clavierhand. Mit Zahlen unterschreib ich mich selten; ist's aber, so sind die Zweien meine, also 2, 12, 22, 32 u. s. f. — Vater Doles, der bei Weitem höher anzuschlagen ist als „Beethoven" in den letzten Nummern, stammt vom tauben Maler Lyser, meinem Freund. — Er gibt noch zwei ähnliche Bilder, Haydn und Händel. — Die Davidsbündler geben nicht oft, aber leidliches: im Augenblick arbeiten sie an größern Skizzen, die sich genau (schon historisch) an einander reihen und auf einander beziehen. — — Die letzte Sinfonie von Beethoven (als Wendepunkt der classischen zur romantischen Periode) — Franz Schubert — Mendelssohn — Chopin — Ich bin aber vorsichtig, fast ängstlich und werde noch ein paar Wochen zurückhalten.

Die von Klein erzählte Geschichte der Entstehung der Hummelschen Etüden scheint mir nicht glaubwürdig. Sehen Sie die Studien nur an und Sie werden die Meisterhand nirgends verkennen, aber auch die Altersschwäche nicht.

Ihre Rhapsodien kommen in 35 und 36. Fahren Sie fort! Auch durch kleinere Notizen über Musikalisches im übrigen Norden, die man sonst sparsam findet, machen Sie uns dankbar. Wünschen Sie Honorar, so wird es Ihnen nicht vorenthalten; wollen Sie aber großmüthig sein und unsern Verleger, der mannigfache Opfer zum Anfang bringen muß, noch eine Zeit lang schonen, so verpflichten Sie uns doppelt.

Die nächsten Nummern bringen etwas Humoristisches von K. Stein, dann eine größere Skizze der Schröder-Devrientschen Kunstleistungen, endlich Journalschau, die interessant wird.

Auf Ihr südamerikanisches Musikleben freuen wir uns sehnlichst — da wird Fink fluchen!

Die bestellten Noten werden wohl in Ihren Händen sein. — Haben Sie Gottfried Webers Recension über mich gelesen? Das hat mich einmal erquickt. — In meiner Toccata werden Sie einem alten Freund die Hand drücken; er spricht nun nicht mehr so wild, sondern viel sittiger. Haben Sie vielleicht Lust, über die Toccata, wie etwa über die Intermezzi eine (versteht sich) strenge und alle persönliche Bekanntschaft hintansetzende Kritik zu schreiben und mit Ihrer Namensunterschrift, so soll uns das sehr lieb sein. — Noch mache ich Sie auf Schunkes eben erschienene Sonate (bei Wunder erschienen) aufmerksam.

Die ganze Redaction, die Davidsbündlerschaft grüßt Sie hochachtend. — Wir leben jetzt einen Roman, wie er vielleicht noch in keinem Buche gestanden. — Vergessen Sie mich nicht! Ihr

Sch.

46. An Frau H. Voigt.

Vom 22sten August 34.

Verehrteste Frau,

Das Benehmen — ich weiß nicht, ob das Wort trifft — ich meine, die Art, wie ich die mannichfachen Beweise Ihrer Theilnahme an mir Geringem oft angenommen und abgelehnt, bildet ein so sonderbares Räthsel polarischer Anziehung und Abstoßung, daß ich mich jetzt schon über Einzelnes vor Ihren Augen in ein günstigeres Licht setzen möchte. Doch gehen jetzt die Constellationen so durch einander, mein Leben bricht sich in diesem Augenblick in so eigenen Farben, daß ich Ihnen noch Antwort schuldig bleiben muß bis auf Zeiten, wo die Verhältnisse klarer und ruhiger geworden sind. Ich sage Ihnen das, meine verehrte Freundin, Niemanden weiter, — dürfte ich glauben, daß das Geständniß und die Versicherung der innigsten Mitleidenschaft an Allem, was Sie betrifft, Ihnen etwas werth sein könnte, so wäre das ein Trost, wenn auch keine Entschuldigung für mich, da es mit der Weise, wie ich eine Theilnahme gezeigt, im Widerspruch zu stehen scheint. Jedenfalls — beurtheilen Sie mich mild, wenn Sie anders noch können — ich bitte Sie darum!

Ihr letzter Brief ist mir sehr werth; ich hab' ihn oft gelesen und mich im Stillen auf die künftige Belehrung gefreut, die ich Ihnen darüber geben soll. Dürfte man nur Eusebius trauen, dem bei Lesung Ihrer Zeilen sein Versprechen (eigentlich Pflicht) einfiel, den angefangenen

Aufsatz über Berger, auf den Ihre Reflexionen nicht minder anzuwenden sind, zu vollenden.

Als Florestan den Brief vorlas, machte der Zufall ein recht sinnig Anagramm — Sie schreiben nämlich „Rochlitz, der seit langen Jahren jedem strebenden Künstler treu zur Seite gestanden u. s. w.“ — Florestan las aber „jedem sterbenden“ — das, meinte ich, bezeichnet R. recht, als liebenden Vater, der so oft unter Schmerzensthränen manchem hohen Menschen das Auge zudrückte und an seinem Grabe sprach. Florestan setzte hinzu, er denke auch hier an Lafayette,[47] der immer aufrecht stand beim letzten Athemzug eines Volkes als Beschützer der Leiche — „Wohin geräthst du, Florestan“, sprach ich. Das gäbe ja eine Brücke zu den Papillons: denn über dem zerstäubten Leib denken wir gern die Psyche emporflattern. — Manches könnten Sie von mir darüber erfahren, wenn es nicht Jean Paul besser thäte. Haben Sie einmal eine freie Minute, so bitt' ich Sie, das letzte[48] Capitel der Flegeljahre zu lesen, wo alles schwarz auf weiß steht bis auf den Riesenstiefel in Fis moll (beim Schluß der Flegeljahre ist's mir, als würde das Stück (allerdings) geschlossen, es fiele aber der Vorhang nicht herunter). — Ich erwähne noch, daß ich den Text der Musik untergelegt habe, nicht umgekehrt — sonst scheint es mir ein „thöricht Beginnen“. Nur der letzte, den der spielende Zufall zur Antwort auf den ersten gestaltete, wurde durch Jean Paul erweckt. Noch eine Frage: Sind Ihnen die Papillons nicht an sich klar? Es ist mir interessant, das zu erfahren.

— Nehmen Sie diese wenigen Zeilen, die nur matt das copiren, was ich Ihnen alles zu sagen hätte, mit dem Wohlwollen auf, auf das ich stolz wäre, wenn ich mir es besser verdient hätte.

Robert Schumann.

Eine Bitte! Ich habe Ernestinen[49] ein Theaterbillet zu heute Abend zu besorgen versprochen, bin aber genöthigt, einen größeren Ausflug übers Land zu machen, so daß es mir unmöglich wird, es ihr selbst zu übergeben — wollen Sie so gütig sein, es auf irgend eine Weise zu befördern?

A propos — von heute an nenn' ich Sie nicht mehr Eleonore, sondern Aspasia. In den Davidsbündlern bleibt jedoch Eleonore stehen — ich möchte den Aufsatz über Berger mit Ihrem Brief schließen — darf ich? — — Ja?

R. S.

47. An Frau H. Voigt.

Vom 25sten August 1834.

Gestern und vorgestern habe ich mich recht in mich eingewickelt, daß kaum die Flügelspitzen heraussahen — Hätte mich eine Hand berührt, husch! wäre ich in die Höhe aufgeschwirrt und auf und davon, damit mich nur Niemand störe in meinem Sein, Denken und Lieben. — Ich habe Steine hingeworfen und Diamanten zurückerhalten oder lieber, wie Deukalion, athmende Lebensgestalten, die die Zukunft zu sprechenden und höheren erziehen wird. —

Gerade was man verbergen will, ist die unbehülfliche Ecke, die Jeder sieht. Denn daß es eigentlich Ernestine war, (obschon gegen ihren Willen), die den Schleier zwischen uns festhielt, wußt' ich, daß Sie wußten — daß Sie ihn aber so zart abhoben, und daß ich jetzt hinter ihm eine warme Freundeshand drücken kann, war mehr, als ich erwarten durfte, da überdies jede andere Hand in so stummer und scheinbar-zurückstoßender Nähe sich zurückgezogen hätte. Als ich daher Ihren Brief gelesen hatte, hab' ich ihn ganz sacht eingeschlossen und nicht wieder gelesen, auch jetzt nicht, um den ersten Eindruck recht rein mitzunehmen für die künftige Zeit. Ach! sollte einmal eine kommen, die mir nichts gelassen als diese Zeilen, so will ich sie wieder vorsuchen und den Schatten dieser Hand fest und innig in meine drücken.

Mittags.

Die vorigen Zeilen muß ein Mädchen geschrieben haben — — zu etwas Anderem. Der Aufsatz über Berger geht vorwärts: die Form, in die ich ihn gekleidet, ist kühn und wird mir Ihr Mißfallen zuziehen — ich plaudere aber nicht aus der Schule — machen Sie sich daher auf Arges gefaßt! — Sagten Sie mir nicht, daß die letzte Studie nach einer Stelle aus Dantes Comödie entstanden sei? Wie heißt die Stelle? Wissen Sie sonst noch etwas, was ich benutzen und einbauen könnte? Doch morgen, spätestens übermorgen komm' ich selbst; halten Sie mich nicht für verstockt, wenn ich wieder nicht rede — denn was Ihr Brief enthält, verträgt keine Antwort, als ein Auge — aber welches! —

Ludwig ist sehr, sehr krank. Der Arzt spricht nur noch von einem Winter — das sind ja schreckliche Aussichten! Schenke mir der Himmel Kraft zum Verlieren! —

Welchen Trost gäben Sie mir, wenn Sie Ernestinens Vater[50] zu bewegen suchten, daß er ihr im späteren Winter auf einen Monat oder länger zurückzukommen erlaubte — Und Sie können das, Niemand so wie Sie. Was uns bevorstehen möge, so steht doch der Glaube fest in mir wie nie zuvor, daß es noch herrliche Menschen gibt — und diesen Glauben will ich in dem Namen „Henriette" zusammenfassen.

R. S.

48. An Frau H. Voigt.

[D. 4ten Sept. 34.]

Eigentlich hab' ich Ihnen heute gar nichts zu sagen — nur ein Händedruck soll dieser Brief sein, nichts weiter. Es fiel mir nämlich heute Morgen mein Reichthum ein, drei Namen[51] machen ihn aus. Da dacht' ich, „das willst du doch gleich unserer Henriette schreiben". Also der Puls geht noch.

Verzeihung wegen des Ringes! Edelsteine ziehen Geistesfunken aus, sagt man; es haben sich auch unter ihn viel musikalische Namen begeben, die ich „Scenen" nennen will. Eigentlich sind's Liebeslilien, die der Sehnsuchtswalzer[52] zusammenhält. Die Zueignung verdient und schätzt nur eine As dur-Seele, mithin eine, die Ihnen gliche, mithin Sie allein, meine theure Freundin. Robert S.

49. An Frau H. Voigt.

[D. 7ten September 1834.]

Bis zum Niederstürzen war ich erschöpft vom gestrigen Tag,[53] da kam Ihr Brief. Wie eine Engelhand hat er mich berührt. Das war ein Tag und eine Nacht und heute ein Morgen — jeder Nerv eine Thräne. Wie ein Kind hab' ich geweint über Ernestinens Worte am Band — wie ich aber die anderen Zeddel an Sie las,[54] da brach's entzwei — die Kraft. Ist's Schwäche, wenn ich das sage? meine Ernestine ist's, die ich so über alle Maßen liebe, und Sie sind es, Henriette, meine geliebte Freundin. Ihr Herrlichen, was kann ich Euch denn bieten für Eure hohe Güte! — Man sagt, daß sich liebende Menschen auch auf irgend einem Sterne wiederfänden, den sie ganz allein einnähmen und beherrschten. Wir wollen diese schöne Sage für eine Wahrheit vorausnehmen. Wenn ich heute Abend herumschwärme, so will ich mir einen recht milden auslesen und ihn Euch zeigen, gibt's Gelegenheit — vielleicht auch einem Vierten. Verlassen Sie mich nicht! Ich bin's immer Ihr

R.

50. An Frau H. Voigt.

Meine theure, immersorgende Freundin,

Hier die Beilage. Es drückt mich, daß ich vor den Augen der Mutter den verliebten Betrug gegen den Vater weiter treiben soll.[55] Doch möchte ich auch Ernestinen etwas Directes sagen. Was meinen Sie zu einem lustigen Postscript? etwa: „schön, daß ich gerade komme, „ehe der Brief abgeht, dem ich den Wunsch anhänge, daß Sie* (außer „den andern) manchmal vielleicht auch die Tonleitern in Es, C, H, „vielleicht auch A spielen möchten. Denn eben habe ich herausgebracht, „daß Asch ein sehr musikalischer Stadtname ist, daß dieselben Buch- „staben in meinem Namen liegen, und gerade die einzigen musikalischen „drinnen sind, wie nachstehende Figur zeigt, die übrigens freundlich grüßt.

(* Ernestine) Robert Schumann."

Jedenfalls komme ich vor eilf. Was machen wir Ihnen nicht zu schaffen! — Das Postscript gefällt mir übrigens nicht, da es geschmacklos ist; das Zufallsspiel bleibt aber immer sonderbar und liebenswürdig:

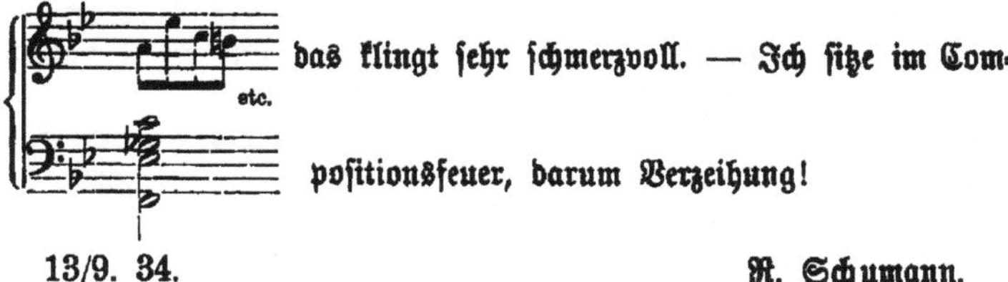

das klingt sehr schmerzvoll. — Ich sitze im Compositionsfeuer, darum Verzeihung!

13/9. 34. R. Schumann.

51. An Frau H. Voigt.

Hier, meine theure Freundin! — Bis drei Uhr bring' ich meinen Brief[56] selbst. Schreiben Sie ja recht viel, wenn Sie Zeit haben; der Musengott wird Ihnen doch nicht alle Prosa fortführen. Schreiben Sie ihr namentlich, daß sie, wenn sie jetzt vielleicht für längere Zeit keinen Brief von mir erhalten sollte, deshalb nie im Zweifel über meine Gesinnung sein soll.

Gestern Abend hab' ich lange vor Ihrem Fenster zugehört. Ernestinens Brief hatte mich im Grund sehr traurig gemacht — ich lese auch keinen offiziellen Brief der Art wieder. Wir haben unser bischen Herz zu etwas Besserem, als es in Pelzstiefel einzustecken, daß es nur ja nicht erfriert.

Mit inniger Freundschaft Ihr

Vom 23 September 34. S.

52. An H[auptmann] von Fricken in Asch.*)

[Zwickau] Vom 20sten Nov. 1834.

— Diese Zeilen möge eine gesündere Hand öffnen, als die, welche sie schrieb und zuschloß. Das ist auch der Grund zu meinem langen Schweigen, bei dem freilich wenig einzubüßen ist, so wie zu meinem Ausflug in meine Vaterstadt, von wo aus ich diesen Brief an Sie, hochverehrter Herr, richte. Hätte ich Fausts Mantel, so würden Sie in der fliegenden Gestalt, sähen Sie vielleicht zufällig eine schweben, leicht meine erkennen — denn ich wünschte mir dann einen Blick in Ihr stilles u. (wär' es Abend) erleuchtetes Asch thun zu dürfen u. auch in Ihr Zimmer, um zu sehen, ob Sie sich eines dauernden Wohlseins erfreuen. Aber die Fantasie hat auch ihre Faustsmäntel, u. ich möchte, daß ich daran nicht zu zweifeln hätte. —

Von Leipzig trieb mich auch Schunkens vorrückende Krankheit fort, die etwas schreckhaft Leises für mich hat. Da begraben sie einen hohen Menschen. Frau v. Fricken würde solchem Freunde die Augen zudrücken wollen — ich kann aber kaum meiner Krankheit Herr werden, die eine recht niederdrückende Melancholie ist. — Das Wort schreibt sich leicht hin, aber es zu erleben und auszuhalten, übersteigt oft menschliche Kraft. Entschuldigen Sie, wenn ich über etwas klage, was Sie wenig interessiren kann; aber Sie sehen vielleicht um so eher mir mein Stillschweigen nach, über das man sich in solchem Zustand nur selten erheben kann. — Seitdem gestaltete sich in Leipzig alles so, wie ich vorausgesagt hatte — es war kein Seelenhalt im Ganzen, Schunke darf schon nicht aus dem Zimmer, Wieck ist mit Clara nach dem Norden gereist; so machte ich, daß ich fortkam, da die Zurückbleibenden kein Ansehen haben, etwas zusammenzubringen, was für jenen schönen Frühlingstraum [?] im geringsten entschädigte.

Die Eile dieser Zeilen schieben Sie zum Theil auf meinen Verleger, der mich um den Titel des Allegro[57] drängt, da alles bis auf diesen fertig ist. Finden Sie daran etwas fehlend oder falsch, so ersuche ich Sie, mich davon zu benachrichtigen u. zu meiner nach Zwickau gerichteten Namensadresse die Worte „Redigent d. Lpz. Zeitschrift rc." hinzuzufügen . . .

Es freut mich, daß Ihnen mein Räthsel[58] keines geblieben ist, freilich waren es auch keine Oedipus. Lachen mußt' ich, als ich am Morgen merkte, daß ich falsch buchstabirt u. A s h c [?] gesetzt hatte.

---

*) A. d. Conceptbuch.

Wochenlang hab' ich daran gespielt (obwohl eine Minute daran componirt), ohne daß ich meinen Irrthum bemerkt hätte.

Eine ausführliche Antwort verspare ich mir bis auf Mitschickung des Allegro, welche in kurzer Zeit erfolgt. Eine Stelle in Ihrem Briefe ist mir gegenwärtig, da wo Sie sagen, „daß Ihre Fantasie im Golf von Neapel versenkt läge". Vergessen Sie aber nicht, daß in der Meerestiefe auch Perlen ruhen, u. daß Ihnen ein ausgleichender Genius einen Ersatz gab, den Sie schwerlich gegen das Verlorene einlösen möchten. Ich bin zudringlich genug, mich bei diesem „Geniusgeschenk" in Erinnerung zu bringen, wenn auch mein voriger Gruß in die Ferne unerwiedert geblieben ist.

In Hochachtung empfehle ich mich Ihrem gütigen Wohlwollen für Gegenwärtiges, wie Zukünftiges. R. S.

53. An H. von Fricken in Asch.*)

[Zwickau] Am 28sten November [1834].

Hochverehrter Herr,

Die Freude über Ihr gütiges und werthes Schreiben wäre eine vollkommene gewesen, wenn es nicht der Hülfe einer zweiten Hand, so innig ich diese verehre, bedurft hätte. Stände es doch in meiner Macht, Ihre Krankheit Ihnen für ein paar Augenblicke vergessen zu machen und Ihren Geist vielleicht durch ein heiteres Kunstgespräch seiner liebsten Heimath, der der Kunst, näher zu rücken, wo er den Körper abwirft, der ihm so unbequem im Wege steht.[59] Ueberdies war es ein Lieblingsgedanke von mir, das Allegro persönlich zu bringen, auch ohne Ihre Einladung, welche mir den gestrigen unleidlichen Novembertag durchaus erheiterte. Leider erhielt ich mit Ihrem Brief einen andern von Knorr, der meine Anwesenheit in L[eipzig] nothwendig machen könnte. Es betrifft die mus. Zeitung. Künftigen Montag erfahr' ich, ob sich die Sache durch einen Bevollmächtigten schlichten läßt[60] — wo nicht, so ersuch' ich Sie um Verlängerung der Erlaubniß, mich Ihnen später, vielleicht im Frühling, vorstellen zu dürfen. Jedenfalls ist das Allegro binnen 14 Tagen in Ihren Händen,[61] auch mit einigen Zeilen für Ihr Frl. Tochter, wenn ich anders dafür Ihr Gestatten voraussetzen darf.

In der Eile der Abreise hab' ich Ihre Compositionen mitzunehmen

*) A. d. Conceptbuch.

vergessen. Mit meinen Variationen[62] steh' ich noch am Finale. Ich möchte gern den Trauermarsch nach und nach zu einem recht stolzen Siegeszug steigern u. überdies einiges dramatisches Interesse hineinbringen, komme aber nicht aus dem Moll, u. mit der „Absicht" beim Schaffen trifft man oft fehl und wird zu materiell. Erfaßt mich aber mal der günstige Augenblick, so will ich mich wie ein Kind ihm hingeben. Ich würde diese Composition meine beste nennen, wüßt' ich nicht, daß man meist gerade seine letzte Arbeit für die beste hielte. Nun, Rellstab wird viel Lärm schlagen; die Andern sind mir gewogen, namentlich Seyfried, der mich in der Wiener Ztg. auf eine Weise lobt, daß er's schwerlich bei Gott (dem höchsten Kritiker) verantworten kann.

Schunke lebt noch.[63] Ich sinne schon jetzt auf einen Nekrolog in unsrer Zeitung — ist das nicht schrecklich? Aber ein Denkmal will ich ihm setzen, so hoch und schön ich's vermag. Was die Voigts an ihm gethan haben, wird ihnen nicht unvergolten bleiben; nicht daß sie allein geben, sondern wie sie es thun in Blick und Wort, zeugt von der Echtheit der Gesinnung.

Nun — fügten es doch die Umstände, daß ich Ihnen recht lange erzählen könnte von seinen letzten Stunden, und daß Sie bei fremden Schmerzen nicht an eigne zu denken brauchten — wie wünsch' ich das von ganzem Herzen![64]

Nehmen Sie diesen Glückwunsch zu Ihrer Genesung und den zum Wohl der Ihrigen in Gunst an. Meine Mutter spricht diesen mit mir zugleich aus,

Ihrem

ergebensten

54. An Prof. Dr. August Kahlert in Breslau.

Wohlgeborner Herr,

Die Feststellung der veränderten Geschäftsverhältnisse hat die Antwort auf Ihr gütiges Schreiben bis heute aufgehalten. Allerdings wunderten wir uns über Ihr Stillschweigen, da Sie uns allseits als ein Mann voll Feuer für unsre Kunst geschildert worden, wie Sie es ja auch öffentlich so oft beurkundet hatten. Nun, Sie haben es jetzt schön gebrochen und wir bieten Ihnen die Hand zu fernerer Freundschaft.

Ihr Nekrolog [über W. Hauck] ist schon in Nro. 5 und 6 des neuen Jahrganges abgedruckt. Wir haben, wie Sie, fast zu gleicher Zeit einen Freund in Ludwig Schunke verloren, dessen Biographie in den nächsten Nummern unsrer Zeitschrift erscheint, worauf wir sie vorläufig aufmerksam machen.

Mit Freuden sehen wir Ihren ferneren Mittheilungen entgegen. Sie folgen mit Hingebung der neuen Richtung, und es sind junge und starke Köpfe von Nöthen, um möglichen Reactionen vorzubeugen. Können Sie uns vielleicht sagen, wo sich Keßler jetzt aufhält, der mit unserer Beurtheilung in einer Nummer des vorigen Jahrgangs doch nicht unzufrieden sein wird? Wir wünschen gern etwas von seinen jüngsten Leistungen zu sehen ....

Wir hoffen auf baldige freundliche Nachricht.

Leipzig am 24/1 35.

Die Redaction
d. neuen Zeitschr. für Musik
R. Schumann.

55. An Dr. Töpken.

Leipzig am 6ten Februar 35.

Mein lieber Töpken,

Ihren Cipriano[65] habe ich erhalten. Er hat mir wohlgefallen, — nicht allein Ihretwegen — namentlich die Compositionen, denen man das alte tüchtige Blut ansieht. Als Virtuos wird er aber noch einige Zeit, d. h. etwa ein Jahr, studiren müssen; ich würde ihm sogar abgerathen haben, nach Paris zu gehen, wohin ich ihm Briefe an Panofka gegeben. Einen berühmten Namen mit einem älteren zu theilen, wie er, hat sein Schlimmes und Gutes, und der junge Mozart, die Schwester der Sontag finden wohl leichteren Eingang aber auch schwierigeren Ausgang.

Aber warum lassen Sie so lange auf eine Correspondenz warten? Ich drohe Ihnen, im Fall Sie noch zu lange mit dieser Pause foltern sollten und wollten, in einer der nächsten Nummern folgende Anzeige rücken zu lassen: „Hr. T. Töpken, Dr., Bremer Correspondent u. s. w. ist am — gestorben." — Wahrhaftig, alle Abonnenten fragen, wo denn die gute Bremer Correspondenz bliebe. Haben Sie so wenig historischen Stoff, nun so bauen Sie die schönsten kritischen Bemerkungen ein. Sie kennen mich ja, und wissen, wie wenig mir an den Künstlern und wie viel an der Kunst liegt, ich meine, wie wenig personell Ihr Bericht zu sein braucht, wenn Personen und Data fehlen sollten. Doch hab' ich von Ihren Concerten nur lobenswerthes gehört und das müßte

Sie, der Sie zumal ein Nebeninteresse haben, besonders anregen, anzuregen. Also Lieber, Bester, ich hoffe recht bald auf Sie.

Ich bin jetzt alleiniger Redigent u. Eigenthümer der Zeitung, d. h. ich habe noch zwei Jahre Geld zuzusetzen, dann läßt sich aber etwas erwarten. Wie gefallen Ihnen die Anfangsnummern? Im letzten Vierteljahr des vorigen Jahrgangs war nur wenig Halt und kritische Bestimmtheit. Jetzt soll manches besser werden. Verlassen Sie sich darauf und empfehlen Sie das Blatt, wo Sie können, wenn es anders nicht gegen Ihre Ueberzeugung ist . . . .

Von Schunke wissen Sie. Ich arbeite jetzt an seinem Nekrolog. Ihre Grüße an ihn im Empfehlungsbriefe haben mich so stumm und blaß angeschaut — das war ein Mensch, ein Künstler, ein Freund sonder Gleichen. Die Davidsbündler werden Ihnen mehr erzählen. —

. . . Wie mißfällt Ihnen meine Toccata in der neuen Gestalt? Ich bin trotz der Redaction fleißig im Componiren. Haben Sie das Allegro? Es ist wenig daran, als der gute Wille — und schon vor vier Jahren gleich nach meiner Rückkunft von Heidelberg componirt.

Sie würden bessere Briefe verdienen, wenn Sie schnellere Antwort schickten. Zum Schluß eine alte Jean Paulsche Regel: daß es keine bessere Art gibt, einen Brief zu beantworten, als gleich nach Empfang. Ist bis zum 28sten Febr. nichts in meinen Händen, so erfüll' ich meine Drohung.

In herzlicher Freundschaft Ihr

Schumann.

56. An J. Moscheles in London.

Leipzig, am 26sten Febr. 35.

Verehrungswürdigster Mann,

Allen unseren Bemühungen zum Trotz hat es uns noch nicht gelingen können, Kunstberichte aus Ihrer Weltstadt zu erhalten. Wo wir anpochten, ward uns viel versprochen und nichts gehalten.

Wenn wir uns jetzt direct an den Mann wenden, von dem wir wissen, daß er nie aufgehört hat, sich für deutsche Künstlerzwecke und Bestrebungen zu interessiren, so möchte uns das in etwas entschuldigen. — Unsere Frage und Bitte geht dahin, ob Sie uns vielleicht die Adresse eines Künstlers, d. h. eines umsichtigen, geistreichen, womöglich eines deutschen Künstlers angeben könnten, der uns in gewisser Ordnung Correspondenzen aus London über Augenblicklich-Interessantes, über englisches Musikleben im Allgemeinen, über dort lebende Künstler, also weniger kahle Data, sondern ausgearbeitete Bilder der musikalischen Zustände Englands zuschicken wollte. Freilich wissen wir nicht genau, ob Sie unsere Zeitschrift in dem Maße Ihrer Empfehlung werth halten, glauben uns aber auch nicht gänzlich zu täuschen, wenn wir aussprechen, daß die Gesinnung im Ganzen, der Ton, die Seele sich Ihres Beifalls erfreut haben wird. Jedenfalls würden Sie uns durch eine gütige Verwendung einen Dienst erweisen, den wir, wenn auch nicht ausgleichen, doch sicherlich nicht vergessen wollen.

Ueber die Bedingungen würden wir uns mit dem von Ihnen empfohlenen Correspondenten leicht verständigen. Vor der Hand erlauben wir uns zu bemerken, daß wir ihn gern mit einem Honorar von zwanzig Thalern für den Druckbogen entschädigen. Daß es unser sehnlichster Wunsch wäre, von dem herrlichen Meister selbst, an den wir diese Zeilen richten, von Zeit zu Zeit einen Beitrag, habe er welchen Namen er wolle (vielleicht eine Probe aus Ihrer erwarteten Clavierschule), für unsre Zeitschrift zu erhalten, sprechen wir so leise aus, daß es kaum zu Ihnen gelangen wird. Und so überlassen wir Ihnen, in Gedanken auszufüllen, was wir angedeutet haben.

Ihr ausgezeichnetes Septett haben wir in Nro. 18 vorläufig angezeigt, da uns bis jetzt die Partitur fehlt und die Gelegenheit, es im Ensemble hören zu können. Wann dürfen wir auf das Erscheinen Ihrer Clavierschule und des phantastischen Concertes hoffen? — Im heutigen Gewandhausconcerte spielt ein Frl. Schmiedel aus Dresden Ihre „irländischen Erinnerungen". —

Schließlich ersuchen wir Sie, uns den Weg anzugeben, auf dem Sie unsere Zeitschrift, die sich einer ungemeinen und allgemeinen Theilnahme erfreut, regelmäßig zugeschickt wünschen. Unser Buchhändler hat wöchentlich Gelegenheit nach London.

Ihre Nachsicht und Verzeihung für diese Zeilen, die uns Interesse und Begeisterung für die Kunst dictirten. In inniger Verehrung scheide ich für diesmal von dem Manne, dessen helles Geniusauge mich so unzähligemal angeblickt und beseligt.

Namens der Redaction der neuen Zeitschrift für Musik
R. Schumann.

57. An Frau H. Voigt.

Meine Freundin! — Gestern lag ein Gewitter auf Ihrer Stirn und die Blitze zielten nach mir. Zu entschuldigen bin ich in Vielem keinesweges; doch weiß ich auch, daß Gewitter an ersten Maien eher Blüthen herauszulocken als zu vernichten finden. Und so hoff' ich.

Anbei drei Terzetten! Sollten Sie zum Seelentrio (wie ich vermuthe) einen Strohmann wünschen, der mehr Ohr als Auge mitbrächte, um seines nicht verhüllen zu müssen im Andenken alter Frühlinge, so nehme ich die Partie an. Ihr

Vom 2ten Mai 35. R. S.

58. An A. v. Zuccalmaglio in Warschau.

Leipzig, d. 11ten August 35.

Hochwohlgeborner Herr!

Erst vor wenigen Wochen erhielten wir Ihre Manuscripte in großer Freude, daß unser junges Institut im hohen Norden eine Resonanz gefunden hat.

Die Correspondenz scheint uns eine treffliche Persiflage auf gewisse Correspondenznachrichten deutscher Blätter. Im Dorfküster Wedel[66] finden wir eine sehr schöne, der Tendenz unseres Blattes vorzüglich angemessene Idee wieder. Beide Aufsätze werden binnen kurzer Zeit gedruckt...

In verbindlichstem Dank für Ihre Theilnahme und baldigen Einsendungen entgegen sehend, zeichnen wir uns in größter Hochachtung

die Redaction der neuen Zeitschrift f. M.
R. Schumann.

[Von Schumanns eigener Hand:]

In diesem Augenblick erhalten wir Ihren zweiten Brief vom 5ten August. — Dieser geht mit Post, damit Sie sich über das Schicksal Ihrer vortrefflichen Aufsätze[67] beruhigen möchten. Die Antwort auf den zweiten folgt in diesen Tagen durch Buchhändlergelegenheit. Einer von beiden wird hoffentlich zu Ihnen gelangen. Jedenfalls erfreuen Sie uns bald durch einige freie Aufsätze. Wenn Sie unsere musikalische Zeitschrift einer Empfehlung werth halten, so werden Sie uns verbinden, wenn Sie hier und da davon sprächen.

Hochachtend

R. Schumann.

59. An den Kammersänger W. Schüler in Rudolstadt.

Werthgeschätzter Herr,

Erst vor wenigen Tagen von einer längeren Reise zurückgekehrt, komme ich meiner Pflicht nach, deren Nichterfüllung Sie mit jenem Ausflug entschuldigen wollen. Es thut mir weh, nach den mannichfaltigen Zeichen Ihrer Theilnahme für meine Person und Sache auf Ihre erste Bitte abschlägige Antwort geben zu müssen, und dies gewiß zu Ihrem eignen Besten, so weit ich sehe. Antikritik der Antikritik hat nach alter Erfahrung nie zu etwas geführt. Sie machen sich selbst böser durch eine Erwiderung,[68] Hand wird zur Faust, u. die arme Redaction sitzt mitten inne. Thun Sie es nicht, die Sache wird zu alt u. ist längst vom Publikum vergessen. Ueberdem, aufrichtig gestanden, gefällt mir Ihr Artikel nicht einmal recht an sich. Wünschen Sie ihn dennoch an unsere Zeitschrift geschickt, so lassen Sie [ihn] in das nächste Intelligenzblatt rücken; dies ist aber Eigenthum Barths, u. Sie werden sich sogar noch Inseratkosten machen. Ich sehe Ihrem diesfalligen Entschluß entgegen.

Ueber Ihre älteren Briefe habe ich mich stets von Herzen gefreut, namentlich über den Concertsatz u. dessen sinnige Entstehung. Daß ich Ihnen nicht allemal antworte, sehen Sie wohl einem Geschäftsmann nach, wenn auch nicht einem Redacteur, der solche Mitarbeiter wie Sie festhalten sollte; haben Sie die Güte, mir Ihre Novelle[69] u. sonstiges zu schicken. Was Sie, ohne zu beschädigen, an jener kürzen können, thun Sie ja. In 5—6 Wochen wird Platz zur Aufnahme da sein. Beendigen Sie Ihr Concert bald! Wie steht es mit der Oper?

Antworten Sie mir bald, aber nicht aus dem grimmigen Cis dur, sondern dem milden Des dur.[70] Auch im Leben lassen sich viele u. die meisten Dinge enharmonisch drehen und verwechseln.

Nichts für ungut — Ihrem ergebenen

Leipzig, am 14/9. 35. — R. Schumann.

60. An Gustav Nauenburg in Halle.

Leipzig, vom 25/9. 35.

Werther Herr und Freund,

Ihr Loewe[71] kömmt in Nro. 25—26 ganz. Eher [ihn] zu bringen, war mir nicht möglich. Der Aufsatz gefällt mir ausnehmend. Vor Allem wünsche ich schnelle Fortsetzung Ihrer Lebensbilder: ich denke hauptsächlich an Mendelssohn, Marschner, Clara W.; die Justemilieuisten Reißiger, Kalliwoda, Wolfram können Sie wohl kürzer behandeln? Für die Ersteren räume ich Ihnen für jeden einen halben Druckbogen ein, aber auch nicht mehr. Sie glauben nicht, was für Manuscript von allen Orten hier einläuft. Schreiben Sie mir umgehend, wann ich auf bewußtes Manuscript hoffen kann, oder sagen Sie mir es in nächster Woche[72] lieber mündlich, wo Sie außer Mendelssohn auch Moscheles, Chopin und Pixis hier treffen. Heraus aus dem Schlafrock! Mendelssohn ist ein herrlicher, — ein Diamant direct vom Himmel; wir haben uns gern, glaub' ich. Außerdem gibt's viel zu erzählen.

Noch eine Bitte. Ich möchte doch nicht als Componist so cometenartig vorübergehen; in m. Zeitung darf ich nichts über mich sagen; Fink, versteht sich, arbeitet auch dagegen. Sie kennen die Toccata und würden mich durch eine Anzeige in der Cäcilia verbinden.[73] Sprechen Sie so freimüthig, wie über einen Ihnen wildfremden Menschen, so ist mir's gerade recht.

Clara wird täglich, ja stündlich, innerlich wie äußerlich reizender. Sie spricht gern und oft über Sie.

Verzeihen Sie mein langes Stillschweigen

Ihrem ergebenen

Schumann.

61. An den Geh. Finanzsecretair Ernst A. Becker in Dresden.

Lieber und verehrter Herr,

Auch ohne den besonderen Grund, der mich heute zu einigen Zeilen für Sie auffordert, würde ich Gründe genug finden, von denen ich nur die Serapionsnächte anführe, die wir gerade jetzt vor drei Jahren feierten.[74]

Die Sache ist diese. Es sind Familienklatschereien über Clara und mich im Zuge. In der letzten Zeit des Hierseins Wiecks vermied ich deshalb das Haus und war überdem krank, so daß ich Clara nicht zu sehen bekam. Ich muß sie in dieser Angelegenheit um einiges fragen und bitte um Ihre Unterstützung. Weder der Alte noch sonst Jemand (auch nicht Ihre Frau Gemahlin, wenn ich Sie bitten dürfte) dürfen aber von der Einlage etwas wissen, die Sie Clara allein zu geben so gütig sein wollen.

Glauben Sie sich dadurch irgend eine Verantwortlichkeit zuzuziehen, so schicken Sie mir ihn (d. Brief) wie er ist, zurück. Freilich würde mich das sehr bekümmern — nun, ich bin in Ihrer Hand.

Anna wird Ihnen von mir u. meinem Thun u. Lassen besser erzählen, als ich es heute im großen Geschäftsdrange vermag, darum nur noch herzlichen Gruß u. Dank im Voraus von Ihrem

Sie nicht vergessenden

Leipzig, 18/1. 1836. R. Schumann.

62. An Ernst A. Becker.

Leipzig, am 20ten Januar 1836.

Mein lieber und verehrter Herr,

Vorgestern schrieb ich in einer besonderen Angelegenheit an Sie. Da ich aber Ihre Adresse nur sehr ungenau wußte, so ist es leicht möglich, daß der Brief auf der Post liegen bleibt, weshalb ich Sie bitte, dort einmal nachzufragen. Der Brief führt auf der Überschrift den Beisatz „früher Bergschreiber in Schneeberg".

Ihrer alten Gesinnung eingedenk, bat ich Sie in jenem Briefe und wiederhole dies im heutigen, daß Sie die Einlage an C[lara], ohne daß es ihr Vater gewahre, abgeben möchten, da ich an Wieck nicht eher schreiben kann, ohne von Clara das Genauere zu erfahren. Die Sache ist übrigens nicht so bedeutend, als daß Sie sich, als dritte Person, dadurch irgend Unannehmlichkeiten zuziehen könnten. Verlassen Sie sich darauf und erfüllen Sie mir meine Bitte um tiefstes Stillschweigen gegen Jedermann.

Meine Sonate [Fis moll], die Ihnen Clara vorspielen wird, möge Ihnen wohlgefallen; ich habe noch manches fertig, doch mag es noch ein paar Jahre liegen; so lange trotzt es schon der Zeit.

Könnte ich Sie doch einmal wieder sehen! vielleicht zieht mich der Frühling nach Dresden und dann soll die Gegenwart den alten vergangenen attischen Abenden in nichts nachgeben.

Die Zeit drängt. In innigster Anhänglichkeit Ihr

Schumann.

63. An Dr. A. Kahlert.

Leipzig, den 1. März 1836.

Mein verehrtester Herr,

Für heute geb' ich Ihnen nichts Musikalisches zu entziffern und lege Ihnen (um ohne Umschweife gleich auf die Sache einzugehen) vor Allem die dringende Bitte ans Herz, daß, wenn Sie nicht auf einige

Minuten im Leben einen Boten zwischen zwei getrennten Seelen abgeben wollten, Sie wenigstens nicht zum Verräther an ihnen werden möchten. Ihr Wort darauf im Voraus!

Clara Wieck liebt und wird wieder geliebt. Sie werden es leicht an ihrem leisen, wie überirdischen Thun und Wesen gewahren. Erlassen Sie mir, vor der Hand, Ihnen den Namen des Anderen zu nennen. Die Glücklichen handelten jedoch, sahen, sprachen und versprachen sich ohne des Vaters Wissen. Dieser merkt es, will mit Aexten drein schlagen, untersagt bei Todesstrafe jede Verbindung — nun es ist schon tausendmal dagewesen. Das Schlimmste aber war, daß er fortreiste. Von Dresden lauten die letzten Nachrichten. Genaues wissen wir aber nicht; ich vermuthe und bin beinahe überzeugt, daß sie im Augenblick sich in Breslau aufhalten. Wieck wird Sie jedenfalls gleich besuchen und Sie einladen, Clara zu hören. Jetzt meine sehnlichste Bitte, daß Sie mich von Allem, was Clara angeht, ihrer Gemüthsstimmung, ihrem Leben, soviel Sie direct oder indirect erfahren können, rasch in Kenntniß setzen möchten, sowie daß Sie, was ich Ihnen als theuerstes Geheimniß anvertraut, als solches wahren möchten, und von diesem meinem Briefe weder dem Alten, noch Clara, noch überhaupt Jemandem mittheilen.

Spricht Wieck über mich, so wird es vielleicht nicht auf eine für mich schmeichelhafte Weise geschehen. Lassen Sie sich dadurch nicht irre machen. Sie werden ihn kennen lernen, es ist ein Ehrenmann, aber ein Rappelkopf — —

Noch bemerke ich Ihnen, daß es Ihnen ein Leichtes sein wird, sich bei Clara in Gunst und Vertrauen zu setzen, da sie von früher von mir, der ich die Liebenden mehr als begünstigte, gehört, daß ich mit Ihnen im Briefwechsel stehe. Sie wird glücklich sein, Sie zu sehen und Sie darauf anzusehen.

Ihre Hand, Unbekannter, in dessen Gesinnung ich so viel Edelmuth setze, daß er mich nicht täuschen wird. Schreiben Sie bald. Ein Herz, ein Leben hängt daran, ja mein eignes; denn ich bin's selbst, für den ich bitte.[75]

Robert Schumann.

64. An Therese Schumann.

L[eipzig], am 2/3. 36.

Eben komme ich mit Eduard aus dem Hotel de Bavière, wo wir mit Mendelssohn zusammen aßen. In einer halben Stunde geht die

Post. Daher nur die Nachricht, 1) daß ich Dich von Herzen lieb habe, dann, daß Eduard erst übermorgen früh ankommt, endlich, daß das mir sehr recht ist, da ich ihn erst einige Minuten lang gesprochen habe und doch manches für Dich und mich thun möchte. — Clara ist in Breslau. Meine Sterne stehen sonderbar verschoben. Gott führe zu einem glücklichen Ende!

Für heute herzliches Lebewohl.

Auch Deine Schwester Natalie grüße. Dein

R.

65. An J. Moscheles in London.

Leipzig, am 8ten März 1836.

Hochverehrtester Herr und geliebter Meister,

Für Ihre vielfache Aufmerksamkeit möchte ich Ihnen wohl etwas Anderes bieten können, als einen Brief voll räthselhafter Buchstaben. Finden Sie indeß nur so viel heraus, daß ich mit großer Freude jener Octobertage gedenke, an denen ich Sie hören und sprechen durfte, und daß ich in der Erinnerung daran eine neue Sonate [F moll] geschrieben, der ich gern Ihren Namen vorsetzen möchte. Wenn Sie mir es einmal gestatten, so wäre der Zweck dieser Zeilen wenigstens der Hauptsache nach erfüllt. Vielleicht daß Sie mich über das Letztere mit einem Wort beruhigen.

An Ihrem phantastischen Concert erlabe ich mich täglich, eben so am Händelschen Duo, das so schnell anklingt und noch länger nachhallt. Die Jungfrau-Ouvertüre[76] hat etwas Verschlossenes, wird aber von Stunde zu Stunde breiter und reizender. Mehres darüber finden Sie in der Folge der Zeitschrift; doch darf ich den Schreiber nicht verrathen. — Dies bringt mich auf etwas nicht Angenehmes. Der hiesige Commissionär von Black, Chanay etc. will nämlich nichts mehr nach London beischließen, so daß ich fürchte, Sie haben seit Neujahr noch keine Nummer der Zeitschrift erhalten. Ging' es vielleicht, daß ich Ihnen regelmäßig durch Hrn. Embden[77] in Hamburg drei Exemplare, welche Sie nach Ihrem Gutdünken vertheilen möchten, zusenden könnte? Nach Edinburgh weiß ich gar keinen Weg; auch liegen für Hrn. Thomson noch zwei Operntexte bei mir, die er zu besitzen wünschte. Einen Wink von Ihnen, wie ich sie befördern könnte, würde ich mit großem Danke nützen.

Daß Sie in Hrn. Hogarth einen neuen Correspondenten für mein

Institut gewonnen,[78] nehme ich als besonderes Zeichen Ihres Wohlwollens. Der Artikel „London" fehlt seit drei Monaten gänzlich, so daß ich je eher je lieber einen Bericht zu Händen bekommen möchte. Bedarf es einer besonderen Einladung, so erfolgt diese im Augenblick. Ihre Nachsicht für mein vieles Fragen und Bitten. — An Hrn. Thomson schrieb ich Ende Januar, bin aber bis jetzt ohne Antwort. Vielleicht traf ihn der Brief nicht mehr in London.[79]

Clara Wieck ist auf einer größeren Kunstreise, — meine Sonate (die erste) noch nicht im Stich; die Verleger wollen nichts von mir wissen; recht hoffe ich auf Haslinger —

Mendelssohn grüßt Sie herzlich. Er hat sein Oratorium [Paulus] beendigt und dirigirt es selbst zum Düsseldorfer Musikfest. Vielleicht reise auch ich dahin, vielleicht auch Chopin, dem wir deshalb schreiben. Dürfen wir Sie bitten, nachzusinnen, ob nicht vom 20sten Mai bis 1. Juni ein Rheindampfschiff von London abgeht, auf dem sich der Meister befinden könnte, den wir Alle so hoch verehren?

In innigster Hochachtung Ihr

ergebener

R. Schumann.

66. An A. v. Zuccalmaglio.

Leipzig, Charfreitag 1836.

Hochverehrter Herr,

Meinen besonderen Glückwunsch zur glücklichen Rückkehr [aus Rußland]. Enthalten Sie mir nicht zu lange vor, von dem, was Sie geschaut und erfahren, sobald Sie irgend können, etwas mitzutheilen. Namentlich freue ich mich auf Moskowitisches; der Name Moskau klingt immer wie der helle Schlag einer großen Glocke an das Ohr.

Sagt Ihnen der Ton der Davidsbündlerbriefe aus Augsburg, Berlin, Dresden und München vielleicht zu, so wählen Sie ihn doch zu Ihren Correspondenzen. Gleichgültige Sachen lassen sich auf diese Weise auf interessante Weise vorbringen; die Zeitschrift erhält dadurch Festigkeit und Farbe, und den Leuten wird dadurch ein Gefallen erwiesen. Unter Davidsbund stellen Sie sich nur eine geistige Brüderschaft vor, die sich indeß auch äußerlich ziemlich weit verzweigt und, hoffe ich, manche goldne Frucht tragen soll. Das Geheimnißvolle der Sache hat übrigens für Manche einen besonderen Reiz und überdies, wie alles Verhüllte, eine besondere Kraft. — Daß mir aber auch Ihre früheren Correspondenzartikel aus Warschau ausnehmend gefallen, und daß ich diese zu den besten der Zeitschrift zähle, schrieb ich Ihnen schon mehremale...

Mit Sehnsucht erwarte ich Ihre Moskaubriefe und alles von Ihrer Hand. — Sollten Sie einmal längere Zeit nichts von mir erfahren, so entschuldigen Sie es mit meiner Reise nach dem Rhein, wohin ich Ende April mit Mendelssohn zu reisen gedenke...

In aufrichtiger Verehrung

R. Schumann.

67. An Therese Schumann.

Leipzig, 1ten April 1836.

Meine geliebte Therese,

Auch ich habe in den vergangenen Wochen so viel und so heftig an Dich gedacht, daß ich Dich oft mit der Hand fassen zu können glaubte. Beim Gedanken, daß Du mich lieb hast, fühle ich mich so sicher, so geborgen, ich kann Dir nicht sagen, wie glücklich. Das macht, weil Du ein starkes Herz hast und tragen kannst und trösten und aufrichten. Wenn ich von hier fortginge, so geschäh' es nur, wenn ich die günstigsten Aussichten hätte. Eduard kann mit Wien nur gescherzt haben; das sind vor der Hand Rechnungen im Traum gemacht. Auf keinen Fall geschähe es aber vor Weihnachten. Bedenke, was ich zurücklasse! Einmal und vor Allem die Heimath — möge mein Herz niemals so erkaltet sein, daß diese mir gleichgiltig, sodann Verwandte, Dich, die ich in ein paar Stunden sehen und sprechen kann — dann Leipzig selbst, wo alles blüht und im Schwunge geht — sodann Clara, Mendelssohn, der im künftigen Winter wieder zurückkehrt — und hunderterlei anderes. Würde durch einen Umzug meine Zukunft fixirt, so stünde ich keinen Augenblick an! aber leichtsinnig und ohne Gewähr unternehme ich nichts. Das würde mich zurückbringen, was ich niemals einholen könnte. Also Du hast und behältst mich noch auf ein Jahr und ich Dich — und das Jahr wollen wir auch schön verleben und für einander nützen. Im Sommer komme ich jedenfalls auf 1—2 Wochen zu Dir, Du aber vorher zu mir, das versteht sich. Daß wir es nur gut einrichten! Höre, ich möchte gern mit Mendelssohn nach Düsseldorf zum Musikfest; dann würde ich etwa den 18ten Mai fort. Kämen Hindernisse oder säh' ich sie voraus, so reise ich jedenfalls mit M. bis nach Frankfurt, das letzte geschähe aber schon in 3—4 Wochen. Weiß ich nur erst genau, wann Du kommen willst. Denn es liegt nur an Deinem Willen. Eduard muß. Was ist da zu zweifeln! In der Zeit vom 4—18 Mai bin ich aber gewiß unter jeder Bedingung in Leipzig. Also richte es auf diese Zeit ein.

Was mein übriges Leben [betrifft], so würdest Du mich darum loben. Wie ich immer gern etwas Extraordinäres vorstellte, so bin ich, wie ich ehemals einer der stärksten Raucher und Bayern war, jetzt einer der schwächsten geworden. Cigarren des Tages höchstens vier, Bier seit zwei Monaten gar keines. Nun fleckt aber auch alles und ich bilde mir ordentlich etwas ein. Lobe mich also nicht, denn ich thu' es für mich schon hinlänglich.

Mendelssohn ist der, an den ich hinanblicke, wie zu einem hohen Gebirge. Ein wahrer Gott ist er und Du solltest ihn kennen. Außer mit ihm, gehe ich um mit David (dem Concertmeister) und einem Dr. Schlemmer, Begleiter des jungen Rothschild, und mit dem letztern selbst. Die drei letzten wirst Du noch in Leipzig finden. Der Doctor wird ganz nach Deiner Art sein — ein Weltmann von der Zehe bis zum Kopf. Dr. Reuter und Ulex[80] sind natürlich meine alten Begleiter. — Ueber Wiecks und Clara sprechen wir mündlich; ich bin da in einer kritischen Lage, aus der mich herauszuziehen noch Ruhe und klarer Blick fehlt. Doch steht es so, daß ich entweder nie mit ihr mehr sprechen kann, oder daß sie ganz mein Eigen wird. Du sollst alles wissen, wenn Du kommst, und wirst mein Bestes fördern.

Dank für alles, was Du mir thust — Du hast im Voraus zu allem meine Zustimmung. An den Hemden wünschte ich feine Manchetten. Beim besten Willen, Dir über meine Wäschangelegenheiten so klar wie möglich zu werden, hülfe es nichts. Hier muß eine Frau selbst mit eigenen Augen sehen und zwischen dem Ganz- und Halb-Zerrissenen nicht schwanken wie wir Männer. Also komm nur bald und sei mir eine recht gute Schwester; ich habe ja gar nichts Weibliches mehr zum Schutz. Dieser Gedanke würde mich niederschlagen, wenn Du mir nicht alles verträtest.

Eduard findet starke Concurrenz. Sprich ihm nur Muth ein! Ach thu' es!

Schreibe mir bald, meine geliebte Therese. Lebe wohl, ich küsse Dir Stirn und Augen. Dein

Robert.

68. An die Witwe Devrient.
(Schumanns Hauswirthin.)

[Ohne Datum, Sommer 1836.]

Verehrteste Frau,

Ihr schöner Brief hat mich im Herzen erquickt. Das waren die rechten Worte, einen zu trösten, der in einer tödtlichen Angst oft die Hände ringen möchte. Was soll ich Ihnen vorklagen von gescheiterten Plänen, von verschuldeten und unverschuldeten Schmerzen, von Jugendleiden, wie sie wohl Jeden treffen — hab' ich doch auch meine herrlichen Stunden, am Clavier, im Ideenaustausch mit trefflichen Menschen, im Bewußtsein eines ehrenvollen Wirkungskreises und in der Hoffnung, noch mehr und Größeres zu fördern. Eben diese erhöhte Geistesstimmung artet aber oft in Uebermuth aus, wo ich ordentlich gleich die ganze Welt mit Sturm nehmen möchte. Die Abspannung folgt auf dem Fuße nach und dann die künstlichen Mittel, sich wieder aufzuhelfen. Das rechte Mittel, solche gefährliche Extreme zu versöhnen, kenne ich wohl: eine liebende Frau könnte es. Hier aber lassen Sie mich mit meinem Kummer allein und mich über die wunderbaren Verflechtungen schweigen, deren glückliche Lösung ich von meinem guten Geist, wenn auch noch nicht erwarte, aber täglich erflehe. Es muß ein tieferes Vertrauen sein, das ich gerade zu Ihnen hege; von Natur etwas scheu, erinnere ich mich nie, gegen Jemanden, dessen Liebe ich mir erst noch verdienen muß, so offen und ruhig gesprochen zu haben. Einstweilen rechnen Sie auf mich, als auf

Ihren Ihnen innig verbundenen

R. S.

69. An Frau Devrient.

[Wahrscheinlich Ende Juni.]

Ihre Hand kömmt aus den Wolken. Bleiben kann ich aber nach dem, was Sie mir geschrieben, unmöglich, und will daher je eher je lieber fort. Es thut mir alles herzlich leid, zumal ich gerade Ihnen (Sie wissen es gar nicht) mit ordentlicher Liebe anhänge. Das melancholische Wetter und immer schwerere Leiden, von denen ich Niemandem sagen darf,[81] hatten mich wüst gemacht; Sie haben so sehr Recht. Denken Sie nur nicht zu unedel von mir und erlassen Sie mir für heute, mehr zu sagen.

R. S.

70. An Frau Devrient.

An Madame Devrient einen schönen Morgengruß, und daß ich mich nur mit Gewalt aus meiner Stube bringen lasse. Mir kommt vor, als habe ich hier dreimal mehr gelebt als sonst, und wenn ich es meinem Stern danke, der mich in dies Haus führte, so vor Allem auch Ihrer allseitigen Fürsorge.[82] Ihr ergebener

Am 1sten Juli 1836. R. Schumann.

71. An A. v. Zuccalmaglio.

Leipzig, 2ten Juli 1836.

Mein sehr verehrter Herr,

Den Grund zu meinem langen, so sehr undankbaren Schweigen suchen Sie in einem tiefen Seelenschmerz, von dem ich mich nicht zur Arbeit erheben konnte. Endlich hat mir die Musik, inniges eignes Schaffen darin und vor Allem, neben einem jungen selbsthelfenden Körper, die Wälder und das Grün Kräfte und Muth wiedergebracht. Die ersten Zeilen gelten denn Ihnen! Wie ein Kind um den Christbaum stand ich dies- wie das letztemal vor Ihren Geschenken und kehrte eines nach dem andern und sehr bedächtig um . . .

Mendelssohn las ich Ihren vorletzten Brief vor; wir haben uns herzlich gefreut. Zum „Männergesangquartett" fühlt er keine Neigung und glaubt nichts darin zu leisten. Ich glaube es beinahe auch. Doch wird er im Winter etwas schicken. . .

An den Rhein, Ihre Heimath, wie ich vermuthe, bin ich nicht gekommen; das Herzleid hatte mich ganz umgeworfen; nun sind aber wiederum viele Gestalten aus mir getreten, und ich wünschte wohl, daß eine davon Ihren Namen tragen dürfte, d. h. daß ich Ihnen etwas zueignen möchte. Manches meiner Musik wird, so viel ich Sie aus Ihren Aufsätzen kenne, geradezu mißfallen, indeß die ganze Richtung einem so tiefblickenden Auge als dem Ihrigen nicht verhüllt sein kann und Förderung finden wird. Mir ist's oft, als ständen wir an den Anfängen, und als könnte man noch Saiten anschlagen, von denen man früher noch nicht gehört. Nun, zeige es die Zukunft und gebäre es der Genius zur Vollendung.

Für heute zum Abschied. Senden Sie, was Sie an Perlen vorräthig haben: ich bedarf in meiner vielfach ausgedehnten Thätigkeit der leitenden Unterstützung Anderer und namentlich so fester.

Ihr ergebener

Robert Schumann.

72. An J. Moscheles.

Leipzig, den 30 Juli 1836.

Mein hochverehrter Herr,

Durch Hrn. Mendelssohn werden Sie erfahren haben, daß ich Ihnen während der Zeit meines Schweigens auf keinen Zoll näher gewesen bin — physisch; denn sonst beschäftige ich mich wohl täglich mit Ihnen und Ihren Compositionen. Düsseldorf mußte ich also aufgeben; desto mehr habe ich denn gearbeitet, literarisch wie musikalisch. Auch habe ich Ihre Erlaubniß, Ihnen eine Sonate widmen zu dürfen, lieber auf ein Concert für Clavier allein[83] ausgedehnt, von dem ich so eben die Revision nach Wien geschickt, wo es Haslinger verlegt. In vier Wochen ungefähr wird es in Ihren Händen sein und dann mögen Sie sich nur wundern, was man für tolle Einfälle haben kann.

Sehr sehnen wir uns nach Neuem von Ihnen, dem pathetischen Concert, den Etüden, der Clavierschule, und vergessen Sie nicht, bei einer Stunde Muße uns darum wissen zu lassen.

Für Ihren letzten Brief mit der Einlage von Thomson, der mich allerdings sehr verbinden würde durch öftere Nachrichten aus Edinburgh, meinen besten Dank. Da ich keine weitere Nachricht über ihr Concert im Mai erhielt, so stoppelte ich mir nach dem Bericht im Atlas, den Sie an Mendelssohn und dieser mir geschickt, etwas wie Correspondenz zusammen, der Sie wohl die Unechtheit angesehen haben. Meine einzige Quelle, woraus ich mir Notizen nehme, ist der Globe jetzt; competent scheint er mir freilich nicht. Mendelssohn sagte mir von Hrn. Legationssecretairs Klingemann geistreicher Feder. Glauben Sie vielleicht, daß dieser auf meine ausdrückliche Einladung und auf eine Empfehlung von Ihnen zu Zeiten schreiben würde?

Die Zeitung sende ich jetzt an Herrn Embden in Hamburg. Ich möchte wissen, wie weit sie in Ihren Händen wäre, was Ihnen davon gefällt und nicht gefällt u. s. w. Sie interessirt mich jetzt mehr wie je, und Sie werden meine Aufsätze leicht erkennen.

Noch eines, was mir eben einfällt. Vor länger als vier Wochen schickte ich durch Ihren Hrn. Schwiegervater die Sonate [Fis moll] ab, die Sie von Clara Wieck hörten. Da ich mich doch auch als einen Ring in der großen Kette fühle, so müßte sie mit einigen Worten den Lesern meiner Zeitschrift vorgestellt werden. Eine Selbstkritik hat alles gegen sich und ist so schwierig als undankbar. Würden Sie mir also vielleicht Ihre Meinung über die Arbeit, so kurz und scharf Sie können und wollen, mittheilen und mir erlauben, Ihren Namen darunter zu setzen? Die Sonate trägt nicht einmal meinen Namen, sondern die des „Florestan und Eusebius“ als Verfasser auf dem Titel, so daß Sie sich, wie es sich ja auch versteht, allein auf die Sache berufen können. Ihre Worte würde ich in der Zeitung dann etwa mit Folgendem einleiten: „der Verbrüderung der Autoren (Florestan und Euseb) halber hat sich die Redaction veranlaßt gefunden, einen Dritten um sein Urtheil über die Sonate zu ersuchen, und zwar Hrn. Prof. Moscheles, der uns darüber Folgendes mitzutheilen die Güte gehabt hat“.[84]

Sollten Sie, mein theurer Herr, irgend innere oder äußere Gründe haben, mir meine Bitte nicht zu gewähren, so stehe ich natürlich im Augenblick ab. Hätten Sie aber diese nicht und finden Sie die Composition der höheren Kunstform, in der sie auftritt, eines Wortes, — und des hohen Strebens halber, von dem sie gewiß etwas zeugt, einer Empfehlung werth, so können Sie glauben, wie ich es Ihnen innigst Dank weiß, und von wie großem Vortheil auch für die Verbreitung und für Hrn. Kistner, den Verleger, Ihre Bemühung sein wird. Dies der prosaische Theil der Sache. Wüßten Sie aber, wie ich noch auf den ersten Zweigen zum Himmelsbaum zu stehen meine, und wie ich da oben in einsamen heiligen Stunden Lieder zu hören glaube, von denen ich meinen geliebten Menschen später noch verkünden möchte, so werden Sie mir gewiß schon deshalb ein aufmunterndes Wort, das ja jedem Künstler von Nöthen ist, nicht versagen.

Dies und den innigsten Gruß der Verehrung für heute von

Ihrem treulich ergebenen

R. Schumann.

73. An Frau H. Voigt.

Verehrte und beste Freundin,

Mit dem Gehen wird natürlich nichts[85]; auch konnte ich nur schwer ab. Vielleicht morgen. Auch möchte ich noch einmal Mendelssohns Capriccio hören. Sie müssen es ihm schön vorspielen, und da habe ich noch einige Bemerkungen, die ich Ihnen sagen möchte. Ich darf wohl?

Lesen Sie mich noch mit denselben Augen wie früher? Ich mag keine Antwort darauf.

Der ganzen Familie meinen Gruß. Ihnen insbesondere.

25. Aug. 36. Ihr

R. Schumann.

74. An Eduard und Therese Schumann.

Leipzig, den 28sten August 1836.

Lieber Eduard und Therese,

... Wie siehst Du denn aus, meine gar geliebte Rose! Abends gehe ich mit dem festen Vorsatz zu Bett: „morgen schreibst Du“ und früh bin ich gewöhnlich kalt und traurig. Und so ruhte er bis jetzt. Eben schrieb ich an Chopin, der in Marienbad sein soll, ob er auch wirklich da ist. Jedenfalls käme ich ohnedies im Herbst noch einmal zu Euch. Schreibt mir aber Chopin gleich, so reise ich eher und über Karlsbad nach Marienbad. Therese, wie wär' es! Du mußt mit! lies erst die Antwort von Chopin und dann über das Andere ausführlich.

Wie fleißig ich bin, müßt Ihr an der Zeitschrift sehen. Doch brennt mir's unter den Sohlen und ich möchte weit weg. Von Haslinger hoffe ich alle Tage auf einen entscheidenden Brief... Und David, höre, heirathet in wenigen Wochen eine Baronin v. Liphart aus Dorpat mit ihren 100000 Thlr. — gestern gestand er's mir selbst. Wären wir doch auch im Hafen! — Mendelssohn kömmt in 4 Wochen. Zur Voigt komme ich viel. Zu Mittag mit David zu Tisch dort. Goethes Geburtstag.

Adieu, Liebe! Habe viel zu thun. Sieh' mich einmal an, Therese! So. Grüße an Natalien.

R. S.

75. An Heinrich Dorn, Capellmeister in Riga.

Leipzig, am 14ten Sept. 36.

Mein theuerster Herr,

Eben als ich vorgestern Ihren Brief erhalte und antworten will, wer tritt herein? — Chopin. Das war große Freude. Einen schönen Tag lebten wir, den ich gestern noch nachfeierte. Heute aber setze ich mich festen Willens her, meine alte Schuld abzutragen, so gut das auf so engem Raum möglich ist. Also 1) denke ich fast täglich an Sie, oft traurig, weil ich doch gar zu unordentlich lernte, immer dankbar, weil ich trotzdem mehr gelernt habe, als Sie glauben. Wie vieles sich von da bis jetzt begeben und verändert, wissen Sie zum Theil. Den andern verspare ich bis auf einstmaliges Sehen, woran ich, wie weit es auch hinausliegt, doch nicht verzweifle.

Dank für die vielen Zeichen Ihrer Theilnahme an unserm Streben.

Noch viel zu thun ist übrig; wir sind aber jung, und das Beste kömmt mit den Jahren. Besonderen Dank auch dafür, daß Sie von der Zeitung sprechen und ihr Freunde gewinnen. Für Herrn Weitzmann lege ich ein paar Zeilen bei. Der Davidsbund ist nur ein geistiger romantischer, wie Sie längst gemerkt haben. Mozart war ein eben so großer Bündler, als es jetzt Berlioz ist, Sie es sind, ohne gerade durch Diplom dazu ernannt zu sein. Florestan und Eusebius ist meine Doppelnatur, die ich wie Raro gern zum Mann verschmelzen möchte. Das andere darüber steht in der Zeitung. Die andern Verschleierten sind zum Theil Personen; auch vieles aus dem Leben der Davidsbündler aus dem wirklichen. Bogen möcht' ich vollschreiben. Genüge Ihnen dies Wenige. — Auf Ihre Punkte dieses: 1) (die 1 oben hat keine 2, was ich eben merke) — Ihr Jahresbericht steht von Nro. 13 an. Ueber das Musikfest erwarte ich sehnlichst. Die Irisbeilage[86] mit Referat paßt zur Iris; sehr ledern und gezwängt. Wollen Sie mir nicht einmal freie Aufsätze schicken, über Musikfeste überhaupt und wie sie zur Bildung der Masse passend eingerichtet werden müßten u. dgl., über die musikalische Zukunft zc., über gegenwärtige Zwiespalte zc., thun Sie das. Auch würde eine Parallele der Breitkopfschen und unserer Zeitung nicht ohne Interesse sein, müßte aber natürlich in ein drittes Blatt (elegante Zeitung, oder Comet, oder Abendzeitung) abgedruckt werden. Möchten Sie darüber nachdenken!

2) Auf die Phantasie freue ich mich natürlich sehr. Könnte ich Ihnen irgend nützen, so versteht sich das. Haslinger habe ich als sehr honnet kennen gelernt. Ich will eine gute Stunde abwarten und Ihnen das Nähere schnell schreiben. Uebrigens können Sie wohl glauben, daß, fürchteten die Verleger nicht den Redacteur, auch von mir die Welt nichts erfahren würde, vielleicht zum Besten der Welt; indeß die schwarzen sichern gedruckten Köpfe gefallen einem doch gar zu wohl. Auf meine Sonate in Fis moll mach' ich Sie aufmerksam, noch mehr aber auf ein Concert ohne Orchester, das eben bei Haslinger erschienen ist. Gerne möchte ich Ihre Gedanken darüber erfahren.

Von Chopin habe ich eine neue Ballade [G moll]. Sie scheint mir sein genialischstes (nicht genialstes) Werk; auch sagte ich es ihm, daß es mir das liebste unter allen. Nach einer langen Pause Nachdenken sagte er mit großem Nachdruck — „das ist mir lieb, auch mir ist es mein Liebstes". Außerdem spielte er mir eine Menge neuer Etüden, Notturnos, Masureks — alles unvergleichlich. Wie er am Clavier sitzt, ist rührend anzusehen. Sie würden ihn sehr lieben. Clara ist aber größere Virtuosin und gibt seinen Compositionen fast noch mehr Bedeutung als er selbst. Denken Sie sich das Vollendete, eine Meisterschaft, die von sich selbst gar nichts zu wissen scheint! Im Winter wird wieder reiches Leben. Mendelssohn, David (brillanter Kopf), Lipinski, Liszt, Clara, zwei stehende Concerte, zwei musikalische Zeitungen. Zwölf Quartette. Bessere Kirchenmusik. Stegmayer (leider sehr faul). Banck (guter Liedercomponist). Vieles Andere, was mir nicht gleich einfällt. Kurz, Sie fehlen.

Schreiben Sie mir bald und aufmunternd, wie bisher. Ich bedarf dessen.

In innigster Freundschaft Ihr

R. Schumann.

76. An Carl Weitzmann in Petersburg.

Leipzig, 14ten September 1836.

Mein verehrtester Herr,

Für heute nur ein paar Zeilen, Ihnen in Kürze für Ihr Wohlwollen zu danken und um fortgesetzte Theilnahme zu bitten. Gefällt Ihnen die Form der Correspondenz, wie Sie sie aus den Davidsbündlerbriefen aus Warschau, Königsberg, Augsburg ꝛc. kennen gelernt haben, so nehmen Sie diese zu Ihren Briefen. Solche freie, freundliche Einkleidung steht unserm Blatt am besten an. Auf andere Weise ist es wirklich schwer, nicht in den gewöhnlichen, mir verhaßten Referatsstil zu fallen. Ueber den Bund selbst läßt sich vor der Hand nicht gut mehr sagen, als in der Zeitschrift davon steht. Wer sich als Einer (Dbler) fühlt, dem reichen wir willig die Hand. Philisterei wagt sich von selbst nicht heran. So heiße ich Sie herzlich willkommen.[87] Die Zeitschrift treibt nach allen Gegenden hin Wurzeln — und denk' ich mir [sie] ganz fürs erste wie von einem Blüthendach überbaut, unter dem lauter selige echte Künstler wandeln, so wäre die letzte Idee der Davidsbündler allerdings erfüllt.

Bleiben Sie mir wohl gewogen

Ihrem ergebenen

Robert Schumann

77. An A. v. Zuccalmaglio.

Leipzig, 18ten October 1836.

... In einem Ihrer früheren Briefe scheint es, als ob Sie glaubten, es lägen noch einige Ihrer Aufsätze ungedruckt. Nur ein einziger ist es — der Traum über die Preissymphonie;[88] mit einer wahren Trauer sehe ich ihn oft an; so sehr mir vieles darin gefällt, so wünsche ich ihn lieber in ein anderes Blatt als die neue Zeitschrift, die einmal nur der Jugend und der Bewegung. Noch dazu wurde gerade der Symphonie von Berlioz in unserm Blatte so auszeichnend gedacht, daß eine so entgegengesetzte Ansicht eher verwirren als nützen könnte.

... Hier gibt's im Augenblick viel musikalisches Leben. Lipinski wird über Warschau kommen. Ich liebe ihn sehr, auch als Mensch. Mendelssohn gab ich Ihre Handschrift des Gedichtes: „Die Tonkunst"; er dankt und grüßt, doch denkt er jetzt mehr an seine Braut als an Componiren...

Wäre es nicht wohl gethan, wenn Sie Ihren Aufsätzen abwechselnd eine andere Form gäben? Gottschalk [Wedel] ist mir so ans Herz gewachsen, daß ich ihn ungern vermisse: indeß bitte ich für meine Leser. Auch bringen neue Formen neue Ansichten...

78. An Therese Schumann.

L[eipzig], den 15ten November 1836.

Meine geliebte Therese,

Wie oft ich Dich doch in Deinem Einsiedlerfenster sitzen sehe, den Kopf in den Arm gestützt, ein Lied leise in Dich hineinsingend, vielleicht auch zweifelnd, ob ein gewisser R. der vielen Liebe werth wäre, mit der man ihn überschüttet. Was mich aber abhielt, weder zu kommen noch zu schreiben, war allerdings anzuschlagen. Erst Chopin, Lipinski, Mendelssohn, die Carl, Ludwig Berger und hundert anderes. Schlag auf Schlag kamen sie. Wärst Du hier, wie wollte ich Dir alles zuführen, was solltest Du Menschen sehen und Menschen kennen lernen, andere als in Zwickau! Nun ist auch noch ein junger „Stamaty" da, der für mich wie aus den Wolken gestiegen kam, ein kluger, ausgezeichnet hübscher, feiner und herzlich guter Mensch, in Rom geboren von griechischen Eltern, in Paris erzogen, der jetzt seine musikalischen Studien bei Mendelssohn vollenden will. Sehr würde er Dir gefallen; wir hatten uns auch zum Musikfest nach Z[wickau] zu kommen fest vorgenommen; dann zerschlug sich's wieder. Doch wird er bis Frühling hier bleiben. Wirst ihn also hier zur Messe sehen, oder wir kommen vorher zu Dir. Mit dem Deutschen geht's noch sehr schlecht bei ihm, desto besser mit dem Französischen bei mir. Dann ist noch ein junger Engländer William Bennett in unsern täglichen Kreisen, Engländer durch und durch, ein herrlicher Künstler, eine poetische schöne Seele, vielleicht bring' ich auch den mit. Mendelssohn hat eine Braut und ist, ganz erfüllt von dieser Einen, noch nicht liebenswürdig und groß genug; es vergeht wohl kein Tag, wo er nicht ein paar Gedanken wenigstens vorbringt, die man gleich in Gold eingraben könnte. Seine Braut heißt Cäcilia Jeanrenaud, die Tochter eines reformirten Predigers, Cousine von Dr. Schlemmer. Zu Weihnachten reist er nach Frankfurt, sie zu sehen. Ich soll mit; vielleicht. — Der Dr. Schlemmer endlich, denke Dir, hat einen Orden erhalten, einen churhessischen. Das wird ihm gut stehen; ich habe es ihm lange angesehen, daß er nicht ohne Orden sterben wird. Er ist mit Rothschild in Heidelberg. David verheirathet sich in diesen Wochen und bleibt Concertmeister trotz der 100000 Thaler, die ihm seine Frau mitbringt. Außer diesem sind noch ein junger sehr reicher und talentvoller Mensch, Franck aus Breslau, und der junge Goethe, Enkel des Alten, bis jetzt aber noch ohne hervorstechenden Charakter, an unserm Mittagstisch.

Hier hast Du ein mattes Bild vom äußerlichen Leben. Mit Lipinski verlebte ich viele schöne Stunden; er liebt mich, glaub' ich, wie seinen Sohn; auch hat er eine hübsche Tochter von 16 Jahren, eine Polin, wie Du Dir sie nur denken magst. — So ging Eines nach dem Andern fort. An der Carl, die noch hier, ist als Künstlerin nicht viel und das viele Zeitungsgewäsch unausstehlich; übrigens gefällt sie mir, macht nicht viel Complimente, spricht offen, weiß recht gut, was ihr fehlt, hat noch das alte Prima Donna-Wesen an sich, das ihr aber nicht schlecht ansteht ꝛc. —

Jetzt aber zum prosaischen Theil des Briefes und der Sache. Das ganze Leben in diesen zwei Monaten ist von so trauriger Rückwirkung auf meine Casse gewesen, daß ich eine Anleihe bei Carl und Eduard versuchen muß. Und Du sei meine linke Hand und stehe mir bei. Bis Ende November muß ich fünfzig Thaler und bis Mitte December wieder eben so viel schaffen. Schreibe oder laß Eduard wennmöglich noch in dieser Woche schreiben, ob er oder Carl mir die hundert Thaler schicken oder anweisen können. Borgen könnt' ich noch überall, so von David, der mir seine Casse zur Verfügung gestellt; doch thut man das nur im äußersten Fall, wie Du Dir wohl denken kannst. Denkt also an mich! Immer glaubte ich, Eduard käme einmal so, daß ich es ihm mündlich sagen wollte. Gerade jetzt bleibt er so lange aus...

Endlich, meine liebe Therese, bitte ich Dich, mich auch recht lieb behalten zu wollen. Mit Freude, oft mit Rührung denke ich täglich Deiner; es ist dann oft, als lehnte ich mich an Dir und fühlte Dein Leben. Dein

Dich innig liebender

Robert.

Für Dich allein.

C[lara] liebt mich noch so warm wie sonst; doch habe ich völlig resignirt. Bei Voigts bin ich oft. Das geht so im Kreise. Ein wunderbar Ding, dies Leben!

79. An Frau Henriette Voigt.

Zum 24ten November[89] 1836.

Zweierlei bringen wir Dir. Trostlos, wie das Leben des Künstlers,
Wenn er im Kampf mit dem Sturm Segel und Ruder verlor,
Stellt sich das Eine Dir dar; indeß auf dem sicheren Boden
Still in der Muschel sich Perle an Perle gereiht.
Zweierlei wünschen wir auch. Wenn im Sturm der gefährlichen Stunde,
Welches das Unterste jetzt, plötzlich das Oberste wird,
Bring' aus dem dunkelen Schooß auch Perlen der glückliche Zufall!
Was Dir das Eine geraubt, gebe das Andre zurück.

* * *

Beiliegend
Compositionen von R. Schumann und St. Bennett.

80. An Therese Schumann.

Leipzig, am Letzten des Jahres 1836.

Wie habe ich denn Deine viele Liebe verdient, meine Therese. Wie ein Kind bin ich um den Christbaum gesprungen, als ich mir eines nach dem andern vorholte. — Und nun die Haarkette! Wie gut Du bist und wie nachlässig ich; glaubst Du, ich kam mir in diesen Tagen ordentlich wie nicht rein genug vor, Dir zu schreiben und zu danken. Den ganzen Tag war ich so an den Arbeitstisch gebannt und mußte Hunderterlei abthun, darunter recht Prosaisches. Endlich nahm ich mir fest vor, zu schreiben, daß Dich mein Gruß gerade am ersten trifft.

Sei er denn einer für Dich, und klinge er Dir wie von einem Bruder oder Geliebten. Was das Jahr bringen wird? Oft wird mir's wohl bange. Auf der Höhe der Zeit und der Erscheinungen zu stehen, fortzuhelfen, zu bekämpfen, selbständig zu bleiben — aller inneren und geheimeren Verhältnisse nicht gedacht, da schwindelt mir's oft. Indeß geschieht mir wieder so viel Liebes von den Menschen, daß ich's gar nicht wieder vergelten zu können glaube. So auch von Dir. Ach, bleibe mir gut! In einer tödtlichen Herzensangst, die mich manchmal befällt, hab' ich Niemanden als Dich, die mich ordentlich wie im Arm zu halten und zu schützen scheint. Lebe wohl! Dein

Robert.

81. An Frau H. Voigt.

Liebe,

Ich bitte um Stamatys Brief, dann um meine Sonate,[90] die noch viel schöner werden muß.

Es ärgert mich, daß ich das Trio von Taubert[91] nicht haben konnte; nun muß es vielleicht ein Jahr warten.

Seit fünf Tagen sitze ich am Arbeitstisch. Es bekommt mir aber gut.

Oft denke ich an Sie. Adieu. Ihr

[Vom 5. Jan. 1837.] R. S.

82. An Keferstein.

Leipzig, 31. 1. 37.

Mein verehrter Herr,

Für was können Sie mich halten nach so vielen empfangenen Freundschaftszeichen, als für einen Undankbaren, mit dem weder im Guten noch im Schlimmen etwas anzufangen.

Seit Ihrem letzten Hiersein fuhr es aber auch so bunt durcheinander, äußerlich wie innerlich, daß ich nur das Nothwendigste abthun konnte und oft das Liebste bei Seite legen mußte. Heute habe ich mir aber fest vorgenommen, nicht eher abzulassen, als bis Sie es ordentlich erfahren haben, wie werth mir Ihre Theilnahme an meinen Bestrebungen ist.

Ihr erster Brief enthält viel Wahres. Gegen den Gang der Verhältnisse läßt sich aber nicht so leicht anrennen. Die Zeitschrift aufgeben, hieße den ganzen Rückhalt verlieren, den jeder Künstler haben soll, soll es ihm leicht und frei von der Hand gehen. An große Compositionen kann ich freilich nicht denken; so seien es wenigstens kleinere.

Ich schicke Ihnen hier die Sonate [Fis moll]; es folgen ihr später noch mehrere. Betrachten Sie sie liebevoll, so wird sie Ihnen antworten. Es hängt viel altes Herzblut daran.

Sie sagten mir bei Ihrem Hiersein, daß Sie gern eine Anzeige meiner Compositionen in die Cäcilia besorgen wollten. Fühlen Sie noch Lust, so schreiben Sie mir. Sie erhalten dann noch mehr. Doch wünschte ich natürlich, daß Sie lieber ein ganzes Resumé, ein Charakterbild, soweit sich eines zusammensetzen läßt, gäben als eine specialisirende Recension nach dem gewöhnlichen Schlag. Die Cäcilia ist das einzige Blatt, worin etwas über mich gesagt werden darf. Meine Zeitung ist für Andere da; und Fink hütet sich wohl, Dummes über mich zu sagen, wie er es würde, wenn er öffentlich darüber spräche. Also, wie Sie wollen! . . . Vergessen Sie nicht

Ihren ergebensten

Schumann.

83. An A. v. Zuccalmaglio.

Leipzig, am 31sten Januar 1837.

Mein sehr verehrter und theurer Herr,

Zuerst also, daß ich vor einigen Tagen Hrn. Mendelssohn, mit dem ich täglich zum Mittagstisch bin, Ihren Aufsatz: „Erste Töne“[92] zu lesen gab, von Weitem beobachtend, wie sich sein Gesicht aufziehen würde, wenn er an die Schlußwendung käme, die mir selbst (ich will es offen sagen) etwas Nasses in die Augen brachte. Aufmerksam las er, sein Gesicht (ein herrliches, ewiges) zeichnete alles nach, immer mehr Beifall schwebte darauf — und jetzt kam die Stelle. Sie hätten ihn sehen sollen. „Ei, was ist das, das ist ja zu viel; dies freut mich wirklich; es gibt verschiedene Arten, gelobt zu werden: das kömmt aber aus reinem Herzen“ ꝛc. Sie hätten es sehen und hören sollen. „Und vielen, großen Dank dem, der's geschrieben.“ So ging's fort, und wir tauchten uns dann in Champagner.

In der That — schon längst sagte ich mir, „es hat noch Niemand so über Musik geschrieben als Wedel“, es ist oft, als läse ich eben in Mendelssohns Gesicht, das in einer ewigen zarten Bewegung von allem offen Rechenschaft gibt, was in und außer ihm vorgeht. So lebendig in jedem Wort ist Ihre Prosa, so malerisch in ihren einzelnen Wendungen, so klangvoll fallend und steigend. Doch genug ....

Kennen Sie Paulus von ihm? Da löst eine Schönheit die andere ab; er ist auch der Erste, der den Grazien einen Platz im Gotteshause angewiesen hat, die doch auch nicht vergessen sein dürfen und ehemals vor lauter Fugen nicht zu Worte kommen konnten. Lesen Sie Paulus ja je eher je lieber. Und von Händel oder Bach, wie Manche sagen, ist gar nichts darin zu finden als das, worin sich alle Kirchenmusik gleichen muß.

... Könnte ich Sie doch sehen und sprechen im Sommer. Leid thut es mir sehr, daß Sie schwerlich Mendelssohn hier finden werden, der ihn (den Sommer) in den Armen seiner Braut in Frankfurt verleben will. Er wird zum Kind in seinem Bräutigamsstand.

Haben Sie kleinere Gedichte zur Composition, die sich in die Zeitung schickten? Für Ihre Tragödie kann ich nichts thun. Barth sah mich bei dem bloßen Worte „Tragödie" von oben bis unten an. Ordnen Sie bald Ihre „Wedeliana", für die ich mit Gott Rath schaffen will...

Eben erhalte ich Besuch, darum ein schnelles Lebewohl. Vergessen Sie mich nicht Ihren Schumann.

84. An C. F. Becker.

[Leipzig] 10. 2. 37.

Mein verehrter Herr,

Sie erhalten hier das Concert von Clara [Op. 7], mit der Frage, ob Sie mir bis Montag früh eine Anzeige über die Composition liefern könnten, die sie jedenfalls in der Zeitung verdient. Sie wissen vielleicht, daß ich in Beziehungen zum Alten stehe, die mich hindern und es mir als unpassend erscheinen lassen, selbst über das Concert zu schreiben. Vielleicht ist das ein Grund mehr für Sie, mir meine Bitte zu erfüllen. Eine halbe Seite genügt. Doch wünsche ich Ihre Namensunterschrift C. F. B. Die Recension würde sich an die über das Concert von Herz anschließen, und der ganze Cyklus mit einigen Worten üb. d. Concerte von Bennett schließen. Vielleicht gibt Ihnen das Gedanken.[93]

Um Antwort bittend Ihr

S.

85. An C. F. Becker.

Ihr Aufsatz[94] ist so schön und interessant, Ihr Unwillen nach Ihrer Darstellung so gerecht, daß es mir herzlich leid thut, ihm eines Umstandes halber wenigstens vor der Hand die Aufnahme verweigern zu müssen. Der Umstand ist der:

Es wurde mir von einem Dritten hinterbracht, Rochlitz habe etwas über Mendelssohns Paulus geschrieben, wünschte es in unserer Zeitschrift abgedruckt, da er mit der andern nicht besonders stehe rc. Es schien mir interessant und würde einiges Aufsehen erregt haben. Deshalb sprach ich mit Madame Voigt, der R. aber zur Antwort gab, daß er allerdings an so einen Aufsatz gedacht habe und mir ihn gern zum Abdruck überlassen würde, daß er aber jetzt seiner fortdauernden Kränklichkeit halber nicht mehr daran denken könne rc.

Erschiene nun jetzt Ihre Kritik, so würde R. es vielleicht für eine Rache von mir halten, an die ich wahrhaftig gar nicht denke.

Ich hoffe, Sie geben mir Recht und sehen die Sache im richtigen Licht.[95]

Leipzig, 10ten April 1837.

86. An Therese Schumann.

Leipzig, d. 17ten April 37. Montag.

Meine geliebte Therese,

Eine schöne Idee habe ich; weiter enthält der Brief nichts.

Wir wollen Dich nämlich in einem Wagen abholen, Bennett, der junge Goethe und ich. Da wir aber, wir großen Männer, nicht viel Zeit haben, so schlagen wir dieses vor:

Wir fahren zu Ende künftiger Woche an einem schönen Tag, der einen folgenden schönen verspricht, in frühester Zeit von hier ab, so daß wir Mittag vier Uhr etwa bei Dir wären. Und Du hättest nichts zu thun, als ruhig einzupacken und Tags darauf etwa zehn Uhr früh einzusteigen in den Wagen, und so durch die Frühlingsblüthe mit heitern Gesichtern auf und hierher!!

Schreibe mir gleich, wie Dir das gefällt. Wenn es geht, bestimme ich Dir dann den Tag der Abfahrt genauer.[96]

Julius Kistner hat Allen ins Ohr versichert, Du wärest eine herrliche Frau.[97] Ich meinestheils billige es nicht; indeß würdest Du im Hôtel eine scharfe Kritik auszustehen haben. Sehr freue ich mich darauf.

Adieu! Dein Robert.

Ich bleibe bei Dir, wenn Du willst, die andern auf der Post.

87. An A. v. Zuccalmaglio.

Leipzig, d. 18ten Mai 37.

.... Vom Bachschen D moll-Concert hat nur Mendelssohn eine Abschrift; sobald er zurückkommt vom Rhein, aber erst Ende September, besorge ich Ihnen eine Abschrift wie auch mir, dem es als eins der bewunderungswürdigsten Erzeugnisse immer gegolten hat.

Daß Sie nicht kommen, thut mir herzlich leid, da ich mancherlei mit Ihnen durchsprechen mögen, was sich schriftlich nur bei viel Muße thun ließe.[98] Mancherlei hätte ich im Sinne und Ihre helfende Hand dazu gewünscht. Fürs Erste sinne ich schon lange darauf, dem Davidsbund ein wirkliches Leben zu geben, d. h. Gleichgesinnte, seien es auch nicht Musiker von Fach, auch durch Schrift und Zeichen in ein engeres Bündniß zu bringen. Ernennen Akademien, mit Ignoranten von Präsidenten an der Spitze, ihre Mitglieder, warum nicht wir Jüngeren uns selber? Noch labe ich mich an einer andern Idee, die mit der vorigen leicht in Verbindung zu setzen, aber von allgemeiner Wichtigkeit wäre, der Begründung einer Agentur für Herausgabe von Werken aller Componisten, die sich den Statuten dieser Agentur unterwerfen wollten, — und die den Zweck hätte, alle Vortheile, die bis jetzt den Verlegern in so reichem Maße zufließen, den Componisten zuzuwenden. Dazu bedürfte es nichts als eines unter gerichtlichem Schutz geschworenen Agenten, der das Geschäft leitete: Die Componisten müßten Caution für die Auslagen der Herstellung ihrer Werke stellen und erhielten dagegen alljährlich etwa Bericht über den Absatz, Auszahlung des Ueberschusses nach geschehener Deckung der Auslagen. Dies vorläufig, und denken Sie der Sache einmal recht herzhaft nach, sie kann zur großen Wohlfahrt des Künstlerstandes in Ausführung gebracht werden. Bitte, denken und schreiben Sie mir!

Sodann hätte ich einmal bei Ihnen angepocht, ob wir nicht unsere früheren und zukünftigen Gedanken über Musik, Sie Ihre Wedeliana, ich meine Davidsbündlereien, in einem besonderen Doppelwerke ediren wollten. Um manches wäre es schade, sollte es in einer Zeitschrift untergehen. Die Verleger wären nahe und meine Brüder. Es käme dann nur auf eine interessante Form der Verschmelzung an, und wir müßten uns darüber noch weiter verständigen.

Diesem allen widmen Sie, mein Hochgeschätzter, einige Stunden

Gedanken. Oft ist mir, als lebte ich nicht lange mehr, und so möchte ich noch einiges wirken.

Mit Sehnsucht sehe ich Ihrer Antwort entgegen.

Ihr ergebener

Robert Schumann.

88. An W. H. Rieffel in Flensburg.

Leipzig, den 24sten Juli 37.

Mein hochgeschätzter Herr,

Ihr gütiges Vertrauen ehrt mich, wie es mich von Herzen erfreut hat. Meine Meinung über Ihre Gesänge kennen Sie bereits durch Herrn Schuberth; sie haben mich wahrhaft erbaut in ihrer Einfachheit, Würde und Eigenthümlichkeit. Finden sich darin solche Eigenschaften in heutigen Tagen doch so selten vereint, daß ich dies mein Urtheil mit Freuden Ihnen schriftlich wiederhole. Zwei, etwa drei Stellen ausgenommen, die ich anders möchte, wüßte ich nicht, was mich verhinderte, die Gesänge sämmtlich nach meiner innigen Ueberzeugung dem Publikum als trefflich zu empfehlen, oder empfehlen zu lassen, da die Kritik der Gesangsachen nicht in mein Bereich gehört. Dies, mein geschätzter Herr, zu Ihrer völligen Beruhigung. Sobald Sie die drei Gesänge in Druck geben wollen, bezeichne ich Ihnen jene Stellen genauer.

Noch etwas. Mein Verleger hat die Idee, vom künftigen Jahr an der Zeitschrift vierteljährlich ganze Hefte von Compositionen beizulegen. Dringen Sie nicht auf schnelle Herausgabe, so schlage ich Ihnen diesen Weg vor, Ihre Gesänge auf diese Weise bekannt zu machen. Was Ihnen an Honorar abgeht, — denn die Ausgabe, 400 Hefte vierteljährlich beizulegen, steigt ins Bedeutende —, ersetzt sich sicher vielmal durch die rasche Verbreitung, die Ihrem Namen dadurch wird, abgesehen davon, daß die Wahl der zur Zeitschrift beigegebenen Werke an und für sich als eine ehrenvolle Auszeichnung angesehen werden darf. Hierüber gelegentlich Ihr Gutachten.[99]

Auch ich wünsche, Sie und Ihre talentvolle Tochter bald kennen zu lernen. Lassen Sie Leipzig ja nicht aus dem Sinn. Sie werden beide hier einen fruchtbaren Boden finden und die Früchte sollen nicht ausbleiben.

Für heute empfehle ich mich Ihnen und Ihrem ferneren Wohlwollen.

Ihr Sie hochschätzender

Robert Schumann.

98. An C. F. Becker.

Leipzig, d. 25sten Juli 1837.

Ich war gestern bei einem Freunde auf dem Rathhaus, der mir manche die alte Kirchenmusik betreffende handschriftliche Eingaben von Johann Kuhnau und Bach zeigte. So flüchtig ich es durchgelesen, so schien mir manches von Interesse. Es findet sich in den Archiven gewiß auch noch mehr. Da ich keine Verbindung mit den höheren Beamten habe, so möchte ich Sie zu meinem Fürsprecher, ob das Gericht diese Aktenstücke mir auf eine kurze Zeit überlassen u. die Erlaubniß geben wolle, das allgemeinere Musikbezügliche in der Zeitschrift abdrucken lassen zu dürfen.[100]

90. An Fr. Wieck.

Erlauben Sie, verehrtester Herr Wieck, daß ich Ihnen für die Auszeichnung, die meinen Compositionen am vorigen Sonntag[101] widerfahren ist, meinen besten Dank sage. Es war zu außerordentlich, als daß ich Ihnen das verschweigen könnte, — namentlich Liszt (das Herauskommen war das Schönste an der Composition),[102] dann Henselt, und hauptsächlich alles. Henselt ist eine schöne Seele, wie selten. Warum ich ihn doch nicht kenne.

Erhalten Sie meinen Bestrebungen Ihr gütiges Wohlwollen

Ihrem ergebenen

Leipzig, 15 August 37.[103] Robert Schumann.

91. An Adolph Henselt in Berlin.

Leipzig, den 17ten August 1837.

Mein verehrter Herr,

Vielleicht sind wir schon einmal im Leben an einander vorbeigegangen, aber uns fremd, ohne einander zu kennen oder zu grüßen. Und das hat etwas Trauriges, zumal Sie Zeilen eines dritten Freundes, Krägen in Dresden, an mich hatten.

Meinen Namen wissen Sie also; von meiner warmen Liebe für Ihre Werke können Sie aber noch nichts erfahren haben, da ich erst seit einigen Tagen mehrere genauer kennen gelernt habe. Wie es mir aber oft geschieht, daß ich bei Erfassung eines neuen Geistes weder Maß noch Ziel kenne in meiner Freude, so erfahren Sie heute auch weiter nichts Genaueres, sondern etwas Anderes, eine Bitte.

Der Verleger meiner Zeitschrift will ihr vom künftigen Jahre an vierteljährlich ganze Hefte von Compositionen beilegen. Da hab' ich denn allerhand hübsche Gedanken und möchte für das erste Heft vier Etüden von Moscheles, Chopin, Clara Wieck und Ihnen. Des Erhaltens der ersteren bin ich beinahe gewiß; machen Sie das Kleeblatt vierblättrig und erlauben Sie mir, daß ich mir eine Ihrer in Beckers und sonstigen Heften stehenden Etüden abschreiben lassen und dem Hefte beilegen kann. Gesteh' ich es, so habe ich es stark auf das Andante in H dur mit der folgenden Etüde abgesehen und wäre erfreut, wenn Sie einwilligten. Es kann Sie das ja nicht hindern, die beiden Sätze später in Ihre größeren Etüdenhefte von Neuem aufzunehmen. — Schreiben Sie doch ein Wort an Krägen, der mir dann Nachricht geben wird, oder an mich selbst.

Wie wünschte ich Sie von Angesicht zu Angesicht zu sehen. Es hat mir seit Jahren in der Musik nichts so innig wohlgethan, als was ich eben vor Kurzem hörte,[104] und es ist, als läge Ihre Seele offen vor mir da — aber ich komme gleich ins Maßlose, darum nehmen Sie, mein theurer Herr, nur noch die Versicherung meiner Hochachtung und, erlauben Sie, die meiner treuen Freundschaft.

Ihr ergebenster

Robert Schumann.

92. An Miß Anna Robena Laidlaw in Königsberg.

Leipzig, den 19ten Aug. 1837.

Besten Dank, mein theures Fräulein, daß Sie Ihr Versprechen[105] gehalten. Die Zeit Ihres Aufenthaltes hier wird mir stets eine recht schöne Erinnerung bleiben,[106] und daß dies wahr ist, was ich schreibe, werden Sie noch klarer in acht Phantasiestücken für Pianoforte finden, die bald erscheinen und Ihren Namen an der Stirne tragen. Um Erlaubniß einer Dedicace habe ich zwar nicht besonders angefragt; aber sie gehören Ihnen — und das ganze Rosenthal mit romantischem Zubehör steht in der Musik. Bis Ende September werden die Phantasiestücke fertig sein. Wie, auf welche Weise soll ich sie Ihnen zusenden?[107]

Es geht mir wohl, ja glücklich, und wenn uns nicht so viele Meilen trennten, sollten Sie mehr darüber erfahren. Zum Schreiben ist es zu lang — und, wer weiß, ob Sie den Brief überhaupt entziffern können, so große Mühe ich mir auch gegeben habe und eben gebe, mich zu zeigen. (Mich zu zeigen, ist wirklich lesbar.)[108]

Hr. Anger [109] ist erstaunlich nachsinnend geworden nach Ihrer Abreise und er schwärmt oft von jenem Don Juan Abend im Hôtel de Bavière. Dr. Reuter empfiehlt sich Ihnen.

Ihr Bild habe ich bis jetzt noch nicht erhalten. Sie werden es nicht vergessen, nicht wahr?

Schreiben Sie mir von Ihren Plänen, Studien ꝛc. Sie glauben nicht, wie sehr ich Theil nehme an allem. Petersburg ist weit. Gehen Sie noch dahin?

Empfehlen Sie mich Ihrer verehrten Frau Mutter, [110] die so lebendig vor mir steht, wie Ihrem Herrn Vater, und geben Sie bald ein Zeichen der Erinnerung Ihrem

ergebenen

Robert Schumann.

Antworten Sie mir lieber in englischer Sprache. Ich bitte recht schön darum.

93. An A. v. Zuccalmaglio.

Leipzig, den 20sten August 1837.

Mein hochgeehrtester Herr,

.... Ich bin wegen Ihres Briefes über Berlioz [Vehmrichter-Ouvertüre] in einiger Verlegenheit, wie ich es schon bei Lobes Brief [111] war, der wirklich übertrieben. Darf ich Ihnen den Grund der Aufnahme wissen lassen, es ist nicht der edelste; aber Offenheit ist immer das Beste. Lobe schickte mir den Brief also und dabei die dringende Bitte um Geld — ich gewährte ihm das gern — nun wollte ich aber nicht zu kurz kommen, da ich überdies Jahrelang für die Zeitung gearbeitet, mit einem Worte nicht noch aus meiner Tasche zahlen. So ist's gekommen. Dann, verzeihen Sie mir, urtheilen Sie, ohne die Ouvertüre gehört zu haben. Sie haben keinen Begriff, wie er mit dem Orchester umzugehen weiß. Haben Sie also die Ouvertüre einmal gut aufführen gehört und wünschen noch, daß Ihr Aufsatz gedruckt wird, so thue ich es mit Vergnügen. Die Sache verdient aber überhaupt gar nicht so viel Aufhebens und ist eigentlich durch die kurze Anzeige der Ouvertüre in einem früheren Band [112] beseitigt. Mein Urtheil dort scheint mir noch jetzt richtig. Es thut mir nur so weh, daß Sie den schönen Aufsatz umsonst geschrieben haben sollen. Nun — schlagen Sie mir einen Mittelweg vor. [113]

Ihren anderen Brief muß ich noch bei Seite legen, bis alles näher vorgerückt ist. Ließe ich ihn jetzt drucken, und es würde dann nichts aus einer Constituirung eines großen deutschen Künstlerbundes, so würde das ein Aergerniß geben. Also gedulden Sie sich noch.

Der Aufsatz gegen Nicolai war außerordentlich und überzeugend in jedem Worte.[114] Vergessen Sie nicht, mehr dergleichen zu schreiben...

Ich bin in Arbeiten bis über den Kopf; darum nur noch meinen herzlichen Gruß und Bitte um baldiges Schreiben

von Ihrem ergebenen

Robert Schumann.

94. An J. Moscheles in Flottbeck bei Hamburg.

Leipzig, d. 23sten August 1837.

Sie empfangen hier, mein hochverehrter Herr, abermals zwei und wie verschiedene Compositionen. Den Maskentanz [Carnaval] zu entziffern, wird Ihnen ein Spiel sein; auch brauche ich Ihnen wohl schwerlich zu versichern, daß die Zusammenstellung so wie die Ueberschriften n a c h Composition der Musikstücke entstanden sind. Die [symphonischen] Etüden lege ich Ihnen mit mehr Zuversicht ans Herz. Einige davon liebe ich jetzt noch (sie sind beinah drei Jahre alt). Sie wissen, was mir Ihr Urtheil ist. Sagen Sie mir ein paar Worte, ganz allein für mich.

Auf Ihre Etüden freu' ich mich wie ein Kind auf Weihnachten. Vom Concert pathétique finde ich aber noch immer nichts angezeigt.

Jetzt eine Bitte; sie betrifft die Kunst, wie mein Interesse. Der Verleger meiner Zeitschrift hat sich auf mein dringendes Ansuchen bewegen lassen, dem Journal allvierteljährlich eine größere Composition beizulegen. Ich will damit allerhand hübsche Gedanken ins Werk setzen, und die Sache soll Feuer unter die Musiker machen. So sollen Liedertexte ausgeschrieben und die interessantesten in einem Hefte neben einandergestellt werden, wohl auch ein schlechtes mit aufgenommen, damit die Kritik recht treu nachweisen und der Leser, die Noten in der Hand, nachfolgen kann. — Auf die Manuscripte Unbekannter und wirklicher Talente wird hauptsächlich geachtet; ihr Name wird sich dadurch im Augenblick Bahn brechen (die Zeitschrift hat gegen 500 Leser, die die Compositionen sämmtlich umsonst erhalten). — Von Zeit zu Zeit sollen auch alte Compositionen, die nur im Manuscripte vorhanden, so Fugen von Scarlatti, wohl auch ein ganzes Bachsches Concert in Partitur, beigelegt werden. — Sodann möcht' ich mich mit meinen

Freunden zu einem Cyklus kleiner Compositionen verbinden; der Eine müßte anfangen, der Andere müßte das Stück sehen und eine neue Composition hinzufügen und so fort, damit das Ganze einen Halt bekäme, der den Albums sonst so sehr fehlt.[115] Kurz, vieles habe ich damit im Sinn.

Mein nächster Gedanke ist aber auf vier Etüden verschiedener Meister gerichtet, die das erste Heft zu Neujahr 1838 bilden sollen. Ich beschäftige mich zu viel mit allem, was Sie, mein verehrtester Herr, betrifft, als daß ich nicht daran hätte denken sollen, daß Sie mir vielleicht eine der Etüden aus Ihrem zweiten Hefte, ehe sie bei Kistner erscheinen, für die Zeitschrift überließen. Ein solcher Name würde der Sache gleich Vertrauen geben, und der erste Schritt wäre zugleich ein Sieg. Chopin hat mir auch versprochen; von A. Henselt, dem ausgezeichnetsten der jüngeren Componisten, der Sie wahrhaft erfreuen wird, besitz' ich schon eine. Und wegen der vierten schwanke ich noch, ob ich Mendelssohn oder sonst wen darum angehen soll.[116] Haben Sie die Güte, mir noch vom Continent aus darauf eine gütige Antwort zu ertheilen und, wenn Ihnen meine Idee gefällt, die oder mehre Etüden vielleicht mitzuschicken. Sie würden meine Schuld, aber auch meinen Dank größer machen.

Eben höre ich, daß Mendelssohn eine Engländerin zur ersten Concertsängerin hier engagirt haben soll. Können Sie mir vielleicht ihren Namen sagen, vielleicht Miß Clara Novello?[117] ...

Um eine gütige Antwort bittend

in treuer Verehrung

Ihr ergebenster

Robert Schumann.

95. An den Finanzsecretair Ernst A. Becker in Freiberg.

L[eipzig] am 26sten August 1837.

Hier, mein theurer Freund und Schutzgeist — greift ihnen das nicht ans Herz, so weiß ich nichts weiter zu thun.[118]

Wie mir's zu Muthe ist, können Sie sich denken; doch bin ich ruhig und glücklich im festen Glauben an Claras Unerschütterlichkeit. Was das für eine Seligkeit ist, an Jemanden zu glauben, auf ihn zu bauen! Der Alte ist liebenswürdig gegen mich und macht mir eher Muth. — Sonst bleibt alles, wie wir es besprochen haben. Cl[ara] wünschte mich zu sehen; es ist aber besser, daß es jetzt nicht geschieht.

Daß Sie der Erste sind, dem ich schreibe am 14ten September, ach — das glauben Sie mir wohl. —

Schicken Sie mir den Brief und Ihr Urtheil darüber; vielleicht habe ich etwas vergessen?

Ich küsse die Hand, die aus den Wolken gekommen ist — Ihre, und bin in ewiger Liebe

Ihr

R. Schumann.

96. An Adolph Henselt in Breslau.

Leipzig, den 31sten August 1837.

Mein theurer Herr,

Ihr Brief hat mir die größeste Freude gemacht; möchte es Ihnen auch meiner. — Zuerst besten Dank für die schnelle Gewährung meiner Bitte. Die H Etüde beizulegen, geht freilich nun nicht gut, da das Schlesingers übelnehmen würden; ich dachte an die in Es Moll, die Clara neulich in ihrem Concerte spielte — aber die ist nicht für Viele — nun ich will sehen. Was mir am liebsten wäre, Sie schickten mir, sobald es Ihnen möglich, eine Etüde oder sonst ein kleineres Stück, das nicht vor Neujahr irgendwo erschiene, also keine von den Hofmeisterschen, sondern sonst etwas Herrliches. Mit Ihrem Gedanken, der H Etüde die einfachere Form voranzuschicken, kann ich mich nicht befreunden; sie verlieren neben einander und die Etüde bekommt das Ansehen einer Variation. Bleiben Sie ja beim Andante und nennen Sie es doch „Andante und Etüde“ oder wollen Sie es antiker, „Präludium mit Etüde“ oder wie Sie sonst wollen. Für „Romanze“ bin ich nicht. (Sehen Sie sich doch Bennetts Compositionen an, Sie werden viel für sich und das Herz finden.)

Ich schreibe Ihnen wie einem alten Freunde. Bin ich doch durch Becker und Wieck in neuester Zeit Ihnen so nahe gerückt, daß ich Ihre Hand zu fühlen glaube. Kommen Sie, kommen Sie; es soll Ihnen wohl werden. Hier gibt's Schwung, Freunde und Künstler, die Sie zu ehren wissen. Sie wollen nach Petersburg? Ist das wahr? Zuvor schreiben Sie doch noch einmal

Ihrem

R. Schumann?

97. An Walther von Goethe.

Leipzig, 2 September 37.

Lieber Walther,

Wollen Sie eine Bitte für mich bei Ihrer Frau Mutter vorbringen? Ich habe einer jungen Malerin hier von dem artigen Portrait-Spiel gesagt, das Sie von Miß Jameson haben. Meine Malerin brennt vor Lust, es zu sehen. Können Sie mir es wohl auf zwei bis drei Tage zur Ansicht leihen? Thuen Sie es!

Viel hätte ich Ihnen noch zu sagen — über die letztvergangene Zeit und wichtigste aus meinem Leben, dann fragen: ob das eine Freundschaft wäre, sich wochenlang nicht zu sehen u. ob nur eine Ausdehnung des J. Paulschen Satzes, der sagt: daran kenne er seinen Freund, daß er nicht rede mit ihm beim Spazierengehen. Es ist aber alles verloren an uns. Indeß denken wir wohl manchmal an einander, denke ich. Addio

R. Schumann.

98. An Miß Laidlaw.

Leipzig, den 8ten Sept. 1837.

Verehrtes Fräulein,

Vor Allem sagen Sie Ihrem Herrn Vater in meinem und aller Ihrer hiesigen Freunde Namen den schönsten Dank für die Cigarren. In meinem Leben, ich schwöre es Ihnen, habe ich nichts Ausgezeichneteres gesehen; wie ein Gott zwischen seligen Wolken sitze ich oft und murmele vor mich hin: „nein zu gut!" Nun — denken Sie sich alles.

Eben erhalte ich auch Ihr Bild und die gezeichneten Blumen. In einer Zeit, wo die Menschen so viel versprechen, was sie nicht halten, hat Ihre Aufmerksamkeit für mich ordentlich etwas Erhebendes. Ich danke Ihnen herzlich für alles und bleibe in großer Schuld. Das Bild ist übrigens mißrathen in hohem Grade. Wo wäre denn darauf etwas von den Augen, wie sie sind, und vom blauen Sammtspenser ꝛc. Wahrhaftig, ich achte Sie bei Weitem höher als die Lithographie.

Vieles möchte ich nun bald von Ihnen erfahren. Was spielen Sie? Was haben Sie für die Zukunft vor? Liegt denn Leipzig außer aller Phantasie und kommen Sie nicht bald zu uns?

Ueber dies alles sagen Sie mir bald ein Wort, und nochmals bitte ich um englisch.

Empfehlen Sie mich Ihren Eltern. Die Augen von Mistreß Laidlaw sehen mich eben leibhaftig an.

Ihr
ergebener
Robert Schumann.

99. An Ernst A. Becker.

Leipzig, am 8ten September 1837.

Besten Dank für alles, mein Theurer. Es soll alles genau befolgt werden. Doch hatte mich Ihr Brief so entmuthigt,[119] daß ich's Clara'n sagen ließ, ich würde jetzt gar nicht schreiben. Darauf ließ sie mich dringend bitten, eben gerade zum Geburtstag; es könne nicht günstiger alles zusammentreffen 2c. Nun, so geschieht's mit Gott! — Ich wandle wie unter lauter Seligen und ich möchte Sie wohl bei mir haben, daß Sie mich sähen. Der Alte behandelt mich mit der größten Zartheit und Herzlichkeit. Vergelten will ich es ihm auch, und er soll ein glückliches Leben im Alter haben.

Für heute Gruß und Kuß von Ihrem

Der Geburtstag ist den 13ten. Schumann.

100. An Walther v. Goethe.

Den 11ten September 1837.

.... Es hängt nun ganz von Ihnen ab, auf welche Weise Sie unsterblich werden wollen. Ob mit

— — —

W. v. G.
zugeeignet

oder:

Sr. Hochwohlgeboren
Herrn W. v. G.

oder:

Herrn W. v. G.

Sagen Sie mir doch, was das Schicklichste ist. Es gefällt mir keines von allen Dreien.[120] Den Titel möchten Sie nun freilich auch wissen — Sie sollen sich freuen, hoff' ich. — Ich bin jetzt trefflicher Laune und fliege viel[121] ...

101. An Fr. Wieck.*)

[Eingegangen am 13. September 1837.]

Es ist so einfach, was ich Ihnen zu sagen habe — und doch werden mir manchmal die rechten Worte fehlen. Eine zitternde Hand vermag die Feder nicht ruhig zu führen. Wenn ich daher in Form und Ausdruck hier und da fehle, so sehen Sie mir dies nach.

Es ist heute Claras Geburtstag — der Tag, an dem das Liebste, was die Welt für mich hat, zum ersten Male das Licht erblickt, — der Tag, an dem ich von jeher auch über mich nachgedacht, da sie so tief in mein Leben eingegriffen. Gestehe ich es, so dachte ich noch nie, so beruhigt an meine Zukunft, als gerade heute. Sicher gestellt gegen Mangel, so weit dies menschliche Einsicht voraussagen kann,[122] schöne Pläne im Kopf, ein junges, allem Edlen begeistertes Herz, Hände zum Arbeiten, im Bewußtsein eines herrlichen Wirkungskreises und noch in der Hoffnung, alles zu leisten, was von meinen Kräften erwartet werden kann, geehrt und geliebt von Vielen — ich dächte, es wäre genug! — Ach, der schmerzlichen Antwort, die ich mir darauf geben muß! Was ist das alles gegen den Schmerz, gerade von der getrennt zu sein, der dies ganze Streben gilt, und die mich treu und innig wieder liebt. Sie kennen diese Einzige, Sie glücklicher Vater, nur zu wohl. Fragen Sie ihr Auge, ob ich nicht wahr gesprochen!

Achtzehn Monate lang haben Sie mich geprüft, schwer wie ein Schicksal für sich. Wie dürfte ich Ihnen zürnen! Ich hatte Sie tief gekränkt, aber büßen haben Sie mich es auch lassen. — Jetzt prüfen Sie mich noch einmal so lange. Vielleicht, wenn Sie nicht das Unmögliche fordern, vielleicht halten meine Kräfte mit Ihren Wünschen Schritt; vielleicht gewinne ich mir Ihr Vertrauen wieder. Sie wissen, daß ich in hohen Dingen ausdauere. Finden Sie mich dann bewährt, treu und männlich, so segnen Sie dies Seelenbündniß, dem zum höchsten Glück nichts fehlt als die elterliche Weihe. Es ist nicht die Aufregung des Augenblicks, keine Leidenschaft, nichts Äußeres, was mich an Clara hält mit allen Fasern meines Daseins, es ist die tiefste Überzeugung, daß selten ein Bündniß unter so günstiger Übereinstimmung aller Verhältnisse ins Leben treten könne, es ist das verehrungswürdige hohe Mädchen selbst, das überall Glück verbreitet und für unseres bürgt. Sind auch Sie zu dieser Überzeugung gekommen, so geben Sie mir gewiß das Versprechen, daß Sie vor der Hand nichts über Claras

*) Nach der von Becker genommenen Abschrift.

Zukunft entscheiden wollen, wie ich Ihnen auf mein Wort verspreche, gegen Ihren Wunsch nicht mit Clara zu reden. Nur das Eine gestatten Sie, daß wir uns, wenn Sie auf längeren Reisen sind, einander Nachricht geben dürfen.

So wäre mir diese Lebensfrage vom Herzen; es schlägt im Augenblick so ruhig, denn es ist sich bewußt, daß es nur Glück und Frieden unter den Menschen will. Vertrauensvoll lege ich meine Zukunft in Ihre Hand. Meinem Stand, meinem Talente, meinem Charakter sind Sie eine schonende und vollständige Antwort schuldig. Am liebsten sprechen wir uns!

Feierliche Augenblicke bis dahin, wo ich eine Entscheidung erfahre — feierlich wie die Pause zwischen Blitz und Schlag im Gewitter, wo man zittert, ob es vernichtend oder segnend vorüberziehen wird. — Mit dem tiefsten Ausdruck, dessen ein geängstetes, liebendes Herz fähig ist, flehe ich Sie an: Seien Sie segnend, einem Ihrer ältesten Freunde wieder Freund und dem besten Kinde der beste Vater.

Robert Schumann.

(Einlage an Frau Wieck:)

Ihnen vor Allem, meine gütige Frau, lege ich unser künftiges Schicksal ans Herz — an kein stiefmütterliches, glaub' ich. Ihr klarer Blick, Ihr wohlwollender Sinn, Ihre wahre Achtung und Liebe für Clara werden Sie das Beste finden lassen. Daß der Geburtstag eines Wesens, das so Unzählige schon beglückt, ein Tag des Jammers werde, verhüten Sie das große Unglück, das uns Allen da bevorsteht.

Ihr ergebenster

R. Schumann.

(An Clara:)

Sie aber, liebe Clara, möchten nach dieser überschmerzvollen Trennung alles, was ich Ihren Eltern gesagt, in Liebe unterstützen und da fortfahren, wo mein Wort nicht mehr ausreichte.[123] Ihr

R. S.

102. An Ernst A. Becker.

Leipzig, am 14ten Sept. 37.

Lieber Freund,

W[ieck]s Antwort war so verwirrt, so zweifelhaft ablehnend und zugebend, daß ich nun gar nicht weiß, was ich anfangen soll. Gar nicht. Wären Sie nur ein paar Minuten hier gewesen, oder jetzt hier, damit er mit Jemandem sprechen konnte, der ihn über gewisse Punkte, wie es mir scheint, der Eitelkeit, hinwegbrächte; dann über seine Idee, C[lara] als Concertgeberin sterben zu lassen. Wesentliches konnte er ja nicht einwenden. Wie gesagt war aber überhaupt nicht klug zu werden. C. sprach ich noch nicht; ihre Stärke ist meine einzige Hoffnung. Wollen Sie einige Zeilen an W. schreiben, ihm seine große Verantwortlichkeit vorstellen? Doch möchte ich das vorher erst lesen — oder auch wie Sie sonst wollen. Sagen Sie ihm, daß ich Ihnen den Brief [illegible] ihn mitgetheilt habe &c. &c.

Ich bin schwer niedergedrückt und vermag nichts zu denken.

R. S.

103. An Frau Devrient.

Leipzig, den 15ten September 37.

Lachen Sie nicht über mich, meine gütige Frau — ich will nämlich Ersparnisse machen und biete mich Ihnen zwiefach an, erstens als Kostgänger, dann als Wäsche-Verbundener. Beides wäre wohl ohne große Weitläufigkeiten mündlich abzumachen, indeß gehorcht mir die Feder besser.

Auf beiliegendem Zeddel finden Sie alles, was ich liebe und verabscheue. Einfach und kräftig ist höchster Wahlspruch — u. ein flüchtiger Blick in Ihre Küche hat mir das längst verbürgt. Mehr als ein Gericht hab' ich wohl gern, aber nicht nöthig — Suppen sehr &c. Was die Wäsche anbelangt, so sagte mir meine Schwägerin längst, sie wäre zu theuer, zu wenig gewaschen. Vielleicht stimmen Sie in meine Bitte. Wohlfeil müßte freilich alles erstaunlich sein — ich will ja sparen. Aber lachen Sie nicht, sondern sein Sie gutgesinnt Ihrem

ergeben Verbundenen
R. Schumann.

Speisezeddel eines Sparenden. Nichts Fettes, nichts Süßes.

Höchste Lieblingsspeisen:

Rindfleisch mit Reis, Nudeln, Gräupchen u. dgl.
Kalbfleisch, Schöpsenfleisch, Schweinefleisch, seltener, wenn nicht fett ist.
Braten, alle, wenn nicht fett —
Mehlspeisen, keine, durchaus keine.
Eierspeisen, gern.
Suppen, Bouillon, sehr gern.
Früchte, Eingemachtes, nicht.
Salate, sauer, alle.
Fisch, alle, ausgenommen Aal.
Gemüse, sehr gern, außer die süßen; wie Möhren &c.

104. An Adolph Henselt in Salzbrunn.

Leipzig, den 21sten Sept. 1837.

Verzeihen Sie, mein lieber Freund, daß ich so lange still geblieben auf so viel Liebeszeichen. Es waren schwere Tage, die letzten — in Zukunft einmal mehr darüber.

Auch habe ich nur wenig für Sie thun können, da Hofmeister nach Prag ist zu den Naturforschern. Die Etüden [Op. 2] sind in Arbeit; in 4 Tagen soll ich einen Abzug erhalten. Aber mit der Metronombezeichnung riskiren Sie viel, da ich sehr oft vom Componisten gerade hier abweiche. Zuletzt — was kömmt darauf an! Ich werde es also darüber setzen.[124]

Mit dem, was Sie mir über das Pedal sagen, bin ich völlig einverstanden; auch ich setze zu Anfang meiner Compositionen nichts als „Pedal", es müßten denn einmal ganz neue Wirkungen anzubringen sein, wo der Druck auf die Secunde fallen muß. Bei den Vortragbezeichnungen habe ich eine Frage: ob wir nicht deutsche einführen wollen; ich werde Ihnen bald „Phantasiestücke" von mir schicken. Da können Sie sehen, daß es ganz gut sieht. Also statt Allegro Rasch oder Feurig oder sonst 2c.

Wegen R. R. beruhigen Sie sich; im Grund ist er ein Esel, der alles mit Worten sagen zu können glaubt; übrigens ein guter Mensch, der nicht weiter interessiren kann. Clara spielt die Etüde, wie sie am meisten wirkt d. h. gleich mit der Wogenfigur. Es ist recht, daß Sie sie nur so herausgeben wollen.

Die Variationen in E sind noch nicht erschienen; Clara soll sie einzig spielen; ich komme nicht ins Haus, wie Sie vielleicht wissen.

Die Etüde in D moll [Op. 2, Nro. 1] kenne ich noch nicht; ich schreibe Ihnen ausführlich über alles, sobald ich einen Abzug habe.

Endlich, was das Erste sein sollte, meinen besten Dank für die drei Stücke;[125] zwei davon kannte ich schon durch [Ernst] Becker. Das in F moll ist mein Liebling, wie Sie sich denken können; Becker spielt es mit einem Vorspiel in Ges dur in $^6/_8$, was gut wäre, wenn es zum Schluß in F moll paßte. »Allegro passionato« ist schon richtig; deutsch würde ich etwa darüber setzen: äußerst bewegt oder: schnell u. mit äußerst starker Empfindung.

Apropos! Ehe ich etwas von Ihnen kannte, habe ich in einigen Heften über kleine Sachen Ueberschriften gesetzt, so im Carnaval, in Phantasiestücken u. A. Da finden Sie „Traumeswirren" — „in der

Nacht" — „Warum?" — und überhaupt viel. Letztere werden Ihnen gefallen, der Carnaval weniger. Eben habe ich 18 Davidsbündlertänze gemacht — mitten in meinem schwerbewegten Leben. Darum verzeihen Sie mir auch die schlechte Schreiberei! Ich kann kaum denken an Etwas [?] vor lauter Gedanken — desto mehr am Clavier, und namentlich an Sie, der Sie mir so lieb und werth sind...

Man sagt hier, Sie wären getraut.[126] Da gehe es Ihnen herrlich, wie Sie es werth sind.

Leben Sie wohl; ich bin ermattet von zu viel Glück und Schmerz.

Ihr

R. Schumann.

105. An J. Moscheles.

Leipzig, den 22sten September 37.

Mein theurer verehrter Herr,

Daß Sie sich meiner so liebevoll annehmen, vergelte Ihnen das Bewußtsein, einen jungen Künstler, der sich oft einsam glaubt auf seinem schwierigen Weg, mit Muth zu neuer Arbeit angeregt zu haben. Ihr Brief enthält namentlich drei Worte über den Charakter meiner Compositionen, die mir niemals so schön geklungen haben, als gerade von Ihnen ausgesprochen.

Manches in meiner Notirungsweise müssen Sie mir schon zu Gute halten. Die drei As über einander wüßte ich aber wirklich kaum anders zu schreiben: denn 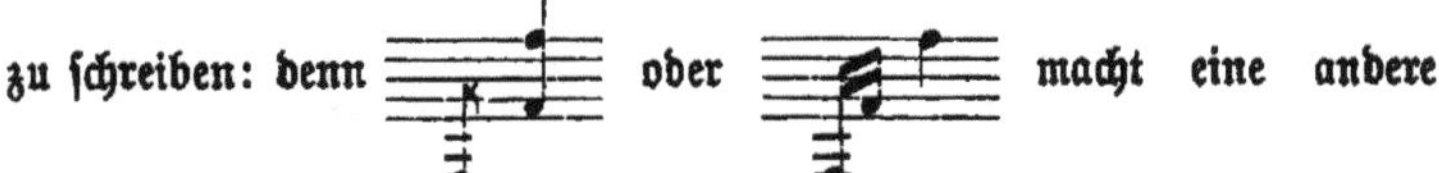 macht eine andere Wirkung; das hohe As soll nur leise nachklingen, und so wußte ich nichts anderes, als . Alles, was Sie mir über die einzelnen Stücke gesagt, hat mich mit großer Freude erfüllt. — Der Carnaval ist auf Gelegenheit entstanden meistentheils und bis auf 3 oder 4 Sätze immer über die Noten A S C H gebaut, die der Name eines böhmischen Städtchens, wo ich eine musikalische Freundin hatte, sonderbarer Weise aber auch die einzigen musikalischen Buchstaben aus meinem Namen sind. Die Ueberschriften setzte ich später drüber. Ist denn die Musik nicht immer an sich genug und sprechend? Estrella ist ein Name, wie man ihn unter Portraits setzt, das Bild fester zu halten; Reconnaissance eine Erkennungsscene, Aveu Liebesgeständniß, Promenade ein Spazierengehen, wie man es auf deutschen Bällen Arm in Arm mit seiner Dame thut. Das Ganze hat durchaus keinen Kunstwerth; einzig scheinen mir die vielfachen verschiedenen Seelenzustände von Interesse. . . .

Gedenken Sie meiner,

Ihres Ihnen verbundenen
R. Schumann.

106. An den Musiklehrer Carl Montag in Weimar.

Leipzig, den 20sten October 1837.

Herzlichen Dank für Ihre Mittheilung, so traurig der Grund dazu war.[127] Nun noch die Bitte, ob Sie nicht selbst vielleicht einen (kurzen oder langen) Artikel über Hummel schreiben wollen? Über sein Leben können Sie ja alles aus der ersten Hand erfahren und haben ihn ja selbst in der Nähe gesehen und gesprochen. Freilich wäre Eile von Nöthen und sie schreiben mir jedenfalls bald, ob Sie es selbst übernehmen wollen oder mir wenigstens einen guten Biographen in Weimar angeben können.

Auch wegen der andern Aufsätze machen Sie mich mehr als neugierig. Schicken Sie, was Sie haben . . . Erinnern Sie doch auch Lobe an sein Versprechen und grüßen Sie ihn; es fehlt mir gerade im Augenblick an gutem Manuscript.

Einiges, was ich in einem merkwürdigen Sommer componirt (in diesem nämlich), wird Ihnen gefallen; es sind 2 Hefte Phantasiestücke[128] und 2 Hefte Tänze: Todtentänze, Veitstänze, Grazien- und Koboldstänze [die „Davidsbündlertänze"] ꝛc. ꝛc.

Wen nennt man als Hummels Nachfolger? Mendelssohn ginge gewiß gerne hin, wäre er hier nicht gebunden. Eberwein? Chelard?[129] —

Eben erhalte ich die neuen Etüden [Op. 25] von Chopin; sie sind aber schon vor langer Zeit componirt. Es ist traurig, daß er in den 7 Jahren, die er in Paris lebt, fast gar nichts gemacht.

Vergessen Sie auch Bach nicht, und schreiben Sie mir, wo ich Ihnen irgend gefallen kann.

In herzlicher Freundschaft Ihr
R. Schumann.

107. An C. Montag.

Leipzig, den 29sten October 1837.

Abermals großen Dank, mein lieber Freund! Der Aufsatz wird auffallen, meine ich, da er viel Neues und Gutes bringt. Was soll ich für eine Überschrift darübersetzen? Ideen über Entwickelung der Tonkunst? Oder über die nächste musikalische Zukunft? Weiß wahrhaftig nichts Rechtes. Schreiben Sie mir, und bald, da ich ihn schon binnen acht Tagen in die Druckerei geben möchte.[130]

Auch auf Hummels Biographie sehe ich mit Schmerzen auf, damit uns Fink nicht zuvorkömmt. Die Eile, so weit sie sich mit Genauigkeit verträgt, danke ich Ihnen daher doppelt. Ob sich in Hummels Nachlaß nichts Interessantes an Briefen, Entwürfen, was sich für die Zeitschrift schickte, auffinden lassen sollte? Horchen Sie doch einmal. Gab es zum Leichenbegängniß keine besondere musikalische Feier? Oder sonstiges Neues?

Grüße an Walther von Goethe, wenn Sie ihn sehen, auch an Lobe, so wie die herzlichsten an Sie

von Ihrem
R. Schumann.

108. An Joseph Fischhof in Wien.

Leipzig, den 4. December 37.

Vorerst meinen herzlichen Gruß nach dem langen Schweigen und Dank für all das Wohlwollen, das Sie mir so oft erzeigten. Ihr Empfohlener [Cellist Sack] ist gut vom Publikum aufgenommen worden, namentlich [von] den Damen — trotz dem Merkschen Sehnsuchtswalzer in D dur. Für die Notizen dank' ich ebenfalls — schicken Sie nur immer und mehr! Das über den Groll der Wiener Componisten vermuthete ich — doch dauert's mich auch; ich kann aber nicht anders. Die musikalische Kritik ist namentlich durch die allgemeine Zeitung so heruntergekommen, daß man's gar nicht mehr gewohnt ist, die Wahrheit zu hören. Wüßten Sie überhaupt, mit welchem Widerwillen ich an so miserable Compositionen gehe, Sie würden Mitleid mit mir haben. Da hole ich denn gewöhnlich nach dem Abköpfen meinen alten Bach hervor. Der stärkt wieder zur Arbeit und macht Lust zur Kunst und zum Leben.

Auch für Ihr Bild habe ich Ihnen noch nicht gedankt; es muß ähnlich sein, man sieht's ihm an. Rathen Sie mir, man hat mich hier lithographiren wollen und ich wünschte es selbst zum Andenken für manche Menschen, die ich liebe — hier macht man's aber sehr schlecht — können Sie mir vielleicht sagen, was eine Lithographie, eine ganz gut ausgeführte, in Wien kostet? ich würde dann eine Zeichnung hinschicken. Meine Bitte — geben Sie mir darauf gelegentlich Auskunft!

Und nun noch eine — Clara Wieck wird im Augenblick wohl schon bei Ihnen sein. Sie werden sie sehen, bewundern und lieben. Wollen Sie mich nicht so schnell wie möglich auf directem Wege durch die Post immer benachrichtigen, ob sie in Wien durchdringt als Romantikerin, wie sie und ihre Concerte aufgenommen werden — wahr und unparteiisch, daran liegt mir. Gewiß wird sie Ihnen von meinen Compositionen vorspielen; da hören Sie sie an der Quelle.

Die Kritik der Gesangsachen gehört nicht in mein Departement. Ihre Gesänge sind meinem Referenten angelegentlich ans Herz gelegt.

Woher haben Sie es, daß Liszt nach Wien kömmt? Käme er, so benachrichtigen Sie mich wohl davon? Ich hab' ihm etwas zu schreiben und auch zu danken für einen sehr schön urtheilenden Aufsatz über meine Compositionen in der Gazette.[131]

Und nun tragen Sie mir auch auf und wollen recht viel von mir — ich werde es Ihnen pünktlich machen.

Empfehlen Sie mich Herrn O. Nicolai. Er soll äußerst tüchtig sein — aber Wedel hat dann auch Recht.[132]

In Liebe und Freundschaft Ihr

R. Schumann.

Grüßen Sie Lipinski vor Allen und sagen ihm vielleicht, ich hätte ihm meinen Carnaval dedicirt; nach Odessa hätte ich natürlich nicht erst schreiben und schicken wollen. Hier gibt's jetzt immer herrliche Musik — machen Sie sich los und kommen einmal. An Mendelssohn richte ich Ihren Gruß heute aus; er spielt sein Capriccio in H moll.

109. An Therese Schumann.

Leipzig, den 15ten Dec. 1837.

Meine liebe Therese,

Wie viel hätte ich Dir zu sagen seit meinem letzten Briefe! Von meiner wichtigsten und theuersten Sache wird Dir Eduard gesagt haben. Der Alte will Clara noch nicht aus den Händen geben, an der er zu sehr hängt. Und dann hat er wohl auch einiges Recht, wenn er meint, wir müßten erst noch mehr verdienen, um anständig zu leben. Mit des Himmels Segen soll und wird sich noch alles einem schönen Ende nahen. Clara läßt nicht von mir; sie ist unerschüttert und ein charakterfestes Mädchen. Daß sie Dich von Herzen liebt, weißt Du. Welch schöner Bund, wenn Du nun vielleicht in einigen Jahren auch bei uns wärest, theilnehmen könntest an unserm Glück — da solltest Du Deine ganze Jugend noch einmal durchleben. Clara wird Dir ehestens ein paar Zeilen schreiben. Halte sie aber geheim — wir müssen uns heimlich schreiben, obwohl der Vater nichts gegen offenen Briefwechsel hat — doch wollen wir lieber sprechen, wie es uns von Herzen geht. Also Dein Wort, daß Du Niemandem von unseren Briefen sagst — auch Eduard nicht, der nichts lange verschweigen kann.

Hier schicke ich Euch ein paar Schriften, die Euch Freude machen werden; ich muß sie aber in acht Tagen zurückerhalten. Das Zeitungsblatt soll Eduard in Acht nehmen, da's nicht mein gehört. Auch den Brief von Bennett schickt mir mit. Bennett ist ein Strick und schreibt keinem Menschen. Hätte das nicht von ihm gedacht. Dagegen spricht der kleine Walther Goethe immer von Dir und mit der größten Begeisterung. Wir sehen uns oft. Sonst leb ich still und zurückgezogen meinen Gedanken um Clara und um die Zukunft.

Und jetzt — wie geht es denn Dir? Als ob ich es nicht wüßte, mir Dich nicht täglich dächte in Deiner Fensterklause! Zum Frühling sehen wir uns gewiß und sollst da nichts als Freude von mir haben. Schreibe mir bald — erinnere Eduard an sein Versprechen, mir zu Ostern das versprochene Geld zu geben — schreibe mir, wie sonst alles geht oder steht. . . .

Viele Arbeiten warten heute auf mich — so sei mir nicht böse, daß ich Abschied nehme.

Bleibe mir gut, meine liebe Therese, Deinem

R.

110. An C. F. Becker.

d. 17ten December 1837.

. . . Sodann — haben Sie nichts vom höchsten Interesse für den ersten Bogen — keinen Brief von Beethoven, Bach oder König David — das wäre! Ich möchte hierauf eine Antwort, um das Manuscript darnach einrichten zu können. Auch möchte ich Ihren Rath wegen einer Anzeige gegen eine Beschuldigung von Rellstab in der Pariser Gazette, [No. 50] die zwar die Zeitschrift als sehr interessante Erscheinung darstellt, aber die unverschämte Bemerkung macht, „daß zu wünschen wäre, die Mitarbeiter beräucherten einander weniger" ꝛc. ꝛc. Mir kam das unerwartet, gesteh' ich. Darüber mündlich.[133]

111. An Madame Bünau geb. Grabau in Leipzig.

Lpz., v. 24. December 1837.

Verehrteste Frau,

Herr Henselt bittet mich, Ihnen seine Bitte zu wiederholen,[134] wie ich selbst auch mich ihr anschließe. Sie dürfen es diesem ganz prächtigen Menschen und Künstler schon nicht abschlagen und bezeichnen mir vielleicht die Wahl der Stücke genauer.

Einem gütigen Ja entgegensehend

Hochachtungsvoll

Ihr ergebenster

R. Schumann.

112. An A. v. Zuccalmaglio.

Leipzig, den 13ten Januar 1838.

Mein theurer Herr,

Sicherlich können Sie nicht mehr über Ihren Aufsatz erschrocken sein, den Sie endlich doch in meiner Zeitschrift fanden, als ich, der ich Ihren in der Finkschen fand. Etwas eifersüchtig war ich nebenbei auch, der ich übrigens, beiläufig gesagt, wenig oder gar keine Achtung vor Finks öffentlichem Charakter habe. So spielen die Götter des Zufalls mit uns, und der Aufsatz, dessen Abdruck Sie vielleicht bezweifelt, erscheint in doppelten Gestalten.[135]

Lobe hat aber bereits ein „Bedenken" eingeschickt. Vor der Hand finde ich keinen Raum in der Zeitschrift; wenn auch später nicht, schicke ich ihn nach Weimar zurück.[136] Aufrichtig gesagt, es dauert mich das Papier, mich für meine Person, der ich über Berlioz im Klaren bin wie über den blauen Himmel; im Uebrigen ist die Sache freilich nicht ohne Wichtigkeit. Ich glaube, es bricht wirklich eine andere Zeit in der Musik auch herein und muß hereinbrechen; fünfzig Jahre ändern viel und bringen weiter. Es ist aber zerstreut, was ich heute schreibe, da mich Briefe, Arbeiten u. Menschen außer mir gebracht haben. Daher also noch das Nöthigste....

Erstens wird Henselt binnen Kurzem bei Ihnen sein, da ich ihm einige Zeilen für Sie mitgegeben. Lassen Sie sich Stunden lang von ihm vorspielen; erst dann werden Sie ihn schätzen, ja bewundern lernen. Unter allen Clavierspielern, und ich habe sie alle und oft gehört, hat er mir die glücklichsten Stunden gemacht. Henselt bat mich nun auch, daß seine Ankunft mit einigen Worten vorläufig in einem gelesenen Warschauer Blatt angekündigt würde. Könnten Sie vielleicht etwas dazu thun? Versprechen Sie das Außerordentlichste; ich unterschreibe es.

Sodann hab ich zu meinem Erstaunen erfahren, daß wir schon ein ganzes Jahr lang höchstens eine Schußweite von einander gewohnt — in Heidelberg nämlich 1829 bis 1830. Ist's möglich? Mich macht ein Dr. Weber aus Triest, der Sie kennt, darauf aufmerksam. Da Sie nun sicherlich Thibaut und Dr. Baumstark kennen, so frage ich an, ob Sie nicht glauben, daß diese etwas für die Zeitschrift leisten würden, u. ob Sie mir nicht von Ihnen Briefe an sie geben könnten, denen ich meine besondere Einladung beifügte?[137]

Und nun meinen herzlichen Gruß mit der Bitte, mir wieder zu verzeihen und mir hold und gewogen zu bleiben. Ich bin in inniger Verehrung

Ihr ergebenster

R. Schumann.

Ich schmachte nach einigen Notizen über Chopin. Erinnern Sie Hrn. Ernemann[138] an mich u. was er versprochen....

113. An J. Fischhof.

Leipzig, den 14ten Januar 1838.

Mein verehrter Freund,

Vier Wochen liegen bereits zwischen Ihren gütigen Zeilen und diesen. Nehmen Sie sie dennoch freundlich auf und schelten Sie mich nicht egoistisch, daß ich, nachdem ich hatte, was ich wünschte, nicht schneller dankte. Aber weg mit den Worten!

Ueber C[lara] W[ieck] haben die Blätter bestätigt, was Sie mir gemeldet[139] und was ich voraussah. Es fehlen mir noch Nachrichten über das dritte Concert, das den 7ten sein sollte.

Vielleicht, und wenn Sie mir gewogen sind, gewiß, schreiben Sie mir darüber und was sich etwa seitdem zugetragen. Schon mehrmal schrieb ich Ihnen, wie leid es mir thut, in einer Stadt wie Wien keinen regelmäßigen zuverlässigen geistreichen Correspondenten erhalten zu können, da Sie sich nicht zu Berichten verstehen zu wollen scheinen.

Sagen Sie mir doch gütigst Ihre Gedanken darüber. Vielleicht, daß ich mich wenigstens darauf verlassen könnte, durch Ihre Hand auf schnellste Weise von den wichtigsten neuen Erscheinungen (neue Opern, neue auftauchende Talente, außerordentliche Musikaufführungen ꝛc. ꝛc.) in Kenntniß gesetzt zu werden! Oder haben Sie vielleicht in der Zeit irgend einen andern Künstler oder Dichter kennen gelernt, der der Zeitschrift in dieser Hinsicht hülfreich werden könnte? ...

Mendelssohn ist krank; seit einiger Zeit habe ich ihn gar nicht zu sehen bekommen... Ueber Henselt werden Sie in der Zeitung lesen; der schüttet es wie aus Kübeln.

Schreiben Sie mir viel über Clara; es liegt mir daran. Sie erhalten ehestens Davidsbündlertänze von mir; nehmen Sie sie als kleines Angedenken.

Bald hoffe ich von Ihnen zu hören. Schenken Sie mir eine Minute Ihrer Zeit und bleiben mir gewogen

Ihrem ergebenen

Robert Schumann.

Kennen Sie Lenau genauer? Sollte er sich nicht bereit finden lassen, mir ein paar kleine Gedichte, die sich zur Composition eigneten, in die Zeitschrift zum Druck zu geben? Die Componisten schmachten nach Texten. Soll ich ihm vielleicht selbst schreiben und bitten?[140] Was hört man von Liszt! Wird er noch kommen? .... Clara Novello bat mich um einige Zeilen an Sie. Wenn Sie sie sehen, wird es Ihnen vielleicht selbst Freude machen, ihr hülfreich zu sein. Doch sage ich ihr keine Triumphe in Wien voraus. Sie ist eine Sängerin im einfachen weißen Kleide; Schmuck und Tand kennt sie nicht. Das Publikum weiß das freilich nirgends zu schätzen. — Beinahe hätte ich Lust, einen neuen Brief anzufangen; aber er soll heute noch fort. Darum noch einmal Adieu

von Ihrem

R. Schumann.

114. An Julius Stern in Berlin.

Leipzig, am 28ten Januar 38.

Verehrtester Herr,

Bis jetzt war mir nur wichtig, Ihre Lieder genauer kennen zu lernen, von denen mir einige ausnehmend wohl gefallen. Zur Aufnahme in eine der Beilagen der Zeitschrift scheint mir das in Ges dur und das darauf folgende in D dur am geeignetsten. Doch würde ich mich freuen, noch mehr von Ihren Compositionen kennen zu lernen. Haben Sie noch mehr Lieder fertig, so schicken Sie mir, es läßt sich dann zu Ihrem Besten, und zur Zierde meiner Beilagen, noch schöner wählen.

In aufrichtiger Theilnahme

Ihr ergebener
R. Schumann.

115. An Simonin de Sire[141] in Dinant (Belgien).

Leipzig, den 8ten Februar 1838.

Mein Herr,

Das Erste, was ich nach Empfang Ihres Briefes that, war, daß ich auf der Landkarte nach Ihrem Wohnorte forschte, zu sehen, ob er nicht zu weit von Sachsen läge, um Ihnen womöglich meinen Dank für so vieles Wohlwollen gleich selbst zu bringen. Kann ich nun, an die Redaction einer Zeitschrift gefesselt, noch keine Zeit bestimmen, wo mir dieser Wunsch erfüllt würde, so gibt es ja freie Stunden genug, die einem durch Unterhaltung mit einem solchen Kunstfreunde, wie sie mir jede Zeile Ihres Briefes zeigt, genuß- und lehrreich werden können. An mir soll es nicht fehlen. Mitten im bewegten Künstlerleben werde ich Ihnen mancherlei melden, was Ihnen sonst auf Umwegen nach langer Zeit zukommen würde, manches, was Ihnen der Zufall vielleicht gänzlich entführte. Mit Einem Worte — ich werde Ihnen manchmal ein treuer Merkur aus dem Götterlande der Musik kommen. Am schnellsten und vollständigsten erhalten Sie jedenfalls alles durch unsere neue Zeitschrift, in der sich namentlich die strenge, dem Edelsten zugerichtete Kritik Ihres Beifalls erfreuen dürfte. Daß in ihr alles, was mit dem Pianoforte verwandt ist, mit Vorliebe behandelt wird, können Sie wohl glauben... Muß ich mich entschuldigen, daß ich Ihnen deutsch schreibe? aber mein Französisches reicht nicht weiter als bis etwa zu Herz und Hünten; für Beethoven muß ich meine Muttersprache reden. Möchten Sie mich deshalb nicht geringer achten.

Auf meine Compositionen zu kommen, so kann ich Ihnen kaum sagen, wie wohl mir Ihre Theilnahme thut. Erfreut doch jede, geschweige die eines echten Kunstfreundes — die so selten sind wie die echten Künstler selbst! Und dann — mein Weg ist ein ziemlich einsamer, ich weiß es, auf dem kein Hurrah einer großen Menge zur

Arbeit anfeuert, auf dem mich nur meine großen Vorbilder Bach und Beethoven aus der Ferne anblicken und es an Trosteswörten, an stärkender Gabe nicht fehlen lassen. Sonst bin ich nur von Wenigen verstanden, wofür mich aber allein die Liebe Dreier entschädigt, und das ist: Liszt, Clara Wieck — und jetzt die Ihrige.

In mehreren meiner andern Claviercompositionen werden Sie nun sicher Geläuterteres, Kunstwürdigeres antreffen als in den Ihnen bekannten kleinen Stücken; namentlich mache ich Sie auf die unter den Namen „Florestan" und „Eusebius" erschienene Sonate, die 2 Hefte Phantasiestücke und das Concert sans Orchestre aufmerksam.

Sonderbar sieht es manchmal im Menschenherzen aus, und Schmerz und Freude durchkreuzen sich in wilder Buntheit. Das Beste aber hoffen Sie noch; noch fühle ich manches in mir, ja oft bin ich so vermessen zu glauben, die Tonkunst als Sprache der Seele stände noch in den Anfängen. Möge denn über solche Gedanken ein schöner Genius walten, und, was noch in der Wiege liegt, zu blühendem kräftigen Leben auferziehen!

Den Hn. Breitkopf und H. habe ich ein Verzeichniß meiner sämmtlichen Compositionen geschickt; sie werden Ihnen alles besorgen. In Ihrer Bibliothek, aus der Sie mir einige Namen mittheilen, vermisse ich vor Allem Franz Schubert, Mendelssohn, Bennett, Adolph Henselt und Clara Wieck. Soll ich Ihnen ihre bedeutendsten Werke vielleicht aufschreiben? In denen der drei ersten ist freilich mehr für den Musiker als für den Clavierspieler; in denen der zwei letztern finden Sie aber die Kunst des Spieles auf den höchsten Spitzen, wie irgend in Chopin und Liszt.

Sehr gespannt bin ich auf Ihre Entdeckung — auch ich habe viel über Aehnliches nachgedacht, wie mir denn auch keine einzige der vorhandenen Clavierschulen genügen will. Vergessen Sie nicht, mir darüber zu schreiben, vielleicht auch einige Notizen über das Musikleben Ihrer Gegend hinzuzufügen, aus der wir nur wenig erfahren.

Viel hätte ich Ihnen noch zu schreiben, mein verehrter Herr, will aber für heute diese einfachen Worte mit einem Gruße endigen, der aus dem Herzen eines Künstlers kömmt und in dem Ihrigen einen Anklang finden möge!

Robert Schumann

116. An L. Spohr.

Leipzig, den 9ten Februar 1838.

Verehrungswürdigster,

Möchte Ihnen die Verbindung, in die ich Ihr gütig überlassenes schönes Gedicht in den beifolgenden mus. Zulagen gebracht, keine ganz unerfreuliche scheinen.[142] Namentlich hat mich auch Mendelssohns Lied [„das Waldschloß"] in seiner tiefromantischen Bedeutung und zarten Leichtigkeit ganz beglückt.

Diesen Stücken erlaube ich mir noch einiges von mir beizulegen;[143] ich mag wohl Schwierigeres und Größeres dem Umfang nach geschrieben haben — nichts aber, wenn ich es Ihnen, mein hochverehrter Herr, gestehen darf, was mir so leicht vom Herzen gegangen wäre, als gerade diese kleinen Stücke. Und darum lege ich gerade Ihnen sie vor. Möchten Sie mir ein Wort sagen, ob sie auch den Weg zu andern Herzen finden, den sie so sehnlich suchen, und ob ich mir zutrauen dürfte, noch einiges zu vollbringen, was sich, ohne zu sehr erröthen zu müssen, wohl auch vor ein Meisterauge, wie das Ihre, stellen könnte, wie ich es, lernend und lebend in der Kunst, ja so gern möchte.[144]

Gedenken Sie wohlwollend Ihres

ergebenen innigsten Verehrers
Robert Schumann.

117. An Fräulein Julie Baroni-Cavalcabò in Lemberg.

Leipzig, den 9ten Februar 1838.

Gnädigstes Fräulein,

Ihr Gruß hat mich mit großer Freude erfüllt. Thut doch jede Theilnahme wohl, doppelt und mehrfach, wenn sie aus einem echten Künstlerherzen kömmt. Der Wege durchkreuzen sich so viel, daß man die einzelnen, die Freude brachten, nicht aus dem Auge lassen darf — und deshalb möchten Sie sich auch meiner erinnern[145] manchmal, wie ich noch wenige Minuten vorher, ehe ich Ihr gütiges Schreiben empfing, mich warm genug gegen einen Freund über einige Ihrer Compositionen ausgesprochen hatte. Es scheint, Sie lesen die Zeitschrift erst seit Kurzem, sonst würden Sie Ihren Namen schon manchmal angetroffen haben. Ich erlaube mir Ihnen hier noch einige Blätter beizulegen; möchten Sie darin nur die Sympathie für Ihr seltenes Talent, so auch das Streben, nach unparteiischen Grundsätzen geurteilt zu haben, nicht verkennen!

Durch den Umzug nach Wien werden Sie der musikalischen Welt um so viel näher gerückt, daß er nur von den schönsten Folgen für Sie sein kann. Darf ich Ihnen auch meinen Glückwunsch zu der Veranlassung dieser Vertauschung Ihres Wohnortes bringen?[146]

Clara Wieck werden Sie schwerlich noch in Wien treffen; doch ist es ihr so wohl dort ergangen, daß sie es wohl im nächsten Jahr noch einmal besuchen wird. Die schüttet's wie aus goldenen Eimern; das Außerordentlichste werden Sie hören und das liebenswürdigste Mädchen überdies kennen lernen.

Daß Sie mein Carnaval reizen mag, begreife ich wohl; es sieht ja im Künstlerherzen manchmal wunderlich aus, und die schreienden Dissonanzen, wie sie das Leben zusammensetzt, mildert die versöhnende Kunst, wie sie oft auch wieder die Freuden in dunkle lange Schleier einhüllt, daß man sie nicht so offen sehe.

Aufmerksam erlaube ich mir Sie, mein verehrtes Fräulein, noch auf zwei meiner Compositionen zu machen; es ist eine Sonate (op. 11) und zwei Hefte Davidsbündlertänze (op. 6), beide unter den Namen Florestan und Eusebius erschienen; da habe ich denn viel geschwärmt, als ich sie schrieb, und es hängen selige Gedanken daran.

Doch genug für diesmal. Vielleicht vergönnen Sie mir, Ihnen einmal wieder Nachricht geben zu dürfen. Es ist ein Schwung in unserem Musikleben wie wohl niemals, und da könnte ich Ihnen denn oft Neues bringen, das Sie erfreuen sollte.

Empfehlen Sie mich Hrn. Mozart; ich schreibe dies nicht ohne Bewegung, wie Sie sich wohl denken können. Sagen Sie ihm, daß ich seiner so oft und gern gedacht hätte.

Ihrem Andenken, Ihrem Wohlwollen empfehle ich mich aufs Neue. Könnte ich bald wieder von Ihnen hören!

Ihr ergebenster

Robert Schumann

118. An C. A. Mangold in Paris.

Leipzig, den 16ten März 1838.

Mein verehrter Herr,

Hr. Mainzer hat für die Zeitschrift einen so würdigen Stellvertreter gefunden, daß es doppelt Unrecht erscheint, auf zwei so freundliche und werthvolle Sendungen so lange geschwiegen zu haben. Dann ersuche ich den Neu-Verbündeten zuerst, daß ihn mein oft Monate dauerndes Stillschweigen nicht abhalten möge, in gewohnter Weise über das Wichtigste, über Außerordentliches auf die schnellste Weise direct durch Post zu berichten. Bei meinen vielen Arbeiten*) muß ich diese Nachsicht meiner Mitarbeiter in reichen Anspruch nehmen.

Die Tendenz, die sich in Ihren seitherigen Berichten ausspricht, ist die unsrige, und im engsten Sinne die meine. Sie möchten dabei verharren!

Die kleine Form, in der Sie namentlich Unbedeutenderes darstellen, sagt mir ganz zu. Den einzigen Wunsch hätte ich, daß Sie nur in dringenden Fällen Notenbeispiele anführten, die dem Setzer so viele Mühe machen, endlich auch, wenn der Grund nicht kleinlich scheint, dem Auge nie wohlthun.[147] ...

Somit für heute meinen verbindlichsten Gruß und den Wunsch, daß wir uns auch fernerhin gefallen möchten....

Mit den besten Empfehlungen an Hr. Mainzer und Sie selbst

Ihr ergebenster

Robert Schumann.

119. An Eduard und Carl Schumann.

Leipzig, d. 19. März 1838.

Meine herzlieben Brüder Eduard und Carl!

Seit lange habe ich Euch nicht mit so glücklichem Herzen schreiben können wie diesmal. Ihr wißt, was ich meine. Der alte Papa wird nach und nach schmelzen, wie ich genau weiß, und eines der herrlichsten Mädchen, das je die Welt getragen, wird mit der Zeit mein werden. Leider aber, daß ich mich vielleicht von Euch auf lange trennen muß. Eine so große Künstlerin gehört in eine große Stadt, und auch ich wünschte eine Verlegung meines Wirkungskreises an einen andern Ort. Mit einem Wort, wir werden wahrscheinlich nach Wien ziehen. Der schönsten Aussichten ist meine Zukunft voll — meine Zeitung nehme ich mit dorthin. — Clara ist dort hoch angesehen — kann sich spielend dort soviel verdienen, auch ich habe einen Namen dort — Clara schreibt mir, daß es mir nicht schwer fallen wird, eine Stelle als Professor am Wiener Conservatoire zu erhalten (die Kaiserin hat Clara'n persönlich gern —), kurz, alles ist dafür, wie Ihr selbst nach einiger Ueber-

*) „Ich möchte vor Musik zerplatzen und muß componiren", schrieb Schumann am folgenden Tage an C. F. Becker.

legüng Euch sagen müßt. Geht alles gut, d. h. komme ich von meinem Contract mit Friese ein Jahr eher los (ich habe bis Ende 1840 eigentlich abgeschlossen), findet sich ein Verleger in Wien, woran gar nicht zu zweifeln ist, erhalte ich das Privilegium der Herausgabe der Zeitung von der dortigen Regierung, was mir auch nicht abgeschlagen werden kann, so wird der Alte einwilligen, und so es wohl kommen, daß ich Weihnachten 1839 vorneweg nach Wien gehe, mich einrichte und mir dann zu Ostern mein Mädchen hinhole. Bittet für mich, daß dazu der Himmel seinen Segen gibt. — Von mir kann ich Euch nur sagen, daß ich vor Entzücken gar nicht hineinschauen mag in die Herrlichkeit alle.

Nun hängt aber an aller Schönheit des Lebens auch die Prosa — und darunter werdet Ihr nun auch zu leiden haben. Es ist zu wichtig und Ihr liebt Euren Bruder, der Euch einige Freude machen muß, gewiß zu sehr, als daß Ihr mir nicht mit Eurer ganzen Kraft beistehen solltet, zum schönen Ziel zu gelangen.

Besprecht Euch also, nehmt meine liebe Therese zur Mit-Beratherin, wie Ihr mir nach und nach etwas von Eurer Schuld abtragen wollt. So ein Umzug, eine Einrichtung kostet viel, und ich darf vor Wieck nicht mit leeren Händen erscheinen — das geht nicht. Mein Vorschlag ist also der:

Ihr bezahlt mir schon von diesem Jahr [an] jede nachfolgende Ostermesse, außer den Interessen, Jeder 600 Thaler, oder ist es Euch möglich, etwas mehr — doch will ich damit zufrieden sein. So tragt Ihr, ohne daß es zu sehr drückt, in 6—7 Jahren Eure Schuld ab: — ich bekomme nicht alles so zersplittert, wo sich es auch nicht in der Tasche hält — und hätte für die erste Zeit unseres Wiener Lebens (1840) doch ein Capital von 2400 Thalern in Händen, was ich bis dahin nicht anzugreifen brauche, da mir meinen sonstigen Lebensunterhalt das Honorar der Zeitung, auch das für Compositionen, welches sich immer mehr steigert, hinlänglich sichert. Bedenkt, es handelt sich um die Zukunft des herrlichsten Mädchens, von dem ich nun einmal nicht lassen kann, das noch dazu die erste Künstlerin von der Welt ist — und eine Verbindung, die unserer Familie zur höchsten Zierde gereicht — und eine glänzende Zukunft, die doch auch auf Euch von günstigem Einfluß sein muß. Vielleicht, daß ich Euch dann später wieder einmal helfen kann, wenn Ihr gedrängt seid. Vor der Hand müßt Ihr Euch aber tummeln, mir das zu schaffen, warum ich Euch gebeten habe. Ihr könnt es nur billig finden, dürft mir Euren Beistand auf keinen Fall verweigern.

Ueber alles dieses bitte ich Euch nun dringend, das strengste Stillschweigen zu beobachten, da der Alte von unsern heimlichen Briefen nichts wissen darf, weil es ihn sonst lau stimmen würde. Ebenfalls sagt gegen Niemanden etwas von der Idee eines Umzuges nach Wien, weil Ihr mir sonst alles verderben könnt.

Von meinem Glück, ein solches Mädchen zu besitzen, in das ich durch Kunst, Geistesverwandtschaft, Gewohnheit jahrelangen Umganges und tiefster, ordentlich heiliger Neigung ganz verwachsen bin, sage ich Euch weiter nichts. Mein ganzes Leben jetzt ist Freude und Thätigkeit.

Möge Euch dies auch erfreuen und Ihr mir immer so liebe Brüder bleiben, wie Ihr mir immer gewesen seid.

So lebt denn wohl und antwortet nach reiflicher Ueberlegung und bestimmt

Eurem treuen

Robert.

120. An Therese Schumann.

Leipzig, den 25sten März 1838.

Meine geliebte treue Therese,

Hättest Du doch meinen letzten Brief an Clara gelesen — da steht es darin, was mir den Abschied von hier schwer machen wird. Nun, der Himmel hat es gefügt und wird es fernerhin fügen. Ich denke doch, Du begleitest uns zur Hochzeit nach Wien und da wollen wir ein paar Wochen leben, an denen wir ein Jahr und darüber zu genießen haben in schönen Erinnerungen. Endlich ist ja auch ein größerer oder kleinerer Raum der Entfernung dasselbe. Sahen wir uns seither öfters als das Jahr einmal? und ich denke doch, daß ich künftighin wohl alle Jahr einmal zu Euch kommen werde, zumal Claras Eltern wohl vor der Hand noch in Leipzig bleiben. Also wohlgemuth — und was wir uns nicht sagen können, wollen wir uns recht oft schreiben.

Clara wollte Dir schon immer selbst schreiben — ich sagte ihr, sie möchte Dich Schwester nennen — darauf antwortete sie mir: „Schwester möchte ich sie wohl nennen — doch zur Schwester gehört noch ein kleines Wörtchen; es ist das Wörtchen, was uns auch so nahe gebracht, was mich so glücklich gemacht hat.“ — Zum Schreiben selbst hat sie noch keine Zeit finden können; hat sie ja kaum welche für mich; so zürne ihr denn nicht. Aber sie wird Dich wohl auf ihrer Rückreise von München auf einige Stunden besuchen; den Tag schreibe ich Dir später noch genauer; und da empfange denn das hohe Mädchen, wie sie es um meinetwillen verdient; denn, Therese, ich kann Dir gar nicht sagen, was für ein Wesen die ist, was sie alles in sich vereint — und daß ich sie gar nicht verdiene. Aber glücklich will ich sie machen — laß mich darüber schweigen; es paßt nicht für Worte, mein Gefühl. Du nenne sie denn Schwester, wenn Du sie siehst — und dabei denket meiner!

Nun noch eine wichtige Angelegenheit, worin ich Deinen Rath und Beistand wünsche.

Clara ist durch die Ernennung zur Kammervirtuosin zu einem ziemlich hohen Rang gekommen; zwar bin [ich] auch beehrentitelt, doch kommt das nicht gleich. Ich für mich wollte als Künstler sterben und erkenne Niemand über mich als meine Kunst; aber der Eltern wegen möchte ich wohl auch etwas werden. Du kennst Hartenstein genau und sollst nun an ihn oder Ida schreiben, etwa wie folgt:

Daß ich (Du kannst meinen Namen nennen, oder nicht, wie Du willst und denkst) mit einem angesehenen Mädchen in einer von den Eltern geduldeten Verbindung stände und diesen letzteren durch einen „Dr.“ vor meinem Namen gewiß eine große Freude machen würde, was das Ziel schneller erreichen hülfe. Nun möcht' ich durch Hartensteins Güte erfahren, ob eine Ernennung der philosophischen Facultät viel Umstände mache; viel Zeit könne ich freilich nicht daran setzen, da ich von Berufsarbeiten aller Art gedrängt würde; er möchte Dir schreiben, wie ich es nun anzufangen habe; ich bezweckte damit nichts als einen Titel und würde mich dann von Leipzig ganz wegwenden; das Ganze hätte übrigens keine so große Eile. Hätte ich nur einmal seine Ansicht, so würde ich ihn dann persönlich um das Weitere bitten. Zuletzt frage ihn, ob die Leipziger Universität keine Doctoren der Musik creire — und schließlich bitte ihn und Ida um das gewissenhafteste Stillschweigen, da es auf eine Ueberraschung abgesehen wäre. Ihr Weiber vermögt alles, und so flüstere denn namentlich Ida zu, daß sie sich eines alten Bekannten dabei erinnern möchte. — Die ganze Angelegenheit lege ich Dir denn dringend ans Herz — thu nur was Du kannst und schreibe schnell!

Wegen der Geldangelegenheit mit den Brüdern ist es am besten so: sie geben mir so viel 600 Thälerige, zur jedesmaligen Ostermesse auszuzahlende Wechsel (worauf gleich die Interessen mit geschrieben würden), als die Schuld dadurch getilgt würde. Diese gäbe ich dann alle zusammen Wieck, der sie eincassirte und mir die Zinsen schickte, da wir sonst das Geld verzebbeln würden. Dies scheint mir das Leichteste. Stelle das Eduard vor, und daß ich einer genauen Rechnung und dann diesen Wechseln entgegen sähe.

Viel hätte ich Dir noch zu schreiben. Dies für das nächste Mal. Nimm Dich meiner an und bleibe mir eine gute Schwester — Deinem

Robert.

Ueber alle diese Angelegenheiten beobachte auch Du, meine liebe Therese, das strengste Stillschweigen gegen Freunde und Verwandte. Man kann nicht leise genug gehen, wenn man ein Ziel erreichen will.

121. An J. Fischhof.

Leipzig, den 3ten April 1838.

Lieber Herr und Freund,

Schon früher glaube ich Ihnen geschrieben zu haben, daß mein Schweigen auf Freundesbriefe kein Vergessen ist, mit einem Worte, daß ich meine Zeit sehr in Acht nehmen muß, um doch auch für mich und mein Componiren einige zu behalten. Erlassen Sie mir daher für die Zukunft alle Entschuldigungen und schreiben Sie selbst mir immer so freundschaftlich und interessant, wie Ihr letzter Brief war.

Zuerst nun von Ihrem Aufsatz. Ich habe ihn noch nicht abdrucken lassen. Offenheit ist immer das Beste und so erlauben Sie mir Ihnen zu sagen, daß ich ihn noch gern mehr ausgefeilt wünschte, womöglich auch die einzelne Spitze, das, worauf es ankommt, schärfer hervorgehoben. Sehen Sie ihn sich jetzt, wo Sie ihn vielleicht einige Zeit vergessen, noch einmal an; ich bin überzeugt, Sie werden manches anders, bestimmter stellen. Raubt Ihnen das aber Zeit, glauben Sie, daß der Aufsatz auch in der jetzigen Abfassung wirkt, was Sie bezwecken, so bescheide ich mich natürlich und lasse ihn bis auf einige kleine Aenderungen im Stil, zu denen Sie mir selbst Vollmacht gegeben, nächstens abdrucken. Freilich, es ist so schwer, über Musik zu schreiben, zumal über solchen Gegenstand. Doch will ich sehen, was ich vielleicht selbst darüber im Kopfe habe und Ihrem Aufsatz anhängen.

Ihre Mittheilungen über das Wiener Cliquen-Wesen danke ich Ihnen; diese Kleinlichkeiten in so großer Stadt waren mir neu. Das Gute hält doch aus; mich kann kaum etwas irre oder außer Fassung bringen. Doch möcht ich diese Stadt einmal sehen. Vielleicht diesen Sommer. Bleiben Sie in Wien?

Wiecks grüße ich. Die biographische Notiz [über Clara] aus der Witthauerschen Zeitung habe ich in meiner abdrucken lassen. . . .

Von meinen Sachen fehlen Ihnen, Ihrem Verzeichnisse nach, nur Op. 2 die Papillons — Op. 5 Impromptus — und Op. 12 [9] Carnaval. Nächstens erscheint viel. So ist mir's noch nie von Herzen gegangen als in der letzten Zeit — drei Hefte Novelletten (größere zusammenhängende abenteuerliche Geschichten), Kinderscenen, sehr leicht für Kinder von einem großen — dann ein Quartett für Streichinstrumente, das mich eben hat und ganz beglückt, obgleich es nur als Versuch gelten kann.[148]

. . . A propos, ich lese von einer Beleidigung, die Clara'n von einem Grafen S. geschehen sein soll — ist daran etwas wahr?

Alles in Kürze zu resümiren, überarbeiten Sie Ihren Aufsatz wennmöglich noch einmal — sodann: schicken Sie mir Correspondenz baldmöglichst — Endlich behalten Sie mich lieb

Ihren ergebenen

R. Schumann.

122. An J. Fischhof.

Leipzig, den 16ten April 1838.

Mein verehrtester Freund,

Die Form Ihres Tagebuches gefällt mir ganz gut und wird es auch den Lesern. Fahren Sie gütigst fort, mir *namentlich* auf diese Weise zu berichten, auch wenn ich Sie nicht jedesmal darum besonders angehe. Ich verlasse mich darauf.

Auch wieder aus Egoismus antworte ich so schnell. In außerordentlichen Fällen bitte ich Sie nämlich auch um außerordentliche Briefe. Diesmal wegen Liszt, über den ich einer schnellen Nachricht von Ihrer Hand entgegensehe.

Habe ich wegen Wien so ernsthaft mich eingeladen bei Ihnen? So rasch geht es freilich nicht und kostet mich viel Vor- und Nacharbeit. Doch schicken es die Götter vielleicht. Mich verlangt es einmal hinaus. Seit acht Jahren sitze ich fest. Für ihre besondere Einladung, bei Ihnen zu wohnen, meinen besten Dank, die ich aber schwerlich annehme — Sie werden mich noch kennen lernen und froh sein, mich los zu werden. . . .

Ich höre von einem von Emminger [?] in Lebensgröße gemalten

Bild von Clara W.? Ist es dasselbe, nach dem die Lithographie, die übrigens sprechend ist? . . .

Liszt kennt nur sehr wenig von mir. Zeigen Sie ihm Anderes mit meinem Gruß und der Bitte um Antwort auf meinen Brief nach Mailand. Wie so gerne möchte ich bei Ihnen sein!

Nun ein herzlich Lebewohl; — ein neues opus ist fertig worden in wenig Tagen, „Kreisleriana". Da gibts zu denken dabei.

In Dank und Freundschaft

Ihr ergebener

R. Schumann.

123. An Karl Krägen in Dresden.

Leipzig, den 22sten April 38.

Mein lieber Krägen,

Eine äußerst heftige Erkältung hat mich so angegriffen, daß ich kaum ein Glied rühren kann. Daher nur wenig. Jedenfalls aber soll bis zum 27sten etwas in Ihren Händen sein, wenn nicht frisch Componirtes, was mein Unwohlsein nicht zuläßt, so doch etwas passendes Älteres. Vorrath hab ich genug und vieles in der letzten Zeit fertig geschrieben.[149]

Nun aber besitz ich ein Albumblatt von der Majorin, das aber durch das Herschicken so sehr zerknittert ist, daß man an einem Geburtstage damit nicht kommen kann.

Diesen Brief erhalten Sie morgen (Montag) — Dienstag kann ich dann wieder Antwort u. ein neues wohl einzurollendes Albumblatt von Ihnen (jedenfalls eine Antwort) und Mittwoch, spätestens Donnerstag, Sie wieder das Scriptum in Händen haben. Sela.

Auch für Originalhandschriften werde ich sorgen, so es keine Eile hat. Was ich von den mir zugeschickten entbehren konnte, habe ich leider gerade vor acht Tagen alles verschenkt. Wollen Sie einige zum Geburtstag, so schreiben Sie es mir. Vielleicht bringe ich noch etwas auf.

Für Ihre Theilnahme an meinen Compositionen danke ich Ihnen; sie thut mir manchmal Noth, da ich nur wenig darüber sprechen höre. Doch gesteh ich, drängt es mich oft so zum Schaffen, daß ich's auch mitten im Meer auf einer einsamen Insel nicht lassen könnte. Sie werden vieles Neue von mir noch in diesem Jahre zu sehen bekommen. Es strömt mir manchmal über jetzt, weiß nicht, wo ich aufhören soll. Sie macht mich ganz glücklich diese Kunst. Kennen Sie die Davidsbündlertänze? Schreiben Sie mir ein gutes Wort darüber, wie man es von Ihnen zu hören gewohnt ist.

Die „Nacht“[150] ist auch mir das Liebste. Später habe ich die Geschichte von Hero und Leander darin gefunden. Sehen Sie doch nach. Es paßt alles zum Erstaunen. Liszt, der in Wien ist, soll die Phantasiestücke zum Entzücken vom Blatt gespielt haben; namentlich das „Ende vom Lied“....

Nun, Adieu Lieber! Vergessen Sie den 28sten nicht und mir gleich zu antworten. Von Herzen Ihr

R. Schumann.

124. An J. Vesque von Püttlingen[151] in Wien.

Leipzig, d. 26sten Mai 1838.

Euer Hochwohlgeboren

gütiges Schreiben verpflichtet mich zum lebhaftesten Dank und hat mir wahrhafte Freude gemacht. Auch war mir Ihr Name keineswegs ein ungekannter. So viel schlechte Musik ich vergesse und gern vergesse, so ist mir doch ein treues Gedächtniß für das edlere Streben geblieben, wie man es in Ihren Compositionen auf den ersten Blick erkennen muß.

Das Liederfach ist nicht mein Departement. Sie werden also eine andere Chiffre unter der Anzeige Ihrer Gesänge finden, die keinenfalls, wie ich glaube, eine Halmsche Debatte hervorrufen wird.

Auch möchte ich Ihnen vorschlagen, ob Sie mir vielleicht etwas für die vierteljährlich erscheinenden Musikalischen Beilagen zur Zeitschrift mittheilen wollten; ein Weg, der schneller zur Verbreitung des Namens führt als irgend ein bekannter. Doch dürften, da die Beilagen nur so selten erscheinen und doch dadurch gleich mehrere Componisten eingeführt werden sollen, die Compositionen nicht wohl den Raum von zwei bis drei Druckseiten überschreiten. Am besten, Sie senden mir vielleicht gleich ein ganzes Heft Lieder oder was sonst, damit ich nur wählen kann, daß es sich auch mit den anderen Beiträgen gut verträgt...

Vielleicht daß mir endlich in diesem Jahre ein alter Lieblingswunsch in Erfüllung geht: mir Wien einmal ansehen zu dürfen. Erlauben Sie dann, hochgeehrter Herr, mich Ihnen vorzustellen?

In Hochachtung und Ergebenheit

Euer Hochwohlgeboren
gehorsamster

R. Schumann.

125. An Herrmann Hirschbach in Berlin.

Leipzig, den 5ten Juni 1838.

Ew. Wohlgeboren

genauere Bekanntschaft wird uns von großem Interesse sein. Leider müssen wir dem größeren Aufsatz die Aufnahme abschlagen, einmal, da die [D moll-]Symphonie schon oft besprochen und im Augenblick auch so viel Zeitwichtiges aufgehäuft liegt, dann aber auch aus anderen Gründen, die zu errathen Ihnen, wenn Sie die Zeitschrift seit ihrem Entstehen bis jetzt kennen, nicht schwer fallen dürfte. Das Neue und Strenge Ihrer Ansicht hat ganz unsern Beifall, noch mehr aber das, daß Sie etwas von der Zukunft erwarten. Unterstützen Sie uns in letzterem Sinne. Was ist, ist nicht zu ändern, und die neunte Symphonie bleibt trotzdem unserer Ansicht nach das wichtigste Werk der neueren Instrumentalmusik.

Mit Vergnügen lassen wir den anderen kleineren Aufsatz[152] in einer der nächsten Nummern abdrucken. Fahren Sie gütigst fort in Ihren Mittheilungen, am liebsten in kleineren Aufsätzen, und nehmen Sie die Versicherung, daß wir uns Ihrer schätzbaren Bekanntschaft aufrichtigst erfreuen. Ew. Wohlgeboren

ergebenster

R. Schumann.

126. An Frau H. Voigt (z. Z. in Berlin).

Leipzig, den 11ten Juni 38.

Liebe Freundin,

Ihr Brief hat mir große Freude gemacht. Wenn ich später antworte, als es sein müßte, so bedenken Sie meinen Geburtstag, an dem ich viel mit mir zu thun, mich angebunden mit trefflichen Vorsätzen, viel Briefe geschrieben innerlich, äußerlich auch meiner alten Freundin ordentlich gedacht. Zerstreut bin ich aber noch immer. Der Brief wird mir nicht gelingen und es ist auch gar nicht darauf abgesehen — indeß fort muß er.

Daß Sie sich meiner Phantasiestücke so warm annehmen, ist mir schon recht. Ich bedarf solcher Amazonen. Die Musiken mancher Componisten gleichen ihren Handschriften: schwierig zu lesen, seltsam anzuschauen; hat man's heraus aber, so ist's als könne es gar nicht anders sein; die Handschrift gehört zum Gedanken, der Gedanke zum

Charakter ꝛc. ꝛc. Kurz, ich kann nicht anders schreiben und componiren, als Sie mich nun einmal kennen, meine liebe Freundin. Nehmen Sie sich nun meiner fort und fort nur freundlich an!

Neues gibt es wenig. Heute war David bei mir, vom Cölner Fest zurückkommend. In Cassel hat er Spohr besucht, dem leider eine Tochter gestorben ist. Vielleicht daß dies auch seinen Reiseplan ändert und daß er erst später nach Leipzig kömmt. Wann kommen Sie denn? Leipzig ist schön; die Nachtigallen wollen gar nicht fort. Kommen Sie also bald! Was macht Voigt? Er ist ein guter Mann, Bennettisch zu reden, und ich grüße ihn herzlich.

Heute hatte ich meine zweite Quartettmatinée; leider ist mir meine Pianistin ausgeblieben (sie ist in Berlin und studirt im Augenblick Briefe sehr). Also nur Streichquartette. Es macht mir viel Freude; auch die Zeitung gewinnt dadurch.

Nach Ihrer Zurückkunft erwartet Sie eine interessante Lectüre: eben erschienene biographische Notizen über Beethoven von Ferd. Ries und Dr. Wegeler (letzterer ein genauer Jugendfreund Beethovens). Ich werde Ihnen das Buch leihen; man kann nicht los davon.[153] Einem künftigen Jean Paul ist es vorbehalten, Beethovens innere und äußere Geschichte zu schreiben; eine herrliche Arbeit und eines zweiten Meisters würdig.

Eine Bitte noch. Können Sie nicht erfahren, wer die J. Mathieux[154] ist, von der ein Heft sehr werthvoller Lieder bei Trautwein erschienen, mir ihre genaue Adresse vielleicht erfragen? Auch durch die der Frau von Arnim (Bettina) würden Sie mich sehr verbinden. Vielleicht weiß es Taubert, dem ich mich empfehle. Sodann schrieb vor einigen Tagen ein junger Componist Namens Herrmann Hirschbach an mich; es interessirt mich sehr, was er mir geschickt; er scheint eine besonders eigne Natur. Vielleicht können Sie auch über diesen etwas Genaueres erfahren? Nun ist es aber genug mit Bitten; es war aber von jeher so; wenn ich Sie nur sehe, möchte ich Sie immer gleich um etwas bitten; es muß aus Ihren Augen kommen.

Nun adieu. Schwärmen Sie nicht zu viel mit Rellstab und Schmidt; mit Taubert erlaube ich es schon eher. Aber auch dann denken Sie in Freundlichkeit

Ihres ergebenen

R. Schumann.

127. An H. Hirschbach.

Leipzig, den 13ten Juni 1838.

Verehrtester Herr,

Ihren letzteingeschickten Aufsatz habe ich mit großer Freude gelesen und gleich zum Druck gegeben, wo Sie ihn denn in Nro. 48 finden werden. Sie haben mir aus der Seele gesprochen, fast in jedem einzelnen Worte. Ihre ferneren Beiträge sollen mir willkommen sein. Schon längst hatte auch ich im Sinne, gegen gewisse Theorien zu Felde zu ziehen, im Grunde gegen alle. Wie Sie aber, möchte ich es lieber gleich praktisch zeigen; d. h. ich schreibe nur gezwungen Buchstaben, und am liebsten gleich Sonaten und Symphonien.

Mich mit Ihren Compositionen bekannt zu machen, verschieben Sie nicht auf eine Gelegenheit, und schicken mir bald, wenn nicht durch Post, so durch Schlesinger, was Sie von Ihren Compositionen entrathen können. Ihre Ansichten spannen mich freilich sehr hoch, und Sie haben viel zu geben. Ich bitte Sie, Ihr Versprechen bald zu erfüllen. Auch die schriftlichen Beiträge vergessen Sie nicht, und wo möglich einen Feldzug gegen die Philister, wie im vorigen.

Bleiben Sie mir wohlgesinnt

Ihrem ergebensten

Robert Schumann.

128. An J. Fischhof.

Leipzig, den 6ten Juli 1838.

Es ist ja ganz still zwischen uns auf einmal. Gewiß habe ich daran die Schuld, und dann seit drei Wochen anhaltendes Kränkeln. Jetzt geht es besser, und Sie sind der Erste, der einen Brief erhält.

Mit Schmerzen warte ich auf die Fortsetzung des Tagebuches; es reicht erst bis Mitte April. Vergessen Sie nicht, bald an mich und die Zeitschrift zu denken. Wieck hat zwar zu meinem Verleger gesagt, Sie würden kein Wort mehr schicken, da ich ihren Aufsatz noch nicht gebracht hätte; doch glaube ich, hat er, wie so oft, dies rein aus der Luft gegriffen und es ist Ihnen sicherlich eine solche Aeußerung nicht über die Lippen gekommen. Und nun eben zu Ihrem Aufsatz. Ich habe ihn wiederholt gelesen und muß in Ihrem Interesse zu meiner früheren Bitte zurückkehren, ihn noch einmal zu überarbeiten. Etwas Gutes ist immer zeitgemäß; der Aufsatz kommt dann auch in ein paar Monaten nicht zu spät. Bei Wieck ist alles Parteigängerei; wäre es nicht das

Spiel, er bekümmerte sich nicht um Sie, um mich, um die ganze Zeitschrift. Ich bin hier unparteiisch, sehe klarer. Ihre Ansicht im Ganzen ist ja auch die meinige; es fehlt aber die Gliederung, der Abschluß nach meiner Ansicht. Warum soll ich Ihnen das verhehlen? Sie sind mir stets so freundlich gesinnt gewesen, und ich erwiderte dies so gern mit Offenheit, wie ich Sie um diese auch in Ihren Ansichten über meine Bestrebungen ersuche. Nur so nutzt man sich wahrhaft und kommt weiter; und so hat die Freundschaft für mich Bedeutung und Werth. Schmeicheln und Achselzucken führt zu nichts. Jetzt schreiben Sie mir bald ein gutes Wort; den Aufsatz verwahre ich mir [?] bis dahin.

Für Ihre Verwendung bei Haslinger[155] danke zum Schönsten; vielleicht kömmt auch einmal die Zeit, wo ich Ihnen für so vieles danken kann durch mehr als durch Worte. Vergessen Sie mich nicht und behalten mich lieb Ihren

. . . R. Schumann.

129. An C. A. Mangold.

Leipzig, den 7ten Juli 1838.

Mein werther Herr,

Schon früher bat ich Sie, nicht übel von mir zu denken, wenn ich wegen Mangels an Zeit Ihnen nicht immer den Empfang Ihrer eingesendeten Correspondenzen anzeigen kann. Also schicken Sie immerzu, auch wenn Sie nichts von mir hören. Es fehlen noch Berichte über die letzten Conservatoireconcerte (bis zum 6ten ist schon abgedruckt) über mehre kleine Opern, Peruquier de la Régence, Marguerite von Boieldieu u. a., über die letzten Concerte 2c. Haben Sie die Gefälligkeit, dies sobald wie möglich nachzuholen.

. . . Es thut mir leid, daß Sie die Zeitung so unregelmäßig und spät [erhalten] der hiesige Verleger ist aber ein so ordentlicher Mann, daß ich ihm die Schuld nicht beimessen kann. Also liegt es an der Zwischenverbindung. Es geht mir ebenso mit Hrn. Léon Escudier, dem Redacteur der France Musicale, der so höflich ist, mir s. Ztg. zuzuschicken. . . .

Ich höre, ein Paar deutsche Mädchen, früher in Leipzig wohnend, List[156] mit Namen, haben bei Ihnen Unterricht. Auch diesen empfehle ich mich. Was macht Chopin?

Schreiben Sie mir bald Ihrem ergebenen

R. Schumann.

130. An H. Hirschbach. (z. Z. in Leipzig.)

Leipzig, den 13ten Juli 1838.

Verehrtester Herr,

Entschuldigen Sie meine Unsichtbarkeit mit reich überdrängenden Geschäften gerade in diesen Tagen. Manches hätte ich mit Ihnen zu reden. Wünschen Sie es, so soll meine offne Meinung über Ihre Quartette in einem der nächsten „Quartettmorgen" der Zeitschrift erscheinen.[157] Sie müßten mich als Componist kennen, um zu wissen, wie nahe wir zusammen gehen, wie ich alle Ihre Sphären, obwohl mit leiserem Flügel, berührt schon vor längerer Zeit. Dies lassen Sie mich noch sagen: Ihr Streben ist mir das ungeheuerste, das mir in neueren Kunstrichtungen vorgekommen, und wird von großen Kräften getragen. Einige Zweifel hege ich aber im Einzelnen und gegen Einzelnes, vorzüglich als Musiker. Ich werde Ihnen die Stellen angeben.

Genug für heute mit bestem Gruß. Sonntag früh hoffe ich Sie mit Ihrem Begleiter bei mir zu sehen.

Haben Sie morgen Nachmittag um fünf frei, so holen Sie mich zum Spaziergang ab. Ich kann nicht genau bestimmen, ob ich eher fertig bin. Also um fünf.

Vielleicht können wir die Ouvertüre zu Hamlet von Queisser machen lassen, nächsten Montag oder Dienstag. Ich hab sie gelesen und muß auch in ihr die außerordentliche Erfindung und Phantasie bewundern. Einige Octaven darin kann ich aber unmöglich gut heißen, ebenso in den Quartetten. Dies mündlich.

In aufrichtigster Theilnahme

Ihr ergebener

R. Schumann.

131. An Vesque von Püttlingen.

Leipzig, den 15ten Juli 1838.

Euer Hochwohlgeboren

wagt sich der Unterzeichnete heute als Bittender in einer für ihn höchst wichtigen Angelegenheit vorzustellen.

Ihre gütige Theilnahme an meinen Bestrebungen gibt mir den Muth zu meinen Fragen. Vor Allem würde ich Sie, hochverehrtester Herr, ersuchen, von meinem Vorhaben, das mich zu diesen Zeilen veranlaßt, gegen Jedermann vor der Hand noch schweigen zu wollen. Die Frucht ist noch nicht reif für die Öffentlichkeit.

Zur Sache, der Sie Ihre gütige Aufmerksamkeit schenken möchten:

Besondere Verhältnisse (keine gefährlichen, eher freundlicher Natur) machen es nöthig, für die Zukunft meinen Heerd in einer größeren Stadt aufzuschlagen. Wien liegt meinem Wirken am nächsten; nach kurzer aber reiflicher Erwägung habe ich mich für Ihr schönes Wien entschieden und vielleicht schon zum Schluß dieses Jahres die Freude, mich Ihnen persönlich vorstellen zu dürfen.

Nun aber will ich meine mir ans Herz gewachsene Zeitschrift nicht aufgeben; im Gegentheil, sie soll mit mir, soll von Januar an in Wien erscheinen. Die Verlagsangelegenheiten werden bereits geordnet und in Kurzem geschlichtet sein.

Wollen Sie, den ich als einen so freundlichen Beschützer der Kunst noch zuletzt von Frl. Clara Wieck schildern hören, einem unerfahrenen Künstler, der noch nicht lange aus den Kinderschuhen, mit Ihrer Einsicht, Ihrem Rathe beistehen, welche Schritte er zunächst thun muß, wie die Erlaubniß zur Herausgabe der Zeitung in Österreich zu erlangen? Die Zeitschrift mag als eine jugendliche, unerschrockene, oft sehr strenge bekannt sein; indeß hat sie nie Politik u. dgl. berührt, als daß ich fürchten sollte, man würde ihrem Erscheinen in Wien Hindernisse von Seiten der Censur in den Weg legen. Wollten Sie jetzt die Güte haben, mich darauf Ihre gefällige Ansicht wissen zu lassen? —

Die Zeitung soll also vom Januar 1839 an in Wien erscheinen, ich selbst will Ende October hin. Wird die Zeit vom October bis Ende December hinreichen, um die Censurangelegenheiten in Ordnung zu bringen, die Druckerlaubniß mir auszuwirken? Könnte ich vielleicht schon jetzt durch ein einzureichendes Schreiben an die betreffende Behörde meinem Ziele näher kommen? Und an welche hätte ich mich da zu wenden? Würden mir besondere Empfehlungen, ein Ministerialpaß 2c. von Nutzen sein? Muß ich irgend Caution stellen? Bedarf es besonderer Legitimation?

Entschuldigen Sie die Menge Fragen! Ihre staatsmännischen Einsichten stellen Ihnen vielleicht im Augenblick dar, was ich zunächst zu thun habe. Lassen Sie mir bald eine gütige Antwort zukommen, ich würde es Ihnen aus tiefstem Herzen danken. Die Zeit drängt mich etwas, und ich habe hier kein Bleibens mehr.

Wie ich mich auf Ihr schönes Wien freue, welche Aussichten sich mir durch diese Übersiedelung eröffnen, und wie durch den Umzug der Zeitung Nord- und Süddeutsche Kunst sicherlich zu innigerem Bande verknüpft werden, über dies und manches Andere in meinem nächsten Briefe, wenn ich wieder schreiben darf.

Vielleicht daß ich mich auch Ihres hohen Schutzes erfreuen darf, und daß Sie den Fremdling einlassen, wenn er vorspricht.

Mit nochmaliger Bitte um Geheimhaltung meines Vorhabens, und mit der um eine baldige gütige Auskunft

verharre ich Euer Hochwohlgeboren

ganz ergebenster

Robert Schumann.

132. An J. Fischhof.

Leipzig, den 5ten August 1838.

Mein theurer Freund,

Eben empfing ich Ihren freundlichen Brief, als ich mich zum Schreiben an Sie niedersetzen wollte, und zwar in einer für mich sehr wichtigen Angelegenheit, in der ich den Rath eines Freundes bedarf, als den ich Sie jetzt kennen gelernt. Erschrecken Sie also nicht, wenn schon in acht Wochen Jemand an Ihre Thüre klopft, mein Doppelgänger, ich selbst nämlich, noch mehr: wenn er Ihnen sagt, daß er die nächsten Jahre wahrscheinlich für immer in Wien zubringt... Mündlich hierüber mehr, was ich dem Papier nicht anvertrauen mag. Es ist entschieden, daß ich spätestens Mitte October in Wien sein muß. Und die Zeitung? werden Sie sagen. Die laß ich natürlich nicht; während der drei Monate October bis December wird sie von Oswald Lorenz besorgt; und vom Januar an soll sie in Wien gedruckt werden. Und da brauch' ich denn Ihre gütige Hand. Natürlich bedarf die Zeitung der Concession, die wohl das dortige Censuramt unter Graf Sedlnitzky zu ertheilen hat. Daß man keine großen Schwierigkeiten machen wird, da es ja ein reines Kunstblatt, das seit seinem Erscheinen in den Oesterreichischen Staaten vertrieben worden ist, bin ich beinahe überzeugt. Doch kenn' ich die Vorsicht der dortigen Behörden und den langsamen Gang in ähnlichen Verhandlungen vom Hörensagen, so daß ich schon jetzt wirken, d. h. so bald als möglich mein Gesuch um ein Privilegium für das Erscheinen der Zeitschrift in Wien einreichen möchte, damit die erste Nummer des künftigen Bandes schon Mitte December von Wien aus verschickt werden kann. Völlig unbekannt mit den dortigen Gesetzen und Formen, in denen so ein Gesuch gestellt sein muß, bitte ich Sie nun, dem armen Künstler, der sonst nie etwas mit Polizei und Censur zu schaffen gehabt, gütigst beistehen zu wollen. Ich werde nie vergessen, was Sie in dieser Sache für mich thun.

So bäte ich Sie denn, daß Sie sich bei einem Rechtsgelehrten dort erkundigten, unter welcher Adresse, in welcher Form ein solches Gesuch abgeschickt und abgefaßt werden muß. Vielleicht könnten Sie von selbem gleich eines nach dem Schema abfassen lassen, das ich auf der andern Seite geschrieben, und mir dann zuschicken, wo ich es dann ins Reine schreiben ließe und vielleicht durch unsern Gesandten, den Fürsten Schönburg, an den ich empfohlen bin, an den Grafen Sedlnitzky befördern würde.

Sodann, wissen Sie, ob die dortige Behörde Ausweise über mein früheres Leben, über Vermögensumstände (es ist alles in bester Ordnung) 2c. 2c. verlangt, und soll ich diese gleich im Gesuch mit vorbringen?

Endlich: wen schlagen Sie Friesen als Commissionär vor? Wir haben uns bereits an Haslinger und Diabelli gewandt, aber nicht die Antwort erhalten, wie wir sie gewünscht hätten. Und überhaupt wäre mir ein Buchhändler lieber, da ich dann nichts von etwaigen Eingriffen der Verleger zu befürchten habe. Friese bleibt nämlich nach wie vor Verleger (ich bin Eigenthümer); der Umzug ist ihm sogar lieb, da er dabei nur gewinnen kann. Auf die Zeitschrift käme somit die Firma einer Wiener Handlung und die von Friese.

Sollte ich Ihnen übrigens sagen, wie manches Schöne ich mir von der Zukunft erwarte, wie die Zeitschrift dadurch großartiger, einflußreicher werden, eine Vermittelung zwischen Nord und Süden herstellen soll, so müßte ich neue Bogen anfangen, nämlich herunterschreiben. Sie sind der Einzige, den ich in Wien habe, den ich als so verständig wie tüchtig und bescheiden kennen gelernt. Werden Sie sich auch in mir [nicht] täuschen? Werden Sie mir freundlich gesinnt bleiben? Hoffen Sie nicht manches Schöne von der Zukunft, die uns gewiß nicht trügen wird?

So schließ' ich denn mehr als je erregt und mit dankbarstem Herzen. Nehmen Sie sich meiner an; mein Lebensglück hängt mit daran; ich bin nicht mehr allein. Dies alles für Sie allein...

Ihr

Schumann.

Gesuch, woraus nun der gehörige juristische Brei zu machen:

Der Unterzeichnete, Sachse von Geburt, in Leipzig wohnhaft, Tonkünstler, Redacteur und Eigenthümer der neuen Zeitschrift für Musik, wünscht seiner Liebe zur Kunst wie seiner geschäftlichen Verbindungen halber seinen bisherigen Wohnort Leipzig mit Wien zu vertauschen. Die Zeitschrift, die nie andere als musikalische Interessen berührt hat, ist seit ihrem Entstehen (1834) in der Monarchie von höchster Behörde erlaubt und vielfach gelesen. Er sucht um die Erlaubniß nach, daß sie vom 1sten Januar 1839 (oder vom 10ten Band an) in Wien erscheinen dürfe. Ueber seine sonstigen Verhältnisse wird er alle erforderlichen Ausweise beibringen. Geschäfte halten ihn ab, eher als bis Mitte October selbst nach Wien kommen zu können, daher er schon jetzt sein Gesuch schriftlich einreicht, und um Berücksichtigung bittet.

(Dies alles mit der gehörigen Gehorsamkeit.)

Componiren kann ich besser, he? Nun nochmals Dank für Ihren lieben Brief ... Bald sehen wir uns. Ich rauche viel Cigarren und sehe ziemlich roth. Wie viel kostet ein anständig Logis für ein Jahr? Womöglich eine Treppe? 100 bis 120 Thaler? Bitte, stehen Sie dem Fremdling bei! Adieu.

133. An Ernst A. Becker.

Leipzig, den 6ten August 1838.

Mein theurer Freund,

Ich freue mich und freue mich nicht, daß Sie kommen. Die Gründe können Sie errathen. Zwischen W[ieck] und mir ist es so zu sagen aus, und ich mag nichts mehr mit ihm zu thun haben. Er behandelt C[lara] schlecht,[158] hat mir für mein Vertrauen, mein wahrhaft kindliches Hingeben mit Verleumdung und Lügen aller Art gedankt — Dazu hat er den Kopf dermaßen verloren, ist so unangenehm gegen Alle, wie ich von Allen höre, daß Sie einen schlimmen Stand haben werden, da er ohnehin mißtrauisch gegen Sie ist — Sie Guter Lieber, der mich wieder dieser Herrlichen verbunden hat. Und doch möchte ich Sie so gern sprechen, vielleicht zum letztenmal. Wo sollte ich anfangen, Ihnen zu erzählen, was ich alles vorhabe und was ich dem Papier nicht anvertrauen mag. Nun überlegen Sie sich es, ob Ihr Kommen gut ist, da Sie sich unsern zerrissenen Kreisen nun einmal nicht entziehen können. Vielleicht daß Sie zum zweitenmal die versöhnende Hand wären. Doch glaub' ich es nicht. Der Ruhm ist dem Alten in den Kopf gestiegen; er will durchaus einen Fürsten für Clara (die Wahrheit). Würden Sie bei W[ieck] wohnen wollen? Gern böte ich Ihnen meine Wohnung an; doch kennen Sie ihre Beschränktheit. Wie es komme, mich finden Sie jedenfalls, der Sie von Herzen liebt und Ihnen eine Menge Musik vorspielen will, und alles will, was Sie sonst wünschen; das wissen Sie. Schreiben Sie mir von Dresden aus! Clara ist noch immer dort. Tausend Grüße.

Ihr S.

Diesen Brief verwahren Sie wohl!

134. An A. v. Zuccalmaglio.

Leipzig, den 8ten August 1838.

Mein theurer und verehrtester Freund,

Eine wichtige Mittheilung ist es, die ich Ihnen heute zu machen habe. Sie möchten sich darüber aber jetzt noch gegen Niemand verlauten lassen. Am liebsten hätte ich sie Ihnen mündlich vertraut; aber nun ist es gar die Frage, ob Sie mich, wenn Sie erst im October kommen, noch hier antreffen; und so denn zur Sache: daß die Zeitschrift vom 1sten Januar 39 an in Wien erscheint, wo ich schon Ende September hingehe. Manches Gute hoffe ich von dieser Uebersiedelung; neue Lebenskreise, neue Thätigkeit, andere Gedanken; vieles glaube ich da wirken zu können, wo sie, mit Zeltern zu sprechen, in der Confusion schwimmen wie die Fliegen in der Buttermilch. Und nun Ihre Hand, lieber Wedel, daß Sie mich auch da nicht verlassen! Es wird Mühe kosten, durchzubringen; auch müssen wir hier und da wohl leiser auftreten, da die Schärfe der Censur dort manches unterdrücken würde.

Vor Allem bäte ich Sie, mich in der nächsten Zeit mit Manuscripten möglichst überhäufen zu wollen. Von October bis December besorgt mein Lieder-Minister, Oswald Lorenz, die Redaction, den ich nicht in Dürftigkeit zurücklassen darf.

Meine zweite Bitte: daß Sie auf einen, die neue Veränderung, ihre Folgen 2c. berührenden Aufsatz sinnen möchten, mit dem wir die ersten in Wien erscheinenden Nummern schmücken könnten. Sie verstehen dies so zart zu machen, daß ich Ihnen immer gern das erste Wort lasse, da mich ohnehin das viele Geschäftliche in der nächsten Zeit an aller größeren Arbeit verhindern wird. Der letzte Aufsatz müßte etwa bis Ende November (spätestens) bei mir in Wien sein. Das Genauere, meine Adresse, vermelde noch später . . .

Für alles, was Sie mir während der letzten Zeit zugeschickt, meinen innigsten Dank. Es kömmt alles nach und nach. Von den Notenbeispielen zu der Passionsmusik von Elsner muß ich aber einige auslassen, da sie zu viel Raum einnehmen würden. Doch habe ich daran gedacht, ob nicht der Marsch, der ein Ganzes ist und auch mir ausnehmend gefällt, in einer der nächsten Beilagen (der vierteljährlichen) abgedruckt werden könnte, worüber ich mir ein Wort von Ihnen erbitte.[159] Auch die Ernemannschen Lieder haben mich unter dem Wust angelacht wie Blüthen, namentlich einige; sie werden in der Zeitschrift besprochen . . .

Auch für die Volkslieder meinen besonderen Dank. Muß aber gestehn, daß mir die Begleitung hier und da nicht behagt, mir nicht natürlich genug scheint. Freilich höre ich mit Musiker-Ohren und kann auch im Volkslied keine Quinten und Octaven ausstehen, obgleich man sie da oft antrifft.

Gottschalk wird seinen Namen auf „Kinderscenen“ antreffen, die nächstens mit meinem erscheinen.[160] Er wird an einigen Freude haben; sie sind mir vom Herzen gegangen . . .

Bald hoffe ich von Ihnen zu hören, noch lieber zu sehen.

Ihr

R. Schumann.

135. An J. Moscheles.

Leipzig, den 8ten August 1838.

Mein verehrtester Herr,

Ihr Brief hat mir die größte Freude gemacht, da ich schon befürchtete, meine letzte Sendung wäre nicht angekommen, wie ich denn, ungefähr wie Jean Pauls Walt, immer denke, ein Brief nach London käme nie dort an. Leider entfernt mich nun mein Geschick noch weiter von Ihrer neuen Heimath — nach Ihrer alten nämlich, nach Österreich, nach Wien. Auch die Zeitschrift übersiedele ich mit; von Neujahr 1839 an wird sie in Wien erscheinen; ich selbst gehe schon Anfang October dahin ab. Manches verspreche ich mir von meinem neuen Lebenskreise. Als Musiker glaube ich fest zu stehen, daß mir das südliche Klima nichts anhaben soll. Auf die Zeitschrift wird aber der Umzug einigen Einfluß haben, da ich dann doch das neue Publikum im Auge haben muß, der Censur nicht zu gedenken, die dort zahm zu machen versteht. So gehe ich, auch durch andere als blos musikalische Interessen bestimmt, guten Muthes wenn auch nicht ohne einige Schmerzen in mein neues Vaterland. Sie haben, mein verehrter Freund, immer so viel Theilnahme an meinem Streben genommen, als daß ich Ihnen verschweigen könnte, was mich natürlich Tag und Nacht beschäftigt, wovon übrigens im Publikum noch nichts bekannt ist. Haben Sie vielleicht einige empfehlende Worte für mich an einige Ihrer dortigen Bekannten, so bitte ich Sie darum.

Gern möchte ich auch die ersten Nummern, die in Wien erscheinen, mit einem Artikel aus London schmücken. Hr. Klingemann[161] schreibt so vortrefflich, kann aber keinen Grund haben, meine Bitte zu berücksichtigen, daß ich erst Sie, mein theurer Meister, fragen wollte, wie ich etwas für unsern Zweck erlangen könnte. Interessant müßten namentlich vielleicht „Winke für ausländische in England reisende Virtuosen" sein. Oder wüßten Sie vielleicht einen Gegenstand zu kurzer Bearbeitung? Denken Sie nicht mehr an Ihre Clavierschule? Der Absatz der Kalkbrennerschen steigt ins Unglaubliche (freilich ist es auch sein bestes Werk überhaupt). Aber die Fortschritte der letzten zehn Jahre fehlen in ihr gänzlich. . .

Dies sind nur immer Bitten über Bitten, und ich weiß Ihnen so wenig dagegen zu geben . . .

In einigen Wochen werden bei Haslinger erschienene „Kreisleriana" von mir an Sie abgehen. Täusche ich mich nicht ganz, so wird Ihnen das Werk von allen, die Sie kennen, am meisten zusagen.

Von Bennett erwarte ich einen Brief; ich bat ihn, mit mir nach Wien zu gehen. Sehen Sie ihn, so stellen Sie ihm das Schöne des dortigen Lebens vielleicht vor. Leider fürchte ich in Wien sonst ziemlich allein zu stehen.

Man spricht, Mrs. Shaw käme diesen Winter nach Leipzig. Wissen Sie vielleicht davon?

Mendelssohn ist noch in Berlin; er hat zwei Symphonien geschrieben, deren wir sehr bedürfen. — Ihr Concert anzuzeigen, hab ich mir noch auf die ersten in Wien erscheinenden Nummern verspart.

Bleiben Sie mir gewogen Ihrem

ergebensten
R. Schumann.

136. An H. Hirschbach in Berlin.

Leipzig, den 17ten August 1838.

Schon längst sah ich nach einer Nachricht von Ihnen auf; meinen besten Dank für die letzte.

Den Aufsatz über Möser rathe ich Ihnen nicht drucken zu lassen. Sie machen sich unnöthige Feinde, erfahren Widerrede, müssen dann antworten, und das kostet alles Zeit und geändert wird am Ende wenig genug. Auch sind Ihre Worte zu heftig.[162] Lieber schicken Sie mir Ihre „Betrachtungen", die schönsten Uebersetzungen Ihrer Musik, Ihre Gedanken über die musikalische Zukunft, über den Verfall der deutschen Oper, und was Sie sonst wollen.

Ein Beitrag für die musikalische Beilage dürfte nicht über drei Seiten groß werden, worauf sich schon etwas sagen läßt. Bitte, denken Sie daran! Mein Urtheil wird dann offen sein. Die nächsten drei Beilagen sind indeß schon ziemlich gefüllt, daß Sie sich Zeit nehmen können.

Vor Allem schicken Sie mir also die Betrachtungen,[163] wenn möglich. Ich weiß nicht, ob ich Ihnen gesagt, daß ich eine Reise vorhabe: weshalb ich viel Manuscript beschaffen muß. Sie thun mir also auch einen Freundschaftsdienst.

Mit bestem Wünschen und Hoffen

Ihr ergebener

R. Schumann.

137. An J. Fischhof.

Leipzig, den 25sten August 1838.

Meinen innigen Dank für Ihren schönen Brief, der mir so viel Licht gibt; zwar gibt es noch Berge bis zu Ihnen und nach Wien, indeß muß ich darüber; „heitern Sinn und reine Zwecke — nun, man kömmt wohl eine Strecke" sagt Goethe. Bleiben Sie mir nur treu und gewogen.

Meine Abreise von hier hängt nur allein von den Empfehlungsbriefen des Fürsten Schönburg an Metternich und Sedlnitzky ab, ohne welche es thöricht wäre, die Reise zu unternehmen. Erhalte ich sie, so geht es den 22sten September von hier fort. Nun hab' ich aber Angst, daß am Ende trotz der Empfehlungen die Zeitschrift nicht vom 1sten Januar an in Wien erscheinen könnte. Es wäre mir das höchst traurig, einmal der verlorenen Zeit halber, mit der ich geizen muß, dann der Rückreise halber, und daß ich dann noch einige Monate in Leipzig bleiben müßte, da die Zeitschrift bis zum Juni 1839 unmöglich ohne mein Hiersein gedeihen könnte. Sie geben mir einige Hoffnung, daß ich bis Januar im Reinen sein könnte; hegen Sie aber jetzt, wo Sie vielleicht die Sache wiederholt überlegt haben, starken Zweifel, daß ich es bis Schluß dieses Jahres durchsetzen könnte, so schreiben Sie mir aufrichtig, da ich dann erst im März von hier fort will. Erwägen Sie auch, daß die Zeitschrift schon Anfang December in Wien gedruckt, Mitte des Monats December verschickt werden müßte! Es bleiben mir also zu den Verhandlungen der October und November übrig. Wird es also möglich sein, in acht Wochen mit der Censur im Klaren zu sein?

Ihre freundlichen Rathschläge wegen der Empfehlungen von hiesigen Behörden habe ich im Augenblick befolgt. Ich erhalte außer einem gewöhnlichen polizeilichen Zeugniß eine besondere Empfehlung des Magistrates. Dem österreichischen Consul hier, an den doch am ersten von Wien aus berichtet wird, lasse ich mich in diesen Tagen durch Mendelssohn vorstellen, der ihn genauer kennt (er ist Musikfreund — der Consul). Statt der Creditbriefe bring ich lieber gleich baares Geld mit. Ein Vorweis von 1000 Thalern genügt wohl? Wenn nicht, so bring ich hypothekarische Zeugnisse des Magistrates über verliehene Summen. Schreiben Sie mir ja darüber!

Ihre Einladung, bei Ihnen zu wohnen, nehme ich mit herzlichem Dank an, sobald ich allein komme. Es ist nämlich möglich, daß mein Verleger Friese (ein sehr lieber bescheidener Mann) mit mir reist, um das Geschäftliche schnell in Ordnung zu bringen; da könnte ich mich doch nicht gut von ihm trennen, eben so wenig Ihnen aber zumuthen, uns beide zu beherbergen . . .

Lewy kommt in diesen Tagen hier an. Er soll ein gescheidter Mann sein. Schreiben Sie mir über ihn! Er hat davon gesprochen, selbst eine musikalische Zeitung in Wien zu gründen, auch geäußert, mich zu diesem Zweck nach Wien einzuladen. Compagnieschaft macht meist banquerott. Indeß werde ich immer mit Dank seinen Rath anhören. Mit meiner Redaction in Wien sollen Sie zufrieden sein. Die Localsachen werde ich aber mehr en gros (in Briefen 2c.) behandeln. Doch über alles dieses mündlich.

Jetzt, mein lieber Freund, schreiben Sie mir nur noch einmal womöglich bis achten September, worauf Sie dann meinen festen Entschluß, die Angabe meiner Abreise, über alles, wie weit ich vorgerückt bin bis dahin, auf das Genaueste erfahren werden. Was Sie mir jetzt thun, thun Sie mir nicht für den Augenblick, sondern für das Glück meines ganzen Lebens. Sie schreiben von mystischen Andeutungen; auch darüber wird Auge gegen Auge am deutlichsten sprechen. Sie sind herzlich gegrüßt!

Wann reist Thalberg von Wien ab? [164] Mit Ihrem Rath des Incognito stimme ich ganz überein. Wenn es irgend möglich ist ...

Noch Eines! Wie hoch wohnen Sie? Ich bekomme an hohen Stellen Schwindel und Uebligkeiten, und kann mich in hohen Stocks nicht lange aufhalten.

Vesque weiß von meinem Plan. Könnte er nicht vielleicht wie gelegentlich dem Grafen Sedlnitzky von mir und meinem Vorhaben sprechen? Sprechen Sie ein Wort mit ihm darüber; bitten Sie ihn.

Daß Sie mir, mein Theurer, alles recht geheim halten, die mystischen Andeutungen namentlich, und auch all das Andre, darauf glaub ich mich nach Ihrem ganzen schönen Thun für mich wohl verlassen zu können.

In Dank und Liebe Ihr

.... S.

138. An Vesque von Püttlingen.

Leipzig, den 26sten August 1838.

Den innigsten Dank für alle Auskunft, die mir Euer Hochwohlgeboren so schnell und bestimmt gegeben. Mein Plan reift mehr und mehr. Aber wo so viele Fäden abgerissen, so viele neue angesponnen werden müssen, bedarf es der Zeit und einer vorsichtigen Hand.

Ich hoffe in diesen Tagen besondere Empfehlungen an den Hrn. Fürst Metternich und an Hrn. Graf Sedlnitzky zu erhalten, auch sonstige vom hiesigen Magistrat, und mache mich dann Ende September gleich selbst auf den Weg, um bei Schluß dieses Jahres im Reinen zu sein.

Meine Zeit ist mir karg zugemessen; es wäre mir höchst traurig, wenn die Zeitung Anfang Januar nicht in Wien erscheinen könnte und ich wieder nach Leipzig zurück müßte. Von einem unberechenbaren Einfluß und Nutzen für mich würde es wohl sein, wenn Sie, hochgeehrtester Herr, sollten Sie dem Hrn. Grafen Sedlnitzky näher stehen, ihm etwa gelegentlich über mich, mein Vorhaben und Gesuch ein empfehlendes Wort sagen wollten, daß ich ihm nicht ganz Fremdling erscheine, daß er mich nicht in die gewöhnliche Journalistenclasse wirft. Vielleicht ist Ihnen das möglich.

Und nun auch dem Künstler meinen Dank für die beiden Lieder. Die Beilage vom November bringt Ihre „Geisterinsel“, im Verein mit Compositionen von Leopold Schefer (dem Dichter), Joseph Elsner (Capellmeister in Warschau) und Josephine Lang aus Augsburg, einem sehr schwärmerischen Wesen. Das gäbe dann ein interessantes Kleeblatt. In den Zeitungen lese ich, daß auch Ihre Oper Turandot bald zur Aufführung kömmt. Träfe es sich doch gerade während meiner Anwesenheit.

Vielleicht kömmt auch Sterndale Bennett mit mir nach Wien;[165] ich werde mir erlauben, Ihnen ihn vorzustellen; das ist ein englischer Tonkünstler, ein Engel von einem Musiker . . .

Frl. Clara läßt sich Ihnen angelegentlich empfehlen. Und möchten Sie mir Ihre wohlwollende Gesinnung bewahren

Ihrem ergebensten
Robert Schumann.

139. An Julius Stern.

Leipzig, d. 2ten September 1838.

Geschätzter Herr,

Von Ihren Liedern nehme ich sicher in den Beilagen zwei auf, in welche? kann ich aber noch nicht bestimmen. Verlassen Sie sich darauf, daß es geschieht; ich nehme herzlichen Antheil an Ihnen. Ueberlassen Sie mir auch die Wahl. Der Andere sieht oft besser. Vor Allem schreiben Sie fleißig fort, seien Sie immer heiter und guter Dinge, dann gedeiht es am besten. Die Kirchencompositionen habe ich nur flüchtig angesehen; das Wenige hat mich aber erfreut. In den nächsten Tagen schicke ich Ihnen, bis auf die Lieder für die Beilagen alles zurück.

Schreiben Sie mir bald ein Wort und glauben an mich

Ihren ergebenen
R. Schumann.

140. An H. Hirschbach.

Leipzig, den 7ten September 1838.

Lieber Freund,

Die Anstalten zu meiner Reise nehmen mir Kopf und Zeit in Anspruch, daß Sie die Flucht dieser Zeilen entschuldigen wollen. Kommen

Sie mit! Nach dem Süden, nach Wien! Wir treffen uns in Dresden in etwa 3 Wochen und reisen miteinander.

Ihre Musikbriefe muß ich bei mehr Ruhe durchlesen und will Antworten hinzufügen. So entstünde die lebendigste Kritik.

Fahren Sie nur so fort, allwöchentlich zu schreiben, daß wir dann eine Reihe von Aufsätzen gleich hintereinander bringen können. Vergessen Sie auch nicht, während meiner Trennung von der Zeitung sich meines Vice-Redacteurs [Lorenz] anzunehmen, d. h. ihm oft Artikel zu liefern; ich würde es Ihnen herzlichen Dank wissen. Was haben Sie für Gedanken über Musikfeste? Preisaufgaben? Beethoven-Monument? Greifen Sie nur in die Gegenwart; es gibt überall zu roden und zu schlichten.

Sie kennen nichts von meinen größeren Compositionen, Sonaten (unter Florestan und Eusebs Namen erschienen), da, glaube ich (wenn Sie es nicht schon an den kleineren sehen), würden Sie sehen, wie viele und neue Formen darin. An Form denk' ich nicht mehr beim Componiren; ich mach's eben.

In Ihrem Brief an O[tten][166] hab' ich einige Worte geändert, ich hoffe zu Ihrer Zufriedenheit, sicherlich aber mit bestem Willen für Ihr Bestes. Mischen Sie Ihr Compositionstalent so wenig wie möglich in Ihre schriftlichen Ansichten: wir erlangen dadurch mehr.

Am 22sten reise ich von hier ab.[167] Ich hoffe mit Bestimmtheit von Ihnen noch etwas zu erfahren und 3ten u. 4ten Musikbrief zu erhalten. Am liebsten — kommen Sie mit nach Wien f. d. Winter.

Der Ihrige

R. Schumann.

141. An E. F. Wenzel, Musiklehrer in Leipzig.

Leipzig, den 28. [27.?] Sept. 38.

Lieber Wenzel,

Während meines Ausfluges nehmen Sie sich der verlassenen Zeitschrift an, wenn es nicht mehr ist, sobald Sie Lorenz getreulich beistehen durch Rath und That. Ihre Anhänglichkeit an das Institut, wie vielleicht an mich, bürgt mir, daß ich nicht umsonst bitte. Sie lesen so viel, wissen immer so viel, daß Sie es Lorenzen nur zu dictiren brauchen. Bitte, sucht Euch womöglich auch sachlich zu fassen und arbeitet, was Ihr könnt; der Ruhm wird nicht ausbleiben und der Lohn von mir auch nicht. Von Rondos, Variationen &c. brauchen

Sie vielleicht die Gesammtübersichten, wie ich es früher that. Gar zu unbedeutendes übergehen Sie ganz. Auch die Lieder vergessen Sie nicht; Sie müssen das trefflich machen.

Ich werde alle Augenblicke gestört — darum nur noch ein herzliches Lebewohl und behalten Sie mich recht lieb Ihren

Sch.

142. An seine Verwandten in Zwickau.

Wien, den 10ten October 1838.

Meine Lieben,

Euch von allem zu unterrichten, was sich seit unserer Trennung um mich und in mir begeben, habe ich im Augenblick noch nicht Ruhe genug. Gleich zwei Tage nach meiner Ankunft hier wurde ich durch so trübe Nachrichten aus L[eipzig] erschreckt, daß sich mein Sinnen nur allein dahin richtete. Der alte ......, durch unser energisches Handeln nur noch wüthender worden, hatte von Neuem in Clara gestürmt, die ihm aber ruhig und ernst sich entgegengesetzt. Was seitdem geschehen, weiß ich nicht, doch fürchte ich vieles. Meine Bitte an Clara, sich schon jetzt von ihrem Vater zu trennen und bei Euch eine Zeitlang zu leben, ist vielleicht zu spät gekommen. Kommt sie aber, so werdet Ihr sie gewiß wie eine Schwester aufnehmen.

So bin ich denn in meiner Unternehmung noch nicht weit vorgeschritten. Die Stadt ist so groß, daß man zu allem die Hälfte Zeit mehr braucht. Aufgenommen hat man mich überall mit Freundlichkeit, auch der Polizeiminister, bei dem ich vorgestern Audienz hatte. Er sagte mir, daß meinem Hiersein gar nichts im Wege stünde und gelegt werden könne, — sobald sich ein Oesterreichischer Verleger an die Spitze mitstelle. Könnte ich diesen nicht finden, so würde es für mich als Ausländer Schwierigkeiten geben 2c. Vor Allem möcht' ich den ersten Weg einschlagen und ihn dann wieder besuchen. So will ich denn mich an Haslinger wenden — heute oder morgen zu ihm gehen. Welche kleinliche Parteien, Coterien 2c. es hier gibt, glaubt Ihr kaum, und festen Fuß zu fassen, gehört viel Schlangennatur dazu, von der, glaub' ich, wenig in mir ist.

Nun getrost! — Unsere große Hoffnung ist auf Fr[au] von Cibbini gestützt; sie kann alles! Clara hat einen herrlichen Brief an sie geschrieben und ihr alles vertraut. Sie kommt aber erst bis zum 24sten zurück.

Die wichtigsten Besuche hab' ich ziemlich alle abgethan. Thalberg ist auf dem Lande; Seyfried war sehr herzlich und erfreut. Am besten werde ich mich bei Herrn v. Vesque und bei der Cavalcabò, die Ihr beide aus der Zeitung kennt, eingewöhnen. Bei Vesque war ich vorgestern zum Diner; von solch feiner Küche hatte ich noch keinen Begriff. Bei der Cavalcabò traf ich den Erzbischof Pyrker, den berühmten Dichter; er hat einen klaren ausdrucksvollen Kopf und flößt Ehrerbietung ein. Meine häufigsten Begleiter sind Fischhof und der junge Mozart. Wie viel hätte ich Euch noch zu schreiben über andere Bekanntschaften, und was ich alles sonst gesehen und erfahren. Euch aber im Vertrauen es zu sagen: lange und allein möchte ich hier nicht leben; ernstere Menschen und Sachen werden hier wenig gesucht und wenig verstanden.[168] Einen Ersatz gibt die schöne Umgebung. Gestern war ich auf dem Kirchhof, wo Beethoven und Schubert liegen. Denkt Euch, was ich auf Beethovens Leichenstein fand: eine Feder, noch dazu eine aus Stahl. Das war mir ein gutes Zeichen; ich werde sie heilig aufbewahren.

Kurrers haben mich sehr lieb aufgenommen, wie alle Prager. Da wirst Du staunen, Therese, wenn Du das alte Prag siehst; es ist weit merkwürdiger als Wien in seiner äußeren Gestalt, Wien dagegen um das Zehnfache lebhafter. Mit knapper Mühe hab' ich eine Stube in der Stadt gefunden, merkt es Euch, Schön Laternengasse Nr. 679 im ersten Stock, was nicht mehr kostet für 1 Monat als 22 Gulden C.-M. Für Fremde, die die Wege und Stege noch nicht verstehen, ist es fürchterlich theuer, wenigstens dreimal theurer als in Leipzig; bei mehr Kenntniß läßt sich aber ziemlich gut mit demselben Geld, als man in Leipzig braucht, auskommen. Der Tisch ist freilich ausgezeichnet. Cigarren hat mir Haslinger geschickt, die allerfeinsten, was mich sehr erquickt.

Nun lechze ich nach Nachrichten von Euch und von Clara. Einen Vertrauten hab' ich in so kurzer Zeit natürlich noch nicht finden können, und so zehre ich alles in mich hinein. Ich könnte krank werden, wenn mir nicht so viel durch den Kopf ginge. Einen großen Genuß macht mir die ganz treffliche Oper, namentlich die Chöre und das Orchester. Davon haben wir in Leipzig keinen Begriff. Auch das Ballet würde Dich unterhalten. Im deutschen Schauspiel, bekanntlich das erste in Deutschland, war ich noch nicht, auch noch nicht in den kleinen Possentheatern. Ihr wißt wohl nicht, daß ich auch Serres in Maxen besucht. Wie es da zugeht, ist auch nicht zu beschreiben;

es fließt da alles von Freude und Reichthum über; dann kann Jeder thun, was ihm eben gefällt; ich mochte gar nicht wieder fort. Etwas Gefahr ist bei so schönem sinnlichen Leben freilich immer. Eine Frau von Berge, die Clara ihre Mama nennt, eine prächtige, lustige gesunde Frau in den 30gern gefiel mir ganz besonders; auch die Majorin selbst, die voll Leben übersprudelt.

Clara ist hier wahrhaft vergöttert worden; wo ich hinhöre, sagt man mir's und spricht in den liebendsten Ausdrücken von ihr. Ein aufmunternderes Auditorium kann man aber schwerlich in der Welt finden; es muntert viel zu viel auf; im Theater hört man mehr Händeklatschen als Musik. Das ist sehr lustig, ich ärgere mich zuweilen darüber.

Nun in den nächsten Wochen wird es sich mit unsern Angelegenheiten entscheiden. Kann ich nicht hier bleiben, so ist mein fester Entschluß, ich gehe nach Paris oder London. Nach Leipzig komme ich nicht zurück. Doch will es alles bedacht sein. Fürchtet nicht, daß ich übereilt handele. Sobald ich Euch etwas Gewisses melden kann, schreibe ich es. Antwortet nur gleich.

In Liebe und Sehnsucht küß' ich Euch

Euer

R.

143. An Leopold Schefer in Muskau.

Wien, den 18ten October 1838.

Mein hochverehrtester Herr,

In den letzten Tagen meiner Anwesenheit in Leipzig gab es so viel zu schlichten und aufzuräumen, daß Sie mir verzeihen möchten, wenn ich Ihnen erst jetzt berichte.

Die Symphonie ist noch im Verwahr von Breitkopf und Härtel. „Sie wollten sich es noch überlegen," und wenn ich wieder nachfrug, hatten sie es sich noch immer nicht überlegt. So ging ich denn zu Mendelssohn und sprach ihm von Ihren Symphonien; er würde sehr erfreut sein, eine von Ihnen zur Aufführung in den Abonnementconcerten zu erhalten, und bat mich, Ihnen das schreiben zu wollen. Senden Sie ihm also ja! Die Hochachtung aller echten Kenner wird Ihnen gewiß, und dann bedarf es nur eines Wortes an Härtels (äußerst honnette Leute), daß sie die aufgeführte Symphonie unter den Bedingungen, wie ich ihnen vorläufig gesagt, in Verlag nehmen.[160] Für

Uebersendung Ihrer Nänie sage ich Ihnen herzlichen Dank; sie hat mich in hohem Grade interessirt. Für die Musikalische Beilage war die Composition aber zu lang, daher ich von Ihrer früheren Erlaubniß, die Generalbeichte von Goethe aufnehmen zu dürfen, Gebrauch gemacht, und sie denn nun in der IVten Beilage erscheinen wird. Die Nänie ist noch während meines Aufenthaltes in Leipzig an Sie zurückgeschickt worden. Könnten Sie nicht auch diese zur Aufführung an Mendelssohn schicken?

Wenn ich nach Leipzig zurückgehe, ist ungewiß; vielleicht nie, vielleicht auch bald. Eine große Freude würden Sie mir durch Ihre Novelle „Mozart" machen, ich möchte gern den künftigen (zehnten) Band damit beginnen. Haben Sie sie fertig, so bitte ich, schicken Sie sie, aber nicht nach Leipzig sondern direct und durch Post an mich nach Wien . . .

Kann ich Ihnen hier etwas ausrichten, so schreiben Sie mir gütigst. Mit Verlag von Compositionen hat es hier aber noch mehr Schwierigkeiten als in Leipzig.

Hier hab ich zum erstenmal auch Ihr Bild gesehen im Verein mit Heine, Uhland ꝛc., obwohl ich solche Tableaux nicht ausstehen kann. Ich denke mir Sie auch noch ganz anders „fragen Sie nicht, wie?" und sagen es mir lieber selbst in einigen Zeilen

Ihrem ergebensten
R. Schumann.

144. An Oswald Lorenz in Leipzig.

Wien, den 27sten October 1838.
Sonnabend.

Mein lieber Lorenz,

Eben erhalte ich die Nummern 29 und 30 und wurde dadurch recht lebendig an Sie erinnert, und was ich Ihnen schon für Angsttropfen gekostet haben mag. Über meine Angelegenheiten kann ich leider noch nichts Sicheres mittheilen. Wien ist so weitläufig, daß man zu einem, zwei Gängen oft einen ganzen Tag Zeit braucht, der wirklichen großen Schwierigkeiten der Behörden gar nicht zu gedenken. Doch hoffe ich schon in nächster Woche dem Ziele etwas näher zu kommen. Durchzusetzen ist es jedenfalls, daß die Zeitschrift, wenn noch nicht zu Neujahr, doch vom Juli 1839 an in Wien erscheinen könnte. Wäre es durchaus unmöglich, bis Neujahr mit allem zu Stande zu kommen, so müßte ich Sie bitten, die Redaction für ein halbes Jahr noch förmlich zu übernehmen, da ich mich nur sehr ungern zu einer Rückkunft auf so kurze Zeit (vier Monate, da ich doch wieder Anfangs Mai hier sein müßte) entschließen würde. Wird mir Ihre Freundschaft dieses Opfer bringen? Über die genaueren Bedingungen vereinigen wir uns dann baldmöglichst.

Zum Arbeiten für die Zeitschrift hab' ich wirklich noch keine rechte Ruhe finden können. Sie können sich denken, wie man hier hundertfältig zerstreut wird, und dann will ich auch einmal die freie Luft genießen, da ich volle fünf Jahre in dem Redactionskäfig eingesperrt saß. Besuchen Sie mich später einmal in Wien, dann will ich es gut machen, was Sie für mich gethan, und Sie auf den schönen Bergen herumführen, daß Sie sich Ihres Lebens erfreuen sollen. Freilich gibt es bis dahin noch Berge zu übersteigen, doch bleibe ich nur gesund, so wird alles zur Verwirklichung kommen.

Von Leipzig erfahre ich nur wenig, was mich oft sehr traurig macht. Von Ihnen und Friese hoffte ich wöchentlich Nachricht zu erhalten, aber ich kann mir auch denken, was Ihr zu thun habt.

Vor Allem schreiben Sie mir, wie es mit dem Vorrath von Manuscripten steht, ob noch viel aufgespeichert ist? Notiren Sie mir alle Briefe und Zusendungen, die seit meiner Abreise an Sie gelangt; ich bitte Sie darum. Es macht mich ruhig, wenn ich sehe, daß kein Mangel da ist. Ihr Schweigen scheint mir ein gutes Zeichen, doch möchte ich alles genau wissen.

Hüten Sie sich ja recht, etwas aufzunehmen, was der hiesigen Censur Anlaß zur Unzufriedenheit geben könnte. Sie glauben nicht, welche Macht diese hat, die ordentlich an die Zeit der Vehme erinnert.

Hat L. Schefer, hat Lyser noch nichts geschickt? Die Novelle von Schefer möchte ich für die ersten Nummern des 10. Bandes, im Falle ihr Inhalt, der, glaub' ich, eine Periode aus Mozarts Leben in Wien betrifft, es nicht räthlich macht, sie noch in Leipzig in diesem Band drucken zu lassen.[170]

Sobald ich Antwort von Ihnen habe, schicke ich Ihnen drei Originalbriefe von Mozart, Beethoven und Hummel, die mir die Gesellschaft der Musikfreunde zum Abdruck in der Zeitschrift hat copiren lassen.[171] Auch hab' ich eine Novelle »d'Astorga«, die ich aber nur im Falle Sie nothwendig Manuscript brauchen, zum Druck einschicke, da Rochlitz den Stoff schon und ziemlich ähnlich bearbeitet hat. Schreiben Sie mir darüber.

Meine Meinung über die hiesigen Musik-Zustände auszusprechen, muß ich mich jetzt noch hüten, um nicht das Gastrecht zu verletzen. Doch erhalten Sie vorläufig einige Notizen.

In der Chronik vermisse ich das speciellere Programm der in den Abonnements-Concerten aufgeführten Stücke. Vergessen Sie das nicht; es interessirt sehr im Auslande. Sehen Sie einen früheren Band nach, wie es da ist.

Den Aufsatz von Wenzel über Czerny nehmen Sie auf, wenn Sie wollen. Wer schreibt über die Abonnements-Concerte?[172] Hat sich überhaupt Wenzel thätig gezeigt? Er hat so guten Kopf dazu, daß es schade wäre, wenn er müßig bliebe. Grüßen Sie ihn von mir! ...

Lyser hat im „Humorist“[173] etwas über mich geschrieben, aufmerksam und wohlwollend; doch müssen die Leute darnach glauben, ich sei ganz von der Redaction zurückgetreten ...

Die Briefe, die Sie beantworten können, beantworten Sie nur immer recht schnell, nicht wahr? die wichtigeren, die ich selbst beantworten muß, oder wo Sie keine Auskunft zu geben wissen, schicken Sie mir bald im Original ein, aber aufgesiegelt, da es mich sonst schweres Porto kostet. — Melden Sie mir auch, was an Aufsätzen eingelaufen, und überhaupt alles, lieber Hetmann!

Wie geht es bei Poppe zu? Wer sitzt in der Ecke? Essen und Trinken hier ist freilich unbeschreiblich. In der Oper würden Sie sich einmal ergötzen. Das sind Sänger und ein Verein, wie wir bei uns gar nicht kennen ...

Adieu nun; ich will zu Thalberg. Schreiben Sie nur gleich

Ihrem

Schumann.

... Nochmals Adieu, mein Lieber! Grüßen Sie, die mir wohlwollen — Verhulst wie die ganze Tischgesellschaft. Wie ist es mit den Concerten der Euterpe?[174] Denen die nicht in unsere Pläne eingeweiht sind, sagen Sie, daß ich Mitte December zurückkäme; mich verlangt es oft unter Euch! Welche merkwürdigen Verhältnisse jetzt!

145. An Therese Schumann.

Wien, den 18ten December, Mittwoch 1838.

Meine liebe Therese,

Bogen und Bücher hätt ich Dir vollzuschreiben und kann keine Zeit finden. Für heute sollst Du nur einen Gruß zum heiligen Abend bekommen. Du wirst ihn wohl so feiern wie ich — den Kopf in die

Hände gestützt, an altes Vergangenes denkend — ich werde in Gedanken bei Dir sein mit meiner Clara, sehe Dich einen Baum anputzen — ja, die schöne Zeit wird noch kommen, wo wir Drei uns bescheeren wollen, vielleicht eher als Jemand glaubt. — Daß Du in Leipzig warst, ist mir wie ein Traum; wie es Dir manchmal zu Muth gewesen sein mag, kann ich mir so gut denken. Clara war in Dresden; sie ist traurig, Dir so wenig antworten zu können. Verzeih ihr. Du weißt, daß sie die Liebe und Anhänglichkeit und Dankbarkeit selbst ist. Sie macht mich sehr glücklich in diesem materiellen Wiener Leben. Glaubst Du, Therese, hinge es von mir ab, morgen ginge ich nach Leipzig zurück. Leipzig ist gar kein so kleiner Ort, als ich gedacht. Hier klatschen und kleinstädtern sie trotz Zwickau. Namentlich muß ich mich als eine öffentliche Person von Ruf ungemein in Acht nehmen; sie lauschen mir jedes Wort ab. Auch zweifle ich, ob an der sogenannten Wiener Gutmüthigkeit mehr ist als ein bloßes freundliches Gesicht; ich selbst habe grade keine schlimmen Erfahrungen gemacht; aber ich muß oft Wunder von Andern und über Andere hören. Und nun namentlich Künstler suche ich vergebens, d. h. Künstler, die nicht allein eines oder zwei Instrumente passabel spielen, sondern ganze Menschen, die den Shakespeare und Jean Paul verstehen. Nun — der Schritt ist gethan und mußte gethan werden. Die Zeitung verliert aber offenbar, wenn sie hier erscheinen muß. Das thut mir sehr weh. Hab ich nur erst meine Frau, dann will ich alles vergessen, was mir die ganze Sache für Kummer und schlaflose Nächte gemacht.

Viel könnte ich Dir erzählen von meinen großen Bekanntschaften, von der Kaiserin, die ich gesehen, und in die ich mich verliebt (wirklich eine Spanierin ist sie), vom Burgtheater, das wirklich ausgezeichnet, von Thalberg, mit dem ich gute Bekanntschaft geschlossen, von meiner Zeitung, zu der ich noch immer nicht die Concession habe, so daß sie noch ein halbes Jahr in Leipzig erscheinen muß, — und daß ich mich oft sehr wohl befinde, aber noch viel öfters zum Erschießen melancholisch, und daß die Novello Braut ist mit einem meiner liebsten Freunde,[175] was mich herzinnig gefreut hat — Dies alles sollte ich Dir in Länge auseinandersetzen. Aber ich weiß nicht, wie hier die Tage hinfliegen; (heute sind es schon 12 Wochen, daß ich hier bin) und die Poststunde, hier um vier Uhr, ist schon wieder da. Also nur noch das Wichtigste. Clara geht Anfang Januar nach Paris und später wahrscheinlich nach London. Da wären wir denn in ziemlicher Entfernung von einander. Manchmal ertrag ich es kaum. Aber Du weißt den Grund; sie will sich noch verdienen, und wir haben's nöthig. Beschütze sie denn der gute Gott, dies gute treue Mädchen. Ich gehe vielleicht im Frühling auf einen Monat nach Salzburg, vielleicht komme ich auch nach Leipzig, wenn es nothwendig wäre (der Zeitung halber, wegen der ich mit Gerold und Friese zusammen conversiren muß). Jedenfalls bleiben wir die ersten Jahre in Wien, wenn man uns keine Schwierigkeiten in den Weg legt. Am Ende muß ich gar Oesterreichischer Bürger werden. Geld hier zu verdienen, ist nicht schwer; sie brauchen gescheute Leute. Also es wird schon gut mit uns gehen. Habe nur keine Angst, meine liebe Therese.

... Was macht Eduard? Er soll mir doch gleich schreiben. Kann er mir vielleicht eine Anweisung von 25—35 Thalern mitschicken, so wäre ich sehr froh darüber. So wenig verschwenderisch ich lebe, so muß ich doch überall anständig erscheinen, und das hat mich im Anfang, wo ich die wohlfeilen Quellen noch nicht so kannte, doch sehr viel Geld gekostet. Auch habe ich einen neuen Flügel, den ich mir gekauft, bis Mitte Januar zu zahlen versprochen, und ich weiß nicht, wo alles hernehmen, da ich meine Staatspapiere, die ich für C[lara] bestimmt, nur mit großem Schmerz einlösen würde. Also kann Eduard entbehren, so soll er mir es zur Liebe thun ... Es ist die höchste Zeit zum Schluß, damit Du den Brief zum Christ-Abend bekömmst. Also küsse ich Dich herzlich nur noch.

Bleib mir so gut wie ich Dir. Von ganzem Herzen

Euer Robert.

146. An J. Fischhof.

[Wien, wahrscheinlich Ende 1838.]

Lieber Fischhof, lange haben wir uns nicht gesehen. Wie wär's, wir stifteten eine Wiener Davidsbündlerei bei Haidvogel,[176] wo wir uns an gewissen Abenden immer träfen — denken Sie darüber nach.

Hier folgt Schubart,[177] in dem ich viel gefunden. Schicken Sie mir irgend etwas, wo Sie Mottos vermuthen, und dann seien Sie so gut, mir von Ihren Compositionen beizulegen, was Sie haben, und auch ein oder zwei Bachsche Clavier-Concerte. Herr * * sagte mir auch von Sebastianschen Fugen, „aber es wäre ein Geheimniß" — — — lassen Sie mich kosten davon! Um die sieben Bitten voll zu machen, erinnere ich Sie leisestens an den Cigarrenpack und an den Zeitungsträger ...

Im Augenblick componire ich stark und möchte mich zum Lieblings-Componisten aller Wienerinnen emporschwingen.

Das andere fände sich. Adieu.

Florestan.

147. An C. Montag.

Wien, den 10ten Januar 1839.
Donnerstag.

Mein lieber Freund,

Mit Verlangen sah ich irgend einer Mittheilung von Ihnen entgegen. Weder Briefträger noch Zeitschrift brachten etwas. Sind Sie glücklich angelangt? Haben Sie meiner nicht ganz vergessen? Wie sehr hätte ich gewünscht, Sie hier behalten zu können, wo man die Künstler suchen muß, wie die Ehrlichkeit auf der Welt! Nun, zaudern Sie aber nicht länger, schicken meinem Vice-Redacteur baldmöglichst etwas von den versprochenen Reisebriefen und auch mir Nachrichten, die glücklichsten hoffe ich! Sagen Sie dasselbe Hrn. Lobe! Er versprach mir schon vor längerer Zeit Mittheilungen.

Mein Urtheil über W[ien] fängt sich nach und nach zu ändern an. Das Kunsttreiben ist wenig nach meinem Geschmack; doch darf ich noch nicht öffentlich reden, später, wenn die Zeitschrift ganz hier erscheint, was wahrscheinlich bis Mitte des Jahres zu Stande zu bringen, werde ich wohl einmal hineinleuchten mit einem großen Schwerte. Vorher hoffe ich noch manchmal und oft von Ihnen zu hören. Fällt etwas Wichtiges in Weimar vor, so vergessen Sie nicht nach Leipzig darüber zu berichten! Ich bitte Sie darum. —

Wo ist Walther v. Goethe und seine Mutter? Was hat Bürck vor? Was Lobe? Was Genast? So wenig erfahre ich vom Ausland, und es gelangt alles so langsam hierher, daß man sich zusammennehmen muß, nicht zurück zu gehen.

Componirt hab' ich hier manches; es ist aber kein Segen darauf; woran es liegt, weiß ich nicht. Vielleicht daran, daß ich noch nicht heimisch bin. Es spiegelt sich nun einmal alles in meiner Musik ab! Allmählich findet sie auch hier Eingang; doch schwierig.

Bald hoffe ich von Ihnen zu hören, und vergessen Sie meinen Vice-Redacteur in Leipzig nicht.[178]

Adieu, mit herzlichem Gruß

R. Schumann.

148. An A. v. Zuccalmaglio.

Wien, den 10ten März, Sonntag 1839.

Mein theurer Herr und Freund,

Wie lange ich Ihnen nicht geschrieben habe, so [habe ich] doch viel mit Ihnen geistig verkehrt. Dann wollte ich Ihnen auch gern Bestimmtes wegen meines und der Zeitung Hierbleibens mittheilen. Ich kann es jetzt. Weder die Zeitung noch ich bleiben hier, wir passen im Grunde auch nicht hierher. Die Sache hat sich nach genauer Erwägung von allen Seiten als nicht vortheilhaft herausgestellt. Das Hauptthinderniß ist die Censur. Bis spätestens Ende April hoffe ich wieder in Leipzig zurück zu sein, mit neuer Kraft, mit mancher Erfahrung mehr mich der Zeitung anzunehmen, die während meiner Abwesenheit allerdings gelitten hat. So bleibt alles beim Alten und, hoffe ich, auch Sie so wohlwollender Freund, wie immer thätig und achtungswürdig. Ihre letzte Sendung mit Beiträgen von Warschauer Freunden hab' ich unlängst erhalten ... Der Aufsatz: „Erste Töne"[179] ist lieb und schön.

Nächsten 1sten Mai denke ich unsere Davidsbündler durch einen Aufsatz in der Zeitung zu constituiren. Wie gern möchte ich Ihnen den Aufsatz zu lesen geben, wären wir nicht gar zu weit auseinander. Darf ich hoffen, in Leipzig einen Brief von Ihnen vorzufinden? Wie geht es Ihnen, was arbeiten Sie, da Sie nie rasten? Die Stuttgarter Nationalzeitung[180] wird eine passable Rauf-Zeitung werden, die wir einst zu scheuen haben. Der Redacteur ist gar schwach als Musiker, indeß versteht er auszuposaunen. Doch genug für diesmal und vergessen Sie nicht

Ihren ergebenen

R. Schumann.

149. An die Witwe Devrient.

Wien, den 10ten [11ten] März 1839.
Montag.

Meine liebe Madame Devrient,

Wer an der Klingel zieht und wieder eingelassen sein will in dem Haus, wo es ihm so gut ging, der bin ich. Wollen Sie mich wieder vom 1sten April auf mehre Monate, so bitte ich, schreiben Sie mir schnell einige Worte und, hoffe ich, freundlich bejahende. Jedenfalls werde ich Sie und Ihre Familie bald sehen und sprechen und dann das Andere mündlich von

Ihrem

Sie herzlich verehrenden
R. Schumann.

Die Madonna von Raphael[181] darf aber nicht fehlen? Wie?

150. An Simonin de Sire.

Wien, den 15ten März 1839.

Seit vierzehn Tagen bin ich schon im Besitz Ihres theuren, lange gehofften Briefes, mein hochverehrtester Herr, und konnte noch keine Stunde finden, wo ich Ihnen hätte darauf antworten können, wie ich es wünschte. Schon dachte ich unserer Bekanntschaft wie eines Traumes und glaubte mich von Ihnen gänzlich vergessen; Ihr Schreiben sagt mir aber in so schöner Weise das Gegentheil, und ich danke Ihnen herzlich für die Erhebung und Stärkung, die mir Ihre Worte gegeben. Sie werden sich wundern, meinen Brief von hier aus zu erhalten. Schon seit October bin ich hier, zunächst in Privatangelegenheiten, dann auch in musikalischen. Doch habe ich nur wenig Sympathien gefunden; immerhin bleibt Wien für einen Musiker eine vielfach anregende und bereichernde Stadt, wie ich denn auch hier manches geschrieben, obwohl nicht das Beste.

Sie fragen so theilnehmend nach meinen neuen Compositionen — fertig erschienen sind op. 15 Kinderscenen (bei Breitkopf & Härtel), op. 16 Kreisleriana (bei Haslinger in Wien) und op. 17 Phantasie in drei Sätzen (bei Breitkopf & Härtel); binnen vier bis fünf Wochen erscheinen bei Mechetti hier: op. 18 Arabeske, op. 19 Blumenstück, op. 20 Humoreske. — Das Stück „Kreisleriana" liebe ich am meisten von diesen Sachen. Der Titel ist nur von Deutschen zu verstehen. Kreisler ist eine von E. T. A. Hoffmann geschaffene Figur, ein excentrischer, wilder, geistreicher Capellmeister. Es wird Ihnen manches an ihm gefallen. Die Ueberschriften zu allen meinen Compositionen kommen mir immer erst, nachdem ich schon mit der Composition fertig bin. Auch das Wort Humoreske verstehen die Franzosen nicht. Es ist schlimm, daß gerade für die in der deutschen Nationalität am tiefsten eingewurzelten Eigenthümlichkeiten und Begriffe wie für das Gemüthliche (Schwärmerische) und für den Humor, der die glückliche Verschmelzung von Gemüthlich und Witzig ist, keine guten und treffenden Worte in der französischen Sprache vorhanden sind. Es hängt dieses aber mit dem ganzen Charakter der beiden Nationen zusammen. Kennen Sie nicht Jean Paul, unseren großen Schriftsteller? von diesem hab' ich mehr Contrapunkt gelernt als von meinem Musiklehrer. Wie gern wünschte ich mit Ihnen, mein theurer Herr, über all dieses einmal sprechen zu können, wie gern möchte ich Sie auch hören! Ich selbst bin durch ein unglückliches Geschick des vollkommenen Gebrauches meiner rechten Hand beraubt worden und spiele meine Sachen nicht, wie ich sie in mir trage. Das Uebel der Hand ist nichts, als daß einige Finger (wohl durch zu viel Schreiben und Spielen in früherer Zeit) ganz schwach geworden, so daß ich sie kaum gebrauchen kann. Dies hat mich schon oft betrübt; nun, der Himmel gibt mir aber dafür dann und wann einen starken Gedanken, und so denke ich der Sache nicht weiter.

Von Ihren Compositionen kennen zu lernen, freue ich mich; ich werde sie mir gleich durch Schott kommen lassen. Ihr Schreibsystem[182] hat nur das Ungewohnte für das Auge gegen sich; die Menschen werden leider kaum mit zwei Systemen fertig. Auch würden Hünten und Czerny in Verzweiflung gerathen, wenn das aufkäme, da sie kaum Gedanken für ein System haben. Ich danke Ihnen herzlich für Ihre Mittheilung; das Thema möchte ich bei Gelegenheit selbst einmal benützen, namentlich die erste Hälfte, die schön singt.

Vergessen Sie auch nicht, Ihre Briefe über die neuen Richtungen in der Claviermusik dem Publikum mitzutheilen. Es wäre gerade jetzt ein guter Zeitpunkt; bald wird anderes auftauchen, und dann würden die Briefe nicht mehr so wirken. Schott würde die Brochure gewiß mit Vergnügen drucken, und für eine gute deutsche Uebersetzung wollte ich schon Sorge tragen. — Von älteren Componisten, die von großem Einfluß auf die neue Musik gewesen, nenne ich Ihnen vor Allen Franz Schubert und auch Prinz Louis Ferdinand von Preußen, ein paar höchst poetische Naturen. Von Schubert sind wohl die Lieder bekannt; ich stelle aber seine Clavier-Compositionen (namentlich vierhändige) zum wenigsten eben so hoch. Von jüngeren wüßte ich Ihnen nur noch Stephan Heller und Ferdinand Hiller zu nennen, die sich den neuen Ideen mit Talent anschließen. Von Clara Wieck, die im Augenblick in Paris, sind bis jetzt acht Werke erschienen; suchen Sie sich sie sämmtlich zu verschaffen; das ist eine höchst treffliche Künstlerin und ein noch trefflicheres Mädchen. Mendelssohn halte ich für den ersten Musiker der Gegenwart und ziehe vor ihm, wie vor einem Meister, den Hut. Er spielt nur mit allem und namentlich mit den Orchestermassen, aber wie frei, wie zart, wie künstlerisch, wie durchaus meisterhaft! Bennett folgt ihm nach. Und wie spielen sie beide Clavier, wie Engel, fast anspruchslos wie Kinder. Thalberg ist nur als Virtuos bedeutend; er hat meiner Ansicht nach gar keine Erfindung als im Mechanischen. Als Virtuos aber, auch im Vortrag anderer Compositionen als der seinigen, gehört er zu den ersten.

Da Sie, mein theurer Freund, so wohlwollenden Antheil an meinem Streben nehmen, so wird es Sie vielleicht interessiren, zu wissen, in welcher Reihe die Ihnen bekannten Compositionen entstanden sind. Ich bin im J. 1810 geboren; von meinen früheren Versuchen (ich fing schon im 7ten Jahr an) hab' ich nichts herausgegeben; dann schrieb ich in folgender Ordnung:

1829. Toccata angefangen, aber erst 1833 vollendet. — Variationen über Abegg. — Papillons. —

1831. Allegro in Hmoll. — Etudes nach Paganini. —

1832. Intermezzi. (Eine ziemlich fertige Symphonie f. Orchester, und ein Clavierconcert, auch nicht ganz vollendet, fallen ebenfalls in diese Zeit)

1833. Impromptus. — Sonate in Fis moll (aber erst 1835 fertig gemacht); Sonate in Gmoll (die bald bei Breitkopf erscheint). —

1834. Carnaval. — Etudes symphoniques. —

1836. Große Phantasie (Op. 17, die soeben bei Breitkopf erscheint). — Concert sans Orchestre. — Sonate in Fmoll (noch nicht ganz rein)

1837. Phantasiestücke. — Davidsbündlertänze. —

1838. Novelletten. (3 große Hefte, die bald bei Härtels herauskommen). — Kinderscenen. — Kreisleriana. — Arabeske. —

1839. Blumenstück. — Humoreske. — Anfang eines Concertes, und eine große romantische Sonate.[183]

Bei der letzteren bin ich soeben, und es zieht mich ans Clavier, sie zu vollenden. Vielleicht finden Sie auch, daß mein Stil immer leichter und weicher geworden. Früher grübelte ich lange, jetzt streiche ich kaum eine Note. Es kömmt mir alles von selbst, und sogar manchmal ist es mir, als könnte ich immerfort spielen und nie zu Ende kommen.

Mein theurer Herr, Sie haben so viel Theilnahme an meinen Bestrebungen genommen, daß ich nicht fürchte, Sie klagen mich des Egoismus an. Machen Sie mir die große Freude, mir bald wieder zu schreiben. Gewiß antworte ich Ihnen immer auf das Pünktlichste.

In diesen Monaten erscheint auch eine Lithographie von mir; ich werde Gelegenheit finden, sie meinem Gönner baldigst zu überschicken. Aber nicht zwischen Beethoven und Weber [geben Sie mir Platz], doch in deren Nähe, um von ihnen zu lernen noch mein Lebelang.

Bis 15ten April bin ich in Leipzig zurück. Adressiren Sie gefälligst durch Hrn. Buchhändler Robert Friese oder durch Breitkopfs.

In einigen Jahren hoffe ich Sie gewiß einmal zu sehen und zu sprechen. Es kann sein, daß ich für immer nach England gehe, auf jeden Fall aber einmal über Dinant nach Paris.

Empfehlen Sie mich auch Herrn Antoine und bleiben Sie selbst nur immer freundlich gesinnt

Ihrem ergebenen

R. Schumann.

151. An H. Hirschbach.

Wien, den 31sten März 1839. Erster Osterfeiertag.

Der Gedanke an Faust, der mich immer am heutigen Tage umspinnt, erinnert mich an Sie, mein Theurer! Lange haben wir von einander nichts gehört und wie viel Schmerzen und Freuden liegen in diesem Raum! In wenigen Tagen kehre ich wieder in meine Heimath zurück und bin Ihnen dann wieder nahe. Vielleicht, daß ich einen Brief von Ihnen in Leipzig vorfinde, der mir das rückwärts liegende Dunkel freundlich aufhellt. Wie ist es Ihnen ergangen? was componiren Sie? wie gestaltet sich Ihre Musik, Ihre Zukunft? Viel könnte ich Ihnen auch über mein inneres Treiben mittheilen; auch ich kann nie rasten und muß es durch Musik aussprechen; immer eröffnen sich mir noch mehr Wege und Ausgänge, und ich weiß gar nicht, wie ich in zehn Jahren schreiben werde. Daß Sie öffentlich von sich haben aufführen lassen, fand ich in der Staatszeitung. Wie freue ich mich, von Ihrem weiteren Wirken zu hören. Auch meine Zeitung rufen Sie sich wieder ins Gedächtnis zurück; ich konnte ihr aus so weiter Entfernung nicht die Theilnahme schenken, will mich ihrer aber wieder mit aller Kraft annehmen.

Sie hatten Recht in Ihrer früheren Meinung über Wien; man darf nicht reden, was man denkt; doch hab' ich das Leben in vieler Hinsicht lieb gewonnen. Und dann die reizende Landschaft um Wien, wie es denn nun in einem katholischen Land viel für die musikalische Phantasie gibt. Vielleicht sehe ich Sie im Sommer in Leipzig. Meine Quartett-Morgen sollen gleich wieder eingerichtet werden, und schicken Sie mir dann gleich vom Neusten.

Adieu für heute. Vergessen Sie auch die Zeitung nicht und hauptsächlich mich selbst nicht.

R. Schumann.

Ich bat Sie früher schon einmal um einen Beitrag für die Beilagen. Denken Sie daran?

152. An C. A. Mangold.

Leipzig, den 13ten April 1839.

Verehrtester Herr und Freund,

Es ist lange her, daß Sie nichts von mir gehört, als vielleicht durch dritte. Dennoch hoffe ich, Sie sind meiner Zeitung wie mir treu geblieben. Vielleicht kennen Sie Hrn. Stephan Heller. Da er mir seit lange durch Briefe bekannt und werth geworden war, bat ich ihn bei seiner Abreise nach Paris, mir Correspondenzen für die Zeitung zu schicken.[184] So gerne ich nun seine Briefe empfange und lese, so kann es mir doch nicht genügen, nur von einzelnen musikalischen Vorfällen unterrichtet zu werden; ich schrieb Hrn. Heller daher vor Kurzem, daß er sich mit dem älteren Correspondenten, mit Ihnen, wegen regelmäßiger Correspondenz besprechen möchte und mir dann das Resultat schreiben. Noch hab' ich aber keine Antwort darauf erhalten, woran wohl Hellers Unwohlsein Schuld ist. Paris hat aber schon zu lange in d. Zeitung gefehlt, und ich bitte Sie freundschaftlichst, mir über das nächste Zurückliegende bald einen Bericht zu senden, und dann ganz wie früher damit fortfahren zu wollen. Die früheren Bedingungen sind Ihnen wohl auch noch jetzt genehm? — Vor Allem liegt mir an einer kürzeren kritischen Besprechung der heurigen Conservatoireconcerte, dann aller der Opern, die seit Ihrem letzten Bericht neu in Scene gebracht worden, zuletzt aber die wichtigsten Concerterscheinungen. Unserer Landsmännin Frl. Wieck, die ja in den nächsten Tagen Concert geben wird[185] bitte ich einen besonderen Artikel widmen zu wollen; ich erwarte ihn sobald als möglich von Ihrer Güte. Baldigen Nachrichten von Ihnen entgegensehend

Ihr ergebenster

R. Schumann.

153. An Heinrich Dorn.

Leipzig, den 14ten April 1839.

Mein theuerster Lehrer und Freund,

Eben erst von Wien zurückgekehrt und durch den plötzlichen Tod eines meiner Brüder [Eduard] betroffen, schreib ich Ihnen einige Zeilen des Dankes für so viele Liebeszeichen, auf die ich nur zu lange stillgeschwiegen — und warum, weil ich Ihnen immer einen großen schönen Brief über so manches, über mich selbst u. A., kurz, ein Glaubensbekenntniß zuschicken wollte. Mit der Zeitschrift wird Ihnen indeß mancher Vorgang meines innern und äußern Lebens bekannt worden sein. Ich bin im Grund sehr glücklich in meinem Wirkungskreis; aber könnte ich erst die Zeitung ganz wegwerfen, ganz der Musik leben als Künstler, nicht mit so vielem Kleinlichen zu schaffen haben, was eine Redaction ja mit sich bringen muß, dann wär ich erst ganz heimisch in mir und auf der Welt. Vielleicht bringt dies die Zukunft noch; und dann gibt es nur Symphonien von mir zu verlegen und zu hören. Das Clavier möcht ich oft zerdrücken und es wird mir zu eng zu meinen Gedanken. Nun hab' ich freilich im Orchestersatz noch wenig Uebung; doch denke ich noch Herrschaft zu erreichen.

Zu meiner Verwunderung fand ich hier einen Aufsatz über Ihre neue Oper [„Schöffe v. Paris"], den mein Vice-Redacteur zurückgelegt, weil er „zu Finkisch" wäre. Verzeihen Sie ja diese Unachtsamkeit. Ich werde den Aufsatz zurichten und nächstens bringen.[186]

Bald hoffe ich ein freundliches Wort von Ihnen zu hören, auch über Ihre musikalischen Zustände. Was sagen Sie denn zu diesem Stuttgarter Universaldoctor [Schilling], der immer frecher wird in seinen Bestrebungen? In seiner Vertheidigung matter Hand kömmt er mir vor wie ein geohrfeigter wüthiger Handwerksbursch — er ist aber mehr, ein vollständiger Lump; ich hab' ihn privatim kennen gelernt.[187] Bitte, prüfen Sie doch einmal, wenn irgend möglich, seine Aesthetik, seine Kunst in 36 Lectionen 2c., seinen Generalbaß 2c. und senden mir etwas darüber.

Bald mehr und nehmen Sie das Flüchtige mit einem Händedruck

Ihres

Schumann.

154. An den Musikdirector C. Koßmaly in Amsterdam.

Leipzig, den 18ten April 1839.

Es kann sein, daß Frl. Clara Wieck in den nächsten Monaten nach Amsterdam kommt.[188] Nehmen Sie sich ihrer an: sie ist eine zu ausgezeichnete Künstlerin, als daß ich sie Ihnen in dieser Hinsicht empfehlen dürfte; doch fördert ein empfehlend Wort jederzeit, und so betrachte ich alles, was Sie ihr nützen, als mir selber gethan.

155. An A. v. Zuccalmaglio.

Leipzig, den 27sten April 1839.

Die Entfernung von der Zeitschrift ist mir, glaub' ich, wohlthätig gewesen; sie lacht mich wieder so jugendlich an als damals, [da] wir sie gründeten. Auch ist Fleiß und Ausdauer mehr von Nöthen als je. Der Stuttgarter Universaldoctor fängt sich an breit zu machen, und obwohl er ein Erzwindbeutel, der nach meiner Ansicht keine Ahnung von Musik hat, so versteht er sich doch auf Worte und Titel, und dem muß nun entgegengewirkt werden. Wie übrigens diese alten Herren, wie Spohr, Schneider &c. sich von so einem Prahlhans und Ignoranten an der Nase herumführen lassen können, begreife ich auch nicht. Vielleicht macht er Sie auch zum correspondirenden Mitglied,[189] wie er mich auch ohne mein Wissen dazu gemacht.

156. An C. A. Mangold.

Leipzig, den 9ten Mai 1839
Himmelfahrttag.

Mit Vergnügen erkannte ich Ihre Hand auf der Adresse wieder und danke für den erbetenen Bericht.

Da Sie den alten Faden wieder aufnehmen wollen, so bitte ich Sie denn fleißig zu spinnen. Ihrem Generalbericht über vergangenen Winter sehe ich vor Allem mit Verlangen entgegen.[190] Lassen Sie nicht zu viel zusammenkommen, wie ich denn meine frühere Bitte nochmals wiederhole, über Bedeutenderes besonders und möglichst rasch zu berichten ...

Frl. Clara Wieck und Emilie List empfehlen Sie mich und schreiben mir, wie es ihnen geht. Mit meinen Compositionen befreundet man sich, wie ich glaube, bei genauerer Bekanntschaft — wie vielleicht mit mir selbst. Leider bleibt mir nur gar zu wenig Zeit zu andern als geschäftlichen Briefen. Ich verspreche aber Besserung, wenn auch Sie Ihrerseits öfter von sich hören lassen.

157. An C. F. Becker.

Den 10ten Mai 39.

Da Sie Sch[illing] in St[uttgart] erwähnen, so ist mir eingefallen, daß wir seines Lexikons, als ziemlich des (in der Masse genommen) bedeutendsten literarischen Unternehmens in der letzten Zeit doch in der Zeitschrift erwähnen sollten. Haben Sie Lust zu solchem Artikel? an Stoff zu Bemerkungen müßte ja Ueberfluß da sein. Im Uebrigen ist Sch., wie Sie sagen, ein wahrhaft miserabler Mann, um den wir uns eigentlich gar nicht kümmern sollten, der aber dem Publikum Sand in die Augen zu streuen versteht — und das müßte einmal gesagt werden, kurz u. bündig. Denken Sie darüber nach.[191]

158. An H. Hirschbach.

Leipzig, den 16ten Mai 1839.

Lieber Freund und Kampfgenosse,

Ihren Brief vollständig beantworten kann ich noch nicht und will Ihnen nur einige Grüße und Bitten senden.

Ihre neuen Compositionen sollen mir willkommen sein. In wenigen Tagen halten wir unseren ersten [Quartett-]Morgen. Gern wünschte ich Sie dazu. Wie steht es mit dem Druck? Haben Sie noch nicht daran gedacht? Was ich helfen kann, thu' ich.

Sehr passe ich auf Ihre Ansichten über Beethovens letzte Quartette; das in A moll ist ohne Weiteres himmlisch; auch das Adagio klar. Notencitate ꝛc. lassen Sie im Aufsatz weg; geben Sie ein Gesammtbild. Machen Sie es gut![192]

Wie ist es mit einem musikalischen Beitrag für die Beilagen? Die Zeitung wünschte wohl auch einmal etwas Phantastisches von Ihnen, etwas Visionaires — denken Sie daran!

Adieu für diesmal.

R. Schumann.

159. An H. Hirschbach.

Leipzig, den 28sten Mai 1839.

Mein theurer Freund,

Ihr Vorwort[193] hab ich gestern erhalten, und hat mir vieles darin sehr zugesagt. Auch der Ton gefällt mir mehr als in einigen Ihrer früheren Aufsätze (verzeihen Sie mir?) — Sie haben sich aber viele Gegner dadurch gezogen, und kümmert Sie selbst das nicht, so doch Ihre Freunde, die es gut mit Ihnen meinen. Freilich hätte ich Ihnen das alles früher sagen sollen und können. Ihr Quartettaufsatz wird aber Alle versöhnen — schicken Sie mir bald, was Sie an Fortsetzungen fertig bekommen; ich möchte es gern rasch nach einander, wo es mehr wirkt, jedenfalls aber in den ersten Bogen des neuen Bandes (Juli) damit anfangen.

Von den neuen Quartetten hab' ich noch nichts erhalten; ich freue mich außerordentlich darauf und will Ihnen nichts verhehlen von der Wirkung, die sie auf den Quartettmorgen und namentlich auf mich gemacht; verlassen Sie sich auf mich, ich sitze gut zu Roß, geht es auch ins Dunkel und Dickicht. Was den zukünftigen Druck betrifft, so müssen Sie sich freilich zum Schritt entschließen und irgendwo anklopfen. Ich werde darüber nachdenken und Ihnen wieder davon anfangen.

Für die Beilagen wäre mir ein Lied am liebsten, auch ein vierstimmiger Satz oder ein Chor; vier bis fünf Seiten könnte es etwa im Druck geben dürfen. (Ich bin wie der König von Hannover, der neulich auch der Kirchenmusik befohlen, binnen 12 Minuten fertig zu werden.)

Von mir erschien neulich eine Phantasie in C dur (op. 17 glaub' ich) bei Breitkopf u. Härtel. Sehen Sie sich den ersten Satz an, mit dem ich seiner Zeit (vor drei Jahren) das Höchste geleistet zu haben glaubte — jetzt denke ich freilich anders.

Diesen Sommer denk ich Quartette zu schreiben. Sie Glücklicher können sich ruhig ausspinnen; mir wird so viele kostbare Zeit durch die Zeitung genommen. Indeß bin ich noch jung. Kennen Sie nichts von Berlioz? Der ist der Tollste; hat nur zu wenig Schönheitssinn, enthält aber viel Wahres, selbst Tieferes . . .

Herzlichen Gruß,

Ihr

Schumann.

160. An den Conrector Dr. Ed. Krüger in Emden.

Leipzig, d. 14. Juni 1839.

Ueber Ihre Compositionen[194] wird mir schwer [zu] urtheilen, da ich eine so verschiedene Richtung gehe, und mich nur das Aeußerste reizt, Bach fast durchaus, Beethoven zumeist in seinen späteren Werken. Denken Sie darum nicht unbillig von mir. Ich fing gleich an zu componiren und das Einfach-Lyrische genügte mir schon in jungen Jahren nicht mehr. So gelangte ich bald zu Beethoven, bald zu Bach. Lectüre, Umgebungen, innere und äußere Erlebnisse drangen ebenfalls auf mich ein, und so frag ich mich denn jetzt manchmal schon, was das wohl für ein Ende haben kann.

161. An C. Koßmaly.

Leipzig, den 15ten Juni 1839.

... Schwieriger ist es mit einem Verleger — ich habe in solchen Aufträgen schon so oft nachgefragt und so oft abschlägliche Antworten erhalten, daß ich mir vorgenommen, es nicht mehr zu thun. Doch verzweifeln Sie nicht. Findet sich schickliche Gelegenheit, so bring ich Ihre Manuscripte an. Doch müssen Sie Geduld haben.

Soll ich mich für eine von den Beilagen entscheiden, so wäre es eher für das Byronsche als für das Goethesche [Lied]. In allen gefällt mir die sorgsam interessante Arbeit; oft, scheint mir, leidet aber die Melodie darunter; man sieht oft kaum den Strom vor lauter überhangendem Gebüsch. Das Streben ist das schönste und ich drücke Ihnen die Hand dafür.[195]

Nach Leipzig zu kommen, kann ich Ihnen kaum rathen, so sehr ich auch damit gegen meinen Wunsch spreche. Wenigstens müßten Sie so viel Mittel mitbringen, um ein halbes Jahr davon leben zu können. Dann zweifle ich nicht, daß sich Ihnen Verbindungen die Menge eröffnen werden. Daß es Ihnen aber hier gefallen würde, bin ich gewiß. Suchen Sie es möglich zu machen. Mit 4—500 Th. können Sie ein Jahr anständig auskommen. Schreiben Sie mir darüber.

162. An H. Hirschbach.

Leipzig, den 30sten Juni 1839.

Mein theurer Freund,

Wiederum muß ich mich zuerst wegen meines Schweigens entschuldigen. Dringende Verhältnisse, die eine Entscheidung meines ganzen Lebens ausmachen, haben die Schuld daran; ich lebe jetzt einige der letzten Beethovenschen Quartette im besten Sinne bis auf die Liebe und den Haß darin.

Haben Sie herzlichen Dank für alle Ihre Zusendungen. Sie finden so schlagende Worte für die einzelnen Zustände wie Wenige; ich bin mit dem Meisten einverstanden. Schade aber wär' es, wenn der Cyklus unterbrochen würde. Sollte nicht Marx die Partitur des B dur-Quartettes haben? Und wollten Sie dann nicht dem Ganzen ein ernstes „Schlußwort" ansetzen? Bitte, thun Sie einen Gang für mich und setzen sich dann an den Schreibtisch![196]

Mit der Auffassung des Chamissoschen Textes [„Mein Aug' ist trüb"] bin ich ebenfalls einverstanden; doch hat die Composition allerdings noch etwas unbehülfliches, wenn ich offen sprechen darf; auch wollen mir einzelne Fortschreitungen widerstreben.[197]

Componiren Sie noch mehr für Gesang? Oder sind Sie vielleicht wie ich, der ich Gesangcompositionen, so lange ich lebe, unter die Instrumentalmusik gesetzt habe, und nie für eine große Kunst gehalten? Doch sagen Sie Niemandem davon! Schicken Sie mir bald mehr! — Von Ihren neuen Quartetten werde ich noch in dieser Woche hören; sie reizen mich, wenn ich sie nur ansehe.

Für heute Adieu! Von mir sind jetzt vier Hefte Novelletten erschienen, innig zusammenhängend, und mit großer Lust geschrieben, im Durchschnitt heiter und obenhin, bis auf einzelnes, wo ich auf den Grund gekommen.

Schönsten Gruß und Kuß. Ihr

Sch.

163. An den Advocaten Einert in Leipzig.

Leipzig, den 30ten Juni 1839.

Euer Wohlgeboren

wünscht der Unterzeichnete in einer für ihn höchst wichtigen Angelegenheit wo möglich noch heute zu sprechen. Da ich mündlich mich aber vielleicht nicht so klar und ruhig auszusprechen vermag, erlaube ich mir vorläufig, Ihnen Folgendes der strengsten Wahrheit gemäß mitzutheilen.

Im September 1837 bewarb ich mich um die Hand von Frl. Clara Wieck, nachdem wir uns schon lange vorher gekannt und uns die Ehe versprochen, bei ihrem Vater Hrn. Friedrich Wieck, Instrumentenhändler hier. Der Vater gab darauf weder ein Ja noch Nein zur Antwort, stellte mir jedoch Mitte October desselben Jahres einen höflichen Brief zu, worin er sich geradezu gegen eine solche Verbindung aussprach und als Grund die beschränkten Vermögensumstände seiner Tochter, wie auch meine eigenen angab, von welchen letzteren ich ihm, zugleich in jenem Schreiben, eine getreue Darstellung angefertigt hatte, nach welcher Darstellung sich mein jährliches Einkommen auf ungefähr 1300 Th. belief.

Hr. Wieck und seine Tochter reisten im Winter darauf nach Wien, von wo aus mir Clara im Frühling 1838 schrieb, der Vater habe nun doch seine Einwilligung gegeben, doch unter Bedingungen. Als beide kurz darauf nach Leipzig zurückkehrten, besuchte mich Hr. Wieck auf meiner Stube, ohne jedoch der Sache zu erwähnen. Dies beleidigte mich, und ich wich ihm von da [an] aus, wo ich konnte. Dadurch gereizt, fing er bald an, sich offenbar feindselig gegen unsere beabsichtigte Verbindung auszusprechen, ja, mich auf alle mögliche Weise bei seiner Tochter wie auch gegen Andere herabzusetzen. Eine Wendung in dieses traurige Verhältniß zu bringen, reiste ich im September nach Wien, theils weil ich, wenn ich vom Platz entfernt wäre, Hrn. Wieck zu beruhigen glaubte, theils weil ich mir in Wien eine neue Existenz für Clara und mich zu begründen dachte. Von Wien indeß, wo ich nur wenig meinem Bestreben wie meinem ganzen Wirkungskreise Entsprechendes und Nützendes vorfand, reiste ich April dieses Jahres wieder zurück. Clara hatte unterdeß nicht aufgehört, ihren Vater zur Ertheilung seines Jawortes zu bewegen. Nichts hatte gefruchtet; ja sein feindseliges Benehmen steigerte sich in dem Grade, daß er mich sogar in frechster Weise zu verleumden anfing. Durch dieses herzlose, unnatürliche Benehmen fast bis zur Krankheit angegriffen, trat Clara vor meiner Rückkunft nach Leipzig eine Reise an ohne ihren Vater, jedoch keinesweges ohne dessen Einwilligung. Im Augenblick ist sie in Paris. Wir fingen nun an einzusehen, daß mit Hrn. W. in gütlicher Weise nicht auszukommen war, und dachten schon an die ernstesten Schritte, als er zu unserer Überraschung vor einigen Wochen Clara'n schriftlich seine Einwilligung schickte, aber unter folgenden Bedingungen, wegen der Sie, mein verehrter Herr, nicht unrecht von mir denken mögen; die Bedingungen waren:

1) daß wir, so lange er lebte, nicht in Sachsen leben sollten, daß ich mir aber trotzdem auswärts eben so viel erwerben müßte, als mir eine hier von mir redigirte Musikalische Zeitung einbringt;

2) daß er Claras Vermögen an sich behalten, mit 4% verzinsen und erst nach fünf Jahren auszahlen wolle;

3) daß ich die Berechnung meines Einkommens, wie ich sie ihm im September 1837 vorgelegt, gerichtlich beglaubigen lassen und einem von ihm bestimmten Advocaten übergeben solle;

4) daß ich um keine mündliche oder schriftliche Unterredung mit ihm eher ansuche, bis er selbst sie wünscht;

5) daß Clara nie Anspruch machen soll, etwas von ihm nach seinem Tode zu erben;

6) daß wir uns schon zu Michaelis verehelichen müßten.

Auf diese Bedingungen (die letzte ausgenommen) konnten wir natürlich nicht eingehen und entschlossen uns daher, den Weg Rechtens gegen ihn zu ergreifen.

Um nichts unversucht zu lassen, überwand ich mich aber auf Claras Bitte, noch einmal an ihn in versöhnendem Ton zu schreiben,[198] worauf er mir durch seine Frau antworten ließ „er wolle mit mir in keiner Beziehung stehen."

Gestern nun kam eine von Clara unterzeichnete, in den gehörigen Formen, auch mit der Unterschrift der sächsischen Gesandtschaft recognoscirte Vollmacht aus Paris, die Ew. Wohlgeboren vorzulegen ich mir möglichst heute noch erlauben werde, mit der Bitte, dieser so treuen Braut nach Ihren besten Kräften beistehen zu wollen.

Wir wünschten die Sache möglichst schnell beendigt, erst noch auf gütlichem Weg, wenn Sie rathen und durch eine Besprechung mit Hrn. Wieck etwas zu erreichen hoffen, dann aber durch eine Eingabe an das Appellationsgericht, das uns den Consens nicht verweigern kann, da unser Einkommen hinlänglich gesichert ist.

Doch darüber mündlich; haben Sie die Güte, mir durch meinen Boten wissen zu lassen, wann ich Sie noch heute sprechen kann. Sie haben, mein verehrtester Herr, diesmal einen schönen Zweck zu erreichen, den, zwei lange Jahre von einander Getrennte wieder zu vereinigen; möchten Sie sich unser kräftig annehmen. Wir haben Vertrauen zu Ihnen und brauchen Sie wohl kaum zu bitten, daß über alles noch das strengste Stillschweigen beobachtet werden möge.

Mit Hochachtung und der Bitte um Ihre freundliche Theilnahme empfehle ich Ihnen meine Braut wie mich selbst,

Ihren ergebensten

Robert Schumann,
Redacteur d. Neuen Zeitschr. für Musik.

Rothes Collegium-Hinterhaus
1 Tr., bei Mad. Devrient.

164. An den Advocaten Einert.

[Leipzig] den 3ten Juli 1839.

Euer Wohlgeboren

verzeihen, daß ich mich schon wieder an Sie wende.[199] Aber es steht die Ehre, das ganze Lebensglück zweier Menschen, die sich verdienen um dessen willen, was sie gelitten, auf dem Spiel, und ich möchte durchaus noch einmal mit Ihnen alles und jeden einzelnen Punkt ausführlich besprechen. Bestimmen Sie nur gefälligst eine Stunde, die Sie mir schenken können. Sollte nur der leiseste Zweifel in Ihnen vorwalten, daß wir am Ende nicht durchdrängen, so verschweigen Sie mir ihn nicht. Clara würde in Verzweifelung kommen, wenn es uns nicht gelänge auf diesem öffentlichen Wege, und was soll ich von mir sagen! Dann, wenn Sie zweifelten, müßten wir auf einen andern Weg sinnen, zum Ziele zu gelangen, worüber ich freilich selbst noch nicht klar bin. Zweifeln Sie aber nicht an einem günstigen Erfolg, so beruhigen Sie mich darüber und nehmen sich der Sache so kräftig an, wie es das ausgezeichnete Mädchen würdig ist.

Was Hr. W[ieck] gegen mich vorbringen könnte, weiß ich ungefähr voraus zu sagen. Wahrscheinlich erwähnt er eines älteren Verhältnisses mit einem Mädchen, die früher in seinem Haus lebte, und die mich liebte, wie ich ihr auch sehr zugethan war. Einer Verbindung mit ihr stellten sich aber Schwierigkeiten entgegen, die ich nicht beseitigen konnte, so daß wir uns schon im Januar 1836 gegenseitig lossprachen; sie ist übrigens jetzt verheirathet. Dies steht denn doch also mit unserm Verhältnisse in gar keiner Berührung mehr.

Was Sie sonst von Hrn. W. über mein Privatleben vielleicht hören, das er gegen mich aussagt, so ist er im höchsten Grade verleumderisch und böswillig. Einige lustig durchschwärmte Nächte, bevor ich Clara kannte, ist alles, was ich mir vorwerfen könnte. Vielleicht lernen Sie mich selbst noch genauer kennen. Sonst wüßte ich aber keinen Einwand, den die Gegenpartei vorbringen könnte. Es handelt sich also hauptsächlich um die Vermögensumstände, von denen ich Ihnen die Documente eingehändigt habe, und wobei ich nur noch erwähne, daß ich nicht etwa Schulden habe, ausgenommen vielleicht jene kleinen häuslichen, die man erst nach Monatsfrist zahlt, und die sich mit zwanzig Thalern decken lassen.

Was Hrn. W. so feindselig stimmt, glauben Sie mir, es ist nichts als das Fehlschlagen mancher namentlich finanziellen Speculationen, die ihm durch die Verbindung entgehen. Gewiß wird er auch auf eine Entschädigungssumme klagen für die Clavierstunden, die er seiner Tochter gegeben.

Noch möchte ich Ihre Meinung wissen, ob wir in der Verzeichnung meines Einkommens nicht auch des Erbtheils, was mir vom Verkauf der meinem verstorbenen Bruder angehörigen ziemlich bedeutenden Buchhandlung mit Haus ꝛc. zukömmt, gedenken sollen, wie auch, ob ich Beglaubigungen meiner kleinen Einkünfte (von Compositionen und der Redaction eingesandten Musikalien, jährlich zusammen gegen 300 Th. wenigstens) mir verschaffen soll, was schnell gemacht ist...

Sie können nicht glauben, mein verehrtester Herr, wie mich das alles angreift, und werden mir meine öfteren Störungen gütigst verzeihen.

Mein Bote wartet auf Ihre Antwort, wann ich Sie heute auf eine halbe Stunde zu Hause treffe.

Stehen Sie theilnehmend bei

Ihrem ergebensten

R. Schumann.

165. An Ernst A. Becker.

Leipzig, den 6ten Juli 1839.

Mein lieber Freund,

Ein Jahr ist beinahe vergangen, daß du nichts Directes von mir erfahren hast; immer wartete ich bis auf einen entscheidenden Augenblick. — Dieser ist nun gekommen — wir haben den traurigen Schritt thun und die Sache beim Appellationsgericht anhängig machen müssen. Alles haben wir angewandt gegen diesen Trotz — nichts fruchtete — im Gegentheil, er überbot sich von Tag zu Tag in Frechheit, daß es nicht mehr mit anzusehen war. Claras Lage kannst Du Dir denken; weit draußen in der Welt, in einem fremden Land, seit Jahren in innerer Unruhe lebend und sich nach einem Ende sehnend — ich fürchte, es hat schon an ihrer Gesundheit gezehrt; indeß will ich sie schon wieder gesund und glücklich machen. Sind wir nur einmal bei einander.

So viel hab' ich Dir mitzutheilen, was gar nicht alles ein Brief fassen kann. Ich hab mir also vorgenommen, Dich auf einen Tag zu besuchen. Nächsten 18ten nämlich muß ich nach Zwickau zu einer Familienconferenz in Erbschaftsangelegenheiten (ich erbe etwa 2—3000

Th. von Eduard) — würde dann etwa den 22 oder 23sten in Freiberg sein, mit Dir dann einen Tag in Maxen zubringen ꝛc. Schreib nur gleich, ob Du Zeit dazu finden wirst. Mir thut so eine Zerstreuung sehr noth, und ich glaube kaum die Entscheidung des Appellationsgerichts zu erleben, obwohl ich kaum glaube, daß sie ungünstig für uns ausfallen könnte. In Dresden möchte ich mich ebenfalls mit Deiner Hülfe nach diesem und jenem bei einem im Oberappellationsgericht erkundigen — da ich glaube, daß Wieck es bis auf die letzte Instanz verfolgt. Mein Kummer ist erschrecklich.

Clara muß wahrscheinlich bald selbst in die Nähe von Leipzig. Wirst Du sie auf einige Zeit in Deinem Haus aufnehmen? Ihre Gegenwart beschleunigt die Sache jedenfalls. Das Mädchen hat sich in jeder Beziehung bewundernswürdig benommen; aber im Vater ist kein Funken Gefühl. Zuletzt willigte er übrigens ein, aber unter Bedingungen, die ihn deutlich charakterisiren, und was wir ebenfalls dem Appellationsgericht zur Einsicht übergeben.[200] An Lügen hat er das Unglaubliche geleistet, ich kann Dir sagen, bis zur Ehrlosigkeit. Doch genug. Es wird noch alles gut werden.

Meine äußere Lage hat sich, durch Eduards Tod leider, so gestellt, daß wir mit der Verbindung nicht mehr zu zögern brauchen; bis zu Ostern, denk' ich, sind wir denn Frau und Mann; das wird eine glückliche Ehe, das glaube mir; wer so viel um einander dulden müssen, wird das dem andern nicht vergessen. Das Mädchen ist gar zu herrlich — viel zu gut für mich.

Adieu für heute — schreib mir bald ein Wort und versichere uns Deiner alten Theilnahme.

Dein

R. Schumann.

166. An Ernst A. Becker.

Leipzig, den 18ten Juli 1839.

Mein lieber Becker,

Damit Du mich nicht vergeblich schon in den nächsten Tagen erwartest, melde ich Dir, daß sich meine Abreise grade um eine Woche verzögert hat, daß ich Dich also erst den 28sten oder 29sten zu sehen hoffe. Vielleicht ist es Dir dann möglich, auf einen Tag mit nach Maxen zu reisen. Wie würde mich das freuen! Mir thun jetzt Freunde noth, die aufrichtig an mir Theil nehmen und ohne Falsch sind. Oft glaub ich zu unterliegen. Aber es muß durchgekämpft werden. Auch der Majorin [Serre] wegen wünsche ich Dich mit nach Maxen. Nun siehe zu, daß Du es möglich machst.

Beiliegend einen Brief von Clara, der holden, guten; ich weiß übrigens nicht, was darin steht.[201]

Mein Bild schickte ich Dir durch den Instrumentstimmer Lendl aus Dresden, der es sich für Dich bei mir erbat. Vielleicht kann ich Dir ein anderes geben, wenn ich Dich sehe.

Adieu nun und behalte mich lieb,

Deinen Kämpfer

R. Schumann.

167. An den Advocaten Einert.

[Leipzig] den 27sten Juli 1839.

Verehrtester Herr und Freund,

Da Claras Mutter vielleicht nach meinen Vermögensumständen fragt, so wäre es mir erwünscht, wenn Sie mir mit ein paar Worten bescheinigen wollten, daß ich bei Ihnen, als Claras Bevollmächtigtem, verschiedene Documente über mein Vermögen von circa 10—12000 Th. niedergelegt habe.

Daß wir über die nächsten Schritte, wie über Claras Herkunft, gegen Hrn. W[ieck] und seine Partei noch Stillschweigen beobachten, möchte wohl auch in unserem Interesse liegen.

Heute Abend will ich nach Berlin. Uns wird es schwer gemacht. Doch hoffe ich von mütterlicher Seite keinen Widerstand. Zuletzt bringen wir doch durch.

Hochachtungsvoll

Ihr ergebener

R. Schumann.

168. An Ernst A. Becker (z. Z. in Dresden).

Leipzig, den 4ten Aug. 1839.

Mein lieber Freund,

Du schreibst mir nicht, wie lange Du in Dresden bleibst. Erst vorgestern bin ich von meiner Reise zurückgekommen, und muß nun einige Tage arbeiten, so daß ich erst Sonnabend und Sonntag frei habe. Bist Du da noch in Dresden? Mich verlangt danach, mit

Jemandem zu sprechen, der mir wahrhaft wohlgesinnt ist. Die Unruhe und Spannung, in der ich lebe, seit einigen Wochen schon, kann ich Dir nicht beschreiben; doch muß alles überwunden werden um Claras willen. An eine Ausgleichung auf friedlichem Wege ist nicht mehr zu denken. Im Gegentheil sucht Wieck das Kleinlichste und Feindseligste auf, mir zu schaden; so geht er bei allen Appellationsräthen hier und in Dresden, sagt: „ich wäre ein Wüstling“ 2c. — gegen solche Nichtswürdigkeit muß ich mich nun vertheidigen.

Lieb wär es mir doch, Du sprächest mit ihm manchmal, um ihn zu erforschen, was er eigentlich will, was er vorhat, was er durch seinen Widerstand zu erreichen hofft. Sage mir so viel davon, als Du für gut hältst, womöglich alles; da er das Mögliche aufbietet, unsre Verbindung zu hindern, seh ich nicht ein, warum wir uns das ruhig gefallen lassen sollen. Erkundige Dich doch auch nach den Appellationsgerichtsleuten, wer sie sind 2c.; und kannst Du mir nützen, so thu' es.

Werde ich bis Sonnabend fertig, so komm ich dann selbst; schreibe mir nur, wie lange Du Dich im Ganzen in Dresden aufhältst. Nach Maxen geh' ich schwerlich; ich kann kaum Menschen sehen und nicht fröhlich sein.

... Bleib mir freundlich gesinnt und verschließe alles, was ich dir heute sagte, in Dein Herz.

Dein kranker

R. S.

169. An Ernst A. Becker in Dresden.

Leipzig, den 7ten August 1839.

Lieber und Guter,

Dein Brief kömmt mir sehr grau und finster vor; liegt es an mir oder an dem Brief? Was brauchst Du weiter über den Verlauf der Sache zu wissen? Es ist derselbe, den wir schon vor einem Jahr mündlich besprachen; wir sind eben der Rohheit und jüdischen Gemeinheit dieses Alten überdrüssig worden, übrigens in aller guten Form; denn es ist nichts von uns unbeachtet gelassen. Dies weißest Du ja alles, und wie ich eher zu bescheiden immer gewesen, weißest Du auch. Mehr könnte ich Dir auch im Ganzen mündlich nicht sagen, und doch wünschte ich Dich einmal zu sprechen. Nach Dresden aber komme ich nicht, da es mir Zeit kostet und ich noch manches nachzuholen habe.

Laß Dir einen Vorschlag machen! Der 14te August ist der Tag, wo Du mir vor zwei Jahren den seligen Brief[202] brachtest, und wir zusammen ausfuhren — Du weißt es gewiß noch wie heute — An diesem Tage möchte ich Dich wohl sehen; könnten wir uns nicht in Oschatz treffen? Beide auf dem Dampfwagen? Schreibe mir; es würde mir große Freude machen. Warum räthst Du mir ab, nach Maxen zu gehen? Daß der Alte ganz Dresden aufwiegeln wird, dachte ich mir wohl; aber Toben und Schreien gilt bei vernünftigen Menschen noch für keinen Beweis, und bei Serre's auch nicht, die den Alten zu gut kennen. Wie meinst Du dies also, daß ich nicht nach Maxen kommen soll? Das hat mich doch sehr verwundert. Schreibe mir bald, und nichts halb, sondern ganz, wie es Freunden unter einander ziemt.

Gott gebe, daß wir in Oschatz einen Flügel finden; denn ich hab Dir manches darauf zu erzählen. Hast Du meine Compositionen erhalten? Die Humoreske, denk ich, wird Dir gefallen; sie ist aber wenig lustig und vielleicht mein Melancholischstes. Auch die Novelletten suche Dir zu verschaffen. Doch die kennst Du schon. Was übrigens Geist und Körper, Kunst und Studien in der letzten Zeit durch diese ewigen Bewegungen immer gelitten, kann ich Dir nicht sagen; es wird nun Zeit, daß Ruhe über mich kömmt; sonst würde ich irgend ein Meisterstück vollbringen, um dazu zu gelangen, worüber ich mir freilich noch nicht klar bin.

Adieu nun und verzeih die Schnörkel alle.

Mit Liebe Dein

R. Schumann.

170. An Ernst A. Becker in Dresden.

Leipzig, den 11ten August 1839.

Du wirst toben und zanken, wenn ich Dir sage, daß es mir durchaus nicht möglich ist, diese Woche abzukommen. Ich muß Sonnabend oder Sonntag abermals auf wohl acht Tage nach Zwickau, um unsere Erbschaftsangelegenheit zu Ende zu bringen. Da kann ich denn kaum fertig werden mit allem . . .

W[ieck] ist wieder hier; er zerfleischt sich noch selber. Das ganze Unglück ist, daß er den ganzen Tag nichts eigentliches zu thun hat. Da wird er sich denn noch bankerott phantasiren. Man kann auch gar kein Mitleid haben mit ihm.

171. An Frau H. Voigt (z. Z. in Salzbrunn).

Leipzig, den 11ten August 1839.

Meine theure Freundin,

Ihren Brief fühlte ich im Dunkeln; ich bekam ihn nämlich spät Abends und wußte gleich von wem — ist das nicht schön? Oft wohl hab ich Ihrer gedacht, kränkele aber selbst fortwährend und war auf 14 Tage verreist, u. a. in Berlin, wo ich mich sehr ergötzt an der Bauart der Häuser, auch den Menschen, die mir zum Theil wohlgefielen. Taubert war nicht da, ist augenblicklich in München. Man sieht wenig Menschen in Berlin in den Straßen, die nicht ein Buch in der Hand hätten; ist Ihnen das nicht aufgefallen? In Wien hält man sich lieber an Victualien und dergl. Von Musik hörte ich nichts, wie es auch in Leipzig ganz still hergeht; es ist aber auch ganz gut so, und mir namentlich will nichts mehr als das Meisterliche behagen. Das macht denn auch manchmal misanthropisch. Da rette ich mich immer wieder in Bach und das gibt wieder Lust und Kraft zum Wirken und Lieben. Haben Sie nichts Sebastiansches mit bei sich? Aber Sie bleiben mir überhaupt zu lange aus und müssen bald wiederkommen. Auch sind drei neue Compositionen (aus Wien) angelangt und warten auf Sie — darunter eine Humoreske, die freilich mehr melancholisch, und ein Blumenstück und Arabeske, die aber wenig bedeuten wollen; die Titel besagen es aber ja auch, und ich bin ganz unschuldig, daß die Stengel und Linien so zart und schwächlich.

Nun wünschte ich nur, die Sonate [G moll] käme, damit die Welt sähe, wem ich sie zugeeignet in alter Zuneigung. Bestünde freilich das Publikum aus lauter Eleonoren, so wüßte ich, wessen Werke reißend gedruckt und gespielt würden. So aber gibt es nur wenige.

Nun, meine liebe theure Freundin, bleiben Sie auch frisch an Muth. Ihr Wahlspruch „es kann ja nicht immer so bleiben“ halte Sie nur aufrecht; es muß ja besser werden. Senden Sie mir auch manchmal und oft ein Wort, damit ich weiß, wie es Ihnen geht. Wir sprechen viel von Ihnen, und viele Theilnehmende harren immer Ihrer Nachrichten. Bis wann denken Sie in Leipzig zurück zu sein? Schreiben Sie mir womöglich den Tag! Möchte er schon nahe sein und Sie kräftig und ganz genesen zurückbringen.[203]

An Hrn. Voigt meinen herzlichen Gruß, und an Ottilien[204] und ihre großen blauen Augen; die passen in eine Kinderscene.

In meinem sonstigen Leben ereignet sich manches in der nächsten Zeit, von dem ich Ihnen mündlich berichte.

Adieu nun und pflegen und schonen Sie sich
bis auf baldiges Wiedersehen
Ihres alten
R. Schumann.

172. An C. Koßmaly.

Leipzig, den 11ten August 1839.

Verehrtester Herr und Freund,

Eine längere Abwesenheit von hier ist an meinem Schweigen Schuld. Nun darf ich nicht länger säumen, Sie wenigstens vom Empfang Ihrer beiden Briefe zu benachrichtigen. Leider aber komme ich mit leeren Händen und Vertröstungen. Sie müssen Leipzig näher oder ganz hierher kommen, um die hiesige Verlegerschaft kennen zu lernen. Für Lieder Honorar zu geben, fällt ihnen nur bei Proch rc. ein — Sie wissen das ja — und nennte ich Ihre Lieder erst ihnen „deutsch gediegen“, wie sie es sind, so schrecken sie doppelt zurück. Kommen Sie uns näher, oder schicken Sie mir wenigstens von Ihren Manuscripten, damit ich manchmal für meine Beilagen auswählen kann. Das bringt am schnellsten in die Oeffentlichkeit. Ich wünschte nicht, daß Sie das irgend von weiterem Schaffen abhielte, denn Ihr Streben ist mir höchst achtungswerth und verheißt eine Zukunft . . .

Ihr Amsterdamer Autodafé[205] macht Sensation — Gediegenen muß er aber behagen. Ich wünschte, Sie erbarmten sich einmal der Finkschen Zeitung, die an unkünstlerischer Nichtswürdigkeit mir alles zu überbieten scheint. Auch mit der Karlsruher ist es ein Elend — solche Frechheit war bisher unerhört in Deutschland. Tauchen Sie einmal die Feder ein — mir legt man es am Ende für Neid aus — die Musiker haben sich schon viel zu viel von den Schriftstellern gefallen lassen. Denken Sie darüber nach.

In Bremen hab' ich viel Bekannte. Sie können sie ohne Weiteres aufsuchen und brauchen nur Ihren Namen zu nennen, um guten Empfanges sicher zu sein. Fragen Sie nach Dr. Töpken, nach Kaufmann Möller, nach Senator Klugkist, die mir alle befreundet. Töpken ist auch ein tüchtiger Spieler und spielt meine Compositionen viel, von denen ich wünschte, daß Sie einige kennen lernten. Nun ist's genug! Vergessen Sie nicht, an mich zu denken und an mich zu glauben

Ihr ergebener

R. Schumann.

173. An Ernst A. Becker in Dresden.

Leipzig, den 15ten August 1839.

So eben erhalte ich einige neue Compositionen, die ich meinem Briefe gleich nachschicke. Sei so gut, die mit „zur Erinnerung" überschriebenen [Arabeske und Blumenstück] an die Majorin in Maxen zu befördern und die andern nach Vorschrift zu vertheilen. Op. 18 u. 19 sind schwächlich und für Damen; bedeutender aber scheint mir Op. 20 [Humoreske]. Habt Nachsicht mit dem Schmerzensreichen.

Schreib mir doch, wann W[ieck] nach Leipzig zurückkommen wird. Bald erwarte ich ein freundliches Wort. Dein

Sch.

174. An H. Dorn.

Leipzig, den 5ten September 1839.

Mein verehrtester theurer Freund,

Ihren langerwarteten Brief bekam ich spät genug; erst vor 10 oder 12 Tagen. Er muß lange in Königsberg liegen geblieben sein. Leid thut es mir, Ihre diesjährige Correspondenz in der Zeitung zu vermissen, und doch sehe ich, wie es nicht anders geht. Wie ich aber überhaupt nach so vielen Zeichen von Wohlwollen und Theilnahme Ihrer Seits noch auf mehr Anspruch machen kann, da ich Ihnen so wenig dagegen bieten kann, weiß ich selbst nicht. Betrachte ich indeß Ihre Handschrift genauer, so steigt auch wieder die alte Zeit herauf und mit ihr das warnende wie lächelnde, mir wohlbekannte Gesicht meines Lehrers, und dann weiß ich es wieder, warum ich Sie bitten darf.

Sehr würde ich mich freuen, wenn Sie mich in Ihrer Galerie mit anbringen wollten, denn die Welt weiß eigentlich so gut wie nichts von mir. Sie wissen ja auch warum? Manchmal bildet man sich wohl ein, man bedürfe dessen nicht; im Grund aber halt ich es lieber mit Jean Paul, wenn er sagt „Luft und Lob ist das Einzige, was der Mensch unaufhörlich einschlucken kann und muß."[206] Doch will ich mich gerade nicht beklagen und fühle mich wirklich glücklich in meiner Kunst, denke auch noch lange fortzuarbeiten. Auch steht mir ja Jemand zur Seite, zusprechend und erhebend — Clara; ich könnte sie meine Braut nennen; das ist eine unselige Geschichte aber — daß Sie es wissen — wir haben den Alten verklagen müssen, weil ich kein Esel und Rothschild bin und er deshalb nicht Ja sagen will. Wir erwarten das Ja binnen einiger Zeit vom Gericht, und besuchen Sie dann vielleicht auch einmal in Riga. Es geht jetzt etwas bunt in mir zu, wie Sie sich denken mögen; doch durfte ich Ihnen, der Sie Clara von früher her lieben und mich kennen, dies gerade jetzt, wo die Sache öffentlich geworden, nicht länger verschweigen. Ihres aufrichtigen Glückwunsches halte ich mich versichert; das Mädchen ist einzig und seelengut.

Gewiß mag von den Kämpfen, die mir Clara gekostet, manches in meiner Musik enthalten und gewiß auch von Ihnen verstanden worden sein. Das Concert, die Sonate, die Davidsbündlertänze, die Kreisleriana und die Novelletten hat sie beinah allein veranlaßt. Ungeschickteres und Bornirteres ist mir aber nicht leicht vorgekommen, als was Rellstab über meine Kinderscenen geschrieben.[207] Der meint wohl, ich stelle mir ein schreiendes Kind hin und suche die Töne dann danach. Umgekehrt ist es. Doch leugne ich nicht, daß mir einige Kinderköpfe vorschwebten beim Componiren; die Ueberschriften entstanden aber natürlich später und sind eigentlich weiter nichts als feinere Fingerzeige für Vortrag und Auffassung. Rellstab sieht aber wahrhaftig nicht viel über das ABC hinaus manchmal und will nur Accorde; auch bin ich weit davon entfernt, B. Klein für einen großen Meister zu halten. L. Berger war weit schöpferischer in seiner kleinen Sphäre. Beruhigen Sie mich mit ein paar Worten darüber und ob ich nicht Recht habe.

Ob es sich nun schickt, daß in meiner Zeitung etwas über mich stehe, weiß ich nicht. Es kommt hier viel auf die Einkleidung an; auch müßte man dann darauf aufmerksam machen, daß Fink die besten Gründe habe, nichts über dergleichen zu sagen 2c. Dies überlasse ich denn Ihrer Ein- und Ansicht.

Den Aufsatz über die Novello betrachte ich immer mit einer Art Schmerz. Er gefällt mir so sehr, enthält so viel wahres — und doch müssen Sie wissen, die Novello ist die Braut eines meiner besten Freunde, des Dr. Weber, der mir die Aufnahme niemals verzeihen würde. Was sagen Sie dazu? Verdammen Sie mich.[208]

Kömmt Ihr „Schöffe von Paris" denn nicht in Deutschland zur Aufführung? Haben Sie ihn nicht Ringelhardt geschickt? Wird er nicht im Druck erscheinen? — Lortzings Opern machen Glück — mir beinah unbegreiflich. Kommen Sie denn nicht einmal selbst nach Deutschland? Leipzig hat sich viel verändert und durch Mendelssohn zum Besten. Das Theater lebt jetzt auch wieder etwas auf. Stegmayer privatisirt in Bremen; seine Stelle hier hat ein MD. Bach, der das Gegentheil vom Alten, nämlich noch gar nichts componirt hat. Der Alte ist übrigens meine tägliche Bibel . . .

Senden Sie mir bald ein paar theilnehmende Worte

Ihrem alten ergebenen

R. Schumann.

175. An J. Fischhof.

Leipzig, den 5ten September 1839.

Mein lieber Freund,

Diesmal wird mir der Anfang schwer und das Ende vielleicht noch schwerer, denn wo soll ich anfangen und aufhören, Ihnen von so Vielem zu erzählen, was sich seit meinem Abschied von Ihnen um mich herum begeben hat? Sie nahmen ja immerwährend so viel Theil, daß ich Ihnen gern ausführlich berichten möchte, und daß ich hoffen könnte, mit allem Wohlwollen angehört und verstanden zu werden. Aber zur Ausführlichkeit fehlt mir auch jetzt noch die Ruhe und die Zeit, und so nehmen Sie wenigstens das Wenige in Freundschaft an und auf.

Was mein Sinnen und Denken am meisten in Anspruch nimmt, wissen Sie. Was ich schon lange vorher geahnt und gefürchtet, ist eingetroffen; wir haben das Gesetz um Schutz anflehen müssen.

C[lara] ist bereits von P[aris] zurück,[209] und die Sache im vollen Gang. Bis spätestens Weihnachten, denk ich, sind wir vereint. Dann wird wohl wieder Friede und Heiterkeit in mich kommen. Dies alles theile ich nur Ihnen mit und, wollen Sie so, noch Ihrer lieben Mutter und Schwester, an die ich mit großer Liebe immer zurückdenke.

Meinen Bruder fand ich nicht mehr am Leben; Sie wissen es vielleicht schon. Auch dieser Todesfall hat mich viel beschäftigt in seinen Folgen . . .

Künstlerisches hat sich nur wenig seit April zugetragen. Cl., die sich einige Tage hier aufhielt und vorgestern erst mit ihrer Mutter nach Berlin reiste, hat mir viel und wundervoll gespielt. Das war eine Freude nach so langer Trennung. Componirt hab' ich nur Kleines; im Mozartalbum, das Capellm. Pott herausgibt, werden Sie eine kleine Fughette[210] finden, die mir viel Freude gemacht . . .

Nun schenken Sie mir bald ein Wort, d. h. 1000, wie es Ihnen ergangen und den Ihrigen, und ob Sie sich manchmal meiner erinnert. Für so Vieles bin ich Ihnen dankbar und werd' es nicht vergessen . . .

Doch genug; bald hoffe ich auf Nachricht von Ihnen und grüße Sie in herzlicher Zuneigung Ihr

R. Schumann.

176. An den Advocaten Einert.

Berlin, den 16ten Sept. 1839.

Mein verehrtester Herr Advocat,

Der beifolgende Brief[211] wird Ihnen allerhand zu denken geben. Meiner Meinung nach darf Clara den Antrag nicht zurückweisen, der wenigstens den Schein einer Aufrichtigkeit für sich hat. Vor Allem müssen wir aber mit Ihnen sprechen. Wir machen uns also schon Morgen Abends nach Leipzig auf, wo wir Mittwoch nach Tisch dort eintreffen und Sie in den Stunden von drei bis fünf zu Hause zu treffen hoffen.

In keinem Falle nehmen wir natürlich die Klage eher zurück, als Hr. Wieck sich auf eine oder die andere Weise erklärt. Vielleicht daß wir es noch in Frieden erlangen.

Ihren Brief mit der Meldung der Vorladung hab ich erhalten und danke Ihnen herzlich für die Beschleunigung.

Auch von Graf[212] aus Wien hat Clara gestern Antwort bekommen, in welcher er den bewußten Flügel als ein von ihm an Clara „verehrtes Souvenir“ ausdrücklich anerkennt. So scheint sich denn alles zu unsern Gunsten zu kehren.

In dieser frohen Hoffnung begrüß' ich Sie mit Clara als

Ihr ergebenster

Robert Schumann.

177. An Ernst A. Becker in Freiberg.

Leipzig, den 22sten September 1839.

Vielleicht besucht Dich Clara noch diese Woche[213] und wird Dir über alles getreulich berichten. Der Alte hat keinen Muth, uns gegenüber zu treten; er weiß, was ihm bevorsteht, und hat wieder Versöhnungsvorschläge gemacht. Es ist ihm aber nicht zu trauen. In den nächsten Wochen, denk ich, wird sich alles entschieden haben.

178. An Wilh. Speyer in Frankfurt a/M.

Leipzig, den 26sten September 1839.

Wohlgeborener Herr,

Herr J. Rosenhain, der die Güte hat, diese Zeilen mitzunehmen, wird Ihnen die Bitte vortragen, meiner musikalischen Zeitschrift von Zeit zu Zeit Nachricht über das rege Musikleben Ihrer Stadt zukommen zu lassen. Vielleicht gewähren Sie sie und melden mir bald die näheren Bestimmungen, unter denen Sie geneigt sein möchten, meinem Wunsche zu willfahren.

Dürfte ich Sie wohl fürs Erste um eine nähere Notiz über den Fortgang der Mozartstiftung ersuchen?[214] Ihre gütige Antwort adressiren Sie gefälligst an „die Redaction der Neuen Zeitschrift für Musik",

in deren Namen sich unterzeichnet

hochachtungsvoll und ergebenst

Robert Schumann.

179. An den Advocaten Einert.

Hochverehrter Herr,

Die Entscheidung[215] ist zurück und günstig für uns. Mehr konnte ich nicht erfahren. Haben Sie nun die Güte, mir, sobald Ihnen Genaueres bekannt wird, den Tag des zweiten Termins zu melden, damit ich Clara damit erfreuen kann, die so sehr unwohl und leidend ist.

Auf die Erklärung des Hrn. W[ieck] freue ich mich wahrhaft. Was ich darüber gehört, ist gar zu lächerlich toll. Ich bitte Sie, lassen wir ihm nichts durch, er verdient keine Schonung. Was er zusammen lügt, können Sie daraus ersehen, daß er z. B. an seine Bekannte schreibt, Sie selbst thäten alles Mögliche, um Cl[ara] von mir los zu machen. Ist das nicht spaßhaft?

Bald hoffe ich Sie zu sprechen

Ihr ergebenster

D. 13ten [October.] R. Schumann.

180. An den Kammermusikus J. C. Lobe in Weimar.

Leipzig, den 22sten November 1839.

Mein theurer Freund,

Haben Sie mich denn gänzlich vergessen? Soll die Zeitschrift gar nichts mehr von Ihnen bringen? Von Ihren Hoffnungen, Zweifeln über musikalische Zukunft &c. &c.? Schreiben Sie mir auch über Ihre eigenen Compositionen und was Sie für Pläne haben — und antworten Sie mir nicht, so sollen Sie gewiß auch von mir nichts mehr erfahren.

Von Berlioz haben wir eine Ouvertüre zu Waverley gehört. Suchen Sie sich sie zu verschaffen und aufzuführen, sie geht ins Blut.

Bald hoff ich von Ihnen zu hören.

Ihr ergebener

Robert Schumann.

181. An Ernst A. Becker.

Leipzig, den 6ten December 1839.

Die Sache drückt mich fast zu Boden; doch denke ich, das Schlimmste ist ja überstanden, und daß wir zu Ostern bei einander sind. Dann will ich wieder fröhlich arbeiten. Außer einem Romanzencyklus hab' ich nichts vollenden können, aber Unzähliges angefangen.[216]

182. An Ernst A. Becker.

Leipzig, den 11ten December 1839.

Hier, mein lieber Becker, über meine Compositionen etwas. Den Aufsatz von Liszt und den geschriebenen von Seyfried könnt Ihr so lang behalten, als Ihr wollt; die anderen 5 Blätter aber sei so gut mir Montag zurückzuschicken. Ich hab' mir nämlich auf unseres Advocaten Rath Ähnliches sammeln müssen, da es in unserer Angelegenheit mit benutzt werden kann. Da wär' es denn möglich, daß wir dergleichen schon zu nächstem 18ten brauchen könnten. Also macht es, daß ich diese fünf Blätter bis Dienstag wieder zurückhabe. Der Aufsatz von Moscheles [über die Fismoll-Sonate] steht im 5ten Bd. Nro. 34; dieser und der von Liszt ist das Beste, was über mich geschrieben worden ist, so weit ich darüber urtheilen kann.

Brendel'n danke herzlich; ich wollte ihm erst einiges schreiben; es ist aber besser, er geht seinen eigenen Weg; meine Gedanken könnten ihn am Ende mehr verwirren.

Nimmt Fink den Artikel nicht, so ist das Beste, Ihr sendet ihn an Spohr in Cassel, der sich, wie ich weiß, viel für mich interessirt und als Präsident des Vereins ihn an Schilling befördern wird.

So viel von der Sache. Verzeih, daß ich Dir so viel von mir spreche.

Lieber Becker, heute hörte ich in der Probe einiges aus der Symphonie von Franz Schubert — darin gingen alle Ideale meines Lebens auf — es ist daß Größeste, was in der Instrumentalmusik nach Beethoven geschrieben worden ist, selbst Spohr und Mendelssohn nicht ausgenommen. Sieh doch, daß Du sie in Freiberg Dir verschaffst; sie wird ehestens bei Breitkopf erscheinen. Das hat mich wieder in die Füße gestachelt, nun auch bald an die Symphonie zu gehen, und bin ich erst im Frieden mit Clara vereint, so denk ich, soll noch etwas werden.

Ich hab dieser Tage viel gearbeitet und drei Hefte verschiedene Compositionen ins Reine gebracht; eines davon dedicire ich Dir — willst Du drei Nachtstücke, oder drei Romanzen, oder 2 [3?] kleine Blumenstücke?

Sehen will ich Dich nicht eher, als bis ich meine Frau mitbringen kann. Zum Frühling denk' ich.[217]

Kennst Du in Dresden Niemanden vom Oberappellationsgericht? Schreibe mir bis Dienstag und sei mir herzlich gegrüßt und geküßt

von Deinem

R. Schumann.

183. An den Advocaten Einert.

Beifolgend, mein verehrtester Herr, erstens die Notification von Hrn. [Gerichtsschreiber] Hincke,[218] sodann eine Abschrift der Annonce, von der ich Ihnen gestern sprach. Ich ersuche Sie, eine Klage danach aufzusetzen. Ist es nöthig, das Original jener Annonce beizubringen, so will ich sie mir zu verschaffen suchen. Der Mann glaubt über Gesetz und Staat zu stehen; wir müssen ihm einmal zusetzen.[219] Stehen Sie mir bei

Leipzig, Ihrem ergebensten

d. 17ten Januar 1840. R. Schumann.

184. An Albert Schiffner in Dresden.

Leipzig, den 19. Januar 1840.

Mein verehrtester Herr und Freund,

Ihre Zeilen erinnerten mich an eine glückliche Zeit;[220] haben Sie herzlichen Dank dafür. Verzeihen Sie auch, daß ich so spät antworte...

Daß Sie der Musik noch einen Theil Ihrer Mußestunden widmen, sehe ich mit Freuden, ebenso daß Ihnen mein Streben nicht ganz unbekannt geblieben. Bin ich auch mehr im praktischen Theil unserer Kunst gebildet, so habe ich doch auch der wissenschaftlichen Forschung nicht theilnahmlos zugesehen. Ihre genealogischen Arbeiten genauer kennen zu lernen, wünschte ich hauptsächlich. Daß ich Ihnen sage, daß ich mich gerade kurz vor Ihrem Schreiben mit einem ähnlichen Gedanken herumgetragen. Von Zeit zu Zeit eine solche Übersicht in der Zeitung (vielleicht hier und da mit Geburt- und Sterbejahr der genannten Künstler) würde gewiß Vielen erwünscht kommen. Senden Sie mir vielleicht bald eine größere Probe, vielleicht den Bachschen Stammbaum.[221] ...

Haben Sie nun die Güte, mein verehrter Freund, mir auf diese Fragen eine Antwort zu geben, und gedenken meiner wohlwollend als

Ihres ergebensten

Robert Schumann.

185. An W. H. Rieffel.

Leipzig, den 29sten Januar 1840.

Verehrtester Herr und Freund,

Auf Ihr freundliches Schreiben bin ich Ihnen länger Antwort schuldig geblieben, als es der Wichtigkeit dessen halber, worin Sie mich um meinen Rath bitten, zu verantworten ist. Längere Abwesenheit von hier, dadurch gehäufte Arbeiten, endlich Verhältnisse nicht musikalischer Art, die im Augenblick mein ganzes Thun und Denken in Anspruch nehmen, haben die Schuld an der Verspätung, die Sie mir nicht als Theilnahmlosigkeit auslegen möchten.

Leider, wie Sie wissen, hab ich Ihr Frl. Tochter nicht gehört. Wie dem sei, Leipzig ist eine gute Musikstadt zur Bildung des Talentes, wie zur Verbreitung des Namens. Der Winter scheint mir aber schon zu weit vorgerückt, als daß es sich jetzt noch der großen Reise verlohnte, und daß Sie den Aufenthalt hier so nützen könnten, als wenn Sie z. B. Michaelis hier einträfen. Unser Hauptinstitut ist, wie Ihnen bekannt, das Gewandhausconcert unter Mendelssohn; im Sommer gibt es gar wenig. Da würde ich eher zu Berlin rathen, wo doch wenigstens das Theater spielt, und eine Gluckſche Oper da zu sehen, gehört wohl zum Besten, was [es] auf der Welt gibt.

Ueberlegen Sie sich denn, wie Sie die Zeit, die immer kostbar ist, am besten eintheilen; schreiben Sie mir auch gefälligst von Ihrem Entschluß und seien Sie meines regsten Antheils an der Zukunft Ihres Kindes versichert . . .

Florestan und Eusebius schlafen nicht; es will nur alles Zeit und Gelegenheit.

Leben Sie nun wohl, erhalten mir [Ihre] freundliche Gesinnung und grüßen Ihr Frl. Tochter.

Ihr ergebenster

Robert Schumann.

186. An Keferstein.

Leipzig, den 31sten Januar 1840.

Mein verehrtester Herr und Freund,

Ihr freundliches Schreiben mit der interessanten Beilage erhielt ich erst heute. Von der letzteren hab' ich nur erst kosten können; das erstere muß ich Ihnen gleich mit einigen dankenden Zeilen beantworten.

Eine große Pause liegt zwischen diesem und meinem letzten Brief, viel Freud und Leid auch, musikalisches wie menschliches. Wenn der Redacteur Ferien hat, bricht der Componist hervor, und überdem haben mir Verhältnisse der aufregendsten Art Zeit und Kräfte vielfach in Anspruch genommen. So möchten Sie denn mein langes Stillschweigen entschuldigen. Oft, wenn ich es gestehen darf, habe ich auch gezweifelt, ob Sie an dem Streben der jüngern Kunstwelt noch den Antheil nähmen, den ich früher bemerkt. Eine neuliche Aeußerung von Ihnen im Stuttgarter Blatt bestärkte mich in meinem Zweifel. Sie sprechen an jener Stelle „nach Bach und Kuhnau verstünde man erst, wie Mozart und Haydn zu ihrer Musik gekommen seien, desto weniger aber wie die Neueren zu ihrer“.[222] So wenigstens war der Sinn. Doch theile ich Ihre Ansicht nicht ganz. Mozart und Haydn kannten Bach nur seiten- und stellenweise, und es ist gar nicht abzusehen, wie Bach, wenn sie ihn in seiner Größe gekannt, auf ihre Productivität gewirkt haben würde. Das Tiefcombinatorische, Poetische und Humoristische der neueren Musik hat ihren Ursprung aber zumeist in Bach:

Mendelssohn, Bennett, Chopin, Hiller, die gesammten sogenannten Romantiker (die Deutschen mein' ich immer) stehen in ihrer Musik Bach'en weit näher als Mozart, wie diese denn sämmtlich auch Bach auf das Gründlichste kennen, wie ich selbst im Grund tagtäglich vor diesem Hohen beichte, mich durch ihn zu reinigen und stärken trachte. Dann aber darf man doch Kuhnau, so ehrenvest und ergötzlich er ist, nicht mit Bach auf eine Linie stellen. Hätte Kuhnau nur das wohltemperirte Clavier geschrieben, so wär' er doch immer nur erst ein Hunderttheilchen von jenem. Bach'en ist nach meiner Ueberzeugung überhaupt nicht beizukommen; er ist incommensurabel. Niemand (Marx ausgenommen) hat wohl besser über Bach geschrieben als der alte Zelter; er, der sonst so grob, wird sanft wie ein bittendes Kind, wenn er auf Bach zu sprechen kömmt. Nun genug, und verzeihen Sie mir, daß ich Ihnen schreibe, was besser in meine Zeitung gehört. Mit dem Berliner[223] haben Sie Recht; er war sehr keck; indeß wenn Sie von seiner Musik kennten, würden Sie manches milder beurtheilen; er ist eines der kühnsten Talente, das mir vorgekommen. War übrigens in jenem Aufsatz Beethovens contrapunktische Kunst nicht der Bachs gegenüber gestellt? Ich entsinne mich nicht genau.

... Hr. Organist Becker sagte mir, daß Sie ihm geschrieben, „die Zeitschrift ginge ein". Daran ist nicht zu denken, so lange ich nicht durch andere Verhältnisse gezwungen bin, die Redaction niederzulegen. Im Gegentheil die Zeitschrift hat jährlich an Einfluß gewonnen und steht so, daß es auch nichts schadet, wenn einmal 100 Abonnenten wegblieben.

Nun noch eine vertrauliche Bitte; ich wüßte mich damit an keinen Kundigeren und Wohlgesinnteren zu wenden, als an Sie. Geben Sie mir aber, mein verehrtester Freund, das Versprechen, daß Sie keinem Dritten davon sagen.

Sie wissen vielleicht, daß Clara meine Verlobte ist, vielleicht auch, welche ..... Mittel ihr Vater angewandt, die Verbindung zu hindern. ...[224] Wie dem sei, verzögern kann er die Verbindung noch eine Weile, hindern aber nicht.[225] Claras bedeutende Stellung als Künstlerin hat mich nun oft über meine geringe nachdenklich gemacht, und weiß ich auch, wie sie schlicht ist, wie sie in mir nur den Musiker und Menschen liebt, so glaub' ich doch auch, würde sie es erfreuen, wenn ich etwas für eine höhere Stellung im staatsbürgerlichen Sinne thäte. Erlauben Sie mir nun die Frage: ist es schwer, in Jena Doctor zu werden? Müßte ich ein Examen bestehen, und welches? An wen wendet man sich deshalb? Mein Wirkungskreis als Redacteur eines 7 Jahre nun bestehenden angesehenen Blattes, mein Standpunkt als Componist, und wie ich hier und dort ein redliches Streben verfolge, sollte mir das nicht behülflich sein, jene Würde zu erlangen? Sagen Sie mir darüber Ihre aufrichtigste Ansicht und erfüllen mir meine Bitte, gegen Jedermann darüber vor der Hand zu schweigen ...

Bleiben Sie mir denn wohlwollend gesinnt und erfreuen mich bald durch eine Antwort Ihren ergebensten

R. Schumann.

187. An Keferstein.

Leipzig, den 8ten Februar 1840.

Mein verehrtester Herr und Freund,

Läge es nicht gar so sehr außer der Jahreszeit, so wäre ich nach Ihren freundlichen Zeilen am liebsten gleich selbst zu Ihnen aufgebrochen, mir den bewußten Hut zu holen, und vorzüglich noch Ihnen dies und jenes zu sagen, dies und jenes aus meinem erregten Leben mitzutheilen. Viel Schmerzliches und Freudiges hätte ich Ihnen da zu berichten, wie ich schon in meinem letzten Briefe Ihnen andeutete. Freude gibt mir Clara durch das, was sie ist und mir später werden will; die Schmerzen aber ihr Vater...... Sie wissen vielleicht, daß Clara und ich die Hülfe des Gerichts in Anspruch nehmen mußten, nachdem uns nichts mehr übrig blieb gegen die üble Behandlung. So schwebt die Sache im Augenblick; und ist auch nicht die geringste Besorgniß, daß sie zu unsern Ungunsten enden könnte, so kann es doch wohl noch ein halb Jahr währen, bis wir den Consens erhalten.... So stehen die Sachen, mir traurig genug.... Nun dachte ich eben, würde mir die Promotion, wegen der ich Sie um gütigen Aufschluß bat, gerade jetzt von großem Nutzen sein, beim Publikum wie bei dem Alten selbst, der vielleicht einigermaßen dadurch besänftigt und zum Schweigen gebracht würde. Zürnen Sie mir nicht, mein verehrtester Freund, daß ich noch einige Fragen und Bitten an Sie richte.

Die akademische Doctorwürde wünschte ich unter zwei Bedingungen zu erlangen, entweder daß ich mich ihrer durch eine noch zu leistende Arbeit würdig machte, oder daß mir das Diplom mit Hindeutung auf meine früheren Leistungen als Componist und Schriftsteller ausgestellt würde. Das Erstere wäre das Beschwerlichere, das zweite freilich das Erfreulichere und mir am meisten Nutzende. Stehen Sie mir mit gutem Rath noch einmal bei. Lateinisch kann ich nur wenig; aber zu einer tüchtigen deutschen Abhandlung fühl' ich schon eher Kraft. So bin ich jetzt in Vorbereitungen zu einem Aufsatz über Shakespeares Verhältniß zur Musik, seine Aussprüche, seine Ansichten, die Art, wie er Musik in seinen Dramen anbringt 2c. 2c., ein äußerst reiches und schönes Thema, dessen Ausarbeitung freilich einige Zeit verlangte, da ich doch den ganzen Shakespeare dazu durchlesen muß. Hielten Sie aber solch eine Arbeit nicht für nöthig oder für passend, so versuchen Sie aus Theilnahme für Clara und mich vielleicht das Andere, ob mir das Diplom nicht mit Hinweis auf meine früheren Arbeiten ausgefertigt werden könnte. Ich bin so frei, Ihnen zu diesem Behufe eine Reihe Aufsätze von mir selbst und Anderer über mich*) mitzuschicken, beides wie ich es in der Schnelligkeit zusammenbringen konnte, lege Ihnen auch einige Diplome bei, sende später, wenn es verlangt wird, das Sittenzeugniß einer hiesigen Behörde, wie das curriculum vitae, wie auch in jedem Fall die gebräuchlichen Promotionsgebühren, von denen Sie mir schrieben. Wollten Sie nun dann nicht noch einen Gang zu dem Hrn. Dekan [Reinhold] für mich thun und ein gutes Wort für mich sprechen, ihm vielleicht von meiner Stellung in der musikalischen Welt sagen, auch, da es kein Geheimniß mehr ist, von der zu Clara, von unsern Leiden, die uns ihr Vater gemacht, wie mir die Erlangung jener Würde gerade jetzt von Bedeutung und Nutzen wäre, wo das Publikum so viel, so verwirrt über uns durcheinander spricht. Mit einem Worte also zu schließen: es liegt mir daran, nicht allein daß es heißt, ich bin das und das geworden, sondern es soll auch ein Grund dazu im Diplom angegeben sein. So habe ich mir sagen lassen, ein hiesiger geschätzter Theolog habe vor Kurzem auf ähnliche Weise bei Ihnen promovirt, nämlich ohne Dissertation, aber mit Berichtigung der üblichen Gebühren. Ist dem so?

Und dann noch die Frage, lautet das Diplom, im Fall ich nun es durch eine Dissertation erlangte oder nicht, auf einen Dr. der Musik? Was mir freilich das Liebste wäre. Geben Sie mir, wenn Sie so freundlich sein wollen, eine Auskunft über die Form, in der das Diplom, auf eine oder die andere Weise erlangt, ausgestellt sein wird, und seien Sie Claras und meines Dankes gewiß, den wir Ihnen, denke ich, doch bald auch einmal mündlich sagen werden, wenn Sie uns nicht vorher vielleicht in unserer eigenen Behausung aufsuchen wollten.

*) Den im Schillingschen Lexikon besitz ich nicht; vielleicht könnten Sie ihn beilegen.

Clara, der ich Ihren letzten Brief in diesen Tagen schicke (sie ist im Augenblick in Hamburg mit der Mutter), wird Ihnen wohl selbst antworten und danken für das Wohlwollen, mit dem Sie über sie zu mir gesprochen; sie ist so, wie Sie sie schildern; ein seltenes Wesen, das eine Fülle von schönen Eigenschaften in sich schließt.

Ihre Erinnerung an mich denke ich durch die Beilage ein wenig aufzufrischen; sehen Sie sich das Bild freundlich an. Es ist nicht ganz getroffen, obwohl von einem Meister [Kriehuber] gezeichnet; ein Beispiel, daß auch ein Meister einmal fehlen kann. Doch hat es den Grundzug, glaub' ich. Hängen Sie mich auf, so nicht neben den andern recensirenden DD's hier und in Stuttgart, — lieber zu Sebast. Bach, den ich doch gar zu gern einmal Orgel spielen hören möchte. Da fang' ich an zu phantasiren.

Meine herzlichsten Grüße noch.

Ihr ergebenster

R. Schumann.

188. An C. Koßmaly in Bremen.

Leipzig, den 9ten Februar 1840.

Mein verehrtester Freund,

.... Diese Zeilen erhalten Sie durch meine Braut; ich habe sie gebeten, Sie jedenfalls aufzusuchen und zu sprechen. — Stehen Sie ihr mit Rath und That bei! Sie wird Ihnen zu denken geben — Wenn sie im Anfang still scheint und vielleicht wenig spricht, so lassen Sie sich nicht abschrecken. Sie haben überdies einen großen Stein im Brett bei ihr durch Ihren letzten Brief, in dem Sie über meine Compositionen so freundlich sprachen; ich schickte ihr den Brief zum Lesen. Geht es nicht, daß sie vielleicht im Theater Concert gibt? Wie so gern möchte ich jetzt bei Ihnen sein — das Mädchen ist gar zu trefflich...

Gedenken Sie meiner freundlich und schreiben Sie bald, bald

Ihrem

ergebenen

R. Schumann.

189. An den Advocaten Einert.

Leipzig, d. 12ten Februar 40.

Verehrtester Herr,

Wenn Sie den Entwurf unserer Entgegnung bereits fertig haben, so haben Sie die Güte, mir ihn zu schicken, damit ich es ruhig für mich lesen kann.[226]

Sobann ersuche ich Sie auch, die andere Klage aufzusetzen. Wann kann ich Sie bis vor Sonnabend zu Hause treffen?

Ihr ergebenster
Robert Schumann.

190. An den Geh. Hofrath Reinhold, Dekan der philosoph. Fakultät zu Jena.

Leipzig, den 17ten Februar 1840.

Euer Hochwohlgeboren

erlauben mir, daß ich mit dem Anliegen, von dem Ihnen bereits mein verehrter Freund Hr. Dr. Keferstein gesprochen haben wird, mich persönlich an Sie wende. Ueber mein Leben, meinen bisherigen Wirkungskreis hat vielleicht ebenfalls Hr. Dr. Keferstein die Güte gehabt Ihnen einiges mitzutheilen; auf dem beiliegenden Blatt habe ich die wichtigeren Momente genauer angegeben.

Von Kindheit an mit Innigkeit an der Musik hängend, äußerte ich auch gegen Hrn. Dr. Keferstein den Wunsch, eine akademische Würde zu erlangen, die an jene Kunst auch erinnerte. Zu wenig mit den an der dortigen Hochschule bestehenden Bestimmungen vertraut, weiß ich nicht, in wie weit Sie diesen meinen Wunsch erfüllen können, und empfehle ihn nur Ihrer geneigten Berücksichtigung. Aus einigen Hrn. Dr. Keferstein von mir überschickten Arbeiten möchten Sie auf mein Streben schließen, in was es sich von dem Anderer unterscheidet und ob es ein nicht unredliches ist. Daß ich eine Reihe Jahre hindurch mir und meinen Ansichten treu geblieben bin, stärkt mich oft in meinem Glauben daran: denn Irrthum kann nicht so lange haften. Einer treuen Verehrung für das Ueberkommene, das Alte, bin ich mir vor Allem bewußt; nicht minder habe ich jedoch auch die Talente der Gegenwart zu fördern gesucht, fußen sie nun auf dem Alten (wie zum Theil Mendelssohn), oder haben sie wirklich Eigenthümliches und Neues ersonnen, wie etwa Chopin. Als Componist gehe ich vielleicht einen von allen Anderen verschiedenen Weg; es spricht sich nicht gut über diese geheimsten Dinge der Seele.

So möchten Sie denn freundlich anblicken, was ich Ihnen vorgelegt, und auch der Zukunft vertrauen und dem höheren Mannesalter, wo es sich ja immer erst am deutlichsten zeigt, was Keim war, was nur Hoffnung davon.

Ihrem gütigen Wohlwollen mich empfehlend, verharre ich

Euer Hochwohlgeboren

ergebenster

Robert Schumann.

191. An Keferstein.

Leipzig, den 19ten Februar 1840.

Bis heute, mein verehrter Freund, hab' ich mit Sammeln der Doctor-Materialien zugebracht. Verzeihen Sie mir, daß ich die ganze Sache an Sie adressirt habe? Ich wünschte nämlich, Sie läsen, ehe Sie ihn abgäben, den Brief an den Hrn. Dekan und die Biographie, die mir blutsauer geworden, da man über sich sehr viel und auch sehr wenig sagen kann. Hat beides Ihre Approbation, so befördern Sie es denn gütigst mit dem Anderen, was Sie beizulegen gedenken. Soll ein Aufsatz von mir den Akten beigelegt werden, so stimme ich für den Aufsatz über Berlioz' Symphonie und etwa den über Beethovens Monument. Ein Gefallen geschähe mir, wenn ich die Zeugnisse wieder zurückerhalten könnte. Vielleicht geht das?

Und nun haben Sie herzlichen Dank für Ihre Freundlichkeit und führen es zum besten Ende. Montag über 8 Tage, den 2ten März, reise ich wahrscheinlich nach Hamburg zu Clara, vielleicht auch dann mit ihr und der Mutter nördlicher. Eine Freude würde es mir sein, wenn bis dahin das Diplom in meinen Händen wäre, um Clara eine Ueberraschung zu machen.

Vielleicht unterstützen Sie meine Bitte bei dem Hrn. Dekan mit einigen Worten. Vergessen Sie auch nicht, wenn ich Sie bitten darf, meinen Wunsch wegen der musikalischen Doctorschaft, die mich am meisten freuen würde.

Ihr lieber Brief enthält im Uebrigen so manches Wichtige, was kaum aus der Ferne zu beantworten ist. Sie wissen vielleicht nicht, was ich alles in den letzten Jahren zu Tag gefördert als Componist, und wie ich trotzdem meine Pflicht als Redacteur treulich erfüllt.

Glauben Sie wohl, daß ich in den beiden vergangenen Jahren 400 Seiten Musik geschrieben, die auch meistens gedruckt ist? Und dann denke ich doch auch, meine Musik hat nichts vom Handwerk an sich und kostet dem Herzen mehr, als man ahnen mag, und dann will es doch auch Ruhe nach so großer Anstrengung.

Die Redaction der Zeitung kann nur Nebensache sein, mit so großer Liebe ich sie auch hege. Ist doch jeder Mensch auf das Heiligste verpflichtet, die höheren Gaben, die in ihn gelegt sind, zu bilden. Sie selbst schrieben mir, wie ich mich erinnere, vor einigen Jahren das Nämliche und ich habe seitdem wacker fortgearbeitet. Ich schreibe Ihnen das, mein verehrter Freund, weil ich in Ihren letzten Zeilen einen kleinen Vorwurf über meine Redactionsverwaltung zu sehen glaube, den ich wahrhaftig nicht verdiene, eben weil ich so viel außerdem arbeite, und weil dieses das Wichtigere ist und die höhere Bestimmung, die ich in diesem Leben zu erfüllen habe. Eben komme ich noch ganz warm vom Componiren. Ich schreibe jetzt nur Gesangsachen, großes und kleines, auch Männerquartette, die ich meinem verehrten Freund, der eben diese Zeilen liest, zueignen möchte, wenn er mir freundlich verspricht, mich nicht mehr vom Componiren abzuhalten. Darf ich?[227] Kaum kann ich Ihnen sagen, welcher Genuß es ist, für die Stimme zu schreiben im Verhältniß zur Instrumentalcomposition, und wie das in mir wogt und tobt, wenn ich in der Arbeit sitze. Da sind mir ganz neue Dinge aufgegangen und ich denke wohl auch an eine Oper, was freilich nur möglich, wenn ich ganz einmal von der Redaction los bin.

Was übrigens den alten Herrn [Wieck] anlangt und seine Unzufriedenheit mit der Zeitung, so wissen Sie ja, daß er früher mit eben derselben Begeisterung dafür gesprochen, wie er jetzt dagegen zieht ... Ach, wie viel müßte ich Ihnen da erzählen, wie viel ist da vorgefallen. Begründete Sorge um unsere spätere Stellung kann keine da sein. Wir sind jung, haben Hände und Kräfte und Namen; auch besitze ich, um Sie auch darüber aufzuklären, ein kleines Vermögen mit 500 Th. Zinsen. Die Zeitung trägt mir ebensoviel ein und meine Compositionen bekomme ich ebenfalls gut honorirt. Sagen Sie mir, ob da eine Besorgniß aufkommen kann.

Ihr Gedanke wegen einer Verbindung mit der Euterpe ist einer der Gesellschaft selbst, die mich schon früher darum befrug und die Zeitschrift zum Organ ihres Wirkens wünschen mochte. Ihr Streben ist ein sehr ehrenwerthes; für die Oeffentlichkeit eignen sich aber zumeist die Leistungen der 1. ausübenden Section, die Concerte, die trefflich geleitet sind; der 2. Section[228] fehlt es noch an einem rechten Leben, an einem Princip. Komme ich nur einmal zur Ruhe, so denke ich etwas für sie thun [zu] können ...

Nun muß ich Abschied von Ihnen nehmen. Verzeihen Sie mir dies Flüchtige und erfreuen mich bald durch ein paar Worte und gedenken

Ihres ergebenen

R. Schumann.

192. An Töpken.

Leipzig, den 24sten Februar 1840.

Mein lieber Töpken,

Sie sollen mir heute den Gefallen thun, inliegenden Brief an den Rakemann zu besorgen, den es angeht; ich glaube, er heißt Christian. Auch ersuche ich Sie — nach Ihrem Ermessen — einen Advocaten für mich anzunehmen, der den Verbreiter jenes Pasquills[229] in meinem Namen verklagt. Sie wissen gewiß genug von der Sache, um das für mich Beste zu thun, und Sie werden es thun, da es die Ehre Ihres Freundes betrifft. Ueber das Andere lassen Sie mich schweigen. Genug, daß hier das Unglaubliche von Niederträchtigkeit geleistet worden ist, was Sie sich denken können. Der elende Mann zerfleischt sich selbst, und das sei seine Strafe.

Schreiben Sie mir auch, lieber Guter, ein paar Worte über Clara, die ich vielleicht für die Zeitung benutzen könnte, auch über die sonstigen Musikzustände, und dann viel über Sie selbst und Ihr Musiktreiben. In der letzten Zeit hab' ich nur für Gesang geschrieben und könnte darin ganz untergehen, so singt und wogt es in mir, daß ich fast vergesse, was Unwürdiges um mich vorgeht. Lange freilich dürfte ich diese Aufregung nicht tragen. Nun, dann bin ich mir bewußt, gewirkt zu haben, was in so kurzer Zeit möglich war.

Adieu, Lieber, nehmen Sie sich meiner an und schreiben mir gleich

Ihrem

Schumann.

[Oben am Rande:]

Petschiren Sie den Brief, nachdem Sie ihn gelesen.

193. An den Advocaten Einert.

Euer Wohlgeboren

ersuche ich um die Abschrift unserer Refutationsschrift. Clara drängt mich darum und will sie in Hamburg dem und jenem zeigen. Womöglich bis morgen schicken Sie mir sie.

Wir werden den Alten (zum 3ten mal) verklagen müssen. Sie glauben es gewiß nicht, was ich Ihnen jetzt sage: Er hat seine Schrift lithographiren lassen und verschickt sie nach allen Weltgegenden. Gewiß ist das doch ohne Censur geschehen. Ich will mich noch genauer erkundigen und Ihnen dann das Nähere melden. Einstweilen ersuche ich Sie, die andere Klage[230] nicht zu vergessen.

Hochachtungsvoll

Ihr ergebener

[Leipzig] d. 26sten Februar 1840. R. Schumann.

194. An Keferstein.

Leipzig, den 29ten Februar 1840.

Mein verehrtester Freund,

So wäre denn alles da zu meiner Freude. Das Elogium [im Doctordiplom] ist so ehrenvoll, daß ich wohl Ihnen einen Theil meines Dankes dafür schulde. Es hat mich und meine Freunde auf das Innigste gefreut. Das erste war, wie natürlich, daß ein Exemplar nach dem Norden geschickt wurde, zu meinem Mädchen, das wie ein Kind noch ist und springen wird vor Lust, eine Doctorbraut zu sein. Schreiben und danken wird Sie Ihnen wohl selbst, Bild und Handschrift aber erst von Berlin schicken, wo sie alles beieinander hat. Die Reise nach Kopenhagen, wohin ich sie mit der Mutter begleiten wollte, wird sie wahrscheinlich aufgeben, da sie zu viel Furcht vor der See hat. Vielleicht geschieht es aber doch noch. Jedenfalls sehe ich sie bald, und was das für Stunden sind, am Clavier mit ihr zu schwärmen und sonst auch, brauche ich Ihnen wohl nicht zu sagen.

Und nun nochmals meinen Dank für Ihre Fürsprache, Ihre Bemühungen, Ihre Eile. Die Freundschaft hat auch Flügel, wie ich nun erfahren habe, und ich denke, Sie dürfen sich auf meine verlassen, wenn es Ihnen einmal in den Gedanken kommen sollte, sie zu erproben. Hrn. Hofrath Reinhold schreibe ich nachher selbst einige Worte; seine dem Diplom beigelegten Zeilen waren sehr freundlich . . .

Bald denke ich Ihnen auch von meinen Gesangsachen zeigen zu

können; es erscheint jetzt mehreres bei Breitkopf und Härtel. Es ist doch gar zu kleinlich von Fink, von meinen Claviercompositionen, die sich denn doch immer auf eine Art hervorthun, daß sie eigentlich gar nicht übersehen werden können, seit wohl neun[231] Jahren keine einzige erwähnt zu haben; nicht meines Namens willen ärgert es mich, sondern der Richtung halber, von der ich weiß, daß sie die der späteren Musik überhaupt sein wird. Im Neuromantiker[232] steckt viel guter Wille; aber die Composition ist freilich äußerst schwach... Sie können auch den 2ten Theil davon haben; auch das ganze Buch schickt Ihnen der Verfasser wohl mit Vergnügen, wenn Sie ihm vielleicht einige Zeilen in der Literaturzeitung gönnen wollten. Auf die Nummer der Literaturzeitung, in der die Doctoranzeige steht, bitte ich Sie mich aufmerksam zu machen, da ich sie nicht regelmäßig zu lesen bekomme...

Schreiben Sie mir bald, und glauben Ihrem

ergebenen

der sich zum erstenmal unterzeichnet

Dr. R. Schumann.

195. An C. F. Becker.

Leipzig, den 8ten März 1840.

Lorenz bat mich, ihm mal etwas anderes zu geben zur Anzeige, da er nicht mehr wisse, wo die Gedanken hernehmen bei den ewigen mittelmäßigen Liedern. Ich hab' ihm daher einmal, sich zu stärken, Kirchenmusik geschickt, von der so viel bei mir vorräthig liegt. Sie werden das wohl nicht als eine Verletzung Ihres Departements ansehen und das Kirchenmusik-Ministerium trotzdem fortbehalten.

196. An Keferstein.

Leipzig, den 21sten März 1840.

Mein theurer Freund,

Liszt hat mich in den letzten Tagen ganz aus meiner Ordnung gebracht, weshalb Sie die späte Antwort auf Ihre letzten zwei Sendungen entschuldigen wollen. Auch zum Lesen Ihrer Aufsätze habe ich trotz bestem Willen noch nicht Zeit gewinnen können.

Dem alten Herrn [Wieck] bitte ich Sie nicht zu schreiben. An eine Versöhnung zwischen uns ist nie zu denken, wenigstens von meiner

Seite nicht. Bei genauer Kenntniß seiner Handlungsweise würden Sie das natürlich finden. Es muß nun alles auf Wegen Rechtes entschieden werden... Leider ist es so. Uebrigens danke ich Ihnen für die angebotene Vermittelung auf das Herzlichste.[233]

Wären Sie doch jetzt hier! Liszt würde Ihnen zu rathen geben. Er ist gar zu außerordentlich. In der Zeitung werden Sie über ihn lesen.[234] Die Zeitung hab' ich für Sie schon vor vielen Tagen bestellt. Mein Aufsatz über die Schubertsche Symphonie wird Sie vielleicht interessiren.

Hr. Julius Becker sendet Ihnen ehestens den andern Theil seines Buches. Beurtheilen Sie ihn schonend, er steht freilich noch nicht auf sichern Füßen, hat aber guten Willen und poetische Anlage.

Ueber die Mayerschen Etüden, wie über alle Instrumentalcompositionen, berichte ich immer selbst, ohne deshalb bei wichtigen Werken doppelte Besprechung ausschließen zu wollen. Ehe Sie ähnliche kritische Artikel beginnen, haben Sie immer die Güte, mir es voraus zu schreiben.

In einigen Wochen will ich auf 14 Tage zu Clara, wo wir dann oft Ihrer gedenken werden...

Verzeihen Sie die Flucht; mich drängt's zu Liszt, der mir von meinen Compositionen heute spielen will.[235]

In herzlicher Zuneigung Ihr

Schumann.

197. An Dr. E. Krüger.

Leipzig, den 15ten Mai 1840.

Wünschte ich doch, Sie lernten Mendelssohn persönlich kennen und hörten ihn. Unter den Künstlern kenne ich keinen, der ihm zu vergleichen wäre.[236] Er weiß dies auch von mir und hat mich darum lieb, auch manches meiner Musik. In Berlin verlebten wir einige Stunden am Clavier, die mir unvergeßlich sind. Ich habe neuerdings viel für Gesang geschrieben. Das sang er denn alles mit der Clavierbegleitung meiner Braut (die gut spielt, wie Sie vielleicht wissen), daß mir's ganz selig dabei zu Muthe war. Auch sonst weiß ich manches von ihm. Wir waren vor seiner Verheirathung fast täglich mitsammen. Jetzt schreibt er an etwas Psalmodischem — eine Art Symphonie mit Chören [Lobgesang] — für das Gutenbergfest.

198. An W. H. Rieffel.

Leipzig, den 11ten Juni 1840.

Verehrtester Herr und Freund,

Mit herzlichem Dank für Ihr letztes Schreiben wüßte ich Ihnen für Berlin keine bessere Empfehlung zu geben, als die Sie bereits haben ohne mich — an Clara, die im Augenblick hier in Leipzig, bis Mitte Juli wohl wieder zurück sein wird. Namentlich ist sie mit Taubert und Hrn. Kisting befreundet. Im Falle Sie dennoch eher als Clara ankommen, wird sie ihrer Mutter schreiben, Ihnen in Ihren Plänen und Wegen behülflich zu sein. Zu Michaelis kommen Sie dann vielleicht nach Leipzig, wo der Musikflor wieder anhebt.[237] Ich glaube bestimmt, Herbst und Winter hier zu bleiben.

Ihre Worte über meine Claviercompositionen haben mich wieder erfreut. Fände ich nur mehr, die mich verständen, wie ich alles meine. Mit Gesangscompositionen hoffe ich soll es mir leichter gelingen. Sie interessiren sich auch dafür. Sehen Sie sich gelegentlich meinen Heine'schen Liederkreis an. Es folgen bald mehrere, auch mehrstimmige.

So bleiben Sie mir denn wohlgesinnt und nehmen meine freundlichen Wünsche für Ihr und Ihrer Fräulein Tochter Wohlergehen freundlich an. Ihr

ergebenster

Robert Schumann.

199. An Ernst A. Becker.

Leipzig, den 28sten Juni 1840.

Mein lieber Becker,

Beifolgend die Nachtstücke, die Dich recht oft und freundlich an mich erinnern möchten. Das erste und letzte werden Dir wohl am meisten zusagen. Das zweite Exemplar gib an Brendel mit vielen Grüßen.

Clara ist seit drei Wochen hier und wir schwärmen viel zusammen, im Freien wie in der Musik. Wir hatten im Sinn, Dich im Juli zu besuchen; doch fürchten wir, aufrichtig gesagt, Gerede unter den Leuten davon, wenn wir, noch nicht verbunden, solche weite Ausflüge machen. Du wirst mir beistimmen. Aber einen andern Plan haben wir mit Dir. Deine Ferien fallen gewöhnlich Mitte Juli und Du sollst nach Leipzig kommen. Schreibe mir gleich, wann Du hier eintreffen könntest. Clara, deren Gesundheit mir oft Besorgniß einflößt, möchte einige Wochen auf dem Land in der Nähe von Köthen zubringen, wohin sie von einer Amtmannsfamilie eine Einladung erhalten hat. Natürlich muß sie dann, sobald Du hier eintriffst, gegenwärtig sein. Ihre Abreise auf das Land richtet sich also nach Deiner Ankunft hier. Schreibe gleich. Richte Dich ein, 8—14 Tage hier zu bleiben. In einem kleinen Gasthofe, etwa im grünen Schild, kostet Dir das nicht viel. Dann wollen wir manches zusammen besprechen; auch viel Neues von mir von Musik sollst Du hören.

Meine Lieder machen viel von sich sprechen; auch viel 4stimmige hab' ich fertig, die sich recht gut ausnehmen und die wir Dir hier vorsingen wollen.

Adieu nun, mein geliebter Freund, grüße Deine Frau wie Alle, die gern an uns denken.

Clara grüßt Dich herzlich. In Liebe Dein

Schumann.

200. An Ernst A. Becker.

Leipzig, den 12ten August 1840.

Mein geliebter Freund,

Der Erste, der die Freudenbotschaft erfahren soll, bist natürlich Du. Unsere Sache ist aus und gestern rechtskräftig geworden.[238] Daß wir uns über die nächsten Schritte nun nicht mehr lange besinnen, kannst Du Dir wohl denken. Unsere Trauung soll ganz im Stillen auf einem nahgelegenen Dorf gefeiert werden. Du würdest uns auf das Innigste erfreuen, wenn Du Zeuge sein wolltest. Außer Claras Mutter und Tante, und vielleicht meinem Bruder wird Niemand dabei sein. Mit Gottes Segen soll der 12te September der Tag sein, der uns vereint. Versprich mir, den Tag Niemandem zu nennen; man kann nicht wissen, ob nicht der Alte vielleicht einen boshaften Streich uns macht. Versprich mir aber auch, daß Du kömmst. Dann wollen wir glücklich zusammen sein.

Clara ist in Weimar und hat gestern Abend vor der Kaiserin gespielt. Wie schön sich das trifft, da wir doch vielleicht den Winter nach Petersburg gehen.

Adieu nun, mein Lieber. Grüße Alle, die sich theilnehmend unser erinnern.

Bald hoffe ich von Dir zu hören, daß Du unserer Bitte willfahrest. Dein Schumann.

201. An Keferstein.

Leipzig, den 24sten August 1840.

Mein theurer Freund,

Vielen Dank für Ihren erfreuenden Bericht,[239] und daß Sie mich auch aus der Ferne haben mitgenießen lassen. Ich dachte noch immer, in dieser Zeit selbst nach Jena zu kommen; es hat sich nun aber alles anders gestaltet. Clara ist von Weimar nach Bad Liebenstein bei Eisenach, zu ihrer Freundin Emilie List, die unvermuthet von dort aus an sie schrieb. Dort bleibt sie denn auch noch einige Wochen bis zu unserer Trauung, wird aber auf der Rückreise sich nirgends aufhalten, so daß ich auch meinen Plan, ihr über Jena nach Weimar entgegenzureisen, aufgegeben habe. Unserer Trauung stehen nun (mit höherem Beistand) wohl keine Hindernisse mehr im Wege, wie Sie fürchteten. Wir sind gestern schon zum zweitenmal aufgeboten worden; ich hab es in Seligkeit angehört. Clara ist auch ganz glückselig, wie Sie sich denken können; es waren doch gar zu unwürdige Duldungen, die wir zu bestehen hatten. Von ihrem Aufenthalt in Jena und in Ihrem Hause schrieb sie mir mit großer Freude, Sie haben sie so schön geehrt, daß es auch mich auf das Innigste erfreut. Ihr Aufsatz ist mir ein neuer Beweis Ihrer freundlichen Gesinnung. Einiges darin, namentlich in Bezug meiner, scheint mir, wenn Sie den Ausdruck nicht mißdeuten wollen, zu enthusiastisch. Wenn der Artikel die wahre Unterschrift seines wohlwollenden Verfassers trüge (was ich Ihnen bei Ihrer Stellung übrigens keineswegs anmuthe), so hätte ich kein Bedenken. Gegen anonyme enthusiastische Berichte hat aber das Publikum immer einen kleinen Verdacht, ob da nicht gute Freundschaft im Spiel, und ist sie es, da Sie uns ein lieber werther Freund sind, so will doch das Publikum eben den Namen wissen, um trauen und glauben zu können. Wie dem sei, Ihre Theilnahme thut mir im Herzen wohl, und ich hoffe, daß sie meine spätern Arbeiten wenigstens nicht schwächen werde. Wollen Sie nun Clara und mir eine öffentliche Anerkennung zu Theil werden lassen, so wäre das Frankfurter Journal allerdings ein guter Ort. Doch fürchte ich, hat die Redaction zu wenig Interesse an uns Ausländern. Versuchen Sie es, lieber Freund. Nimmt sie den Artikel nicht, so schlag' ich Abendzeitung oder noch lieber Elegante Zeitung vor.

Durch Härtels auf Fink influiren zu wollen, bin ich, aufrichtig gesprochen, zu stolz, wie mir überhaupt alles künstliche Belebenwollen der öffentlichen Meinung durch den Künstler selbst verhaßt ist. Was stark ist, dringt schon durch. Daß ich aber gegen gründliches und kenntnißreiches Urtheil taub wäre, glauben Sie wohl, daß es nicht ist, nur soll der Künstler nicht selbst dazu veranlassen. Clara ist ähnlich wie ich, so sehr sie auch Aufmunterung erfreut und sie auch wirklich nöthig hat; sie hat mir oft unerklärliche melancholische Anfälle, worüber ich sie schon manchmal habe schelten müssen.

Genug davon und nur noch die Versicherung, die ich wohl kaum auszusprechen brauche, daß ich mich jetzt gar herrlich befinde in der Gegenwart wie in meinen Hoffnungen auf eine glückliche reiche Zukunft. Die Reise nach Petersburg hab' ich Clara'n feierlich angeloben müssen; sie wolle sonst allein hin, sagte sie. Ich traue es ihr in ihrer Sorglosigkeit für unser äußeres Wohl auch zu. Wie ungern ich aus meinem stillen Kreise scheide — das erlassen Sie mir zu sagen. Ich denke nicht ohne die größeste Betrübniß daran und darf es doch Clara nicht wissen lassen. Körperlich wird es aber Clara eher nützlich sein; so zart sie ist, so ist sie doch gesund und kann wie ein Mann aushalten.

Adieu denn, mein theurer Freund; schreiben Sie mir bald wieder. Den Tag unserer Trauung laß ich Ihnen später wissen.

Mit herzlichem Gruß Ihr

Robert Schumann.

202. An H. A. Chelard in Weimar.

Leipzig, den 27ten August 1840.

Hochverehrtester Herr Capellmeister,

War ich Ihnen schon für die freundliche Aufnahme, die Sie meiner Braut angedeihen ließen, zu lebhaftem Dank verpflichtet, so nun doppelt, nachdem Sie auch schriftlich mich Ihres gütigen Wohlwollens versicherten. Wie gern hätte ich jenen Tag in Weimar sein mögen! Doch that ich es nicht, um mich nicht noch einmal von Clara, von der ich schon so oft und so schwer Abschied genommen, trennen zu müssen. Auch gibt es jetzt viel zu thun, und wenn Künstler sich eine Wirthschaft einrichten, so machen sie hunderterlei verkehrt. Sie geben mir indeß die freudige Hoffnung, Sie bald einmal hier und bei uns zu sehen. Dann sagen Sie mir vielleicht auch von Ihren neuen Plänen und Werken. Haben Sie schon für Weimar vielleicht etwas Neues geschrieben? Leider habe ich so wenig Gelegenheit gehabt, von Ihren Opern zu hören, und von der Bühne herab gar keine, wie Sie wissen. Wollten Sie sich nicht mit einem Verleger in Leipzig in Verbindung setzen, und wünschen Sie meine Vermittelung, so übernehme ich sie mit Freuden. Daß auch ich nicht gefeiert habe in der Zeit, da ich Sie, mein verehrtester Freund, nicht gesehen, wird Ihnen wohl Clara gesagt haben. Namentlich reizt mich die Gesangcomposition, daß ich manche Tage kaum zu endigen weiß. Wie gern wünschte ich, daß Sie einmal von meinen Liedern und anderen Gesangsensembles hörten und mir Ihr gütiges Urtheil darüber sagten. Auch an eine Oper denk' ich schon seit lange mit tiefer Sehnsucht; doch hatte ich noch nicht so viel Zeit vor mir, an die Vollendung eines so großen Werkes zu denken. Ein Sujet hab' ich, ein treffliches, das mich begeistert.[240]

Clara ist, wie Sie vielleicht wissen, noch in Liebenstein. Sollte sie noch in Weimar Concert geben wollen, so stehen Sie ihr rathend und helfend zur Seite. Ich werde es Ihnen herzlich Dank wissen. Wäre Sonnabend, der 5te September, ein schicklicher Tag? Später ginge es auf keinen Fall, und früher wohl auch nicht gut. Clara wird sich wohl selbst an Sie wenden . . .

Haben Sie nochmals Dank für Ihr freundliches Entgegenkommen, für Ihren theuren Brief, und bleiben Sie wohlwollend gesinnt

Ihrem ergebensten

Robert Schumann.

203. An den Professor Bülau in Leipzig.

Hochverehrtester Herr Professor,

Eine wohlwollende Gesinnung für mich voraussetzend, erlaube ich mir die ergebene Anfrage, ob es nicht außer Ihrem Einflusse liegt, die Erwähnung einer Privatangelegenheit in belletristischen Blättern, wie es noch in letzter Woche im „Planet" geschehen ist, wenigstens in der Art zu verhindern, daß dadurch nicht noch mehr aufgereizt werde. Wie sehr würden Ihnen das die Betheiligten danken! Gehören Privatangelegenheiten überhaupt nicht für die Oeffentlichkeit, wie viel weniger gerade diese so zarte, deren Besprechung die Künstlerin, die es angeht, wie mich nur auf das Schmerzlichste verwunden muß.

Entschuldigen Sie diese Zeilen, die nur der sehnliche Wunsch nach Frieden in mir hervorgerufen, und schenken ihnen gütige Beachtung.

Euer Wohlgeboren

ganz ergebener

Robert Schumann.

Vom Haus,
den 31. August 1840.

204. An Ernst A. Becker.

Weimar, den 6ten September 1840.

Mein lieber Becker,

Ich hab Clara hier überrascht, die gestern hier Concert gegeben, ihr letztes hoffentlich als Jungfrau. Nun lassen wir uns auch nimmer. Es bleibt noch beim nächsten Sonnabend; wir lassen uns schon früh (um 9 Uhr) in Schönefeld trauen und erwarten Dich ganz gewiß, womöglich ein paar Tage früher.

In herzlichster Liebe grüßt Dich

Clara und Dein

glücklichster Freund R.

205. An den Pastor Wildenhahn in Schönefeld.

Leipzig, den 9ten September 1840.

Mein theurer Freund,

Meine Braut ist hier und wir gedenken Dich morgen Nachmittag zwischen 5 und 6 Uhr auf einige Augenblicke heimzusuchen, um mit Dir das Nähere über den bevorstehenden feierlichen Tag zu besprechen. Es bleibt nach Claras Wunsch bei unserer ersten Verabredung, die Feier ganz im Stillen zu begehen. Wie freue ich mich, daß es ein Landsmann[241] ist, der unsre Hände ineinander legen soll. So sei nun noch herzlich gegrüßt und erwarte uns so gern, wie wir zu Dir kommen.

Dein alter Jugendfreund

Robert Schumann.

206. An den Buchhändler Robert Friese.

[Leipzig] Den 13. September[242] 1840.

Mein lieber Friese,

Heute zwischen zehn und elf Uhr denken Sie an mich und meine Clara in Freundlichkeit und mit dem Wunsch des Segens für uns.

Meinem alten treuen Freunde glaubte ich diese Nachricht schuldig zu sein.

Ihr

Robert Schumann.

Zweite Abtheilung:

1840—1854.

207. An Camille Stamaty[243] in Paris.

Leipzig, d. 28ten Sept. 1840.

Mein lieber Stamaty,

Dein Brief hat mich auf das Freudigste überrascht. Wie bekamst Du so schnell Nachricht über dies glückliche Ereigniß? Glaube aber, daß ich es Dir selbst mitgetheilt hätte; — denke aber auch darüber nach, wie sehr es in solchem Glück zu thun gibt in der Nähe und verzeihe mir dann. Du weißt auch, wie groß und zeitraubend meine officielle Correspondenz allein ist, wie viel ich außerdem in der Musik zu thun habe 2c. 2c.

Mein Lebenslauf in den vorigen Jahren, in denen Du nichts von mir hörtest, war ein sehr bewegter. Du kannst ihn zum größten Theil in meinen Compositionen abgespiegelt erblicken. Wie wünschte ich doch, Du kenntest meine neuen Compositionen, namentlich die für Gesang; aber Ihr Pariser bekümmert Euch nicht um das Ausland.

Die Nachricht, daß Du nicht müßig warst, hat mich herzlich gefreut. Verstehe ich Dich recht in Deinem Briefe, so hast Du noch eine Partie contrapunktistischer Compositionen, Fugen 2c. vollendet. Kannst Du mir nicht davon mittheilen? Dein Stück „Der Schlummer" hat mir wohlgefallen; doch schien es mir für den besonderen Zweck (für die Beilagen, die doch in viele tausend Hände kommen) nicht hervorstechend genug, und ich wollte meinen lieben Freund Stamaty gern mit einer Composition in Deutschland einführen, die ihn bei Allen in Respect gesetzt hätte ...

So gerne möchte ich wissen, wo Dich Dein guter Genius hingeführt. Ich selbst bin in meinen Compositionen heiterer, weicher, melodischer geworden. Du wirst es wohl schon in den „Kinderscenen" gefunden haben. Dies sind aber nur Bagatellen, und ich habe mich in weit größeren Formen noch geübt.

Du irrst, wenn Du glaubst, ich schätze Dein Bild nicht; es steht vor mir auf meinem Schreibtisch. Gern möchte ich Dir das meinige schicken. Schreibe mir nur, auf welche Weise!

Lieber Stamaty, ich habe ein treffliches Weib. Dies Glück geht über alles. Könntest Du uns doch einmal in unserer freundlichen Künstlerwohnung belauschen. Nimm Dir auch bald ein braves Weib! —

... Mögen Dich meine Zeilen erfreuen, wie die Deinigen mich, und mögest Du mir bald wiederschreiben einmal,

Meine Frau grüßt Dich; in herzlicher Liebe

Dein alter

Schumann.

Die Karten an Berlioz u. Chopin besorge mir gelegentlich.

Vielleicht überbringt Dir Hr. A. Gathy diesen Brief; dann nimm ihn wie meinen Freund auf; er ist ein vorzüglicher Mann.

208. An Töpken.

Leipzig, den 28sten Sept. 1840.

Mein lieber Töpken,

Von unserer Verbindung haben Sie vielleicht schon indirect gehört — jetzt erfahren Sie es direct von einem, der weiß, was Glück des Lebens ist. Ihres herzlichen Glückwunsches darf ich mich wohl versichert halten. Haben Sie wohl auch die Gefälligkeit, die frohe Nachricht unseren andern Bremer Freunden durch beifolgende Karten gelegentlich mitzutheilen?

Schreiben Sie mir auch bald! Gefallen Ihnen meine Lieder? Ich sollte wohl glauben, es klängen einige auch in Ihrem Herzen an. Wie viel und wie verschiedene ich übrigens in der letzten Zeit geschrieben, würden Sie sich wundern, wenn Sie sie aufgeschichtet sähen. Ich kann gar nicht mehr los von der Gesangmusik.

Viele Arbeiten 2c. zwingen mich heute abzubrechen. Gedenken Sie unser in Freundschaft und zeigen es bald durch ein paar Worte.

Ihr Sie herzlich grüßender

R. Schumann.

209. An Gustav Barth in Wien.

Leipzig, den 30sten September 1840.

Euer Wohlgeboren

geehrtes Schreiben vom 11ten Sept. kömmt mir erst jetzt zu ...

Ihr Anerbieten, mir Beiträge für die Zeitung zu liefern, nehme ich mit bestem Dank an. Wiener Correspondenz fehlt mir leider schon lange und ist doch nöthig. Haben Sie also die Güte, mir womöglich in bestimmten Fristen, vielleicht allmonatlich, in außerordentlichen Fällen auch öfter und auf schnellstem Wege, mit Post zu berichten. Haltung und Tendenz der Zeitschrift sind Ihnen bekannt, daß ich meine Bitte, sich ihr in Ton und Ansicht möglichst anzuschließen, wohl nur einfach auszusprechen brauche.

Auf strengste Geheimhaltung Ihres Namens, wenn Sie sie ausdrücklich wünschen, dürfen Sie übrigens rechnen. Mit Vergnügen sehe ich demnächst einer Nachricht über die neueröffnete deutsche Saison und später einer über Ihr Musikfest entgegen.[244]

Ihre von Dresden aus an mich gesandten Compositionen habe ich richtig erhalten und bereits meinem Liederbeurtheiler zur Recension übergeben, da ich nur über Instrumentalmusik für die Zeitung schreibe.

Mit freundlichen Empfehlungen an Sie, wie unbekannter und bekannter Weise an Ihre Frau Gemahlin

Euer Wohlgeboren

ergebenster
Robert Schumann.

210. An Georg Kastner in Paris.[245]

Leipzig, den 25. Oct. 1840.

Empfangen Sie als ein kleines Dankeszeichen für Ihre wohlwollenden Worte über mich[246] eine Liedersammlung, die Ihr Wohlwollen für mich wenigstens nicht schwächen möchte, eine Sammlung von Musikstücken übrigens, die allerdings von der Zeit, in der sie entstanden, einer vielfach durch Schmerz und Freude bewegten, die Spuren an sich trägt [die „Myrthen"]. Widmen Sie den Liedern denn einige Stunden mit Aufmerksamkeit und theilen davon gelegentlich auch meinen musikalischen Freunden in Paris, namentlich den Herren Berlioz und Chopin, mit, wofür ich Ihnen herzlich verbunden sein würde. In Deutschland fangen sie schon recht lebhaft anzuklingen an.

211. An Franz Liszt in Hamburg.

Leipzig, den 29sten October 1840.

Mein geliebter Freund,

Von unserem Glücke haben Sie vielleicht schon gehört. Daß Sie manchmal im Geist bei uns gewesen, wie wir Ihrer fast täglich denken, will ich zu meiner Freude hoffen, und so seien Sie mir tausendmal wieder gegrüßt auf deutschem Boden. Schreiben Sie uns zuvörderst von Ihren Reiseplänen; vielleicht daß sie sich mit den unsrigen vereinigen lassen, daß wir Sie bald wieder sprechen und hören. Es ist noch unsere Absicht, nach Petersburg zu reisen, wahrscheinlich schon Mitte December. Treffen wir Sie dort? Könnten wir die Reise vielleicht zusammen machen, oder wenigstens so, daß wir uns immer an verschiedenen Punkten träfen? Mich graust es vor der grimmigen Kälte, den polnischen Wölfen 2c. 2c. Und doch reizt mich auch der Gedanke der Reise wieder. Im Augenblick ist meine Clara krank; doch hoffe ich, daß sie sich bald erholen wird. Eine Nachricht von Ihnen, ein freundliches Wort wird sie erfreuen; darum schreiben Sie mir bald, Lieber!

Fleißig war ich, seit Sie fort sind, sehr, doch wenig im Clavieristischen. Sprechen Sie Cranz wegen meiner Lieder; er kennt noch nichts davon und ich wünsche, daß er sie [Op. 31] in gutem Glauben in die Welt schicke. Von Compositionen von Ihnen ist nichts Neues erschienen, weder das Album noch die Paganinietüden. So vieles hätte ich Ihnen noch zu erzählen; aber die Zeit drängt, und ich will erst eine kurze Antwort von Ihnen abwarten.

Adieu, adieu. Meine Frau grüßt auf das Herzlichste und ich bin immer Ihr treuer

Robert Schumann.

212. An Dr. August Schmidt in Wien.

Leipzig, den 9ten November 1840.

Freundlichen Dank für Ihre Zeilen, mein werther Herr u. Freund, wie für Ihre Einladung,[247] der ich mit Vergnügen entsprechen werde. Bis wann ist der letzte Termin der Einsendung? Und dann noch die Frage, bleibt das Lied ausschließlich Eigenthum des Orpheus, oder kann ich es später wieder in eine größere Sammlung aufnehmen? . . .

Zu Ihrer Zeitschrift[248] herzlichen Glückwunsch! Die Nachricht kam mir überraschend. Nun, halten Sie männiglich aus und seien dem Wahren und Schönen eine Stütze. Und jetzt noch eine Frage. Es ist leicht möglich, daß ich mich früher oder später wieder für einige Zeit nach Wien übersiedele. Die Zeitschrift ist mein Eigenthum — ich kann sie jeder Zeit mit mir nehmen — sie hat guten Ruf, ihr 8tes Jahr und einträgliches Abonnement. Ließen sich unsere Interessen nicht auf eine oder die andere Weise geschickt vereinigen? Denken Sie darüber nach! Wie es komme, zählen Sie auf mich, wie auf einen freundlich und ehrlich Gesinnten! Wünschen Sie Auskunft über dies und jenes, über Mitarbeiter, die Art des Vertriebes für Norddeutschland rc. rc., so schreiben Sie mir. Und so grüß' ich Sie in der Hoffnung, bald wieder von Ihnen zu hören.

Ihr ergebenster

Robert Schumann.

213. An Simonin de Sire.

Leipzig, den 10ten November 1840.

Mein verehrter Herr und Freund,

Sie müssen es einem jungen glücklichen Ehemann zu Gute halten, daß er so spät antwortet. Die inliegende Karte sagt Ihnen das Nähere. Auch heute vielfach beschäftigt, fehlt mir die Zeit, auf so manches in Ihren vorigen Briefen, so viele Zeichen Ihres Wohlwollens ausführlich zu schreiben und zu danken. Daher nur das Wichtigste.

Mit Vergnügen habe ich in Ihren Compositionen einen außerordentlichen Spieler erkannt. Nicht ganz stimme ich Ihrer Art zu schreiben bei (auf drei Zeilen) — in einzelnen Fällen erleichtert es, im Allgemeinen erschwert es aber meiner Meinung nach den schnellen Genuß. Ich wenigstens getraue mir Ihre Compositionen, eben so gefällig für das Auge, auf zwei Zeilen darzustellen.

Liszt ist im Augenblick in Berlin und kömmt wahrscheinlich auf einige Tage hierher nach Leipzig; gewiß werde ich ihm von Ihnen sprechen.

Daß ich Sie nicht vergessen habe, wird Ihnen ehestens eine in Wien erscheinende Composition: Faschingsschwank aus Wien zeigen, auf die ich Ihren Namen gesetzt habe. Möchten Sie sie freundlich ansehen, und möchte Ihnen das Stück auch gefallen ...

Auf Ihre Clavierschule bin ich sehr begierig. Halten Sie nicht zu lange damit zurück![249]

Daß ich mit meiner Frau vielleicht schon im nächsten Jahr für längere Zeit nach Paris reise, ist sehr möglich. Ihrer freundlichen Einladung nachzukommen, wird sich dann wohl leichter Gelegenheit finden.

Nehmen Sie noch meinen Dank für Ihre Theilnahme an meinem Streben und halten mich für Ihren

ergebenen

Robert Schumann.

214. An Dr. August Schmidt.

Leipzig, den 28sten November 1840.

Verehrtester Herr und Freund,

Vielen Dank für Ihre schnelle Antwort. Einstweilen haben sich meine Pläne für die Zukunft wieder anders gestaltet und es ist keine Aussicht da, sobald in Ihre Kaiserstadt wieder zu kommen. Sie haben mich vielleicht schon binnen Jahresfrist weit von Deutschland nachzusuchen. Daß Sie so freundlich meinem Vorschlag entgegen kamen, dank ich Ihnen nochmals.

Den Beitrag für den Orpheus erhalten Sie bis Mitte Januar, er bedarf nur noch einer Reinschrift. Es ist Blondels Lied von Seidl, das ich mir gewählt und was in meinem kleinen musikalischen Kreise schon viele Freude erregt. Die Beurtheilung des 2ten Jahrganges steht in Nr. 44; — sie ist nicht ganz nach meinem Sinn und sehr flüchtig geschrieben. Nichts desto weniger, hoffe ich, wird sie zur Verbreitung und Schätzung Ihres schönen Unternehmens beitragen. Dem Erscheinen Ihrer Zeitschrift sehe ich mit Verlangen entgegen — lassen Sie sich vom Erfolge der ersten Jahre nicht abschrecken, das Gute und Richtige dringt überall durch. Grüßen Sie Fischhof, wenn Sie ihn sehen, und gedenken Sie freundschaftlichst

Ihres

ergebenen
Robert Schumann.

215. An C. F. Becker.

[Leipzig] d. 15. Dec. 1840.

Marx läßt Sie grüßen; er ist vom Stuttgarter Verein (officiell) zurückgetreten. Wir müssen uns bald einmal über die weiteren Maßregeln gegen diesen Wicht [Schilling] besprechen. Hätte ich nur nicht so viel Musik im Kopfe, worüber ich alles andere vergesse.

216. An Julius Stern.

Leipzig, den 22sten December 1840.

Vielen Dank für alles, namentlich die Lieder. Mit Freuden sieht man, wie sich Ihr Talent immer anmuthiger entfaltet. Die Dedication wird mir viele Freude machen; in den Liedern, die in die Beilage kommen, lasse ich sie aber lieber weg, da man das mir am Ende als

Eitelkeit auslegen würde.[250] Ein Aufsatz über die „Berliner Liederzustände“ wäre mir sehr willkommen. Sie werden aber wohlthun, sich nicht zu unterzeichnen. Es ist schlimm, mit Schwachen Streit zu bekommen.[251]

217. An A. v. Zuccalmaglio.

Leipzig, den 31sten December 1840.

Mein theurer Herr und Freund,

Vielen Dank für's Erste für Ihre schnelle Hülfe. Sie haben Thibauts Bild wieder auf das Lebendigste in mir hervorgerufen. Der Aufsatz schmückt die ersten Nummern des neuen Jahrgangs der Zeitschrift, der Sie auch künftighin gewogen bleiben mögen.

Ringelhardt kenn' ich gar nicht, was mir leid thut. Wär es auch, so würde es wenig zu Ihren Zwecken helfen. Er wird allgemein als ein eigensinniger, hartnäckiger Mann geschildert, der keinen Rath annimmt. . . Unser Trauer- und Schauspiel ist mehr als mittelmäßig.

Hier auch die „Myrthen“ und noch 3 kleine Lieder. Vielleicht können Sie die letzteren sich von ein Paar schönen Lippen vorsingen lassen, sie klingen recht artig; ich hörte sie vorgestern. Die Myrthen gestatten freilich wohl einen tieferen Blick in mein inneres Musikgetriebe. Gern hätte ich Ihnen auch meinen Heineschen Liedercyclus beigelegt; doch habe ich kein Exemplar mehr. Auch Anderes ist in diesen Tagen erschienen, wovon ich Ihnen später, vielleicht mündlich, mittheile. [Die Musik verzehrt mich noch, ich muß mich oft mit Gewalt losmachen.] Genug. Das Andere möge sie Ihnen selbst sagen . . .

Schreiben Sie mir bald und gedenken meiner gern.

Ihr ergebener

Rob. Schumann.

218. An E. F. Wenzel.

[Ohne Datum, Januar 1841.]

Lieber Wenzel,

Ich baue fest auf Sie. Schicken Sie mir baldigst und jedenfalls eine Antwort. Mir ist's nicht möglich, an die Zeitung zu denken. Ich hab' in den vorigen Tagen eine Arbeit vollendet (wenigstens in den Umrissen), über die ich ganz selig gewesen, die mich aber auch ganz erschöpft. Denken Sie, eine ganze Symphonie — und obendrein eine Frühlingssymphonie [Bdur] — ich kann kaum selber es glauben, daß sie fertig ist. Doch fehlt noch die Ausführung der Partitur. Also denken Sie, was es da zu thun gibt, und helfen Ihrem

Schumann.

219. An C. F. Becker.

Leipzig, den 16ten Januar 1841.

Der Aufsatz über Schilling ist deutlich, denk' ich, und hat nebst Ihrem[252] dem Manne den Garaus gemacht. Er rührt übrigens von einem bekannten tüchtigen Musiker und Componisten her.[253]

220. An den Violinisten C. Hilf in Leipzig.

Lieber Herr Hilf,

Es liegt mir daran, eine Symphonie, die ich componirt, einmal mit einem tüchtigen Geiger durchzuspielen, um so mehr, als sie wahrscheinlich in nächster Woche zur Aufführung kömmt, wo es dann immer gut ist, wenn einige der Hauptstützen des Orchesters das Werk wenigstens etwas kennen.[254]

Haben Sie vielleicht Freitag, um welche Stunde Sie wollen, Zeit zu mir zu kommen, so lassen Sie mir es sagen. Sie würden mir dadurch einen rechten Gefallen thun.

Ihr ergebener

Mittwoch, [den 17. März 1841.] Robert Schumann.

221. An C. F. Becker.

[Leipzig] Dienstag, 30. März 1841.

Lieber Herr Becker,

Eine Bitte in Mendelssohns Namen. Er wünschte zum Besten des Zweckes nämlich gern, daß im hiesigen L. Tageblatt (womöglich in der Freitags-Nummer) auf die Passionsmusik, ihre Wirkung, wie auf deren Zweck selbst aufmerksam gemacht werde, auf seine Person dabei gar nicht, wie er ausdrücklich sagte.[255] Es kann dies gewiß Niemandem besser anvertraut werden als Ihnen. Vielleicht können Sie auch auf Ihren letzten für meine Zeitung geschriebenen Artikel hinweisen und daraus excerpiren. Erfüllen Sie denn M.s Bitte! Ist es nicht möglich, so antworten Sie mir gefälligst. Auf Wiedersehen im Concert.

Ihr ergebener

R. Schumann.

222. An E. F. Wenzel.

[Ohne Datum, vermuthlich 6. April 1841.]

Lieber Wenzel,

Mein Setzer bittet dringend um den Schluß; die Feiertage sind da, und es ist doppelt wenig Zeit. —

War das Ihr Aufsatz? Im Kinderfreund?[256] Wie haben Sie mich damit gekränkt. Ich war so fröhlich. Auf die Zukunft verweisen Sie nach einem mit solcher Liebe gegebenen Werke — mit so kühlen Worten! Und überrascht hat es Sie dennoch? Worte, die ich in den Tod hasse. Und fleißig und gewissenhaft war ich genug Zeit meines Lebens, um nicht mehr als ein Zukünftiger zu erscheinen und zu überraschen. Das weiß ich.

Wie dem sei — erst wollte ich Ihnen diese geheimen Gedanken verhehlen — doch mochte ich grade von Ihnen mit der Achtung angesprochen sein, die ich gar wohl verlangen kann.

Also nichts weiter davon und ohne Groll Ihr

Schumann.

223. An C. Koßmaly in Detmold.

Leipzig, den 9ten Mai 1841.

Werther Herr und Freund,

Sie haben noch einiges von der Redaction zu fordern, was ich gleich beilege. Ich wünschte mehr thun zu können als meine Schuldigkeit. Aber Sie wissen, daß ich jetzt einen Hausstand habe, und daß die Verhältnisse andere geworden. Gewiß keine schlimmeren — da Sie so theilnehmend danach fragen. Folgen Sie mir bald nach und suchen sich eine so treffliche Frau, als ich habe. Die Zeit, daß Sie nichts von mir gehört, ist in Glück und Arbeit verflossen.

Ich wünschte, daß Sie meine Symphonie kännten. Wie die mir Freude gemacht bei der Aufführung — und auch Anderen; denn sie ist mit einer Theilnahme aufgenommen worden, wie glaub' ich keine neuere Symphonie seit Beethoven. Ich habe nun schon allerhand andere Orchesterpläne und schon auch vieles wieder fertig, was ich zum nächsten Winter aufführen lassen will. Die Symphonie erscheint übrigens bis zum Winter und dann haben Sie vielleicht Gelegenheit, sie zu hören und mir ein Wort darüber zu sagen.

In Ihrem Aufsatz über das Lied hatte es mich ein wenig betrübt, daß Sie mich in die zweite Klasse setzten. Ich verlangte nicht nach der ersten; aber auf einen eigenen Platz glaub' ich Anspruch zu haben und am allerwenigsten gern sehe ich mich Reißiger, Curschmann ꝛc. beigesellt.[257] Ich weiß, daß mein Streben, meine Mittel über die Genannten bei Weitem hinausgehen und ich hoffe, Sie selbst sagen sich das und nennen mich deshalb nicht etwa eitel, was weit von mir abliegt. Offen und aufrichtig schreibe ich das; möchten Sie es so aufnehmen und sonst auch meine Worte nur als zu Ihnen, zu dem ich mich hingezogen fühle, gesprochen betrachten.

Es wird schwer halten, Verleger für Ihre Compositionen zu finden, wenn Sie nicht persönlich kommen. Noch eine Frage — sie ist eigentlich noch nicht reif — darum aber auch im strengsten Vertrauen an Sie gerichtet. Hätten Sie Lust, später einmal meine Stelle an der Zeitung einzunehmen — als ordentlicher Redacteur — ich ziehe später in eine größere Stadt und wünschte das von mir gegründete Institut von guten Händen verwaltet. Sinnen Sie darüber nach. An einen längern Aufenthaltsort wie Leipzig knüpft sich eine Menge Vortheilhaftes auch für den Künstler.

Schicken Sie mir vorläufig doch mehr von Ihren Compositionen. So klar mir Ihr schönes Streben ist, so möchte ich mich einem Verleger gegenüber doch nicht gerade anheischig machen, ob es auch im Publikum Anklang finde. Dazu bestimmt mich der vorwiegende Ernst in Ihren Arbeiten. Vielleicht haben Sie denn mehr Heiteres, Glückliches in Ihrem Compositionsvorrath. — Davon möchte ich sehen — oder wenden Sie sich auch ganz zur größeren Orchestermusik und lassen dann aufführen — das macht Namen und flößt den Verlegern Respect ein. Schicken Sie mir auch baldmöglichst für die Zeitung. Sie wissen, wie werth mir Ihre Beiträge sind.

Nun genug in der Eile — und einer Masse von Arbeiten. Noch Eins: in Detmold lebt einer meiner theuersten Freunde, Dr. G. Rosen, Sohn des Directors. Erkundigen Sie sich, ob er im Augenblick noch dort ist. Ich bin ihm seit Jahren Nachricht schuldig.

So leben Sie herzlich wohl und wirken und schaffen, was es hergeben will. Ihre Zukunft scheint mir nicht so düster als Ihnen.

Theilnahmevoll

Ihr ergebener

R. Schumann.

224. An die Witwe Devrient.

Würde meine pflegemütterliche Freundin mir einen Liebesdienst versagen, um den ich sie im Namen meiner Frau, wie in meinem eigenen angehe? Unser Kind ist frisch und munter und es fehlt ihm nur noch ein Name, um es recht herzen zu können. Nächsten Montag, gerade am 22sten Geburtstag meiner Clara, wünschten wir es getauft, und haben vier Zeugen gewählt, von denen wir wissen, daß sie frohen Antheil an unserm Glück nehmen: nämlich Claras Mutter, die selbst kömmt, meinen Bruder, für den Hr. A. Barth, — Mendelssohn, für den Hr. R. Härtel stehen wird, und Sie, unsere alte verehrte Freundin. Möchten Sie unsere Bitte erfüllen können und darin eine Bürgin unserer Gesinnung sehen, die besser spricht als Wort und Schrift.

Eine Antwort hole ich mir morgen selbst bei Ihnen, wenn Sie mir sagen lassen wollen, ob ich Sie in den Vormittagstunden zu Hause treffe. Meine Frau, die bald ganz aus dem Bett sein wird, läßt Sie und die Ihrigen herzlich grüßen und ich bin,

wie immer Ihr

ergebener

[Leipzig] d. 10ten September 1841. Robert Schumann.

225. An Dr. E. Krüger.

Leipzig, den 26sten September 1841.

Schon zu lange habe ich Ihre Nachsicht in Anspruch genommen; verzeihen Sie's dem Componisten und dem — Vater. Das letztere bin ich seit dem 1sten, wo mir meine liebe Frau ein Mädchen schenkte. Mendelssohn stand mit Gevatter. Jetzt wird es wieder ruhiger im Hause, und die ersten Zeilen widme ich Ihnen, mein verehrtester Freund . . .

Ueber das 4te Stück „O Haupt voll Blut" muß ich Ihnen eine Entdeckung machen. Mendelssohn war gerade bei mir, als ich es von Ihnen erhielt und ihm als einem Bachianer vorlegte. Es gab einen drolligen Auftritt. Mit einem Worte, die Composition ist von ihm selbst aus seiner Jugendzeit. Er begriff nicht, wie Sie dazu gekommen sein konnten . . .[258]

Jetzt bin ich ganz und gar in die Symphonienmusik gerathen. Die für mich höchst ermuthigende Aufnahme, die meine erste Symphonie gefunden, hat mich ganz ins Feuer gebracht. Wann wird meine neue Symphonie bis zu Ihnen klingen?

226. An Heinrich Schmidt in Leipzig.

[Ohne Datum. Anfang October 1841.]

Lieber Freund,

ich bitte Sie um einen Artikel über den Guitarero. Könnte ich ihn bis morgen haben, so danke ich es Ihnen doppelt, er käme dann noch in die nächste Nummer; vielleicht ist es Ihnen möglich.

Noch eine vorläufige Anfrage. Hätten Sie Lust, das Referat über die nächsten Abonnementconcerte zu übernehmen? Über Form &c. der Berichte sprächen wir vielleicht mündlich. Auf strengste Geheimhaltung Ihres Namens, wenn Sie sie wünschen, können Sie rechnen. Es sollte mich freuen, wenn Sie einschlügen. Sinnen Sie nach und geben mir bald eine Antwort,[259] Ihrem ergebenen

R. Sch.

227. An C. Koßmaly.

Leipzig, den 28sten October 1841.

Mein theurer Herr und Freund,

Endlich — nicht wahr? Aber ich stecke so tief in Arbeiten, daß Sie mir verzeihen würden, kämen Sie in meine Arbeitsstube. Die Zeitung nimmt mir viel Zeit — dann die Vollendung mehrerer großer Orchesterstücke. Jetzt seh' ich schon mehr Land — und die ersten Zeilen richte ich wieder an Sie.

Was sollte ich gegen Sie haben? Waren Sie mir doch stets freundlich gesinnt und sind es noch. Könnte ich Ihnen nur den freudigen Künstlermuth geben, Ihnen irgend förderlich sein! Ich wiederhole, daß Sie, um mit Verlegern Verbindungen anzuknüpfen, auf einige Zeit selbst nach Leipzig kommen müssen. Sodann schreiben Sie größere Stücke, Symphonien, Opern. Sie können es. Mit Kleinem ist schwer durchdringen.

Ihr schönes Lied „Die Weinende" erscheint in dem nächsten (d. 15ten) Heft der Beilagen. Möchte ich bald Neues von Ihnen sehen und hören! . . .

Meine erste Symphonie erscheint in diesen Tagen. Dies ist denn immer ein Freudentag für einen Componisten. Ueber die Recension, die Sie in der alten mus. Ztg.[260] gelesen, würden Sie — glaub' ich — losfahren und wettern, wenn Sie die Symphonie gehört hätten. Die Recension ist von einem hier bekannten (übrigens gar nicht dummen) Schmeichler Mendelssohns, den es geärgert hat, daß ich der erste unter den jungen Künstlern, der eine Symphonie geschrieben, die Effect macht. Genug davon; ich schreibe nicht gern, geschweige über längst Geschriebenes. Die Symphonie (die erste) liegt mir schon im Rücken; ich sehe schon andre Ziele wieder.

Die Zeit drängt und der Abend bricht herein.

Gedenken Sie meiner in Liebe. R. Schumann.

228. An Dr. Robert Griepenkerl in Braunschweig.

Leipzig, den 31sten October 1841.

Einen herzlichen Gruß wieder nach so langer Zeit.

Ihr Buch[281] hat mir immer als eine liebenswürdige Erscheinung gegolten. Doch hätte ich es — darf ich aufrichtig sein? — ohne die Dedication noch lieber. Hat Sie vielleicht [die] Persönlichkeit bestochen? Meine Ansicht über Meyerbeer kennen Sie wohl, darum nichts weiter davon. Das Lied ist übrigens keines seiner schlechtesten — doch auch wie studirt, kein geniales — schwer war der Text freilich auch.

Denken Sie nicht bald an eine größere Gedichtsammlung? Haben Sie keinen Operntext? Wie verlangt es mich danach . . .

Meine Symphonie wird in diesen Tagen verschickt, das ist für einen Componisten denn immer eine Freudenzeit. Sie wird nach Ihrem Wunsche sogleich auch an Ihren Verein gesandt werden. Wer ist Dirigent der Gesellschaft? Ich möchte ihm oder auch Ihnen vor der Aufführung ein paar Winke geben. Nehmen Sie sich meines Kindes liebreich an; es ist übrigens in feuriger Stunde geboren — ich habe auch schon wieder manches Neue fertig — Sie werden später davon hören. Mein liebes Weib muntert mich auch immer recht auf zum Schaffen. Wir sind sehr glücklich miteinander. Sie hat mir auch vor zwei Monaten ein Mädchen geschenkt.

Wie geht es Ihnen sonst? Was arbeiten Sie? Noch einmal — keinen Operntext?

. . . Grüßen Sie den verehrten Wiedebein.

Eilig — doch getreulich Ihr R. Schumann.

229. Der verehrlichen Direction der Concerts spirituels in Wien

erlaubt sich der Unterzeichnete beifolgende Symphonie zu übersenden mit dem Wunsche, daß sie sich Ihre Theilnahme erwerben und zu einer Aufführung in Ihren Concerten eignen möchte.

Auch Ihre Geduld für das Werk, wenn es nicht gleich zusammenklingen sollte, nehme ich in Anspruch. Es ist nicht leicht, leicht zu schreiben, und wo Viele zusammenwirken, können Störungen nicht ausbleiben. Möchten Sie, Hochverehrteste, vor Allem in der Symphonie ein ernstes Kunststreben erblicken, das zu beschützen sich auch Ihr berühmtes Kunstinstitut von jeher zur Aufgabe gemacht.[262]

Sollte es in meinen Kräften stehen, Ihnen irgendwie dienlich sein zu können, so verfügen Sie über mich und genehmigen Sie die Versicherung meiner Hochachtung und Ergebenheit.

Leipzig, den 12ten November 1841. Robert Schumann.

230. An H. A. Chelard.

Leipzig, den 15ten November 1841.

Mein verehrter Freund,

Wir waren recht in Verlegenheit wegen der Reise zu Ihnen. Einen Brief durch Hrn. Krause haben wir nicht erhalten, und wußten also gar nicht, wie wir dran waren. Nun ist aber alles in Ordnung und bleibt beim Alten.[263] Wir kommen hoffentlich schon Donnerstag Abends an; es wäre sonst zu anstrengend für meine Frau, die sich noch sehr schonen muß. Hrn. Queißer sprach ich heute früh; er reist erst Freitag Abend ab.

Meine Frau spielt also im 1sten Theil das Capriccio f. Pfte u. Orchester v. Mendelssohn, und im 2ten Phantasie über Themas aus Donna del Lago von Thalberg.

Die Symphonie folgt hier mit Doublirstimmen; leider hab' ich selbst kein Freiexemplar mehr und habe sie mir bei Härtels in Ihrem Namen holen lassen. Sehr sollte es mich freuen, das Orchester mit meiner Symphonie schon etwas vertraut zu finden. In einer Generalprobe bleibt immer so wenig Zeit. Nehmen Sie sich denn des Werkes liebevoll an und meinen herzlichen Dank für Ihre Mühe im Voraus. Die meiste Schwierigkeit hat immer das Poco a poco accelerando bei dem Uebergang in das Allegro des ersten Satzes, dann das 1ste Trio des Scherzo, und der Schluß des Scherzo (Quasi presto) gemacht. Für diese drei Stellen bitte ich um Ihre besondere Nachsicht und Geduld.

Dies Wenige für heute und in großer Eile. Meine Frau grüßt Sie und dankt für Ihren schönen Brief.

Auf baldiges Wiedersehen Ihr Sie hochverehrender

Robert Schumann.

Meine Frau bittet auf dem Zeddel ihren Mädchennamen wegzulassen; sie will nun einmal heißen wie ich, und ich habe sie nur um so lieber darum.[264] . . .

231. An Dr. jur. A. J. Becher in Wien.

Leipzig, den 3ten Januar 1842.

So oft ich, mein verehrtester Herr, Ihren Namen in der Wiener Musik. Zeitung finde, geht mir's durch den Kopf, daß sich dies alles auch recht schön in meiner Zeitung ausnehmen müsse, so freudig stimme ich meist mit Ihren Urtheilen überein. Meinen letzten Brief, wohl schon vor zwei Jahren nach dem Haag adressirt, ließen Sie mir unbeantwortet. Warum? weiß ich nicht. Daß diesen ein gleiches Schicksal treffe, hoffe ich nicht. Er enthält zunächst die Bitte, meiner Zeitschrift, wie schon früher, auch fernerhin Ihr Interesse zuzuwenden — grade jetzt, wo Sie sich auf so ergiebigem Terrain befinden, wo Sie so viel Gutes wirken, so viel Unkraut ausroden helfen können. Ich kenne Wien; auf die Geschmacksrichtung im Allgemeinen zu influiren, wird schwer sein; aber einzelne Seelen lassen sich doch vielleicht retten. Ich meine, berichten Sie mir in dem strengen, immer auf das Höchste und Beste gerichteten Sinne, in dem Sie für die Wiener Zeitung schreiben. Sie können es noch rücksichtsloser, da Ihr Name, wenn Sie es wünschen, verschwiegen werden soll. Habe ich eine Fehlbitte gethan, so würde es mich aufrichtig schmerzen. Denn offen gesagt, ich halte Sie für den einzigen Gebildeten, dem man ein solches Amt anvertrauen könnte. Auch Ihnen ist ja die Tendenz meiner Zeitschrift bekannt, ich selbst auch vielleicht aus meinen künstlerischen Bestrebungen — und so hoffe ich auf schönen Einklang und verspreche mir nur Freudiges davon . . .

Da die Zeitschrift wöchentlich nur einmal erscheint, so haben Sie sich freilich sehr in Schranken zu halten; ich denke, Sie werden sich ein gutes Maß schon aussinnen, und bedenken, daß die Zeitschrift nicht allein Wien sondern ganz Deutschland zu Lesern hat.[265]

Dies für heute. Später wird sich wohl noch Zeit finden, über Anderes uns auszusprechen, was uns näher am Herzen liegt — über unsere eigenen rein künstlerischen Bestrebungen und Leistungen. Capellmeister Pott schrieb mir von mehreren Quartetten, die ihn außerordentlich interessiren. Auch ich arbeite jetzt am meisten und liebsten im Orchester. Darüber dann künftighin.

Schreiben Sie mir bald und zeigen, daß Sie noch theilnehmend meiner gedenken Ihres

ergebenen
Robert Schumann.

232. An C. Koßmaly.

Leipzig, den 8ten Januar 1842.

Beifolgend, mein verehrtester Freund, das Honorar für Ihre Beiträge beim Schluß des vorigen (XV.) Bandes. Wenn möglich, soll bald auch das für „Marschner“ folgen. Diesen und Ihren Brief habe ich richtig erhalten. Namentlich die allgemeinen Bemerkungen machen den Aufsatz[266] interessant. Was das Urtheil über Marschner selbst anlangt, so kann ich freilich nicht durchaus beistimmen. Doch das haben Sie mit Ihrem guten Namen vertreten. Im Uebrigen verdient Marschner wohl einmal eine Auszeichnung und ich gönne sie ihm gern. Vielleicht auch, daß er sich zu neuen Werken aufrafft.

Nun eine Bitte wiederum: ich verreise nächsten Monat auf zwei — in Folge einer Einladung vom philharmonischen Concert in Hamburg, das meine Symphonie aufführen will, und mich dazu sammt Frau natürlich. Von da wollen wir nach Bremen, später vielleicht auch nördlicher. Da ist nun nöthig, soviel Manuscript als möglich zusammenzutreiben — und ich bitte auch Sie, daß Sie mir schicken noch diesen Monat, was Sie irgend haben. Franz Schubert verdient wohl einmal ein bedeutendes Wort: Reizt Sie das nicht? Freilich seine größeren Werke sind noch ungedruckt. Doch reichen die Gesang- und Claviersachen hin zu einem annähernden Bild. Denken Sie darüber nach. Kennen Sie seine Symphonie in C? Eine prächtige Composition, etwas lang, aber außerordentlich lebendig, im Charakter ganz neu. Suchen Sie sie kennen zu lernen.

Daß Sie meine Symphonie aufführen wollen, soll mich freuen ... Die beiden Orchesterwerke, eine zweite Symphonie [D moll] und eine Ouvertüre, Scherzo und Finale, die in unserm letzten Concert aufgeführt worden, haben den großen Beifall nicht gehabt wie die erste. Es war eigentlich zu viel auf einmal — glaub' ich — und dann fehlte Mendelssohn als Dirigent. Das schadet aber alles nichts — ich weiß, die Stücke stehen gegen die 1ste keineswegs zurück und werden sich früher oder später in ihrer Weise auch geltend machen.

Auf Ihr Hierherkommen im Sommer freue ich mich. Ich bin

jedenfalls da. Bringen Sie nur auch neue Compositionen mit. Mendelssohn kommt, wie ich gewiß glaube, nächsten Winter wieder nach Leipzig zurück. Lieber Freund, der ist doch der beste Musiker, den die Welt jetzt hat. Glauben Sie nicht? Ein außerordentlicher Mensch — oder wie Santini in Rom von ihm sagt: ein monstrum sine vitio[267] —

Nun hab' ich genug geschwatzt — und noch manches heut abzuthun. Darum Addio für heute. Bleiben Sie heiter und wohlgemuth und glauben an die Achtung Ihrer Freunde, zu denen Sie auch mich rechnen mögen.

Robert Schumann.

233. An Dr. Robert Griepenkerl.

Leipzig, den 12ten Januar 1842.

Lieber Freund,

Es ist große Hoffnung da, daß wir uns bald sehen — und zwar in Ihrem Braunschweig selbst. Wir haben nämlich von den Concertdirectionen in Bremen und Hamburg Einladungen erhalten, meine Frau, um dort zu spielen, ich, um meine Sinfonie mit einzustudiren — und die Einladung angenommen. Zuerst wollen wir nach Bremen, wo das Concert auf den 23sten Februar festgesetzt ist. Vielleicht trifft es sich nun, daß in der Woche vorher etwas Rechtes bei Ihnen los ist, vielleicht daß Sie noch etwas bis dahin arrangiren können. In diesem Falle reisten wir ein paar Tage früher von hier weg und blieben in Braunschweig, die Tage des 16., 17. oder 18ten Februar wären uns dazu die liebsten. Zu einem besonderen Concert hat meine Frau kein rechtes Vertrauen. Ich kenne die Verhältnisse zu wenig. Sie werden uns darüber schon berichten und wir bitten Sie darum.

Dies für heute mit freundlichem Gruß meiner Frau und von mir. Schreiben Sie uns bald ein Wort, daß wir dann alles festsetzen können.

Ich freue mich herzlich, Sie bald zu sehen und zu sprechen.

Ihr R. Schumann.

234. An Theodor Avé Lallemant in Hamburg.

Leipzig, den 18ten Februar 1842.

Verehrtester Herr und Freund,

Der Copist ist an der Verzögerung Schuld; auch war ich seit 14 Tagen so krank, daß die ganze Reise zweifelhaft wurde. Jetzt geht es besser und wir reisen in wenig Stunden ab von hier. Von Bremen aus erfahren Sie den Tag unserer Ankunft genauer.

Die Wasserträgerouvertüre lieb' auch ich sehr — spielen Sie sie ja im Concert. Von der Direction meiner Symphonie entbinden Sie mich. Ich bin so kurzsichtig, daß ich keine Note, keinen Musiker sehen kann. Muß mich erst in eine Brille finden, ehe ich [es] wagen darf.

Meine Frau, die Sie und Ihre Freunde grüßen läßt, will spielen: Concertstück von Weber mit Orchester im 1sten, Lied ohne Worte v. Mendelssohn u. Phantasie über Themas aus Lucia von Lammermoor von Liszt im 2ten Theil.

Sehr würde es mich freuen, wenn Sie die Symphonie vor meiner Ankunft einmal probirt hätten; mit einer Probe wär' es fast unmöglich, daß sie gut gehen könnte.

Die Zeit drängt; es bleibt mir nur noch übrig, Sie meiner herzlichen Freude zu versichern, Ihnen bald persönlich gegenüber zu stehen.[268] Ihr

ergebener

Rob. Schumann.

235. An Töpken.

Hamburg, den 6ten März 1842.

Mein lieber Töpken,

Erst heute wird mir's möglich, Ihnen zu schreiben — zu danken für alle Freundlichkeit, die Sie uns erwiesen, durch Sie alle die lieben Menschen zu grüßen, die uns so herzlichen Antheil gezeigt. Sie werden es uns an unsern Augen angesehen haben, wie froh wir waren. Möchte das Wiedersehen nicht das letzte gewesen sein! Hier geht es uns auch ganz gut. Aber freilich so innige Bekanntschaften haben wir hier nicht als in Bremen. Dazu der Saus und Braus des Lebens. Gestern war Concert. Die Symphonie ging sehr frisch von Statten — ich wünschte, Sie hätten sie gehört; sie fand auch vielen Beifall. Auch meine Frau, die aber leider einen schlimmen Finger hatte. Hr. Riefstahl, der Ihnen diese Zeilen bringt, wurde gleichfalls sehr beifällig aufgenommen. Er wird Ihnen als Mensch und Künstler gefallen.

Die Reise nach Kopenhagen ist nun festgesetzt; es wird mir sehr schwer, mich von meinem lieben Weibe zu trennen. Die Verhältnisse sind aber zu günstig, und da sich durch glücklichen Zufall für meine

Frau eine so liebe Begleiterin in Eggers Schwägerin gefunden, habe ich um so weniger Bangen. Die amerikanischen Pläne sind etwas in den Hintergrund zurückgetreten. Die Kluft ist doch gar zu ungeheuer, die da von der Heimath trennt . . .

Adieu mein lieber Töpken. — Eben kömmt Besuch — ich grüße und küsse Sie in herzlicher Liebe

Ihr

Robert Sch.

236. An C. F. Becker.

[Leipzig, April 1842]

Mein verehrtester Freund,

Noch bin ich Ihnen den Dank für den Neujahrsgruß schuldig, wollte oft selbst zu Ihnen kommen, über dies und jenes mit Ihnen sprechen. Es unterblieb, wie so vieles. Sie erfahren jetzt selbst, was „Redigiren" heißt,[260] es frißt doch Zeit weg. Dann kam meine Reise dazwischen ꝛc. ꝛc. Nun ist es an mir, Ihnen Glück zu wünschen. Ich vermuthe, Sie stehen am Steuer mit der allgem. Zeitung, und das kann mich ja nur freuen, da wir ja gewiß im Innern einem Ziele zusteuern. Es wird auch Zeit, daß wir einmal gewissen Corsaren [Schilling] zu Leibe gehen. Darüber müssen wir uns wohl einmal aussprechen.

Für heute nun eine Bitte. Herr Olsen aus Kopenhagen schickt mir so eben ein paar Zeitungblätter mit Berichten über den Erfolg des 1sten Concertes meiner Frau. Für meine Zeitung paßt ein Auszug nicht — doch wünschte ich, daß über die Reise in der Heimath etwas bekannt würde, weil darüber wie über alles, was wir unternehmen, vom alten W[ieck] lauter lügenhafte Gerüchte ausgesprengt sind, wie ich höre.

Haben Sie nun die Gefälligkeit, aus den beiden Artikeln einen kleinen Auszug für die Härtelsche Ztg. zu machen, so würde mich das recht freuen. Die übersandten Blätter (Original und Übersetzung) senden Sie mir wieder zurück, da ich sie meiner Schwiegermutter nach Berlin senden will . . .

Mit freundlichen Grüßen

R. Sch.

237. An A. Kahlert.

Leipzig, den 10ten Mai 1842.

Mein verehrter Freund,

Hands Aesthetik liegt schon seit Jahr und Tag bei mir — könnten Sie sich zu einer Recension[270] entschließen?

Dank für die Symphonierecension.[271] Eine ganz vollkommene Ausführung würde Ihnen, glaub' ich, noch manches in einem anderen Lichte erscheinen lassen. Der Künstler muß aber schon froh sein, wenn er im Kritiker überhaupt Sympathien angeregt — und dies hab ich bei Ihnen, wie mir jede Zeile Ihres Aufsatzes sagt. Meinen Liedercompositionen wünschte ich, daß Sie sich sie genauer ansähen. Sie sprechen von meiner Zukunft. Ich getraue mir nicht, mehr versprechen zu können, als ich (gerade im Lied) geleistet, und ich bin auch zufrieden damit.

Verzeihen Sie die vielen „mein" und „mir" und „ich" — ich möchte auch gern bald von Ihnen wieder hören. . . .[272]

Meine Frau ist mir glücklich und mit Ehren ausgezeichnet von Kopenhagen zurückgekommen; ich konnte sie leider nur bis Hamburg geleiten. Sie läßt Sie grüßen. Das Hamburger Unglück[273] beschäftigt uns auf das Entsetzlichste.

Geben Sie mir bald gute Nachrichten von Ihrem inneren und äußeren Leben, und gedenken freundschaftlich

Ihres

R. Schumann.

238. An Dr. E. Krüger.

Leipzig, den 25. Juni 1842.

Leider ist unsere Zierde fort — Mendelssohn. Indessen werden wir Sie schon noch mit Musik versorgen . . . Daß Mendelssohn in England ist, wissen Sie wohl. Wegen Herausgabe seines Jugendpsalmes konnte ich ihn mithin nicht fragen . . . Der vierhändige Clavierauszug meiner Symphonie ist erschienen; vielleicht sehen Sie sich ihn einmal an. Ein vollständiges Urtheil gibt er freilich nicht. Auch die Lieder aus Rückerts Liebesfrühling von mir und meiner Frau wünschte ich von Ihnen gekannt. Rückert hat uns darauf vor einigen Tagen mit einem Gedicht geantwortet, das uns sehr gefreut.

239. An J. G. Herzog in Bruck.

Leipzig, den 4ten August 1842.

Verehrtester Herr,

Haben Sie Dank für Ihr Vertrauen, das ich gern durch Offenheit erwidern möchte.[274] Aber eine Verständigung aus der Ferne hat immer ihr Schwieriges. Noch dazu weiß ich nicht, was Sie sich für einen Lebensplan gebildet haben — und so muß ich mich denn hauptsächlich an das rein Musikalische halten, wie es sich mir aus Ihren Compositionen darstellt.

Sie scheinen auf der Orgel vorzugsweise heimisch. — Dies ist ein großer Vortheil, und der größte Componist der Welt hat ja für sie die meisten seiner herrlichsten Sachen geschrieben. Anderntheils verführt aber die Orgel grade auch leicht zu einer gewissen bequemen Art des Schaffens, da auf ihr alles gleich gut und schön klingt. Schreiben Sie wenigstens nicht zu viel kleine Sachen und versuchen sich in größeren Formen, in der Fuge, der Toccata u. s. w., von denen ja Bach die höchsten Muster aufgestellt.

Wollen Sie sich aber nicht vorzugsweise zum Organisten bilden, so versuchen Sie sich in der Claviersonate, dem Streichquartett, vor Allem schreiben Sie auch für Gesang, dies bringt am schnellsten weiter und den innern Musikmenschen zur Blüthe.

Lesen Sie auch viel Musik; dies schärft das innere Ohr hauptsächlich. Spielen Sie nicht eher ein Stück, als bis Sie es genau inwendig gehört. Dazu würde ich Ihnen namentlich die 320 Bachschen Choräle und das „wohltemperirte Clavier" empfehlen.

Aber thun Sie auch nicht zu viel auf einmal und vollenden immer alle angefangenen, namentlich größer angelegten Compositionen, auch wenn Sie nicht ganz zufrieden damit sein sollten.

Dies sind nur Winke; möchten Sie sie nicht mißverstehen. Sie haben noch eine schöne Jugend vor sich, und es läßt sich in Ihrem Alter so viel und so leicht lernen. Darum verlieren Sie niemals den Muth und erstarken sich, wenn er sinken sollte, an unsern großen deutschen Meistern, wie Bach, Händel, Mozart und Beethoven.

Gehen Sie denn freudig ans Werk und senden mir nach Verlauf einiger Zeit wieder von Ihren Arbeiten etwas.

Mit den besten Wünschen

Robert Schumann.

240. An Dr. E. Krüger.

Leipzig, den 4ten August 1842.

Wir wollen morgen einen Ausflug in die Böhmischen Bäder antreten. Ich habe angestrengt gearbeitet in der letzten Zeit (3 Quartette für Streichinstrumente) und bedarf einer Zerstreuung. Ueber Mendelssohns Zurückkunft weiß man noch gar nichts Bestimmtes; er selbst wohl nicht. Was seinen Jugendpsalm anlangt, so erinnere ich mich genau, daß er ihn nicht zu veröffentlichen fest gegen mich ausgesprochen.

Kennen Sie das fünfstimmige Magnificat von J. S. Bach (bei Simrock erschienen)? Ich sah es gestern zum erstenmal; es ist herrlich ... Wenn Sie Bach spielen, denken Sie manchmal an mich, und auch sonst ... Finden Sie es nicht lächerlich, wenn J. S. Bach und sein Sohn Emanuel neben einander, wie es oft geschieht, als gleichwiegend genannt werden? Mendelssohn drückte ihr Verhältniß zu einander (von E. zu Sebastian) einmal in einem hübschen Bild aus: „Es wäre, als wenn ein Zwerg unter die Riesen käme".

241. An C. F. Becker.

Verehrtester Freund,

Dr. Keferstein bat mich schon mehrmal, ihm von meinen Compositionen zu schicken, um sie in der Allg. Zeitung anzuzeigen. Dies thue ich nun ganz gern, kenne aber Ihre Redactionsverhältnisse nicht genug, um mit Bestimmtheit erwarten zu dürfen, ob Sie Dr. K—s kritischen Aufsätzen unbedingte Aufnahme gewähren. Namentlich ist in der Allg. Ztg. seit 10 Jahren wohl nicht eine meiner Claviercompositionen besprochen worden, an deren manche ich doch gern zurückdenke, an denen allen ich mit Lust und Liebe gearbeitet.

Stimmt nun K.s Wunsch mit Ihnen zusammen, so schreiben Sie mir ein Wort darüber, um dann K. einige meiner neueren Claviercompositionen zuzuschicken.[275]

Vorher meine Liederhefte gedenke ich Ihnen bald selbst zu übersenden und bitte um freundliche Aufnahme.

Ihr Orgelconcert konnte ich leider nicht besuchen; ich kam erst seit einigen Tagen von einem kleinen Ausflug nach Böhmen zurück. Es thut mir sehr leid — namentlich hätte ich so gern das

[276]

gehört.

In der Hoffnung, Sie bald einmal zu sehen und zu sprechen, wie immer

der Ihrige
[Leipzig,] 13. Aug. 1842. R. Schumann.

242. An Otto Prechtler in Wien.

Leipzig, den 26sten August 1842.

Eben von einer kleinen Reise zurückgekehrt finde ich Ihr freundliches Schreiben vor. Vielen Dank dafür, wie für die früher gesandten Opernbücher. Die „Braut des Kadi" sagt mir besonders zu. Da ich indeß schon seit lange mich mit Vorarbeiten zu einer musikalischen Arbeit beschäftige, die gleichfalls auf orientalischem Grund und Boden fußt, [Paradies u. Peri] (ich sprach Ihnen auch mündlich davon) so wünschte ich ein anderes Süjet für die Oper, worüber ich Ihnen später weitere Mittheilungen zu machen mir erlauben werde.

243. An J. Fischhof.

Leipzig, den 28sten Aug. 42.

Lieber Fischhof,

In Carlsbad konnten wir Sie leider nicht mehr aufsuchen, da wir zu spät nach Ellnbogen zurückkamen, das uns übrigens ganz entzückt hat. Auch in Marienbad ging es uns ganz gut. Ich glaube Sie im Vorbeiflug im Postwagen rückwärts auf der rechten Seite gesehen zu haben. Daß wir den Fürsten Metternich gesprochen, daß er uns sehr huldvoll aufgenommen, hat Ihnen vielleicht Frau Majorin Serre gesagt. Die Stunde wird mir unvergeßlich bleiben.

Heute nun hab' ich eine Bitte an Sie, daß Sie mir nämlich über das Salzburger Fest[277] gleich berichten möchten, oder, ist es Ihnen selbst nicht möglich, Jemanden andern für mich darum ersuchen. Meine Bitte wird hoffentlich noch zeitig genug an Sie gelangen. Also thun Sie's, Lieber.

Sehen Sie Liszt, so grüßen Sie ihn auf das Freundlichste von uns; ich habe Verlangen, ihn einmal wieder zu sehen.

Heute ist Goethes Geburtstag, den ich recht goethisch zubringen will, d. h. in Arbeit, aber auch Freude und Genuß. Also Adieu.

Viele Grüße von meiner Frau und von Ihrem

Schumann.

244. An C. Koßmaly.

Leipzig, d. 1sten September 1842.

Lieber Freund,

Ihr Brief kam spät, aber wie immer willkommen. Vieles darin hat mich sehr erfreut, vorzüglich daß einige Worte, die ich über Sie selbst fallen lassen, so freundlich von Ihnen aufgenommen worden sind. Es liegt so mancher schöne Gedanke in Ihnen vergraben, sprechend und singend — möchten Sie sie nicht zu lang in Kopf und Herzen ruhen lassen.

Was Sie über mich urtheilen, wünsche ich, daß es sich in der Folge, wo ich noch mehr zu leisten denke, bestätigen möge. Am zurückgelegten Weg freut mich manches; es ist aber nichts gegen die Aussichten, die ich sich mir in einzelnen schönen Stunden in der Ferne eröffnen sehe. Wissen Sie mein Morgen- und abendliches Künstlergebet? Deutsche Oper heißt es. Da ist zu wirken. Aber auch die Symphonie soll nicht vergessen werden.

Von ihren Tageblättern hab' ich das Meiste gelesen. Mir gefällt immer an Ihnen, daß man hinter dem philosophirenden Kopf einen so gut praktischen Musiker erräth, und umgekehrt. . . Wir (meine Frau und ich) machten vor Kurzem einen Ausflug nach Böhmen, u. a. nach Königswart, wo gerade der Fürst Metternich war. Er nahm uns sehr huldreich auf und versprach uns in den freundlichsten Worten seinen Schutz, wenn wir nach Wien kommen sollten. Dies hat mir einigermaßen Lust dahin gemacht. Nun möchte ich aber auch, daß die Leute dort etwas von meinen Compositionen erfahren, und namentlich möchte ich meine 1ste Symphonie, vielleicht auch eine andere, dort aufführen lassen. Die Wiener sind ein unwissend Volk, und wissen im Ganzen wenig, was draußen im Reich vorgeht. Anderntheils hat es freilich auch guten Klang in der Musikwelt, und eine günstige Aufnahme von dorther berichtet, kann mir in mannigfacher Weise nützen. Wollten Sie nun vielleicht mich und meine Symphonie dort einführen, durch einen Artikel in der Schmidtschen Zeitung? Ich würde Ihnen in diesem Fall den 4händigen Clavierauszug und — wünschen Sie's — auch die Partitur schicken. Der Aufsatz müßte dann freilich noch im October dahin abgehen, weil wir, wenn wir reisen, schon im November abreisen würden. Hierauf schreiben Sie mir denn womöglich ein freundliches Ja, das ich Ihnen herzlich danke im Voraus. Einige Andeutungen, was mir bei der Symphonie im Herzen vorgegangen, sende ich Ihnen dann auch.

Wir sind in nebelhaften Umrissen von einander geschieden, was mich hinterher oft lachen gemacht.[278] Jetzt sind aber die guten Vorstellungen und Gedanken wieder bei einander, und Ihr Brief bestätigt mir das. Hoffentlich auch der meine Ihnen. Möchte ich denn recht oft so deutlich lebhaft vor Ihnen stehen, wie Sie mir, und dann nehmen Sie die Feder zur Hand und sagen mir's.

Ihr Sie herzlich liebender
R. Sch.

245. An H. C. Andersen in Kopenhagen.

Leipzig den 1sten October 1842.

Mein verehrtester Herr,

Was müssen Sie von mir denken, daß ich Ihnen auf Ihre liebenswürdigen Zeilen, die mich so sehr erfreuten, so lange die Antwort schuldig geblieben bin? Aber — ich wollte nicht mit ganz leeren Händen vor Ihnen erscheinen, obwohl ich recht gut weiß, daß ich Ihnen eigentlich nur etwas zurückgebe, das ich erst von Ihnen empfangen. Nehmen Sie denn meine Musik zu Ihren Gedichten freundlich auf.[279] Sie wird Ihnen vielleicht im ersten Augenblicke sonderbar vorkommen. Ging es mir doch selbst erst mit Ihren Gedichten so! Wie ich mich aber mehr hineinlebte, nahm auch meine Musik einen immer fremdartigeren Charakter an. Also, an Ihnen liegt die Schuld allein. Andersens Gedichte muß man anders componiren als „blühe liebes Veilchen“ ꝛc. . . .

Meine Frau hat mir so viel von Ihnen erzählt und ich habe mir alles so haarklein berichten lassen, daß ich glaube, ich erkenne Sie, wenn ich Ihnen von ungefähr einmal begegne. Waren Sie mir doch schon aus Ihren Dichtungen bekannt, aus Ihrem „Improvisator“, aus Ihren „Mondscheingeschichten“ und aus Ihrem köstlichen „Geiger“, dem köstlichsten, den ich außer . . . [?] von Immermann in der neueren deutschen Literatur gefunden. Habe ich doch auch eine vollständige Uebersetzung Ihrer kleineren Gedichte. Es findet sich gewiß noch manche Perle für den Musiker.

Erhalte Sie der Himmel noch lange Ihren Freunden und Verehrern, und erlauben Sie, daß ich mich diesen beizählen darf.

Ihr ergebenster
Robert Schumann.

Meine Frau empfiehlt sich Ihnen freundlich.

246. An Ferdinand David in Leipzig.

[Ohne Datum. October 1842.]

Lieber David,

Hier die Symphonie, deren Leitung ich Ihren Händen mit ganzem Vertrauen übergebe.[280] Stünden Sie freilich noch an der ersten Violine und Mendelssohn dirigirte, so könnte ich nur froh darüber sein. Mendelssohns Zurückkunft ist aber, wie ich höre, wieder zweifelhaft geworden, wegen der neu übernommenen Symphonie-Soiréen in Berlin. Und dann, Mendelssohn hat sich der ersten Aufführung meiner Symphonie mit so vieler Freundlichkeit angenommen, daß es seine Güte fast zu sehr in Anspruch nehmen hieße, sollte er sie noch einmal einstudiren.

Oder ging' denn das nicht, daß Sie dirigirten und auch vorspielten? Das schien mir freilich das Beste. Das Orchester kennt ja die Symphonie schon und wird sich schnell wieder darin zurecht finden. Und richteten Sie es ein, daß ein nicht zu großes und schweres Orchesterstück in demselben Concert angesetzt wird, so bliebe ja auch hinlänglich Zeit zum Probiren. Dies sei denn alles Ihrer freundlichen Ein- und Ansicht überlassen. Wegen einiger Stellen in der Symphonie besprechen wir uns noch mündlich, namentlich über eine im ersten Satz. Das

das die Hörner haben, ist wie überall, wo ich die Symphonie hörte, zu matt herausgekommen. Bei der ersten Aufführung schien mir's stark genug zu klingen, weßhalb ich es auch drucken ließ. Ich möchte aber doch lieber Posaunen nehmen, wie ich auch in meiner ersten Skizze notirt hatte, — jedenfalls versuchen wir es ein Mal mit Posaunen.

Meine Quartette druckt Härtel. Er sagte mir, wie viel Gutes Sie ihm davon gesprochen, und das hat mich recht von Ihnen gefreut. Es soll aber auch immer besser werden und mir ist bei jedem neuen Werke, als müßte ich wieder von vorne anfangen...

247. An L. Spohr.

Leipzig, den 23sten Nov. 1842.

Hochzuverehrender Herr,

Mit großem Bedauern hörten wir Ihren und Ihrer Frau Gemahlin gütigen Besuch im vergangenen Sommer. Wir suchten Sie noch an demselben Tage überall auf, bis wir denn den andern Morgen

Ihre schnelle Abreise erfuhren. Meine Frau hatte vor, Ihnen Ihr erstes Trio hören zu lassen, auch ich hätte Ihnen gern dies und jenes vorlegen mögen. Dies soll denn vielleicht nur aufgehoben sein bis zum nächsten Sommer, wo Sie Ihre Verehrer hier einmal mit einem recht langen Besuch erfreuen wollen.

Noch ehe mir unser verehrter Md. Hauptmann von Ihrem Wunsch, meine Symphonie zu erhalten, sagte, war es längst mein Vorsatz gewesen, sie Ihnen zu senden, um Ihr gütiges Urtheil darüber zu erbitten. Mein Streben ist Ihnen bis jetzt nur aus kleineren Stücken bekannt worden — möchte Ihnen denn der größere Versuch einiges Interesse, einige Freude gewähren. Ich schrieb die Symphonie zu Ende Winters 1841, wenn ich es sagen darf, in jenem Frühlingsdrang, der den Menschen wohl bis in das höchste Alter hinauf und in jedem Jahre von Neuem überfällt. Schildern, malen wollte ich nicht; daß aber eben die Zeit, in der die Symphonie entstand, auf ihre Gestaltung und daß sie gerade so geworden, wie sie ist, eingewirkt hat, glaube ich wohl. Leicht werden Sie die Symphonie nicht finden, doch auch nicht allzuschwer. Auf einige Stellen, die überall, wo ich sie hörte, Schwierigkeiten machten, erlaube ich mir noch hinzudeuten...

Möchte sich die Mühe, die Sie meinem Werke schenken, nur auch in etwas lohnen durch die Musik; meines Dankes brauch' ich Sie wohl kaum zu versichern.

Vergleiche ich nun freilich Ihre letzte Symphonie [„Irdisches u. Göttliches im Menschenleben"], die ich noch gestern mit wahrer Erhebung gelesen, mit andern, so sehe ich gar wohl, wie viel noch zu thun übrig bleibt. Aber es steht dem Meister so wohl, wenn er, außer daß er selbst Schönes schafft, auch junge Bestrebungen in seinen Schutz nimmt, und daß mich dies gerade von dem, den ich unter den Lebenden am höchsten verehre, erfreut hat, mag ich diesem Briefe gern anvertrauen.

In immerwährender Hochachtung

Ihr ergebenster

Robert Schumann.

248. An Fr. Liszt in Berlin.

Leipzig, den 3ten Januar 1843.

Mein theurer Freund,

Einen freundlichen Gruß und Glückwunsch zu 1843 wollte ich Ihnen heute nur schicken durch unsre anmuthige Freundin Elise [List], die Ihnen mehr von uns erzählen wird.

Vielleicht sehen wir uns auch bald in Berlin. Schreiben Sie mir doch so bald als möglich ein paar Zeilen, wie lange Sie in Berlin bleiben. Wir hätten große Lust hinzukommen; es geht aber nicht vor dem 12ten. Meine Frau hätte wohl auch Lust, eine Soirée in B. zu geben. Würden Sie da vielleicht so freundlich sein, mit ihr ein Duo zu spielen? Daß sie dann auch in Ihren eigenen Concerten mitwirken würde, versteht sich. Ich habe ein Quintett geschrieben; dies sollte meine Frau vielleicht auch in B. spielen; ich würde mich freuen, wenn Sie es hörten — es macht eine recht frische Wirkung. Auch ein Quartett für Pianoforte rc. und ein Trio hab' ich fertig — aber noch nicht gehört. Bis zu unserer Ankunft in Berlin würde ich aber alles in Ordnung bringen, damit Sie's kennen lernten — ich weiß ja, Sie lieben manches an meiner Musik — drum nennen Sie mich nicht unbescheiden.

Frl. Elisen werden Sie wohl in ihren Unternehmungen freundlich beistehen; es ist ein nobles Mädchen. Hätte sie nur Gelegenheit, öfter öffentlich zu singen. Es fehlt ihr noch an Muth und Keckheit und Gewandtheit, was alles zum Virtuosen gehört. Das durchschauen Sie aber alles selbst.

Adieu, mein theurer Liszt! Nehmen Sie freundliche Grüße von meiner Frau und schreiben uns gleich ein paar Worte.

Wie immer Ihr

R. Schumann.

249. An Wilhelm Taubert in Berlin.

Leipzig, den 10ten Januar 1843.

Lieber Freund,

Unsere Matinée[281] ist glücklich von Statten gegangen — ich wünschte, Sie wären dabei gewesen. Quartett [A moll] und Quintett machte eine recht lebendige Wirkung, auch im Concertsaal; sie werden bald im Druck erscheinen und dann hören Sie sich's einmal an.

Nun zu meiner Symphonie; gehen Sie mit freundlichem Glauben daran und mit Geduld, denn sie ist nicht leicht fürs erstmalige Spielen — doch auch nicht unerhört schwer, wie Sie bald finden werden. Könnten Sie Ihrem Orchester beim Spiel etwas Frühlingssehnsucht einwehen; die hatte ich hauptsächlich dabei, als ich sie schrieb im Februar[282] 1841. Gleich den ersten Trompeteneinsatz möcht' ich, daß er wie aus der Höhe klänge, wie ein Ruf zum Erwachen — in das Folgende der Einleitung könnte ich dann hineinlegen, wie es überall zu grüneln anfängt, wohl gar ein Schmetterling auffliegt, und im Allegro, wie nach und nach alles zusammen kommt, was zum Frühling etwa gehört. Doch das sind Phantasien, die mir nach Vollendung der Arbeit ankamen; nur vom letzten Satz will ich Ihnen sagen, daß ich mir *Frühlingsabschied* darunter denken möchte, daß ich ihn darum nicht zu frivol genommen wünschte. Nun noch zu einem paar einzelner Stellen; nehmen Sie die Partitur in die Hand und folgen mir freundlich. Das Più vivace in der Einleitung nehme ich gleich um *Vieles* schneller als das Vorhergegangene, damit es *unvermerkt* gleich in das Allegro vivace überleite. Die Hornstelle, nach Claviernoten so aussehend, lassen Sie so stark als möglich blasen; hier in Leipzig hörte ich sie immer gut, in andern Orchestern aber meist ganz schwach. Noch wichtiger ist dieselbe Stelle nach dem *fff* nach der Mitte des Satzes, wo sie so aussieht — sollte sie da gar zu schwach herauskommen, so nehmen Sie doch *Alt- und Tenor-Posaune* mit.

Noch achten Sie auf die Stelle zum Schluß, wo Hörner und Trompeten p marcato das Thema einsetzen, daß sie recht deutlich herauskommt. Sonst hat der 1ste Satz, wie auch das Adagio keine Schwierigkeiten. Desto mehr aber das 1ste Trio des Scherzo, das mir immer zu schaffen machte. Die Figur

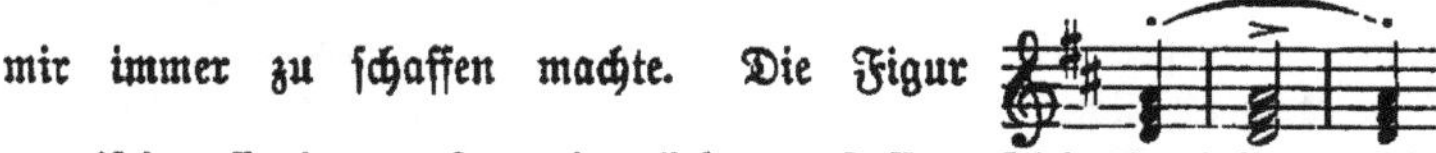

verwischen sie immer so undeutlich — Lassen Sie's so spielen, als ständen die Zeichen gar nicht da, so wird's schneller gut gehen — das Ganze recht zart und leicht. Beim Schluß desselben Trios, wo Flöten, Hoboen, Clarinetten und Fagotte so haben

übersehen die Streichinstrumente meistens das p, das gleich nach einem *f* folgt.. Das Schwerste aber an der ganzen Symphonie ist die Coda des Scherzo; probiren Sie die Stelle mir zu Liebe recht oft, lieber Taubert; ich danke es Ihnen herzlich. Der letzte Satz hat wenig Schwieriges bis auf die Stelle in der Mitte mit der *Flötencadenz*, die Sie schon recht leicht und ruhig in das 1ste Tempo zurückführen werden.

Noch mache ich Sie auf einige Stichfehler aufmerksam, die, wie ich glaube, in dem Exemplar, das Sie haben, noch nicht corrigirt sind. In der Clarinetto II^do^ muß S. 5, System 1, zwischen dem 3ten und 4ten Tact der Tact  eingeschaltet werden. Sodann sind im Triangel vor seinem 1sten Solo vier Tacte zu viel in der gedruckten Stimme.

Gern wäre ich sebst dabei — doch werde ich schwerlich abkommen können. Indeß benachrichtigen Sie mich, wann die Probe ist — komme ich vielleicht noch, so möchte ich vorzüglich auch bei dieser sein. Geht es aber in keinem Falle, so nehmen Sie sich meines Kindes liebreich an; es hat Mängel, gewiß aber auch den besten Willen, und Sie sind Künstler genug, dies alles zu erkennen. [283]

Eine wahrhafte Finsterniß verbreitet sich auf einmal — verzeihen Sie die Schrift danach — ich muß schließen.

Herzliche Grüße von meiner Frau. Ihr

Robert Schumann.

250. An C. Koßmaly.

Leipzig, den 5ten Mai 1843.

Mein lieber Freund,

Es wird wenig aus diesem Briefe werden; vor meinem Fenster bläst und heult eine Meß-Musikbande, im Hause selbst ist viel Unruhe — morgen soll getauft werden (unser zweites Mädchen) — und doch muß ich Ihnen einmal schreiben, da Sie immer so freundlich an mich denken. Dank für Ihre schönen Lieder; was ich darüber denke, verschweige ich, bis ich's in der Zeitung thu', was ehestens geschehen soll. [284] Ließen Sie nur mehr drucken und kämen ganz nach Leipzig. Ueber die neue Theaterveränderung weiß man noch gar nichts Bestimmtes. Ein Dr. Schmidt soll es übernommen haben; ich kenne ihn etwas und werde seiner Zeit gewiß von Ihnen sprechen.

Sonst war die Zeit, in der wir uns nicht sahen, eine recht ergiebige. Können Sie sich meine 3 Quartette, die erschienen sind, nicht einmal in Detmold vorspielen lassen? Das wünschte ich sehr. Dann erscheint bald ein Quintett für Pianof. rc. und ein Quartett desgl. und manches Andere. Im Augenblicke bin ich in einer großen Arbeit, der größten, die ich bis jetzt unternommen — es ist keine Oper — ich glaube beinahe ein neues Genre für den Concertsaal [Paradies und

Peri] — daran will ich denn meinen ganzen Fleiß setzen und hoffe noch im Laufe des Jahres damit fertig zu werden.

Mit einiger Scheu lege ich Ihnen ein Paquet älterer Compositionen von mir bei. Sie werden, was unreif, unvollendet an ihnen ist, leicht entdecken. Es sind meistens Wiederspiegelungen meines wildbewegten früheren Lebens; Mensch und Musiker suchten sich immer gleichzeitig bei mir auszusprechen; es ist wohl auch noch jetzt so, wo ich mich freilich und auch meine Kunst mehr beherrschen gelernt habe. Wie viele Freuden und Leiden in diesem kleinen Häuflein Noten zusammen begraben liegen, Ihr mitfühlendes Herz wird das herausfinden.

Von den Claviercompositionen, die ich für meine besten halte, konnte ich leider kein Exemplar auftreiben, es sind das, wie ich glaube: Die Kreisleriana, 6 [8] Phantasiestücke, 4 Hefte Novelletten und ein Heft Romanzen. Gerade diese vier sind die letzten Claviercompositionen, die ich geschrieben (im J. 1838). Doch auch die früheren werden Ihnen ein Bild meines Charakters, meines Strebens geben; ja gerade in den Versuchen liegen oft die meisten Keime der Zukunft. Drum nehmen Sie sie wohlwollend auf mit ihren Mängeln — ich kann nichts weiter darüber sagen.

Diese Sachen sind alle nur wenig bekannt worden, aus natürlichen Gründen: 1) aus inneren der Schwierigkeit in Form und Gehalt, 2) weil ich kein Virtuos bin, der sie öffentlich vortragen könnte, 3) weil ich Redacteur meiner Zeitschrift, in der ich sie nicht erwähnen konnte, 4) weil Fink Redacteur der andern, der sie nicht erwähnen wollte. Es ist aber manches anders geworden. Das Publikum nimmt, wie ich höre, jetzt größeren Antheil an meinen Sachen, auch den älteren — die Kinderscenen und Phantasiestücke, die ich Ihnen leider nicht mittheilen kann, haben sogar ein größeres gefunden. Auch darin hat sich die Zeit verändert; sonst galt es mir gleich, ob man sich um mich bekümmere oder nicht — hat man Frau und Kinder, so wird das ganz anders — man muß ja an die Zukunft denken, man will auch die Früchte seiner Arbeit sehen, nicht die künstlerischen sondern die prosaischen, die zum Leben gehören, und diese bringt und vermehrt nur der größere Ruf.

Nennen Sie es also nicht Eitelkeit, wenn ich Ihnen diese älteren Stücke jetzt, nachdem ich ihnen schon längst entwachsen bin, noch zuschicke und Ihr freundliches Anerbieten, ein Wort darüber irgendwo zu sagen, dankbar annehme. Ich habe die Künstler verachtet immer, [die] wenn der Wisch noch naß aus der Druckerei kommt, ihn auch schon auf die Post befördern an die verschiedenen Redactionen. Doch, was mach' ich für Worte? Sie kennen mich ja und verstehen mich.

Stoff zu Betrachtungen — glaub' ich — geben meine Arbeiten manchen — und wird es Ihnen leicht werden, darüber ein paar Spalten zusammen zu bringen. Da die meisten Sachen bei Härtels erschienen, so würden es diese gewiß sehr gern sehen, wenn in ihrer Zeitung darüber noch gesprochen würde... Die Form des Aufsatzes scheint mir passender die eines selbständigen [Aufsatzes] als die gewöhnliche Recensionsweise zu sein...

Hier haben Sie meine Bekenntnisse. Daß Bach und Jean Paul den größten Einfluß auf mich geübt in früheren Zeiten, finden Sie wohl ohne meine Anmerkung heraus. Jetzt bin ich wohl selbständiger geworden,

So möge die Sendung mit meinen besten Wünschen für Sie abgehen. Was Ihnen von den einzelnen Sachen gefällt, behalten Sie zum Andenken an mich.

Schreiben Sie nur bald ein Wort Ihrem

R. Sch.

251. An Dr. E. Krüger.

3. Juni 1843.

Verzeihen Sie mir die Handschrift — ich verlerne das Buchstabenschreiben bald ganz. Und so lassen Sie sich auch sagen, daß ich viele 100000 Noten geschrieben in letzter Zeit, und daß ich grade an Himmelfahrt mit einem großen Opus fertig geworden, dem größten, das ich bis jetzt unternommen. Der Stoff ist das Paradies und die Peri von Th. Moore — ein Oratorium, aber nicht für den Betsaal — sondern für heitre Menschen — und eine Stimme flüsterte mir manchmal zu, als ich schrieb, „dies ist nicht ganz umsonst, was du thust."

252. An Johannes Verhulst im Haag.

Leipzig, den 19ten Juni 1843.

Endlich, mein lieber Verhulst. Hundert und mehrmal habe ich Deiner gedacht; aber Du weißt, der Musiker schreibt lieber Noten als Buchstaben, und ich habe in den drei vorigen Monaten viel Musik gemacht. Doch davon nachher.

Nimm zuvor meinen Dank für Deinen herzlichen Brief, der mir Dich wie Dein Bild so deutlich vergegenwärtigt. Du denkst gut und freundlich von mir und dies erfreut ja immer, wenn man sich eines ernsten Strebens bewußt ist. Auch meine Gesinnungen gegen Dich kennst Du und so hoffe ich, es wird noch lange so zwischen uns bleiben. Daß man Dich in Deinem Vaterlande ehren und auszeichnen würde, war vorauszusehen; ich wünsche Dir Glück zum Orden;[285] möge unter dem Löwen ein ewig frisches Künstlerherz Dir schlagen — dies ist die Hauptsache. Du bist noch jung, so gescheut, so gutgesinnt, und wirst noch manches erreichen. Auf Dein neues Quartett freue ich mich; sieh zu, daß wir es bald einmal auf der Inselstraße[286] zu hören bekommen. Schreibe mir bald einmal von Deinen Plänen und ob Du glaubst, bald wieder nach Leipzig zu kommen. Wie oft habe ich Dich vermißt — bei Poppe — auf meinen Spaziergängen. Es ging doch Niemand so leicht in meine Gedanken und Urtheile ein als Du. So sitze ich denn jetzt oft stundenlang schweigend an jenen Abenden, ohne mich so mittheilen zu können, wie ich's gegen Dich that. In [Th.] Kirchner allein find' ich eine warme Musikseele — der ist nun aber zu jung noch, dem man nicht so viel sagen darf als einem Aelteren; es würde ihm mehr schaden als nützen.

Daß wir im Winter viel musicirt, oft auch von meinen neuen Sachen gespielt, ist Dir schon geschrieben worden. An meinem Quintett und Quartett wird Dir manches zusagen; es ist ein recht reges Leben darin. Das Trio [A moll] hab' ich noch nicht gehört; es ist ganz anders, ganz leiser Natur; wir wollen's in diesen Tagen probiren, wenn Rietz zurückkommt, der Violoncell spielt und ein ganz vortrefflicher Mensch und Musiker überhaupt ist. Die Variationen für 2 Claviere ꝛc. hörte ich erst einmal; es ging aber nicht besonders. So etwas will einstudirt sein; der Ton darin ist sehr elegisch, ich glaube, ich war melancholisch etwas, als ich sie componirte.

Nun aber die Hauptsache — ich habe mein „Paradies und die Peri" am vorigen Freitag fertig gebracht, meine größeste Arbeit und ich hoffe auch meine beste. Mit dankerfülltem Herzen gegen den Himmel, der meine Kräfte so wach erhielt, während ich's schrieb, schrieb ich das Fine hinter die Partitur. Es ist ein groß Stück Arbeit, so ein Werk — und man lernt dann erst recht begreifen, was es heißt, mehr solche Sachen componiren — etwa wie Mozart acht Opern in so kurzer Zeit. Die Geschichte der Peri hab' ich Dir wohl schon erzählt; wo nicht, so suche sie Dir zu verschaffen; sie steht in

Thomas Moores Lalla Rookh und ist wie für Musik geschrieben. Die Idee des Ganzen ist so dichterisch, so rein, daß es mich ganz begeisterte. Das Ganze wird grade einen Abend ausfüllen, und ich denke und hoffe zu Gott, es im nächsten Winter in einem eigenen Concerte aufzuführen, vielleicht auch selbst zu dirigiren — und da mußt Du jedenfalls hier sein. So denke ich denn, ich habe Deinen Beifall meines Fleißes mir aufs Neue errungen und Du blickst mir darauf noch einmal so fröhlich in die Augen.

Viel hätte ich Dir noch zu schreiben; aber alles faßt unmöglich ein Brief zusammen. In meinem Hause geht es gut und gesund. Meine Clara hat mir am 25sten April wieder ein Mädchen geschenkt und befand sich immer ganz gut; sie grüßt Dich freundlich. Unsere erste Kleine macht uns täglich mehr Freude und nimmt immer zu an Verstand und Körper. Es hat auch eine Aussöhnung zwischen Cl[ara] und dem alten W[ieck] stattgefunden; was mir Claras wegen lieb ist. Auch mit mir suchte er wieder anzuknüpfen. Der Mann hat aber kein Gefühl, sonst würde er so etwas gar nicht wagen. Du siehst aber, der Himmel klärt sich allmählich auf und mir ist's um Claras halber lieb.[287]

Mendelssohn sprech' ich manchmal oft, manchmal selten; er ist fleißig, ich auch — und so vergehen oft Wochen, daß wir uns nicht sprechen. Das Conservatorium beschäftigt uns jetzt alle; dies wird, denke ich, von bedeutenden Folgen für die mus. Bildung von Deutschlands Zukunft sein. Kirchner hat sich auch als Zögling aufnehmen lassen. Er ist jedenfalls das bedeutendste productive Talent von allen. Den 1sten Satz eines neuen Quartetts hat mir Mendelssohn sehr gelobt.

Bald hoffe ich nun wieder von Dir zu hören, mein lieber Verhulst; den innigsten Antheil nehme ich an allem, was Dich betrifft, und mit mir noch manche Deiner Freunde hier. Bringt es Dich nicht zurück in Deiner Stellung für Deine Heimath, so komme doch ja im nächsten Winter nach Leipzig. Ich grüße und küsse Dich in herzlicher Freundschaft Dein R. Schumann.

253. An Hofrath F. Hand in Jena.

Leipzig, d. 24sten Juni 1843.

Hochverehrter Herr,

Noch vor Kurzem in Ihrer Aesthetik lesend und mich erfreuend an der Vielseitigkeit der Ansichten, dem Reichthum der Materialien, mit dem sie unterstützt sind, dachte ich auch an meinen früheren Lehrer Rector Härtel in Zwickau, der mir öfter von Ihren häuslichen Musikfesten erzählte, und möchte meine Hochachtung gern auch durch einen kleinen Beitrag für Ihre Sammlung aussprechen, der hier folgt und den Sie gütig aufnehmen mögen. Ich habe seitdem Größeres und, glaub ich, auch Bedeutenderes geschrieben, was ich später der Oeffentlichkeit zu übergeben denke; erlauben Sie, daß ich Ihnen auch dann wieder einmal etwas zuschicken darf.

Da Ihre ästhetischen Mittheilungen große Vorbereitungen voraussetzen, da Sie bei der Größe des Stoffes sicher manches nur andeuten konnten, so erlaube ich mir noch die Frage, ob Sie nicht die neue Zeitschrift für Musik einmal mit einem Beitrag erfreuen wollten. Es gibt noch so viel klar zu machen; die großen Meister sind noch viel zu wenig erkannt, und man darf nicht ruhen und rasten, dies der Welt begreiflich zu machen.

Sie haben schon viel gethan, und sollten diese Zeilen Sie vermögen, sich zuweilen auch der Tagesliteratur anzunehmen, so wäre der doppelte Zweck dieses Briefes erfüllt.[288]

Genehmigen Sie, hochverehrter Herr, die Versicherung meiner aufrichtigen Ergebenheit. Robert Schumann.

254. An Heinrich Schmidt.

Lieber Freund,

Leider traf ich Sie heute nicht zu Hause und hätte gern einiges mit Ihnen gesprochen. Von meiner Bitte, Montag statt 7 schon um 5 Uhr zu kommen, wird Ihnen Ihre Frau gesagt haben. Die andere ist, ob Sie mir 4 Tenoristen und 4 Bassisten zu Montag verschaffen könnten. Antworten Sie mir nicht, so nehme ich an, daß sie kommen[289] . . .

Die tiefe Stelle im 3ten Theil der Peri auf den Worten: Meineid, verlass'ne Braut *rc.* wäre vielleicht dahin zu ändern:

oder statt der 2 letzten Tacte vielleicht:

Wählen Sie sich, was Ihnen am besten zusagt und bemerken sich es in der Stimme.

Mit freundlichem Gruß Ihr

Donnerstag, R. Sch.

[d. 12. October 1843.]

255. An Dr. E. Krüger.

Leipzig, den 20. October 1843.

Nach den erquicklichen Stunden, die wir zuletzt verlebt,[290] mußten Sie ... gewiß eine frühere Nachricht von mir erwarten. Immer wollte ich sie auf ein paar recht frische Stunden verschieben, um mit Ihnen über so manches flüchtig Angeregte traulich fortzusprechen. Aber ich war fast zu sehr angestrengt in der letzten Zeit, und nun die Proben meiner Peri angefangen haben, wird's wohl auch noch lange so bleiben. Gedacht hab' ich Ihrer oft, täglich — noch neulich bei Breitkopf und Härtel. Denen fehlt nämlich ein Redacteur ihrer Zeitung. Sollten sie deshalb an Sie schreiben, so schlagen Sie es wenigstens nicht rund ab und lassen mich erst davon wissen. Nach jenem Gespräch mit Härtels dachte ich wohl auch bei mir „das ist doch eine verteufelte Gutmüthigkeit von dir, deinen Concurrenten einen so guten Redacteur zu empfehlen" — ich meine aber, wir werden uns vertragen — und die Hauptsache ist, Sie in unserer Mitte zu sehen.[291]

256. An Moritz Hauptmann in Leipzig.

Verehrtester Freund,

Könnte ich durch Ihre gütige Vermittelung zu Dienstag Abends 6 Uhr eine Anzahl Thomaner, vielleicht 6 von jeder Stimme, erhalten, so bitte ich darum. Es ging gestern gar nicht gut;[292] mit Ihren Thomanern fürchte ich für das nächstemal schon weniger. Nehmen Sie und Ihre Frau Gemahlin auch meinen Dank für die freundliche Theilnahme, die Sie meiner Peri geschenkt; wie lieb und schätzenswerth sie mir ist, brauch' ich Ihnen wohl nicht zu sagen.

Auf baldiges Wiedersehen Ihr

hochachtungsvoll ergebener

Sonntag. [November 1843] R. Schumann.

257. An Heinrich Schmidt.

[Ohne Datum. Mitte December 1843.]

Über die Peri schien mir es besser, nur eine kurze Notiz zu bringen, die mir bereits Osw. Lorenz gemacht u. die in der letzten Nummer [der Zeitschr.] steht.[293] Haben Sie vielen Dank für Ihre Freundschaft.

258. An den Stadtrath Dr. Seeburg in Leipzig.

Geehrtester Herr,

Eine kleine Reise, die wir morgen anzutreten gedenken, unterbricht für diese Woche unseren Unterricht im Conservatorium. Da ich aber nicht wünsche, daß die Stunden ganz ausfallen, habe ich die Hrn. David und Wenzel gebeten, die meinigen zu übernehmen. Ich wollte Sie nun bitten, meinen Stellvertretern ihre Stunden zu vergüten, wogegen meine Frau und ich das Versäumte im Januar nachholen würden.[294]

Auf baldiges Wiedersehen Ihr ergebener

Montag. [d. 18. Dec. 1843.]. R. Schumann.

259. An den Stadtrath Dr. Seeburg.

Hochgeehrter Herr,

Zum 5ten Januar hoffe ich hier und bei der Prüfung gegenwärtig zu sein.

Für Ihre Anfrage wegen Hrn. W[ieck] meinen verbindlichen Dank. Die Wahl scheint mir ganz passend, und ich hatte schon, ehe Sie mir schrieben, daran gedacht. Dabei fällt mir nun Eines ein: meine Schülerinnen haben mir durch Fleiß und Anhänglichkeit Freude gemacht. Kehre ich von meiner Reise zurück, so bin ich gern bereit, mit diesen im Clavierunterricht fortzufahren. Kömmt es also zu einem Abschluß mit Hrn. W., so mögen Sie nach Ihrem Gutdünken von meinem Wunsch Gebrauch machen.[295]

Hochachtungsvoll

Montag. Ihr ergebenster

[D. 18. December 1843.] R. Schumann.

260. An Fräulein Emma Babnigg in Dresden.

Verehrtestes Fräulein,

Meinen Dank für Ihre Mitwirkung in der Peri [23. Dec.], für den seelenvollen Vortrag der Arie der Jungfrau insbesondere, konnte ich Ihnen neulich nicht aussprechen, da ich Sie nach dem Schluß nicht aufzufinden wußte. Empfangen Sie ihn noch heute und nehmen meine Glückwünsche zu Ihrer ferneren Laufbahn, die Ihnen und den Ihrigen, denen ich mich zu empfehlen bitte, nur Glück und Freude bringen kann.

Hochachtungsvoll

D[resden] Ihr ergebenster

D. 25sten Dec. 1843. R. Schumann.

261. An Verhulst.

[Leipzig, d. 5. Jan. 1844.]

Nur wenige Zeilen[296] heute, aber viele Grüße. Ich schreibe Dir gewiß noch ausführlich vor meiner Lappländischen Reise. Dein Quartett [Esdur, Op. 21] hab' ich Wenzel gegeben; es ist mir das Liebste von Musik, was ich von Dir kenne. Deine Dedication hoffe ich bald erwiedern zu können.[297] Frau und Kinder sind ganz munter.

Ich wünschte, Du känntest Gade; das ist ein prächtiger Kerl und Musiker; er geht bald fort. Heute schrieb ich ihm ins Stammbuch:

Auf Wiedersehen auch, mein lieber Verhulst! Dein

R. Schumann.

262. An C. Koßmaly.

Leipzig, d. 25sten Januar 1844.

Wie leid thut mir's jetzt, daß ich Ihnen nicht die Compositionen von mir schickte, die ich, wie ich Ihnen schon schrieb, gerade für meine besten halte — und Andere mit mir. Es sind das die Kreisleriana, Phantasiestücke, Romanzen und Novelletten. Wollten Sie sie noch kennen lernen, so hab ich bei Breitkopf und Härtel hinterlassen, daß man sie Ihnen nachschicke. Es bedarf dazu nur eines Wortes von Ihnen an Härtels. So vieles in Ihrem Aufsatz[298] hat mich innig erfreut; über einiges würden Sie anders sprechen, glaub' ich, wenn wir einmal länger zusammen wären. In jedem Fall danke ich Ihrer liebevollen Müh. Sie sind der Erste, der einmal ein tüchtiges Wort über mich gesprochen, und überall sieht der Ernst und die Wahrheit heraus.

263. An den Pastor Schöneberg in Elberfeld.

Leipzig, den 29. Januar 1844.

Verehrtester Herr,

Ihre Besorgnisse lassen Sie fallen. Das edle tüchtige Streben Ihres Schwagers [G. Nottebohm] verbürgt Ihnen u. ihm gewiß eine ehrenvolle Zukunft. Perioden, wo der Künstler still zu stehen scheint, hat Jeder. Steht Nottebohm vielleicht jetzt in einer ähnlichen, so wird ihn sein gesunder Sinn bald höhere Wege finden lassen. Auch die Anerkennung der Welt wird ihm nicht entgehen, die freilich oft erst nach vielen Jahren redlichen Arbeitens erfolgt.

Daß ich so spät schreibe, entschuldigen Sie. Immer wollte ich es ausführlich, immer störte mich leider etwas. Auch heute kann ich Ihnen nur dies Wenige senden, da ich mich eben zu einer großen Reise nach Petersburg ꝛc. anschicke.

Gedenken Sie manchmal

Ihres ergebenen
Robert Schumann.

264. An Carl Schumann in Schneeberg.

Riga, den 6ten Februar 1844.
Dienstag Abends.

Mein lieber Carl,

Heute früh sind wir gesund und glücklich hier eingetroffen nach einer durchaus nicht beschwerlichen Reise, daß wir jetzt lachen müssen, wie man sich bei uns so grimmige Vorstellungen davon macht.[299] Dir alles zu erzählen, was wir unterwegs Interessantes alles gesehen und erfahren haben, wie freundlich und gastfrei wir hier aufgenommen worden, das kann ich heute nicht. Aber, sind wir wieder zurück, wollen wir einmal einen ganzen Abend darüber sitzen.

An unsere Kleinen denken wir mit Sehnsucht — aber sie sind ja so gut bei Euch aufgehoben und wir werden uns mit des Himmels Willen (zu Juli) ja bald wiedersehen. Wie freue ich mich, wenn wir an Dein Haus vorgefahren kommen und die kleinen Engel uns entgegenlachen. Vielleicht sind wir schon Ende April zurück — vielleicht gehen wir aber von Petersburg auch noch nach Stockholm, und dann würden wir erst Ende Mai zurückkommen. Du erfährst es alles noch genau von Petersburg aus.

Concerte haben wir in Königsberg zwei gegeben; hier werden auch zwei sein, nächsten Freitag und Dienstag wahrscheinlich. Nach allem, was ich höre, glaube ich wohl, daß sich in Rußland sehr viel verdienen läßt, aber auch viel verzehren. Das Geld fliegt wahrhaft aus den Taschen. Es ist alles um das Doppelte beinahe theurer als bei uns. In Petersburg um das Vierfache.

Clara liegt eben auf dem Sopha, sehr ermüdet von den Anstrengungen der vorigen Tage. Darum schreib' ich, da sich Clara erst vorgenommen, an Pauline selbst zu schreiben.

Nach [In] Petersburg denken wir den 21sten (nach Eurer Rechnung) einzutreffen. Antwortet uns gleich nach Empfang dieses Briefes; wir finden die Antwort dann in Petersburg. Es verlangt uns nach Nachrichten über die Kinder. Die Adresse richtet an Adolph Henselt, 1er Pianiste de S. M. l'Empereur.

Mögen Euch diese wenigen Zeilen gesund antreffen. Von Petersburg schreiben wir ausführlich. Heute solltet Ihr nur wissen, daß wir so weit die Reise auf das Beste zurückgelegt haben und daß alle Aussichten auf den weiteren Erfolg sich ganz glücklich darstellen.

Wir küssen die Kinder und Euch in innigster Liebe.

Dein treuer Bruder
Robert.

265. An Friedrich Wieck in Dresden.

St. Petersburg, den 1sten April 1844.

Lieber Vater,

Ihren freundlichen Brief beantworten wir erst heute, da wir Ihnen doch auch gern über den Erfolg unseres hiesigen Aufenthaltes berichten wollten. Wir sind nun vier Wochen hier. Clara hat 4 Concerte gegeben und bei der Kaiserin gespielt; wir haben ausgezeichnete Bekanntschaften gemacht, viel Interessantes gesehen, jeder Tag brachte etwas

Neues — so ist denn heute herangekommen, der letzte Tag vor unserer Weiterreise nach Moskau, und wir können, wenn wir zurückblicken, ganz zufrieden sein mit dem, was wir erreicht. Wie viel habe ich Ihnen zu erzählen und wie freue ich mich darauf. Einen Hauptfehler hatten wir gemacht; wir sind zu spät hier angekommen. In so einer großen Stadt will es viele Vorbereitungen; alles hängt hier vom Hof und der haute volée ab, die Presse und die Zeitungen wirken nur wenig. Dazu war alles von der italienischen Oper wie besessen, die Garcia hat ungeheures Furore gemacht. So kam es denn, daß die beiden ersten Concerte nicht voll waren, das 3te aber sehr, und das 4te (im Michaeltheater) das brillanteste. Während bei andern Künstlern, selbst bei Liszt, die Theilnahme immer abgenommen, hat sie bei Clara sich immer gesteigert und sie hätte noch vier Concerte geben können, wenn nicht die Charwoche dazwischen gekommen und wir doch auch an die Reise nach Moskau denken mußten. Unsere besten Freunde waren natürlich Henselts, die sich unser mit aller Liebe angenommen, dann aber und vor allen die beiden Wielhorskys,[300] zwei ausgezeichnete Männer, namentlich Michael eine wahre Künstlernatur, der genialste Dilettant, der mir je vorgekommen, — beide höchst einflußreich bei Hof und fast täglich um Kaiser und Kaiserin. Clara, glaub' ich, nährt eine stille Passion zu Michael, der, beiläufig gesagt, übrigens schon Enkel hat, d. h. ein Mann über die 50 hinaus, aber frisch wie ein Jüngling ist an Leib und Seele. Auch an dem Prinzen von Oldenburg (Kaisers Neffe) hatten wir einen sehr freundlichen Gönner,[301] wie an seiner Frau, die die Sanftmuth und Güte selbst ist. Sie führten uns gestern selber in ihrem Palais herum. Auch Wielhorskys erzeigten uns eine große Aufmerksamkeit, indem sie uns eine Soirée mit Orchester gaben, zu der ich meine Symphonie einstudirt hatte und dirigirte. Ueber Henselt mündlich; er ist ganz der Alte, reibt sich aber auf durch Stundengeben. Zum Oeffentlichspielen ist er nicht mehr zu bringen; man hört ihn nur beim Prinzen von Oldenburg, wo er auch einmal in einer Soirée die 2flügeligen Variationen von mir mit Clara spielte.

Kaiser und Kaiserin sind sehr freundlich mit Clara gewesen; sie spielte dort gestern vor 8 Tagen im engen Familienkreise zwei ganze Stunden lang. Das Frühlingslied von Mendelssohn[302] ist überall das Lieblingsstück des Publikums geworden; Clara mußte es in allen Concerten mehremale wiederholen; bei der Kaiserin sogar 3mal. Von der Pracht des Winterpalastes wird Ihnen Clara mündlich erzählen;

Herr von Ribeaupierre (der frühere Gesandte in Constantinopel) führte uns vor einigen Tagen darin herum; das ist wie ein Märchen aus „tausend und einer Nacht“.

Sonst sind wir ganz munter; auch von den Kindern haben wir die besten Nachrichten.

Nun denken Sie sich meine Freude: mein alter Onkel[303] lebt noch; gleich in den ersten Tagen unseres Aufenthaltes hier war ich so glücklich, den Gouverneur aus Twer kennen zu lernen, der mir sagte, daß er ihn ganz gut kenne. Ich schrieb also gleich hin und empfing vor Kurzem von ihm und seinem Sohn, der Commandeur eines Regimentes in Twer ist, die herzlichste Antwort. Nächsten Sonnabend feiert er seinen 70jährigen Geburtstag, und ich denke, daß wir da grade in Twer sind. Welche Freude für mich und auch für den alten Greis, der nie einen Verwandten bei sich gesehen.

Vor dem Weg nach Moskau hat man uns bange gemacht; im Uebrigen glauben Sie uns, es reist sich in Rußland nicht schlimmer und besser als irgendwo, eher besser, und ich muß jetzt lachen über die fürchterlichen Bilder, die mir meine Einbildung in Leipzig spielte. Nur theuer ist es sehr hier (in Petersburg zumal, z. B. Wohnung täglich 1 Louisd'or, Kaffee 1 Thlr., Mittagessen 1 Dukaten 2c. 2c.).

Wir denken wieder über Petersburg zurückzukommen (ungefähr in 4 Wochen), nach Reval zu Land zu reisen, von da mit dem Dampfschiff nach Helsingfors und über Abo nach Stockholm, und dann wahrscheinlich die Canaltour nach Kopenhagen in unser liebes Deutschland zurück. Anfang Juni hoffe ich gewiß sehen wir Sie wieder, lieber Papa, und vorher schreiben Sie uns noch oft, vor der Hand immer nach Petersburg mit Henselts Adresse. Henselt schickt uns die Briefe dann nach.

Alwin [Wieck] hat uns mehrmal geschrieben, es scheint ihm ganz leidlich zu gehen; in Reval werden wir wohl das Genauere erfahren. — Molique ist gestern wieder nach Deutschland zurück; die russische Reise hat ihm wohl kaum die Kosten gebracht; es geschieht ihm recht, dem nichts recht ist, der über alles raisonnirt und dabei ein so trockener Gesell ist.

Die hiesigen Musiker haben sich alle höchst freundlich gegen uns gezeigt, namentlich Heinrich Romberg; für ihre Mitwirkung im letzten Concert lehnten sie alle Entschädigung ab; es wurde uns dabei nichts zugemuthet, als sie sämmtlich in Wagen abholen zu lassen zum Concerte, was wir denn mit größter Zufriedenheit thaten.

Sehr viel, so sehr viel hätte ich Ihnen noch zu schreiben; aber wir haben heute noch viel zu präpariren zu der Moskauer Reise; so nehmen Sie denn das Wenige liebreich auf. Grüßen Sie Ihre Frau und Kinder herzlich von Clara und mir und behalten mich lieb.

R. S.

P. S. Heute ist ein kleines Jubiläum für mich — Sie wissen wohl — der 10te Geburtstag unserer Zeitschrift. Von den Beilagen senden Sie wohl einiges nach Leipzig; bitte Sie aber, daß nichts verloren gehen möge ... Die Gedichte[304] würden wohl auch Dr. Freges interessiren.

266. An Fr. Wieck.

(Nachschrift zu einem Briefe von Clara.)

[Petersburg, Mitte Mai 1844.]

Der Himmel verspricht zu morgen[305] eine schöne Fahrt, das Wetter ist wundervoll und alles Grün schon heraus. Wahrhaft zauberisch sind hier die hellen Nächte; man braucht schon jetzt den Abend nicht mehr Licht zu brennen.

Gestern hatten wir noch einen interessanten Tag; früh in Zarskoje-Sselo, wo wir mit H. Romberg und Graf Wielhorsky hinfuhren, und Abends bei der Großfürstin Helene, die uns zu sich eingeladen hatte. Clara spielte wundervoll. Die Großfürstin war (nach Henselts Aussage) gegen uns, wie sie nie gegen Künstler sich gezeigt; übrigens eine wahrhaft königliche Frau, die schon vielen Männern den Kopf verrückt, dabei höchst klug und unterrichtet; wir sprachen viel davon, ob nicht in Petersburg ein Conservatorium zu gründen ginge, und sie hätte uns wohl gern gleich hier behalten.

Die Reise nach Schweden haben wir aufgegeben; es zieht uns zu sehr nach der Heimath und zu unsern Kindern zurück. Ende des Monats hoffen wir Sie, lieber Papa, doch gewiß in Leipzig zu sehen? Wir werden uns auf der Rückreise nur in Swinemünde aufhalten, um nach der Insel Rügen hinüberzufahren. Einstweilen noch einen poetischen Gruß aus Moskau, den ich mir Ihnen persönlich zu übergeben nicht getraue.[306] Es ist versteckte Musik, da zum Componiren keine Ruhe und Zeit war.

Herzliche Grüße an Ihre Frau und Kinder; möchten wir uns Alle glücklich wiederfinden. Ihr

R. S.

267. An Carl Schumann.

[Leipzig] den 3ten Juni 1844.

Mein lieber Carl,

Wir sind mit unsern Kleinen ganz glücklich hier angelangt; der Himmel heiterte sich den Tag über mehr und mehr auf und wir dachten oft an Euch, und Marie wollte immer wieder „nach Schneeberg“ zurück; sie schien nicht recht zu wissen, wo sie eigentlich zu Hause wäre. Hier wurden nun die Kinder von der halben Inselstraße mit Triumph empfangen; ihr Tischchen hatten sie mit Blumen und Geschenken geschmückt; es war ein großes Vergnügen unter den Kleinen, wie sich auch alle über sie freuten, über ihr munteres hübsches Aussehen und Betragen. So folgsam, gut und heiter Marie jetzt ist, war sie noch nie, und das danken wir Eurer liebenden Pflege nächst dem Schutze des Himmels, der sie uns immer so erhalten wolle.

Lieber Carl und Pauline, Ihr habet nun viele Kosten um uns gehabt und viel Sorgen mit den Kleinen. Für die Letzteren können wir Euch nur danken; aber daß wir Euch die Ersteren in etwas zurückerstatten, dürft Ihr nicht verschmähen. — Es ist das Wenigste, was sich Clara ausgerechnet hat, das Euch namentlich die Amme gekostet; ich bitte Dich, lege es zu Paulinens Wochengeld. Es geht doch nicht, daß, wo wir verdient haben, Ihr darüber einbüßen sollt; das siehst Du ein und wirst es nicht falsch deuten. Wärst Du an unserer Stelle, Du würdest ebenso thun — nicht wahr? Und darum verschmähe es nicht!

Meine Freude, Dich so glücklich in Deinem Hause zu sehen, und mit Vertrauen einer immer glücklicheren Zukunft entgegenblicken, darf ich Dir auch nicht verhehlen, mein lieber Carl! So muß es ja immer besser werden, und bringt nicht alles im Augenblick Früchte, so ist ja schon das Bewußtsein, sich erhalten zu haben das Beseligendste. Oft habe ich um Dich und dein Hauswesen mich gesorgt; aber der letzte Aufenthalt bei Dir hat mich ganz glücklich gemacht, das kann ich Dir nur sagen ...

Für heute sage ich Dir nun Lebewohl; schreibe uns bald, wie es bei Dir geht. Vergiß nicht, Carln in den Ferien zu uns zu schicken; es ist viel besser, er kennt schon Leipzig etwas, ehe er auf die Universität hierher kömmt. Übers Jahr laß ihn dann eine größere Fußreise machen, vielleicht in den Harz, daß er die Menschen und die Welt immer mehr kennen lernt.

Ich grüße und küsse Dich, liebe Pauline, und denkt recht oft in Liebe Eures Bruders

Robert.

268. An Verhulst.

Leipzig, den 5ten Juni 1844.

Mein lieber Verhulst,

Erst seit einigen Tagen bin ich von meiner Russischen Reise zurückgekehrt, ganz wohl und gesund, wie auch meine Clara. Da gäb es Dir nun viel zu erzählen, namentlich von Moskau, wo wir auch eines Abends im Theater einen Contrabassisten sahen, der eine so frappante Ähnlichkeit mit Dir hatte, daß ich ihn gleich hätte umarmen mögen; aber ich wüßte nicht, wo aufhören, und bin auch von dem vielen Erzählen hier so müde, daß ich nicht mehr kann.

Den Brief vom Ende Februar, den ich von Dir vorfand, brach ich gleich auf, und danke Dir für Deine Theilnahme an meinem Streben. Was Du mir schreibst, hat mir Lust gemacht, einmal nach Holland zu kommen, vielleicht schon im nächsten Januar. Ich schreibe Dir, sobald sich die Aussichten dazu noch fester gestalten. Von Holland möchten wir dann nach England, wohin ich mich schon so lange sehne. Dann bringe ich auch die Peri mit, und Ihr studirt sie Euch vielleicht schon vorher ein wenig ein. Partitur und Orchesterstimmen werden hoffentlich bis December fertig; der Clavierauszug eher, die Correctur hab' ich schon. Urtheile aber nicht nach ihm allein; das brauch' ich Dir eigentlich nicht zu sagen.

Es scheint Dir wohl zu gehen, mein lieber Verhulst! Hast Du keine Zeit, wieder einmal zu uns zu kommen? Wie schön sind die Zeiten des jugendlichen Zusammenlebens und Strebens; Leiden und Freuden, es kennt sie doch Niemand so gut als der Künstler.

Arbeitest Du fleißig fort? Dein Quartett hab' ich eigentlich nur oben am Rand gekostet; Du scheinst mir an Kraft und Anmuth gewonnen zu haben . . .

Die Redaction der Zeitung hab' ich für dieses Jahr ganz an Lorenz abgegeben, glaube auch nicht, daß ich sie wieder übernehmen werde. Ich möchte ganz der Composition leben; aber freilich der Drang nach einem geregelten Wirkungskreise wird immer größer, je älter man wird. Vielleicht zeigt der Himmel auch da einen Ausweg.

Hirschbach haut gewaltig um sich in seinem Repertorium.[307] Ein freies Wort war aber einmal nöthig, und ich lobe es an ihm, geschäh' es manchmal nur nicht gar zu persönlich und rücksichtslos. Eine tolle Zeit. Wohl dem, der sich in seinen vier Pfählen wohl befindet, Partiturpapier vor sich und prächtige Compositionen hineinmalend.

Meine zwei Mädchen sind kleine liebe Engelskinder, meine Frau das alte gute. Und Du willst Junggesell bleiben? Schreibe mir doch auch darüber einmal!

Ich grüße und küsse Dich; denke so gern an mich, wie ich an Dich!

Dein Robert Sch.

269. An Dr. Oswald Marbach in Leipzig.

Hochgeehrtester Herr,

Ihr vielseitiges Wirken in Kunst und Wissenschaft läßt mich eine Bitte wagen. Schon lange trachte ich nach einem Opernbuch; einige junge Dichter, mit denen ich mich deshalb in Verbindung setzte, nahmen mir die Sache zu flüchtig; andere, bessere haben wieder keine Kenntnisse vom Musikalischen.[308] Vor Kurzem las ich nun den Corsar von Lord Byron — meine große Lust, mich im Dramatischen zu versuchen, erwachte wieder, und ich dachte daran, ob Sie sich vielleicht zu einer musikalisch-dramatischen Behandlung des Gedichtes geneigt finden lassen würden. Einer Abänderung bedürfte meiner Meinung nach nur der Schluß; im Uebrigen fügt sich alles wie von selbst zu einer dreiactigen Oper. Fänden Sie Zeit zu so einer Arbeit, wie froh würde ich sein. Ich würde dann in den nächsten Tagen selbst zu Ihnen kommen, das Nähere mit Ihnen zu besprechen. Einstweilen erfreuen Sie mich vielleicht mit einer Zeile Antwort, ob Sie auf meine Bitte überhaupt Rücksicht nehmen können;[309] eine Vereinigung wegen der übrigen Bedingungen würde dann nicht schwer sein.

In aufrichtiger Hochachtung
Euer Wohlgeboren
ergebenster
Robert Schumann.

d. 2ten Juli 44.
Inselstraße No. 5.

270. An H. C. Andersen in Berlin.

Leipzig, den 25sten Juli 1844.

Mein theurer Herr,

Ihre „Glücksblume“ verfolgt mich; es könnte eine schöne Zauberoper werden: ich wollte alle meine Kraft daran setzen. Könnten Sie mir wohl das Sujet in einem kurzen Umriß noch einmal mittheilen, und würden Sie und der dänische Componist erlauben, daß ich mir den Stoff dann von einem deutschen Dichter bearbeiten ließe? Darf ich nicht eine Antwort von Ihnen noch von Berlin aus hoffen?

Reisen Sie glücklich und denken meiner und meiner Frau zuweilen.[310]

Ihr
Sie aufrichtig verehrender
Robert Schumann.

271. An den Gymnasiallehrer Dr. Em. Klitzsch in Zwickau.

Leipzig, den 9ten August 1844.

Geehrtester Herr,

Von Ihrem regen musikalischen Wirken in meiner lieben Vaterstadt habe ich so oft gehört, daß ich auf Ihre Theilnahme für diese Zeilen fast mit Gewißheit hoffen zu können glaube. Es ist nämlich ein langgehegter Wunsch von mir, meiner Vaterstadt einmal ein kleines Zeugniß meines Strebens zu geben, und ich dachte an meine Peri, ob sie dort nicht aufzuführen wäre. In diesem Falle würde ich einige Tage vor der Aufführung selbst nach Z. kommen, vielleicht in Begleitung einiger mir befreundeten Künstler und Künstlerinnen, um die Hauptproben und die Aufführung zu dirigiren. Die Einnahme nach Abzug der Kosten würde ich einem milden Zweck bestimmen, in keinem Falle aber die Sache unter meinem Namen übernehmen, sondern eben nur Proben und Aufführung leiten. Daß die letzte möglichst gelungen und großartig ausfällt, müßte ich freilich als gewiß annehmen dürfen; statt etwas Halben, Mittelmäßigen lieber nichts. Ueber mancherlei würde ich mit Ihnen vielleicht persönlich Rücksprache nehmen, wollten Sie nur zuvörderst in Ihrem Kreise die Möglichkeit des Unternehmens überhaupt berathen und mir dann schreiben . . .

Haben Sie nun die Güte, geehrtester Herr, über meinen Vorschlag nachzudenken, vielleicht wäre mein alter Freund Baccalaureus Kuntsch und Emil Flechsig mit zu Rathe zu ziehen und mir dann Bestimmteres (auch über die musikalischen Kräfte Zw.s) mitzutheilen.

Herzlich würde ich mich freuen, wenn es zu Stande käme, und sehe einer recht baldigen Antwort von Ihnen entgegen.[311]

Ihr hochachtungsvoll ergebener
Robert Schumann.

272. An Dr. E. Krüger.

[Ohne Datum. Leipzig, October 1844.]

Viel bin ich Ihnen schuldig und der Gedanke daran hat mich oft gequält. Aber Sie wissen vielleicht gar nicht, wie sehr krank ich war an einem allgemeinen Nervenleiden, das mich schon seit einem Vierteljahre heimgesucht, so daß mir vom Arzte jede Anstrengung, und wär's nur im Geist, untersagt war. Jetzt geht es mir etwas besser; das Leben hat wieder Schimmer; Hoffnung und Vertrauen kehren allmählich wieder. Ich glaube, ich hatte zu viel musicirt, zuletzt mich noch viel mit meiner Musik zum Goetheschen Faust beschäftigt — zuletzt versagten Geist und Körper den Dienst ... Musik konnte ich in der vergangenen Zeit gar nicht hören, es schnitt mir wie mit Messern in die Nerven ...

Fünf Wochen später aus Dresden. Noch immer bin ich sehr leidend und oft ganz muthlos. Arbeiten darf ich gar nicht, nur ruhen und spazieren gehen — und auch zum letzten versagen mir häufig die Kräfte. Holder Frühling, vielleicht bringst du sie wieder! ... Wir haben uns für diesen Winter nach Dresden übergesiedelt. Der Arzt rieth dazu — und dann, seitdem Mendelssohn von Leipzig weg ist, will es uns auch musikalisch nicht mehr behagen. Doch bleibt Leipzig für Musik noch immer die bedeutendste Stadt und ich würde jedem jungen Talente rathen, dahin zu gehen, wo man so viel und so viel gute Musik hört[312] ...

Der Faust beschäftigt mich noch sehr. Was meinen Sie zu der Idee, den ganzen Stoff als Oratorium zu behandeln?[313] Ist sie nicht kühn und schön? Nur denken darf ich jetzt daran.

273. An Niels W. Gade in Leipzig.

Lieber Gade,

Erst heute, wie ich meine Musikalien ordne, finde ich Ihr Andenken und die freundlichen Worte darin. In der Unruhe des Umzuges hatte unsere Wirthschafterin von Ihrem Besuch uns zu sagen vergessen. Haben Sie vielen Dank für die Symphonie [C moll]; ich habe sie mit erneuter Freude wieder gelesen, mich herzlich daran gelabt, Sie Drachentödter! Auch von David haben Sie etwas, d. h. von dem in der Bibel. Wissen Sie wie Goethe die Philister definirt?

Was ist ein Philister?
Ein hohler Darm
Von Furcht und Hoffnung angefüllt,
Daß Gott erbarm!

Das ist auch eine ausgesuchte Definition. Hier hat man übrigens die besten Exemplare davon unter den Musikern, glaub' ich. Die fürchten sich alle schrecklich vor einander; sie sagen sich kein wahres Wort, weil sie keines zu sagen wissen. Gott sei Dank gibt es noch einige gute Ausnahmen! — So leben wir denn hier ziemlich still, und die Ruhe thut mir gut. — Doch hab' ich in der letzten Zeit wieder einiges zu arbeiten angefangen; auch Opernpläne beschäftigen mich noch immer. Geht es Ihnen wohl? Denken Sie manchmal an uns? Sie sprachen, daß Sie einiges vielleicht aus der Peri geben wollten, das würde mich freuen, ich käme dann um zuzuhören. Doch glaub' ich ginge **ein** Theil, sei es nun der erste oder zweite, zu schnell vorüber, da jeder kaum mehr als 20 Minuten dauert. Ich würde für die **beiden** ersten Theile stimmen; sie füllen gerade die Hälfte eines Concertes. Wollen Sie übrigens meine Orchesterstimmen, so sende ich sie Ihnen.

Auf Ihre Ouvertüre [„Im Hochland"] freue ich mich sehr, das wäre wieder ein Labsal, nach so vielem Matten und schülerhaften Neuen, was man zu hören bekommt. Lieber Gade, Sie sind ein ganz trefflicher Poet (außer dem Drachentödter) — in den Buchenwäldern sind Sie nicht umsonst promenirt, und am Strand des Meeres! —

Nun genug. Gedenken Sie in Freundschaft

Ihres

Dresden, den 28. December 1844. R. Schumann.

274. An H. C. Andersen in Kopenhagen.

Dresden, den 14ten April 1845.

Durch Gade sende ich Ihnen diesen Gruß; könnte ich doch selbst mit ihm nach dem Norden, aber die Scholle hält mich noch. In der Zeit, wo wir uns nicht sahen, mein werther Freund, ist es mir schlimm gegangen, ein schreckliches nervöses Leiden wollte nicht von mir weichen, und noch bin ich nicht ganz genesen. Mit dem nahenden Frühling fühle ich indeß etwas Stärkung und hoffe noch mehr von ihm.

Arbeiten konnte und durfte ich fast gar nicht; aber gedacht hab' ich viel, auch an unsere **Glücksblume**. Sie antworteten mir so freundlich von Berlin aus, versprachen mir die Skizze mitzutheilen — darf ich Sie daran erinnern? Ist es vielleicht schon gedruckt erschienen? Und wie geht es Ihnen sonst? Haben Sie neue Märchen, neue Gedichte? Winkt Spanien noch aus der Ferne? Können wir hoffen, Sie bald wieder in Deutschland zu begrüßen? Ein Zusammentreffen, wie das an dem Abend, wo Sie bei uns waren, — Dichter, Sängerin, Spielerin und Componist zusammen — wird es bald wiederkommen? Kennen Sie das „Schifflein" von Uhland:

— wann treffen wir
an Einem Ort uns wieder?

Jener Abend wird mir unvergeßlich sein!

Meine Frau grüßt Sie vielmals; sie hat mir wieder ein Mädchen gebracht vor 5 Wochen, unser drittes nun. Den Sommer bleiben wir im schönen Dresden.

Gade hat eine neue Ouvertüre geschrieben, ein ganz geniales Stück. Die Dänen können stolz sein auf diesen prächtigen Musiker. Auch Helsted ist sehr talentvoll.

Darf ich auf eine Antwort von Ihnen hoffen, vielleicht auch auf die Glücksblume? Schreiben Sie dann hieher nach Dresden! Könnte ich Ihnen sonst etwas thun in Deutschland, so machen Sie mich zu Ihrem Secretair; mit Freuden wär ich's.

Ihr Sie hochverehrender

Robert Schumann.

Kennen Sie die Gedichte der Freiin von Droste-Hülshoff? Sie scheinen mir höchst ausgezeichnet.

275. An Verhulst.

Dresden, den 28sten Mai 1845.

Mein lieber Verhulst,

Die Zeit, wo Du nichts von mir gehört hast, war eine schlimme für mich. Ich war oft sehr krank. Finstere Dämonen beherrschten mich. Jetzt geht es etwas besser; auch zur Arbeit komme ich wieder, was mir Monate lang ganz unmöglich war.

Deine beiden Briefe mit Musik haben mich und Clara innig gefreut, namentlich der letzte, wo Du uns Hoffnung auf Deinen Besuch gibst. Komm doch ja — sobald als möglich. Einen Sommer in diesen reizenden Gegenden zu leben, verlohnt sich wohl der Mühe. Auch Julius Becker findest Du, jetzt verheirathet an eine wohlhabende Witwe, und dann Nottebohm. *Verschiebe aber Dein Kommen nicht zu lange hinaus*, mache Dich gleich auf. Wir wollen die alten Zeiten wieder erneuen; es würde eine große Freude für mich sein[314]...

Dies wenige genüge für heute, mein lieber Verhulst! Vieles andere hoffe ich Dir bald zu *sagen*; mache Dich los und komme bald zu

Deinem Dich liebenden

R. S.

276. An Felix Mendelssohn Bartholdy in Frankfurt a/M.

Dresden, den 17ten Juli 1845.

Lieber Mendelssohn,

Vielleicht sehen wir uns bald. Wir haben große Lust nach dem Rhein zu reisen zum Fest in Bonn. Nun schreiben Sie uns, sind Sie noch in Frankfurt — in den Tagen vom 1sten bis 8ten August? Denken Sie noch unser in Freundschaft? Dürfen wir Sie recht oft besuchen? Ach — viel habe ich Ihnen zu erzählen — was für einen schlimmen Winter ich gehabt, wie eine gänzliche Nervenabspannung und in ihrem Geleit ein Andrang von schrecklichen Gedanken mich fast zur Verzweiflung gebracht — daß es jetzt aber wieder freundlicher aussieht und daß auch Musik wieder innen erklingt, und daß ich mich bald ganz wieder zu erholen hoffe — über alles dieses will ich mich bei Ihnen recht tapfer *ausschweigen*. (Anekdote im Hôtel de Bavière 1836.)

Fürs Erste schreiben Sie mir, ob wir Sie auch wirklich in Frankfurt finden, und dann auch, ob Sie glauben, daß Clara dort ein Concert geben oder im Theater spielen könne. Wenn wir die Reisekosten hätten, würden wir noch einmal so fröhlich wieder nach Hause kommen. Wär's nicht, wär's auch kein Unglück. Wir freuen uns vor Allem auf den Rhein, auf den schönen, lieben Rhein.

Von Ihnen hörten wir nur manchmal durch Bendemanns; noch neulich weihte Clara ihren Flügel (einen neuen von Streicher) mit Ihrem alten, immer jungen Capriccio in E  ein, wo ich recht an Leipzig dachte und wie ich es das erstemal von Ihnen hörte bei Voigts. Bendemanns sind immer recht freundlich mit uns, wofür wir sie auch sehr verehren. Er arbeitet wieder fleißig, fast den ganzen Tag; der Saal soll noch bis zur Eröffnung des

Landtages fertig werden. Hiller wohnt in Pillnitz, componirt auch sehr viel. Von seiner Oper [Conradin] hörte ich nur die 2 ersten Acte... Er hat einen unbegreiflichen Mißgriff gethan mit dem Text. Die Musik halte ich dem Charakter und Stil nach für sein Bestes, und ist doch auch wärmer als die „Zerstörung". Er will nun rasch an eine zweite Oper.

Sonst gibt's hier wenig Künstler!

Von Ihnen zu hören, was Sie alles in der Zeit, wo wir uns nicht sahen, gearbeitet, freuen wir uns sehr. Vom „Oedipus" wurde uns erzählt, von Sonaten für die Orgel und von einem neuen Oratorium. Da stehe ich sehr zurück und kann Ihnen nur wenig zeigen. Innerlich, fühl' ich aber, bin ich in der Musik nicht stehen geblieben, und ein rosiger Schimmer will mir manchmal verkünden, ich gelange bald wieder zur ganzen Kraft, um von Neuem rüstig arbeiten zu können.

Leben Sie wohl, mein verehrter Mendelssohn, und sagen mir bald mit einem Worte, ob Sie immer noch gedenken

Ihres ergebenen

Robert Schumann.

Ihrer Gemahlin unsre verehrungsvollen Grüße. Wir denken d. 28sten von hier abzureisen; ein Brief von Ihnen träfe uns also noch ganz gut.

277. An Albert Heintz in Berlin.

Dresden, den 20sten August 1845.

Geehrter Herr,

So eben von einem kleinen Ausflug zurückgekehrt, finde ich Ihre Sendung und danke Ihnen freundlichst dafür, wie für den Brief, so für die Lieder. Vieles in den letzteren, das Meiste hat mich angesprochen, vor allen, wie Sie richtig vermutheten, das Frühlingslied von Heine und dann das Folgende in E dur. Die jugendlich-schwärmerische Stimmung, der sie entsprungen, habe ich gar wohl herausgefühlt, wie denn auch die Gewandtheit in Form und Ausdruck mich sehr überrascht hat. Sind Ihnen die Lieder von Eichendorff nicht bekannt? In diesen würden Sie noch vieles finden, was Sie ganz besonders zur Composition reizen müßte.

Haben Sie von Theodor Kirchner nichts wieder gehört? Es wird Zeit, daß er bald einmal mit etwas Tüchtigem aus seinem Schweigen hervortritt, damit seine Freunde nicht irre an ihm werden.

Nehmen Sie nochmals meinen Dank für Ihre Gabe und möchten Sie nicht aufhören, der Kunst in der Weise zu dienen, wie Sie es so schön begonnen; sie schmücke Ihr Leben fort und fort!

In aufrichtiger Theilnahme Ihr ergebener
Robert Schumann.

278. An Mendelssohn in Leipzig.

[Ohne Datum. Ende September 1845.]

Lieber Mendelssohn,

An mir war's, Ihnen zu schreiben — zu danken für die Liebe Ihres Besuchs, für manches Ihrer Worte. Aber es strengt mich alles Schreiben doch noch sehr an und darum verzeihen Sie! Etwas besser geht mir's schon; Hofrath Carus hat mir Früh-Morgen-Spaziergänge angerathen, die mir denn auch sehr gut bekommen; doch langt es überall noch nicht zu und es juckt und zuckt mich täglich an hundert verschiedenen Stellen. Ein geheimnißvolles Leiden — wenn es der Arzt anpacken will, scheint es zu entfliehen. Doch werden wohl auch bessere Zeiten wiederkommen, und blick' ich auf Frau und Kinder, so hab' ich ja Freude genug.

Zum ersten Concert denkt nun meine Frau sicher in Leipzig zu sein und darin zu spielen. Wir haben uns aber für das Concert von Henselt entschieden, da wir später ein eigenes einmal zu geben Lust haben, wo sie dann meines spielen wird. Sodann trägt mir meine Frau aber auf zu sagen, daß sie nur dies eine Stück spielen möchte. Das Concert ist so schwer wie zwei, sehr angreifend, kurz, sie traut es sich nicht zu, mehr als das eine zu spielen. Wollen Sie so gut sein, dies der Direction zu sagen? — Eine Vorprobe ist nun nicht nöthig und wir würden dann vor Freitag nicht in Leipzig sein. Ein Wort, wann die Probe ist, lassen Sie uns wohl noch wissen? —

In mir paukt und trompetet es seit einigen Tagen sehr (Trombe in C); ich weiß nicht, was daraus werden wird.[315]

Tausend Grüße! Robert Sch.

279. An Mendelssohn.

Dresden, den 24sten September 1845.

Lieber Mendelssohn,

Solche Briefe und Gründe müssen wohl erweichen. Wir spielen,[316] und zwar a) Romanze von R. Sch., b) Notturno von Chopin, c) Lied ohne Worte von M. B. (aus dem neusten Heft das — errathen Sie?)[317]

Die Scene aus Faust ruht auch im Pult; ich scheue mich ordentlich, sie wieder anzusehen. Das Ergriffensein von der sublimen Poesie grade jenes Schlusses ließ mich die Arbeit wagen; ich weiß nicht, ob ich sie jemals veröffentlichen werde. Kommt aber der Muth wieder und vollende ich, so werde ich Ihrer freundlichen Aufforderung gewiß gedenken; haben Sie Dank dafür. —

... Unsere beiden Schützlinge, die Geschwister Becker — nehmen Sie sich ihrer ein wenig an? Es sind ein paar gute Kinder und vom besten Willen; ihre Hände hat der Vater sehr gründlich geschult, es muß nun das Andre kommen.[318]

Man will hier Abonnementconcerte einrichten — doch zweifle ich, ob sie zu Stande kommen. Mit der Capelle ist nichts anzufangen und ohne sie auch nichts. Der Zopf hängt ihnen hier noch gewaltig. So will die Capelle in Extraconcerten nie Beethovensche Symphonien spielen, weil das ihrem Palmsonntagconcert und Pensionsfond schaden könnte. —

Viele Grüße an Sie und David und Gade, erinnert Euch bei Härtelschen Soiréen und Ananaspunsch einmal gelegentlich meiner.

Ihr

R. Schumann.

Mein neustes Bach-Thema ist dieses:

recht zum Wühlen![319]

280. An Mendelssohn.

[Ohne Datum. Bald nach dem vorigen Briefe geschrieben.]

Und nun, lieber Mendelssohn, unsern großen Glückwunsch zur zweiten Kleinen; möge sie Ihnen und Ihrem Hause lauter Freude bringen. Auch bei uns steht etwas bevor; aber ich sage immer zu meiner Frau „man kann nicht genug haben". Es ist die größte Huld, die uns auf Erden geschehen kann.

281. An Mendelssohn.

Dresden, den 22sten October 1845.
Mittwoch früh.

Bester Mendelssohn,

Jetzt mögen Sie wohl mitten in meiner Symphonie sein![320] Erinnern Sie sich noch der ersten Probe im J. 1841 — und der gestopften Trompeten und Hörner zu Anfang? Wie ein wahrer Schnupfen klang's; ich muß lachen, wenn ich daran denke.[321] Und nun lassen Sie sich danken, daß Sie wieder an mein Stück gedacht, sich wieder Mühe damit geben. Mit inniger Freude gedenke ich jenes ersten Abends der Aufführung, wie prächtig ging sie, wie ich es nie wieder gehört. Vielleicht könnte ich es morgen. Aber dazu fehlt mir doch der Unternehmungsgeist; ich will leider immer noch nicht zu meiner ganzen Kraft wieder kommen, jede Störung meiner einfachen Lebensordnung bringt mich noch außer Fassung und in einen krankhaften, gereizten Zustand. Darum blieb ich auch lieber zu Hause, als meine Frau bei Ihnen war, zu meiner Betrübniß. Wo Lust und Freude ist, da muß ich noch fern stehen. Da heißt's denn immer: Hoffe, hoffe — und ich will's.

Mit wahrer Freude hat mir Clara erzählt, wie lieb und gut Sie gegen sie gewesen, Sie wissen ja — sie ist eine alte Verehrerin von Ihnen und glücklich über jedes Beifallszeichen von Ihrer Seite. Dann ist's wohl wahr, sie verdient auch alle Liebe und Aufmunterung, als immer fleißige, immer fortstrebende Künstlerin, und dann als Frau überhaupt — ein Geschenk von Oben ist sie. Also ganz beglückt kam sie von Leipzig zurück, und Sie waren der Hauptgrund dazu, wie sie es gar nicht verhehlt. Noch zuletzt haben wir uns in Ihre Orgelsonaten versenkt — leider nur am Clavier; aber wir hätten es doch ohne Titel herausbekommen, daß sie von Ihnen waren. Und dabei doch überall das Vorwärtsstreben, weshalb Sie mir immer als Vorbild dastehen. Diese ächtpoetischen, neuen Formen wieder, wie sie sich in jeder Sonate zum vollkommenen Bild runden! Wenn ich mir bei Bach immer nur ihn selber an der Orgel spielend vorstelle, so denke ich bei Ihnen mehr an eine tastende Caecilia — und wie schön, daß das grade der Name Ihrer Frau ist. Vor Allem haben mir Nr. 5 und 6 bedeutend geschienen; es ist doch wahr, lieber Mendelssohn — so reine Harmonien, so immer reiner und verklärter schreibt Niemand weiter. Habe ich Sie wieder einmal gelobt? Durfte ich? Freilich was versteht die Welt (incl. viele ihrer Musiker) von reiner Harmonie?

Da hat Wagner wieder eine Oper fertig [Tannhäuser] — gewiß ein geistreicher Kerl voll toller Einfälle und keck über die Maßen — die Aristokratie schwärmt noch vom Rienzi her — aber er kann wahrhaftig nicht vier Takte schön, kaum gut hintereinander wegschreiben und denken. Eben an der reinen Harmonie, an der vierstimmigen Choralgeschicklichkeit — da fehlt es ihnen allen. Was kann da für die Dauer herauskommen! Und nun liegt die ganze Partitur schön gedruckt vor uns[322] — und die Quinten und Octaven dazu — und ändern und radiren möchte er nun gern — zu spät! — Nun genug! Die Musik ist um kein Haar besser als Rienzi, eher matter, forcirter! Sagt man aber so etwas, so heißt es gar „ach, der Neid", darum sag' ich es nur Ihnen, da ich weiß, daß Sie es längst wissen.

Nun mahnt es mich zum Schluß. Aber unser Hauptanliegen nicht zu vergessen! Sind Sie zum 3ten November in Leipzig? Wo nicht, so verschieben wir unser Concert auf den 10ten, sind Sie dann gewiß da? Ein paar Zeilen (recht bald) von Ihnen würden uns lieb sein. Wir würden dann den 3ten hier in Dresden Concert geben.

Die hiesigen Abonnementconcerte, hoffe ich, kommen zu Stande. Die Capelle soll's noch kaum fassen können, das Unerhörte wird geschehen! Dabei ging man übrigens von unserer Seite mit aller Offenheit zu Werke; dennoch, sie glaubt nicht an die Möglichkeit.

Aha! alle Jahre eine Symphonie von Beethoven, und dazu Verzierungen der Capelle ad libitum — das geht nicht mehr. Werden uns die Leipziger manchmal unterstützen? Wir bauen sehr darauf, wir hoffen es sehr.

Bendemann war auch in den Berathungen und mit einem wahrhaft liebenswürdigen Eifer bei der Sache. Durch ein unbegreifliches Versehen ist aber sein Name in der öffentlichen Einladung ausgelassen worden, worauf er geäußert, daß er, da es der Zufall so gewünscht, nun auch nicht dabei sein wolle — was uns Alle sehr schmerzt. Vielleicht bewegen wir ihn aber dennoch.[323]

Ich komme wieder ins Schwatzen; möchte [es] gern noch stundenlang mit Ihnen; aber ich fühl's, es ist besser, ich schließe.

Morgen Abend möge ich recht lebhaft vor Ihnen stehen mit meinen Mängeln und Unarten, aber auch mit einem Herzen, das immer das Beste geben möchte und die Zuneigung des Ihrigen vor allem Andern wünscht.

Ihr

R. Schumann.

282. An Mendelssohn.

Dresden, den 9ten November 1845.

Lieber Mendelssohn,

Meine arme Frau ist krank, nicht bedenklich, doch so, daß sie übermorgen im hiesigen 1sten Abonnementconcert nicht spielen kann. Die Direction ist nun in großer Verlegenheit. Da dachte ich an Joachim, ob der nicht kommen könnte, und an Ihre, immer gern unterstützende Freundlichkeit, ob Sie nicht Joachim dazu aufmuntern helfen wollten. Freilich die größte Eile ist von Nöthen. Mein Schwiegervater hat sich deshalb gleich selbst auf den Weg gemacht. Wollten Sie ihm nun noch diesen Abend in seinen Bemühungen behülflich sein, dadurch, daß Sie ein paar Zeilen an Joachim schrieben, oder daß Sie meinen Schwiegervater zu Joachim selbst begleiten — so sind wir Ihnen zu herzlichstem Danke verpflichtet. Alles Andre wird Ihnen mein Schwiegervater selbst auseinandersetzen.[324]

Unser Orchester ist ein ganz tüchtiges, die Bläser vortrefflich; ich hab' mich gestern erlabt an Ihrer „Meeresstille und glückliche Fahrt". Von dem Schiff kann man wohl auch sagen, was Zelter von dem Mond in irgend einem Stück, wie Sie mir früher einmal erzählten: „da kömmt man auf die Strümpfe". So viel hätte ich Ihnen über Ihre Ouvertüre zu schreiben, so viel! Leider ist unser Publikum fast lauter Aristokratie — ich fürchte, wir machen ihnen oft zu gute Musik.

Nun, lieber Mendelssohn, die andere Bitte! Wollen Sie uns noch in unserm Leipziger Concert den 17ten unterstützen? Daß bis dahin meine Clara sich gänzlich erholt hat, hoffe ich bestimmt. Und was wollen Sie mit ihr spielen? Nicht vielleicht das Duo in A, was Sie schon früher einmal (im J. 1840) mit ihr gespielt? Könnte ich darüber bis Dienstag früh eine Zeile von Ihnen haben, oder wollten Sie meinem Schwiegervater die Antwort mündlich geben? Mittwoch, spätestens Donnerstag kämen wir dann selbst.[325]

Wie schön meine Symphonie gegangen, mit wieviel Antheil Sie dirigirt, hab' ich von Allen gehört. Hätte ich Kräfte! Könnte ich es Ihnen vergelten!

Clara grüßt und dankt auf das Schönste im Voraus.

Wie immer Ihr

R. Schumann.

283. An Mendelssohn.

Dresden, den 12ten November 1845.

Lieber Mendelssohn,

Sind Sie wieder im gewohnten Lebensgleise — nach den unruhigen Tagen in Berlin und der Lind-Aufregung wieder ganz zu Hause, daß man anklopfen kann und freundlich eingelassen wird? Am innigsten dachte ich doch wieder an Sie, als Joachim das Violinconcert spielte; kritisiren nach dem ersten Hören eines solchen Stückes kann ich nicht — aber mich ganz hingeben — dann drängt sich mir wohl auch ein Bild auf, und daß ich's nicht verschweige, welches es war, das einer Grazie, die sich auf Augenblicke wie selbstvergessend, von leidenschaftlicheren Regungen ergriffen wird, daß sie wie die Muse selber anzusehen ist; gleich malen möchte ich es. Gewiß lieben Sie das Concert selber sehr, und wahr ist es auch, so wie der Componist kennt und versteht doch Niemand sein Werk; und die Clarinetten im letzten Satz und die einzelnen Tuttis wissen Sie auch zu schätzen.

Von meinem Concert möchte ich Ihnen auch einiges erzählen, am liebsten, daß Sie es hören könnten. Ginge das vielleicht nicht noch in einem Abonnementconcert? Es fiel uns gestern ein. Wir könnten zu den nächsten ganz gut, später nicht mehr. Sind aber diese Concerte schon bestellt, so schreiben Sie uns, ohne erst bei der Direction nachzufragen — nicht wahr?

In der Ouvertüre, Scherzo und Finale hab' ich geändert, das letzte ganz umgearbeitet — es scheint mir jetzt viel besser. Ich bringe es Ihnen nach Leipzig mit, wenn wir kommen sollten.

Für Ihr Duo haben wir auch noch zu danken, ich habe mich wieder sehr daran ergötzt. Meine Frau bittet wieder um etwas: erlauben Sie wohl, daß sie sich eine Copie davon machen läßt?[326]

Hiller hat viel zu thun mit den Abonnementconcerten; er ist eifrig und scheint sehr glücklich. Ach, wie traurig es mich oft macht, daß ich so unthätig dabei stehen muß; ich versuchte neulich zu dirigiren, mußte es aber wieder lassen, es griff mich zu sehr an. Doch geht es mir im Ganzen viel besser, als wie Sie hier waren; auch zur Arbeit fühl' ich mehr Kraft.

Über Tannhäuser vielleicht bald mündlich; ich muß manches zurücknehmen, was ich Ihnen nach dem Lesen der Partitur darüber schrieb; von der Bühne stellt sich alles ganz anders dar. Ich bin von Vielem ganz ergriffen gewesen.

Einen herzlichen Gruß noch! Robert Sch.

284. An Mendelssohn.

Dresden, den 18ten November 1845.

Lieber Mendelssohn,

Wir haben uns sehr gefreut über Ihr Ja, und hoffen den Montag vor dem Concert in L. zu sein. Herzlich freu' ich mich, Sie zu sehen.

Clara wollte außer dem Concert[327] noch spielen: Impromptu von Hiller und zwei Lieder ohne Worte aus dem 6ten Heft (das in E und das in C, was sie schon das Vorigemal gespielt). Schreiben wir später nicht anders, so nehmen Sie die Stücke als gewiß. Mein Concert zerfällt in **Allegro affettuoso, Andantino und Rondo** — die beiden letzten zusammenhängend — wenn Sie es vielleicht auf dem Zeddel bemerken wollten.

Wagner hat uns zu unserer Überraschung gestern seinen neuen Operntext vorgelegt, Lohengrin — zu meiner doppelten, denn ich trug mich schon seit einem Jahre mit demselben, oder wenigstens einem ähnlichen aus der Zeit der Tafelrunde herum — und muß ihn nun in den Brunnen werfen. Den Meisten gefiel der Text ausnehmend, namentlich den Malern. Wir kommen jetzt nämlich alle Woche einmal zusammen — Bendemann, Rietschel, Hübner, Wagner, Hiller, Reinick — da findet sich denn immer allerhand zum Erzählen oder Vorlesen und es geht recht rege dabei her.

Verhulst reist morgen nach Italien weiter; er hat keine Ruh und Sitzfleisch.

Lieber Mendelssohn, als wir das letzte Mal Abschied nahmen, haben Sie mich gewiß für rappelköpfisch gehalten, als ich Ihnen noch ein so „gräuliches" Compliment machte, zumal Sie vorher das reizende Lied in E gespielt und Sie mein Compliment auf dieses beziehen mußten. Ich meinte aber damit und mit dem „Eichendorff" das in D moll

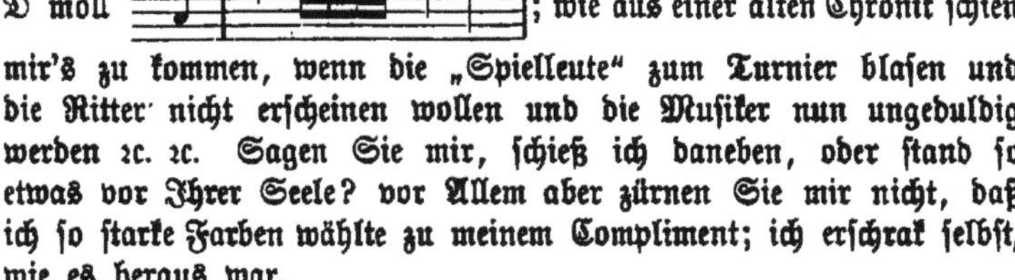

; wie aus einer alten Chronik schien mir's zu kommen, wenn die „Spielleute" zum Turnier blasen und die Ritter nicht erscheinen wollen und die Musiker nun ungeduldig werden rc. rc. Sagen Sie mir, schieß ich daneben, oder stand so etwas vor Ihrer Seele? vor Allem aber zürnen Sie mir nicht, daß ich so starke Farben wählte zu meinem Compliment; ich erschrak selbst, wie es heraus war.

Für Ihre Bemühungen wegen des wohltemperirten Claviers[328] danke ich Ihnen vielmals. Sollte die Ausgabe nicht vielleicht auf der

Berliner Bibliothek sein, und müßte man sich deshalb an Dehn wenden? Wozu ich freilich wenig Lust habe. —

Nun seien Sie mir herzlich gegrüßt — bald schreibe ich Ihnen wieder — überhaupt könnten wir es einander nicht von Zeit zu Zeit auch ohne hinreichenden Grund? Wäre unsere Freundschaft Wein, so wäre jetzt schon ein guter Jahrgang (heute vor 10 Jahren Rosenthal). Vielleicht denken Sie wie ich und schreiben mir bald einmal wieder.

Ihr ergebener
Robert Schumann.

Von meiner Clara die freundlichsten Grüße.

285. An H. Dorn.

Dresden, den 7ten Januar 1846.

Verehrtester Freund,

... Wie gern wir Ihre Symphonie hier hören möchten, glauben Sie mir wohl; aber unsere Concerte sind kaum mehr als ein Anfang der guten Sache; wir haben im Ganzen nur sechs diesen Winter, von denen schon drei gegeben sind und darin keine Mozartsche, noch keine neue Symphonie auch. In den drei letzten soll nun, vorausbestimmt, die C dur von Mozart, die Weihe der Töne, und die von Gade daran kommen. Da würde ich denn mit einem andern Vorschlag bei dem Directorium mit dem besten Willen nichts erreichen können.

Tannhäuser von Wagner wünscht ich, daß Sie sähen. Er enthält Tiefes, Originelles, überhaupt 100mal Besseres als seine früheren Opern — freilich auch manches musikalisch-Triviale. In Summa, er kann der Bühne von großer Bedeutung werden, und wie ich ihn kenne, hat er den Muth dazu. Das Technische, die Instrumentirung finde ich ausgezeichnet, ohne Vergleich meisterhafter gegen früher. Er hat schon wieder einen neuen Text fertig „Lohengrin".

... Meine Frau hat ein Heft Fugen drucken lassen; ich wünschte, daß Sie sie kennen lernten, auch meine Pedalstudien [Op. 56]; vielleicht finden Sie sie Ihrer alten Lehren nicht ganz unwürdig. Sie werden in der nächsten Zeit von manchem Neuen von mir hören.

Unsere herzlichen Grüße noch; möchten Sie sich immer gern unser erinnern.

Ihr ergebener
Robert Schumann.

286. An Carl Reinecke in Leipzig.

Dresden, den 22ten Januar 1846.

Lieber Herr Reinecke,

Gestern fehlte es mir an Zeit, der Sendung einen Brief beizulegen — daher heute einige Zeilen. Mit vielem Interesse hab' ich Ihre Compositionen gelesen, mich an Vielem darin erfreut — an der bedeutenden Gewandtheit einerseits, dann an der edlen Richtung, die sich überhaupt darin ausspricht. Daß Sie noch nicht ganz Eigenes geben können, daß Erinnerungen an Vorbilder oft durchklingen, möge Sie selbst nicht irremachen. In so jungen Jahren, wie Sie stehen, ist alles Schaffen mehr oder weniger nur Reproduction; so muß das Erz viele Wäschen durchgehen, ehe es gediegenes Metall wird.

Zur Ausbildung eigenen melodischen Sinnes bleibt immer das Beste, viel für Gesang, für selbständigen Chor zu schreiben, überhaupt so viel wie möglich innerlich zu erfinden und zu bilden.

Sehen Sie mit Freude Ihrer Zukunft entgegen; vergessen Sie darüber auch den Clavierspieler nicht. Es ist eine schöne Sache — vollendete Virtuosität, wenn sie das Mittel für Darstellung wahrer Kunstwerke ist.

Auch mir und meinen Compositionen schenken Sie ferneren Antheil; über Ihre wahrhaft musikalische Auffassung, feurige und energische Aufführung hab' ich wahre Freude gehabt. Ebenso wie über die Ihrer Genossen und Freunde. Vergessen Sie nicht Hrn. Grabau, Königslöw und Wasielewski[329] freundlich von mir zu grüßen. Recht bald hoffe ich Sie wiederzusehen! Ihr

ergebener
R. Schumann.

287. An Carl Schumann.[330]

Dresden 1846, 4ten Mai.

Mein lieber Bruder!

Wo wir uns Alle einmal wiederfinden, dorthin mußt Du sehen. Auf keine Frage wird uns die Zukunft die Antwort schuldig bleiben. Dies tröste und erhebe Dich.

Wollt Ihr nicht bald eine kleine Reise machen, — hierher nach Dresden — die Jahreszeit ist so schön — Pauline kann ganz gut bei uns wohnen, wir machen recht schöne Spaziergänge zusammen —

gewiß, es wäre Euch gut. Aber sobald wie möglich müßt Ihr kommen; Ende Mai und den Juni sind wir wahrscheinlich gar nicht hier, die nächsten drei Wochen aber gewiß noch.

Komme, mein lieber Carl, zu Deinem

Dich liebenden Bruder

Robert.

288. An Prof. J. C. Lobe in Leipzig.

Verehrtester Freund,

Vielen Dank für Ihre Einladung[331] und meine besten Glückwünsche zugleich zum neuen Wirkungskreise. Leider muß ich vor der Hand noch gänzlich feiern mit allem Arbeiten; ein böses Nervenleiden, das nicht wanken und weichen will, verbietet mir jede größere Anstrengung. Viel hoffe ich vom Seebad, in das ich nächstens zu reisen gedenke. Vielleicht, daß dann die alten Kräfte wiederkommen und ich von Zeit zu Zeit auch einmal mitsprechen kann. Gegen manches wäre loszuwettern. Kunst und Modegeist, Meister und Gesell werden in der musikalischen Kritik noch viel zu wenig geschieden. Doch das sind Intima, über die vielleicht bald einmal mündlich.

Einstweilen seien Sie freundlich gegrüßt als Vorkämpfer für die gute Sache der Musik und halten sich meiner herzlichsten Theilnahme versichert.

Ihr

freundschaftlich ergebener

R. Schumann.

Dresden,

den 4ten Juli 1846.

289. An Ludwig Meinardus, Gymnasiast in Jever.

Dresden, den 3ten September 1846.

Mein werther junger Freund,

Sie müssen mich für unfreundlich halten, daß ich Sie so lang mit einer Antwort warten ließ. Aber im Seebad [Norderney] war mir jede Anstrengung untersagt und untersagte sich auch selbst — schon seit lange bin ich leidend, daß ich oft kaum einen Brief hintereinander fertig schreiben kann. Damit entschuldigen Sie das lange Ausbleiben der Antwort auf Ihre lieben Zeilen, die mir so wohlthuend in die Einförmigkeit des Badelebens hineinklangen. Viel habe ich mich mit Ihnen beschäftigt, vieles in Ihrem Briefe wiederholt gelesen, des jugendlichen Muthes mich gefreut, der sich darin ausspricht, wie mancher hellen und praktischen Ansichten darin. — Alles in Allem erwogen, möchte ich Ihnen dennoch einiges zu bedenken geben, ehe Sie sich entschließen.[332] — War ich doch in einer ähnlichen Lage wie Sie, hatte ich es doch auch mit einer sorglichen Mutter zu thun und kleinstädtische Vorurtheile zu bekämpfen. Dem großen Drange aber kamen ziemlich günstige äußere Verhältnisse zu Hülfe; es kam, wie es kommen mußte — ich ward Musiker — meine Mutter war glücklich, mich glücklich zu wissen. Aber ohne jene äußeren günstigen Verhältnisse — wer weiß, was aus mir geworden, und ob ich nicht dem Schicksal erlegen, dem mittellose Talente so oft zum Raube werden. Wie wehe es mir thut, Sie gerade auf die Stelle Ihres Briefes aufmerksam machen zu müssen, wo Sie mir von Ihren Verhältnissen so offen und vertrauensvoll schreiben, kann ich Ihnen nicht sagen. Sie hielten, mir dies mitzutheilen, selbst für wichtig genug, und das ist es auch. — Die lange Strecke bis zur Zeit, wo sich Ihnen eine sorgenlose Stellung vielleicht bietet, hätten Sie Muth, sie zurück[zu]legen? — die tausend Entbehrungen, oft Demüthigungen zu ertragen, ohne Aufopferung Ihrer Jugend-, Ihrer Schöpferkraft? — Dabei scheint mir, sind Sie im Urtheile weit Ihrem Können vorausgeeilt — Sie hätten viel, sehr viel nachzuholen, vieles, was junge Musiker Ihres Alters längst hinter sich haben und — eine strenge Schule stünde Ihnen jedenfalls noch bevor. Daß Sie dann Tüchtiges, vielleicht Bedeutendes leisten als Componist, ich glaub' es nach dem Talente, das mir Ihre Compositionen verrathen. Aber aus der Zukunft tönt keine Stimme bis zu uns — verbürgen läßt sich nichts.

So meine ich denn, lieben Sie die Kunst, wie Sie immer gethan, üben sich fort und fort und schaffen aus Ihrem Innern, wie viel Sie vermögen, halten Sie fest an großen Mustern und Meistern, vor allen an Bach, Mozart, Beethoven — und schenken Sie auch der Gegenwart immer freundliche Beachtung. — Aber nur nach der strengsten Selbstprüfung ergreifen Sie den anderen Lebensplan, zu dem Sie Ihr Herz zieht — und finden Sie sich nicht stark genug, seinen Mühen und Gefahren Trotz zu bieten, so suchen Sie nach dem sicheren Boden, den Sie sich ja immerhin ausschmücken können mit den Gebilden Ihrer Phantasie und denen der geliebtesten Künstler. Daß Sie mir auch dann ein freundliches Andenken bewahren, soll mich freuen, wie mich schon Ihr ganzer Brief erfreut hat. Theilen Sie mir öfter von Ihren Arbeiten mit, und zunächst schreiben Sie mir von Ihrem nächsten Entschlusse und ob Sie Einigem in meinem Briefe zustimmen. Ihr ,

ergebener
R. Schumann.

290. An Mendelssohn.

Lieber Mendelssohn,

Wenn die Notenschreiber hier Wort halten, so hoffe ich die Symphonie [C dur] noch bis zum 5ten Concert fertig zu bringen.[333] Eine Freude sollte mir's sein. Wäre es dann möglich, daß Sie schon Dienstag eine Probe hielten, so kommen wir Montag; im andern Fall erst Dienstag. Darauf geben Sie mir wohl eine Zeile Antwort! — Eigenes Concert geben wir nicht. Clara hat so schön Abschied genommen mit dem G dur-Concert, daß es besser ist, wir lassen es.[334] Wollten Sie, wie Sie äußerten, im 5ten Concert noch das Tripelconcert von Bach spielen und haben sich über einen dritten Spieler noch nicht entschieden, so versteht es sich freilich, daß sie das mit großer Freude thut.

An der Erinnerung der letzten in L. verlebten Tage zehren wir noch sehr. So todt ist es hier dagegen. —

Clara hat seit ihrem Spiel in Leipzig, vielleicht doch von der Anstrengung, etwas Schmerzen im rechten Arm, was sie im Augenblick zu spielen verhindert. Sollte sich das nicht geben, so daß sie im Tripelconcert nicht mitwirken könnte, so erfahren Sie es jedenfalls noch zeitig genug, um eine Änderung zu machen.

Leben Sie wohl, lieber Mendelssohn, und seien Sie herzlich von uns gegrüßt; auch Ihr kleines Studirstübchen grüß' ich — dort gefällt es mir mit am besten.

In Liebe und Verehrung Ihr
Dresden, ergebener
d. 27sten October 1846. R. Sch.

291. An den Amtseinnehmer K. Meinardus in Jever.

Dresden, den 28sten October 1846.

Geehrter Herr,

Daß ich erst heute auf Ihren Brief antworte, mögen Sie damit entschuldigen, daß ich gern mit Herrn Capellmeister Mendelssohn wegen

Ihres Herrn Sohnes persönlich Rücksprache nehmen wollte. Der einzige Weg zur Begründung seiner zukünftigen Carriere scheint mir nämlich der, daß er nach Leipzig, und zwar auf das dortige Conservatorium müsse. Es ist meine Ueberzeugung, daß er auf diesem Wege am schnellsten und sichersten gefördert wird. Bedeutende Meister wirken dort zusammen (Mendelssohn, Gade, Moscheles, Hauptmann, David u. A.), man hört da die beste Musik, Fleiß und Nacheifer können nirgend wo anders so geweckt werden als dort im Umgange mit anderen Gleichaltrigen — mit einem Wort, es gibt in Deutschland, vielleicht in der Welt keinen bessern Ort für junge Musiker als Leipzig. Nun sprach ich mit Mendelssohn wegen einer Freistelle; diese sind jedoch bereits für mehrere Jahre hinaus vergeben — aber er machte auf eine Gestundung des Honorars Hoffnung; d. h. dem Schüler wird die Zahlung des jährlichen Honorars von 80 Thalern bis auf spätere Zeit erlassen, in den meisten Fällen, namentlich wenn sich der Schüler fleißig und talentvoll gezeigt, wohl ganz nachgesehen. Ehe ich nun weitere Schritte thue, bitte ich Sie, mir zu schreiben, in wie weit mein Vorschlag mit Ihren Ansichten übereinstimmt, und ob Sie Ihren Herrn Sohn auch mit so viel zu unterstützen geneigt sind, daß er auskommen kann. Dies könnte er mit 180—200 Thalern jährlich sehr gut. Hat er sich in Leipzig eingelebt, dort Bekanntschaften gemacht, so findet sich dort — für einen Fleißigen ja immer — auch Gelegenheit zu einem Verdienste. Aber bald müssen Sie mir Ihren Entschluß mittheilen, da wir in ungefähr vierzehn Tagen für den ganzen Winter nach Wien gehen und ich Ihnen dann nicht so behülflich sein könnte, als ich wünschte.

Nehmen Sie noch die aufrichtige Versicherung meiner Theilnahme für das Geschick Ihres Sohnes und geben Sie mir recht bald Gelegenheit, sie zu bethätigen.[335] Ihr

ergebener
R. Schumann.

292. An J. C. Lobe.

[Leipzig; kurz nach dem 16. Nov. 1846.]

Verehrter Freund,

Es ist mir erst heute eingefallen, daß Sie meine neulich im Flug und in etwas Concertaufregung gesprochenen Worte etwa mißdeuten könnten. Ich sende Ihnen daher die Partitur [der C dur-Symphonie], aber nicht dem Redacteur, sondern dem Musiker, dem befreundeten Kunstgenossen. Mißdeuten Sie auch dieses nicht! Aber lese ich in kritischen Journalen redactionelle Erklärungen, wie: „Der Verfasser hat die Partitur uns mitzutheilen die Güte gehabt" — so hat mir dieses immer etwas den Künstler Verdächtigendes, als wollte er sich die besondere Gunst des Kritikers damit erwerben. Ändern Sie also, wenn Sie schon über unser Concert berichtet, kein Wort von Ihrer Ansicht — werfen aber jetzt einen theilnehmenden Blick in mein Werk; von manchen Schmerzen und Freuden wird es Ihnen erzählen, auch sonst vielleicht in seinem musikalischen Gefüge hier und da nicht ohne Interesse sein — und schreiben mir dann privatim ein Wort — so danke ich Ihnen, dem älteren und erfahreneren Künstler, von Herzen.

Leider reise ich schon morgen um 10 Uhr ab — ist es Ihnen bis dahin möglich, die Symphonie durchzulesen? Wo nicht, so theile ich Ihnen später das Manuscript vielleicht noch einmal mit.

Für heute nur diese flüchtigen Zeilen in der Versicherung meiner freundschaftlichen Hochachtung.

R. Schumann.

Die Partitur lasse ich mir morgen früh nach 8 Uhr holen.

293. An J. Fischhof.

Dresden, den 23sten November 46.
Montag früh.

Lieber Freund,

Wenige Stunden nach Empfang dieser Zeilen treffen wir hoffentlich selbst in Wien ein. Immer verschob ich unsere Abreise, und ich wollte Ihnen doch nicht eher schreiben, als ich Gewisses melden konnte. Sehr freuen wir uns auf Wien, auf Sie, auf die alten Bekannten; mögen sie noch die alten Herzen haben. Eine neue Symphonie [C dur] bring' ich mit, meine Frau ein neues Trio [G moll], jene tritt etwas geharnischt auf, dieses ist schon milder. Sie werden beides verstehen.

Im Lauf des Freitag kommen wir wahrscheinlich an; fragen Sie einmal in der Stadt Frankfurt nach!

Auf baldiges Wiedersehen

mit herzlichem Gruß

der Ihrige

R. Schumann.

294. An Dr. Reuter in Leipzig.

Prag, den 3ten Februar 1847.

Lieber Reuter,

Es wird Ihnen vielleicht Freude machen, zu erfahren, daß es uns hier sehr gut ergangen. Das 1ste Concert war sehr besucht, das 2te im Theater (zu ungünstiger Mittagsstunde) leidlich. Namentlich hat mein Concert gefallen, und ich mußte, was ich mir nie habe träumen lassen, sogar auf die Bühne und Bücklinge machen.

Der Adel ist sehr liebenswürdig hier — drei Briefe der Fürstin Schönburg in Wien hatten uns, scheint es, sehr gut empfohlen — und außerdem haben wir hier noch eine Menge frischer theilnehmender Musikmenschen gefunden, wie sie im viel blasirteren Wien nicht mehr anzutreffen. So gern wären wir länger hier geblieben; aber die Zeit drängt, und wir müssen heute über acht Tage spätestens in Berlin sein.

Wie es uns hier am besten ging, kam uns eine Notiz in den Signalen zu Gesicht, die so ausgesucht boshaft und infam ist, wie sie abzufassen nur dem alten W[ieck] möglich ist. Lesen Sie sie selbst — in Nro. 24 glaub' ich steht sie. Clara war ganz außer sich. Daß aber Senff sein Blatt dazu hergibt, eine Notiz aufzunehmen, die mit einem Ruck einer Künstlerin, wie ihr, alle Ehre und Reputation abzuschneiden sucht, hätte ich auch nicht gedacht. Nun aber gescheut, lieber Reuter! Sagen Sie Senff nichts von diesen Zeilen, verbergen aber Ihren Unwillen, den Sie gewiß mit uns theilen, gegen ihn nicht, und suchen Sie zu erfahren, ob die Notiz wirklich vom alten W. ist. Wo nicht, soll es mich freuen — obgleich ich's überzeugt bin, daß nur er sie geschrieben.[336] Und warum ist er wüthend wieder einmal? Weil wir ihm, wie er sich ausdrücken wird, weil wir ihm nicht gefolgt, — weil wir elenden Scriblern nicht den Hof gemacht u. gebeten, zu schreiben — weil wir Minna[337] nicht überall als ein Phänomen ausposaunt haben, — dann auch, weil sich Clara nicht auf den Zeddeln nennt: Cl. W[ieck]-S[chumann] mit großen Buchstaben,[338] — und zuletzt, weil er glaubt, wir haben ihm und Minna bei der Lind im Weg gestanden. Mündlich mehr von seinem wirklich unsinnigen Hochmuth. Aber noch einmal — von Senff ist's auch schändlich, daß er's aufnahm, der W. kennt.

Nun genug von diesen Jämmerlichkeiten — bald, denk' ich, sehen wir uns und wollen dann von Besserem sprechen und uns vergangener Zeiten erfreuen, wie der Hoffnung zukünftiger guter.

Morgen kommen wir in Dresden an — Montag Abends vermuthlich in Leipzig (Sie erfahren es noch genauer), wo wir freilich nur wenige Stunden bleiben. Einstweilen grüßen Sie alle Freunde und Bekannte — den Aufsatz in der „Bohemia“ theilen Sie namentlich Wenzel mit, geben mir ihn aber auf unserer Durchreise zurück. —

... So denn auf baldigstes Wiedersehen Ihr

Sch.

Dresden, den 5ten früh.

Glücklich sind wir hier — nur Clara noch etwas niedergedrückt von der schändlichen Notiz in den Signalen — sie hat es noch nicht verwinden können. Sehen Sie zu, lieber Reuter, daß Senff dies auf irgend eine Weise wieder gut macht, vielleicht durch einfachen Abdruck der Notiz aus der Bohemia ...

295. An Carlo Mechetti[339] in Wien.

Dresden, den 8ten Februar 1847.

Verehrter Herr Mechetti,

Oft haben wir Ihrer gedacht und ausgerufen: „wär' er doch hier, uns zu rathen, für uns zu sorgen“, — Sie hatten uns so sehr verwöhnt durch Ihre Gefälligkeit allda, der noch überdies solche Energie und Schnelligkeit in allem Geschäftlichen zur Seite stand. Haben Sie nochmals herzlichen Dank, glauben Sie, daß wir es nicht vergessen werden.

Sonst ging es uns passabel — in Brünn ein ziemlich volles Concert, in Prag deren zwei, ein sehr volles im Saal und eines im Theater. Das Publikum fanden wir sehr freundlich und frischer als irgend eines; namentlich hat mein Concert sehr gefallen, auch das Quintett.

Morgen reisen wir nun nach Berlin; so haben wir dann schnell Gelegenheit, Süden und Norden in der Musik zu vergleichen.

In der Allgemeinen Zeitung fand ich einen Artikel gegen Saphir.[340] Solche Repliken sind immer gegen meine Ansicht. Indeß wird es vielleicht Andern zu gute kommen, was wir büßen mußten. Vielleicht! Und geb es Gott. Scenen dieser Art, Kunst und Künstler zu behandeln, wie es in der Wiener Presse zum Theil geschieht, gehört in die Rubrik des Dr. Bahrdt mit der eisernen Stirn — und dem gegenüber ist jede Entgegnung zu gut, wie gut es der Schreiber in der Allg. Zeitung auch gemeint haben mag.

Grüßen Sie mir die Guten in Wien — fürs erste Sie selber, — dann Dr. Schmidt — Graf Laurencin — Professor Fischhof — Lickl —

Dessauer — Dr. Frankl — Dr. Jansch — und vergessen Sie Ihren Hrn. Vater und Bruder nicht . . . Nehmen Sie mit der Bitte, sich unser manchmal zu erinnern, nochmals Dank für alle aufopfernde Gefälligkeit, die Sie uns so reichlich bewiesen.

Ihr freundschaftlich ergebener
Robert Schumann.

296. An C. F. Becker.

Verehrtester Freund,

Beifolgendes Heft [die Bach-Fugen] Ihnen zu schicken, war schon längst meine Absicht. Erst heute komme ich dazu. Bietet Ihnen das Opus Interesse genug, um etwas darüber zu sagen in einer der beiden Zeitungen, so soll es mich freuen.[341] An Fleiß und Mühe hat es meinerseits nicht gefehlt; an keiner meiner Compositionen habe ich so lange gefeilt und gearbeitet, sie des hohen Namens, den sie führt, nicht ganz unwürdig zu machen. Möchten Sie in Erinnerung alter Zeiten und treuer Mitgenossenschaft die Sendung mit freundlichen Augen betrachten!

Ihr ergebener

Dresden, den 8ten Februar 1847.

R. Schumann.

297. An L. Rellstab.

Verehrter Herr,

So gern hätte ich Ihren gestrigen werthen Besuch schon heute erwidert, fühle mich aber von der gestrigen Angst-Aufführung [der Peri] so ermattet, daß ich mich heute ganz ruhig verhalten muß. Eben über das Übereilte der Aufführung hätte ich Ihnen gern einiges Nähere mitgetheilt, wie ich denn auch durchaus gegen die Aufführung war und mich nur, um die übrigens so hochzuschätzende Gesellschaft der Akademie nicht zu beleidigen, zur Direction bewegen ließ. Einen großen Theil der Störungen muß ich leider Frl. Tuczek und Hrn. Kraus indirect zur Last legen, die bis vor zwei Tagen die beiden Haupt-Solopartien zu übernehmen versprochen und auf einmal absagten. Frl. Tuczek hatte sogar schon die Proben mitgemacht. So fielen denn gerade die Hauptpartien in ganz unsichere Hände, wie gern übrigens ich die Bereitwilligkeit anerkenne, mit der Frau Burchard und Hr. Neumann [?] aushalfen. Die größten Fehler konnten so nicht ausbleiben und sind nicht ausgeblieben; man sah überall den

Kampf mit den Noten; an Aussprache, Ausdruck, Sicherheit war da nicht zu denken. Und dies bei einem so zarten duftigen Gedicht gerade! Wie leid thut es mir. Da tröstet mich denn nur, daß die Partitur gedruckt und daß sie zur Einsicht für Theilnehmende fertig da ist. Haben Sie, geehrter Herr, der Sie meine ersten Versuche vor Jahren wenn nicht immer billigend, so doch nicht ohne Interesse verfolgt, in den nächsten Tagen etwas Zeit, einen Blick in das Werk zu werfen, so soll es mich freuen. Viel klarer und eindringlicher, denke ich, werden Ihnen so die Freuden und Leiden jener lieblichen orientalischen Fee erklingen, als es gestern sein konnte.

Und so nehmen Sie mit der Bitte, Sie bald persönlich begrüßen zu dürfen, die Versicherung alter und neuer Hochachtung

Ihres ergebenen

B[erlin], den 18ten Februar 1847. R. Schumann.

298. An Dr. Franz Brendel in Leipzig.

Lieber Freund,

Herzlich leid hat es mir gethan, daß wir uns bei meiner letzten Anwesenheit in Leipzig verfehlt. So manches, namentlich über Wiener Musikzustände, hätte ich Ihnen mitzutheilen gewünscht. Nun bin ich hier, im schnellsten Wechsel vom Süden nach dem Norden versetzt — und auch über hier, die hiesigen Zustände, die doch im Ganzen noch besser, ließe sich viel schreiben. In der Unruhe dieser Tage aber etwas festzuhalten, wird mir schwer gelingen; darum nur ein paar Worte über die Aufführung der Peri. Sie war eine übereilte; auch wollte ich mich von der Selber-Direction zurückziehen, that es aber, um nicht noch mehr Verwirrung anzurichten, dennoch nicht. Einige der Chöre gingen vortrefflich, das Orchester hielt sich leidlich — aber die Solopartien! namentlich Peri und der Tenor! In solcher Stadt, gegen Eintrittspreise dem Publikum so mangelhafte Leistungen zu bieten! Die Schuld lag aber an den Launen zweier Theaterkünstler, der Tuczek und des Hrn. Kraus, die zwei Tage vor der Aufführung plötzlich absagten — perfider Weise — so daß die Tenor- und Sopranpartie von zwei Dilettanten übernommen werden mußten. Kaum die Noten trafen sie — von Anderem gar nicht zu reden. So hat denn die Composition auf viele Einzelne wohl gewirkt — die Romantik, der orientalische Charakter war nicht ganz zu zerstören; im Ganzen ist sie aber nicht in ihrer Totalwirkung verstanden worden.

Sie haben nun, wie ich höre in L[eipzig] Gelegenheit, die Peri zu hören — und da wollte ich Sie nur recht bitten, der lieblichen Fee Ihre Aufmerksamkeit zu schenken. Es hängt Herzblut an dieser Arbeit. Namentlich zwei Vorwürfen, die ihr hier gemacht werden — der Mangel an Recitativen und die fortlaufende Aneinanderreihung der Musikstücke —, die mir gerade Vorzüge der Arbeit, ein wahrer formeller Fortschritt zu sein scheinen — wünscht' ich, daß Sie sie ins Auge faßten. Rellstab, der Philister par excellence, hat sie (die Vorwürfe) gemacht, im Übrigen manches gut gefunden.

Die wohlwollende, gründliche und sorgsame Beurtheilung des Concertes in A moll[342] hat mir Freude gemacht. War sie nicht von D[örffe]l? Es sieht ihm ganz ähnlich.

Gestern Abend im Theater stieß ich auf einmal plötzlich an — Berlioz! Er reist schon heute weiter, nach St. Petersburg, um da von sich aufzuführen.

Nun leben Sie wohl, lieber Brendel, grüßen Sie Ihre Frau (auch von der meinigen) und die sonstigen lieben Leipziger Bekannten. Den 1sten März geben wir hier Concert[343], gehen von da nach Breslau und dann nach Dresden zurück, später ins Seebad.

Auf baldiges glückliches Wiedersehen der Ihrige
Berlin, den 20sten Februar 1847. R. Sch.

299. An Ludwig Meinardus in Leipzig.

Dresden, den 1sten April 1847.

Leider haben wir uns verfehlt — und auch auf meiner neulichen Durchreise blieb mir so wenig Zeit, daß ich mich nur nach Ihnen erkundigen konnte. Was ich hörte, gefiel mir nicht ganz.[344] Nun möchte ich von Ihnen selber wissen, wie es Ihnen ergeht, in wiefern der jetzige Aufenthalt Ihren Erwartungen entspricht — und auch von Ihren Arbeiten etwas sehen. Vergessen Sie nicht, mir aufrichtig zu schreiben. — Bestens grüßend

R. Schumann.

300. An Friedrich Hebbel in Wien.

Dresden, den 14ten Mai 1847.

Hochgeehrter Herr,

Entschuldigen Sie die Freiheit, die sich ein Ihnen vielleicht gänzlich Unbekannter nimmt, Sie mit einer Bitte bekannt zu machen, deren

Erfüllung einzig in Ihren Händen liegt und dem Bittsteller freilich eine große Freude sein würde.

Nach dem Lesen Ihrer Genoveva (ich bin Musiker) beschäftigte mich wie die Dichtung selbst, so auch der Gedanke, welch' herrlicher Stoff sie für die Musik sei. Je öfter ich Ihre Tragödie las, die ihresgleichen sucht — lassen Sie mich darüber nichts weiter sagen —, je musikalisch-lebendiger gestaltete sich die Poesie in mir. Endlich berieth ich mich mit einem hier lebenden poetisch begabten Mann [Rob. Reinick], und von der außerordentlichen Schönheit der Dichtung ergriffen, ging er schnell auf meinen Wunsch ein, sie mir zu einem Operngedicht nach besten Kräften umbilden zu wollen.

Zwei Acte liegen jetzt vor mir, die beiden letzten erhalte ich in diesen Tagen. Aber so viel guten Willen der Bearbeiter zeigte, so behagte mir doch das Wenigste; vor Allem, es fehlte überall an Kraft — und der gewöhnliche Operntextstil ist mir nun einmal zuwider; ich weiß zu solchen Tiraden keine Musik zu finden und mag sie nicht.

Endlich in einiger Desperation über das Gelingen fuhr es mir durch den Sinn, ob nicht der gerade Weg der beste, ob ich mich nicht an den rechten Poeten selbst wenden, ihn selbst um seinen Beistand angehen dürfte. Aber mißverstehen Sie mich nicht, verehrter Herr! Nicht als ob ich Ihnen zumuthete, Sie möchten, was Sie einmal im Tiefsten und Innersten erschaut und in Meisterschaft hingestellt, nun noch einmal opernhaft nachdichten — sondern daß Sie sich das Ganze ansähen, Ihr Urtheil mir sagten und nur hier und da Ihre kräftigende Hand anlegten, — dies wäre meine herzliche Bitte.

Thu' ich sie vergebens? Ist es nicht das eigene Kind, das um Ihren Schutz bittet! Und tritt es dann musikalisch angethan später vor Ihre Augen, so gern wünscht' ich, daß Sie sagten, „auch so liebe ich dich noch".

Einstweilen las ich auch Judith — so steht es doch noch nicht so schlimm um die Welt! Wo solche Genoveva- und Judith-Dichter noch leben, da sind wir noch lange nicht am Ende.

Eine Antwort von Ihnen, wenn Sie mich damit beehren wollten, trifft mich hier. Bringt sie ein Ja, will ich es Ihnen danken, wie ich kann; wo nicht, so zählen Sie mich doch jedenfalls zu Ihren aufrichtigsten Verehrern und geben mir Gelegenheit, es zu bethätigen.

Ew. Wohlgeboren

ergebenster
Robert Schumann.

Noch fällt mir ein — auch das Leibliche hat sein Recht. Widmen Sie der Arbeit Ihre Aufmerksamkeit, so versäumen Sie anderes. Es versteht sich, daß wir auch dieses besprechen.

301. An Dr. Klitzsch.

Dresden, den 27sten Mai 1847.

Entschuldigen Sie, geehrter Herr, daß ich Ihnen auf Ihren freundlichen Brief[315] erst heute antworte. Wirkliche Abhaltungen, dann auch meine eigne Unentschlossenheit wegen des Arrangements unseres kleinen Festes waren Schuld daran. Ich denke nämlich, es ist besser, wir lassen die Peri ganz weg — der großen Schwierigkeiten halber namentlich in Beschaffung der Soli, dann der bedeutenden Kosten wegen, die wir besser dem eigentlichen Zwecke (den Nothleidenden im Erzgebirge) zuwenden — und dann auch, weil sie (die Peri) soeben erst bei Ihnen aufgeführt worden. So meine ich denn, beschränken wir das Ganze auf eine Concertaufführung, der sich vielleicht Tags darauf eine Sängerfahrt ins Freie anreihen könnte oder dergleichen. Das musikalische Arrangement des 1sten Tages übernähme ich, wenn Sie mir es anvertrauen wollten; das des anderen Tages vielleicht Sie.

Daß meine Frau sich eine große Freude daraus macht, zu spielen, versteht sich von selbst. Nun aber wegen einer Sängerin — wollen Sie mir Ihre Meinung darüber sagen? Dann wäre am 1sten Concerttag auch eine Nummer für Chor wünschenswerth. Könnte ich Sie doch über alles dieses sprechen! Jedenfalls komme ich aber wenigstens einen Tag vor dem Concert nach Zwickau, damit wir uns recht schön einrichten.

Wegen der Zeit dachte ich an Mittwoch den 30sten Juni und Donnerstag den 1sten Juli — schreiben Sie mir gefälligst, ob dem nichts entgegensteht!

Durch Hrn. Baccalaureus Kuntsch ließ mich Stadtrath Oberländer einladen, bei ihm zu wohnen; danken Sie ihm in meinem Namen und sagen ihm, daß wir mit Vergnügen seine Einladung annähmen, und daß ich ihm selbst noch schreibe.

Ueber vieles andere schreibe ich Ihnen, sobald ich nur erst eine Antwort von Ihnen habe, ob Sie glauben, daß unser Plan — auch ohne Peri — die gewünschte Theilnahme finden und der eigentliche Zweck — eine erkleckliche Unterstützung für die Armen — dabei erreicht wird. Ich sollte es glauben. —

Solche Programme, wie sie mir Hr. Kuntsch von Ihren Soiréen mitgetheilt, hat man, zur Zeit ich in Z[wickau] war, freilich nicht gekannt! Den herzlichsten Gruß dafür von Ihrem

ergebenen

R. Schumann.

302. An Dr. Klitzsch.

Dresden, den 10ten Juni 1847.

Verehrter Herr,

Ein Ausflug übers Land, von dem wir erst zurückgekommen, ist Schuld daran, daß ich Ihnen auf Ihren freundlichen Brief erst heute antworte. Haben Sie Dank, daß Sie sich der Sache so warm annehmen. Stellen wir vor Allem das Programm fest — ich denke so: Theil I. 1) Symphonie [C dur], 2) Arie aus Figaro (Dove sono), 3) Concert von mir. Theil II. 1) Ouvertüre zum Wasserträger von Cherubini. 2) Lieder. 3) Solostücke für Pianoforte (Fuge von Bach A moll, für Orgel eigentlich, Lied ohne Worte v. Mendelssohn, und ein brillantes Schlußstück). Als Zugabe dachte ich an ein kleines Lied für Chor mit Blasinstrumenten über das Feuchterslebensche „Es ist bestimmt in Gottes Rath“, was ich vor wenigen Wochen mit Rücksicht auf das Zwickauer Fest componirt, noch aber nicht aufgeschrieben habe. Vielleicht schreibe ich es noch auf und schicke es Ihnen. Die Composition ist ganz leicht und vom Blatt zu singen.

Statt der Gadeschen Ouvertüre [„Im Hochland“] schlage ich eine ältere vor. Die Gadesche ist ein geniales Stück; doch paßt sie, wie ich fürchte, nicht vor unser Publikum. Schon an meiner Symphonie hat es eine Probe zu bestehen; wir dürfen ihm nicht zu viel zumuthen. Was meinen Sie zum „Wasserträger“?

Noch fällt mir bei: ich darf mir doch nicht zutrauen, das ganze Concert zu dirigiren. Dazu fühl' ich mich leider noch nicht kräftig genug; namentlich wünscht' ich mich zwischen Symphonie und Concert ausruhen zu können. Würde das aber am Ende das Publikum und auch Frl. von Rohrscheid mißdeuten? Dann will ich es wenigstens versuchen — schreiben Sie mir gefälligst Ihre Ansicht davon! . . .

Im Punkt der öffentlichen Anzeige des Concertes (namentlich für die Leipziger Zeitung) wünscht ich sehr, daß Sie mir sie vor dem Erscheinen zur Ansicht mittheilten. Ich bin darin sehr ängstlich, und wünsche alles vermieden, was nach Ostentation klingt. Im Zweck muß die Hauptanziehungskraft liegen . . .

Ihr ergebener

R. Schumann.

303. An Dr. Klitzsch.

Dresden, den 21sten Juni 1847.

Zuerst die Versicherung meines herzlichen Antheils in Rücksicht des Schlusses Ihres Briefes. Entschlossenheit hilft in solchem Zwiespalt allein. Daß Sie ein wohlangelegter Musiker, las ich schon aus Ihren Briefen; wie schön, daß dies sich so schnell enthüllt. Vieles möcht' ich Sie fragen: aber da wir uns bald sprechen, verspar' ich alles bis dahin.

Die Dedication Ihrer Lieder soll mir werth sein. Hier auch mein Lied zum Abschied; mir scheint es ein wenig larmoyant. Probiren wir es wenigstens! Scheint es uns dann als Schlußstück zu traurig etwa, so lassen wir es aus. Auf das Programm setzen Sie es noch nicht[346] . . .

Da das Programm nun am Ende gar drei Stücke von mir enthält, so möcht' ich keine Lieder von mir noch; ich bitte Sie, mir diesen Wunsch zu erfüllen, und hoffe in keinem Fall von Ihnen mißverstanden zu werden . . .

304. An Dr. Klitzsch.

Dresden, den 22sten Juni 1847.

Geehrter Herr,

Die Trauer ist in unser Haus gezogen — diesen Morgen starb uns unser jüngstes Kind, ein Knabe von ein und ein halb Jahr.

Könnte ich mich nun auch aufraffen, zum Concert zu kommen, so doch nicht bis dahin meine Frau, die ich so sehr bekümmert sehe.

Sagen Sie dies den Mitgliedern des Comités, zugleich aber auch, daß wir, wenn das Concert auf 8—14 Tage verschoben wird, unserem Versprechen gewiß treu bleiben, daß Sie es daher auf den 10ten oder 17ten verlegen möchten, bis wohin sich meine Frau wieder ganz erholt haben wird.

Bleiben Sie gewogen Ihrem

ergebenen

R. Schumann.

305. An Fr. Hebbel.

Dresden, den 28sten Juni 1847.

Verehrter Herr,

Die Vollendung des Textes verzögert sich etwas. Wir sind im letzten Act auf Schwierigkeiten gestoßen, deren wir uns nicht versehen hatten. Nun wird das Buch schwerlich vor Ihrer Ankunft hier (Ende Juli, wie Sie mir schreiben) ganz fertig. Am Ende ist es so noch besser; mündlich verständigt man sich doch schneller. Möchten Sie nun auch die Güte haben, mir gleich Ihre Ankunft hier wissen zu lassen, damit ich Sie aufsuchen kann — und bedürfen Sie etwa eines Führers in der fremden Stadt, so nehmen Sie mich dazu. Erlauben Sie dann auch, daß, wenn Sie Ihre Frau Gemahlin mitbringen, ich ihr und Ihnen auch meine Frau vorstellen darf, deren Sie sich so freundlich von Hamburg aus erinnern.

Daß ich mich von Ihnen als Componist nicht gekannt glaubte, war eine Einbildung, mit der ich mich dafür strafen wollte, daß ich Sie auch nicht früher gekannt als erst seit Anfang dieses Jahres; und Ihre Judith, Ihre Genoveva sind doch schon seit Jahren da — glanzvolle Gestirne, die Jeder kennen sollte — und ich bin sonst ziemlich beim Neusten. Auch Titus Ullrich, den sonst Wenige kennen, Ihren großen Mitstrebenden, kenne ich fast auswendig.

Nun aber, wenn mir das Glück wird, Sie zu sehen, sind Sie mir kein Fremder mehr — und der „Diamant" hat zuletzt das Seinige noch gethan. Welch Stück wieder — tiefsinniger Komik und Naturfrische, einzig in der ganzen deutschen Poesie.

Verzeihen Sie, daß ich Ihnen etwas sagen will, was mir nicht zukömmt, nämlich etwas sehr Lobendes über Ihre Poesie — aber so viele Hände sind bereit, Ihnen den Kranz, den schönsten, höchsten zuzuerkennen — und so sei es auch dem Musiker verstattet, sein Blättchen dazu zu geben.

Ihr

ergebenster

R. Schumann.

306. An F. Hiller.

[Ohne Datum. Dresden, Anfang Juli 1847.]

Lieber Hiller,

Zu unserer Betrübniß bist Du so rasch von hier fort, daß wir Dir nicht einmal ein Lebewohl noch sagen konnten. Nun will ich es Dir wenigstens nachsenden. Gewiß wirst Du nach dem Bade ganz gesund und kräftig wieder zurückkommen. Daß Du so allein gereist, beunruhigt uns wie alle Deine Freunde; indeß zeugt es auch wieder von gutem Selbstvertrauen, und das bleibt doch der beste Arzt.

Uns geht es auch nicht zum Besten. Clara ist noch sehr angegriffen, und auch ich oft. Vielleicht daß uns die kleine Reise, die wir vorhaben, wieder Frische und Heiterkeit bringt.

Mit dem Text zur Oper geht es langsam, aber doch vorwärts. Ein guter freundlicher Mensch, unser R[einick], aber schrecklich sentimental. Und gerade bei unserm Stoff hat er so ein außerordentlich kräftiges Vorbild in Hebbel (daß es die Genoveva, die wir gewählt, weißt Du wohl schon?) Im Uebrigen bin ich glücklich über den schönen Stoff, und denke, daß er auch Deinen Beifall hat.

Sonst habe ich ein Trio [D moll] in der letzten Zeit fertig gemacht, an dem mir vieles sehr gefällt.[347] Du sollst [es], wenn Du wieder da bist, mit einem früheren, das ich vor einigen Jahren componirt [A moll], zusammen hören, auch das von meiner Clara.

Geschieht hier etwas in Sachen Deiner Oper [Conradin], was Dich interessiren könnte, so schreib ich es Dir. Mache nur, daß Du bald selbst bei den Proben sein kannst, und schreib' uns auch einmal, wenn es Dich nicht anstrengt.

Clara will noch ein paar Zeilen schreiben; drum nimm nur meine herzlichen Wünsche und Grüße noch, auch Dank für Deine freundschaftliche Theilnahme in der letztvergangenen Zeit.

Dein

ergebener

R. Sch.

307. An Dr. Klitzsch.

Dresden, d. 17ten Juli 1847.

Nun legen sich die Wellen nach und nach! Auch bei Ihnen? — Es waren schön bewegte Tage und Ihren Mienen hab' ich angesehen, daß auch Sie sie nicht sobald vergessen werden.

Es geht uns ganz gut; noch will ich ein paar Tage feiern, dann soll es wieder an die Arbeit. Auch Sie werden's; doch vergraben Sie sich nicht zu tief und athmen frische Luft alle Tage womöglich! Schicken Sie bald das Quartett und die Ouvertüre!

Oberländer bat ich, nicht etwa eine officielle Danksagung in der

Leipziger Zeitung zu veranlassen; eine kurze musikalische Notiz aber in den Kunstnachrichten wäre mir sogar lieb, damit man namentlich hier sähe, daß man nicht ganz spurlos gearbeitet. Es würde mir sogar bei Hof Nutzen bringen — denn auch darauf muß ich, der ich nicht allein mehr stehe, mit einem Worte als besorgter pater familias, achten und mir eine sichere bürgerliche Stellung anzubahnen suchen...

Kommen Sie in den Bergkeller, so grüßen Sie ihn von mir. Als Kind hab ich so oft da an der Mulde gespielt — und jetzt führe ich ein eigenes an der Hand und dazu noch meine liebe Frau. Auch sie läßt Sie grüßen.

Kommen Sie bald nach Dresden; dann wollen wir uns der letztvergangenen Zeit noch einmal erinnern und recht musiciren.

Freundlich grüßend

der Ihrige

R. Sch.

308. An Vesque von Püttlingen.

Dresden, den 27ten Juli 1847.

Hochzuverehrender Herr,

Eingedenk Ihres mir so oft bewiesenen gütigen Wohlwollens erlaube ich mir, mich wegen der Vacanzangelegenheit an Ihrem Conservatorium mit einigen Fragen an Sie zu wenden.

Lockt es doch den Musiker immer wieder in jenes Land, wo unser größter Meister gelebt, wo am Ende für alle Bestrebungen ein fruchtbarer Boden anzutreffen ist! Die Stelle, die gerade jetzt offen, mag Manchen reizen, auch mich. Halten Sie sie passend für mich, und, was noch mehr zu erwägen, mich für sie? Der Gehalt ist kein großer, der Wirkungskreis aber ein so bedeutender, wie ihn sich ein junges feuriges Streben nur wünschen kann. Auch kenne ich die Organisation derartiger Institute schon von Leipzig her, dessen Conservatorium ich mitbegründete.

Nun wünschte ich durch Ihre Güte manches zu erfahren, hauptsächlich dies, ob schon vom Ausschuß der Gesellschaft der Musikfreunde[348] irgend ein Künstler, dem man die Stelle anvertraute, vorzugsweise ins Auge gefaßt worden — denn ich weiß, daß bei solcher Gelegenheit oft persönliche Verhältnisse mitsprechen —, sodann, ob, wenn dies nicht der Fall, ich mich als eine persona non ingrata betrachten dürfte. Wissen möchte ich auch, wer über die definitive Besetzung eigentlich zu entscheiden hat.

Über die Einrichtung des ganzen Institutes, über die Ansprüche, die an den Director gemacht werden, über die Zahl der Stunden, die er zu geben hat, etwas Genaueres zu erfahren, wäre mein Wunsch in dem Fall, daß Sie die Stellung überhaupt für mich geeignet fänden . . .

Von den vielfachen Auszeichnungen, die Ihnen wiederholt zu Theil geworden, haben wir mit Freude gelesen; möchten Sie, hochgeehrter Herr, trotzdem und wie Sie immer thaten, der Kunst treu bleiben — auch wie bisher ihren Jüngern gewogen

und namentlich Ihrem hochachtungsvoll ergebenen

R. Schumann.

309. An Gustav Nottebohm in Wien.

Dresden, den 29sten Juli 1847.

Lieber Nottebohm,

Die Handschrift möge Ihnen nicht ganz fremd geworden sein! Lange ist's, daß wir uns nicht gesehen; oft aber habe ich Ihrer gedacht und hoffe dasselbe auch von Ihnen.

Zuerst in Kürze, was mich zu diesem Brief veranlaßt! Ich las in den Zeitungen von der Vacanz am Directorium des Conservatoriums. Die Stelle ist eine, wie ich sie mir wohl wünsche; dazu fühle ich mich jetzt recht frisch an Kräften und sehne mich in einen regen Wirkungskreis. Ernstlich mich aber darum bewerben will ich nicht eher, als ich in allen Verhältnissen genau orientirt bin, und dazu sollen Sie mir hülfreiche Hand bieten und werden es gewiß auch, soweit ich Ihre Theilnahme für mich von früher her kenne.

Die Hauptsache also ist, Sie erwähnen gegen Niemanden meinen Namen, geben mir aber einen möglichst sicheren Bescheid über alles, was Sie über die Wiederbesetzung der Stelle erfahren. Wissen möchte ich auch, warum Preyer die Stelle niedergelegt, sodann, wer über die Wahl zu entscheiden hat, ob der Ausschuß der Gesellschaft, und wer jetzt im Ausschuß sitzt, — wissen sodann, wer denn um die Stelle schon angehalten und wie sich die öffentliche Meinung und die der Musiker darüber ausspricht. Bei Ihren Nachforschungen bitte ich Sie aber, wie gesagt, meinen Namen noch aus dem Spiel zu lassen.

Bestimmteres über alle diese Punkte können Sie sicher durch Fischhof, A. Fuchs oder Lickl erfahren ...

Seien Sie denn so freundlich, lieber Nottebohm, und interessiren sich für die Sache, — geben Sie mir auch bald Nachricht: denn da bis zum 1sten October die Stelle besetzt sein soll, so ist keine Zeit zu versäumen.[349]

Dies für heut', und egoistisch genug, nur dieses. Im Nächsten auch von Anderem. Daß Sie diese Zeilen recht wohl und heiter antreffen mögen, wünsch' ich und hoffe ich. Ihr

R. Sch.

310. An F. Brendel.

Dresden, den 8ten August 1847.

Geehrter Freund,

Meinen besten Glückwunsch, daß, gewiß nach mancher Mühe und Sorge, die von Ihnen angeregte Idee[350] ins Leben treten soll! Vielleicht höre auch ich ein Stündchen zu — doch davon zum Schluß.

Heute früh dachte ich nun über meine Anträge etwas schärfer nach — da brachte mich nur die Art der Form, in der sie auszusprechen, in Verlegenheit. Hätte ich Zeit, sie förmlich auszuarbeiten in besonderen Aufsätzen, so wäre das freilich das Beste. Aber das will Zeit, sogar viel Zeit, zumal ich etwas aus dem Buchstabenwesen heraus bin. So halte ich denn für das Ersprießlichste, ich theile Ihnen in Kürze meine Gedanken mit, und Sie nehmen sich daraus, was Sie für den Zweck der öffentlichen Besprechung für gut befinden, wobei Sie nun meinen Namen nennen mögen oder nicht, ganz wie Sie es wollen.

Also möchte ich, daß sich aus der Mitte der Tonkünstlerversammlung eine Section bilde zur Wahrung classischer Werke gegen moderne Bearbeitung.

Dieser Section würde die Pflicht obliegen, von allem dahin Einschlagenden, also von allen neuen Ausgaben älterer bedeutender Werke sich Notiz zu verschaffen, zu prüfen, in wie weit die Herausgabe das Original unangetastet gelassen, oder wo sie es ungehöriger Weise verändert, endlich in einer hoffentlich im nächsten Jahre sich wiederholenden allgemeinen Versammlung über das Ergebniß der Wirksamkeit der Section Bericht zu erstatten.

Sodann möchte ich einen Antrag stellen auf Gründung einer Section zur Ausfindigmachung verdorbener Stellen in classischen Werken,

in dem Sinn, wie ich schon früher in dem Aufsatz „über einige muthmaßlich corrumpirte Stellen in Bachschen, Mozartschen und Beethovenschen Werken“ es angeregt habe. (N. Ztschr. f. M. Bd. 15, S. 149.) [Ges. Schriften II, 344.]

Dieser Section müßte, wie der vorhergenannten, es gleichfalls obliegen, alles hierher Passende ausfindig zu machen, und zu sammeln und in der nächsten Versammlung zur Sprache zu bringen. Das gäbe interessante, durch und durch praktisch eingreifende Debatten.

Daß bei dieser Gelegenheit vielleicht des Mozartschen Requiems, über das noch immer die verkehrtesten Vorstellungen herrschen, und das nicht allein corrumpirt sondern bis auf einige Nummern ganz unecht ist, gedacht würde, wäre ein großes Verdienst der sich einer genaueren kritischen Untersuchung unterziehenden Section.

Sodann wünschte ich zur Sprache gebracht das französische Titelwesen, desgleichen den Mißbrauch italienischer Vortragsbezeichnung in Compositionen deutscher Tonsetzer, und würde Sie bitten, einen Antrag zu stellen auf Abschaffung aller Titel in französischer Sprache, wie auf Ausmerzung solcher italienischer Vortragsbezeichnungen, die sich eben so gut, wo nicht besser in deutscher Sprache ausdrücken lassen.

Endlich richte die Versammlung ihr Augenmerk auch darauf, auf welche Weise künftige, hoffentlich alljährlich wiederkehrende Versammlungen so einzurichten seien,

daß durch sie auch für Aufmunterung namentlich jüngerer Tonsetzer etwas genützt werde,

geschehe dies nun durch eine öffentliche Aufforderung einer dazu sich constituirenden Section, Manuscriptcompositionen irgend einer bedeutenderen Kunstgattung (also größere Kirchenstücke, Symphonien, Quartette für Streichmusik) an die Section einzusenden, aus denen die besten gewählt und in der nächsten allgemeinen Versammlung zu öffentlicher Aufführung kommen, — oder auf die sonst übliche Weise einer Preisausschreibung, oder sonstwie.

Dies, lieber Freund, sind meine Anträge; bringen Sie sie nun zur Sprache und machen Sie sie zu Ihren eigenen Motiven oder sonst daraus, was Sie wollen. Ich fühle, wie schwer sich schriftlich aussprechen läßt, was die eindringliche Rede weit schneller vermag.

Nun noch die Bitte, daß Sie, wenn Sie nicht zu sehr beschäftigt sind, mir mit nur ein paar Worten schreiben möchten, was an den beiden Tagen, den 13ten und 14ten alles, und in welcher Folge es vorgenommen, wie mit einem Wort die Zeit verwendet werden soll, und dann auch, ob Sonntag etwas stattfindet. Vielleicht komme ich noch zum Sonnabend oder Sonntag.[351]

Gewundert hat es mich, daß Sie schon einen Vorsitzenden gewählt haben, was meiner Meinung nach von der allgemeinen Versammlung hätte geschehen sollen. Doch kann ich mich darin vielleicht irren.

Aufrichtig ergeben der Ihrige

R. Schumann.

311. An G. Nottebohm.

Dresden, den 4ten December 1847.

Lieber Nottebohm,

Lange bin ich Ihnen die Antwort schuldig geblieben — Sie wissen, wie es so geht! — Und so manches ist doch in der letzten Zeit geschehen — zuletzt noch der 4te November! Daß dieser Herrliche [Mendelssohn] von der Erde mußte! Aber seine Sendung war erfüllt. Auch Sie wird es schmerzlich ergriffen haben!

Mir geht es wie immer — oft gut, oft schlimm. Manches hab' ich vollendet, zuletzt noch zwei Trios, von denen das eine bald erscheinen wird. Ich denke, es wird Ihnen manches darin zusagen.

Von Ihnen hab' ich die Phantasiestücke [Op. 6] kennen gelernt und mit herzlicher Theilnahme mich Ihres immerwährenden Vorwärtsschreitens erfreut. Manches kömmt mir etwas grüblerisch vor — namentlich in der Harmonie — nur muthig und heiter weiter!

Nun noch Eines. An Graf Laurencin, dem Sie mich vielmals empfehlen wollen, ist in diesen Tagen ein Exemplar meiner Symphonie in C (Partitur) abgegangen. Ich liebe es nicht, Jemanden zum Schreiben über meine Compositionen zu veranlassen, so sehr mich nicht nachgesuchte Urtheile von Leuten, die etwas verstehen, auch erfreuen. Hier aber wünschte ich Whistlings halber, der sich die Sache schon viel hat kosten lassen, daß vielleicht Philokales [Laurencins Pseudonym] die Symphonie bespräche. Dies ist es, was ich Sie bitte, Gr. Laurencin mitzutheilen. Vielleicht interessirt es Sie selbst, die Symphonie kennen zu lernen, und sagen Sie mir dann, was Sie davon halten . . .

Die Sonate von Rufinatscha [Op. 3] hab' ich durchgelesen. Kann solche Musik Ihnen wirklich gefallen? Mir nicht. Sie kommt mir ganz albern vor. Von dem ist nach dieser Arbeit auch nicht viel zu erwarten. Der gute Wille macht es eben nicht.

Nun schreiben Sie mir bald ein Wort und zeigen, daß Sie meiner noch gern gedenken. Ich Ihrer oft.

Wie immer Ihr

freundschaftlich ergebener

R. Schumann.

Viele Grüße an Fischhof, an Hanslick (wenn Sie ihn sehen) an Lickl. Ist der junge Ehlert noch in Wien? Von dem hab' ich gute Hoffnungen.

312. An F. Hiller in Düsseldorf.

Dresden, den 1sten Januar 1848.

Lieber Hiller,

Den ersten Brief im Jahr erhältst Du — und auch die erste Bitte um Entschuldigung meines langen Schweigens auf Deinen freundschaftlichen. Aber seit Du fort bist,[352] habe ich viel Arbeit gehabt und auch abgethan. Doch davon nachher.

Neues gibt's nur wenig von hier zu sagen. Abonnementconcerte sollen nun doch drei sein — im Opernhause — die Wehen scheinen aber furchtbar. Wagner will auch Bachsche Messen darin zu Gehör bringen. Ich sprach ihn vor Kurzem, er sieht nicht gut [aus], will aber bald an Lohengrin.

Bei Bendemanns waren wir am Weihnachtsfeiertag — es geht ihnen gut, bis auf Hübner, der lange unwohl war. Oft gedenken wir Deiner. Auch in der Liedertafel, die mir Freude macht und zu manchem anregt. Dein „Kriegslied“ zeigte mir Hr. Barthel des; gesungen haben wir's noch nicht. Von mir erscheinen auch 3 Patriotica [Op. 62] nächstens; sieh Dir sie doch an.

Auch der Chorverein tritt ins Leben — den 5ten zum erstenmal. Bis jetzt sind 117 Mitglieder — d. h. 57 wirkliche, die andern zahlende. Dies alles hat mich viel beschäftigt. Der Verlaß auf die Kräfte steigert sich doch mit der Arbeit; ich seh' es recht deutlich — und kann ich mich auch noch nicht [für] recht gesund halten, so steht es doch auch nicht so schlimm, als es Grübelei manchmal vormalt.

Dabei war ich musikalisch sehr fleißig. Sprechen mag ich nicht davon, als [bis] ich ein Ziel des Gelingens sehe. Möchtest Du Dich auch in Deinem Kreise ganz heimisch fühlen. Es wird Dir nicht ausbleiben — Freude und Lohn Deines Wirkens. —

Die Stimmen der Peri wirst Du in den nächsten Tagen bekommen. Großen Spaß hat mir die Nachricht gemacht, daß sie in Newyork nächstens zur Aufführung kömmt ... Nimm Dich des lieben Kindes, das Du ja mit aufwachsen gesehen, freundlich an! ...

Gedenke manchmal Deines

ergebenen

R. Schumann.

313. An Emil Büchner in Leipzig.

Lieber Herr Büchner,

Ihre Sonate gab ich an Hrn. Whistling und Sie werden sie bereits erhalten haben.

Das Stück gilt mir als ein schöner Beweis Ihres Fleißes, Ihres Strebens und Talentes. Aber es hat Breiten und verräth hier und da, daß Sie dies selbst fühlten. Vieles ließe sich ändern, anderes wieder nicht; ich meine damit einige Motive im Adagio und Scherzo. Betrachten Sie aber, anstatt zu ändern und umzucomponiren, das Stück als eine Studie und gehen mit neuer Kraft an etwas Neues; ich glaube, es fördert Sie mehr.

Wie gesagt, es gefällt mir vieles, ich sympathisire mit vielem — und zu allem kömmt Ihnen auch eine bedeutende Kenntniß des Instrumentes und seiner schönsten Wirkungen zu Statten, wie man es nicht oft in neueren Claviercompositionen antrifft. Aber hier und da merkt man auch wieder zu viel den Clavierspieler. Den müßten Sie, muß der Componist ganz ins Feuer werfen, will er eben mehr als vorübergehend wirken und gelten. Nur was aus dem Herzen kömmt, nur was innerlich geschaffen und gesungen, hat Bestand und überdauert die Zeit.

Möchten Sie mir meine Bemerkungen nicht übel aufnehmen, es ist so schwer, über die geheimnißvollen Kräfte des schöpferischen Vermögens sich auszusprechen; es läßt sich eben nur andeuten.

In keinem Fall aber lassen Sie nach, rüstig fortzuarbeiten, auch wenn der Beifall der Welt lange auf sich warten läßt. Ich las neulich „jeden Tag zermalme der Künstler seine Eitelkeit, seinen Ehrgeiz“ — um heiter und kräftig aus dem Kampf hervorzugehen. Diese Worte rufe ich denn auch Ihnen am Schluß dieser Zeilen zu, und bin mit der Versicherung meiner aufrichtigen Theilnahme

Ihr ergebener

d. 9. April 1848. R. Sch.

314. An Dr. Klitzsch.

Dresden, d. 10ten April 1848.

Zum Quartett wünscht ich, daß Sie einen Verleger fänden. Aber es wird in der jetzigen Zeit nicht leicht sein. Sie haben es wohl schon gehört? Das nützt dem Componisten mehr als alles Kritisiren darüber. Und zuletzt weiß doch Jeder selbst am besten, wo ihn der Schuh drückt. Immer fortarbeiten, sich in heitrer kräftiger Stimmung erhalten, sich immer anfeuern durch den Anblick großer Künstlercharaktere — und es kömmt schon etwas dabei heraus. Hier und da fällt mir in Ihren Compositionen eine große Sentimentalität auf, namentlich in den Stücken mit Violine, und auch in den Liedern. Lassen Sie es nur nicht überhand nehmen! Auch dagegen schützen Bach und Beethoven! — . . .

. . . Oberländer sah ich noch nicht. Zu Visiten ist jetzt keine Zeit in der Welt. Auch ich war in der ganzen Zeit in immer fortwährender Alteration.[353]

315. An J. J. B. Laurens[354] in Montpellier.

Dresden, den 23sten April 1848.

Verehrter Herr,

Haben Sie Dank für Ihren Brief, der in dieser sturmbewegten Zeit doppelten Wohllaut für mich hatte. Dank auch für das zarte Bildchen mit dem Motto darunter, ich habe es mir oft betrachtet.

Die Compositionen von mir, von denen Sie schrieben, daß Sie sie kennten, gehören bis auf das Quartett sämmtlich einer früheren Zeit an. Auf dem beiliegenden Zeddel habe ich Ihnen nun die anderen bemerkt, und wollen Sie unter diesen eine Auswahl, so habe ich die, die mir selbst am liebsten, wiederum mit einem Strich bezeichnet. Außerdem habe ich Ihnen nach Ihrem Wunsch die Titel einiger anderer Compositionen aufgeschrieben, die mir als die bedeutendsten unter den in den letzten Jahren erschienenen vorkommen. Gade ist der genialste unter den jüngeren Musikern, ein g a n z e r M e i s t e r.

Anstatt Mendelssohns Ihnen manchmal Nachricht über Deutschlands musikalische Zustände zu geben, bin ich gern bereit, — wäre nur der Tausch nicht zu ungleich![355] Zu ihm mußten wir alle mit Verehrung hinaufblicken. Er erschien, wie jenes Wunderbild, einem stets um einige Zoll höher, als man selbst sich fühlte, und so gut, so bescheiden war er dabei! Nun ist ihm wohl! Zeuge der letzten großen Welterschütterung sollte er nicht mehr sein, war doch seine Mission eine andere, die des Glückes und Friedens. Er starb gerade am 4ten November, am Tage, wo in der Schweiz die ersten Kriegsrufe erklangen. In die Zeit, die wir seitdem erlebt, hätte er sich nicht zu schicken gewußt. Man kann nicht aufhören, immer und immer wieder an ihn zu denken, von ihm zu sprechen. Darum verzeihen Sie meine Klage!

Gern möchte ich Ihnen recht viel über meine Compositionen sagen. Dann denke ich wieder, gerade die, die so aufrichtigen Antheil an ihnen nehmen und sympathisch von ihnen getroffen werden, bedürfen meiner Worte am wenigsten. So mögen denn die Töne ihre Schmerzen und Freuden selber zu Ihnen reden.

... Daß Sie auch Clavier mit Pedal spielen, hat mir besondere Freude gemacht, da auch ich es in den vorigen Jahren cultivirt und auch einige Stücke für diesen Zweck geschrieben. Sie finden sie auf dem beiliegenden Zeddel genauer angegeben ...

Schreiben Sie mir recht bald wieder; es wird mir immer zur Freude gereichen, Ihnen zu antworten, dem Einsiedler am fernen Meer aus der stürmischen Welt, in der ich lebe, ein Erinnerungszeichen zu senden.

Ihr

ergebener

Robert Schumann.

316. An Carl Schumann.

Dresden, den 19ten Juni 1848.

Lieber Bruder,

Wie lange ist es, daß ich Dir nicht geschrieben habe! Wie hat sich seitdem die Welt verändert — und was steht uns noch bevor? Uns ist es seither ganz leidlich gegangen. Clara ist wohl, die Kleinen alle munter, der Kleinste (wieder mit einer Schumannschen Nase) allerliebst und alle Menschen anlachend. Vor der Hand müssen wir wohl ruhig hier bleiben, wo die Ruhe wenigstens äußerlich noch nicht viel gestört worden ist. In die Zukunft kann man freilich nicht ohne

Sorgen schauen. Trifft die allgemeine Anarchie doch auch den Künstler! — Auch auf Dein Geschäft wird die Zeit wohl nachtheilig gewirkt haben; nun, man muß denken, das Schlimmste ist immer der Anfang einer bessern Zeit.

Auch sehr fleißig war ich seit Anfang dieses Jahres und rücke sehr in meiner Oper vor, von der ich mir in der Zukunft einigen Gewinn verspreche. Da mich aber diese Arbeit fast ausschließlich beschäftigt, so kann ich leider außerdem wenig verdienen. Clara, die einige recht gute Stunden hat, hat mir schon Vorschüsse machen müssen — und nun steht Ende dieses Monats der Hauszins — 36 Thaler — bevor, die ich nicht weiß wo hernehmen. Ist es Dir irgend möglich, mir etwas zu schicken, wäre es auch weniger als 36 Thaler, so thue es. Zwar hab' ich, wie ich weiß, keine Zinsen von Dir zu fordern; aber Du mußt es eben aus brüderlicher Freundschaft thun. —

Ob wir diesen Sommer zu Euch kommen, zweifle ich. Die Reise, so klein sie ist, so gastfrei Ihr uns aufnehmt, kostet doch immer unverhältnißmäßig viel Geld. —

Nun, vielleicht beschert Fortuna uns unvermuthet einen Geldsack — und dann kommen wir gewiß. Ich sehne mich recht, einmal wieder jemanden von Euch zu sehen. —

Lebe nun wohl, lieber Bruder, grüße Deine liebe Frau und Kinder — siehst Du Uhlmanns und Fickers, auch diese.

In herzlicher Liebe Dein

Robert.

P. S. Vom König von Schweden habe ich für meine zweite Symphonie eine schwere goldne Medaille, auf der steht: Oscar, Rex Sueciae etc. Roberto Schumann — vor Kurzem erhalten. — Ich weiß, daß Euch das interessirt — sonst erfährt so etwas kein Mensch von mir.[356]

317. An Carl Reinecke in Hamburg.

Dresden, d. 30sten Juni 1848.

Lieber Herr Reinecke,

Sehr hab' ich aber mich gefreut, wieder etwas von Ihnen zu hören, und daß Sie uns wieder etwas näher sind![357] Viele Freude, um es gleich zu sagen, hat mir auch das Notenheft gemacht, und wüßt' ich nicht, daß Sie ein Freund mancher meiner Compositionen sind, aus Ihren Uebertragungen müßt' ich es gemerkt haben. Im Grunde, wie Sie auch vermuthen, bin ich kein Freund von Liedertransscriptionen und die Lisztschen sind mir zum Theil ein wahrer Gräuel. Unter Ihren Händen aber, lieber Hr. Reinecke, fühl' ich mich ganz wohl, und dies kömmt daher, weil Sie mich verstehen wie Wenige, — die Musik gleichsam nur in ein anderes Gefäß schütten und zwar ohne Pfeffer und Zuthat à la Liszt. Deshalb freue ich mich Ihrer Arbeit und danke Ihnen recht sehr dafür!

Vor ungefähr 14 Tagen sandte ich ein eben erschienenes Trio von mir [D moll] durch Whistling an Sie. Haben Sie es erhalten? Es sollte mich freuen, wenn manches bei Ihnen anklänge. Vom 1sten Satz glaub' ich es beinah.

Vorigen Sonntag haben wir hier zum erstenmal die Schlußscene aus Faust mit Orchester, aber nur im engern Kreise aufgeführt. Ich glaubte mit dem Stück nie fertig zu werden, namentlich mit dem Schlußchor — nun hab' ich doch recht große Freude daran gehabt. Nächsten Winter möchte ich es in Leipzig aufführen — und vielleicht sind Sie dann dort! —

Von Ihren neuen Compositionen hab' ich leider nur die Ankündigungen gelesen; die Musikhändler hier halten nur das Schlechteste auf ihren Lagern. Schreiben Sie mir von Ihren Arbeiten und Plänen; sein Sie meines innigen Antheils versichert. Ihr

ergebener

R. Schumann.

318. An G. Nottebohm.

Dresden, den 3ten Juli 1848.

Lieber Freund,

Oft hab' ich Ihrer in diesen Zeiten gedacht, und daß die erschütternden Ereignisse, wie auf alle, auch auf Ihre Entschlüsse für die Zukunft einwirken möchten! Wien und Berlin, wie Sie selbst sagen, sind keine Stätte für den Musiker jetzt. Hier ist es äußerlich ruhiger; aber der großen allgemeinen Brandung kann doch zuletzt auch das politisch ziemlich träge Dresden nicht widerstehen. Aber aus Wien gehen Sie doch ja — Sie können es nun — und für den guten Musiker sah es ja von jeher dort schlimm [aus], wenn er nicht zugleich etwa Charlatan oder Millionär war. Führe doch die Revolution auch in ihre Musikmägen; aber die Musikzeitung gibt ein schlechtes Exempel — und immer noch schreiben sie über mittelmäßige Virtuosen die Blätter voll, — und über die schaffenden Künstler verstehen sie nichts zu sagen. Wahrhaft erbärmlich ist's! —

Von Ihnen freue ich mich zu hören, was Sie gearbeitet haben. Ich, lieber Nottebohm, war ziemlich fleißig ... Auch die Partituren meiner Streichquartette — ein Geburtstagsgeschenk von Härtels — haben mich sehr erfreut. Endlich darf ich es Ihnen wohl sagen, daß meine Oper immer mehr anwächst, und daß ich sie mit Hülfe des Himmels noch in diesem Jahre zu beenden hoffe.

Frau und Kinder sind auch wohl. So hab' ich denn alle Ursache, zufrieden und dankbar zu sein.

Schreiben Sie mir nur bald, was Sie beschließen und sein Sie immer meines herzlichen Antheils sicher,

Ihres ergebenen

R. Schumann.

319. An F. Brendel.

Dresden, 3ten [5ten] Juli 1848.

Lieber Freund,

Da die Zeit drängte, so habe ich zur Einleitung in die Schlußscene aus „Faust“ einiges aus dem Deyksschen Buche[358] gezogen. Billigen Sie es? — Die Aufführung ging vortrefflich von statten (im Privatkreise); der Totaleindruck schien mir gut und den der „Peri“ zu überwiegen, und das ist wohl Folge der großartigeren Dichtung, die auch mich zu größerer Anspannung meiner Kräfte aufforderte. Ich freue mich sehr, meinen Freunden in Leipzig die Musik vorzuführen und hoffe zu Gott mit Anfang des Winters. Am liebsten war mir, von Vielen zu hören, daß ihnen die Musik die Dichtung erst recht klar gemacht. Denn oft fürchtete ich den Vorwurf: „wozu Musik zu solch vollendeter Poesie?“ — Anderntheils fühlte ich es, seitdem ich diese Scene kenne, daß ihr gerade Musik größere Wirkung verleihen könnte. Nun, vielleicht können Sie bald selbst urtheilen! — Betrachten Sie das Vorige übrigens nur als eine Privatnotiz, und erwähnen davon nichts in der Zeitschrift.

Vielen Dank bin ich Ihnen noch schuldig für die übersandten Musikalien — namentlich für Palestrina. Das klingt doch manchmal wie Sphärenmusik — und dabei welche Kunst! Ich glaube doch, das ist der größte musikalische Genius, den Italien geschaffen.

Meine Vereine machen mir viel Freude, namentlich der für ganzen

Chor. Wir singen jetzt die Missa solemnis von Beethoven prima vista, daß man wenigstens klug daraus wird — und das freut mich, wenn sie so durch Dick und Dünn nachmüssen. Es wird aber auch studirt, wenn es darauf ankömmt. So „Comala“ von Gade. Lieber Brendel, es scheint mir doch, als hätten die Leipziger dies Stück zu gering angeschlagen. Gewiß ist's das bedeutendste der Neuzeit, das einzige, was einmal wieder einen Lorbeerkranz verdient. —

Wie geht es mit der Zeitschrift? Es freut mich, daß sie den ersten Rang fortbehauptet. Wer ist der Magdeburger, von dem ich in der letzten Nummer las?[359] Franz ist darin ganz vortrefflich charakterisirt, wie er überhaupt viel Schönes und Gutes enthält. Nur bei Meyerbeer und Gade möchte ich Fragezeichen machen; jenem ist zu viel Ehre, diesem zu wenig geschehen. Wie dem sei, Kenntniß, eigene Anschauungskraft, wahrhaft warme Theilnahme an der Fragestellung unserer Kunst zeichnen den Verfasser jedenfalls aus. Wer ist er? — Dasselbe gilt auch von Dörffel, seinen Aufsatz über die Symphonie [C dur] habe ich mit Freuden gelesen. Nur über das Finale schien er mir noch den Eindruck der ersten Leipziger Aufführung im Sinne zu haben. Hörte er ihn jetzt, glaube ich gewiß, daß er ihn mehr befriedigte. Hunderterlei möchte ich noch schreiben; aber es geht nicht mehr. Darum nur noch viele Grüße.

R. Sch.

320. An Carl Wettig.

Dresden, den 5ten August 1848.

Geehrter Herr,

Ihre Compositionen haben mir auf das Innigste gefallen; — Konnten Sie darüber im Zweifel sein? — Nun möchte ich aber mehr von Ihnen wissen, von Ihren Studien, Ihren früheren Arbeiten, Ihren neusten, dann auch, wo und wie Sie sich gebildet haben. Denn ein Talent gelangt nicht über Nacht zu solcher Reife. Und dann sollen Sie auch über Sie selbst von mir mehr hören, vor Allem auch, wie ich wünschte, Sie träten aus Ihrer einsiedlerischen Ferne[360] dem Mittelpunkte des deutschen Musiklebens, der doch Leipzig bleibt, recht bald näher; denn wie glücklich auch die Einsamkeit machen kann, neue Kräfte, neuen Sporn gibt doch auch wiederum der Verkehr mit der Welt. Haben Sie nichts für Orchester — (Ouvertüre, Symphonie) geschrieben? ich würde d. dann an Gade in Leipzig schicken, der es aufführen müßte — und Sie kämen dann vielleicht selbst dahin und dann wohl auch hieher. Ueber alles dies schreiben Sie mir mehr, und senden mir noch viele Ihrer Compositionen. Sodann lassen Sie mich auch Ihre Gedanken wegen späterer Veröffentlichung wissen. Namentlich wünschte ich das Clavierstück mit Orchester bald gedruckt und biete Ihnen mit Vergnügen meine Vermittelung dazu an. Seit Mendelssohns Capriccio wüßte ich ganz und gar nichts von neuerschienenen Compositionen, was mir so durchaus zugesagt hätte. Es ist so klar und schön, so aus einem Guß und Fluß, in der Verbindung mit dem Orchester so eigenartig und wirkungsvoll, wie es dem Kunstjünger selten, und nur dem Meister in guter Stunde gelingt. All diese Vorzüge eines echt musikalischen Geistes finde ich auch in den Liedern, und namentlich die zwei Geibelschen vortrefflich; nur gegen einige Textwiederholungen hätte ich Bedenken, doch das will ich mir auseinanderzusetzen bis auf später vorbehalten. Haben Sie, um es in Einem zusammen zu sagen, herzlichen Dank, daß Sie mir einen Blick in Ihre Arbeiten, in ein für mich neues Geistesleben gönnten, und sein Sie zu jeder Zeit meiner aufrichtigsten Theilnahme überzeugt. Nur zu selten wird einem die Freude, unbedingt übereinstimmen zu können mit den Richtungen jüngerer Künstler, — um so größer war meine Freude, einmal zu finden, was ich so lange vergebens gesucht.

Noch eine Frage: besitzen Sie nicht die ausgeschriebenen Stimmen zum Clavierstück? Meine Frau, die Sie ja wohl als gute Musikerin dem Namen nach kennen, würde es dann bei der ersten Gelegenheit, die sich bietet, in Leipzig spielen. Und wie werden Sie die Composition nennen? Capriccio — Phantasiestück — Ballade? Es will mir keines recht passen. Schreiben Sie mir darüber ein Wort, und, wie gesagt, auch über alles andere.

Ihnen nochmals dankend für die Freude, die Sie mir gemacht,

Ihr ergebener
Robert Schumann.

321. An Ferd. David.

Dresden, den 12ten August 1848.

Lieber David,

Kennst Du die Handschrift noch? Es sind noch immer die alten Schnörkel, aber auch noch der alte Schreiber, der sich Deiner und der vielen mit Dir so fröhlich verbrachten Stunden fast täglich erinnert.

An Rietz schrieb ich wegen meiner Oper Genoveva. Besprecht Euch miteinander wegen einer möglichen Aufführung in Leipzig. Mit Vergnügen denke ich Deiner Hilfeleistung bei der Peri (wie wir mit Grenser herumstürmten, Blum ausfindig zu machen) — und hoffe, Du wirst Dich auch der Genoveva freundschaftlich annehmen.

Über alles andere mündlich — hoffentlich. Denn ich hoffe Dich bald hier zu sehen. Und dies ist ein zweiter Grund dieser Zeilen. Erinnerst Du Dich, daß Du bei unserem letzten Zusammensein im Hôtel de Bavière versprachst, mit Deiner Frau im Sommer einmal herüber zu kommen? Nun höre: wir haben Sonntag über 8 Tage mit dem Chorgesangverein eine Lust- und Sangesfahrt nach Pillnitz vor. Da geht es immer recht lebhaft her; hübsche Damen sind dabei und sie singen alle passionirt. Wie wäre es, Du kämest dazu, und vielleicht könnten wir auch Deine liebe Frau dabei begrüßen.

Von der Witterung hängt freilich vieles ab. Indeß könntest Du ja jedenfalls kommen — und die Partie wird auch nur im regnerischsten Falle aufgehoben. Überleg's Dir denn! sieh zu, daß Du abkommen kannst! Und vergiß nicht, das Witzfach mitzubringen, ohne das Du nur ein 9tel Davidsbündler bist, nämlich nur ein halber Mensch. Mir gelingen nicht einmal die schriftlichen zum besten, wie Du siehst! Jedenfalls schreib' mir bald ein paar Worte und sag es möglichst bestimmt, ob Du kommst.

Viele Grüße von meiner Frau an die Deinige und Dich — wie von mir.

In alter Freundschaft

Dein ergebener
R. Schumann.

322. An Carl Wettig.

Dresden, den 16ten Sept. 1848.

Geehrter Herr,

Sie gaben mir in Ihren beiden letzten Briefen nicht an, wohin ich Ihnen eine Antwort zusenden soll. Auf gute Vermuthung hin schreibe ich Ihnen nun nach Thüringen, vorzüglich deshalb, weil ich selbst wünsche, daß sich wegen des Verlags einiger Ihrer Compositionen irgend eine Aussicht eröffnete, wozu Sie natürlich selbst mit Hand anlegen müssen.

Ich habe nun mit Hrn. Dr. Härtel, der vor einigen Tagen hier war, Ihrethalben gesprochen, und was ich ihm nach bester Ueberzeugung über Ihre Compositionen sagen konnte, schien ihm Lust zur Verlagsübernahme zu machen. Meine Meinung ist nun, Sie bieten ihm, sich auf mich berufend, Ihren Concertsatz, die Geibelsche „Sehnsucht“ und die beiden kürzeren Clavierstücke als Op. 1, 2 und 3 an. Wollen Sie meine Meinung wegen eines zu bestimmenden Honorars, so theile ich sie Ihnen gern mit. Ich möchte nicht, daß Sie Ihre Arbeiten zu gering anschlügen, andererseits aber auch nicht, daß Sie Härtels auf das erstemal abschreckten. Wie gesagt, wünschen Sie darüber meine Privatmeinung, so geb ich sie Ihnen gern. Es steht dann immer bei Ihnen, was Sie thun wollen.

Manches möchte ich Ihnen noch schreiben; — und nur das Eine kann ich, Ihnen wegen der „Sehnsucht“ ein herzliches „Glückauf und so weiter“ zurufen. Ich wüßte lange nicht, daß mir ein Lied so durchaus zugesagt hätte. Dies ist auch das Urtheil meiner Frau.

Wegen Ihrer Idee, an ein größeres Stück zu gehen, muß ich, da heute meine Zeit sehr eingetheilt ist, meine Gedanken bis auf ein andermal versparen. Namentlich hat die Oper meinen vollen Beifall. Aber es gibt viel dabei zu überlegen. — Darüber wie gesagt später! —

Lassen Sie mich bald wissen, wo Sie zunächst rasten — und senden mir, ohne vorher zu fragen, von Ihren Compositionen. Es wird mich immer freuen, Neues von Ihnen kennen zu lernen.

Ihr ergebener
Robert Schumann.

323. An C. Meinardus.

Dresden, den 16ten September 1848.

Geehrter Herr,

Mit Vergnügen habe ich mich aus den zugesandten Arbeiten Ihrer Composition von Ihren großen Fortschritten überzeugt. Fahren Sie fort, sich unter so guter Leitung, wie der des Herrn Riccius, in Beherrschung größerer Kunstformen zu üben. Vor Allem beharren Sie dabei, innerlich — nicht mit Hülfe des Instrumentes — zu erfinden, die melodischen Hauptmotive im Kopfe so lange zu drehen und zu wenden, bis Sie sich sagen können: „nun ist es gut“. — Das Rechte im Fluge gleichsam des Augenblicks zu erhaschen, gelingt nicht alle Tage — und die Studienbücher großer Künstler, namentlich Beethovens, beweisen, wie lange, wie mühsam sie oft an einer kleinen Melodie feilten und arbeiteten.

Aus Ihrem Briefe sehe ich übrigens, wie Sie selbst die theilweisen Mängel an der Sonate fühlen. Indeß ist mein Rath, corrigiren Sie nichts daran und gehen lieber an etwas Neues. Schreiben Sie besonders viel für Chor; dies bleibt meiner Ansicht nach das Förderndste. Es soll mich freuen, recht bald wieder etwas von Ihnen zu hören.

Ihr ergebener
Robert Schumann.

324. An C. Reinecke in Segeberg.

Dresden, d. 4ten October 1848.

Das Album,[361] namentlich von etwa Nr. 8 an, wird Ihnen, denk' ich, manchmal ein Lächeln abgewinnen. Ich wüßte nicht, wenn ich mich je in so guter musikalischer Laune befunden hätte, als da ich die Stücke schrieb. Es strömte mir ordentlich zu. —

Nun noch eine vertrauliche Mittheilung. Ich habe von Schuberth 50 Ld'ors Honorar verlangt. Finden Sie dies seinen Verhältnissen nach zu hoch, so schreiben Sie mir es offen. Findet es aber Sch. selbst nicht, um so besser.

325. An C. Reinecke.

Dresden, d. 6ten October 1848.

... Haben Sie denn vielen Dank für die Mühe und den Fleiß, die Sie diesen meinen ältern Kindern[362] gewidmet; auch meine jüngsten — vorgestern abgegangenen — bitten um Ihre Theilnahme. Freilich liebt man die jüngsten immer am meisten; aber diese sind mir besonders ans Herz gewachsen — und eigentlich recht aus dem Familienleben heraus. Die ersten der Stücke im Album schrieb ich nämlich für unser ältestes Kind zu ihrem Geburtstag und so kam eines nach dem andern hinzu. Es war mir, als finge ich noch einmal von vorn an zu componiren. Und auch vom alten Humor werden Sie hier und da spüren. Von den Kinderscenen unterscheiden sie sich durchaus. Diese sind Rückspiegelungen eines Älteren und für Ältere, während das Weihnachtsalbum mehr Vorspiegelungen, Ahnungen, zukünftige Zustände für Jüngere enthält.

Aber was sprech' ich Ihnen vor, der Sie sich so theilnahmsvoll in meine Musik hineingedacht. Besser wie jeder Andere werden Sie den Sinn des Werkleins verstehen und ihm die rechten Seiten abgewinnen.

An Hrn. Schuberth wendete ich mich wegen der Herausgabe, weil Eile nothwendig ist, und weil ich glaube, wenn er will, setzt er etwas durch. Daß er übrigens kein schlechtes Geschäft damit macht, dafür möcht' ich einstehen; von allen meinen Compositionen, glaub' ich, werden diese die populärsten.[363]

326. An C. Wettig.

Dresden, den 8ten October 1848.

Wegen der Herausgabe Ihrer Compositionen bin ich, geehrter Herr, wieder auf andere Gedanken gekommen. Es sind jetzt schlimme Zeiten im Handel, wie Sie wissen, und dies hat dann natürlich auch auf den Musikverlag Einfluß. Unterlassen Sie daher lieber für jetzt die Herausgabe des Concertsatzes mit Orchester, das ist kein kleines Unternehmen für einen Verleger, und ich fürchte, sie schlagen Ihnen eine Honorarforderung rundum ab! Bieten Sie Härtels vor der Hand die „Sehnsucht" als opus 1 und das Scherzo in B moll als opus 2 an! Sobald die Herren dann sehen, daß Ihre Musik anklingt (und die besten Hoffnungen hege ich dafür), so können Sie dann später Ihren Concertsatz noch einmal so vortheilhaft anbringen. Als Honorar für das Lied und das Scherzo fordern Sie sechs Louisd'or und berufen sich dabei, wenn Sie wollen, auf meinen Rath!

Das Scherzo ist Ihnen wieder vortrefflich gelungen; bis auf die Stelle — — —,[364] die mir etwas trocken vorkommt, behagt es mir sehr, namentlich das Trio und der Rückgang ins Scherzo.

Das Adagio im ... [?] mag sehr schön klingen. Ist's ein Satz aus einem größeren Stück? Dann schicken Sie auch die anderen Sätze!

Wegen der Oper möchte ich Ihnen dies erwiedern: Alles Theoretisiren und Schreiben hilft zu nichts. Sie müssen die Sache anpacken, irgend einen Stoff aus der Geschichte oder der Phantasie der Dichterwelt herausgreifen. Dann erst läßt sich weiter rathen. Nehmen Sie Shakespeare, Calderon, vielleicht auch Boccaccio zur Hand, ordnen Sie sich einen Stoff musikalisch und bühnengerecht und suchen dann eines Dichters habhaft zu werden, der Ihnen den Stoff in Verse bringt! Rechnen Sie nie darauf, von einem Dichter etwa zufällig einen Operntext zu erhalten, den Sie gebrauchen könnten! Sie müssen selbst die erste Hand anlegen.

Interessant wäre mir, zu erfahren, in welchem Alter Sie stehen,[365] dann auch, was alles Sie denn in den letzten drei Jahren componirt haben. Oder noch besser — halten Sie Ihr Versprechen und kommen auf einige Zeit zu uns! Das sollte uns Freude machen. Meine Frau spielt Ihre Compositionen mit großer Freude — und wie sie sie spielt, würde Ihnen, glaub' ich, nicht mißfallen.

Vergessen Sie nicht, mir bald Nachricht zu geben, wie weit Sie mit Härtels gediehen sind — und schicken mir bald wieder recht viele neue Sachen!

Mit den besten Wünschen

Ihr ergebener
Robert Schumann.

327. An Julius Rietz in Leipzig.

Geehrter Herr Musikdirector,

Ihrem letzten Schreiben gegenüber befinde ich mich in einiger Verlegenheit — und da ich immer offen bin, so sei es auch diesmal.

Sie kennen nun den Text meiner Oper und, wie Sie schreiben, auch zwei Acte der Musik. Ihr gänzliches Schweigen nun über den Inhalt der Arbeit, wie über irgend einen zu erwartenden Erfolg, ja das Ausbleiben des gewöhnten, freundlichen Glückwunsches, den sich Künstler nach einer vollbrachten Arbeit so gern geben, — dies alles läßt mich vermuthen, daß Sie die Sache mit Apprehension erfüllt.

So leid dies mir thäte, so ist mir mein Werk doch auch zu lieb, als daß ich es gern Händen anvertraut sähe, die es gleichgültig oder auch wegwerfend behandeln möchten.

Mein Ersuchen an Sie, geehrter Herr, geht nun dahin, mir, im Falle Sie der Oper Ihre Theilnahme versagen, dies unumwunden zu schreiben.

In diesem Falle würde ich dann meine Oper zurücknehmen oder mich mit der Direction wegen anderer Maßregeln zu einigen suchen.

Mein Bestreben, wie Sie mir aus meinem bisherigen Kunstwirken wohl zutrauen, geht nicht dahin, nur von Ihnen oder irgend wem ein unbedingtes Lob, ein Außersichsein über mein Werk zu erzwingen. Nein, nur dies will ich, daß der, in dessen Händen der Erfolg einer so mühevollen Arbeit zum großen Theile liegt, derselben jene künstlerische Theilnahme entgegenbringe, ohne die überhaupt nichts in der Kunst gedeihen kann. Mit anderen Worten: Tadel vertrag' ich, aber über die Achsel, mein Herr Musikdirector, lasse ich mir mein Werk nicht ansehen.

Ihr
ergebener
R. Schumann.

Dresden, d. 1ten Nov. 1848.

328. An Laurens.

Dresden, den 3ten November 1848.

Geehrter Herr,

Auf zwei freundliche Schreiben von Ihnen war ich undankbar genug bis heute zu schweigen. Verzeihen Sie es dem Musiker, der immer eben lieber ♩♩ schreibt als Buchstaben. Und dann welche Zeit, welche furchtbare Empörung der Volksmassen, auch bei uns! Nun — schweigen wir davon und lassen uns lieber von unsrer geliebten Kunst sprechen, der ja Sie auch mit Leib und Seele ergeben sind. . .

Sie nehmen so herzlichen Theil an meinen Bestrebungen; ich danke es Ihnen. Je älter der Künstler wird, je mehr bedarf er der Aufmunterung Gleichgesinnter oder wenigstens Wohlwollender! Zwar will ich mich nicht beklagen; es werden mir von fern und nah Zeichen der Theilnahme, die mich innig erfreuen. Indeß sind es auch nicht immer die Rechten, wie ich sie mir als Kritiker wünsche, d. h. sie loben oft, wo nicht zu loben, und tadeln an unrechter Stelle. Sie aber, mein geehrter Herr, sind mir ein lieber Richter — und fassen's, womit nun einmal alle Musik gefaßt werden muß, mit dem Herzen.

Möchten auch meine ferneren Arbeiten Ihnen zusagen! An Fleiß wenigstens laß ich es nicht fehlen. So war dieses Jahr — trotz aller Aufregung von außen — eines meiner fleißigsten. Ich habe von Anfang Januar bis etwa Ende August eine Oper „Genoveva" fertig componirt — dann ein Werk, in das der eigene Vater ziemlich verliebt ist — ein Weihnachtsalbum für Kinder (kleine und große) — gegen 40 Stücke für Clavier. Ich denke, manches davon soll Ihnen Veranlassung zu neuen Bildchen geben, zu einem jener zierlichen, sinnigen, wie Sie mir schon mitgetheilt.[366] — Und seitdem gehen mir schon wieder allerhand Pläne, namentlich dramatische, durch den Kopf. Der Oper namentlich denke ich in Zukunft meine Kraft zuzuwenden. —

Hier haben Sie einen kleinen Abriß von meinem letzten Thun und Schaffen; theilen Sie mir nun auch recht bald von dem Ihrigen mit.

Ob ich Stephan Heller kenne? Zwar nicht persönlich — aber als Componisten von seinem ersten Auftreten an. Er ist der geistreichste unter allen jetzt lebenden Claviercomponisten. Ich kenne ihn wie mich selbst, glaub' ich. Käme er nur einmal eine Zeitlang von Paris weg; er zersplittert sich dort.

Über Gade werden Sie anders urtheilen, d. h. vortheilhafter, wenn Sie seine Symphonien vom Orchester gehört; er ist ein vollständiger Meister, ein excellenter Mensch! —

... Empfangen Sie noch meine freundlichsten Grüße und schreiben mir recht bald wieder Ihrem

ergebenen

R. Schumann.

329. An Verhulst.

Dresden, den 4ten Nov. 1848.

... Wir sind alle ziemlich wohl; nur manchmal umschwirren mich noch melancholische Fledermäuse; doch verscheucht sie auch wiederum die Musik. Und dann besitz' ich ja im eignen Hause so hohe Güter — eine so liebe Frau, so wohlgerathene Kinder. Einen Knaben haben wir jetzt auch; Ludwig heißt er und ist das ganze Glück der Mutter ... Auch im Dirigiren hab' ich mich gut geübt. Ich habe hier einen Chorverein gegründet, der in vollstem Flor steht, der mir schon viele schöne Stunden bereitet hat. Auch einen Männergesangverein dirigirte ich, gab's aber wieder auf, da er mir zu viel Zeit kostete. Und hat man den ganzen Tag für sich musicirt, so wollen einem diese ewigen $\frac{6}{4}$ Akkorde des Männergesangstils auch nicht munden. ... Kommst Du nicht bald nach Deutschland wieder? — Alle findest Du wieder — und nur den Einen nicht, der der Allerbeste war [Mendelssohn]. Heute ist's gerade ein Jahr, daß er von uns schied! —

330. An G. Nottebohm.

Dresden, den 4ten Nov. 1848.

Lieber Nottebohm,

Wir sind einigermaßen besorgt um Sie. Schreiben Sie mir gleich, ob Sie die Katastrophe unversehrt gelassen, und was Sie sonst für Pläne haben. Tagtäglich dachte ich, Sie müßten zu meiner Stube hereintreten. Schön, daß Sie ausgehalten, wenn's nur eben ohne Schaden an Leib und Seele geschehen.

Welche Zeit! — Drum schreib' ich auch heute über nichts weiter und wollte Ihnen nur freundlichste Grüße senden. Schreiben Sie mir auch von den andern unsrer Bekannten, wo sie hingerathen sind.

Den beifolgenden Brief meiner Frau an Frau v. Pacher [geb. List] wollen Sie so gut sein zu befördern. Ist deren Haus — nicht weit vom rothen Thurm — nicht beschädigt? — Wir sind alle leidlich wohl.

Schreiben Sie bald! Ihr

R. Sch.

Gr. Laurencin, Füllich, Hanslick, Fischhof, Becher[367] — was machen diese?

331. An den Capellmeister Schindelmeißer in Frankfurt a/M.

Geehrter Herr und Freund,

Haben Sie vielen Dank für Ihre freundlichen Zeilen. Es sollte mich freuen, wenn die Oper in Frankfurt gegeben würde. Leider kann ich eine Partitur nicht gleich mitsenden, da die beiden einzigen, die ich habe, — die eine in Leipzig, die andre bei der hiesigen Direction — liegen. Ich habe aber den Auftrag zu einer Abschrift für Sie gegeben, wo denn aber doch leicht 3—4 Wochen bis zu ihrem Fertigwerden vergehen dürften.

Da Sie nach dem Preis fragen, so muß ich auch dies erwähnen. Ich bin bereit, der Direction die Partitur d. h. das Aufführungsrecht zu jeder und aller Zeit für zwanzig Louisd'or zu überlassen, behalte mir aber das Eigenthumsrecht des Textbuches vor.

Kommen wir darin überein, so wird wohl die Ausfertigung eines förmlichen Contractes das Beste sein.

Nun möchte ich Ihnen gern noch allerhand über die Oper selbst schreiben — doch denke ich, ich lasse es, bis die Musik selbst in Ihren Händen ist, was, wenn nicht in Frankfurt, doch jedenfalls hier, und hoffentlich bald der Fall sein wird.

Also kommen Sie bald, wenn es Ihnen in F. nicht zusagt. Ueberfluß an guten Musikern haben wir ohnedem nicht. Da sollen Sie denn herzlich willkommen sein.

Sobald sich mit der Direction in F. wegen der Aufführung der Oper irgend etwas entschieden, haben Sie wohl die Gefälligkeit, mir es zu melden. Ich hätte auch nicht übel Lust, die erste Aufführung selbst zu dirigiren. Doch das alles liegt noch im Dunkel der Zukunft. Also vor der Hand auf baldiges Wiedersehen,

schriftliches oder mündliches,

Dresden, Ihr ergebener

d. 12ten Nov. 1848. R. Schumann.

332. An den Regisseur H. Schmidt in Dresden.

Lieber Freund,

Gestern war es eine Bitte, die ich Ihnen schrieb,[368] heute ist es ein Klatsch. CM. Wagner sagte mir nämlich, Reißiger habe, wie er durch Sie gehört, dem Hrn. v. L[üttichau] meine Oper als höchst langweilig charakterisirt, was mich in so fern belustigt, als dies immer das ominöse Epitheton ist, das man den R.schen Opern beilegte. Gern möchte ich aber hinter das Wahre an der Sache kommen, in so fern dies etwa auf die Annahme der Oper Einfluß haben könnte, und ich bitte Sie, mich mit ein paar Zeilen zu benachrichtigen, wie weit die Angelegenheit trotz der Reißigerschen Censur gediehen.

Ihr ergebener

Donnerstag, [d. 15ten Nov. 1840]. R. Sch.

333. An Julius Rietz.

Dresden, den 21ten Nov. 1848.

Verehrter Herr,

Bleibe es denn dabei, wie Sie es mit den Herren beschlossen haben! Da, wie Sie mir schreiben, von Neujahr an ein neuer Director eintritt, so wäre es wohl das Beste, man setzte eine Art Contract auf, worin alles auf das Bestimmteste festgestellt würde.

Haben Sie auch vielen Dank für die Besorgung der Abschrift. Sie können, während die beiden letzten Acte von Hrn. Weißenborn geschrieben werden, wohl immer die beiden ersten ausschreiben lassen.

Mit Verlangen seh' ich auch Ihren Bemerkungen entgegen. Vergessen Sie nicht, Ihr Versprechen so bald als möglich wahr zu machen. Wo die dramatische Wirkung durch zu viel Musik oder sonst wie aufgehalten wird, muß alles zum Opfer gebracht werden, und ich bin Ihnen dankbar, wo Sie mir dies andeuten.

Möchten Sie nun so freundlich sein, sich der Sache warm und kräftig anzunehmen, daß die Oper womöglich in der 1sten Hälfte des

Februar gegeben werden kann. Darum bitte ich Sie, wie auch, die Herrlichkeit zu Briefanfängen und Schlüssen in die frühere Freundlichkeit zu verwandeln.

Ihr ergebener

R. Sch.

Contractpunkte.

Der Componist überläßt der — — die Aufführung s. Oper G. unter folgenden Bedingungen:

1) Die Aufführung findet bis spätestens (15. Februar?) statt.
2) Der Verkauf des Textbuches, das der Componist auf seine Kosten drucken läßt, bleibt für immer Eigenthum des Componisten.
3) Das Honorar für das Aufführungsrecht ist —, und wird dem Comp. (am Tage der Aufführung?) zugestellt.

334. An Ferd. David.

Lieber David,

Die beifolgenden Quartette [in Partitur] waren Dir schon längst bestimmt; ich glaubte immer, sie Dir selbst bringen zu können. Nun will ich aber nicht länger säumen, und da gerade heiliger Abend ist, so trifft es sich um so freundlicher. Gedenke, wenn Du sie ansiehst, aller zusammen erlebten Leiden und Freuden.

Bald hoffe ich Dich auf längere Zeit zu sehen.

Dein

freundschaftlich ergebener

Dresden, den 24ten December 1848. R. Schumann.

335. An C. Schindelmeißer.

Dresden, den 25sten Dec. 1848.

Geehrter Herr und Freund,

Die Abschrift der Oper hält länger auf, als ich dachte: — sie wimmelte von Fehlern, so daß ich sie einem Musiker zur Durchsicht geben mußte. So folgen denn einstweilen hier zwei Acte und das Textbuch; die zwei anderen mit Ouvertüre sende ich sobald wie möglich nach. Einstweilen sehen Sie sich diese Acte an. Die Hauptpartien sind Genoveva, hoher Sopran, Margaretha, Mezzosopran, Golo, hoher Tenor, Siegfried, Bariton. Neue Decorationen erfordert die Oper nicht, und nur in der Zauberspiegelscene müßte einiges gemalt werden. Die Dauer der ganzen Oper,·Zwischenactpausen mitgerechnet, wird höchstens drei Stunden sein.

Besondere Schwierigkeiten in musikalischem Betracht bietet die Oper auch nicht, ebensowenig wie Stimmenvolubilität; dagegen wünsche ich ihr empfindende Sänger, die die Wirkung aber in etwas anderem suchen als in der Coloratur, vor allem·dramatische, die auch lebendig darzustellen vermögen.

Über Einzelheiten schreibe ich Ihnen bei Absendung der anderen Acte; namentlich denke ich auch den Schluß der ganzen Oper zu ändern; der Bischof Hidulfus darf da zum Schluß nicht noch einmal singen . . .

Schreiben Sie mir recht bald ein paar Zeilen, was Sie namentlich wegen des Zeitpunktes der Aufführung beschlossen haben, zu der ich, wie ich Ihnen schon schrieb, in jedem Falle nach F[rankfurt] komme.[369]

Mit bestem Gruß

R. Schumann.

336. An J. Rietz.

Geehrter Freund,

Schreiben Sie mir zwei Zeilen, einmal, ob die Solostimmen [zur Genoveva] bis zu unserer Anwesenheit in L. fertig sein können, dann, ob Sie meine Symphonie [C dur] zum Concert am 11ten angesetzt haben. Wäre keins von beiden, so richteten wir natürlich unser Ausbleiben von hier auf kürzere Zeit ein.

Viele Grüße zum heutigen Tag

Dresden, d. 1sten Januar 1849. R. Schumann.

N. S. Eben erhalte ich Ihren Brief. Ihre Bemerkungen sind alle sehr gut. Vielen Dank. Ich weiß nichts Schöneres, als solchen Ideenaustausch. Hier kann man nichts dergleichen haben. W[agner] ist ein poetischer und überdem gescheuter Kopf; aber über das eigentlich Musikalische sucht er in seinem Urtheil hinweg zu kommen — u. R[eißiger] versteht nur seine und Philistermusik.

Wir kommen Sonnabend. Sonntags widmen Sie uns wohl eine Stunde.

Die Symphonie setzen Sie an; ich will sie auch dirigiren — nur bitte ich, setzen Sie es (das Dirigiren) nicht etwa auf den Zeddel; ich mag's nicht leiden.

Die Symphonie ist schwer, dem Orchester fast ganz neu. Gibt es in dem Concert zum 11ten noch sonst viel zu probiren? Dann fürcht' ich, bringen wir die Symphonie nicht in einer Probe zu Stande. Nun, das wird sich zeigen.[370]

Damit ich Sie Sonntags nicht vergeblich suche, wollte ich Sie bitten, vielleicht eine Karte ins Hôtel de Bavière zu schicken mit dem Bemerken darauf, wann ich Sie zu Hause finde.

Verzeihung wegen aller Bitten und Wünsche; ich danke es Ihnen auch.

Ihr
ergebener
R. Schumann.

d. 2ten Januar 49.

337. An J. Rietz.

Dresden, den 25sten Januar 1849.

Geehrter Freund,

Hier folgt der IVte Act; wollen Sie sich den Schluß nun noch einmal ansehen? Zum Trio in A dur hab' ich Siegfried u. Genoveva noch einiges zu singen gegeben. Zum Schluß müßte Hidulfus doch wohl noch einmal auftreten. Wird die ganze letzte Scene gut arrangirt, so erhält sie, denk' ich, das Interesse des Zuschauers wach. Eine genaue Scenerie der ganzen Oper schick' ich übrigens in den nächsten Tagen, wie dann auch den Clavierauszug.

Sehr bald hoffe ich wieder in Leipzig zu sein; vermuthlich schon Montag über 14 Tage, damit die Hetzerei vor der Aufführung nicht zu groß wird. Erwarten Sie mich also mit einer Menge Fragen u. Anliegen recht bald wieder. Wir miethen uns wahrscheinlich ein Privatlogis auf einen Monat.

Viele Grüße an David; er hat doch ganz herrlich gespielt in allem, was ich von ihm gehört. Ihr waret überhaupt Alle recht gut und freundlich mit uns. Vielen Dank dafür! Auch von meiner Frau, die sich wieder etwas zu erholen anfängt. Leben Sie wohl und glücklich.

Ihr
ergebener
R. Schumann.

338. An J. Rietz.

Dresden, den 3ten Februar 1849.

Geehrter Freund,

Dr. Reuter schreibt mir von einer ferneren Verzögerung der [Genoveva-] Aufführung. Schreiben Sie mir mit einem Paar Zeilen (große Länge von Ihnen, einem so vielbeschäftigten, verlange ich nicht) wie die Sachen stehen. Meine Abreise nach L. war schon auf Montag über acht Tage festgestellt. Es schadet mir doch sehr viel, wenn die Zeit der Aufführung immer weiter hinaus gerückt wird. Im April fängt es an zu blühen; da geht niemand mehr ins Theater. Ich bin sehr traurig darüber. Also bitte um eine Nachricht, wann das Einstudiren wirklich beginnt, und wann Sie glauben, daß meine Anwesenheit in L. von Nutzen sein könnte. Ihr

R. Schumann.

Soll ich dem Theaterdirector vielleicht selbst schreiben?

339. An den Musikdirector D. G. Otten in Hamburg.

Dresden, den 2ten April 1849.

Geehrter Herr,

Sie müssen Schlimmes von mir denken, daß ich auf Ihren freundlichen Brief[371] die Antwort so lange schuldig blieb. Aber oft hab' ich Ihrer wie Ihrer Zeilen gedacht und danke Ihnen dafür und will nur weiter keine andere Entschuldigung sagen, als die alte von der Schreibfaulheit der Musiker, die wir es nun einmal mit Noten am liebsten zu thun haben.

Die Symphonie schrieb ich im December 1845 noch halb krank; mir ist's, als müßte man ihr dies anhören. Erst im letzten Satz fing ich an mich wieder zu fühlen; wirklich wurde ich auch nach Beendigung des ganzen Werkes wieder wohler. Sonst aber, wie gesagt, erinnert sie mich an eine dunkle Zeit. Daß trotzdem auch solche Schmerzensklänge Interesse wecken können, zeigt mir Ihre Theilnahme. Alles, was Sie darüber sagen, zeigt mir, wie genau Sie die Musik kennen, und daß Ihnen auch mein melancholischer Fagott im Adagio, den ich allerdings mit besonderer Vorliebe an jener Stelle hingeschrieben, nicht entgangen ist, hat mir am meisten Freude gemacht.

Von Ihrem regen Wirken für die gute Musik, namentlich durch Ihren Concert-Verein, hatte ich schon längst Kunde. Etwas Tüchtiges wird ja auch ohne Zeitungsartikel bekannt — das tragen schon gute unsichtbare Geister durch die Lüfte. Auch ich habe seit etwa Jahresfrist viel Freude an einem solchen Verein. Da erhole ich mich an Palestrina und Bach und andern Sachen, die man sonst nicht zu hören bekömmt.

Kennen Sie die Bachsche Johannis-Passion, die sogenannte

kleine? Gewiß! Aber finden Sie sie nicht um Vieles kühner, gewaltiger, poetischer, als die nach d. Evang. Matthäus? Mir scheint die letztere um 5—6 Jahre früher geschrieben, nicht frei von Breiten, und dann überhaupt über das Maß lang — die andere dagegen wie gedrängt, wie durchaus genial, namentlich in den Chören, und von welcher Kunst! — Käme doch über solche Sachen die Welt ins Klare! Aber davon schreibt Niemand, nur die mus. Zeitungen nehmen vielleicht manchmal einen Anlauf, lassen aber wieder nach, eben weil es denen, die da schreiben, an der rechten Kenntniß, an der rechten Ueberzeugung fehlt. So geht's, so wird's immer bleiben. Aber den einzeln verstreuten wahren Kunstmenschen muß ja auch etwas aufbewahrt bleiben. So ist's mit Palestrina, Bach, mit den letzten Beethovenschen Quartetten 2c.

So ruf' ich Ihnen denn den freundlichen Gruß zu: „Vereint vorwärts" - d. h. wir wollen nicht nachlassen, das, was wir für gut und echt erkannt, nach Kräften zur Geltung zu bringen. Das trägt den Lohn in sich.

Vielmals grüßend Ihr ergebener

R. Schumann.

340. An C. Reinecke.

Dresden, d. 9ten April 49.

Mit vielem Dank folgen hier die Manuscripte zurück. Die Sarabande[372] ist ein alter Liebling von mir, die ich viele Dutzendmal mir vorgespielt. Nun aber gleich eine Bemerkung — ich hab mir den Vortrag immer Forte (markirt und kräftig) gedacht — und der Charakter der übrigen Sarabanden in den Suiten bestärkt mich darin. Fragen Sie doch vielleicht noch einen Musiker. Die Variationen haben Sie mit Liebe geschrieben, das merkt man ihnen an. Mir gefällt Vieles und namentlich zeigen Sie sich auch in den canonischen Verschlingungen leicht und glücklich. Nun aber der Totaleindruck scheint mir kein befriedigender, und dies liegt wohl an der Kürze und, wenn Sie mir's nicht übel nehmen, an der Unruhe des Finales. Auch wär's gut, wenn das Thema ein breiteres wäre — sinnen Sie darüber nach! Das Hauptmotiv müßte natürlich bleiben, — der $\frac{3}{4}$ Takt aber in jedem Fall in Allabreve ₵ umgeändert werden... Mein Rath ist, legen Sie die Variationen ein paar Monate hin und dann die letzte Hand daran.[373]

341. An F. Hiller.

Dresden, d. 10ten April 1849.

Lieber Hiller,

Lange ist's wieder her, daß Du nichts von uns gehört — und ich darf doch nicht länger säumen, Dir wieder einmal einen Gruß zu senden. Durch Reinecke erfuhren wir von Zeit zu Zeit von Dir, daß es Dir und Deiner Frau immer wohl ergangen, daß Du immer fleißig warst und guten Muthes. So war's auch, lieber Hiller, bei uns mit wenigen Ausnahmen. Auch haben wir beide im vergangenen Winter nach Kräften geschafft und gearbeitet.

Viel Freude macht mir mein Chorverein (60—70 Mitglieder), in dem ich mir alle Musik, die ich liebe, nach Lust und Gefallen zurecht machen kann. Den Männergesangverein hab' ich dagegen aufgegeben; ich fand doch da zu wenig eigentlich musikalisches Streben — und fühlte mich nicht hinpassend, so hübsche Leute es waren. MD. [Julius] Otto hat sie wieder unter sich.

Den jungen [Carl] Ritter hab' ich, glaub' ich, ein Stück vorwärts gebracht. Eine entschieden musikalisch organisirte Natur, aber freilich noch sehr unklar; ich weiß nicht, ob er einmal sehr Bedeutendes leisten wird oder spurlos verschwinden. Er bedürfte einer fortwährenden Leitung.[374]

Hier hast Du Bericht über Deine Hinterlassenschaften, für die ich Dir übrigens nochmals danke. Namentlich hat mir doch die Direction der Liedertafel das Bewußtsein meiner Directionskraft wieder gegeben, die ich in nervöser Hypochondrie ganz gebrochen glaubte; ich fühle mich darin jetzt ganz zu Hause.

Von Deiner Symphonie [„Es muß doch Frühling werden"] hörte ich von vielen Seiten das Beste: hier ist leider zur Aufführung neuer Werke keine Aussicht. Du kennst ja die Verhältnisse. Die Faulheit ist größer denn je. —

Reinecke erzählte mir auch, daß Du eine Symphonie von mir aufgeführt. Ist dies die 2te? Dann wäre mir's lieb, Dein Urtheil darüber zu wissen. Ist sie auch schon gedruckt, so läßt sich aus solchem Ideenaustausch immer für die Zukunft nützen.

Sehr fleißig war ich in dieser ganzen Zeit — mein fruchtbarstes Jahr war es — als ob die äußern Stürme den Menschen mehr in sein Inneres trieben, so fand ich nur darin ein Gegengewicht gegen das von Außen so furchtbar Hereinbrechende.

Mein Jugendalbum kennst Du wohl? Gefällt Dir's nicht? Es hat schnelle und große Verbreitung gefunden, wie mir der Verleger schreibt[375]... Kurz, ich kann nur dankbar sein, daß mir in dieser schweren Zeit so viel Kraft zum Arbeiten übrig blieb. —

Nun genug für heute — mögen Dich diese Zeilen gesund und wohl treffen — grüß' Deine Frau und laß bald von Dir hören.

Dein Freund

Robert Schumann.

342. An F. Brendel.

[Wahrscheinlich Ende April 1849.]

Lieber Brendel,

Der junge Hr. v. Bülow bittet mich um ein paar Zeilen an Sie, die ich ihm mit Vergnügen gebe, da er ein sehr guter Clavierspieler und sonst auch ein gebildeter, nach näherer Bekanntschaft wohl zu leidender Mensch ist. Ich bitte ihn freundlich aufzunehmen. — Meine Oper, vielmehr ihre Aufführung soll durch Intriguen dortiger Musiker möglichst verzögert werden. So schreibt man mir. Aber ich glaube es nicht. Und wäre es, so kann es zuletzt nur nützen. Ehrlichkeit währt am längsten — und daß ich es gut und ehrlich meine mit der Kunst, das wissen die ja.

Für heute im Flug nur dies Wenige. Ueber kurz oder lang sehen wir uns, hoffe ich.

Ihr

R. Sch.

Ihr Aufsatz über die Kritik des Publikums[376] hat mir sehr gefallen — auch der über das Arrangement meiner Symphonie mich gefreut; nur war darin Gade vergessen worden, was mir leid thut.

343. An C. Reinecke.

Lieber Herr Reinecke,

... Daß wir nicht feiern, möge Ihnen der kleine Zeddel beweisen. Das Trio ist das von mir zuletzt componirte (in F dur) — es ist von ganz anderem Charakter als das in D — und wirkt freundlicher und schneller. Auf den Anfang des Adagio — und auf ein Allegretto (statt des Scherzo) freue ich mich immer, wenn es daran kommt.

Das [spanische] Liederspiel ist in der Form etwas Originelles (glaub' ich), das Ganze vom heitersten Effect. Ich wünsche, Sie hörten es bald . . . Freundlichen Gruß

Den 1. Mai 49. R. Sch.

Das schreibt man gern.

344. An Julius Rietz.

Bad Kreischa bei Dresden, d. 20sten Mai 1849.

Werther Freund,

Aus den Drangsalen der Stadt haben wir uns hierher geflüchtet. Ihr Brief traf mich sehr spät, daher Verzeihung wegen der späten Antwort.

Als mir das gemeldet wurde, weshalb Sie zuletzt an mich schrieben, that ich nichts, als daß ich den Brief meiner Frau gab, mit den Worten „das ist eine Lüge" und gedachte der Sache nicht weiter. Wie können Sie glauben, daß ich Sie einer solchen Handlung für fähig halten könnte? Ist mir's auch nicht vergönnt gewesen, Ihres persönlichen Umganges mich oft zu erfreuen, so erkenne ich Sie doch aus Ihrer Musik — und selten täusch' ich mich darin, d. h. in meiner Schlußfolgerung vom Künstler auf den Menschen. Ohne diesen Glauben hätte es mir ja auch gar nicht einfallen können, Ihnen die „Genoveva" überhaupt in die Hände zu geben.

Ich hoffe, daß Sie diese Worte vollkommen beruhigen, bin aber auch bereit, Ihnen den Namen des Zwischenträgers, wie mir scheint, zu nennen, wenn Sie darauf bestehen! — Besser aber, Sie lassen es auf sich beruhen. Ihren Brief und die Erklärung von Frl. Mayer[377] in die rechten Hände gelangen zu lassen, hab ich Ihnen gesorgt.

Sonst leben wir hier wie im tiefsten Frieden; auch arbeite ich fleißig. Eine Bitte: senden Sie mir doch baldmöglichst den Clavierauszug der Oper, in dem ich noch manches nach der Partitur zu ändern habe. Hr. Wirsing [Theaterdirector] hat in der ganzen Zeit nichts von sich hören lassen — und es ist mir auch ganz recht, daß sie jetzt liegen bleibt, da im Monat Juli meine Frau ihrer Niederkunft entgegensieht, ich also vor August nicht von hier fortkönnte. Die Sendung des Clavierauszuges adressiren Sie nur wie bisher nach Dresden.

Einer Äußerung in Ihrem Briefe zufolge scheint sich Ihr Verhältniß zum Leipziger Theater aufzulösen. Ist das Ihre Absicht?[378]

Mit freundschaftlichem Gruß

R. Schumann.

345. An Fr. Liszt in Weimar.

Bad Kreischa bei Dresden, d. 31sten Mai 1849.

Verehrter Freund,

Hrn. Reineckes Erscheinen in Dresden war ein so flüchtiges — die Revolution zerstob uns nämlich nach allen Winden, nachdem wir uns nur einmal gesprochen, — daß ich ihm wegen Ihrer Anfrage nach der Scene aus Faust keine bestimmte Antwort geben konnte. — Das Stück ist mir nämlich für den Aufwand, den es verlangt, zu kurz, und ich dachte immer noch einiges andere aus Faust dazu zu componiren — bis jetzt kam es noch nicht dazu, doch hoffe ich noch immer. Wie das Stück jetzt dasteht, möchte ich es nicht in die Öffentlichkeit bringen.

Aber, lieber Freund, würde Ihnen die Composition nicht vielleicht zu leipzigerisch sein? Oder halten Sie L[eipzig] doch für ein Miniaturparis, in dem man auch etwas zu Stande bringen könne? Im Ernst — von Ihnen, der so viele meiner Compositionen kennt, hätte ich etwas anderes vermuthet, als im Bausch und Bogen so ein Urtheil über ein ganzes Künstlerleben auszusprechen. Betrachten Sie meine Compositionen genauer, so müßten Sie gerade eine ziemliche Mannigfaltigkeit der Anschauungen darin finden, wie ich denn immer danach getrachtet habe, in jeder meiner Compositionen etwas anderes zu Tag zu bringen und nicht allein der Form nach. Und wahrlich, sie waren doch nicht so übel, die in Leipzig beisammen waren — Mendelssohn, Hiller, Bennett u. a. — mit den Parisern, Wienern und Berlinern konnten wir es ebenfalls auch aufnehmen. Gleicht sich aber mancher musikalische Zug in dem, was wir componirt, so nennen Sie es Philister oder wie Sie wollen, — alle verschiedenen Kunstepochen haben dasselbe aufzuweisen, und Bach, Händel, Gluck, später Mozart, Haydn, Beethoven sehen sich an hundert Stellen zum Verwechseln ähnlich (doch nehme ich die letzten Werke Beethovens aus, obgleich sie wieder auf Bach deuten). Ganz original ist Keiner. So viel über ihre Äußerung, die eine ungerechte und beleidigende war. Im Übrigen vergessen wir des Abends[379] — ein Wort ist kein Pfeil — und das Vorwärtsstreben die Hauptsache. —

Sie bleiben noch einige Zeit in W[eimar], wie mir Reinecke sagte. Da kommen Sie vielleicht nach Leipzig zur Aufführung meiner Oper (vermuthlich Ende August). Ich will, wenn Sie es wünschen, Ihnen später den Tag genauer melden. Durch Ihre Vermittlung wäre wohl im Winter auch eine Aufführung in W. ins Werk zu setzen, was mich freuen sollte. —

Sonst leben wir — von der Revolution vertrieben — hier in traulicher Stille — und die Lust zur Arbeit, wenn auch die großen Weltbegebenheiten die Gedanken in Anspruch nehmen, will eher wachsen als abnehmen.[380] Ich war im ganzen vorigen Jahre und neuerdings unausgesetzt sehr thätig — es erscheint ziemlich viel in der nächsten Zeit, Größeres und Kleineres. Eine bedeutende Arbeit habe ich so ziemlich vollendet, eine Musik zu Byrons Manfred, den ich mir zu dramatischer Aufführung bearbeitet, mit Ouvertüre, Zwischenacten und anderen Musikstücken, wie sie der Text in reicher Fülle darbietet ...

Nun genug! Schreiben Sie mir auch ein Wort von Ihrem Leben und Thun. Meine Frau empfiehlt sich Ihnen; die Kinder fangen schon an rechte Musikliebe zu zeigen. Vielmals grüßend Ihr

ergebener
R. Schumann.

Wo ist Wagner?

346. An F. Brendel.

Dresden, d. 17ten Juni 1849.

Lieber Brendel,

Zur Versammlung[381] werde ich kommen, wenn bis dahin meine Frau wieder ganz wohlauf sein wird.

Die Orientalia [Op. 66] folgen hier; man muß, glaube ich, sich erst hineinschmecken. Urtheilen Sie, wenn ich bitten darf, nicht auf einmal Hören! ...

Sie ermuntern mich immer so freundlich, lieber Brendel — haben Sie Dank dafür! Ach ja — von den Schmerzen und Freuden, die die Zeit bewegen, der Musik zu erzählen, dies, fühl ich, ist mir vor vielen Andern zuertheilt worden. Und daß Sie es den Leuten manchmal vorhalten, wie stark eben meine Musik in der Gegenwart wurzelt und etwas ganz anderes will als nur Wohlklang und angenehme Unterhaltung, dies freut mich und muntert mich auf zu höherem Streben. Auch wird, was mich zu sehen erfreut, die Theilnahme an diesem nun immer mehr noch ausgebreitet; aus vielen Zeichen von nah und fern sehe ich das.

Die ganze Zeit über habe ich viel, sehr viel gearbeitet; noch nie drängte es mich so, ward mir's so leicht. Aber die letzten Märsche [Op. 79] haben mir doch die größte Freude gemacht. Nun, möchte es auch Andern so scheinen und Sie und die anderen Theilnehmenden in L[eipzig] meinem Streben ein freundliches Auge offen halten.

Ihr

R. Sch.

347. An Dr. H. Härtel.

[Ohne Datum, wahrscheinlich einige Tage vor dem nächstfolgenden Briefe geschrieben.]

Verehrter Herr Doctor,

Sie schreiben mir in Ihrem Briefe kein Wort über den Inhalt unserer letzten Unterredung.[382]

Haben Sie mir deshalb eine verneinende Antwort zu eröffnen, warum nicht offen sagen? Auf Ihre Person würde dies keinen Schatten werfen können — Sie stehen ja nicht allein! [im Concert-Directorium] Und was mich anlangt, so komme ich nach und nach in die Jahre der Selbsterkenntniß, die mich lehren, wie weit eine Beleidigung an mich reicht, — wenn wirklich eine vorhanden sein sollte.

Aber gerade ist der beste Weg. Ich bin nicht berechtigt, in die Verhandlungen des Directoriums zu dringen. Daß Sie aber einen wohlgemeinten Antrag nicht der kleinsten Antwort würdigen, das, offen gesagt, ist mir nicht erklärlich.

Täuschte ich mich in der bisherigen Meinung Ihrer Gesinnung über mich? Waren Sie so beschäftigt, daß Sie der Sache gar nicht gedachten? Ich weiß nicht, was ich davon halten soll.

Sagen Sie mir denn ein beruhigendes und aufklärendes Wort — man muß solche unangenehme Empfindungen so schnell wie möglich loswerden — und ich möchte Ihnen auch nicht gern Unrecht gethan haben.

Ihr

ergebener

R. Schumann.

348. An Dr. H. Härtel.

Verehrter Herr Doctor,

Hätte Ihr vorletzter Brief ein Wörtchen von dem enthalten, was Sie mir in Ihrem letzten kundgeben, so brauchte ich mich nicht über meine Antwort an Sie zu ärgern, der Sie ihre Aufregung gütigst verzeihen wollen. Wir Musiker sind nun einmal reizbare Leute. Und dann drängten gerade die letzten Tage zu mancherlei Entschließungen meinerseits, die zum Theil mit dem Plan einer etwaigen Uebersiedelung nach L[eipzig] in Verbindung standen, so daß ich gern etwas wenn auch nur annähernd Bestimmtes gewußt hätte. So hatte man mich für die bevorstehende Goethefeier zur Aufführung meiner Faustmusik aufgefordert, und ich wußte nicht, ob den Antrag annehmen, da ich im Falle eines Umzugs nach L. lieber sobald als möglich dorthingekommen wäre. Ebenso steht das Einstudiren der Oper in L. bevor, die ich, im Falle einer mich für Leipzig bestimmenden Entscheidung, lieber erst in den ersten Monaten des Winters aufzuführen Hrn. Wirsing gebeten hätte. Dies alles versetzte mich nun in Aufregung —, und ich wußte nicht, was zuerst unternehmen. Namentlich der Aufführung der Oper halber geht nun meine Bitte dahin, daß Sie mir, sobald sich etwas entschieden, davon Nachricht geben möchten. Es liegt aber nicht im Entferntesten in meiner Absicht, so lange das Verhältniß mit R[ietz] noch nicht gelöst ist, etwas, was dieses Verhältniß alteriren könnte, zu unternehmen — und ich ersuche Sie, so lange keinen Schritt in der Sache zu thun, als Sie es für gut finden eben unter jener Voraussetzung, daß die Beziehung des Hrn. R. zur Concertdirection erst geordnet ist.

Haben Sie übrigens Dank für die Mittheilung, daß Sie glauben, mein Antrag würde dem Directorium nicht unwillkommen sein. Es sollte mich freuen, wenn die Sache zu Stande käme. Wie ich Ihnen sagte, ich sehne mich nach einer geregelten Thätigkeit — und wie unvergeßlich mir auch die letzten Jahre sein werden, wo ich ausschließlich als Componist leben konnte, und wie ich auch weiß, daß solche fruchtbare und in dieser Beziehung glückliche Zeit vielleicht nicht sobald wieder kommen wird, so drängt es mich doch auch nach einer activen Wirksamkeit, und es würde mein höchstes Bestreben sein, das Institut in dem Glanz erhalten zu helfen, in dem es seit so langer Zeit dagestanden.

Für die Aufführung der Scene aus Faust zum 29sten August[383] habe ich mich nun jetzt entschieden. Das Concert soll im Palais des großen Gartens sein, und außerdem noch die Walpurgisnacht gegeben werden. Gleichzeitig, und namentlich nach dieser Aufführung, soll an verschiedenen Punkten des Gartens gesungen, musicirt und jubilirt werden; man möchte eine Art Volksfest, wenn nicht Jupiter pluvius dagegen Einsprache thut. Hätten Sie nicht vielleicht Lust, zu der Feier herüber zu kommen? ich würde Ihnen dann das ganze Festprogramm genauer mittheilen. Oder feiert Leipzig den Tag selbst, wie ich wohl glaube.

Heute habe ich mit meiner lieben Frau den ersten Ausflug im Wagen gemacht — allemal ein Festtag —, und der Empfang Ihres freundlichen Briefes trug nicht wenig zu unserer heiteren Stimmung bei. Haben Sie nochmals Dank für die Aufklärung, und erhalten uns Ihr freundschaftliches Wohlwollen.

Dresden, Ihr ergebenster
d. 28sten Juli 1849. R. Schumann.

349. An Fr. Liszt.

Ihre Antwort, verehrter Freund, kam mir ziemlich erwünscht. Es hat sich jetzt nämlich hier auch ein Comité zur großartigeren Begehung der Feier für Goethe gebildet, und man hat sie mit meiner Musik zu Faust zu beschließen beschlossen. (Verzeihung fürs Doppelwort.) — Zugesagt hatte ich hier noch nicht; doch wär' es mir wohl übel vermerkt worden, hätte ich eine Aufführung in W[eimar] der hiesigen vorgezogen. Kurz, es ist mir lieb, daß es so kömmt. Und dann hätte mir die ganze Sache ohne Ihre Anwesenheit in W. wenig Spaß gemacht.

Kehren Sie nur bald wohl und gestärkt aus dem Bad zurück! Dauert Ihre Anwesenheit nicht über sechs Wochen, so hoffe ich Sie wohl zur Aufführung meiner Oper in L[eipzig] noch zu sehen?

Mit bestem Dank für Ihre freundlichen Bemühungen und vielen Grüßen von mir und der Frau

Ihr ergebener
D[resden], den 29. Juli 1849. R. Schumann.

350. An Fr. Liszt.

Dresden, den 10ten August 1849.

Verehrter Freund,

Es bleibt mir heute nur noch zu ein paar Bemerkungen Zeit, da mich die Durchsicht der Partitur etwas angegriffen. Von letzterer habe ich indeß nur die Blasinstrumente durchgesehen. Da Sie correcte Einzelstimmen des Chors und des Quartetts zur Abschrift haben, so unterließ ich es, in der Partitur auch den Chor und das Streichquartett zu revidiren.

In der Metronom-Bezeichnung haben Sie und Montag, den ich vielmal grüße, einen Anhalt für meine Gedanken. Der Wechsel der Tempi soll überall ein leise übergehender sein. Am meisten macht immer das Stück in Cis moll: Nebelnd um Felsenhöh zu schaffen. Das Tempo ist um die Hälfte langsamer als vorher das As dur; es bleibt aber derselbe Rhythmus.

Da die sechs Solostimmen in der Stelle: Du schwebst zu Höhen immer Schwierigkeiten machen, so habe ich die ganze Stelle für nur vier Stimmen (zwei Soprane und zwei Alte) vereinfacht auf ein Extrablatt geschrieben, das Sie in der Partitur finden.

Haben Sie eine Harfe? Wo nicht, so müßte die Stelle auf dem Flügel gespielt werden.

Den Text lassen Sie wohl jedenfalls drucken. Finden Sie als Collectivbezeichnung des Stückes den Ausdruck: Fausts Verklärung passend, so nennen Sie es auf dem Programm so.

Zu Anfang von Nro. 5 sollen nur 4 erste, 4 zweite Violinen, 2 Bratschen und 2 Violoncells spielen; es klingt dies nach dem vorhergehenden starken Chor in B dur sehr leise und schön.[384]

Die Hauptsteigerung des Werkes liegt in dem poco a poco crescendo in Nro. 7 von den Worten „Alles Vergängliche" bis zu: „Das Ewig-Weibliche zieht uns hinan." Den Schlußchor, obwol Allabreve, fangen Sie nicht zu schnell an, wie ich denn überhaupt den Charakter der ganzen Composition als einen ruhigen, tief friedlichen bezeichnen möchte. Bei Ihrer penetranten Auffassungsweise würde Ihnen dies auch ohne mein Zuthun im Augenblicke klar sein. Könnte ich nur dabei sein! Doch freut mich auch die hiesige Aufführung, die eine ganz gute zu werden verspricht.

Interessiren würde es mich zu hören, wie Sie das Stück placirt haben, ob es im Theater oder wo sonst gegeben wird, was Sie sonst noch aufführen 2c. 2c. Schreiben Sie mir ein Wort! —

Es geht mir wieder besser, obwohl noch die volle Kraft fehlt; doch erhoffe ich sie bald. — Freundlichen Gruß

R. Schumann.

Eine Neuigkeit leg' ich bei — IV Märsche — es soll mich freuen, wenn sie Ihnen zusagen. Die Jahreszahl, die darauf steht, hat diesmal eine Bedeutung, wie Sie leicht sehen werden.

O Zeit — o Fürsten — o Volk! —

351. An F. Brendel.

Lieber Freund,

Nach einer Notiz in der Leipziger Zeitung scheint mein Fauststück wenig Theilnahme in L. gefunden zu haben. Wie ich nun niemals gern überschätzt mich sehe, so doch auch ein lange mit Liebe und Fleiß gehegtes Werk nicht unterschätzt — aber einmaliges Hören reicht nie zur vollständigen Würdigung aus. — Ich würde Ihnen daher, wenn Sie es wünschen, mit Vergnügen die Partitur zuschicken. Schreiben Sie mir deßhalb ein Wort!

Die hiesige Aufführung war eine so gute, wie sie nach nur zwei kurzen Orchesterproben es sein konnte. Die Chöre gingen vortrefflich und sangen mit der größten Lust. Auch die Solopartien waren ausgezeichnet, neben Frl. Schwarzbach und Hrn. Weixlstorfer namentlich Mitterwurzer, der als Dr. Marianus in der Arie mit Harfe wunderschön gesungen und alles entzückte. Das Publikum hörte mit der gespanntesten Aufmerksamkeit.

Hier haben Sie zugleich eine Notiz für die Zeitung, da Ihr Correspondent nie in ein Concert kommt und doch darüber schreibt!

Ein Versehen des Leipziger Concertarrangements war es vielleicht auch, daß sie das Stück zu Anfang des Concertes setzten. Die Scene hat in ihrer ganzen Gestaltung einen Schlußcharakter; die einzelnen Theile sind keine ausgeführten; es muß alles rasch und rund ineinander greifen 2c., um zur höchsten Spitze, die mir in dem ersten Auftreten der Worte: „Das Ewig-Weibliche zieht uns hinan" (kurz vor Anfang des lebhaften Schlußchores) zu sein scheint, zu gelangen.

Nun genug — und sehen Sie selbst in der Partitur nach, die ich, wenn Sie wollen, [Ihnen] gleich zuschicke.

Freundschaftlichen Gruß.

Dresden, 1sten Sept. 1849. R. Sch.

352. An F. Brendel.

Dresden, d. 18ten September 1849.

Lieber Freund,

Alles, was ich von Ihnen über „Faust" gelesen, hat mir große Freude gemacht. Der äußere Erfolg war mir vor der Aufführung klar; ich habe keinen anderen erwartet. Aber daß ich Einzelne mit der Musik treffen würde, wußte ich wohl auch. Mit dem Schlußchor, wie Sie ihn gehört haben, war ich nie zufrieden; die zweite Bearbeitung ist der, die Sie kennen, gewiß bei Weitem vorzuziehen. Ich wählte aber jene, da die Stimmen der zweiten Arbeit noch nicht ausgeschrieben waren. Zu einer Wiederholung der Aufführung in L. wähle ich gewiß die andere. Und dann führe ich wohl auch noch einiges aus dem 1sten Theil des „Faust“ auf.

Ueber Rietz sind Sie im Irrthum. Er ist ein ehrlicher Künstler; ich habe die Beweise, und zwar in Menge in Händen. Er hat sich meinen Bestrebungen immer höchst theilnehmend gezeigt. Und er wäre nicht der, der er ist, wenn's anders wäre. Denn ein Künstler, der seinen Zeitgenossen, den bessern, die Anerkennung ihres Strebens verweigert, wäre zu den Verlornen zu zählen — und von diesen nehmen Sie Rietz nur aus.

Ueberhaupt weiß ich nicht, was man mit der sogenannten Nichtanerkennung will, mit der ich heimgesucht sein soll. Das Gegentheil wird mir oft und in vollem Maße zutheil — und wie oft hat Ihre Zeitschrift die Beweise davon gegeben. Und dann habe ich, wenn auch meine prosaischen, doch sehr überzeugenden in den Verlegern, die ziemlich nach meinen Compositionen verlangen und sie sehr hoch bezahlen.[385] Ich spreche nicht gern von derlei Dingen, aber ich kann Ihnen im Vertrauen mittheilen, wie z. B. das Jugendalbum einen Absatz gefunden wie wenig oder gar keine Werke der neueren Zeit — dies hab' ich vom Verleger selbst — und dasselbe ist mit vielen Liederheften der Fall. Und wo sind die Componisten, deren Werke alle gleiche Verbreitung fänden? Welch vortreffliches Opus sind die Variationen in D moll von Mendelssohn — fragen Sie einmal, ob deren Verbreitung nur ein Viertel so groß ist als z. B. die Lieder ohne Worte. Und dann, wo ist der allgemein anerkannte Componist, wo gibt es eine von Allen anerkannte Sacrosanctitas eines Werkes, und wär es des höchsten! — Freilich hab' ich es mir sauer werden lassen, und zwanzig Jahre hindurch, unbekümmert um Lob und Tadel, dem einen Ziele zugestrebt, ein treuer Diener der Kunst zu heißen. Aber ist es denn keine Genugthuung, dann von seinen Arbeiten in der Weise gesprochen zu sehen, wie Sie, wie Andere es oft thaten? Also wie gesagt, ich bin ganz zufrieden mit der Anerkennung, die mir bisher in immer größerem Maße zutheil geworden. Mit Bornirten, Mittelmäßigen freilich führt einen der Zufall wohl auch zusammen, um die muß man sich nicht kümmern. — Wegen der Oper thun Sie vorderhand nichts. Bin Ihnen übrigens recht dankbar für den guten Willen …

Freundlichen Gruß von Ihrem

ergebenen

R. Schumann.

353. An F. Brendel.

Lieber Freund,

… Es freut mich sehr, daß die Euterpe in junge frische Hände kömmt. Nach einem Concertmeister habe ich umsonst in meinem Gedächtniß nachgespürt.[386] Dagegen glaube ich Ihnen eine Sängerin empfehlen zu können, eine ehemalige Conservatoireschülerin, jetzt verheirathete Actuar Tittel (Rosalie, geb. Schulze) in Chemnitz. Zwar hörte ich sie seit vielen Jahren nicht — aber es wurde mir noch gestern von einem sehr tüchtigen Manne versichert, daß ihre Stimme bedeutend an Kraft gewonnen. Daß sie eine sehr musikalische und gewandte Sängerin, weiß ich von früher her.[387] Sie lebt in Chemnitz in ziemlich guten Verhältnissen, sehnt sich aber, wie ich von ihr selbst erfahren, zur Kunst zurück. Ich glaube, Sie könnten kaum eine brauchbarere finden. Gewiß wird sie auch keine allzu hohen Forderungen stellen …

Meine Frau wird sehr gern in der Euterpe spielen, so bald sie, einem gegebenen Versprechen zufolge, im Gewandhaus gespielt hat. Der Zeitpunkt ist noch nicht bestimmt — ich schreibe Ihnen noch darüber.[388]

Vom Beitritt zu Ihrem Verein entbinden Sie mich, lieber Brendel. Sie wissen, ich habe immer das Freie, Unabhängige geliebt, bin nie einem Verein, welcher Art er sei, beigetreten und werde es auch künftig nicht. Es muß Jedem gestattet sein, die Pflichten gegen die Kunst auf seine Weise zu erfüllen, und so lassen Sie mir die meinige. Das geistige Band, das uns zusammenhält, ist das unzerreißbarste. Darum constituirte ich in früheren Zeiten, wo uns alle jungen Talente mit Freude beigesprungen, den Davidsbund nicht; wir kannten uns aber Alle. Deshalb denke ich aber keineswegs von Ihren und andern Bestrebungen gering. Das brauche ich Ihnen nicht erst zu sagen. —

… Das Schreiben strengt mich etwas an; darum nur noch viele Grüße.

Dresden, d. 16. Oct. 1849. R. Sch.

354. An Otto Ludwig in Dresden.

Geehrter Herr,

Frau Eduard Devrient hat mir vor einiger Zeit schon von Ihren dramatischen Stücken gesprochen und auch mitgetheilt, daß Sie früher selbst Musiker und früher Schüler des Leipziger Conservatoriums waren.[389] Der Lauf des Gesprächs führte uns damals auch auf die Oper, Operntexte ꝛc.; Mad. Devrient äußerte, sie glaube, daß Sie sich vielleicht auch an solcher Arbeit betheiligen würden, und daß sie mit Ihnen selbst darüber sprechen würde. Ich weiß nicht, ob Letzteres geschehen. Wie dem sei, Sie würden mich durch eine Zeile Antwort, ob Sie zu einer derartigen dramatisch-musikalischen Arbeit geneigt wären, zu Dank verbinden. Und da Sie, wie ich eben gehört, augenblicklich in Dresden wohnen, so wäre ja das Weitere leicht mündlich zu besprechen. Möchten Sie mir denn darauf eine gefällige Antwort zukommen lassen

Ihrem

ergebenen

Robert Schumann.

Dresden,
d. 25sten Oct. 1849,
(Große Reitbahngasse
Nro. 20. 1 Treppe)

355. An H. Dorn in Berlin.

Dresden, den 6ten Nov. 1849.

Verehrtester Herr Capellmeister,

Es war längst meine Absicht, der Intendanz des Königl. Theaters meine Oper zuzuschicken. Da es sich nun so schön trifft, daß Sie selbst, mein alter verehrter Präceptor, an die Spitze des Instituts berufen sind, so dachte ich mich zuerst an Sie zu wenden, mit der Bitte, mir in der Angelegenheit Ihren gütigen Rath und Beistand angedeihen zu lassen.

Buch und Partitur können Sie gleich haben. „Genoveva"! Dabei denken Sie aber nicht an die alte sentimentale. Ich glaube, es ist eben ein Stück Lebensgeschichte, wie es jede dramatische Dichtung sein soll; wie denn dem Text mehr die Hebbelsche Tragödie zum Grunde gelegt ist.

Doch das werden Sie alles am besten aus dem Buch und der Musik selbst herauslesen.

Wollen Sie mir denn zunächst mit ein paar Worten schreiben, ob Sie jetzt Zeit haben, meinem Werke einige Stunden zu schenken, und was dann zu thun sei, die Sache schnell vorwärts zu bringen, so haben Sie vielen Dank im Voraus.

Hr. von Küstner hat sich uns bei unserer letzten Anwesenheit in Berlin sehr artig gezeigt. So auch Graf Redern.[390]

In Leipzig wird die Oper Anfang Februar gegeben, auch in Frankfurt hoffe ich bald, von wo aus Ihr Hr. Bruder [Ludw. Schindelmeißer] sie zu begehren so freundlich war. Warum ich sie hier nicht zuerst zur Aufführung gebracht, will ich Ihnen gelegentlich mittheilen.

Nun genug von mir.

Nehmen Sie noch meinen Glückwunsch zum neuen Wirkungskreis, — auch den meiner Frau, die sich Ihrer immer in alter Anhänglichkeit erinnert, und gedenken unser freundschaftlich.

Ihr ergebener

Robert Schumann.

356. An F. Brendel.

Dresden, den 6ten Nov. 1849.

Lieber Freund,

Es hat sich jetzt mit ziemlicher Gewißheit entschieden, daß wir erst in der letzten Woche des Januar nach L[eipzig] kommen. Den beigeschlossenen Brief habe ich daher sogleich an Hn. W. befördert.

Die Symphonie von Spindler kenne ich jetzt aus der Partitur; sie ist jedenfalls der Aufführung werth und, wenn auch in den Motiven nicht ungewöhnlich oder neu, sehr wirkungsvoll instrumentirt, und namentlich der 1ste Satz recht lebendig empfunden. Sie können sie, sollte er sie Ihnen zuschicken, getrost geben.[391] Auch eine Ouvertüre von C. Wettig kann ich Ihnen sehr empfehlen. Wünschen Sie, so schreibe ich ihm, daß er sie Ihnen zuschickt. Sie müssen durchaus auf Hebung der jüngeren Talente bedacht sein.

Ueber die Recension meiner Chorballaden[392] hab' ich mich ihrer Aufrichtigkeit wegen gefreut. Aber „Härten" wüßt' ich keine (der Text müßte sie denn rechtfertigen) — und gegen das „Machen" protestire ich auch feierlich. Ein ganz abscheulicher Begriff, von dem ich nichts wissen will. Sela.

Aber, lieber Freund, wie können Sie so lange und langweilige Artikel aufnehmen, wie den C. Gollmickschen und den über französische Militairmusik — weil damit keinem Menschen etwas geholfen ist. Sodann mache ich Sie noch auf etwas aufmerksam. Ich finde die eigentliche

Kritik des Blattes auf gute und würdige Weise vertreten. Mit ihr in Widerspruch stehen aber sehr oft die Feuilletonsnotizen — sehr zum Schaden der Kunst. Denn, wenn es auf den Vorderseiten z. B. hieß „des Hrn. Halevys neuste Oper überbietet seine letzte noch an Häßlichkeit und Unmusik ꝛc.“, so steht auf der letzten zum Erstaunen für den Leser: „Herrn Halevys neuste Oper ist mit dem immensesten Beifall ꝛc. ꝛc. gegeben worden“. Nun sagen Sie vielleicht, das letztere ist Factum — ja wenn man nicht wüßte, wie der immense Beifall gemacht würde, und wo er für (lassen Sie's geradezu gesagt sein) Geld und gute Worte zu haben wäre, namentlich in Paris. Dies beispielweise.

Ein ähnlicher Fall war neulich mit Hrn. Balfe — einem wahren musikalischen Taugenichts. Was Sie also auf der einen Seite durch die guten Leipziger Kritiken nützen, das verderben Sie sich wieder auf der andern.

Legen Sie nicht so wenig Werth darauf; gerade diese kleinen Notizen nimmt das Publikum für gewissermaßen historisch-glaubwürdig an. Meiner Ansicht nach muß ein Blatt in jeder seiner Rubriken in demselben Sinne destructiv oder productiv auftreten, und von einem Modekünstler, über den man überhaupt nichts zu sagen weiß, braucht man überhaupt nichts zu wissen (so über die größere Anzahl der Virtuosen). —

Überlegen Sie sich, was ich gesagt, lieber B. — Ich hab's gut gemeint. Ich wünsche nichts auf der Welt, als daß Jedem sein gutes Recht wird. Ihr ergebener

R. Sch.

357. An Woldemar Bargiel in Leipzig.

Lieber Woldemar,

Halte mich nicht für theilnahmlos, wenn ich so lange warten ließ mit einer Antwort auf Deine letzte Sendung. Immer dachten wir selbst nach L[eipzig] zu kommen — und es spricht sich über Musik doch ganz anders, als sich schreiben läßt. Es ist nun entschieden, daß wir erst in der letzten Woche des Januar nach L. kommen. Da hoffe ich denn, daß Du recht viel Neues fertig hast. Die Ouvertüre kann freilich so nicht gut gegeben werden, obwohl sie, wie alles von Dir, manches Eigenthümliche enthält. Lerne die Instrumente recht in ihrer natürlichen Kraft, der Mittellage, anwenden, vermeide alles zu hohe oder zu tiefe, — dann wird es immer schön klingen. So bist Du auch über die Hoboe im Unklaren, sie klingt am schönsten von [Noten]. Dies nur beiläufig.

Im Quartett gefällt mir vieles, namentlich im ersten Satz die Einführung des Hauptgesanges im Violoncell [Noten] und vieles andere, namentlich im harmonischen Fortgang. Dagegen machst Du aber Deine Schlüsse immer viel zu kurz. Gerade am Schluß muß man die ganze Kraft zusammen nehmen. Sei nur nicht zaghaft, wage nur auch einen kühneren Griff in die Saiten, wenn's dem Schluß zugeht.

... Sei Du selbst herzlich gegrüßt. Dein Schwager

[Dresden] d. 16. Nov. 1849. R. Sch.

358. An Dr. Christian Schad[393] in Kitzingen.

[Vermuthlich November 1849].

Geehrter Herr,

Zu dem beifolgenden Lied zuvörderst eine Entschuldigung der Textveränderung. Der Anfang gab mir ganz die Stimmung einer Sommermondnacht. In der Folge nimmt das Gedicht eine etwas sinnliche Wendung, und es mag ihm, als Gedicht, dies unverwehrt sein. Anders in der Musik; — diese sträubt sich dagegen, namentlich von Frauenmund gesungen. So habe ich denn vorschlagweise ein paar andere Zeilen hinzugefügt, an deren Stelle Sie auch andere setzen mögen, wenn nur die anfängliche Stimmung des Gedichts erhalten bleibt.

Auch den 3ten Vers habe ich, nachdem ich das Lied heute gehört, der gedrängteren Wirkung halber opfern müssen.[394]

Ist es Ihnen möglich, mir einen Correcturabzug des Liedes vor dem Erscheinen noch zukommen zu lassen, so bitte ich darum.

Für heute nur, da die Zeit drängt, mit den besten Wünschen und Empfehlungen Ihr

ergebener

Robert Schumann.

Von meinen Bildern taugt keines viel, etwa das Kriehubersche ausgenommen. Das beste ist das von Rietschel, das aber Eigenthum von Breitkopf & Härtel in Leipzig.

359. An F. Hiller.

Lieber Hiller,

Vielen Dank für Deine Mittheilung. Dein Vorschlag[395] hat viel Anziehendes, doch tauchten auch einige Bedenken dagegen auf. In beiden Beziehungen, glaub' ich, möchten meine Gedanken mit Deinen eigenen zusammenstimmen, ehe Du Dich zur Annahme der Stelle entschlossest. Namentlich ist mir aber noch Mendelssohns Ausspruch über die dortigen Musiker in Erinnerung und klang schlimm genug. Auch Rietz sprach mir davon zur Zeit, als Du von hier nach D[üsseldorf] zogest, und „wie er nicht begreifen könne, daß Du die Stelle angenommen". Ich sagte Dir damals nichts davon, um Dich nicht zu verstimmen.

Darüber, lieber Hiller, schenke mir nun reinen Wein ein. Viel Bildung trifft man freilich überall nur selten in Orchestern, und ich verstehe es wohl auch, mit gemeinen Musikern zu verkehren, aber nur nicht mit rohen oder gar malitiösen.

Sodann bitte ich Dich noch über dies und jenes mir Auskunft zu geben. Am besten, ich frage eines nach dem andern:

1) Ist die Stelle eine städtische? Wer gehört zunächst zu dem Vorstand?

2) Der Gehalt ist 750 Thaler (nicht Gulden)?

3) Wie stark ist der Chor, wie stark das Orchester?

4) Ist das dortige Leben eben so theuer als z. B. hier? Was zahlst Du für Dein Logis?

5) Kann man meublirte Logis haben?

6) Wäre für den Umzug, die theuere Reise hin nicht eine billige Entschädigung zu erlangen?

7) Wäre der Contract nicht so zu stellen, daß ich, wo sich mir eine andere Stellung böte, aufkündigen könnte?

8) Dauern die Vereinsübungen auch den Sommer über?

9) Bliebe im Winter Zeit zu kleinen Ausflügen von 8—14 Tagen?

10) Würde sich für meine Frau irgend ein Wirkungskreis finden lassen? Du kennst sie; sie kann nicht unthätig sein.

Und nun noch ein Hauptpunkt. Vor Ostern 1850 könnte ich nicht abkommen. Meine Oper wird im Februar ganz bestimmt in Leipzig, und bald darauf vermuthlich auch in Frankfurt in Angriff genommen. Da muß ich natürlich dabei sein. Ueber all dieses bitte ich Dich nun mir Auskunft zu geben und dann wollen wir das Weitere besprechen.

Sehr schwer wird uns die Trennung von unserm Sachsenland werden — und doch ist's auch heilsam, aus dem gewohnten Kreislauf der Verhältnisse einmal wieder zu neuen überzugehen. Sonst sind wir hier sehr thätig. Clara gibt mit Schubert sehr besuchte Soiréen; ich habe eine Aufführung der Peri vor und bin mit einer großen Anzahl Arbeiten unausgesetzt beschäftigt. Darüber in meinem nächsten Briefe mehr. Habe nochmals herzlichen Dank, daß Du meiner gedacht in der Sache; möge die weiteren Entschlüsse ein guter Genius leiten. Tausend Grüße von meiner Frau an die Deinige, wie an Dich.

D[resden], d. 19ten Nov. 1849. R. Schumann.

360. An Louis Ehlert in Königsberg.

Geehrter Herr,

Irre ich nicht, so sind Sie der freundliche Sender des eben erhaltenen Blattes.[396] Ich danke Ihnen herzlich dafür. Wie uns die launischen Götter so oft Widerwärtiges schicken, von wo wir es nicht vermutheten, so wiederum auch Freundliches, wo wir es nicht erwarteten. Und nach angestrengter Arbeit bedarf man ja auch hin und wieder eines Zurufes; der Stärkste würde sonst ermatten. Indeß freut es Sie, den aufrichtig Theilnehmenden, vielleicht, zu hören, daß sich seit einigen Jahren darin manches geändert, daß ich von fern und nah Zeichen der Theilnahme an meinem Streben erhalte, wie ich sie kaum verdiene, und so geht es denn immer mit frohem Muth an neue Arbeiten.

Die letzte Zeit düsterer Stimmungen habe ich glücklich hinter mir; es fiel in diese die 2te Symphonie, die Studien für den Pedalflügel, zum Theil auch das Trio in D moll. In andere Sphären hat es mich seitdem getrieben; das Weihnachtsalbum, das spanische Liederspiel, ein Liederalbum, das so eben erschienen, werden Ihnen Kunde davon geben — und sehr vieles aus dieser glücklichen Zeit liegt auch noch in der Mappe. Auch von meiner Oper, an die ich allen Fleiß gesetzt, soll mit der Zeit, hoffe ich, einiges bis in Ihren Norden bringen.

Dies bringt mich gleich auf die Frage: bleiben Sie noch lange in Ihrer Heimath? Sind Sie irgendwie gebunden? Können Sie fort, sobald sich Ihnen vielleicht ein Wirkungskreis eröffnete, der, wenn auch materiell unergiebig, Sie vielleicht in Bezug des rein musikalischen Wirkens zu einer Veränderung Ihres Wohnortes verlocken könnte? Zwar liegt mein Vorschlag noch im Zukunftsschooße, bis zu Ostern glaube ich Ihnen aber näheres melden zu können.[397]

Für heute haben Sie nochmals vielen Dank für Ihr Andenken. Es würde mir Freude machen, von Ihren Arbeiten, fertigen wie angefangenen, zu hören, und wie es Ihnen sonst musikalisch ergeht.

Kennen Sie Herrn Ed. Sobolewski, Herrn Dr. Zander, so grüßen Sie sie vielmals.

Geben Sie recht bald eine Nachricht

Ihrem ergebenen

Dresden, den 26. Nov. 1849. R. Schumann.

361. An C. Wettig.

Dresden, den 27sten November 1849.

Geehrter Herr,

Der größten Saumseligkeit habe ich mich bei Ihnen anzuklagen. Aber sähen Sie manchmal in meine Arbeitsstube, so würden Sie mich eher entschuldigen. Dazu kam in der letzten Zeit öfteres Unwohlsein, das mich an allen Arbeiten hinderte.

Sie haben mir wieder so feine Sachen geschickt, — was die „Lieder ohne Worte" anlangt, so kenne ich außer denen Mendelssohns keine schöneren. Immerhin, glaub' ich, werden wir auf anderes, neues sinnen müssen. Zum Gesangstück „Das Auge der Liebe" gefällt mir das Gedicht nicht. Viel zu reflectiv und gelehrt. Die Musik glaube ich äußerst fließend geschrieben.

Von Ihrer Ouvertüre schrieb ich Herrn Brendel in L., der jetzt Mitdirector der Euterpe ist, nachdem ich sie schon Herrn Rietz im vorigen Winter zur Aufführung empfohlen, dieser es aber abgeschlagen „sie wäre etwas monoton". Letzteres finde ich auch und das Stück auch hier und da breit, aber nicht in dem Grade, um sie deshalb nicht einem Publikum vorführen zu können. Vieles im Gegentheil klingt wunderschön darin.

Herr Brendel fragt nun heute bei mir an, ob Stimmen da wären. Wünschen Sie nun eine Aufführung, so senden Sie ihm die Stimmen und melden mir es, daß ich ihm dann die Partitur zuschicke. Sobald wie möglich wünscht er es.[398]

Am „Corsar" hab' ich mir auch schon (vor einigen Jahren bereits) den Kopf zerstoßen, sogar mehrere Nummern componirt, gab es aber dann auf. Gewiß enthält er einen Operntext; aber es bedürfte dazu eines Poeten, der ihn zu dramatisiren und namentlich einen passenden Schluß anzusetzen verstünde. Möchten Sie trotzdem nicht nachlassen.

Von Ihren Compositionen sind einige im Druck erschienen. Haben Sie Exemplare übrig, so senden Sie uns manchmal etwas zu. Hier sind Neuigkeiten nur sehr schwer zur Ansicht zu erhalten. Schreiben Sie mir auch immer, was Sie von Ihren mir mitgetheilten Manuscripten zurückerhalten wünschen, und was ich behalten darf.

Lassen Sie recht bald wieder von sich hören Ihrem

ergebenen
R. Schumann.

362. An Dr. E. Krüger.

Dresden, den 29sten November 1849.

Endlich darf ich aber nicht länger säumen, Ihnen nach so langer Zeit, und was für einer, einen Gruß zu schicken ... Auf mich hat die ganze Zeit anregend im höchsten Grad gewirkt. Nie war ich thätiger, nie glücklicher in der Kunst. Manches hab' ich zum Abschluß gebracht, mehr noch liegt von Plänen für die Zukunft vor. Theilnahme von fern und nah gibt mir auch das Bewußtsein, nicht ganz umsonst zu wirken — und so spinnen und spinnen wir fort und zuletzt uns selber gar ein. Im Hause sieht es sehr lebendig aus. Fünf Kinder springen herum, fangen schon [an] auf Mozart und Beethoven zu lauschen. Die Frau ist die alte, immer vorwärts strebende ...

Auch der Kirche hab' ich mich zugewandt, nicht ohne Zagen. Sehen Sie sich einmal das Rückertsche Adventlied an, obwohl es [von] vornherein mit Rücksicht auf einen schwächeren (Schwächeres leistenden) Chor geschrieben ist. Auch aus Faust ist viel beendigt, wie denn auch die Oper zu Anfang nächsten Jahres öffentlich erscheinen wird.

363. An F. Brendel.

[Wahrscheinlich d. 1. Dec. 1849.]

Lieber Brendel,

Hier ein paar Worte. Mein Name bleibt dabei verschwiegen. Im Interesse der guten Kunst mußte ich etwas thun, ich hielt es für meine Pflicht. Dies genügt aber nicht. Sie müssen mehr thun! Warum nicht den Clavierauszug vornehmen? Warum das Uebel immer mehr um sich greifen lassen? Wir sprechen uns noch darüber — vielleicht schon Mittwoch. Ihr

ergebener
R. Sch.

In Eile.

Setzen Sie den Artikel an eine Stelle, wo er gut in die Augen fällt![399]

364. An C. A. Mangold in Darmstadt.

Dresden, den 2ten December 1849.

Verehrter Herr,

Ein Wort der Freude und des Dankes wollte ich Ihnen schicken für Ihre Hermannsschlacht.

Sie wurde gestern zum erstenmal, und wenn auch nicht in allervollendetster Weise, so doch recht gut gegeben.

Nach dem Begeisterten, was Sie geboten, hätte man glauben sollen, die Musik müsse den Leuten — Beethovensch zu reden — Funken aus den Köpfen schlagen. Aber es gibt kaum ein timideres Publikum als das hiesige. Auf das Mehr oder Weniger des äußeren Beifalls kömmt ja überhaupt nur wenig an. Sie müssen den Lohn in sich fühlen, in der Anerkennung der Künstler, die Ihnen im allerreichsten Maße zukömmt. Damit will ich aber nicht sagen, daß der Hermannsschlacht nicht auch ein populärer Erfolg bevorstände; er wird nicht ausbleiben. Aber die Zeiten sind böse; die Deutschen müssen sich beschämt abwenden vor so begeistertem Liede — jetzt. Wird es anders, besser werden? Wie es komme, es ist das Geschäft der Kunst, den Moment hehrer Begeisterung unter den ihr eigenen Zeichen festzuhalten. Sie haben es gethan, und so nehmen Sie es freundlich an, wenn ich in den Kranz, der Ihnen dafür gebührt, auch ein bescheidenes Blättchen einflechten wollte. Ihr

hochachtungsvoll ergebener
R. Schumann.

365. An F. Hiller.

Dresden, d. 3ten December 1849.

Lieber Hiller,

Die ganze Zeit her litt ich an Kopfschmerz, der mich an allem Arbeiten und Denken hinderte. Daher die etwas verspätete Antwort.

Dein Brief, alles was Du mir schreibst, macht mir immer mehr Lust zu Düsseldorf. Sei nun so gut, mir zu schreiben, bis wann Du glaubst, daß die Herren Vorstände einen bestimmten Entschluß wegen

Annahme der Stelle von mir wünschen. Brauchte ich mich nicht vor Ostern zu entscheiden, so wäre mir das am liebsten. Ich werde Dir später sagen, warum? — Noch eines: ich suchte neulich in einer alten Geographie nach Notizen über Düsseldorf und fand da unter den Merkwürdigkeiten angeführt: 3 Nonnenklöster und eine Irrenanstalt. Die ersteren lasse ich mir gefallen allenfalls; aber das letztere war mir ganz unangenehm zu lesen. Ich will Dir sagen, wie dies zusammenhängt. Vor einigen Jahren, wie Du Dich erinnerst, wohnten wir in Maxen. Da entdeckte ich denn, daß die Hauptansicht aus meinem Fenster nach dem Sonnenstein [Irrenanstalt] zu ging. Dieser Anblick wurde mir zuletzt ganz fatal; ja, er verleidete mir den ganzen Aufenthalt. So, dachte ich denn, könne es auch in Düsseldorf sein. Vielleicht ist aber die ganze Notiz unrichtig und die Anstalt dann eben nur ein Krankenhaus, wie sie in jeder Stadt sind.

Ich muß mich sehr vor allen melancholischen Eindrücken der Art in Acht nehmen. Und leben wir Musiker, Du weißt es ja, so oft auf sonnigen Höhen, so schneidet das Unglück der Wirklichkeit um so tiefer ein, wenn es sich so nackt vor die Augen stellt. Mir wenigstens geht es so mit meiner sehr lebhaften Phantasie. Erinnere ich mich doch auch etwas ähnliches von Goethe gelesen zu haben. (Sans comparaison.) —

Dein Gedicht zur Erinnerung an Chopin [† 17. Oct. 1849] hab' ich gelesen und Dein allgewandtes Talent darin bewundert. Auch ich hatte hier eine Feier vor. Die Behörde schlug mir aber die Frauenkirche ab. Wir waren sehr ärgerlich darüber.

Da fällt mir ein, Dich zu fragen, wird im nächsten Jahre ein Rheinisches Musikfest zu Stande kommen? Und in welcher Stadt? Es sollte mir eine Freude machen, dabei mitwirken zu können, und schiene mir eine gute Gelegenheit, mich in den Rheinlanden einzuführen. Schreibe mir, was Du darüber denkst . . .

Mit herzlichem Gruß Dein

R. Sch.

366. An Dr. Klitzsch.

Dresden, den 19ten Dec. 1849.

Geehrter Freund,

Nur wenige Zeilen sind mir Ihnen zu schreiben heute vergönnt. Seit acht Tagen leide ich an einer Augenentzündung, durfte die ganze

Zeit her weder schreiben noch lesen. Erst seit gestern geht es etwas besser. Doch muß ich mich noch sehr schonen.

Zur Sache, und zur Erklärung des beifolgenden Album [Op. 79]. Ich hatte Brendel im Interesse Härtels gebeten, von letzterem womöglich noch vor dem Fest eine Anzeige in seiner Zeitung erscheinen zu lassen und Sie vorschlagweise zu meinem Kritiker angeführt, da Sie mich, glaub' ich, von allen mit am besten verstehen. Er schreibt mir nun, vor dem Feste sei ein Erscheinen der Kritik wohl nicht mehr möglich, er wäre aber ganz damit einverstanden, daß Sie die Anzeige übernähmen. Zu diesem Zweck lege ich nun das Exemplar bei. Sie werden es am besten aussprechen, was ich damit gemeint habe, wie ich namentlich dem Jugendalter angemessene Gedichte, und zwar nur von den besten Dichtern, gewählt, und wie ich vom Leichten und Einfachen zum Schwierigeren überzugehen mich bemühte. Mignon schließt, ahnungsvoll den Blick in ein bewegteres Seelenleben richtend. Möchte es Ihnen denn eine Arbeit sein, die Sie gern machten!

Von Ihnen selbst verlangt es mich bald Genaueres zu hören. So lange sah ich auch nichts von Ihren Compositionen. Sein Sie vielmals gegrüßt und hören nicht auf, in der Kunst zu vergessen, was Widerwärtiges das Leben zu Zeiten bringen mag.

Der Ihrige

R. Schumann.

Wollten Sie mit ein paar Zeilen des höchst anmuthigen Titelblattes erwähnen, so würde es mir des vortrefflichen Künstlers halber, der es gemacht [Ludwig Richter], lieb sein.

367. An Wilhelm Schöpff, stud. theol. in Leipzig.[400]

Dresden, den 26. December 1849.

Geehrter Herr,

Vielmals dankend für die Sendung Ihrer zum größten Theil recht musikalischen Gedichte, muß ich leider hinzusetzen, daß ich, mit den Vorarbeiten zur Aufführung einer Oper in Leipzig beschäftigt, in der nächsten Zeit nur wenig an anderes denken kann.

Erlauben Sie mir aber, Ihre Gedichte bei mir zu behalten; bei mehr Muße, hoffe ich, stellt sich vielleicht zu einem oder dem anderen eine Melodie ein, wo ich dann nicht säumen werde, Sie davon zu benachrichtigen.[401]

Ihr ergebener

R. Schumann.

368. An Ferd. David.

Lieber David,

Durch W. Bargiel habe ich erfahren, daß Du geäußert, Du würdest im Februar verreisen. Das wäre mir äußerst fatal. Hr. Wirsing hat mich zum 1sten Februar nach L[eipzig] invitirt und es soll dann mit der Oper angefangen werden.

Fehlst Du dabei, so fehlt der Matador. Gib mir mit einer Zeile Nachricht, ob Du verreist und auf wie lange. Lieb wäre es mir auch zu erfahren, was jetzt am Theater studirt wird.

Morgen haben wir eine zweite Aufführung der Peri — ohne Probe nach achttägiger Pause — da werden wohl Dinge passiren. Bei der ersten haben wir uns all der schönen Zeiten in Leipzig erinnert . . .

Freitag, [d. 11. Januar 1850.] Dein ergebener R. Schumann.

369. An Ferd. David.

Dresden, den 14ten Januar 1850.

Lieber David,

Dein Brief traf mich noch in der Mitternachtsstunde vorgestern Abend, wo wir von einer kleinen Perinachfeier à la Hôtel de Bavière zu Hause kamen, und beschloß den Tag auf das freundlichste. Was Du am Ende Deines Briefes in einem Anflug von leiser Melancholie erwähnst, empfinde ich oft. Ich war Dir immer aufrichtig zugethan, Deine Kunst hat mich stets mit der größten Hochachtung für Dich erfüllt. Und so wird es immer bleiben, hoffe ich.

Unser Kommen nach Leipzig hängt nun genau mit dem Anfange der Proben zu meiner Oper zusammen. Im Pensionsconcert würde meine Frau jedenfalls spielen (am liebsten das Es dur-Concert von Beethoven) und auch ich hätte etwas, was das Publikum vielleicht interessiren würde. Du hast vielleicht davon gehört, ein Concertstück für vier Hörner mit großem Orchester. Ich habe das Stück mit großer Passion gemacht, und es hat mir auch gut gefallen, wie mir es die vier Capellhornisten vorgeblasen. Gefällt Dir nun mein Vorschlag, so sprich mit Deinen Hornisten, die die ausgeschriebenen Stimmen bereits haben, daß sie das Stück baldmöglichst zu studiren anfangen.

Möchte es mir vergönnt sein, Dich recht bald zu sehen. Über vieles die Oper betreffende und manches andere noch möchte ich Deinen Rath.

Herzlich grüßend Dein

R. S.

370. An F. Hiller.

Lieber Hiller,

Wir haben hier in den letzten acht Tagen zweimal die Peri herausgebracht — Du weißt, was das heißen will, und wirst mich entschuldigen, daß ich Dir noch nicht geantwortet.

So freundlich und annehmlich nun die Vorschläge sind, die Du mir im Namen des Musikvereins stellst, so kann ich als ehrlicher Mann doch nicht anders schreiben, als was ich Deinem Vorstande auch direct schon gemeldet, daß sie wegen der definitiven Antwort sich bis Anfang April noch gedulden möchten. Im Vertrauen, lieber Hiller! Es sind hier für mich von einigen einflußreichen Leuten Schritte gethan worden — und obgleich ich nicht recht daran glaube, so ist mir doch gerathen worden, mit der bestimmten Annahme einer anderen Stellung noch zu warten. Desgleichen habe ich aber auch erklärt, daß dies nur bis zum 1sten April der Fall sein würde.[402]

Das kannst Du mir aber sicher nicht verdenken, daß ich, im Fall ich die hiesige Capellmeisterstelle erhielte oder auch nur bestimmte Aussicht dazu, es binnen Jahr und Tag zu werden, den großen Umzug nach D[üsseldorf] ersparen möchte, in wie vieler Beziehung auch die dortige Stellung mir lieber wäre.

Du weißt nun, was Du Dir vielleicht schon gedacht hast; im Uebrigen bitte ich Dich, gegen Niemanden als die Nächstbetheiligten der Sache zu erwähnen.

Die erste Aufführung der Peri war mir sehr gelungen, die zweite (ohne Probe) weniger sicher. Zum erstenmal ist auch die letzte Nummer (des 3ten Theiles) durch den brillanten Gesang der Schwarzbach zur Geltung gelangt, was mich sehr freute.

Sonst ist jetzt alles in Spannung auf den Propheten [von Meyerbeer] — und ich habe viel deshalb auszustehen. Mir kommt die Musik sehr armselig vor; ich habe keine Worte dafür, wie sie mich anwidert.

Gehab Dich wohl, lieber Hiller! Grüße Deine Frau herzlich und gedenke freundlich

D[resden], d. 15ten Januar 1850.

Deines ergebenen

R. Sch.

371. An Dr. H. Härtel.

[Ohne Datum. Wahrscheinlich Anfang 1850.]

Geehrter Herr Doctor,

Nochmals erlaube ich mir, Ihren freundschaftlichen Rath in Anspruch zu nehmen.

Nachdem vorgestern ein Brief von Rietz gekommen war mit der Nachricht, die Oper würde Freitag (als heute) zu studiren angefangen, kam gestern wieder ein anderer, der sie wieder gänzlich ins Reich der Ungewißheit verweist. Ich hätte nun Lust, den Director zu zwingen — wenn auch nur durch eine Drohung, seinen Wortbruch der Oeffentlichkeit bekannt zu machen. Denn es erwächst mir aus dem Verschieben bis zum nächsten Winter ein bedeutender Nachtheil. Von der Interims-Direction des Lpzger Theaters hatte ich die Zusicherung, die Oper in jedem Fall bis spätestens Ende Februar aufzuführen; und so unterließ ich, mich darauf verlassend, die Sache hier und in Frankfurt a/M. zu betreiben.

Ein irgend leidlicher Erfolg der Oper in L., wenn sie jetzt aufgeführt würde, hätte mir den Weg für den nächsten Winter zu anderen Bühnen, namentlich Berlin, angebahnt. Ich komme geradezu um einen Winter zurück.

Was nun thun? Und deshalb bitte ich um Ihren freundlichen Rath:

Soll ich, auf das Versprechen der früheren Direction mich stützend wie auf die in der Beilage gegebene Zusage des Directors, es durchzusetzen suchen — und glauben Sie, daß mir juristisch darin Recht zugesprochen wird? Und würde in diesem Fall nicht vielleicht Hr. Adv. Schleinitz die weiteren Schritte besorgen? — Es ist von mir selbst ein ganz fataler Schritt; aber, wie gesagt, ich hab nicht Lust, mich länger zum Narren halten zu lassen.

Oder soll ich die Aufführung der Oper bis nach der Messe zu verschieben einwilligen? Wer geht aber im Mai und Juni ins Theater — und nicht lieber ins Grüne? —

Oder endlich, wie wäre sich mit dem Director festzustellen, daß er, wenn wir darin übereinkämen, die Oper nicht in den Sommermonaten zu geben, sie jedenfalls in einem der Monate September bis December geben müßte. Wäre nicht gerade jetzt, wo er einen Wortbruch gut zu machen, der Zeitpunkt, ihn wenigstens zum letzteren contractlich zu nöthigen? —

Würden Sie nun die Gefälligkeit haben, diese Punkte, namentlich den 1sten und 3ten, mit Hrn. Adv. Schleinitz zu besprechen, doch bitte ich, auch nur mit diesem — und auch letzteren zu ersuchen, die Sache für jetzt noch für sich zu behalten, so thäten Sie mir einen großen Dienst. Es wäre noch jetzt Zeit, die Oper bis zur Ostermesse herauszubringen, aber freilich die höchste.

Entschuldigen Sie meine Bitten und lassen mich recht bald Ihre Meinung wissen.

Ihr ergebener

R. Sch.

372. An J. C. Lobe.

[Undatirt.
Wahrscheinlich März 1850. Dresden.]

Geehrter Freund,

Erst heute erhalten Sie die versprochenen Notizen.[403] Es ist eine schwere Sache, über sich zu schreiben; darum hielt ich mich zunächst an das Factische.

Willkommen sind Ihnen vielleicht die gedruckten Beilagen.[404] Hr. Kastner in P[aris] hatte mich damals selbst um einige Notizen gebeten; die Nota darin sind demnach in Ordnung. Ob Sie auch von seinem sonstigen Urtheil etwas gebrauchen können, weiß ich nicht. Die recht frische Zeit des Componirens fängt eigentlich erst 1840 an.

Beigelegt hab ich auch ein Verzeichniß der von mir bis jetzt erschienenen Compositionen. Vielleicht können Sie es irgendwie benutzen.

Die Notizen über meine Frau sind nicht viel reichhaltiger. Aber auch hier hielt mich die Scheu, zuviel oder zu wenig zu sagen, von mehr ab. Nun, das Urtheil über sie, ihr großes Talent, ihre herrlichen Eigenschaften als Hausfrau, steht ja so ziemlich fest in der öffentlichen Meinung.

Mögen denn die beiden Ihrem Griffel Sitzenden Ihnen einen freundlichen Antheil erwecken für das, was sie gestrebt haben. An Ernst und Fleiß haben wir es nie fehlen lassen und werden es nie, so lang uns Gott erhält.[405] Überall wo wir es fanden, erkannten wir dies, wie überhaupt Verdienst, auch an Andern. Und wenn ich auf etwas in meinem zurückgelegten Kunstleben mit Freuden zurücksehe, so ist's darauf, daß ich den bedeutenderen jüngeren Talenten der Gegenwart einigermaßen habe nützen können, durch Wort und That.

So seien Sie denn vielmals gegrüßt und gedenken unser freundschaftlich.

Ihr ergebener
R. Schumann.

373. An den Professor L. Bischoff in Bonn.

Verehrter Herr,

Gewiß wird sich, und hoffentlich in nicht zu ferner Zeit, Gelegenheit finden, mich für Ihr Unternehmen[406] thätig zu zeigen. Nur in der nächsten wird es mir nicht möglich sein. Die Aufführung meiner Oper Genoveva in Leipzig, dann die Übersiedelung nach dem Rhein, vieles andere nimmt sie fast ganz in Anspruch.

Schreib' ich einmal, so thue ich es nur, wo ich etwas Gutes zu wirken glaube, und dann mit meines Namens Unterschrift. Vor der Hand wünschte ich aber freilich die Nennung meines Namens durchaus vermieden, aus vielen Gründen, die Ihnen persönlich zu sagen, mir vielleicht bald die Freude wird.

Im Übrigen denke ich, Sie haben keinen ungünstigen Zeitpunkt für Ihr Unternehmen gewählt. Meine besten Glückwünsche dazu!

Ihr ergebener
Dresden, d. 8ten Mai 1850. R. Schumann.

374. An Laurens.

Dresden, den 11ten August 1850.

Theurer Herr,

Wüßte ich nicht, daß Sie es wüßten, wie fleißig ich im letzten Jahre war und wie vielfältig in Anspruch genommen durch das Leben und die Menschen, so würde ich mich vor Allem bei Ihnen zu entschuldigen suchen wegen meines langen Schweigens auf so viel freundliche Zeichen Ihrer fortdauernden Theilnahme. Haben Sie Dank dafür! Sie haben Recht; es beglückt, in so großen Entfernungen Herzen zu wissen, die unseren Bestrebungen Aufmerksamkeit schenken. Zwar will ich mich nicht über die Heimath beklagen, wo namentlich in der jüngeren

Generation meine Musik Wurzel gefaßt, mir oft sogar unverdiente Ehren geschehen; aber es freut überall die wahrhaftige Theilnahme, und der Beifall eines Einzelnen, der mich recht und ganz versteht, wiegt mir den des großen nachsprechenden Haufens vollkommen auf.

Daß der Himmel den schöpferischen Geist in uns immer frisch erhalten, dafür sei ihm immer am wärmsten Dank gesagt. Der irdische Glanz thut es nicht.

Von meiner Oper haben Sie vielleicht gelesen. Sie ist noch nicht vollständig zur Geltung gekommen (die Aufführung war eine ziemlich mittelmäßige); mit der Zeit, hoffe ich, werden meine Bestrebungen auch auf diesem, dem dramatischen Felde ihre richtige Würdigung erhalten. Der Clavierauszug wird binnen etwa 6 Wochen erscheinen. Dann sehen Sie sich ihn vielleicht selbst an ...

Sonst sieht es in Deutschland ziemlich still aus. Von Mendelssohn erscheint noch manches Bedeutende aus seinem Nachlaß, namentlich ein herrliches Finale aus seiner Loreley, die Musik zum Oedipus u. A. Von Gade ist seit seinem Octett nichts neues erschienen, doch hat er manches fertig. Als sehr interessant und von poetischem Geist zeugend wüßte ich nur noch ein Opus I von J. Schäffer unter dem Namen Phantasiestücke.

Daß Ihnen meine „Hausregeln" zusagen, dachte ich mir wohl. Es sollte mich freuen, wenn Sie sie in Frankreich einschmuggeln könnten.[407]

Schreiben Sie mir bald wieder, wie ich hoffe, so adressiren Sie nach Düsseldorf, wo ich den nächsten Winter vom September an sein werde.

Es grüßt Sie auf das herzlichste

Ihr ergebener

R. Schumann.

375. An L. Spohr.

Verehrtester Herr und Meister,

Mit freudiger Theilnahme haben wir Sie und Ihre Frau Gemahlin im Geist auf Ihrer letzten Reise begleitet und erfahren jetzt von Hrn. Hauptmann, daß Sie glücklich wieder in Cassel eingetroffen sind. Es waren schöne und bedeutende Tage in Leipzig, für mich insbesondere, daß Sie gegenwärtig waren, daß Ihnen mein dramatisches Erstlingswerk einiges Interesse einzuflößen schien.

Der letztere Umstand gibt mir denn auch Muth zu einer Anfrage.

Würde es schwer halten, zu einer Aufführung der Oper in Cassel zu gelangen? Dürfte ich dabei auf Ihre gütige Unterstützung hoffen — und würden Sie mir die Schritte angeben, die ich zunächst zu thun hätte? —

Was über den äußerlichen Erfolg der Oper in Leipzig zu sagen wäre, reducirt sich, wenn ich anders ein Urtheil darüber habe, auf Folgendes: Die 1ste Aufführung war eine in Folge eines großen Fehlers, der Alle verwirrte, ziemlich verunglückte; desto mehr nahmen sich Alle in der 2ten Aufführung zusammen; die gerundetste und vom Publikum mit dem größten Beifall aufgenommene war aber jedenfalls die 3te Aufführung, — und wenn auch die scenische Ausstattung überall noch viel zu wünschen übrig ließ, so ist mir doch zu meiner Freude so viel klar geworden, daß die Oper, wird sie mit einiger Liebe gehegt, eine lebendige Wirkung nicht verfehlen kann, um so mehr dieses, wenn ich sie einer Meisterhand anvertraut wüßte. Der Natur und Wahrheit nahe zu kommen, dies war mein höchstes Streben immer; wer etwas anderes erwartet, der wird sich freilich in der Oper getäuscht finden.

Hielten Sie nun, verehrtester Herr, eine Aufführung der Oper in Cassel für möglich, so würde mir das eine große Freude sein.[408] Und da Düsseldorf ja nicht so weit entfernt ist, so würde ich, wenn anders es angeht, mir es kaum versagen, selbst dazu hinzukommen. Wir sind nämlich schon in der Unruhe der Abreise, weshalb ich Sie auch bitten wollte, Ihre gütige Antwort auf diese Zeilen nach Düsseldorf zu adressiren.

Sobald der Clavierauszug erschienen ist, binnen 6—7 Wochen etwa, möchte ich mir jedenfalls erlauben, ihn Ihnen zuzuschicken. Auch ein Exemplar der Partitur liegt fertig da, wenn Sie sie vielleicht vorher zur Ansicht begehrten.

Empfangen Sie denn im Voraus meinen Dank für die Mühe, die Ihnen durch meine Bitte etwa erwachsen sollte, und nebst ergebenen Grüßen meiner Frau an Ihre Frau Gemahlin die Versicherung meiner unbegrenzten Hochachtung Ihres

Dresden, ergebenen

den 27sten August 1850. Robert Schumann.

376. An W. J. v. Wasielewski in Leipzig.

Düsseldorf, den 20. September 1850.

Lieber Herr Wasielewski,

Vorläufig nur wenige Worte! Die Direction der Concerte wird nach ihren Kräften alles thun, daß wir Sie hierher bekommen, und wie es uns, mich und meine Frau, freuen würde, brauchen wir Ihnen nicht zu sagen. Es handelt sich nur noch um eine Einigung mit dem Theater. Darüber werde ich Ihnen sobald als möglich schreiben. Es betrifft freilich zunächst nur ein Engagement für den nächsten Winter. Sind Sie aber einmal hier, so werden Sie, glaube ich, nicht wieder fortkommen. — — —

Daß Ihnen das hiesige musikalische wie gesellige Leben sehr zusagen würde, glaube ich gewiß. Ich bin davon im höchsten Grade erfreut und überrascht, einmal von der Tüchtigkeit der Kräfte, namentlich des Chors, dann von der Bildung des Publikums, das nur gute Musik will und liebt. Mit einem italienischen Einschiebsel u. dgl. würde man sich hier nur lächerlich machen.

Über alles dieses schreibe ich Ihnen noch ausführlich. Zunächst möchte ich nur wissen, ob Sie auf die ungefähren Bedingungen hin, die ich auf der vorigen Seite erwähnte, zu kommen bereit wären — und dann wohl [?] sobald als möglich? —

Noch eines. Es steht an der ersten Geige ein hiesiger Musiker, der ein tüchtiger Vorgeiger sein soll. Er wäre in keinem Fall zu verdrängen, da er ein Düsseldorfer ist und schon eine Reihe von Jahren an dieser Stelle. Jedenfalls bin ich überzeugt, daß Sie gut mit ihm auskommen werden, wenn Sie sich eben nur neben ihn, nicht geradezu über ihn stellen wollen. Ihre Überlegenheit wird er zuletzt doch selbst fühlen.

Nun schreiben Sie mir bald! Es wird Ihnen hier gefallen, das glaub' ich gewiß, und nicht allein in musikalischer Beziehung. Man fühlt sich doch auch hier dem großen Weltgetriebe näher.

Alles dies bleibt noch unter uns. Mit dem nächsten erfahren Sie dann das Bestimmtere.[409]

Freundlich grüßend, auch von meiner Frau

Ihr ergebener

R. Schumann.

377. An Dr. Töpken.

Eine Bitte, eine Frage — und vor Allem ein Gruß! Ist Reinecke wieder in Bremen? Ich habe ihm etwas zu schicken und mitzutheilen.[410] Ist er nicht zurück und Sie wissen seine Adresse, so bitte ich Sie, sie mir zu melden.

Sodann wollte ich Sie um die Gefälligkeit bitten, mir einige (2—3) Cigarrenproben im Preis von 25—35 Thlr. Gold zu schicken, wonach ich mir dann bei dem Händler, den Sie mir nennen, eine größere Partie direct bestellen würde. Je eher Sie mir dies thun, je lieber es mir sein wird.

Endlich, lieber Töpken, möchte ich Ihnen viel schreiben über unsre hiesigen Verhältnisse, die die angenehmsten sind, über das hiesige musikalische Leben, das in großem Flor steht, und über so manches andre. Leider leide ich aber seit einigen Tagen an einer Augenschwäche, die mir viel zu schreiben verbietet und mich besorgt macht. Darum verzeihen Sie dies Wenige.

Vergessen Sie nicht, die Finkesche Familie von uns zu grüßen, und vor Allem Reinecke, wenn er zurück ist — und seien Sie es selbst auf das freundlichste von

Ihrem alten Freund

Düsseldorf, den 5ten October 1850. R. Schumann.

378. An W. Sterndale Bennett in London.

Düsseldorf, den 2ten Januar 1851.

Lieber Bennett,

Ihren Brief vom 15ten December habe ich erst vorgestern erhalten, als guten Jahresschluß. Wie freute ich mich, Ihre Handschrift zu erkennen; denn oft habe ich immer Ihrer, der vielen mit Ihnen verlebten schönen Stunden gedacht. Wir haben die größte Lust, nach England zu gehen, und vielleicht kommen wir. Voraus schicke ich das Eine: Es soll hier am 8ten Juni ein Musikfest gefeiert werden, und da Düsseldorf an der Reihe ist, liegt mir die Direction ob. Nun stimmte dies ganz gut mit den von Ihnen angegebenen Tagen, den 14ten und 28sten Mai zusammen. Wir würden Anfang Mai in London eintreffen und könnten bis zum 5ten Juni wieder hier sein, wo ich dann wenigstens noch die Hauptproben dirigiren könnte. Die Frage ist nun, könnten wir in dieser kurzen Zeit die Kosten der Reise und des Aufenthaltes, die doch auf 100 Lst. zu veranschlagen sind, verdienen? Wenn Sie dies glauben, so würden wir wohl ohne Weiteres uns aufmachen.

Ein anderes möchte ich noch erwähnen. Sie werden es natürlich finden und berühren dies auch in Ihrem Briefe, daß ich nicht müssig neben meiner Frau dastehen möchte, sondern mich auch etwas zeigen als Musiker, namentlich als Dirigent, was meine größte Lust ist. Könnten Sie dies nun vermitteln, z. B. in der philharmonischen Gesellschaft, so wäre dies ein Grund, um so eher und lieber zu kommen. Ich habe manches, von dem ich glaube, daß es in England Anklang finden würde: Paradies und Peri, eine Ouvertüre und sämmtliche Musik zu Byrons Manfred, vor kurzem auch eine neue Symphonie fertig und vieles andere, was ich mich Ihnen vor Allem vorzuführen sehr freuen würde. Ginge es nun nicht, daß Sie Ihre Concerttage um acht Tage früher verlegten, also auf den 7ten und 21sten Mai, damit wir in der Zeit vom 22sten Mai bis 1sten Juni noch etwas unternehmen könnten, meine Frau vielleicht auch im philharmonischen Concert spielen oder sonst Engagements annehmen könnte?

Dies überlegen Sie sich nun, lieber Bennett! Wir haben, wie gesagt, die größte Lust und kommen, wenn einigermaßen Aussicht da ist, daß wir nichts zusetzen müssen. [411]

Nun noch einige Fragen: Sind die Concerte, die Sie geben, mit Orchester? Wie vielemale sollte meine Frau in jedem einzelnen spielen? An welchen Tagen finden die philharmonischen Concerte statt? Glauben Sie, daß ich eine Aufführung der Peri, wenn auch nicht im Mai, so vielleicht später einmal zusammenbringen könnte, wenn Frl. Lind darin sänge?

Tausend Sachen möchte ich noch fragen, und andere, die nur poetisches berühren, und wie es Ihnen sonst ergeht, und ob Sie so glücklich im Leben sind, wie ich es Ihnen wünsche, und auch von mir hätte ich Ihnen viel zu erzählen, von meinem häuslichen Glück, von meinen fünf Kindern und von fröhlichem Schaffensdrang, der mich immer und immer beseelt. Das sei denn auf spätere Briefe aufgehoben! Die Grüße, die Sie uns von Ihrer Frau geschickt, erwiedern wir auf das Freundlichste, und ich die Ihrigen.

Ihr

alter Freund

R. Schumann.

379. An den Leutnant August Strackerjan in Oldenburg, d. Z. in Berlin.

Düsseldorf, den 13ten Januar 1851.

Geehrter Herr,

Im Drange vieler Arbeiten komme ich erst heute dazu, Ihnen den Empfang Ihrer Zeilen zu melden.

Wie mich ein Beweis so inniger Theilnahme erfreuen muß, brauche ich wohl nicht zu sagen.[412] Es ist eigen, daß mir in letzter Zeit ähnliche von Genossen Ihres Standes zu Theil wurden.

Der geistlichen Musik die Kraft zuzuwenden, bleibt ja wohl das höchste Ziel des Künstlers. Aber in der Jugend wurzeln wir alle ja noch so fest in der Erde mit ihren Freuden und Leiden; mit dem höheren Alter streben wohl auch die Zweige höher. Und so hoffe ich, wird auch diese Zeit meinem Streben nicht zu fern mehr sein.

Haben Sie nochmals Dank und erhalten meinen Bestrebungen freundlichen Antheil Ihrem

ergebenen

R. Schumann.

380. An Richard Pohl, stud. rer. nat. in Leipzig.

Düsseldorf, den 19ten Januar 1851.

Geehrter Herr,

Gewiß habe ich mir selbst die schwersten Vorwürfe gemacht, Ihnen auf Ihren theuren Brief noch nicht geantwortet zu haben.[413] Es war ein immerwährendes Schwanken zwischen Annehmen und Ablehnen gerade dieses gewiß interessanten Stoffes. Endlich glaube ich mich doch für das Letztere entscheiden zu müssen; es haben so bekannte Stoffe immer Gefahr, wie Sie selbst auch sagen. Ja, gäbe es kein Schiller'sches Stück, mit allen Händen griffe ich wohl darnach.

Für alles, was Sie mir sonst schreiben, haben Sie vielen Dank. So gern möchte ich ein Oratorium schreiben; würden Sie vielleicht dazu die Hand bieten? Ich dachte an Luther, an Ziska; doch wäre mir auch ein biblischer Stoff recht. Nach diesem und ähnlichem wohl auch eine heitere Oper. Vielleicht regt Sie dies zu weiteren Gedanken an.

Eine Frucht hat bereits Ihr erster Brief getragen. Nachdem ich, mir die Braut von Messina zu vergegenwärtigen, die Tragödie wiederholt gelesen, kamen Gedanken zu einer Ouvertüre, die ich dann auch vollendete.[414] Für ein freundliches Zeichen sei dies denn gehalten, daß der künstlerische Segen auch ferneren Unternehmungen nicht ausbleiben möge!

Erfreuen Sie bald wieder durch eine Nachricht

Ihren ergebenen

Robert Schumann.

381. An R. Pohl.

Düsseldorf, den 14ten Februar 1851.

Geehrtester Herr,

Sie erhalten hier eine Skizze, die im Ganzen mit der Ihrigen übereinstimmt.[415] Ich mußte vor Allem die musikalische Form mir klar machen. Es ist ein gewaltiger Stoff; wir müssen, was nicht zur Entwicklung durchaus nöthig, ausscheiden, — auch, meine ich, das Eingreifen übersinnlicher Wesen. Nur der Geist des Huß will mir an rechter Stelle erscheinen.

So viel hätte ich Ihnen zu sagen; nur auf das Wichtigste kann ich mich heute beschränken.

Das Oratorium müßte für Kirche und Concertsaal passend sein.

Es dürfte mit Einschluß der Pausen zwischen den verschiedenen Abtheilungen nicht über 2½ Stunden dauern.

Alles blos Erzählende und Reflectirende wäre möglichst zu vermeiden, überall die dramatische Form vorzuziehen.

Möglichst historische Treue, namentlich die Wiedergabe der bekannten Kraftsprüche Luthers.

Gelegenheit zu Chören geben Sie mir, wo Sie können. Sie kennen wohl Händels Israel in Egypten; es gilt mir als das Ideal eines Chorwerkes.

Eine so bedeutende Rolle wünschte ich auch im Luther dem Chor zugetheilt.

Auch Doppelchöre geben Sie mir, namentlich in den Schlußsätzen der Abtheilungen.

Eine Sopranpartie dürfte in keinem Falle fehlen; mir däucht, Katharina wäre sehr wirkungsvoll anzubringen. Auch die Trauung (im 3ten Theil) dürfte nicht fehlen.

Der Choral „Ein feste Burg" dürfte als höchste Steigerung nicht eher als zum letzten Schluß erscheinen, als Schlußchor.

Hutten, Sickingen, Hans Sachs, Lucas Kranach, die Churfürsten Friedrich und Johann Philipp von Hessen müssen wir wohl aufgeben

— leider! Aber es würden sich überall große Schwierigkeiten in der Besetzung ergeben, wollten wir die Solopartien noch vermehren. Erzählungsweise mögen sie aber alle wohl vorkommen.

Ein Verflechten der deutschen Messe in die verschiedenen Abtheilungen scheint mir schwer ausführbar. Es gibt aber dafür der Choral Ersatz. Luthers Verhältniß zur Musik überhaupt, seine Liebe für sie, in hundert schönen Sprüchen von ihm ausgesprochen, dürften gleichfalls nicht unerwähnt bleiben. An eine Alt- oder 2te Sopranpartie wäre noch zu denken.

Im Uebrigen stimme ich mit Allem, was Sie wegen Behandlung des Textes in metrischer Hinsicht sagen, wie über die volksthümlich-altdeutsche Haltung, die dem Gedicht zu geben wäre, durchaus überein. So müßte, denke ich, auch die Musik sein, weniger kunstvoll, als durch Kürze und Kraft und Klarheit wirkend. —

Verehrter Herr, wir sind im Begriff, etwas zu unternehmen, was wohl werth ist der Schweißtropfen. Muth gehört dazu und auch Demuth. Haben Sie freundlichen Dank, daß Sie mir so willig entgegenkamen. Lassen Sie uns das große Werk mit aller Kraft ergreifen und daran festhalten. Ihr ergebener

R. Schumann.

382. An Moritz Hauptmann.

Düsseldorf, den 21sten Februar 1851.

Verehrter Herr und Freund,

Eine Bitte habe ich. Wir wollen zum Palmsonntag die Johannes Passionsmusik von Bach hier aufführen. Ueberhäuft von Arbeiten, würde es mir ein großer Zeitgewinn sein, wenn ich mir die ausgeschriebenen Recitative irgendwie verschaffen könnte. Wenn ich nicht irre, besitzen Sie oder die Thomanerbibliothek die Orchesterstimmen, und es wäre nun meine Bitte, ob Sie uns dieselben nicht bis Mitte März leihen könnten. Singstimmen haben wir genug; sollten aber vielleicht in der Orchesterpartie, wie Sie sie aufführen, Abweichungen von der Partitur sein, so würde ich Sie ersuchen, mir auch ein Exemplar der Chorstimmen beizulegen.

Zu größtem Danke wäre ich Ihnen für Ihre Gefälligkeit verpflichtet.

Von uns, unserm Leben hier haben Sie vielleicht durch Dritte manchmal gehört. Wir leben recht in Musik, und daß auch eine andere

Kunst hier in hoher Ausbildung besteht, gibt dem Leben nur größeren Reiz. Namentlich ist Hildebrandt, auch der alte Schadow ein warmer Musikfreund.

Auch sonst haben wir allen Grund, zufrieden zu sein. Frau und Kinder sind wohl; auch ist manches gediehen in meinem eigenen Musikbereich.

Vielleicht begrüßen wir auch Sie und Ihre verehrte Frau einmal hier; dies sollte uns eine große Freude sein. Oft gedenken wir Ihrer; möchten auch Sie es manchmal Ihres

ergebenen

Robert Schumann.

383. An Verhulst.

Düsseldorf, den 9ten März 1851.

Lieber Verhulst,

So viel möchte ich Dir schreiben für Deinen liebevollen Brief,[416] hätte Dir so viel zu sagen; aber ich bin seit einigen Tagen sehr unwohl, so daß mich das Schreiben anstrengt. Meine Frau wird wohl so gut sein, noch einiges hinzuzufügen über Kunst und Leben, wie sie sich hier so freundlich für uns gestaltet...

Ich hoffe, lieber Verhulst, die Zeit ist nicht mehr fern, wo wir uns wiedersehen, Du uns entweder hier, oder wir Dich in Holland. Dann wollen wir uns Deines heiteren frischen Geistes wieder erfreuen, hoffentlich Dich auch von Deinen hypochondrischen Gedanken zurückbringen, als wärst Du nicht der tüchtige Künstler, der Du bist. In herzlicher Freundschaft haben wir Deiner immer gedacht. Laß uns nun in Zug bleiben und wieder öfter an einander schreiben.

Dein Dir herzlich zugethaner

R. Schumann.

384. An Woldemar Bargiel.

Lieber Woldemar,

Vielmals danken wollte ich Dir für Deine Arbeit;[417] sie ist sehr sorgfältig und stimmt im meisten mit meinen Gedanken überein. Es hätte sie, glaub' ich, kein Anderer so machen können als Du, da Du die Oper so oft gehört, Dich mit so vielem Antheil in sie versenkt hast. Trotz aller Bemühungen kann auch ich in ihr die sogenannten „Mängel" nicht entdecken, die einige Scribaxe in ihr haben finden wollen. Diese sollten doch eher vom Künstler zu lernen sich bemühen, als ihm gute Lehren geben. Da wirst Du für Dich denken: der ist recht eingebildet. Wenn man sein Lebelang nachgedacht über seine Kunst und fleißig gewesen, da weiß man schon, was man will und thut. Und da gibst Du mir wieder Recht.

Schicke mir nun bald das Übrige. Auf Einiges wollte ich Dich noch aufmerksam machen: Die rechte Hand des rechten Spielers laß nicht unter $\bar{g}$, die linke des linken Spielers nicht über das kleine g gehen. Ausnahmen gibt es freilich. Dann müssen die beiden Spieler womöglich nicht enger als im Umfang einer Terz an einander spielen, die Fortes sehr voll, auch wenn die Intervalle nicht in der Partitur stehen.

Daß Dein Name auf den Titel mit kommt, ist Dir wohl recht, auch mir wäre es lieber, da man dann gleich merkt, daß es keine Fabrikarbeit ist.

Schreibe mir auch sonst einmal, lieber Woldemar, und von allem, was Du gearbeitet hast.

Ich grüße die Mama, Eugen und die Schwestern auf das herzlichste. Daß wir uns bald einmal sehen, glaub' ich gewiß. Auf die Länge spürt man doch in einer Stadt wie Düsseldorf allerhand Kleinstädtisches und wollen wir daher einmal ausfliegen und vielleicht zu Euch.

Clara will noch einige Worte schreiben. Darum Adieu! Habe noch vielmals Dank. Dein

[Düsseldorf, d. 4. April 1851.] R. Sch.

385. An Moritz Horn in Chemnitz.

Düsseldorf, den 21sten April 1851.

Geehrter Herr,

Im Drange vieler Geschäfte komme ich erst heute dazu, Ihre freundliche Sendung zu beantworten. Gewiß eignet sich die Dichtung [„der Rose Pilgerfahrt"] zur Musik, und es sind mir auch schon eine Menge Melodien dazu durch den Sinn gegangen. Aber es müßte viel gekürzt werden, vieles dramatischer gehalten sein. Dies aber nur im Betracht zur musikalischen Composition, dem Gedicht als Gedicht bin ich weit entfernt, diese Ausstellung zu machen.

Auf dem beifolgenden Zeddel habe ich mir erlaubt, einige die Aenderungen betreffende Bemerkungen zu machen. Bis zu den Worten:

und bittet freundlich hier
Um Obdach

wäre ziemlich alles musikalischer Behandlung günstig. Von da an müßte die Handlung aber lebendiger, dramatischer sich entwickeln.

Würden Sie sich dazu entschließen, eben nur zu Gunsten der musikalischen Composition einiges zu verändern, so hätte ich die größte Lust, die Dichtung zu componiren. Sie lebt mir eben so frisch im Sinn, daß mir, je eher Sie diese Aenderungen unternähmen, dies um so lieber sein würde. Gäben Sie das Gedicht in Druck, so könnten Sie wohl immer Ihre jetzige Fassung beibehalten — und man könnte auf die Composition den Beisatz machen: „nach einem Gedicht von rc. rc."

Dies sei denn ihrer freundlichen Berücksichtigung empfohlen. Es sollte mich freuen, wenn ich die Composition bald in Angriff nehmen könnte.

Wollen Sie auch die Gefälligkeit [haben], Herrn Scherffig für seine Zeilen an mich bestens zu danken, und haben Sie selbst vielen Dank, daß Sie mich mit der zarten Dichtung bekannt gemacht.

Ihr hochachtungsvoll ergebener
R. Schumann.

386. An M. Horn.

Düsseldorf, den 3ten Mai 1851.

Ich habe vor Kurzem die Ballade: der Königssohn von Uhland, für Solostimmen, Chor u. Orchester componirt, — doch auch nur bis zum Schluß, der geändert werden müßte. Vielleicht kennen Sie das Gedicht, oder können es sich doch verschaffen. Zur bessern musikalischen Wirkung müßte nämlich der Sänger nach den Worten —

und wird nicht satt
der Herrlichkeit und Fülle, —

selbst singend auftreten, aber nicht sterben, sondern im Preise seiner Heilung und der eben angeschauten Pracht — und der Chor zum Schluß in den Preis einstimmen.

Es brauchten dies im Ganzen nicht mehr als 3 vierzeilige Verse zu sein. Sollten Sie einmal meiner gedenken in guter Dichterstimmung, so gedenken Sie vielleicht auch dieser Bitte.

(Aus einem Briefe v. 9. Juni:)

Auch für Ihre Mittheilung über den Schluß der Uhlandschen Ballade meinen Dank! Ich bin ziemlich ganz damit einverstanden. Nach den Worten — „und wird nicht satt der Herrlichkeit u. Fülle" müßte der Sänger anstimmen und zwar nach der musikalischen Anlage des Stückes, das ich schon fertig habe, vier Verse im selben Metrum, wie Uhland Nro. 8, singen, dem sich dann ein allgemeiner Chor, der auch in einem andern freiern Versmaße geschrieben sein könnte und auch den Preis des Königspaares zum Inhalt hätte, anschlösse. Wär' es möglich, daß Sie sich im Sprachausdruck, der freilich sehr eigenthümlich, der Weise Uhlands etwas nähern wollten, so wär' dies sicher zum Besten des Ganzen. Wie würde ich mich freuen, könnte ich „Rose" und „Königssohn" durch Ihren Beistand bald beendigen.

387. An M. Hauptmann.

Düsseldorf, den 8ten Mai 1851.

Verehrter Herr und Freund,

Mit vielem Danke folgen die Stimmen zur Johannespassion zurück; sie haben mir gute Dienste geleistet — und vor Allem die Musik vollständig und mit Orchester zu hören, was war das für ein Fest! Es scheint mir kaum zweifelhaft, daß die Johannespassion die spätere, in der Zeit höchster Meisterschaft geschriebene ist; in der anderen spürt man, dächte ich, mehr Zeiteinflüsse, wie auch in ihr der Stoff überhaupt noch nicht überwältigt erscheint. Aber die Leute denken freilich, die Doppelchöre machen's.

So sehr ich mit den meisten Ihrer Kürzungen, namentlich der Recitative, einverstanden bin, so habe ich doch ziemlich das Ganze gegeben, was im Original steht. Den Schlußchoral allein möchte ich in keinem Falle missen; er wirkt nach dem elegischen C moll-Chor auf das Erhebendste. Sonst war die Aufführung, die mir übrigens viel Mühe gemacht, eine sehr gute; die Choräle hatten wir durch 50 Knabenstimmen verstärkt. Überhaupt wird doch hier am Rhein beinahe in größerem Maßstab musicirt als in Mitteldeutschland. Die Musikfeste haben die Ansprüche außerordentlich gesteigert, so daß man den Enthusiasten oft eher Bescheidenheit anempfehlen möchte. Mir ist dies aber ganz lieb, und immer besser, die Leute in der Höhe des Guten zu erhalten, als sie mit Mühe und Noth heraufzwingen zu müssen.

An die Bachstiftung denke ich oft, und mit Bedauern, von Leipzig entfernt so wenig für sie wirken zu können. Vom Original-Manuscript der H moll-Messe habe ich nie etwas gehört. Wo ich sonst etwas thun könnte, in Redaction dieses oder jenes Werkes, so verfügen Sie über mich; ich werde es nach besten Kräften thun.

Für Ihre Theilnahme an meinem Schaffen sage ich Ihnen herzlichen Dank; ich bin unausgesetzt recht fleißig. Zuletzt componirte ich eine Ouvertüre zu Shakespeares Julius Caesar, die denn später auch bis zu Ihnen dringen möge.

Sonst sind wir Alle, dem Himmel Dank, ziemlich wohl, meine Frau fortwährend thätig, wie Sie sie kennen — und so möge es bleiben.

Freundliche Grüße an Ihre Frau von uns, wie an Sie

von Ihrem ergebenen

R. Schumann.

388. An R. Pohl.

Düsseldorf, den 13ten Mai 1851.

Sehr geehrter Herr,

Die letztvergangenen Wochen waren so unruhevoll, durch Proben, Aufführungen wie andere Arbeiten mir so zerstückelt, daß ich an Anderes zu denken mich kaum sammeln konnte. Wie vielen Dank bin ich Ihnen schuldig für Ihre Sendung; der große Ernst, mit dem Sie das Werk angefaßt, bestärkt mich noch immer im Glauben, daß wir vereint gewiß etwas zu Stande bringen müßten.[418] Aber ich weiß nicht, ob wir auf diesen Anfang fortbauen können. Die Composition des Vorspiels allein, wie sehr mir die einzelnen Gedanken darin zusagen, würde allein einen Abend ausfüllen, und mit der Idee eines zweitheiligen[419] Oratoriums, das zu verschiedenen Tagen zu geben wäre, kann ich mich durchaus nicht befreunden und halte sie für keine glückliche.

Aber was nun? Ich glaube, wir müssen den Stoff auf die einfachsten Züge zurückführen oder nur wenige der großen Begebenheiten aus Luthers Leben herausnehmen. Auch glaube ich, dürfen wir dem Eingreifen übersinnlicher Wesen nicht zu großen Platz einräumen; es will mir nicht zu des Reformators ganzem Charakter passen, wie wir ihn nun einmal recht als einen geraden, männlichen und auf sich selbst gegründeten kennen.

Wie schwer ist es, dies und ähnliches sich brieflich klar zu machen;

wie schnell würden wir zum Ziel kommen, könnten wir einige Zeit zusammenleben. Dies wäre mein Wunsch.

Mit dem größten Schmerz würde ich's hören, wenn Sie die Schwierigkeiten, die sich entgegenstellen, veranlassen sollten, das Werk ganz aufzugeben. Schon freute ich mich, noch diesen Sommer ein Stück in der Arbeit vorwärts zu kommen. So möchten Sie mir denn bald ein Zeichen geben, ich meine Ihrer theilnehmenden Gesinnung, und ob wir nicht der herrlichen Idee, die uns erfüllt, uns zu bemeistern trachten.

Seien Sie vielmals gegrüßt von

Ihrem dankbar ergebenen

R. Schumann.

389. An W. J. v. Wasielewski in Dresden.

Düsseldorf, den 11ten Juni 1851.

Lieber Wasielewski,

... Die Aussicht, daß Sie vielleicht wieder zurückkehren, freut mich sehr. Könnten Sie mir nur bald Bestimmtes darüber mittheilen.[420]

Sonst ist das hiesige Leben so ziemlich das alte, Ihnen wohlbekannte. Als wollte mich ein gut Geschick für den verlorenen treuen Spaziergänger in etwas entschädigen, so schickte es mir kurz nach Ihrer Abreise einige ältere und jüngere Bekannte. Zuerst kam Verhulst aus dem Haag mit seiner jungen Frau, mit denen wir eine Fahrt nach dem Siebengebirge machten, — dann Reinecke, dessen Ouvertüre doch recht schöne und bedeutende Züge enthält, zuletzt Hr. Radecke, der uns ganz vortrefflich auf der Orgel vorgespielt. Nun ist es wieder still geworden, äußerlich; — innerlich, das wissen Sie, arbeitet es immer...

Im Verein haben wir die H moll-Messe von Bach angefangen (auch ein Wunder) — und es geht besser damit, als ich dachte. Die werden wir möglichst im nächsten Winter aufführen, und Sie müssen dabei sein.

Sonst sind wir alle leiblich wohl, ich nur manchmal von nervösen Leiden afficirt, die mich manchmal besorgt machen; so neulich nach Radeckes Orgelspiel, daß ich beinahe ohnmächtig wurde. Vielleicht, daß auch dagegen das höhere Alter schützt.

[Schluß des Briefes von Frau Schumann.]

390. An R. Pohl.

Düsseldorf, den 25sten Juni 1851.

Geehrter Herr,

Mancherlei Arbeiten, neu begonnene wie ältere abzuschließende, haben mich in der letzten Zeit nicht dazu kommen lassen, meine Gedanken auf den einen, unsern Luthertext, zu concentriren, wie ich so gern gewünscht ... Nur das Eine möchte ich Ihnen ans Herz legen, was mir immer klarer wird. Das Oratorium müßte ein durchaus volksthümliches werden, eines, das Bauer und Bürger verstände — dem Helden nach, der ein so großer Volksmann war. Und in diesem Sinne würde ich mich auch bestreben, meine Musik zu halten, also am allerwenigsten künstlich, complicirt, contrapunktisch, sondern einfach, eindringlich, durch Rhythmus und Melodie vorzugsweise wirkend. Möchten Sie mir denn in diesem Sinne zur Hand bleiben und bald mir mehr zu hören geben, wenn Sie eben noch nicht gleich kommen könnten ...

Nun noch eine Frage und Bitte. Mir fiel ein, daß manche Ballade mit leichter Mühe und guter Wirkung als Concert-Musikstück für Solostimmen, Chor und Orchester zu behandeln wäre. Vor Allem hab' ich es auf „des Sängers Fluch" von Uhland abgesehen. Aber es fehlt mir dazu ein Poet, der einige Stellen in die musikalische Form gösse. Auf dem beifolgenden Blättchen, das in seiner Fassung freilich sehr Ihrer Nachsicht bedarf, habe ich ungefähr angedeutet, wo das Original beibehalten, und ... wo es geändert werden müßte. Dabei wünschte ich freilich das Uhlandsche Metrum beibehalten, und wohl auch die Sprachweise einigermaßen der Uhlands angepaßt. Hätten Sie vielleicht einmal Zeit und Lust, an meine Bitte zu denken, wie dankbar würde ich Ihnen sein![421]

In jedem Fall hoffe ich recht bald wieder von Ihnen zu hören, und wie sich Ihre Pläne für den Herbst gestalten. Grüßen Sie Wenzel vielmal; ich mache ihn, wie auch Sie, auf ein Buch aufmerksam: Sämmtliche Dichtungen von Elisabeth Kulmann (6te Auflage) — eine wahre selige Insel, die im Chaos der Gegenwart emporgetaucht.

Ihr

ergebener

R. Sch.

391. An R. Pohl.

Düsseldorf, den 18ten Juli 1851.

Geehrter Herr,

Nur wenige Zeilen ist mir Ihnen zu schreiben heute vergönnt, da wir schon mit einem Fuß im Dampfwagen stehen, einen kleinen Ausflug nach Heidelberg 2c. zu machen. Aber ich hoffe, Sie ja bald zu sehen. Nun aber freilich — den 17ten August bin ich vielleicht nicht hier. Man hat mich von Antwerpen, wo den 17ten ein großes Gesangfest (Wettstreit) ist, zum Preisgericht als Mitrichter eingeladen, und da das Fest interessant zu werden verspricht, habe ich wohl Lust, dahin zu gehen. Vor dem 15ten reise ich aber in keinem Fall. Nun ist es vielleicht möglich, daß Sie schon vor dem 15ten hier sein könnten, oder es wäre später auf Ihrer Rückreise, worüber Sie mich dann mit wenigen Worten aufklären möchten.

Und nun vor Allem Dank für den Eifer, mit dem Sie in meine Idee eingegangen. Es ist ein herrlicher musikalischer Stoff, und Ihr Gedanke, gerade aus Uhlands anderen Gedichten zu den Vorträgen der Sänger zu wählen, ganz vortrefflich. Dadurch ist aber freilich auch theilweise Unklarheit in der Verbindung entstanden, die indeß durch einige verbindende Zwischensätze (Reden des Königs, der Königin und des Chors) leicht gehoben werden könnte, wie denn das Ganze jedenfalls viel zu lang ist, und sich der ganze große Mittelsatz auf ein Lied des Jünglings, eines des alten Harfners, ein Duett Beider und ein Terzett oder Quartett dieser mit Königin und König beschränken müßte, worauf dann der König sein „Du hast mein Volk verführt" in die Menge schleudert.

Doch alles dies läßt sich mündlich am besten erklären und ob mir es auch schwer wird, so lange zu warten, so will ich es doch zum Besten des Werkes.

Für heute empfangen Sie nochmals herzlichen Dank und lassen mich bald Bestimmtes über Ihre Reisepläne wissen.[422]

Vielmals grüßend Ihr ergebener

R. Schumann.

392. An Dr. Klitzsch.

Düsseldorf, den 9ten August 1851.

Geehrter Freund,

Eben erst von einer größeren Reise zurückgekehrt, beeile ich mich, Ihnen für Ihr letztes briefliches Andenken zu danken. Es thut immer wohl, sich auf seinen Wegen auch in der Ferne von Wohlwollenden begleitet zu sehen, und ich weiß, daß Sie zu der Zahl der letzteren gehören. Ich bin sehr zufrieden in meiner hiesigen Stellung und wüßte, da sie meine physischen Kräfte auch nicht zu sehr in Anspruch nimmt (Dirigiren strengt doch sehr an), kaum eine, die ich mehr wünschte. Auch sonst gedeiht manches, wie Sie als theilnehmender Freund meines Strebens wissen, und daß ich das Frischgeschaffene mir schnell zu Gehör bringen kann, wenn ich sonst will, ist auch ein großer Vortheil.

Möchten denn auch Sie bald eine Stellung gewinnen, wie Sie sie wünschen und verdienen. Schwer ist's freilich. Ich bin neugierig zu erfahren, worin die Veränderung der Verhältnisse besteht, die Sie in Ihrem Brief erwähnen.

Vergessen Sie auch nicht, mir von Ihren Arbeiten und nicht blos dem Namen nach mitzutheilen.

Hr. Bacc. Kuntsch hat mir eine große Freude gemacht mit einer neuen Sendung Opernpartituren. Grüßen Sie ihn auf das herzlichste; ich danke und schreibe ihm nächstens noch selbst.

Wir waren auf unserer letzten Reise ziemlich weit und haben die Sonnenfinsterniß [28. Juli] im Angesicht des Montblancs beobachtet. Zwei ganze Tage lang hat uns der ehrwürdige Riese sein Haupt zu sehen vergönnt — ein seltenes Glück! — Auch der Genfer See ist himmlisch. Wie gönnte ich Allen, die ich liebe, nach diesen paradiesischen Gegenden einmal zu kommen! . . .

Das Papier geht zu Ende, obwohl nicht der Stoff. So möchte ich Sie denn noch bitten, mir recht oft zu schreiben — aus der lieben Heimath, an die ich so oft denke. Ihr ergebener

R. Schumann.

393. An J. Verhulst.

Düsseldorf, den 13ten August 1851.

Lieber Verhulst,

Dein Brief hat uns köstlich amüsirt; wir haben ungeheuer gelacht über die Verse Deiner Frau. Das ist ganz wie im Hamlet, Du der Hamlet und Deine Frau Polonius — sans comparaison. Könnten wir Dich und sie doch bald sehen! Aber Du hast auch wieder Recht mit Deinen Gründen. Ich dachte mir Antwerpen viel näher an Rotterdam; jetzt erst erfahre ich, daß es eine Tagereise ist.[423]

Also, mein lieber Verhulst, kömmst Du, so würden wir uns sehr freuen. Wo nicht, so wollen wir uns auf spätere Zeit vertrösten ... Es wäre doch ein Spaß, wenn Ihr so plötzlich hereinträtet.

So denn auf Wiedersehen, wenn es vielleicht auch noch zweifelhaft ist.

Ich grüße Euch herzlich

R. Sch.

394. An den Candidaten J. N. in C.

Düsseldorf, den 22sten September 1851.

Geehrter Herr,

Wenn ich Ihnen für die Bereitwilligkeit, mit der Sie mir Ihre Arbeit mittheilten, verbunden bin, so muß ich mich dagegen gegen den anderen Theil Ihres Schreibens verwahren, der mir, Ihrer und meiner Stellung nach, wie eine anmaßliche Ueberhebung erscheint.[421] Wie kommen Sie, der Sie der Welt noch keine Probe künstlerischer oder kritischer Befähigung gegeben, wie kommen Sie dazu, einem Manne, der wenigstens einige kleine geliefert, Verweise zu ertheilen, wie man sie Anfängern gibt? Haben Sie sich dies nicht überlegt? Was Sie mir da schreiben, das war mir schon vor dreißig Jahren nichts Neues, das habe ich schon vor zehn beinahe meinen Eleven am Leipziger Conservatorium docirt.

Und sollten Ihnen meine Compositionen, namentlich die größeren, nicht hier und da beweisen, daß ich einige Bekanntschaften mit Meistern gepflogen habe? Bei diesen weiß ich und wußte ich mir immer Raths zu erholen, beim einfachen Gluck, beim complicirteren Händel, beim complicirtesten Bach! Studiren Sie nur namentlich den Letzteren, und es wird Ihnen die complicirteste meiner Arbeiten noch einfach genug vorkommen. Sollte Ihnen auch das nicht aus meiner Musik klar geworden sein, daß es mir noch um etwas anderes zu thun, als Kinder und Dilettanten zu amüsiren? Als ob es nur eine, zwei Formen gäbe, in die sich alle geistigen Gebilde schmiegen müßten, als ob nicht der Gedanke seine Form von selbst mit auf die Welt brächte! Als ob nicht jedes Kunstwerk einen anderen Gehalt haben müsse und mithin auch eine andere Gestalt! Also, ich gebe Ihnen Hrn. O. v. Redwitz hundertmal hin für Jean Paul, und Shakespeare ist mir noch lieber.

Das ist es, was ich Ihnen auf Ihr in Ton und Inhalt beleidigendes Schreiben zu antworten habe. Es kann mir deshalb nicht einfallen, auf eine Arbeit einzugehen, die am wenigsten durch sogenannte

„Einfachheit“ zu bezwingen wäre, wenn der Stoff auch sonst zeitgemäßer wäre, als er mir es erscheint. Auf einige musikalische Donnerschläge müßten Sie sich in der „Beatrice“ jedenfalls gefaßt machen, auch wenn sie der simpelste Tonsetzer in Angriff nähme.

Ergebenst

R. Schumann.

395. An J. Stern.

Düsseldorf, den 27sten Sept. 1851.

Geehrter Herr,

Die Stelle in Cöln ist mir noch nicht angetragen worden, und würde sie es, so wäre ich zweifelhaft, sie gegen die hiesige einzutauschen, da die letztere meinen Wünschen und Neigungen in jedem Falle mehr entspricht. Damit will ich nun nicht sagen, daß ich für immer in Düsseldorf bleiben möchte, dem, wie jeder mittleren Stadt, vieles abgeht, und sollte mich, früher oder später, das Geschick anders wohin führen, so werde ich gewiß Ihrer an mich gerichteten Zeilen gedenken, Ihnen auch die vollste Wahrheit über die hiesigen Verhältnisse sagen. Von Ihrer regen Thätigkeit habe ich oft gehört, auch daß Sie die Peri vorgenommen, was mich sehr erfreut hat. Vergessen Sie nur über die Hingabe an fremde Werke nicht, auch an eigene zu denken. Mit Freuden erinnere ich mich Ihrer früheren frischen und anmuthigen Lieder. . .

Ich grüße Sie vielmals und hoffe bald wieder einmal von Ihnen zu hören.

Ihr ergebener

Robert Schumann.

396. An M. Horn.

Düsseldorf, den 29sten Sept. 1851.

Geehrter Herr,

Großen Undanks könnten Sie mich zeihen! Wir haben vor einigen Monaten schon „die Rose“ aufgeführt und Sie werden nicht begreifen können, daß ich es Ihnen nicht meldete. Dies ging so zu. Wir haben keinen guten Tenor hier, daher ich einen Kölner Herrn [Ernst Koch] um Uebernahme der Partie bitten mußte. Dieser schrieb mir aber erst zwei Tage vor dem Tag der Aufführung fest zu, so daß es nicht möglich war, die Nachricht noch bis zu Ihnen gelangen zu lassen. Gern hätte ich Ihnen nun gleich nach der Aufführung schreiben, über die freundliche Wirkung, die das Stück gemacht, berichten mögen. Wir reisten aber kurz nach der Aufführung auf längere Zeit nach der Schweiz und später noch auf einige Wochen nach Belgien, so daß der Sommer verstrichen, ohne daß ich meine Schuld abgetragen. Möchte dies alles mich denn bei Ihnen in etwas entschuldigen!

Was nun die Veröffentlichung der Composition anlangt, so ist es damit noch ziemlich weitaussehend. Ich habe nämlich das Stück ursprünglich nur mit Pianofortebegleitung componirt, die mir des zarten Stoffes halber auch vollkommen hinreichend erschien und noch erscheint. Nun bin ich aber doch von Freunden und Bekannten angegangen worden, das Ganze zu instrumentiren. Es wird dadurch die Composition größeren Kreisen zugänglich, was nicht zu leugnen ist. Diese Instrumentirung ist aber eine bedeutende Arbeit und ich kann sie schwerlich in kürzerer Zeit als zwei Monaten beendigen; dazu bin ich die nächste Zeit außerdem durch eine Menge Arbeiten in Anspruch genommen. In Summa, ich glaube kaum, daß ich vor Jahresfrist mit der Herausgabe zu Stande komme. Mit einem Verleger habe ich aus diesen Gründen auch noch nicht unterhandelt, dies kann Sie aber nicht abhalten, Ihre „Rose“ sobald wie möglich der Oeffentlichkeit zu übergeben... Ich sollte meinen, es könne, einen Verleger-Buchhändler für Ihr Gedicht zu finden, nicht schwer halten. Leider bin ich aber, außer mit Heinrich Brockhaus, nur mit wenigen persönlich bekannt. Wünschen Sie es, so bin ich mit Vergnügen erbötig, ihm deshalb zu schreiben[425]...

Haben Sie mir nicht bald wieder etwas Poetisches mitzutheilen? Es sollte mich freuen.

Zu freundlichem Andenken empfohlen

R. Schumann.

397. An Fr. Liszt.

Düsseldorf, den 5ten Nov. 1851.

Verehrter Freund,

Wir haben gestern die Ouvertüre zu Manfred probirt; meine alte Liebe zur Dichtung ist dadurch wieder wach geworden. Wie schön, wenn wir das gewaltige Zeugniß höchster Dichterkraft den Menschen vorführen könnten! Sie gaben mir Hoffnung dazu; haben Sie einmal wieder darüber nachgedacht?

Die Ausführbarkeit gilt mir für ausgemacht; einiges Bedenkliche wäre freilich mit dem Regisseur zu besprechen, so z. B. ob die Geister in der 1sten Abtheilung nicht auch dem Auge sichtbar sein müßten (wie ich glaube). Das Ganze müßte man dem Publikum nicht als Oper oder Singspiel oder Melodram, sondern als „dramatisches Gedicht mit Musik" ankündigen. — Es wäre etwas ganz Neues und Unerhörtes. Die Besetzung des Manfred selbst durch einen bedeutenden Künstler bliebe freilich die Hauptsache. Daß die Aufführung des musikalischen Theils keine großen Anstrengungen erfordert, sahen Sie vielleicht selbst in der Partitur.

Ich wollte Sie nun bitten, theurer Freund, mir Ihre Gedanken mitzutheilen, und, wenn Sie mir schreiben, daß der Manfred noch in diesem Winter in Angriff genommen werden könnte, die letzte Hand ans Werk legen. Einstweilen sende ich Ihnen die Bearbeitung des Textes, auch das Suckowsche Buch,[426] das beides Sie sich vielleicht noch einmal ansehen und dem Hrn. Regisseur [Genast] mittheilen.

Noch oft gedenken wir Ihres letzten Hierseins,[427] der Frau Fürstin, ihrer liebenswürdigen Fräulein Tochter, denen Sie unsre verehrungsvollen Empfehlungen zukommen lassen wollen, — und Ihrer, der Sie wie immer so reiches Leben um sich verbreiteten.

Vergessen Sie auch unser nicht und erfreuen uns bald durch ein freundliches Wort.

Ihr

ergebener

R. Schumann.

398. An J. Moscheles.

Düsseldorf, den 20sten November 1851.

Hochgeehrter Herr,

Freude und Ehre haben Sie mir bereitet durch die Widmung Ihrer [Violoncell-]Sonate; sie gilt mir zugleich als eine Ermunterung meines eigenen Strebens, an dem Sie von jeher freundlich Antheil nahmen. Als ich, Ihnen gänzlich unbekannt, vor mehr als 30 Jahren in Carlsbad mir einen Concertzeddel, den Sie berührt hatten, wie eine Reliquie lange Zeit aufbewahrte, wie hätte ich da geträumt, von so berühmtem Meister auf diese Weise geehrt zu werden. Nehmen Sie meinen innigsten Dank dafür!

Die Sonate selbst habe ich bis jetzt leider nur lesen können, da meine Frau seit einiger Zeit am Spiele gehindert; aber den altverehrten Meister habe ich trotzdem überall erkannt, und stünde sein Name auch nicht auf dem Titel, man würde ihn wohl errathen, namentlich in der Böhmischen Ballade, die mir besonders reizend und poetisch erscheint. Das Ganze freue ich mich bald von meiner Frau, sobald sie wieder genesen, in lebendiger Ausführung zu hören; in Herrn Reimers, der in der letzten Zeit bedeutende Fortschritte gemacht, besitzen wir auch einen sehr guten Violoncellspieler. Noch vor Kurzem habe ich hier einen Verein für Kammermusik angeregt, in dem, außer älteren, auch alle neueren bedeutenden Werke vorgeführt werden sollen. Ueberhaupt wird hier sehr viel für gute Musik gethan und ich schätze mich oft glücklich, einen meinen Wünschen zum größten Theil so entsprechenden Wirkungskreis gefunden zu haben. So spornt dies denn auch zu erhöhter Thätigkeit und es ist im vergangenen Jahre manches entstanden, von dem vielleicht mit der Zeit auch bis zu Ihnen Kunde gelangen wird. Vielleicht daß wir auch selbst bald nach Leipzig kommen, wo es uns dann freuen soll, Sie in Ihrer freundlichen Gartenwohnung recht oft aufzusuchen.

Vergessen Sie nicht, Ihrer verehrten Frau Gemahlin uns freundlich zu empfehlen, und haben Sie nochmals Dank für Ihr theures Andenken.

Ihr
ergebener
Robert Schumann.

399. An Fr. Liszt.

Düsseldorf, den 6ten December 1851.

Verehrter Freund,

Haben Sie vielen Dank für Ihren Brief, der mich sehr erfreut hat. Mit der Möglichkeit der Ausführung, die Sie in Aussicht zu stellen so freundlich sind, wandelte mich doch auch ein leises Grauen an vor der Größe des Unternehmens — ich kann es nicht leugnen; aber ich weiß auch, daß, wo Sie die Hand mit anlegen, die Überwindung der großen Schwierigkeiten bei einem etwa nicht glückenden ersten Anlaufe nicht gleich aufgegeben wird. Und so freue ich mich denn, daß Sie es sind, der diese gewaltige Dichtung Lord Byrons ins Leben zu rufen seinen Beistand zugesagt.

Vor Allem möchte ich Sie noch einmal um Zusendung meines Textes auf einige Tage bitten; es sind noch einige Unklarheiten darin. Ich schicke Ihnen dann den Text mit der Partitur sogleich zurück.

Und nun die Frage noch: wäre es Ihnen möglich, die Aufführung bis Anfang Februar zu verschieben? Meine Frau hat mir am 1sten December ein Töchterchen geschenkt. So wohl sie sich befindet, so vergehen doch über eine vollständige Kräftigung gewöhnlich einige Monate — und daß sie zur Aufführung des Manfred mit nach Weimar kommen möchte, darauf freut sie sich schon jetzt. Also deshalb womöglich möchte ich, daß die Aufführung vielleicht etwas später stattfinden möchte.

Mit Freude habe ich gehört, daß Sie die Ouvertüre zur Braut von Messina in Weimar aufgeführt. Schreiben Sie mir ein Wort darüber, wie Ihnen das Stück gefallen. Man hört so selten von Künstlern über sich urtheilen — und was die sogenannten Kritiker von Fach sagen, ist in Lob wie Tadel meist so albern, daß man es nur belächeln kann. Es ist freilich nie anders gewesen.

Den 1sten Band von R. Wagners neuem Buch [„Oper und Drama“] habe ich gelesen; es ist sehr bedeutend. Aber sonderbar, daß er den Fidelio nicht erwähnt.

Für heute nur noch die freundlichsten Grüße und verehrungsvollsten Empfehlungen der Frau Fürstin. R. Sch.

400. An R. Pohl.

Düsseldorf, den 7ten December 1851.

Geehrter Herr,

Wiederum bringe ich Ihnen späten Dank auf Ihre letzte erfreuende Sendung.[428] Es war eine sehr bewegte Zeit, die letztvergangene. Sodann glaubte und wünschte ich gern, Ihnen vom Fortgang der Composition der Ballade etwas Bestimmteres mittheilen zu können. Aber ich bin, durch andere Arbeiten zurückgehalten, leider noch gar nicht zum Anfang gekommen. Haben Sie denn vielen Dank für den Fleiß, den Sie der neuen Bearbeitung gewidmet. Bis auf einige wenige Kürzungen halte ich sie jetzt für eine wohlgelungene und kann es kaum erwarten, damit anzufangen...

Wegen Luther fängt es mir an bange zu werden, ob wir der Arbeit Herr werden? Es verlangt mich nach einem größeren Werke. So gern hätte ich das nächste Jahr dazu verwendet. Wird es möglich sein?

Vielen Dank auch für Ihre Gedichte; ich hoffe, daß sich Musik dazu einstellen wird...

Haben Sie meine Ouvertüre zur Braut [von Messina] gehört? Ich frage, da Sie ja es waren, der die Lust zu ihrer Composition in mir angeregt. Über die Wirkung habe ich Verschiedenes gehört. Ich bin daran gewöhnt, meine Compositionen, die besseren und tieferen zumal, auf das erste Hören vom größeren Theil des Publikums nicht verstanden zu sehen. Bei dieser Ouvertüre indeß, so klar und einfach in der Erfindung, hätte ich ein schnelleres Verständniß erwartet. Ich bin begierig, zu erfahren, welchen Eindruck das Stück auf Sie selbst gemacht. Freilich ohne Studium der Partitur läßt sich kein einigermaßen bedeutendes Werk auf das Erstemal begreifen...

R. Sch.

401. An M. Horn.

Düsseldorf, den 8ten Dec. 1851.

Wegen „Hermann u. Dorothea" hab' ich meine Gedanken noch nicht sammeln können.[429] Möchten Sie trotzdem darüber nachdenken, ob sich der Stoff so behandeln ließe, daß er einen ganzen Theaterabend ausfüllt, was ich beinahe bezweifle. Keinenfalls dürfte im Singspiel gesprochen werden, womit Sie gewiß einverstanden sind. Das Ganze müßte in der Musik, wie Poesie, in einfacher, volksthümlich deutscher Weise gehalten werden.

402. An Fr. Liszt.

Düsseldorf, den 25sten Dec. 1851.

Verehrter Freund,

Manfred folgt hier wieder zurück. Ich habe Text wie Musik nochmals einer Prüfung unterworfen, auch im Verein mit Hildebrandt und Wolfgang Müller, und denke, er könne sich nun auf der Bühne versuchen.

Die Geistererscheinungen müssen — zu der Überzeugung bin ich gekommen — natürlich alle verkörpert erscheinen. Über Einzelnes der Inscenirung denke ich Hrn. Genast später noch besondere Mittheilung zu machen.

Von den Musikstücken lege ich Ihnen, theurer Freund, vor Allem die Ouvertüre ans Herz; ich halte sie, wenn ich es Ihnen sagen darf, für eines meiner kräftigsten Kinder und wünschte, daß Sie dasselbe finden möchten.

In den melodramatischen Stellen, wo die Musik die Rede begleitet, braucht wohl nur das halbe Saitenquartett zu begleiten? Dies alles wird sich bei den Proben herausstellen.

Die Hauptsache bleibt natürlich immer die Darstellung der Rolle des Manfred; die Musik ist nur Folie, und wenn Sie dem darstellenden Künstler in Weimar die Bedeutung der hohen Aufgabe klar zu machen etwas beitragen, so würde ich Ihnen sehr dankbar sein.

In unserem Hause sieht es sonst ganz gut aus. Meine Frau ist wieder wohlauf, wie die Kinder alle. Der Frau Fürstin sagen wir unsern besten Dank für ihre gütigen theilnehmenden Zeilen. Meine Frau wird noch selbst einen Brief beilegen.

Und nun meine freundlichen Grüße noch am Schluß des Jahres, und daß Sie mir fort und fort gewogen bleiben mögen

Ihrem ergebenen

R. Schumann.

403. An R. Pohl.

Düsseldorf, den 10ten Januar 1852.

Geehrter Herr und Freund,

In Eile, aber mit vieler Freude schreibe ich Ihnen, daß eine gewisse Harfenpartie vielleicht bald in den Händen Ihrer Fräulein Braut [Jeannette Eyth] sein könnte. Das Stück [„Sängers Fluch"] ist in der Skizze fertig, die Instrumentirung freilich noch eine bedeutende Arbeit, aber doch vielleicht in nicht zu langer Frist zu bewältigen. Ich habe in großem Feuer gearbeitet und scheint mir das Ganze von großer dramatischer Wirkung.

Dies Eine wollte ich Ihnen mittheilen — und dann das Andere, daß ich nun sehnlichst unserm Reformator[430] entgegensehe, daß ich je eher je lieber damit anfangen möchte, und daß Sie ihn nicht ganz vergessen möchten.

Seien Sie vielmals gegrüßt und lassen Sie den schönen Anfang vereinter Arbeit nicht den letzten bleiben!

Ihr ergebener

R. Schumann.

404. An Laurens.

Geehrter Herr,

Oft habe ich Ihrer gedacht. Meine Zeit ist sehr in Anspruch genommen; darum verzeihen Sie das lange Schweigen ...

Sehr sollte es uns freuen, Sie in Deutschland einmal zu begrüßen.

Ich hoffe, daß Sie mir es zeitig genug schreiben, damit wir uns nicht etwa verfehlen.

Herrn Schirmer kenne ich leider persönlich nur von Ansehen und habe mir deshalb schon Vorwürfe gemacht. Wir hatten es im Anfang unserer Hierherkunft versäumt, ihm unsern Besuch zu machen, und so ist Monat nach Monat vergangen. Gewiß aber hoffe ich mit dem vortrefflichen Künstler noch bekannt zu werden ...

Die „Spaziergänge" von St. Heller sind ganz köstliche Stücke, auch sein letztes: „Saltarello". Ich bin darüber mit Ihnen ganz einverstanden.

Die Recension über meine Genoveva lassen Sie sich nicht verdrießen.[431] Das sind die Zäune und Hecken, durch die Jeder hindurch muß, der zum Parnaß will. Ich lese dergleichen nur, wenn es mir zufällig in die Hände geräth. Will ich mir Raths erholen, so weiß ich schon, wo ihn finden — in meinen Partituren nämlich von Händel und Bach und Mozart und Beethoven ...

Ihr ergebener

Düsseldorf, d. 4ten Februar 1852. R. Schumann.

405. An Fr. Liszt.

Theurer Freund,

Wir sind hier, nahe bei Weimar und hoffen Sie bald zu sehen. Schreiben Sie mir ein Wort, ob Sie in den Tagen vom 20sten bis 22sten März sicher in Weimar sind.[432] Über alles Andere dann mündlich.

Meine Frau empfiehlt sich Ihnen, möchte Ihnen gern ein neues Trio [G moll] von mir vorspielen, das ja bei Ihnen so schön herzustellen wäre. Wir hoffen darauf und auch von Ihnen zu hören.

Mit freundlichem Gruß Ihr

Leipzig, d. 11ten März 1852. R. Schumann.

406. An Carl Debrois van Bruyck in Wien.

Düsseldorf, den 10ten Mai 1852.

Geehrter Herr,

Haben Sie vielen Dank für Ihre mich sehr erfreuende Zuschrift. Aus einem Landesstrich kommend, wo meine Bestrebungen noch wenig Wurzel gefaßt, freute sie mich doppelt. Nur, glaube ich, sagen Sie mir zu hoch Erhebendes und dies über Jugendarbeiten, wie die Sonaten, deren theilweise Mängel mir nur zu klar sind. In meinen späteren größeren Arbeiten, wie den Symphonien und Chorcompositionen, möchte eine so wohlwollende Anerkennung, wenn auch nicht in ihrem ganzen Umfang, eher gerechtfertigt sein. Es sollte mich freuen, wenn Sie später auch jene Arbeiten des reiferen Mannesalters kennen lernten und meine Ansicht bestätigen könnten.

Was Sie mir sonst über Wien schreiben, war mir aus eigener Anschauung von früher her bekannt. Und doch zieht es einen immer wieder dahin, als ob die Geister der geschiedenen großen Meister noch sichtbar wären, als ob es die eigentliche musikalische Heimath Deutschlands wäre. Daher ist es auch nicht unmöglich, daß wir wieder einmal Wien besuchen; ich habe die größte Lust dazu. Aber einige Zeit wird darüber freilich noch vergehen, und vielleicht machen Sie sich indeß auf, Ihren Plan, den Rhein zu besuchen, auszuführen, wo's guten Wein gibt und, daß ich es sagen darf, auch viel Sinn für gute Musik.

Am liebsten hätte ich auch mündlich mit Ihnen über Sie, über Ihre musikalischen Arbeiten, die Sie mir mitgetheilt, gesprochen. Der Buchstabe ist immer so schwerfällig. Gewöhnen Sie sich ja — vorausgesetzt, Sie wären anders gewöhnt — Musik frei im Geist zu denken, nicht mit Hülfe des Claviers; nur auf diese Weise erschließen sich die innern Quellen, kommen in immer größerer Klarheit und Reinheit zum Vorschein. Schreiben läßt sich darüber, wie gesagt, nur wenig. Das Wichtigste ist, daß der Musiker sein inneres Ohr klärt.

Möchten Sie mich denn von Ihren musikalischen Lebensplänen, jetzigen und zukünftigen, in Kenntniß erhalten und meiner Sympathie für Ihr Streben sich versichert halten.

Ihr ergebener

Robert Schumann.

407. An C. Montag.

Düsseldorf, den 9ten Juni 1852.

Lieber Freund,

Wollten Sie die Gefälligkeit haben, das beifolgende Textbuch zu Manfred so schnell wie möglich an Liszt zu befördern? Es scheint mir durchaus nöthig, dem Zuschauer eine solche Hülfe zu geben, d. h. das Buch drucken zu lassen.

Ist es mir möglich, so komme ich selbst, sobald ich nur den Tag der Aufführung genau weiß.[433] Jedenfalls wollte ich Sie bitten, mir eine Notiz über den Eindruck zu geben, den das merkwürdige Stück auf Sie und die Zuhörerschaft gemacht.

Verzeihen Sie die flüchtigen Zeilen. Der Brief muß aber fort.

Mit Grüßen

Ihr ergebener
R. Schumann.

408. An den Capellmeister Gottfried Herrmann in Sondershausen.

Düsseldorf, den 12. Juni 1852.

Geehrtester Herr,

Es wird mir mitgetheilt, daß Sie infolge eines erhaltenen Rufes nach Lübeck Ihren jetzigen Wirkungskreis verlassen. Auch ich hätte Lust, meine Stellung mit einer anderen zu vertauschen, wenn diese einigermaßen meinen musikalischen Ansprüchen entspräche. Nun hörte ich oft von der schönen Umgebung, in der Sondershausen liegt, von dem Fürsten, der ein ausgezeichneter sein soll, wie auch von der Tüchtigkeit der dortigen Capelle, — und wende mich direct an Sie mit der Bitte, mir über alles dieses Genaues mitzutheilen, namentlich über die amtlichen Functionen, den Gehalt, den Bestand des Orchesters und die sonstigen musikalischen Mittel, wie über die Theilnahme des Publikums, wie des Hofes an künstlerischen Bestrebungen.

Zu einer förmlichen Bewerbung freilich würde ich mich nicht entschließen. Vielleicht, daß der Ihnen ausgesprochene Wunsch genügt, die Unterhandlungen durch Ihre Vermittelung in Gang zu bringen.

Noch möchte ich auch Ihre Meinung, ob Sie glauben, daß sich auch für meine Frau, die zu schaffen und wirken gewohnt ist, irgend ein Wirkungskreis finden würde, vielleicht auch durch den fürstlichen Hof.

Geehrter Herr, was ich Ihnen mitgetheilt, geschah im Vertrauen auf Ihre Verschwiegenheit, ich meine, daß Sie nur dem, dem die Förderung der Wiederbesetzung der Stelle obliegt, davon mittheilen möchten.

In Hochachtung

Ihr ergebener
R. Schumann.

409. An J. G. Kuntsch in Zwickau.

Godesberg (bei Bonn) Anfangs Juli 1852.

Theuerster Lehrer und Freund,

Am liebsten hätte ich Ihnen zum heutigen Tage,[434] diesem Tage großer Freude für Alle, die Ihnen nahe stehen, meine Wünsche selbst gebracht, am liebsten in vollen Tönen des Chors ausgesprochen, was an solchen Tagen das Herz bewegt. Aber leider bindet, dem ersten Wunsch zu genügen, die weite Ferne, und dann traf mich die Kunde des Ehren- und Freudenfestes später, als es der theilnehmende Freund, Herr Dr. Klitzsch beabsichtigte, und entfernt von Düsseldorf, von wo er mir seinen Brief nachschickte.

So sei Ihnen denn von einem Ihrer Schüler, der die Erinnerung an so vieles von Ihnen empfangene Gute in treuem Herzen bewahrt, wenigstens ein Kranz dargebracht, den ich im Verein mit meiner Frau, die Ihnen gleichfalls ihre hochachtungsvollen Grüße sendet, am liebsten selbst aufgesetzt hätte, mit dem wir aber leider nur im Geiste die würdige Stirn umschlingen können — und bewahren Sie Ihre alte Liebe und Theilnahme auch ferner

Ihrem dankbar ergebenen

Robert Schumann.

410. An Fräulein Luise Otto, Schriftstellerin in Dresden.

Düsseldorf, d. 24sten Juli 1852.

Verehrtes Fräulein,

Wenn ich nicht irre, habe ich Ihnen die Mittheilung des Nibelungentextes zu danken.[435] In diesem Falle wollte ich Sie bitten, mich dessen durch einige Zeilen zu vergewissern, um mit Ihnen dann das Nähere zu besprechen. Zwar bin ich leider noch nicht in voller Gesundheitskraft, um ein solch gewaltiges Werk zu unternehmen, aber wir würden doch dem Abschluß des Textes, bei dem, wie er mir auch im Ganzen zusagt, ich doch einige Änderungen in Vorschlag hätte, näher kommen. Persönliche Rücksprache ist bei solchen Vereinarbeiten freilich das Förderndste, und auch dazu habe ich einige Hoffnung, da wir im Spätherbst auf einige Tage nach Dresden zu kommen gedenken. So will ich denn noch wünschen, daß dieser Brief die verhüllte Absenderin des Textes richtig antreffe! Ergebenst

R. Schumann.

411. An Frl. Luise Otto.

[Kurz nach dem vorhergehenden Briefe geschrieben.]

Verehrtes Fräulein,

Es freut mich, daß meine Hoffnung mich nicht getäuscht — und danke Ihnen innig für alles, was Sie mir schreiben! Ich habe schon viel von Ihnen gelesen und gehört — bereits damals, als mein Bruder in Schneeberg Sie kennen lernte.

Volkers, des Spielmanns Lied, und noch manches andere aus Ihrem Nibelungenbuch sind wahre Juwelen. Über Anderes und schließlich über alles werden wir uns später schnell verständigen.

Einstweilen nur dies und herzlichen Gruß von

Ihrem ergebenen

R. Schumann.

412. An Verhulst.

Lieber Verhulst,

Lebe wohl![436] Es hat mich gefreut, Dich in alter Rüstigkeit zu finden. Du mich leider nicht! Vielleicht bringen die guten Genien auch jene mir wieder. Auch daß Du eine so liebe Frau errungen, freut mich. Darin haben wir gleiches glückliches Loos. Grüße sie und sei Du selbst herzlich gegrüßt und geküßt

von Deinem alten

[Scheveningen] d. 8. Sept. 52. Robert Sch.

413. An Verhulst.

Lieber Verhulst,

Vielen Dank für Deine Composition! Sie war mir noch wohl erinnerlich von Deinem Vorspielen in Düsseldorf. Es ist ein ganz effectvolles Stück (an das eine Motiv in G dur stoß' ich mich etwas). Von Deinem „Kinderleben" hoffe ich auch bald zu sehen.

Morgen früh 3 Uhr reisen wir ab; im Haag, das wir passiren, während Du wohl noch schläfst, wollen wir Deiner recht gedenken. Habe Du und Deine Frau nochmals Dank für alle Freundschaft, die Ihr uns bewiesen! Dein

[Scheveningen] d. 16. Sept. 52. R. S.

414. An Ruppert Becker[437] in Leipzig.

Geehrter Herr Becker,

Es ist von der hiesigen Concertdirection beschlossen worden, die Stelle des Hrn. von Wasielewski wieder zu besetzen. Da ich nun von Hrn. A. Dietrich gehört, daß Sie zur Annahme dieser Stelle Lust gezeigt, so wende ich mich deshalb zuerst an Sie. Die Bedingungen, wie die sonstigen örtlichen Verhältnisse sind Ihnen, wie ich voraussetze, gewiß durch Hrn. Dietrich bekannt, wobei ich nur noch bemerke, daß der Contract von Winter zu Winter erneuert werden soll. Daß Sie bis etwa 9ten October hier eintreffen und mir jedenfalls sobald wie möglich antworten möchten, füge ich als Wunsch noch hinzu.

Ihrem Herrn Papa bitte ich meine freundlichen Grüße zu bringen. In Erinnerung der zwischen ihm und mir bestandenen älteren freundschaftlichen Beziehungen freut es mich doppelt, durch Sie mich ihm vielleicht wieder näher gerückt zu sehn.

In Erwartung baldiger Nachricht Ihr

ergebener

Düsseldorf, den 27sten Sept. 1852. R. Schumann.

415. An J. v. Bernuth[438] in Wesel.

Vielen Dank für Ihre trotz meines langen Schweigens fortdauernde Theilnahme. Noch bin ich sehr leidend, obwohl durch die Seebäder etwas gebessert. Schon der Brief Ihrer Berlinischen Freunde — eine große Freude für mich — traf mich krank, daher ich nicht gleich danken konnte. Später that es meine Frau von Scheveningen aus in einigen Zeilen an Hrn. Meinardus. Leider sind sie aber nicht in seine Hände gekommen, wie ich jetzt erfahren, und wahrscheinlich unterwegs verloren gegangen. So wiederhole ich es denn, die Adresse[439] war mir eine wahre Freude und Herzensstärkung.

Sonst muß ich jetzt musikalisch rasten, obwohl es innen fortwährend klingt und arbeitet. Manche größere Arbeiten aus den letzten Jahren liegen aber, ziemlich vollendet, vor mir, an die die letzte Hand zu legen mein Befinden aber nicht gestattet. So eine Messe, ein Requiem und ein Balladenstück für Solostimmen, Chor und Orchester „Vom Pagen und der Königstochter“ — was alles, wie ich hoffe, mit der Zeit auch bis zu Ihnen bringen wird. Außerdem erscheint in den nächsten Monaten noch mancherlei schon Fertiges, u. A. auch, da Sie danach fragen, etwas Vierhändiges — ein Maskentanz in 9 ziemlich melancholischen Tanzstücken [Op. 109).

Daß Sie das wohltemperirte Clavier vorgenommen haben, freut mich zu hören. Gehen Sie womöglich zu den Orgelcompositionen über, den Choralvorspielen und den großen Fugen. Das sind denn immer noch ganz andere Sachen als die Weimarischen Evangelien, von denen man jetzt überall liest.

Nun genug und vergessen Sie nicht, mir recht oft von Ihren musikalischen Leiden und Freuden zu schreiben; einen theilnehmenden und dankbaren Leser finden Sie gewiß immer in mir,

Düsseldorf, den 17ten Oct. 1852.

Ihrem ergebenen
R. Schumann.

416. An Verhulst.

Düsseldorf, den 5ten Nov. 1852.

Oft denken wir Eurer! Es geht mir viel besser jetzt, muß aber noch alle größeren Anstrengungen, wie das Dirigiren, meiden. Mein Leiden hat sich jetzt als ein sehr vulgaires herausgestellt (als ein hämorrhoidalisches) und, nachdem der Arzt dagegen Mittel ergriffen, sich schnell gemildert. Dagegen wurde meine liebe Clara (noch in Folge des Unfalles in Scheveningen) vor einigen Tagen wieder sehr unwohl und muß noch jetzt das Bett hüten. Dies alles hat nun die Antwort an Dich verzögert und Du wollest mich, lieber Verhulst, deshalb entschuldigen.

Noch habe ich Dir auch zu danken für Dein freundliches und reiches Geschenk an Musik, das Du mir noch vor unserer Abreise gemacht. Du bist Dir Deines Zieles bewußt; die Kränze werden nicht ausbleiben.

417. An Ernst A. Becker.

Düsseldorf, d. 12ten Dec. 1852.

Lieber Freund,

Vorgestern hab' ich Deinen Ruppert gehört — zum erstenmal ordentlich, da uns vorher Unwohlsein abhielt, mit ihm zu musiciren — und ich wollte Dir mit ein paar Zeilen melden, wie sein Vortrag (die Ciaconna v. Bach) ein sehr vortrefflicher war und so auch auf das ganze Publikum wirkte, das in lauten Beifall ausbrach. Ich freue mich herzlich, daß aus Deinem Sohn ein so ausgezeichneter Künstler geworden ist; namentlich ist seine Intonation so rein, wie man es nur von den besten Meistern zu hören bekömmt.

Wie es uns sonst geht, hast Du wohl zeitweise von Deinem Sohn erfahren. Wir haben in diesem Sommer viel Leid und Krankheit überstehen müssen; seit einigen Wochen fängt es sich aber wieder aufzuhellen an, und ist auch die volle Kraft noch nicht da, so hoffe ich wird die Zeit auch diese bald bringen.

So leb denn wohl und schreib uns auch einmal! Grüße auch Deine Frau von uns! Dein

alter Freund
Robert Schumann.

418. An Max Maria v. Weber in Dresden.

Dem Dichter der Gralfahrt[440] erlaubt sich ein Künstler, wenn auch nicht von der poetischen Gilde, seinen verehrungsvollen Gruß zu senden. Am liebsten mit Klängen möchte er die Dichtung umgeben, wenn sie dieser bedürfte, wenn sie nicht selbst Musik wäre. Gewiß — wie Glockenklang wird die Poesie durch die deutschen Lande schallen.

Wäre das Gerücht wahr, das den Dichter als Sprößling eines Meisters bezeichnet, den die Musiker zu ihren größten und liebsten zählen, so fänden die Zeilen des Schreibers, der Ihnen in früheren Jahren wohl manchmal, wenn auch flüchtig, begegnete, um so eher vielleicht eine freundliche Aufnahme.

Wie dem sei, es galt mir, dem Dichter für die hohen Feststunden zu danken, die sein Gedicht mir bereitete. Möchte der Zuruf, der sich allseitig zu erheben beginnt, ihn zu neuen Schöpfungen begeistern.

Düsseldorf, den 12ten Dec. 1852. R. S.

419. An L. Spohr.

Düsseldorf, den 13ten Dec. 1852.

Verehrter Herr und Meister,

Sie machten mir früher Hoffnung, meine Oper, sobald die politische Aufregung [sich] in etwas gelegt, auf Ihrer Bühne vielleicht zur Aufführung zu bringen. Es wäre mir von Bedeutung, wenn sich die Verhältnisse neuerdings so gestalteten, daß eine Vorführung der Oper zu realisiren wäre. Die Oper hat, gewiß auch in Folge der Aufführung in Leipzig, die eine nicht mehr als mittelmäßige war, die schiefste Beurtheilung erfahren. Ich selbst war in diesen Jahren productiv zu rührig, als daß ich etwas für die Oper hätte thun können. Aber dieser Tage tauchte wieder die Erinnerung an dies mit so viel Liebe gehegte Werk lebhafter als je auf; ich gedachte der vielen aufmunternden Worte, die Sie, der hochverehrte Meister, mir über Genoveva gesagt. So kam der Entschluß, sie und mich bei Ihnen in Erinnerung zu bringen, was denn eine freundliche Aufnahme finden möge.

Wollten Sie denn die Sache in Erwägung nehmen und mir deshalb eine Antwort zukommen lassen . . .

Möchten wir auch von Ihrem wie Ihrer Frau Gemahlin Befinden bald das Erfreulichste hören! Ihr ganz ergebener

Robert Schumann.

420. An C. v. Bruyck.

Düsseldorf, den 17ten Dec. 1852.

Geehrter Herr,

Vielen Dank sage ich Ihnen für Ihre mir sehr erfreulichen Mittheilungen, wie für die Theilnahme, die Sie fortwährend meinen Bestrebungen schenken. Ich bin es gewohnt, bei ersten Bekanntschaften verkannt zu werden; anderseits freue ich mich zu gewahren, wie meine Musik nach und nach tiefere Wurzeln schlägt, in Deutschland wie auch auswärts. Viele Anzeichen erhalte ich davon.

Vom „Nachtlied“ wollte ich die Partitur abwarten, ehe ich es dem Dichter [Hebbel] zusendete. Sie erscheint in den nächsten Wochen. Der Clavierauszug gibt nur ein schwaches Bild. Es fehlt ihm das nächtliche Colorit, zu dem nur das Orchester die rechten Farben hat.

Noch habe ich zu einer andern Dichtung von Hebbel Musik geschrieben, zur Ballade „Schön Hedwig“, aber nicht durchcomponirt, sondern als Declamation mit Begleitung des Pianoforte. Es macht in dieser Weise eine ganz eigenthümliche Wirkung.

. . . Nach Wien möchte ich gern, wenn sich dort irgendwie ein Dirigentenwirkungskreis vorfände. Dies hängt aber, wie überall, an tausend Ketten. Der Zufall fügt es oft noch am schnellsten.

So denn genug für heute! Entschuldigen Sie die flüchtigen Zeilen, es erwartet mich heute noch allerhand Arbeit.

Ihr ergebener

R. Schumann.

421. An R. Pohl in Dresden.

Düsseldorf, den 27sten December 1852.

Geehrter Herr und Freund,

Mit Vergnügen erkannte ich Ihre Handschrift auf dem Couvert. So lange hörte ich nichts von Ihnen! Haben Sie Dank für Ihre Mittheilung![441] Gewiß würde es mir eine große Freude sein, im Verein mit Ihrem verehrten Freund etwas zu Tage zu fördern; doch sträubt sich etwas in mir gegen directe Aufforderung, da der Dichter vielleicht denken könnte, mein Brief an ihn, der reinem Herzensdrang entsprang, wäre etwa der Vorläufer eines solchen Anliegens gewesen. Vielleicht wissen Sie den Weg der Vermittlung zu finden.

„Sängers Fluch“ ist längst fertig. Die Aufführung verschob ich, weil mir eine Harfe hier fehlt, die ich doch bei der ersten Aufführung nur ungern vermissen würde. Wäre vielleicht im nächsten Winter eine Aussicht vorhanden, daß Ihre Frau Gemahlin die Partie übernehmen würde? Jedenfalls möchte ich mir erlauben, ihr die Stimme einmal zuzuschicken, über eine und die andere schwierige Stelle ihr Urtheil hören.

„Hermann und Dorothea“ ruht; leider auch „Luther“. Ich lag fast die Hälfte dieses Jahres sehr krank darnieder an einer tiefen Nervenverstimmung — Folge vielleicht zu angestrengter Arbeit. Erst seit 5 bis 6 Wochen geht es mir wieder besser. Doch muß ich noch anstehen, mich größeren Arbeiten hinzugeben, in allen Dingen überhaupt das größte Maß halten. Mit höherem Beistand hoffe ich bald meine alte Kraft und Gesundheit wieder zu erlangen...

Ihr ergebener

R. Schumann.

422. An Niels Gade in Leipzig.

Düsseldorf, den 31sten December 1852.

Lieber Gade,

Hoffentlich sind Sie jetzt in Leipzig.[442] Wir dachten Ihrer am gestrigen Abend in Freude. Wir führten zum erstenmal die „Frühlingsphantasie“ auf. Es war, als zöge ein Blumenduft durch den Saal; es waren Alle auf das Innigste von Ihrer Musik erfaßt. Dies wollte ich Ihnen mit einigen Worten mittheilen und meine alte Zuneigung von früher aufs Neue Ihnen wieder einmal aussprechen. Ich hoffe, wir sehen uns bald einmal — vielleicht auf Ihrer Rückreise, die am schönsten ja über den Rhein führt, den Sie doch Ihrer jungen Frau[443] gewiß zeigen müssen.

Manches Neue, Größere könnt' ich auch Ihnen mittheilen. Nur im Sommer und Herbst mußte ich ruhen ... Seit zwei Monaten kommen aber wieder die alten Kräfte zum Vorschein, und so hoffe ich, bald wieder der Kunst mich hingeben zu können, die nun einmal das höchste Ziel unseres Daseins ist und bleibt.

Schreiben Sie uns auch einmal, lieber Gade! Wir möchten wissen von Ihrem Leben und Weben, von Ihren neuen Werken, von Ihrer Gattin, deren sich die meinige noch sehr wohl von Kopenhagen erinnert. Kurz, zeigen Sie uns, daß Sie unser noch in Freundschaft gedenken. Ich bin's wie immer Ihr Ihnen herzlich zugethaner

Robert Schumann.

P. S. Wann ist das Orchesterpensionsfondsconcert? David schrieb mir, ob ich vielleicht etwas Neues dazu schicken wollte. Ich hätte einiges, am liebsten ein Stück mit Chor.[444] — Vielleicht melden Sie mir darüber etwas Bestimmtes. Grüßen Sie auch David!

423. An Ferdinand Böhme, Capellmeister in Dordrecht.

Düsseldorf, d. 8. Febr. 1853.

Geehrter Herr,

Ihr vorletzter Brief traf mich in schwerem Unwohlsein; erst seit einigen Wochen geht es mir wieder besser. Entschuldigen Sie aus diesem Grunde mein langes Stillschweigen auf Ihre freundliche Sendung und Widmung!

Dem Quartett kann man nur Beifall schenken; es ist tüchtig durch und durch, echt quartettmäßig und höchst rein und correct geschrieben. Auch die Idee, die, wie Sie mir schreiben, Ihnen vorgeschwebt, kann man aus der Musik heraushören. Hier und da scheint mir die Ausführung etwas breit, was sich freilich nicht gut ändern lassen wird. Wie dem sei, es gereicht Ihnen Ihr Stück zu großer Ehre und freute es mich, daß Sie mir dessen Widmung zugedacht haben.

Haben Sie einen richtigen Metronom? Mir scheinen alle Tempi viel zu schnell. Der meinige ist richtig.[445] Er gibt in der Minute immer so viel Schläge, als die Nummer beträgt, auf die das Gewicht gestellt ist, also auf 50 in der Minute 50 Schläge, auf 60 = 60. Und dies ist, so viel ich weiß, die Probe der Richtigkeit. Wollen Sie Ihren Metronom vielleicht einmal in dieser Hinsicht vergleichen?

Schaffen Sie denn, geehrter Herr, fleißig weiter; es soll mich freuen, von Ihren Compositionen hin und wieder zu erfahren.

Ihr ergebener

R. Schumann.

Eine Kleinigkeit erwähne ich und zwar deshalb, weil Ihr Werk nach alten guten Regeln ein so sehr correctes ist. Im Adagio kömmt folgende Stelle:

Ich höre da die Quinten trotz der Pausen und es ist ein Leichtes, sie wegzubringen. Entschuldigen Sie die kleine Bemerkung!

424. An R. Pohl.

Düsseldorf, den 21sten Februar 1853.

Geehrtester Herr,

Sie scheinen mich vergessen zu haben! Oder hätten Sie meinen letzten Brief nicht empfangen, oder ihn falsch gedeutet? Kaum kann ich es glauben. Gewiß würde es mir eine große Freude sein, mit Max Maria etwas im Verein zu arbeiten. Aber es sträubte sich, kurz nachdem ich ihm geschrieben, etwas dagegen, wie ich Ihnen auch damals schrieb.

Was den heutigen Brief an Sie veranlaßt, ist wieder eine Bitte. Ich las neulich die Ballade von Uhland „das Glück von Edenhall“; sie scheint mir vortrefflich zu musikalischer Behandlung geeignet. Darf ich auf Ihren poetischen Beistand hoffen? Ich würde Ihnen dann meine weiteren Gedanken darüber mittheilen. Die Arbeit würde in keinem Falle so umfangreich sein als „Sängers Fluch“. Sehr freuen sollte es mich, wenn Sie meiner Bitte willfahren wollten...

So bitte ich denn noch, mir Ihr freundliches Andenken zu erhalten und mir bald eine Antwort auf mein Anliegen zukommen zu lassen.

Ihr ergebener

R. Schumann.

425. An Fr. Hebbel.

Hochgeehrter Herr,

Am liebsten möchte ich dem „Nachtlied“ ein blasendes und streichendes Orchester sammt Chor mit beilegen, damit es den Dichter — womöglich am 18ten Abends [seinem Geburtstage] — mit seinem eigenen Gesange in holde Träume einsingen könnte. So nehmen Sie es denn auch ohne dies in Güte auf! Haben Sie auch Dank für die Freude, die Sie mir durch Ihre Zeilen bereitet, in denen mir jedes Wort theuer ist, wie für den „Michel Angelo“,[446] der in höchst ergötzlicher Schilderung die empfindlichsten Stellen des Kunsttreibens trifft. Wäre es mir vergönnt, Ihnen bald auch einmal persönlich danken zu können für so viele Stunden inniger Erregung, die mir Ihre Dichtungen geschaffen und immer von Neuem wiederschaffen. Fügte es sich auch, daß ich bald Gelegenheit fände, mich musikalisch in sie zu versenken. Dies möchte denn beides in Erfüllung gehen!

Sie erkundigen sich theilnehmend nach meiner Frau; sie läßt Ihre Empfehlungen Ihnen erwidern. Wollen Sie auch Ihrer Frau Gemahlin[447] unsere verehrungsvollen Grüße bringen? Wir haben, wenn ich es sagen darf, vor Vielen eine hohe Gunst voraus, die nämlich, zwei treffliche Künstlerinnen zur Seite zu haben, die unsern Bestrebungen nicht allein hold sein mögen vor allen Andern, sondern sie auch zurückzuschaffen verstehen. Mit diesem Gedanken, der mich angenehm erfüllt, will ich für heute Abschied nehmen mit der Bitte um ferneres Wohlwollen.

Düsseldorf, Ihr ergebener
d. 14ten März 53. R. Schumann.

426. An den Musikdirector H. Krigar in Berlin.

Düsseldorf, den 16ten März 1853.

Geehrter Herr,

Haben Sie Dank für Ihre Sendung,[448] doppelten und dreifachen, nachdem ich sie genauer durchforscht. Es gehört zu den größten Freuden, auf so hohe Bestrebungen zu treffen, wie sie das De profundis zeigt. Von aller neuen geistlichen Musik, die ich kenne, wüßte ich nichts, was diesem zu vergleichen wäre; es scheint mir ein ganz ausgezeichnetes Meisterwerk in jeder Beziehung. Abgesehen von der hohen Kunst des Tonsatzes, die der Psalm überall offenbart, wie man ihr nur in S. Bach begegnet, von der meisterhaften und eigenthümlichen Stimmführung, von allen Vorzügen, die den musikalischen Meister bezeichnen, ist es vor Allem der tief religiöse Charakter, der aus dem Psalm uns in erhebendster Weise anspricht. Die ganze Kraft eines gläubigen Gemüths spricht auf das Ueberzeugendste zu uns. Ich meine, die Wirkung des Psalms müsse eine großartige und tiefe sein. Hätte ich ihn einige Zeit früher gehabt, vielleicht wäre es mir möglich gewesen, ihn zum nächsten Rheinischen Musikfest zur Aufführung zu bringen. Aber das Programm ist schon festgestellt und jetzt nicht mehr zu ändern. Nun ist es an Ihrer Residenz, das Werk in würdiger Weise aufzuführen. Alle Kräfte sind dort vorhanden. Es wäre eine Schande, wenn auch diesmal der Prophet seinen Ruhm erst aus der Fremde holen müßte. Sie müssen alles dazu in Bewegung setzen.

Haben Sie denn nochmals Dank für die Übersendung des Psalms, der mir ohne dies vielleicht länger unbekannt geblieben wäre. Der Künstler, der es geschaffen, ist, der Höhe seiner Musik nach, ein zu festgegründeter Geist, als daß ihm das Urtheil der Welt etwas anhaben könnte. Glauben Sie aber, daß ihm die Versicherung der tiefsten Theilnahme eines Kunstgenossen an seinem Streben Freude bereite, so versichern Sie ihn das von mir.

Vielleicht ist es mir möglich, den Psalm im nächsten Winter, so weit es unsre Mittel erlauben, hier zur Aufführung zu bringen. Auch in Leipzig habe ich eine Aufführung angeregt.[449] Existirt ein Clavierauszug und gedruckte Chorstimmen? Hr. Schlesinger sollte dies im Interesse des Werkes nicht verabsäumen.

Mit Journalredactionen stehe ich im Augenblicke in keiner Verbindung, in diesem Sinne vermag ich nichts zu thun, aber als praktischer Musiker gern alles.

Machen Sie dem Componisten noch mein Compliment für die vierfachen Pauken und Trompeten, so wie für die köstliche Behandlung der Bratschen. Einige kleine Incorrectheiten habe ich bemerkt, die auf dem beiliegenden Blatte stehen; das Werk ist übrigens äußerst genau corrigirt. Manches möchte ich noch schreiben, aber es rufen mich Geschäfte.

Ihr

ergebener

Robert Schumann.

427. An R. Pohl.

Düsseldorf, den 18ten März 1853.

Geehrter Herr,

Mit vieler Betrübniß sende ich den „Ritter Mond" zurück. Die poetische Erfindung des Gedichtes scheint mir ausgezeichnet; aber für die Musik, glaub' ich, eignet es sich nicht. Den Mond als Person, als singende zumal, sich vorzustellen, man kann es nicht wagen. Es thut mir nur leid, daß Sie eine so umfangreiche Arbeit für mich umsonst gemacht.[450] Jedenfalls bin ich Ihnen sehr dankbar, mich mit dem originellen Stoff bekannt gemacht zu haben, wie Sie auch Max Maria meinen Dank dafür aussprechen wollen.

Das „Glück von Edenhall" hat mir vor Ihrer freundlichen Zusage ein hiesiger Bekannter [Dr. Hasenclever] zur Musik umgemodelt; es ist sogar schon fertig componirt. So hoffe ich denn, daß Sie trotzdem Ihre Bereitwilligkeit für später sich findende Stoffe mir nicht entziehen.

Ihr Lutherentwurf folgt hier; ich hänge noch mit aller Liebe an dieser Idee, die zu verwirklichen auch Sie nicht nachlassen möchten. Auch die Harfenpartie zu „Sängers Fluch" lege ich für Ihre Frau Gemahlin bei. Sagen Sie ihr mit meinen besten Grüßen, daß sie mir alles Unpracticable anzeigt. Die Harfe ist ein zu schwieriges Instrument, als daß der Componist, der aus der Phantasie schafft, immer das Leichteste treffen könnte...

Ihr ergebener R. Schumann.

428. An Joseph Joachim in Hannover.

Lieber und geehrter Herr Joachim,

Es ist mir eben mitgetheilt worden, daß Sie von unserem Musikfestcomité eine Einladung[451] erhalten haben. Die Herren thaten es vielleicht, um mir, der ich jetzt vielbeschäftigt bin, einen Brief zu ersparen. Aber in diesem Fall fühle ich mich doch auch persönlich verpflichtet, Ihnen den Wunsch des Comité auszusprechen, wie im Voraus die Freude, wenn Sie ihn erfüllen. Ich denke, es werden fröhliche Tage und an guter Musik wird es auch nicht fehlen. Gewiß werden Sie auch manchen Ihrer Bekannten hier finden. So kommen Sie denn, und vergessen auch nicht Ihre Geige und das Beethovensche Concert mitzubringen, das wir alle gern hören möchten.

Ihr ergebener

Düsseldorf, d. 17ten April 1853. Robert Schumann.

429. An Joachim.

Düsseldorf, d. 18ten April 1853.

Geehrter Herr,

Im Drang vieler Geschäfte hatte der Herr, der die Einladung an Sie übernommen, das Einladungsschreiben abzusenden versäumt, wie ich erst gestern hörte. Die Herren vom Comité haben mich nun gebeten, direct mit Ihnen über unser Anliegen zu sprechen und ich will nur wünschen, daß Weimar uns nicht dazwischen tritt. Auf dem beifolgenden Blatt finden Sie das Genauere über das Programm, die Tage der Aufführungen, wie der Proben. Am dritten Tage wäre das Concert, für das wir Ihre Mitwirkung ganz besonders wünschen. Das Beethovensche Concert, von dem ich Ihnen schon schrieb, würde allen das Willkommenste sein.

So möchten Sie denn kommen, lieber Herr Joachim! Liszt kann es gewiß so einrichten, daß das Hofconcert nicht mit dem Fest collidirt.

Ich habe nun noch das Prosaische der Sache zu erwähnen. Das Comité bietet Ihnen ein gleiches Honorar an, als David bei seiner letzten Mitwirkung erhalten (12 Friedrichsd'or). Es könnte mehr sein. Aber die Rücksicht auf die enormen Ausgaben solcher Feste ist auch etwas anzuschlagen. Sehr freuen sollte es mich, Sie nach so langer Zeit zu sehen. Antworten Sie mir so bald als möglich!

Auch meine Frau läßt Sie bitten, zu kommen ...

Vielmals grüßend

In Eile. Ihr ergebener

R. Schumann.

430. An F. Hiller in Paris.

Lieber Hiller,

Hoffentlich sehen wir uns bald. Wir sind in voller Zurüstung zum Fest; es hat den Anschein, als würde es recht anständig ausfallen. Ich möchte von Dir wissen, wann Du hier eintriffst? Die Proben sollen schon Dienstag beginnen. Bist Du [dann] vielleicht schon hier? Es ist Dir doch recht, daß ich das Oratorium [Messias] und meine Symphonie [D moll], Du alles Andre dirigirst? Am 3ten Tage ist auch Hr. Tausch einiges zu dirigiren aufgefordert worden.

Wir haben gestern zum erstenmal tischgerückt. Eine wunderbare Kraft! Denke Dir, ich fragte ihn, wie der Rhythmus der 2 ersten

Tacte der C moll-Symphonie wäre! Er zauderte mit der Antwort länger als gewöhnlich — endlich fing er an:

𝄾 ♪♪♪ | 𝅗𝅥 | — aber erst etwas langsam. Wie ich ihm sagte: „aber das Tempo ist schneller, lieber Tisch“, beeilte er sich das richtige Tempo anzuschlagen. Auch frug ich ihn, ob er mir die Zahl angeben könne, die ich mir dächte; er gab richtig drei an. Wir waren alle außer uns vor Staunen, wie von Wundern umgeben. Nun genug! Ich war heute noch zu voll davon, um es verschweigen zu können.

Nun, lieber Hiller, so komme denn bald! Ich hoffe, wir leben ein paar fröhliche und auch bedeutende Tage zusammen. Schreibe mir womöglich noch ein paar Zeilen über Deine Ankunft.

Mit vielen Grüßen, auch an Deine Frau, von mir und Clara

Dein Freund

D[üsseldorf], den 25sten April 1853. R. Schumann.

431. An F. Hiller.

Düsseldorf, den 29sten April 1853.

Lieber Hiller,

Habe Dank für Deinen Brief! Eben da meine Kräfte noch nicht ganz die alten, dachte ich an Theilung der Direction in der Art, wie ich Dir schrieb. Es sind die Proben, die am meisten anstrengen, und auf diese Weise hätte ich nur am Freitag die anhaltendste, die am Sonnabend nur theilweise zu halten und wäre am Sonntag ganz frei. Ist es Dir also gleich, lieber Hiller, so lassen wir es dabei. Im Uebrigen bin ich nicht die Hauptperson dabei, sondern Du ebensogut, und als Gast und älterer Musikdirector noch vielmehr.

Unsere magnetischen Experimente haben wir wiederholt. Es ist, als wäre man von Wundern umgeben. Wenn Du hier bist, nimmst Du vielleicht auch Theil! Komm denn bald und nimm unsere Glückwünsche zu dem, was Dir in der nächsten Zeit bevorsteht.

Dein Freund

R. Sch.

432. An Verhulst in Rotterdam.

Düsseldorf, d. 3ten Mai 1853.

Lieber Verhulst,

Sehr willkommen wirst Du uns sein! Die Hauptproben sind vom Freitag an. Am besten, daß Du Donnerstag hier einträfest. Schreib mir, ob ich Dir eine Wohnung besorgen soll und auf wie lange! Das Fest wird, wie ich glaube, zahlreich besucht, und es ist diese Vorsorge nöthig. Von den musikalischen Aufführungen darfst Du Dir übrigens nicht zu viel versprechen. Es ist zu wenig Zeit zum Probiren. Daß die alte Symphonie, deren Du Dich vielleicht noch erinnerst, bei solcher Gelegenheit wieder zum Vorschein kommen würde, hätte ich damals, als wir sie in Leipzig hörten, auch nicht gedacht. Es ist beinahe gegen meinen Willen, daß sie aufgeführt wird. Aber die Herren vom Comité, die sie vor Kurzem gehört, haben so in mich gedrängt, daß ich nicht widerstehen konnte. Ich habe die Symphonie übrigens ganz neu instrumentirt, und freilich besser und wirkungsvoller, als sie früher war.

Nun, mein lieber Verhulst, es freut mich herzlich, Dich bald zu sehen. Es geht mir doch auch besser, als wie wir uns das letztemal sahen. Auch hoffe ich, daß Du nach dem Musikfest erst ordentlich etwas hier bleiben wirst.

Grüße Deine verehrte Frau! Deinen Kleinen[452] hoffe ich doch auch, vielleicht in nicht zu ferner Zeit zu sehen. Meine Clara und die Kinder sind munter und wohl — dem Himmel sei Dank dafür!

So leb' denn wohl, lieber Alter! Auf baldiges Wiedersehen!

Dein R. S.

433. An C. v. Bruyck.

Düsseldorf, den 8ten Mai 1853.

Geehrtester Herr,

Die Antwort auf Ihren lieben Brief hat sich etwas verzögert. Ich war in Erwartung der Zusendung von „Schön Hedwig" und da sie eben eingetroffen, säume ich nicht, sie beizulegen mit der Bitte, das zweite Exemplar Hrn. Dr. Hebbel mit hochachtungsvollem Gruß zu übergeben. Es ist eine Art der Composition, wie wohl noch nicht existirt, und so sind wir immer vor Allem den Dichtern zu Dank verbunden, die, neue Wege der Kunst zu versuchen, uns so oft anregen.

Haben Sie auch vielen Dank für alles Theilnahmvolle, was Ihr letzter Brief sonst enthält. Ich wünschte, daß Sie auch meine größeren Orchestercompositionen zu hören Gelegenheit hätten. Denn wenn ich auch, wie ich wohl sagen kann, in kleineren Formen mit demselben Ernst schaffe wie in größeren, so gibt es doch noch ein ganz anderes Zusammennehmen der Kräfte, wenn man es mit Massen zu thun hat.

Was Sie mir über Wagner schreiben, hat mich zu hören sehr interessirt. Er ist, wenn ich mich kurz ausdrücken soll, kein guter Musiker; es fehlt ihm Sinn für Form und Wohlklang. Aber Sie dürfen ihn nicht nach Clavierauszügen beurtheilen. Sie würden sich an vielen Stellen seiner Opern, hörten Sie sie von der Bühne, gewiß einer tiefen Erregung nicht erwehren können. Und ist es nicht das klare Sonnenlicht, das der Genius ausstrahlt, so ist es doch oft ein geheimnißvoller Zauber, der sich unserer Sinne bemächtigt. Aber, wie gesagt, die Musik, abgezogen von der Darstellung, ist gering, oft geradezu dilettantisch, gehaltlos und widerwärtig, und es ist leider ein Beweis verdorbener Kunstbildung, wenn man im Angesicht so vieler dramatischer Meisterwerke, wie die Deutschen aufzuweisen haben, diese neben jenen herabzusetzen wagt. Doch genug davon. Die Zukunft wird auch über dieses richten . . .

Nun genug für heute. Es beginnt eine Woche schwerer Arbeit für mich — die Musikfestwoche; es ist aber viel Freude dabei.

Leben Sie wohl und schreiben mir bald wieder.

R. Schumann.

434. An Joachim.

Vielen Dank für Ihren lieben Brief, wie für die Musik, die ihm beilag, vor Allem für Ihre Ouvertüre [zu Hamlet], die von den ersten Tacten an mir tiefes Interesse einflößte. Sehr überrascht war ich: — ich vermuthete, da Sie mir den Namen der Tragödie nicht genannt hatten, eine heitere Concertouvertüre zu finden, und fand so etwas ganz Anderes. Es war mir beim Lesen, als erhellte sich von Seite zu Seite die Scene, und Ophelia und Hamlet träten in leibhaftiger Gestalt hervor. Es sind ganz ergreifende Stellen darin, und das Ganze in so klarer und großartiger Form hingestellt, wie es einer so hohen Aufgabe gemäß ist. Vieles möchte ich Ihnen darüber sagen; aber Worte sagen nur unvollkommen, was man empfindet. Sympathisch vor Allem muß die Musik wirken, und wenn ich das von Ihrer auf mich sagen kann, so mögen Sie das glauben. Was nun, außer dem poetischen Menschen in uns, den speciell musikalischen interessirt, dafür haben Sie auch reichlich gesorgt. Die kunstreiche Verwebung der Motive, die Weise, wie Sie schon früher Ausgesprochenes in neuer Art wiederbringen, und vor Allem die Behandlung des Orchesters und dessen eigenthümliche Verwendung zu seltenen Licht- und Schatteneffecten — dies alles scheint mir sehr preiswürdig. Auch fehlt es nicht an einzelnen kühnen und verwegenen Wendungen, wie der besondre Stoff verlangt, wie mich denn beim ersten Lesen das scharfe Intervall im 3ten Tact (des — es) etwas frappirte. Aber im Verlauf des Stückes erscheint gerade dieses Intervall vorzüglich charakteristisch, und durch kein anderes zu ersetzen. Welche Stellen mich noch besonders anmuthen, das ist der 1ste Eintritt des Hauptgesanges in F dur (dringt hier die Hoboe genug durch?), dann der Eintritt desselben Gesanges in D dur (in den Hörnern vorher der Accordenwechsel

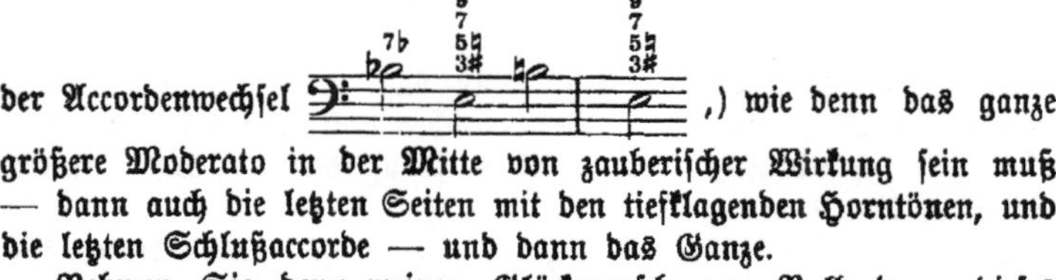

,) wie denn das ganze größere Moderato in der Mitte von zauberischer Wirkung sein muß — dann auch die letzten Seiten mit den tiefklagenden Horntönen, und die letzten Schlußaccorde — und dann das Ganze.

Nehmen Sie denn meinen Glückwunsch zur Vollendung dieses Werkes. Ändern Sie auch nichts daran, bevor Sie es nicht mehrmals gehört. Gern wünschte ich die Ouvertüre in einem der ersten unserer Concerte aufzuführen. Würden Sie uns vielleicht durch Überlassung der Partitur und der Stimmen, wenn Sie in deren Besitz sind, dazu behülflich sein?

Auf der Partitur des Beethovenschen Concerts fand ich meinen Namen durch Ihre Hand eingezeichnet. Ich vermuthe, Sie haben mir dies als Geschenk zugedacht, was ich mit Freuden annehme, um so mehr, da es mich an den Zauberer und Geisterbeschwörer erinnert, der uns durch die Höhen und Tiefen dieses zauberischen Wunderbaues, den die Meisten umsonst ergründet, mit kundiger Hand geleitete. So will ich mich beim Lesen des Concerts jenes unvergeßlichen Tages recht oft erinnern.[458]

Leben Sie wohl, Verehrter und Lieber, und behalten Sie mich in gutem Andenken.

Düsseldorf, den 8ten Juni 1853. R. Schumann.

Heute trat ich mein 43stes Lebensjahr an.

435. An Fr. Hebbel.

Hochgeehrter Herr,

Haben Sie vielen Dank für Ihren gütigen Brief, wie für die Mitsendung der Tragödie! Eine mehrwöchentliche Abwesenheit von hier ist Schuld, daß ich ihn so spät bringe. Aber oft habe ich mich in Ihr Werk vertieft, es auch meiner Frau vorgelesen, was, wie ich glaube, immer die beste Art des Lesens ist. Den höchsten Eindruck gibt freilich die Bühne, wie mir denn gerade „Agnes Bernauer" zu den dramatisch-wirkungsvollsten zu gehören scheint; aber sie hier am Rhein zu sehen, wo die dramatische Kunst auf ziemlich niedriger Stufe steht, wird mir leider nicht vergönnt sein. So haben Sie denn Dank, daß Sie uns durch Ihre Gabe gestatteten, das ergreifende Trauerspiel der Phantasie vorüberführen zu können.

Was Sie mir über unsern jungen Freund [v. Bruyck] und seinen Lebensplan mittheilen, hat mich höchlich interessirt. Die Compositionen, die ich in letzter Zeit von ihm kennen lernte, bekunden gegenüber seinen früheren einen bedeutenden Fortschritt. Er schreibt viel gewandter, beherrscht die Formen mit größerer Leichtigkeit, und hat, was mich besonders erfreut, eine natürlich melodische Ausdrucksweise. Aber in der Musikwelt zur Geltung zu kommen, dazu gehört freilich mehr, das gelingt nur der ausgezeichnetsten Begabung bei unausgesetztem Arbeiten in den strengsten und größten Kunstformen. Ich glaube, es müßte seinem Lieblingswunsche, sich der Kunst zu ergeben, nichts entgegen gestellt werden, er sich aber auf irgend eine Weise durch einen Rückhalt zu decken suchen, indem er seine juristischen Studien beendigte. Dann glaub' ich, müßte er auch Wien auf einige Zeit verlassen. Es ist dort, so viel ich weiß, keine eigentliche musikalische Strömung, es verläuft alles in Partei- und Cliquenwesen und fehlt ein Meister, der die Guten um sich versammelt. Dazu muß man dort oft viel schlechte Musik hören, und das ist das Schlimmste. Mittel- und Norddeutschland, auch das Rheinland, haben in der Musik den Süden bei Weitem überflügelt, und namentlich möcht' ich Leipzig als eine der regsten musikalischen Städte bezeichnen, wo sich Niemand der lebhaften Bewegung entziehen kann. Ueber alles dieses denke ich nächstens auch Hrn. v. Debrois noch besonders zu schreiben, dem Sie einstweilen aus diesen Zeilen mittheilen wollen, was Sie für gut befinden.

So sage ich Ihnen denn für heute Lebewohl und will wünschen, daß ich Ihnen bald einmal im Leben begegne.

Düsseldorf, Ihr ergebener
den 23sten Juli 1853. Robert Schumann.

436. An Strackerjan in Oldenburg.

... Mit Freude habe ich gelesen, was Sie mir über Ihre Wirksamkeit mittheilen. Das sind die besten Kunst- und Künstlerfreunde, die eben nicht allein Worte machen, sondern etwas thun. Ich wünschte manchmal Siegfrieds Tarnkappe zu haben, um Ihren Musikübungen unsichtbar zuhören zu können.

Die Zusammenstellung der dramatischen Aufführung, die Sie vorhaben, gefällt mir sehr wohl. Der Ausdruck „Kunstwerk der Zukunft“ ist eigentlich ein Widerspruch in adjecto; denn wollten wir lauter „Zukunftkunstwerke“ machen, so wäre es mit der Gegenwart ganz aus. Das beste „Zukunftswerk“ ist eben das Meisterwerk.

Düsseldorf, d. 24sten Juli 1853.

437. An C. v. Bruyck.

Düsseldorf, den 26sten Juli 1853.

Geehrter Herr,

Sie erhalten hier Ihre Compositionen zurück. Vieles möchte ich Ihnen im Detail darüber sagen, aber die Feder ist dazu zu schwerfällig. Es hat mich gefreut, wie Sie seit den ersten Compositionen, die ich von Ihnen sah, an Gewandtheit und Beherrschung der Harmonie und Form gewonnen haben. Ich habe dies auch Herrn Hebbel in einem vor einigen Tagen abgegangenen Briefe ausgesprochen, aus dem er Ihnen vielleicht einiges mittheilen wird.

Der „Haideknabe“ scheint mir gar zu schaurig, ein Nachtgemälde, das dem Gedicht nach freilich keinen Wechsel von Schatten und Licht gestattete. Musikalisch gefällt mir hier das öftere Zurückgehen in die Grundtonart (F moll) nicht. Von den Gesängen muthet mich das „Liebe mich“ besonders an; es hat eine sehr innige Melodie. Nur die drei letzten Tacte haben, wenn ich so sagen darf, etwas Rococoartiges, was mit leichter Mühe wegzubringen wäre. Dann gefällt mir auch das „Ich und Du“ sehr bis auf einige Verdopplungsintervalle in der Begleitung, die gleichfalls leicht zu ändern sind. In „Anna Marie“ thut mir der Schluß leid. Die Cantilene bewegt sich bis zum zurückkehrenden D dur in der besten Sopranlage; von da aber drängt sie in solche Höhe, wo doch auch viel Text ausgesprochen werden soll, daß es kaum ausführbar erscheint. Ich glaube, Sie müssen die ganze Stelle umcomponiren.

Es sollte mich freuen, auch von den anderen Compositionen, die

Sie mir nennen, kennen zu lernen, namentlich die Ouvertüre zu „Agnes B[ernauer]". Haben Sie Gelegenheit, solche Instrumentalwerke in Wien aufführen zu lassen? Oder fällt dies schwer? Kennen Sie vielleicht Capellmeister Stegmayer? Er ist ein älterer Bekannter von mir, ein sehr routinirter Musiker, dem ich in früherer Zeit manche praktische Belehrung zu danken habe. Ich kenne seine gegenwärtige Stellung nicht genau. Sollten Sie aber glauben, daß er Ihnen zur Aufführung Ihrer Ouvertüre behülflich sein könne, so bin ich gern bereit, dies zu vermitteln. Dann kenne ich von früher her auch einen Herrn Nottebohm. Herrn Hans von Bülow kannte ich als ganz jungen Mann; er war bereits damals ein ausgezeichneter Spieler.

Lassen Sie denn bald wieder von sich hören, auch von Ihren Entschlüssen für die Zukunft, und seien Sie meines herzlichen Antheils gewiß.

Ihr ergebener

R. Schumann.

438. An Verhulst.

Lieber Verhulst,

Eine Anfrage und Bitte auf besondere Veranlassung! Hat sich Euer Musikfestcomité noch für den „Königssohn" entschieden, so habe ich einen Vorschlag wegen Beschaffung der Chorstimmen, muß aber, um ihn Dir klar zu machen, etwas weiter ausholen. Ich hatte zum letzten hiesigen Musikfest den „Königssohn" zur Aufführung vorgeschlagen und, da das Comité stillschweigend einwilligte, die Chorstimmen bestellt und mir schicken lassen. Dann bestürmten mich die Herren vom Comité, ich möchte lieber die „Symphonie" in D moll aufführen, wozu ich bereit war, wenn sie die bereits bestellten Chorstimmen übernehmen wollten. Dies gingen sie ein. Nach dem Ausweis des Budgets hat sich nun ein (sehr kleines) Defizit ergeben, und es hatte sich ein Hr. Regierungsrath erboten, den Betrag für die Stimmen zur Ballade aus seiner Tasche zu bezahlen. Dies ist mir nun etwas fatal. Nun fiel mir ein, ob Ihr die Stimmen nicht zu dem Musikfeste verwenden könntet. Ihr würdet sie, glaub' ich, billiger auf diese Weise bekommen als durch Beziehen von Leipzig, nämlich mit 50 Pr. Rabatt . . .

Im Übrigen sind diese Zeilen im Vertrauen an Dich gerichtet, und ich bitte Dich vor Allem Deine Privatansicht darüber zu hören. Mich bewegt nichts dazu, als dem Regierungsrath, der sich so honnet gezeigt, die Ausgabe zu ersparen.

So schreibe mir bald und sei freundlich gegrüßt von Deinem

Freunde

Düsseldorf, d. 28sten Juli 1853. R. Schumann.

439. An Laurens.

Düsseldorf, den 21sten August 1853.

Geehrter Freund,

Ihren Brief habe ich erst vorgestern erhalten. Wir bleiben gewiß in Düsseldorf bis zum November. Es soll mich sehr freuen, Sie bald hier zu begrüßen. Meine Frau soll Ihnen recht vorspielen.

Kommen Sie denn bald![454]

Ihr ergebener

R. Schumann.

440. An Joachim.

Theurer Freund,

Vieles habe ich Ihnen mitzutheilen, erstens viele Grüße von meiner Frau und mir, dann eine Einladung des Concertcomités, die auch mit von uns ist, ob Sie uns nicht zum 1sten Concert am 27sten October mit Ihrer Gegenwart erfreuen wollten, und ob Sie vielleicht für diese Zeit mit unserer Behausung fürlieb nehmen? . . . Die Proben sind Dienstag den 25sten Abends und Mittwoch Nachmittags 3 Uhr, oder auch, wenn Sie wünschten, Donnerstag früh. Gern möchten wir auch in diesem Concerte die Hamlet-Ouvertüre aufführen und würde das Programm etwa so sein: Ouvertüre zu Hamlet, Concert (vielleicht von Mendelssohn), Gesangstück, Violinsatz, und Walpurgisnacht von M. Wie schön, wenn Sie Ihre Zustimmung gäben! Auch des geschäftlichen Theiles muß ich erwähnen, des Honorars (10 Friedrichsd'or), das freilich kein verhältnißmäßiges, und nach Maßgabe der beschränkten Verhältnisse kleinerer Städte zu beurtheilen ist.

Wie gern hätten wir Sie gestern unter uns gewünscht! Es war ein Freudentag, der Geburtstag meiner Frau. Ich habe sie überlistet mit einem Flügel [von Klems], dann auch mit einigen Compositionen. Es hat sich bestätigt, wie Sie mich schon vermuthen ließen, daß ich eine Ouvertüre zu „Faust" componirt habe, dann auch ein Concertstück für Pfte. mit Orchester [op. 134] und eine Phantasie für Violine mit Orchester [op. 131], bei der ich indeß während des Schaffens mehr an Sie gedacht. Ich sende sie mit; es ist mein erster Versuch. Schreiben Sie mir, was daran vielleicht nicht praktikabel. Auch bitte ich, die Bogenführungen bei Harpeggien, wie überhaupt, mir in dem Manuscripte zu bezeichnen, und mir die Partitur dann für einige Tage zurückzuschicken. Die Cadenz ist nur eine vorläufige; sie scheint mir zu kurz, und ich denke sie später durch eine größere zu ersetzen.

Oft denken wir Ihrer und der letzten verlebten Stunden! Möchten sie sich bald erneuen!

Mit herzlichen Grüßen Ihr

D[üsseldorf], den 14ten Sept. 1853. Robert Schumann.

441. An Joachim.

Unser letzter Briefwechsel kömmt zwar an Umfang dem Goethe-Zelterschen nicht gleich; aber man könnte ihn zu einem nach und nach anwachsen lassen, wenn ich auch nicht Willens bin, über den, den es betraf, mich weiter auszusprechen. Denn über gewisse Dinge und Menschen schweigt man lieber, und diese sind selten im Conversationslexikon zu finden.

Nur das glaube ich, daß, wenn ich jünger wäre, ich vielleicht einige Polymeter auf den jungen Adler [Brahms], der so plötzlich und unvermuthet aus den Alpen dahergeflogen nach Düsseldorf, machen könnte. Oder man könnte ihn auch einem prächtigen Strom vergleichen, der, wie der Niagara, am schönsten sich zeigt, wenn er als Wasserfall brausend aus der Höhe herabstürzt, auf seinen Wellen den Regenbogen tragend, und am Ufer von Schmetterlingen umspielt und von Nachtigallenstimmen begleitet. Nun, ich glaube, Johannes ist der wahre Apostel, der auch Offenbarungen schreiben wird, die viele Pharisäer, wie die alle, auch nach Jahrhunderten noch nicht enträthseln werden;[455] nur die andern Apostel verstehen ihn, auch vielleicht Judas Ischarioth, der aber getrost an der ... Dies alles ist nur für den Apostel Joseph ...

Hier lege ich auch etwas Neues bei, was Ihnen vielleicht ein Abbild von einem gewissen Ernst gibt, hinter dem oft eine fröhliche Stimmung hervorsieht. Oft waren Sie, als ich schrieb, meiner Phantasie gegenwärtig, was wohl zu der Stimmung beitrug. Sagen Sie mir alles, was Ihnen zu schwer, wie ich denn Ihnen wirklich schon zum

Genießen unmögliche Gerichte oder wenigstens Bissen vorgesetzt habe. Streichen Sie alles durch, was nach Unausführbarkeit schmeckt.

Vieles hätte ich Ihnen noch mitzutheilen. Ich hebe es auf bis das nächste Mal, was so viel als vor Ende der Woche heißt.

Mit vielen Grüßen Ihr

D., d. 8ten Oct. 1853. R. Sch.

Der junge Aar scheint sich im Plattland zu behagen; er hat einen älteren Wärter gefunden, der, mit solch jungem Aufflug umzugehen gewohnt, die wilden Flügelschläge zu sänftigen versteht und die Schwungkräfte nicht hindert. Auch ein treuer Hund, einer von echt-deutscher Race, hat sich beigesellt, der den Aar auf seinen Spazierflügen begleitet und ihn durch allerhand Luftsprünge und Kunststücke zu belustigen sucht.

442. An Ferd. David.

Düsseldorf, den 9ten October 1853.

Lieber David,

Du erhältst hier die Sonate [D moll], die ich Dir zugeeignet habe. Du magst sie als ein Erinnerungszeichen an im jugendlichen Alter verlebte schöne Stunden freundlich annehmen. Es folgt vielleicht dieser Sendung binnen Kurzem eine andere nach, die Dich an ein altes Versprechen erinnern und Dir ein schelmisches Lächeln abgewinnen wird. Ich darf aber nichts verrathen.[456]

Dein alter Freund

R. Schumann.

443. An Joachim.

Düsseldorf, d. 13ten Oct. 1853.

Lieber Joachim,

Sie erhalten hier das Concert;[457] möge es Sie anmuthen! Es scheint mir leichter als die Phantasie, auch das Orchester mehr in Thätigkeit. Es sollte mich nun sehr freuen, wenn wir es im ersten Concerte hier hören könnten, über das ich überhaupt einige Vorschläge vorbringen will. So würden auch wir Alle bitten, statt des Mendelssohnschen Concertes lieber Ihr eigenes zu spielen. Nun habe ich noch einen Vorschlag; ich möchte Ihre Hamlet-Ouvertüre im zweiten Concerte aufführen, deshalb, weil Sie im 1ten gegenwärtig sind als

Virtuos und das wie eine captatio benevolentiae aussähe (freilich nur einigen Dummköpfen) und auch deshalb, weil dann zwei Werke jüngerer Componisten, wenn sie sich auch nicht zu schämen brauchen, zu Anfang des Concerts kämen, und uns überhaupt ein Werk eines bekannten großen Meisters noch fehlt. So würde ich mit der Egmont-Ouvertüre anfangen, dann käme mein Concert, dann eine Gesangnummer, dann Ihr Concert, und im zweiten Theil die Walpurgisnacht. So rundet sich das Programm viel schöner. Geben Sie mir denn darüber recht bald Nachricht![458] Auch erinnere ich Sie an Ihr Versprechen, einige Ihrer neuen Compositionen mir mitzutheilen, von denen mir Brahms schon allerhand Auszüge gegeben hat.[459]

Auch ich war fleißig in der letzten Zeit; ich habe vier märchenartige Stücke für Clarinette, Viola und Clavier gemacht, die den K. Hannöverschen Hof- und Staats-Concertmeister sehnsüchtig erharren, um gehört zu werden. Johannes scheint sehr fleißig; auch hat er seit drei Tagen seine Spielkunst zu steigern gesucht, vielleicht durch meine Frau angespornt. Wir waren gestern erstaunt, ihn zu hören; es war ein ganz anderes. Er ist im Stande, die Erde in wenigen Tagen zu umschiffen.

Neulich brachte ich beim Glas Wein eine Gesundheit aus in Charadenform. Drei Silben: die erste liebte ein Gott, die zwei andern lieben viele Leser, das Ganze lieben wir Alle; das Ganze und der Ganze sollen leben.*)

So grüßen Sie denn beide und lassen von sich und sich hören.

In Freundschaft zugethan

R. Sch.

Ich habe angefangen, meine Gedanken über den jungen Adler zu sammeln und aufzusetzen; ich wünschte gern, ihm bei seinem ersten Flug über die Welt zur Seite zu stehen. Aber ich fürchte, es ist noch zu viel persönliche Zuneigung vorhanden, um die dunkeln und hellen Farben seines Gefieders ganz klar vor Augen zu bringen. Habe ich sie beendigt, so möchte ich sie seinem Spiel- und Kampfgenossen, der ihn noch genauer kennt, mittheilen, was vielleicht schon in einigen Tagen sein wird.

Am 14ten.

Ich habe den Aufsatz beschlossen und leg' ihn bei. Ich bitte mir ihn sobald als möglich zurückzuschicken, auch die Partitur des Concertes, aus der noch die Stimmen zu schreiben sind.

---

*) Jo—Achim.

444. An Stackerjan.

Düsseldorf, d. 28sten Oct. 1853.

... Auch ist jetzt ein junger Mann hier, aus Hamburg, Namens Johannes Brahms, von so genialer Kraft, daß er mir alle jüngern Künstler bei Weitem zu überstrahlen scheint, und von dessen wunderbaren Werken (namentlich auch Liedern) gewiß bald auch zu Ihnen dringen wird.

445. An Johann Jacob Brahms in Hamburg.[460]

Geehrter Herr,

Ihr Sohn Johannes ist uns sehr werth geworden, sein musikalischer Genius hat uns freudenreiche Stunden geschaffen. Seinen ersten Gang in die Welt zu erleichtern, habe ich, was ich von ihm denke, öffentlich ausgesprochen. Ich sende Ihnen diese Blätter[460] und denke mir, daß es dem väterlichen Herzen eine kleine Freude geben wird.

So mögen Sie denn mit Zuversicht der Zukunft dieses Lieblings der Musen entgegensehen und meiner innigsten Theilnahme für sein Glück immer versichert sein! Ihr ergebener

Düsseldorf, den 5. November 1853. R. Schumann.

446. An Joachim.

[Ohne Datum, wahrscheinlich d. 9. Nov. 1853.]

Vielen Dank, lieber Joachim, für Ihren Brief und die höchst sorgsam bezeichnete Stimme, die ich mit großem Interesse und mit Staunen über manche Applicatur in meiner Partitur eingetragen. Ich bitte, die Ihre mir noch einige Tage zu lassen; ich kann den früheren Clavierauszug nirgends finden und will nun einen neuen copiren lassen.

Den beiliegenden Brief[461] theilen Sie Johannes mit. Er muß nach Leipzig. Bewegen Sie ihn dazu! sonst verstümmeln sie seine Werke; er muß sie dort selbst vorführen. Es scheint mir dies ganz wichtig. Die Compositionen, die ich Härtels bezeichnet, sind diese: op. 1 Quartett, op. 2 ein Heft Lieder, op. 3 Scherzo, op. 4 ein Heft Lieder (beide von 6 Liedern) und op. 5 Sonate in C dur. Da wir auch die Prosa erwähnen müssen, obwohl diese in diesem Falle manchmal auch zur Lebenspoesie beitragen kann, so habe [ich] (in Übereinstimmung mit Johannes) eine Summe von 40 Friedrichsd'or ausgemacht. Das scheint mir ein ganz leidlicher Beginn, denn sonst pflegen Verleger für Quartette am liebsten gar nichts zu geben, ja sogar Honorar vom Componisten (für ihre Auslagen) zu verlangen. Noch einmal, ich bitte, bewegen Sie ihn, daß er auf acht Tage nach Leipzig geht.

Wir gehen heute nach Bonn, und in etwa 12 Tagen nach Holland, — und, um noch etwas Ernstes hinzuzufügen, bald von Düsseldorf ganz fort. Es hat sich entschieden, was ich längst im Sinne hatte. Wir sind dieses pöbelhaften Treibens müde. Ich habe (obwohl durch dritte Hand) einen Antrag aus einer Stadt, wohin überzusiedeln längst mein und meiner Frau Wunsch war. Wir würden dann freilich weit auseinander kommen. Wir bleiben indeß noch bis Juli hier.

Dies alles ist nur für Sie und Brahms. Nun leben Sie wohl, geliebter Freund, und schreiben Sie vor unserer holländischen Reise noch einmal, auch Johannes, dieser Schreibefaulpelz!

R. Sch.

447. An C. v. Bruyck.

Düsseldorf, den 18ten Nov. 1853.

Geehrter Herr,

Sie erhalten hier etwas beigeschlossen, das Sie als Zeichen meiner Theilnahme an Ihrem Kunststreben in Wort und Ton betrachten mögen.[462] Sie haben gewissermaßen auch Schuld an der Composition des „Haideknaben", denn ohne die Ihrige wäre sie mir vielleicht als musikalisch behandlungsfähig entgangen.

Das andere Exemplar wollen Sie Dr. Hebbel in meinem Namen mit vielen Grüßen übergeben.

Es ist vielleicht bald eine Zeit nahe, wo wir uns persönlich näher kommen werden. Wir wollen uns den übernächsten Winter (von 54 zu 55) frei machen und gedenken auch eine Zeit lang in Wien zu bleiben. Die kleinstädtischen Verhältnisse sagen uns nicht mehr zu; es wiederholt sich alles wie im Kreise; auch sind die Mittel und Kräfte immer dieselben. Da wollen wir uns denn befreien und einmal andere Luft einathmen. Liegt auch noch ein ziemlicher Zeitraum dazwischen, so wollte ich Ihnen doch auch unser Vorhaben nicht verschweigen, natürlich mit der Bitte, erst, wenn es sich fest entschieden hat, davon gegen Dritte zu sprechen.

Lange habe ich nichts von Ihnen vernommen; theilen Sie mir von Ihrem Leben und Streben mit, von letzterem vielleicht in lebendigen Gebilden; das ist das Beste.

... Meine Musik verbreitet sich mehr und mehr, auch im Ausland, namentlich Holland und England, und das zu sehen, freut immer den Künstler. Denn nicht das Lob erhebet ihn, sondern die Freude, daß, was er empfunden, harmonisch aus Menschenherzen zurückklingt.

So denn genug für heute und lassen Sie bald von sich hören!

R. Sch.

448. An Joachim.

Lieber Kriegskamerad!

Nachdem ich in der vorigen Woche einige 20-Pfünderladungen in das feindliche Lager geschickt, ist einige Ruhe eingetreten. Noch gestern hörte ich, daß ein anderer Kriegskamerad von den bösen Feinden heimlich angestellt worden wäre, mich mittelst einer unterirdischen Mine in die Luft zu sprengen, worauf besagter Kamerad aber durch seinen Gesichtsausdruck geantwortet hätte, er möchte sie lieber in die Luft sprengen. Ist das nicht lustig? Aber sollte Ihnen etwas von der Verschwörung bekannt sein, so möchte ich's recht gerne wissen.

Noch ist mir und meiner Frau etwas Tragikomisches passirt. Wir haben einen Freund, an dem wir vielen Theil nehmen. Dieser hatte nun meiner Frau mit einem gewissen Ernst gesagt, daß in den vorigen Tagen sich etwas entschieden hätte, was für sein ganzes Leben von Bedeutung wäre. Meine Frau kam etwas bestürzt zu mir und deutete an, daß das wohl eine zurückgegangene Bräutigamschaft wäre, worin ich auch mit einigen Verwünschungen einstimmte. Endlich kurz darauf kamen andere Botschaften und — denken Sie — mit der entgegengesetzten Versicherung, daß es eine gewonnene wäre — worauf uns denn die Schuppen von den Augen fielen und wir klar sahen, was wir längst gesehen hatten — und so wurden nun unsere Glückwünsche doppelte. Lieber Joachim, ich werde eine Hochzeitssymphonie componiren mit einem Violinsolo und als Intermezzo mit einem Märchen; ich werde darauf schreiben: „Diese Symphonie gehört dem Joachim", ich werde manches hineinweben, auch Ihr unzähliges Fortreisenwollen in Bonn, und das andere in Düsseldorf, was gute musikalische crescendos gibt, und Ihr oft gänzliches Verschollensein in Düsseldorf, wo wir Sie wie Franklin suchten; kurz, meine fünfte soll's werden, aber nicht in C moll, sondern in C dur, und ohne ein langes Adagio.

Nun geben Sie mir die Hand; versprechen Sie die Hochzeit, so ich die Musik dazu. Sie Schelm! Uns so zu überraschen!

Vieles möcht' ich noch schreiben. Aber ich bin nun zu lustigem Accord gerathen, aus dem ich nicht heraus kann. Darum Adieu, lieber Bräutigam![463]

[Düsseldorf, den 21. Nov. 1853.] R. Sch.

449. An J. Stern.

Düsseldorf, den 22sten Nov. 1853.

Geehrtester Herr,

Es ist wohl schon einige Jahre her, daß Sie mir schrieben, Sie hätten Lust, wenn ich Düsseldorf verließe, meine Stelle zu übernehmen. Da wir nun, wenn auch erst im Juli, von hier fortgehen, so wünschte ich zu wissen, ob Sie noch den Gedanken der Uebersiedelung haben. In diesem Falle halte ich es für Pflicht, Ihnen einige Aufklärung über die hiesige Stellung und das musikalische Treiben überhaupt zu geben. Denn ein vorwärtsgethaner Schritt ist schwer wieder rückwärts zu machen. Man sieht aus der Ferne anders, als wie es sich in der Nähe darstellt. Mich leitet dabei nur die Rücksicht, daß Sie, ehe Sie sich entschließen, die Verhältnisse, wie sie sind, klar erkennen und dann erst eine Entscheidung treffen.

Wir reisen morgen auf einige Wochen nach Holland. Ihre Antwort[464] wollen Sie trotzdem hieher senden, von wo aus sie mir nachgeschickt wird.

In Hochschätzung
Ihr ergebener
R. Schumann.

450. An Verhulst in Rotterdam.

Lieber Verhulst,

Schon gestern hatte ich die Feder in der Hand, um Dich zu begrüßen, als meine Frau so sehr unwohl wurde, daß unsere Weiterreise ganz zweifelhaft schien. Es sind noch Folgen des meine Clara in Scheveningen betroffenen Mißgeschicks. Trotzdem spielte sie gestern Abends im Concert — und wie schön! Es war ein großer Enthusiasmus über das Publikum gekommen und auch mich haben sie sehr geehrt. So ist denn auch wieder der Muth zurückgekehrt, obgleich ich noch immer in Sorge wegen Clara bin. So wollen wir denn heute um 1 Uhr nach dem Haag uns aufmachen und hoffen bald unsern ältesten holländischen Freund, Dich, mein lieber Verhulst, dort zu sehen. Auch auf Deine verehrte Frau und Deine Kleinen freuen wir uns.

Wird sich keine Gelegenheit finden, ein Chor- oder Orchesterwerk von Dir zu hören? Sieh doch zu, daß dies geschieht!

So senden wir denn Dir und Deiner Frau herzliche Grüße in der Hoffnung baldigen Wiedersehens.

Sonntag, d. 27sten Nov. 1853. Dein

Aus Utrecht. R. Sch.

451. An Joachim.

Lieber Joseph,

Viel hätte ich zu melden; aber die Zeit gibt's nicht her. Nur so viel: wir haben die Reise bis jetzt mit gutem Glück zurückgelegt, wir sind überall mit vieler Freude bewillkommt worden, ja mit großen Ehren. Meine liebe Frau war manchmal leidend, aber nicht am Clavier; ich habe sie nie so spielen hören. Das holländische Publikum ist das enthusiastischste, die Bildung im Ganzen dem Besten zugewendet. Überall hört man neben den alten Meistern auch die neuen. So fand ich in den Hauptstädten Aufführungen meiner Compositionen vorbereitet (der 3ten Symphonie in Rotterdam und Utrecht, der 2ten im Haag und Amsterdam, auch der Rose im Haag), daß ich mich nur hinzustellen brauchte, um sie zu dirigiren. Namentlich die Haager Capelle ist ausgezeichnet. So viel hätte ich Ihnen zu erzählen, aber ich hoffe, daß ich es bald mündlich kann. Man hat uns geschrieben, daß Sie zum 20sten in Cöln sein würden; an demselben Tage spätestens denken wir in Düsseldorf einzutreffen. Dann denke ich, daß wir auch tüchtig musiciren (ich als Zuhörer) und auch Ihre Zwiegespräche[465] hören werden, die ich jetzt nur habe lesen können. Ich danke Ihnen dafür, wie für Ihren Brief; auch Johannes bitte ich herzliche Grüße zu bringen.

So denn, lieber Freund, auf baldiges Wiedersehen!

Utrecht, d. 11ten Dec. 53. R. Sch.

452. An Verhulst.

Amsterdam, den 13ten Dec. 1853.

Lieber Verhulst,

Wir haben Sehnsucht nach Hause und möchten bald abreisen. Wäre die Soirée in Rotterdam noch bis auf Sonnabend zu arrangiren, so würden wir gern kommen, vorzüglich um noch mit Dir und Deiner Frau einige Stunden zusammen zu sein und Deinen prächtigen kleinen Stammhalter zu sehen. Wäre dies aber nicht möglich und die Soirée erst Dienstag, so müßten wir drei Tage (von Sonnabend—Dienstag) hier müßig zubringen, was bei dem theuren Leben im Hôtel doch auch Kosten verursacht. Schreibe mir also sobald als möglich, daß wir morgen (Freitag) früh, wenn wir aus dem Haag zurückkommen, eine bestimmte Nachricht vorfinden.

Wir reisen in einigen Stunden nach dem Haag, wohin eine eben erhaltene telegraphische Depesche zu einer Soirée bei der Prinzessin Friedrich meine Frau berufen. Morgen spielt sie noch in Felix Meritis. Die Soirée hier ist sehr ergiebig ausgefallen.[466]

Grüße an Deine liebe Frau wie an Dich.

R. Sch.

453. An Verhulst.

Amsterdam, d. 20sten Dec. 1853.

Lieber Verhulst,

Deine Sendung vom Sonnabend nach Amsterdam hat sich nicht gefunden. Forsche nach und, wenn Du sie noch entdeckst, schicke sie nach Düsseldorf nach! Es werden auf den Eisenbahnbureaus alle ab und ein-gehenden Paquetnummern aufgezeichnet. Wenn es sich nicht fände, würde es mir sehr leid thun.[467]

Gefällt Dir [der] beifolgende Abschiedsgruß, so sende ihn an Dr. Kist; er möge ihn zum Schluß eines Blattes setzen.[468]

Nur noch viele Grüße heute an Dich und Deine liebe Frau!

Robert Schumann.

454. An Verhulst.

Lieber Verhulst,

Das hat sich noch ganz fröhlich entwickelt. Nun möchte ich Dich bitten, die Brieftasche mir sobald als möglich und direct zu schicken. Das Andere mag v. Eyken, wenn er so gefällig sein will, mitbringen.

Wir haben alle unsere Kinder wohl und munter angetroffen — zu unserer Freude.

Es freut mich, daß Du mir über den Abschied eine so starke Wahrheit sagst. Fadheit ist sonst eigentlich nicht mein Talent. Mir lag's daran, einfach zu sein. Aber Du hast Recht; man kann in so kurzer Weise nicht Allem und Allen genügen. Vielleicht, daß ich Zeit finde, über die Musikzustände Hollands im Allgemeinen etwas aufzusetzen, wo ich Deinem Vorwurf der Fadheit zu entgehen hoffe! —

Leb wohl, lieber Verhulst! Du bist ein braver Mann! Grüße Deine Frau herzlich.

Düsseldorf, d. 23. Dec. 1853. R. Sch.

455. An C. Meinardus in Groß-Glogau.

Düsseldorf, den 28sten Dec. 1853.

Geehrter Herr,

... Es hat mich gefreut, zu hören, daß Sie festen Fuß gefaßt haben.[469] Es folgt dann Eines aus dem Andern — und daß Sie eine edle künstlerische Richtung verfolgen werden, habe ich wohl vermuthet.

Von Ihren Compositionen ist mir nur wenig zu Gesicht gekommen, die hiesige Musikhandlung ist eine ziemlich untergeordnete. Ich möchte, Sie componirten so, wie Sie Briefe schreiben — so leicht, natürlich-humoristisch und gedankenvoll. Aber dies Gefühl geben mir Ihre Compositionen nicht.

Sie müssen's vor Allem in Erfindung schöner und neuer Melodien suchen. Das Combinatorische darf nur das Zufällige sein ...[470]

Wenn man in freien Formen schaffen will, so muß man erst die gebundenen, für alle Zeiten gültigen Formen beherrschen. Es würde Ihnen gewiß besser sein, Sie schrieben Sonaten nach alter Formweise, als daß Sie sich in zwanglosen ergehen.

Dann machen Sie sich auch vom subjectiven Clavier los. Chor und Orchester heben uns über uns selbst weg. Sie haben jetzt Gelegenheit, auf diesen höhern Terrains sich umzusehen und [sie] für die eignen Leistungen zu benutzen. Schreiben Sie für Orchester und namentlich für Chor!

So will ich denn wünschen, daß, was ich schrieb, Sie so aufnehmen, wie ich's meinte. Ich möchte junge, so ehrlich strebende Künstler gern fördern; dies ist nur durch offne Aussprache der Gedanken möglich. Freuen sollte es mich, wenn Sie mir Gelegenheit gäben, Sie näher kennen zu lernen aus andern Ihrer Compositionen. Der Weg ist freilich weit; aber vielleicht findet sich einmal ein Bote. Leben Sie wohl! R. Sch.

456. An J. Stern.

Düsseldorf, d. 29. Dec. 1853.

Geehrter Herr,

Wir sind seit sechs Tagen von der Reise zurück, und haben uns bis zum Schluß gute Glücksgenien immer begleitet. Was ich nun seitdem über die hiesigen Verhältnisse erfuhr, ist dieses. Der Gemeinderath, der die entscheidende Stimme dabei hat, will mich in jedem Fall für Düsseldorf festhalten. Dies könnte nur unter der Bedingung, daß einige böswillige und gemeine Subjecte des Comités des allg. Musikvereins daraus entfernt würden. Im anderen Falle würde Hr. Tausch interimistisch die Concerte dieses Winters ferner dirigiren, aber in keinem Fall Aussicht auf eine wirkliche Ernennung zum städtischen Musikdirector für die Zukunft haben.[471] Dazu haben Sie, geehrter Herr, vielmehr Chancen. Aber es läßt sich vor der Hand in der Sache nichts thun, als abzuwarten. Im Fall der Gemeinderath meine Bedingungen nicht einginge, würde ich, da man mich gewiß deshalb zu Rathe ziehen wird, gewiß mit Vergnügen Sie zu meinem Nachfolger vorschlagen. Ich denke von ferne daran, daß wir dann vielleicht einen Tausch eingehen könnten, und ich in Berlin Ihre Stelle, Sie hier die meinige einnähmen. Doch sind das nur Gedanken, die Ihnen allein im Vertrauen gesagt sind.

Sobald sich etwas entschieden hat, werden Sie mehr von mir erfahren.

Ihr vielmals grüßender

R. Sch.

457. An Joachim.

Düsseldorf, d. 6ten Jan. 1854.

Zum neuen Jahr den ersten Gruß, lieber Joachim! Möge es uns oft zusammenführen! Nun bald, hoffe ich. Sie wissen wohl von dem Antrag des Herrn MD. Hille, den ich sehr gern annehme.[472] Doch verändert dies die früher zwischen uns besprochene Zeiteintheilung. Wir möchten nun den 19ten abreisen, zum 21sten concertiren und dann bis zur Aufführung der Peri d. 28sten in Hannover bleiben, was alles sehr schöne Aussichten sind. In der Pause vom 21sten—28sten hoffen wir auch nicht müssig musikalisch sitzen zu bleiben und könnte man vielleicht eine Soirée dem Publikum darbieten. Doch darüber später noch. Vor Allem müssen wir über die Stücke meiner Clara für das Concert übereinkommen. Sie sprachen davon, daß Sie vielleicht ein Orchesterstück von mir aufführen wollten. Wäre dies, so würde meine Frau im 1ten Theil das Es dur-Concert von B. spielen, im 2ten einige kürzere Stücke. Im andern Falle würde sie das Concertallegro von mir, im 2ten die Sonate in F moll von B. und, paßte es sich, da das Allegro nicht lange dauert, zum 3ten noch ein paar kleinere Stücke spielen. Darüber schreiben Sie mir denn Bestimmtes, damit meine Frau, wie sie sagt, studiren kann, obgleich sie alles auswendig kann.

Nun — wo ist Johannes? Ist er bei Ihnen? Dann grüßen Sie ihn. Fliegt er hoch — oder nur unter Blumen? Läßt er noch keine Pauken und Drommeten erschallen? Er soll sich immer an die Anfänge der Beethovenschen Symphonien erinnern; er soll etwas Ähnliches zu machen suchen. Der Anfang ist die Hauptsache; hat man angefangen, dann kommt einem das Ende wie von selbst entgegen. Grüßen Sie ihn — ich schreibe ihm noch selbst in diesen Tagen.

Auch von Ihnen hoffe ich bald Neues zu sehen, am liebsten zu hören. Auch Sie sollten sich der obengenannten Symphonieanfänge erinnern — aber nicht vor dem Heinrich und Demetrius.[473]

Ich komme immer in guten Humor, wenn ich Ihnen schreibe; eine Art Arzt sind Sie für mich. Adieu!

Ihr

R. Sch.

458. An Strackerjan.

Geehrter Herr und Freund,

Die Zeit, wo ich Ihnen nicht schrieb, war eine sehr bewegte. Wir hatten eine Musikfahrt nach den Niederlanden unternommen, die vom Anfang bis zum Schluß von guten Glücksgenien begleitet war. In allen Städten wurden wir mit Freuden, ja mit vielen Ehren bewillkommnet. Ich habe zu meiner Verwunderung gesehen, wie meine Musik in Holland beinahe heimischer ist als im Vaterland . . .

Hier zurückgekommen, erwartete mich eine andere bedeutende Arbeit, diesmal eine literarische. Ich war zum Entschluß gekommen, meine früheren musikalisch-literarischen Aufsätze zu überarbeiten und, von einem sehr anständigen Leipziger Verleger dazu angespornt, sie zum Druck vorzubereiten, wie sie denn bis zur Ostermesse in vier Bänden erscheinen werden. Es macht mir Freude zu bemerken, daß ich in der langen Zeit, seit über zwanzig Jahren, von den damals ausgesprochene-

Ansichten fast gar nicht abgewichen bin. Ich hoffe, daß ich Ihnen diesmal von einer ganz neuen Seite bekannt werde.

Mit vielem Interesse habe ich gelesen, was Sie mir über Ihr musikalisches Wirken schreiben. Könnte ich doch manchmal, in einen unsichtbaren Faustmantel gehüllt, Ihren Aufführungen beiwohnen!

Daß Sie das Nachtlied mit Orchester hören möchten, wünschte ich. Das gibt erst das rechte Licht. Es freut mich, daß es Ihnen zusagt. Dem Stücke habe ich immer mit besonderer Liebe angehangen. Kennen Sie eine Motette (Adventlied von Rückert) von mir?

In der letzten Zeit habe ich eine neue Sonate für Violine und Pianoforte, dann ein Heft Romanzen für Violoncell und Pfte., und eines für Clavier allein, „Gesänge der Frühe" geheißen, beendigt.[474] Könnten Sie sich doch auch in einen Faustmantel hüllen und solche Stücke manchmal von meiner Frau hören! —

Wir sind wieder in Vorbereitungen zu einem Ausflug — nach Hannover, wo die „Peri" aufgeführt wird, zu deren Direction man mich invitirt hat, und von da nach Frankfurt a/M., von woher auch eine Einladung zur Aufführung meiner 4ten Symphonie gekommen ist. In Hannover treffen wir Joachim und Brahms, zwei sehr geniale Burschen.

So scheide ich denn heute von Ihnen mit der Bitte, mich bald mit einem Briefe wieder zu erfreuen, die auch meine Frau immer mit besonderer Theilnahme liest. Denn meine Freunde sind auch ihre.

Leben Sie wohl!

D[üsseldorf], den 17ten Januar 1854. R. Schumann.

459. An Joachim.

Düsseldorf, d. 6. Febr. 54.

Lieber Joachim,

Acht Tage sind wir fort und noch haben wir Ihnen und Ihren Gesellen kein Wort zukommen lassen! Aber mit sympathetischer Tinte habe ich Euch oft geschrieben, und auch zwischen diesen Zeilen steht eine Geheimschrift, die später hervorbrechen wird.

Und geträumt habe ich von Ihnen, lieber Joachim; wir waren drei Tage zusammen — Sie hatten Reiherfedern in den Händen, aus denen Champagner floß, — wie prosaisch! aber wie wahr! —

Oft haben wir der vergangenen Tage gedacht; möchten bald neue solche kommen! Das gütige Königshaus,[475] die treffliche Capelle, und die beiden jungen Dämonen, die dazwischen springen — wir werden's nicht vergessen.

In der Zeit hab' ich immer wieder an meinem Garten[476] gearbeitet. Er wird immer stattlicher; auch Wegweiser habe ich hier und da hingesetzt, daß man sich nicht verirrt, d. h. aufklärenden Text. Jetzt bin ich in die uralte Vergangenheit gekommen, in Homer und das Griechenthum. Namentlich im Plato habe ich herrliche Stellen entdeckt.

Die Musik schweigt jetzt — wenigstens äußerlich. Wie ist es bei Ihnen?

Die Leipziger haben sich nach Ihrem Phantasiestück [G moll, Op. 3] gescheuter gezeigt als diese prosaischen Schlendrian-Rheinländer. Ja, ich glaub' es auch — die Virtuosenraupe wird nach und nach abfallen und ein prächtiger Compositionsfalter herausfliegen. Nur nicht zu viel Trauermantel, auch manchmal Distelfink! Wann reisen Sie nach Leipzig? Schreiben Sie mir's! Ist die Demetrius-Ouvertüre fertig? —

Die Cigarren munden mir sehr. Es scheint ein Brahmsscher Griff zu sein und, wie er pflegt, ein sehr schwerer, aber wohlschmeckender! Jetzt seh' ich ein Lächeln über ihn schweben.

Nun will ich schließen. Es dunkelt schon. Schreiben Sie mir bald — in Worten und auch in Tönen!

R. Sch.

Meine Frau grüßt. Auch an Hrn. Grimm einen Gruß. Er scheint seinem Namen nicht zu entsprechen.

460. An J. Stern.[477]

Düsseldorf, d. 12ten Febr. 1854.

Lieber Herr Stern,

Sie haben mich durch Ihren wohlmeinenden Brief dahin geführt, woraus ich in meiner Empfindlichkeit gar nicht hätte herausschreiten sollen, nämlich zu einer ruhigeren Ansicht. Daß ich von hassesfähigem Gemüth wäre, daran zweifeln Sie, der Sie meine Musik kennen, wohl nicht. Aber ein reizbares wohl? O ja — das schaut manchmal heraus.

Zweimal hab' ich Ihnen geschrieben, einmal von Holland, das anderemal von hier. Im letzteren sprach ich beiläufig von einem Wechsel unserer Stellen. Das verstimmte mich, daß Sie mir über fünf Wochen darauf keine Antwort zukommen ließen. Nun erfuhr ich von Berlin, daß das Gerücht davon dort schon circulirt. Das verstimmte mich noch mehr; erstens, weil es noch in so weiter Ferne liegt und über Unentwickeltes man nicht zu frühzeitig sprechen soll. Daher kam der finstere Augenblick.

So wollen wir denn Gras darüber wachsen lassen, oder noch lieber Blumen. Ich lebe oft in leiblichen Sphären, wo es mir sehr gut gefällt; dann werd' ich oft aus dem Gleis gebracht, wenn ich ins Menschengetriebe komme und so ein Stern nicht antwortet.

Lassen Sie denn Ihren letzten Brief auch nicht den letzten sein; ich habe Prim und Terz angeschlagen, nun thun Sie die Quinte dazu.

Dann will ich Ihnen auch über die hiesigen Zustände schreiben, in denen freilich auch keine sonderliche Harmonie ist, ungefähr so wie der 1ste Accord im Finale der 9ten Symphonie.

Leben Sie wohl und lassen Sie uns Lethe zusammen trinken.

Ihr ergebener

Robert Schumann.

Dritte Abtheilung:

Briefe aus Endenich.

461. An seine Frau.

Endenich, den 14. September 1854.

Wie freute ich mich, geliebte Clara, Deine Schriftzüge zu erkennen;[478] habe Dank, daß Du gerade an solchem Tage schriebst und Du und die lieben Kinder sich meiner noch in alter Liebe erinnern. Grüße und küsse die Kleinen. O könnt' ich Euch einmal sehen und sprechen; aber der Weg ist doch zu weit. So viel möchte ich von Dir erfahren, wie Dein Leben überhaupt ist, wo Ihr wohnt und ob noch Du so herrlich spielst, wie sonst, ob Marie und Elise immer vorschreiten, ob noch auch singen — ob Du noch den Klemms'schen Flügel hast — wo meine Partiturensammlung (die gedruckten) und die Manuscripte, (wie das Requiem, des Sängers Fluch) hingekommen sind, wo unser Album, das Autographen von Goethe, Jean Paul, Mozart, Beethoven, Weber und viele an Dich und mich gerichtete Briefe enthielt, wo die Neue Zeitschrift für Musik und meine Correspondenz? Hast Du noch alle an Dich von mir geschriebenen Briefe und die Liebeszeilen, die ich Dir von Wien nach Paris schickte? Könntest Du mir vielleicht etwas Interessantes schicken, vielleicht die Gedichte von Scherenberg, einige ältere Bände meiner Zeitschrift und die musikalischen Haus- und Lebensregeln. Dann fehlt es mir sehr an Notenpapier, da ich manchmal etwas an Musik aufschreiben möchte. Mein Leben ist sehr einfach, und ich erfreue mich nur immer an der schönen Aussicht nach Bonn und wenn ich da bin, an dem Siebengebirge und an Godesberg, an das Du dich auch noch erinnern wirst, wie in der stärksten Sonnenhitze, am „Pagen" arbeitend, von Krampfanfällen angefallen wurde. Dann möchte ich wissen, liebe Clara, ob Du vielleicht für meine Kleidung gesorgt und ob Du manchmal Cigarren gesandt. Es liegt mir viel daran, es zu wissen. Schreibe mir noch Genaueres über die Kinder, ob sie noch von Beethoven, Mozart und aus meinem Jugendalbum spielen, ob auch Julie das Spiel fortsetzt und wie sich Ludwig, Ferdinand und die liebenswürdige Eugenie zeigen. O wie gern möchte ich Dein wundervolles Spiel einmal hören! War es ein Traum, daß wir im vorigen Winter in Holland waren und daß Du überall so glänzend aufgenommen, namentlich in Rotterdam, und uns ein Fackelzug gebracht wurde, und wie Du in den Concerten das Es dur-Concert, die Sonaten aus C dur und F moll von Beethoven, Etüden von Chopin, Lieder ohne Worte von Mendelssohn und auch mein neues Concertstück in D so herrlich spieltest. Erinnerst Du dich noch eines Themas in Es dur, was ich in der Nacht einmal hörte und Variationen darüber schrieb; könntest Du sie mir beilegen und vielleicht etwas von Deinen Compositionen mit?

So viele Fragen und Bitten hab' ich — könnt' ich zu Dir und sie Dir aussprechen. Willst Du den Schleier über Dieses oder Jenes, worüber ich Dich gefragt, werfen, so thue es.

So leb' denn wohl, geliebte Clara und ihr lieben Kinder, und schreibt mir bald!

Dein alter getreuer

Robert.

462. An seine Frau.

Endenich, 18. September 1854.

Geliebte Clara,

Welche Freudenbotschaften hast Du mir wieder gesandt, daß der Himmel Dir einen prächtigen Knaben und im Juni[479] geschenkt, die lieben Marie und Elise Dir zu Deinem Geburtstag mit den „Bildern aus Osten“ zu Deiner und meiner Überraschung vorgespielt, Brahms, den Du freundlich und verehrungsvoll grüßen wollest, ganz nach Düsseldorf übergesiedelt — welche Freudenbotschaften! Wenn Du wissen willst, welcher mir der liebste Name, so eräthst Du ihn wohl, der Unvergeßliche![480] Freude hat es mir gemacht, daß die gesammelten Schriften vollständig und das Violoncello-Concert, die Violinfantasie, die Joachim so herrlich gespielt, und die Fughetten erschienen. Kannst Du mir, da Du Dich so liebevoll anbietest, eines oder das andere schicken? Schreibst Du an Joachim, so grüß' ihn. Was haben Brahms und Joachim componirt? Ist die Ouvertüre zu Hamlet erschienen, hat er seine andere vollendet? Du schreibst mir, daß Du im Clavierzimmer Deine Stunden giebst. Welche sind Deine jetzigen Schülerinnen, welche die beste? Strengst Du Dich nicht so sehr an, liebe Clara?

Abends 8 Uhr. Eben komme ich von Bonn zurück, immer Beethovens Statue besuchend und von ihr entzückt. Wie ich vor ihr stand, erklang die Orgel in der Münsterkirche. Ich bin jetzt viel kräftiger und sehe viel jünger aus, als in Düsseldorf. Nun möchte ich Dich um etwas bitten, daß Du Herrn Dr. Peters schriebst, mir manchmal von Geld zu geben, was ich wünschte und ihm wieder ersetztest. Oft bitten mich arme Leute, und dann dauert's mich. Sonst ist mein Leben nicht so bewegt, als früher. Wie war das sonst ganz anders. Gieb mir doch Mittheilungen über das Leben unsrer Anverwandten, Freunde und Freundinnen in Cöln, Leipzig, Dresden und Berlin, über Woldemar, Dr. Härtel, Du kennst sie alle. Nun möchte ich Dich an Manches erinnern, an vergangene selige Zeiten, an unsere Reise nach der Schweiz, an Heidelberg, an Lausanne, an Vevey, an Chamouny, dann an unsre Reise in den Haag, wo Du das Erstaunlichste leistetest, dann an die nach Antwerpen und Brüssel, dann an das Musikfest in Düsseldorf, wo meine vierte Symphonie zum erstenmal und am 2ten Tage das A-Concert von mir, so herrlich von Dir gespielt, mit glänzendem Beifall, die Rheinouvertüre mit weniger glänzendem, aufgeführt. Erinnerst Du Dich auch, wie in der Schweiz zum erstenmal die Alpen in aller Pracht sich zeigten, der Kutscher in etwas scharfen Trapp geriet und Du etwas ängstlich wurdest. Über alle unsre Reisen, auch über die, die ich als Schüler und Student gemacht, habe ich kurze Notizbücher geführt — oder viel besser — willst Du mir die Freude machen, einen Band Deiner Tagebücher zu senden und vielleicht eine Abschrift von den Liebeszeilen,[481] die ich Dir von Wien nach Paris schickte? Hast Du noch das kleine Doppelportrait (von Rietschel in Dresden)? Du würdest mich dadurch sehr beglücken. Dann spreche ich Dir den Wunsch aus, mir die Geburtstage der Kinder mitzutheilen, sie standen im blauen Büchlein.

Nun will ich noch an Marie und Elise schreiben, die mich so herzlich angesprochen. Darum Adieu, herzliebste Clara. Vergiß mich nicht, schreibe bald. Dein

Robert.

463. An seine Frau.

Endenich, 26. September 1854.

Welche Freuden, geliebte Clara, hast Du wieder durch Deinen Brief und die Sendung gemacht und das Doppelbild. Meine Phantasie war durch die vielen schlaflosen Nächte sehr verwirrt; nun seh' ich Dich wieder in Deinen edelen und ernsten Zügen. Und daß über unsre Anverwandten, Deine Mutter, Woldemar, Pauline, Therese, Rosalie in Nürnberg und über Juliens musikalische Anlagen schreibst, hat mich aufs herzlichste erfreut. So auch über Brahms und Joachim und Beider Compositionen. Das wundert mich, daß Brahms contrapunktische Studien treibt, was ihm gar nicht ähnlich sieht. Joachims drei Stücke, für Clavier und Viola möchte ich kennen lernen; erinnerst Du Dich „Läuschen“,[482] für Violine und Clavier, diese furchtbaren Stücke! Auch Woldemar grüße vielmals für das, was über ihn mir mittheilst. Ist Neues von ihm gedruckt?

Des Bildnisses Brahms von Laurens[483] kann ich mich noch besinnen, meines aber nicht. Mit den Liebeszeilen, die ich von Wien nach Paris sandte, meinte ich jene gereimten, die, mit schönen Blumen verziert, auch von Florestan und Eusebius sprechen. Mit den Tagebüchern hast Du Recht. Noch möchte ich wissen, wie es mit dem thematischen Verzeichnisse, das Breitkopf und Härtel herausgeben wollte; es war etwas fehlerhaft, geworden, dann über das Concertstück aus D f. Pfte. u. Orchester, das Du in Holland gespielt, die Gesänge der Frühe f. Pfte., über das 2te spanische Liederspiel, Neujahrlied, Requiem, Faustscenen — ob davon weiter noch nichts erschienen? Dank für die Mittheilung der Geburtsjahre unsrer lieben Kinder; welche Taufzeugen willst Du, geliebte Clara, wählen, und in welcher Kirche soll er[484] getauft werden? Schreibe mir von den Kindern mehr und von Dir, herzlich geliebte Clara. Dein

Robert.

464. An seine Frau.

Endenich, den 10ten October 1854

Herzliebste Clara,

Welche Freudensendung hast Du mir wieder gemacht! Dein Brief mit Juliens ihrem, die Composition von Brahms über das Thema,[485] was Du variirst und die drei Bände des Arnim-Brentanoschen Knaben Wunderhorn, eines Lieblingsbuches, aus dem ich auch Vieles componirt, und namentlich das „Wenn ich ein Vöglein wär'“ in die Genovefa aufgenommen. Erinnerst Du Dich, wie dann Golo immer kühner und zu dem Lied in anderer Weise singt?

Und nun habe herzlichen Dank für die Abschrift der kleinen Verse, die ich Dir aus Wien nach Paris geschickt. Das Umkehrrätsel von

Roma (Amor)[486] gefällt mir noch sehr. Ich wünschte manchmal, daß Du mich am Flügel phantasiren hörest; das sind meine seligsten Stunden. Die Variationen von Brahms muß ich noch genauer kennen lernen; ich schreibe selbst noch an ihn. Könnte ich vielleicht durch Deine Güte das Manuscript der „Gesänge der Frühe“ noch einmal zur Ansicht bekommen? Wie steht es mit dem Verlag des Concertstückes in D mit Orchester, das Du in Amsterdam so wunderschön spieltest und des zweiten spanischen Liederspieles?

Nun nimm, geliebte Clara, meinen Glückwunsch zu der Ernennung in Holland,[487] das ist das älteste Diplom, das ich erhalten. Schreibst Du an Verhulst, so grüße ihn. Wer ist Hr. Lindhult? ich glaube, ihn früher in Düsseldorf gesehen zu haben; er sprach nicht viel, schien aber viel in sich zu tragen. Herrn Grimms erinnere ich mich auch sehr gut; wir waren ja immer mit Brahms und Joachim in der Eisenbahnrestauration (in Hannover); grüße ihn und vor allem Fräulein Leser.

An Brahms schreib' ich selbst, wie auch Marie und Julie. Meine Fußwanderungen bestehen noch immer nach Bonn, mich an der reizenden Aussicht nach dem Siebengebirge erlabend; weißt Du noch, wie wir den Drachenfels bestiegen und einem würdigen Geistlichen begegneten? Wir hatten Mühe, gegen den Strom um auf die Insel Nonnenwerth zu kommen.

Nun lebe wohl, geliebte Clara, grüße Alle, die sich meiner erinnern.

Dein Robert.

12. October 1854

Ich empfange eben Deinen neuen herzlichen Brief mit dem Daguerreotyp von Dir und Mariechen, das mir noch immer in der Erinnerung vorschwebt. Auch für die Cigarren nimm meinen Dank, wie für den 4ten Band des Wunderhorns. An das englische Schachspielbuch gedenke ich auch sehr gerne, und freue mich, einige noch unaufgelöste Spiele zu lösen. Die Brahmsschen Variationen bewundere ich immer mehr. Willst Du den beifolgenden Brief ihm übergeben? Es freut mich auch, daß Du von Becker aus Freiberg und von Stracker jan in Oldenburg Nachrichten empfangen und auch Aussicht hast, von Härtel wegen des thematischen Verzeichnisses meiner Compositionen Nachricht zu erhalten. Nun muß ich Dir auch sagen, wie mich auch Deine Variationen [Op. 20] immer mehr entzücken und mich Deines herrlichen Spiels dieser und meiner erinnern. Des Gedichtes an Dich, liebe

Clara, in meinen Schriften gedenke ich auch gern und auch des Tages im August, wo .. Tagesfolge Clara, Aurora, Eusebius sich folgten[188] und ich Dir durch Becker meinen Verlobungsring sandte. Erinnerst Du Dich an Blankenburg, wo ich Dich an Deinem Geburtstage einen Diamantring in einem Blumenstrauß suchen ließ und Du einen der Diamanten in Düsseldorf verlorst und ihn Jemand wiederfand? Das sind selige Erinnerungen.

Schreibe mir noch mehr, theure Clara, von den Kindern. Ludwig wurde das Sprechen immer sehr schwer, aber von Ferdinand wüßte ich es nicht. Und schreibe recht bald und immer so fröhliche Nachrichten.

Dein in alter und neuer Liebe ergebener Robert.

465. An seine Frau.

[Aus einem Briefe v. 27. November 1854.]

Die Variationen von Johannes haben mich bei der ersten Durchsicht gleich und bei tieferer Erkenntniß immer mehr entzückt ...

An Brahms schreib ich selber noch; hängt sein von Laurens gezeichnetes Bild noch in meinem Studirzimmer? Er ist einer der schönsten und genialsten Jünglinge. Mit Entzücken erinnere ich mich des herrlichen Eindruckes, den er das erstemal durch seine C dur-Sonate und später Fis moll-Sonate und das Scherzo in B moll machte. O könnte ich ihn wieder hören! Auch seine Balladen möchte ich.

466. An Johannes Brahms.

Endenich, 27. November 1854.

Lieber! Könnt' ich selbst zu Ihnen, Sie wieder zu sehen und zu hören und Ihre herrlichen Variationen, oder von meiner Clara, von deren wundervollem Vortrage mir Joachim geschrieben. Wie das Ganze so einzig abrundet, wie man Sie kennt in dem reichsten phantastischen Glanz und wieder in tiefer Kunst, wie ich Sie noch nicht kannte, verbunden, die Thema hie und da auftauchend und sehr geheim, dann so leidenschaftlich und innig. Das Thema dann wieder ganz verschwindend, und wie so herrlich der Schluß nach der vierzehnten, so kunstreichen in der Secunde canonisch geführten, die fünfzehnte in Ges dur mit dem genialen zweiten Theile und die letzte. Und dann hab' ich Ihnen, theurer Johannes, zu danken für alles Freundliche und Gütige, was

Sie meiner Clara gethan; sie schreibt mir immer davon. Gestern hat sie, wie Sie vielleicht wissen, zwei Bände meiner Compositionen und die Flegeljahre von Jean Paul zu meiner Freude geschickt. Nun hoffe ich doch auch von Ihnen, wie mir Ihre Handschrift ein Schatz ist, sie bald in anderer Weise zu sehen. Der Winter ist ziemlich lind. Sie kennen die Bonner Gegend, ich erfreue mich immer an Beethovens Statue und der reizenden Aussicht nach dem Siebengebirge. In Hannover sahen wir uns zum letzten Male. Schreiben Sie nur bald Ihrem verehrenden und liebenden

R. Schumann.

467. An Brahms.

Endenich, 15. December 1854.

Theurer Freund! Könnt' ich zu Weihnachten zu euch! Einstweilen hab' ich durch meine herrliche Frau Ihr Bild empfangen, Dein wohlbekanntes, und weiß die Stelle recht gut in meinem Zimmer, recht gut — unter dem Spiegel. Noch immer erhebe an Deinen Variationen; viele möcht' ich von Dir und meiner Clara hören; ich beherrsche sie nicht vollständig, namentlich die zweite, die vierte nicht im Tempo, die fünfte auch nicht; aber die achte (und die langsameren) und die neunte — — Eine Erinnerung, von der mir Clara schrieb, steht wohl S. 14, woraus ist sie? Aus einem Lied?[489] — und die zwölfte — — o könnt' ich von euch hören! Clara hat mir auch das Gedicht von Rückert an uns gesandt, das Original; das thut mir leid, obgleich es mich sehr erfreut, da sie es aus dem Album genommen hat. Sie schrieb mir auch von Balladen von Dir [Op. 10]; was ist denn von Dir während unserer Trennung erschienen? Das Scherzo nicht? Gewiß. Wie würde es mich freuen, wenn ich von Deinen neuen etwas kennen lernen. Schreibe mir bald wieder, lieber Johannes, und auch von unsern Freunden. Daß die in Hamburg sich an mich erinnert haben, hat mich sehr erfreut. Könnt' ich die Stadt, die ich eine zeitlang nach dem Brand gesehen, wieder sehen. Jetzt wirst Du wohl in Düsseldorf wieder sein; seit Hannover haben wir uns nicht gesehen. Das waren wohl fröhliche Zeiten. Über meine Mädchen Marie, Elise, Julie und ihre bedeutenden Talente freue ich mich sehr gern. Hörst Du sie manchmal? Lebe wohl, Du treuer Freund; sprecht von mir und schreibt weiter. Dein innig ergebener

Robert Schumann.

468. An seine Frau.

[Aus einem Briefe v. 6. Jan. 1855.]

Nun wollt' ich Dir, meine Clara, auch ganz besonders für die „Künstlerbriefe" danken und Johannes für die Sonate und Balladen. Die kenn' ich jetzt. Die Sonate — einmal erinnere ich sie von ihm gehört zu haben — und so tief ergriffen; überall genial, tief, innig, wie Alles in einander verwoben. Und die Balladen — die 1ste wie wunderbar, ganz neu; nur das doppio movimento wie bei der 2ten versteh' ich nicht, — wird es nicht zu schnell? Der Schluß schön-eigenthümlich! Die 2te wie anders, wie mannigfaltig, die Phantasie reich anzuregen; zauberhafte Gänge sind darin. Das Schluß-Baß-Fis scheint die 3te Ballade einzuleiten. Wie nennt man die? Dämonisch, — ganz herrlich und wie's immer heimlicher wird nach dem pp. im Trio; dieses selbst ganz verklärt und der Rückgang und der Schluß. Hat diese Ballade auf Dich, meine Clara, wohl einen gleichen Eindruck hervorgebracht? In der 4ten Ballade wie schön, daß der seltsame erste Melodieton zum Schluß zwischen Moll und Dur schwankt und wehmüthig in Dur bleibt. Nun weiter zu Ouvertüren und Symphonien! Gefällt dies Dir, meine Clara, nicht besser als Orgel? Eine Symphonie oder Oper, die enthusiastische Wirkung und großes Aufsehen macht, bringt am schnellsten und auch alle anderen Compositionen vorwärts. Er muß.

Nun grüße Johannes recht und die Kinder und Du, meine Herzensliebste, erinnere Dich Deines in alter Liebe ergebenen

Robert.

469. An Joachim.

Endenich, 10. März 1855.

Hochverehrter Meister!

Ihr Brief hat mich ganz freudig gestimmt, Ihre sehr großen Lücken in Ihrer künstlerischen Ausbildung und das sogenannte Violinen-Auge und die Anrede, nichts konnte mich mehr belustigen. Dann dachte ich nach: Hamlet-Ouvertüre — Heinrich-Ouvertüre — Lindenrauschen, Abendglocken, Balladen — Heft für Viola und Pianoforte — die merkwürdigen Stücke, die Sie mit Clara in Hannover im Hotel einmal Abends spielten, und wie ich weiter nachsann, kam ich an diesen Briefanfang: Theurer Freund, hätt' ich doch die drei voll machen können!

Reinick erzählte mir immer von dieser Stadt. Auch nach Berlin wäre ich gern nachgeflogen. Johannes hat mir den vorigen Jahrgang der Signale gesandt zu meinem großen Vergnügen. Denn mir war Alles neu, was während vom 20. Feber geschehen. Und so ein musikalischer Winter und der folgende von 1854/55 gab noch nie; so ein Reisen, Fliegen von Stadt zu Stadt — Frau Schröder-Devrient, Jenny Lind, Clara, Wilhelmine Clauß, Therese Milanollo, Fräulein Agnes Bury, Fräulein Jenny Ney, J. Joachim, Bazzini, Ernst, Vieuxtemps, die beiden Wieniawski, Jul. Schulhoff und als Componist Rubinstein. Und was noch für eine große Masse Salon-Virtuosen und anderer bedeutenderer, wie H. v. Bülow.

Sehr gefreut hat's mich, daß Reinecke als Musikdirector nach Barmen gekommen. Barmen und Elberfeld sind zwei musikalische Städte. Wissen Sie vielleicht, ob Van Eycken in Elberfeld angestellt ist? Er spielt ganz herrlich; in Rotterdam hab' ich ihn gehört Fugen von Bach, auch BACH-Fugen, die erste und die letzte auf einer Orgel, die ihm würdig war. Nun schau' ich auf Sie aus; kommen Sie bald, wärs mit der Leuchte in der Hand. Das würde mich erfreuen. In Absicht hab' ich es, die Capricci von Paganini, und nicht auf canonisch-complicirte Weise wie die A moll-Variationen, sondern einfach zu harmonisiren, und deshalb an eine gewisse geliebte Frau geschrieben, die sie im Verschluß hat. Ich fürchte, sie sorgt, es würde mich vielleicht etwas anstrengen. Ich hab' schon viel bearbeitet, und es ist mir nicht möglich, eine Viertelstunde unthätig zu bleiben, und meine Clara sendet mir immer, daß ich mich geistig unterhalten kann.

So komm' ich tiefer in des Johannes Musik. Die erste Sonate als erstes erschienenes Werk war eines, wie es noch nie vorkam, und alle vier Sätze ein Ganzes. So dringt man immer tiefer in die anderen Werke, wie in die Balladen, wie auch noch nie etwas da war. Wenn er nur, wie Sie, Verehrter, nur jetzt in die Massen träte, in Orchester und Chor. Das wäre herrlich.

Wir wollen, wie wir in Gedanken an welche, die uns in Weihestunden so oft ergreifen, gerade denken, uns für heute Lebewohl sagen — auf baldiges Wiedersehen.

Ihr sehr ergebener

R. Schumann.

470. An Brahms.

Endenich, 11. März 1855.

Theurer Freund!

Haben Sie Dank für die Sendung. Die Binde paßt gut. Und die „Signale" haben mir viel Freude gemacht. Ich schrieb es schon an Clara und Joachim, daß mir das Alles neu war. Wie kommts, daß gerade der jetzige Jahrgang 1855 so unvollkommen ist? Nur die Nr. 6, 8, 10, 11 und eben bekomme durch Kreuzcouvert 12.

Ich habe in Absicht, so bald als möglich an Dr. Härtel zu schreiben und ihm Einiges anzubieten. Ich weiß nicht genau, ob die Stücke für Violoncello und Pianoforte „Phantasiestücke" heißen.[490] Über Eines, das letzte, bin ich im Zaudern, obgleich es mir das Bedeutendste scheint; es geht aus D dur, das erste Trio in A dur mit wunderbaren Bässen (das Violoncell klang sehr gut, die Violine aber nicht). Ich wollte euch bitten, mir das Stück von Fuchs abschreiben zu lassen und mir schicken. Dann möchte ich Dr. Härtel wegen der Balladen angehen und ihm sagen nach der Wahrheit, in aller Bescheidenheit, wenn es noch Zeit ist. Das Scherzo war auch ein Stück, das gedruckt mußte, aber eines Ihrer schwersten im Tempo. Ich habe es neulich nach Genüge, wie ich wollte, ausgeführt. Und die Trios! Und der Schluß! Scherzo! Ist keine Sonate in Fis moll mehr da, d. h. zum Leihen? Wollen Sie Clara an die Capricci von Paganini erinnern, daß sie mir sie bald sendet und, wenn ich bitten darf, Notenpapier (12 liniges, eigentlich 12 fünfliniges). Ich freue mich sehr darauf. Bei Simrock in Bonn ist jetzt der vierhändige Clavierauszug zur Fest-ouvertüre über das Rheinweinlied erschienen. Meine Frau schrieb mir, daß sie vielleicht jetzt noch einen neuen Band binden könne. Nach der Opusnummer 123 müßte sie zum Anfang kommen; aber auf dem Rücken die Opuszahlen, die fortlaufen.

Der Spaziergang neulich war nicht weit, er hätte viel ferner sein müssen. Ganz fort von hier! Über ein Jahr seit dem 4. März 1854[491] ganz dieselbe Lebensweise, und dieselbe Aussicht nach Bonn. Wo anders hin! Überlegt es euch! Benrat ist zu nah, aber Deutz vielleicht, oder Mühlheim.

Schreibt mir bald! Sie sagen, ich möchte mich Ihrer, lieber Johannes, manchmal erinnern — manchmal von Früh bis Abends. So, auf baldiges Wiedersehen. Ihr R.

471. An Brahms.

[Endenich, März 1855.]

Ihre zweite Sonate, Lieber, hat mich Ihnen wieder viel näher gebracht. Sie war mir ganz fremd; ich lebe in Ihrer Musik, daß ich sie vom Blatte halbweg gleich, einen Satz nach dem andern, spielen kann. Dem bring' ich Dankopfer. Gleich der Anfang, das pp., der ganze Satz — so gab es noch nie einen. Andante und diese Variationen und dieses Scherzo darauf, ganz anders, als in den anderen, und das Finale, das Sostenuto, die Musik zum Anfange des zweiten Theiles, das Animato und der Schluß —, ohne Weiteres einen Lorbeerkranz dem anderswo herkommenden Johannes. Und die Lieder,[402] gleich das erste, das zweite schien ich zu kennen; aber das dritte — das hat (zum Anfang) eine Melodie, wo gute Mädchen schwärmen, und der herrliche Schluß. Das vierte ganz originell. Im fünften Musik so schön — wie das Gedicht. Das sechste von den anderen ganz verschieden. Die Melodie-Harmonie auf Rauschen, Wipfeln, das gefällt mir.

Nun haben Sie Dank für die Besorgungen, für die Capricci von Paganini und das Notenpapier. Einige (fünf) harmonisirt' ich schon. Es scheint aber die Arbeit schwerer, als meine freie Bearbeitung von früher. Der Grund ist, in der Violine liegt so oft der Baß nach seiner Weise. Jedenfalls würden meine älteren Piano-Solo-Arrangements mir die jetzige Arbeit sehr erleichtern. Kennen Sie, lieber Johannes, die Variationen für Pianoforte und Viola von Joachim [Op. 10] genau? Haben Sie sie vielleicht gehört von Clara und Joachim? Das ist ein Werk, das neben seinen Ouvertüren, seinen Phantasiestücken für Violine und Pianoforte noch über die emporragt, durch die phantasirend-abwechselndsten Regionen sich fortschwingt. Der Viola, auch dem Pianoforte, sind Geheimnisse abgelauscht; gleich die erste Variation möchte ich von Joachim hören — welche Melodie! Wie anders die zweite, die Viola in tieferen Chorden. Die vierte wie ein Traum. In der fünften der Gegensatz — sehr ernst (zum Schlusse trefflicher Orgelpunkt). Merkwürdig die sechste durch das Thema im Baß; die anderen Stimmen spielen darinnen mit dem Anfange desselben Thema. Die neunte, die zehnte (Zigeuner- und Ungarncharakter, so national nur möglich sein kann) und die Schlußvariationen vollenden das Werk zu einem der größten meisterhaften.

In den Signalen hab' ich gelesen, daß die städtische Verwaltung in Düsseldorf ein Concurrenz-Ausschreiben nach einem neuen Musikdirector gestellt. Wer könnte der sein? Sie nicht? Vielleicht hätte Verhulst Lust, wenn der Antrag ihm gestellt würde. Das sollte man thun.[493]

Noch eine Bitte nach den Gedichten von Elisabeth Kulmann und nach einem Atlas; wenn ich nicht irre, hat Herr Schuberth von Hamburg vielleicht vor zwei Jahren zwei Atlas noch mit sehr vielen anderen Büchern als Geschenk zugesandt.

Lieber und verehrter Freund, Sie schreiben im letzten Briefe: „Sie wissen wohl, ein Dichter bittet nicht gern zu kargem Tische." Wie meinst Du denn das? Auf baldiges Wiedersehen.

Robert.

472. An N. Simrock.

Endenich, d. 11ten März 1855.

Geehrter Herr,

In den Signalen habe ich gelesen, daß von in Ihrem Verlag erschienenen Festouvertüre über das Rheinweinlied der 4händige Clavierauszug vor Kurzem veröffentlicht wäre. Ich bin in Ihrer Nähe; wollten Sie vielleicht hieher 2 Freiexemplare zu schicken die Gefälligkeit haben. Wenn ich nicht irre, habe ich Ihnen auch ein zweihändiges Arrangement mitgeschickt. Sollten Sie vielleicht dieses auch gedruckt haben, so würde mich sehr freuen, ein Exemplar zu erhalten.

Mich zu geneigten Andenken empfehlend ergebenst

Robert Schumann

473. An N. Simrock.

Endenich, d. 18ten März 1855.

Hochgeehrter Herr,

Mit großem Vergnügen habe ich in Ihrem mich sehr erfreuendem Schreiben gelesen, daß in kurzer Zeit auch der zweihändige Clavierauszug erscheint. Bis jetzt konnte ich nur aus diesem Arrangement die Ouvertüre vergewärtigen; es war das Schlimmste bei dem Musikfeste, daß sie am 3ten Tag zum Schluß kam. Ich habe das Arrangement ganz correct gefunden.

Es sollte mir angenehm sein, wenn ich mit einer so berühmten Verlagshandlung wegen Veröffentlichung irgend einer Composition vereinigt könnte. Ich habe bei mir: Fünf Gedichte der Königin Maria

Stuart für eine Mezzosopranstimme mit Pianoforte. Die Uebersetzung kann man ganz trefflich nennen —, aus einer Sammlung altenglischer Gedichte von Gisbert Freiherrn Vincke. Die Gesänge sind nach ihrer eigenthümlichen Weise (als Gedichte) in Bezug auf Stimme und Begleitung einfach nationell aufgefaßt. Die Ueberschriften heißen: Abschied von Frankreich. Nach der Geburt ihres Sohnes (ein Anruf an Jesus Christus). An die Königin Elisabeth. Abschied von der Welt. Gebet.

Wenn Sie, geehrter Herr, das Gesangheft, das etwa 11 Platten gibt, zur Ansicht wünschten, so würde ich es Ihnen zu jeder Zeit zusenden können.[494]

Mit Hochachtung
ergebenst
Robert Schumann.

474. An N. Simrock.

Endenich, d. 13 April 1855.

Hochgeehrter Herr,

Eben hatte ich an Sie geschrieben, um nach dem Fortgang des 2händigen Clavierauszug zu fragen, — als Ihr Brief ankam zu meiner Freude mit der Correctur. Es waren noch einige Fehler darin. Auch habe ich sehr gern von Ihnen vernommen, die Orchesterstimmen zu herauszugeben. Zur Verbreitung ist immer das Beste. Zur Correctur der Stimmen würde meine Partitur nöthig sein. Wollten Sie deshalb mir vielleicht etwas mittheilen, ob Sie selbst etwa eine Partitur besäßen. Dann müßte ich sie mir von Düsseldorf kommen lassen.

Bald fertige Exemplare zu sehen, freue ich mich.

Hochachtungsvoll
Robert Schumann.

Vierte Abtheilung:

Briefe an Verleger.

475. An Fr. Kistner in Leipzig.

Sollten Euer Wohlgeboren beifolgende Variationen des Druckes werth halten, so empfangen Sie im Voraus den Dank des unterzeichneten Componisten, der sich zum erstenmal an die Sonne wagt.

Darf ich einen Wunsch äußern, so ist es dieser, daß Format, Papier, Stich und Titel etwa den bei Probst erschienenen Variationen von Carl Mayer (über den Sehnsuchtswalzer) gleich kämen. Wenn mir Ew. Wohlgeboren diesen Wunsch gewähren wollen, so würde ich mich, um Sie gegen jeden Verlust zu decken, gern dazu verstehen, 50—60 Exemplare mit 50% anzunehmen.

Schließlich frage ich noch ergebenst an, ob die Variationen bis zum 18ten November, an welchem Tage der Geburtstag der Gr[äfin] Abegg ist, der ich Verbindlichkeiten schuldig bin, erscheinen könnten?[495] Ohne diesen Umstand würd' ich keine Ansprüche auf Eile gemacht haben.

Da ich bis Freitag eine größere Reise antrete, so wollten mir Ew. Wohlgeboren vielleicht bis dahin eine bestimmte Antwort geben

Ew. Wohlgeboren

Leipzig, am 12ten Septber 31.

ganz ergebenem
Robert Schumann
(bei Hn. Friedrich Wieck).

476. An Breitkopf und Härtel in Leipzig.

Ew. Wohlgeboren,

Der Schutz Ihrer Firma ist für den jungen Componisten zu lockend, als daß er nicht den Versuch machen sollte, Ihnen die beifolgende Fantasieübung zur gefälligen Durchsicht zu senden und, wenn Sie sie des Druckes werth halten, zum Verlag anzubieten ...

Dürfte ich einen Wunsch äußern, so wäre es der, daß das Stück bis zum 28sten Januar 1833 erscheinen möchte. Ich würde diesen Anspruch um Eile nicht machen, wenn nicht eine Pflicht gegen einen geschätzten Lehrer, dessen Geburtstag auf jenen Tag fällt, dazu triebe.[496]

Dann würde ich Sie um etwa zehn Freiexemplare, worunter ein Dedicationsexemplar auf feineres Papier, ersuchen. — Was das Honorar anlangt, so erhielt ich immer fünf Thaler für den Druckbogen. In dieser Hinsicht bescheide ich mich gern mit allem, was Sie bieten. —

Auch stehen für eine spätere Zeit XII Burlesken (Burle) nach Art der Papillons, die bei Kistner erschienen, unter denselben Bedingungen zu Ihren Diensten.

Da ich in acht Tagen auf einige Monate verreise, so ersuche ich Sie in dieser Zeit um eine gütige Entscheidung in Betreff der vorgeschlagenen Bedingungen, der ich hochachtungsvoll verharre als

Ew. Wohlgeboren

L[eipzig], am 2ten November 1832. ganz ergebener Robert Schumann.

477. An Fr. Hofmeister in Leipzig.

Schneeberg, 29. Jan. 33.

Verehrter Herr,

Eben erhalte ich das erwünschte Partitur-Papier, das sehr schön ausgefallen ist. Wollen Sie die Güte haben, mir mit erster Buchhdlr. Gelegenheit die Stimmen zur ersten Sinfonie von Onslow und zur letzten (D moll) von Kalliwoda hierher zu senden.

Ich schließe diesen Zeilen ein Allegro di Bravura bei. Nehmen Sie es vielleicht statt des Fandango an, da ich von ihm schon vor geraumer Zeit einen Bogen verloren und bis jetzt den Faden nicht wieder aufgefunden habe? — Wird er noch fertig, so steht es natürlich bei Ihnen, ob Sie ihn später drucken wollen oder nicht.[497]

Die Irisrecension[498] habe ich mit Vergnügen gelesen. Haben Sie an die Cäcilia und an Fink Exemplare geschickt? An letzteren that ich's beim Erscheinen der Abeggvariationen und der Papillons mit der Bitte um eine Beurtheilung. Er ist aber bis jetzt stumm geblieben. — Mit der Sinfonie [G moll] geht's vorwärts. Sie (wie die A dur-Sinfonie von Beethoven) wird hier mit vielem Fleiß einstudirt und ist gegen die Zwickauer Aufführung kaum zu erkennen. Da das Concert erst am 18ten Februar ist, so sieht mich Leipzig vor März nicht. Erfahre ich zuvor noch etwas von Ihnen, so würde mich das sehr freuen. In Hochachtung und Freundschaft

Ihr ergebener

R. Schumann.

478. An Fr. Kistner.

Ew. Wohlgeboren

halte ich mich zu melden verpflichtet, daß ein zweites Heft von Papillons zum Druck bereit liegt. Da ich früher jede Ihrer Forderungen einging, so möchten Sie jetzt meine nicht unbescheiden finden — diese sind: eine Anzahl von Exemplaren (acht bis zehn, die an die Redactionen nicht mitgerechnet) und eine zu bewilligende Auswahl von Noten mit 25% als Honorar, den Druckbogen zu sechs Thaler gerechnet. Dem ganzen Heft [Op. 5] liegt eine Romanze von Clara Wieck[499] zu Grund, die es Ihnen gewiß gern vorspielt. Im Fall der Annahme wollen Sie mir eine Stunde bestimmen, wo das Weitere zu besprechen wäre, im Fall der Nichtannahme ersuche ich Sie um zwei schriftliche Worte. Auf dem Titelblatt würde nur noch die Werkzahl hinzuzufügen sein.

Ihrer gefälligen Entscheidung entgegensehend mit Hochachtung
Ew. Wohlgeboren

[Leipzig] den 6ten Juni 33. ergebener
R. Schumann.

479. An Fr. Hofmeister, hier.*)

Vom 14ten Juli 33.

Verehrtester Herr,

Nach vierwöchentlichem Nachdenken hab' ich nichts heraus gebracht, als die einfältigen paar Zeilen auf den beifolgenden Blättern. Gegen Ortlepps Prospect[500] hätte ich manches einzuwenden, wenn nicht vieles; denn mit der Waffe, mit der wir kämpfen wollen, gibt er sich geradezu im Anfange gefangen; ich meine, es ist nichts neues, poetisches oder schlagendes in seiner Ansicht u. im Prospect; ja, ich getraue mir diese Stumpfheit in jeder Zeile nachzuweisen. Wozu überhaupt einen! Der vielen Kosten nicht zu gedenken, so liest ihn entweder das Publikum gar nicht oder untersucht ihn haarscharf u. wehe dann einem leichten Wort. Auch hat der Name „Leipzig" einen Klang, der ungefähr das, was der O.-Prospect verspricht, u. vielleicht noch mehr erwarten läßt. Meine einfache Meinung geht daher auf eine vorläufige, oft wieder-

*) A. d. Conceptbuch.

holte Anzeige u. die Vorherausgabe der beiden ersten Nummern, die wir, unsre Ansicht praktisch aussprechend, recht tournir- und weltfähig in die Welt schicken können, da zur schönen Ausarbeitung bis October noch Zeit genug ist. Ich wünschte gern Ihre Gedanken zu haben.

Schon st. zehn Tagen setzt mir das kalte Fieber zu (Sie müssen es an der geschüttelten Handschrift bemerken) u. allerdings wird mir die Correctur der Intermezzi eine Zerstreuung geben. Mit den Impromptus geht es vorwärts; meinen Wunsch, daß es Wieck'en unbekannt bliebe, brauch ich wohl kaum zu äußern. Für Ihre Bereitwilligkeit meinen lebhaften Dank.

In Achtg u. Ergebht

Gegen den Titel „Tonwelt" stemm' ich mich mit aller Macht; „Tonmeer" könnte man etwa von Beethoven sagen, Tonwelt nur vom lieben Gott. Unter Tonwelt versteh' ich eine Welt von Tönen (d. i. nichts). Entschuldigen Sie meine Bitterkeit halb mit dem Fieber. Den beifolgenden angefangenen Bogen bitte ich mir zurückzuschicken, da ich meine Bedenklichkeiten und Ideen auf diese Art auszuführen gedenke. Diese haben die Zustimmung der anderen Mitglieder.

---

480. An Fr. Hofmeister.

[Leipzig], 31. Juli 33.

Verehrter Herr,

Wollen Sie die Güte haben, mir den Ortleppschen Prospect bis morgen zur Durchsicht zu schicken, da ich die letzte Conferenz verschlafen. Doch ist das keineswegs der Grund zum Briefe, sondern etwas ganz anderes. Ich möchte Wieck, dem ich so manche Schuld abzutragen habe, an seinem Geburtstage, der in die Mitte August fällt, eine Überraschung mit „Impromptus über die Romanze von Clara" machen. Da die Zeit bis dahin so kurz, so habe ich nicht gewagt, Sie um Verlag des Werkes anzugehn und meinen Brüdern die Sache zu Druck und Besorgung gegeben. Wollten Sie nun wohl mir und diesen erlauben, Ihre Firma mit auf den Titel zu setzen, daß es einen Anstrich bekömmt? Es wäre demnach folgender:

Impromptus
sur une Romance de C. Wieck
comp. pour le Pfte
et dédiés
à Mr. Frédéric Wieck
par
— — ——

Leipzig, chez F. Hofmeister. Schneeberg, chez Schumann.
Propr. des éditeurs, [publié 1833 Août].

Noch ersuche ich Sie um den Namen eines guten Kupferdruckers, wie um eine einzeilige Antwort auf meine Bitte, die Sie nicht abschlagen möchten Ihrem

ganz ergebenen
R. Schumann.

481. An Raimund Härtel.

L. H. 22/12. 35.

Ew. Wohlgeboren

übersende ich im Auftrag des Hrn. MD. Mendelssohn die schöne Melusinen-Ouvertüre.[501] Sollten Sie den Clavierauszug der Symphonie von Berlioz,[502] den Ihnen Hr. Wieck einmal früher zugestellt, nicht mehr benutzen können, so haben Sie die Gewogenheit, mir ihn zurückzuschicken. —

Schließlich, daß es mir lieb wäre, zu erfahren, ob E. W. geneigt wären, später eine oder mehrere meiner Compositionen, die kurz und ohne große Kosten herzustellen sind, in Verlag zu nehmen. Es sind „brillante Sonaten", „Variations symphoniques", „Fasching" u. a. — Daß damit keine Schätze zu erlangen, weiß Niemand besser als ich. Indeß versuchen Sie![503] Ich habe keine großen Ansprüche,

Der ich mich zeichne als
Euer Wohlgeboren
ergebenster
Robert Schumann.

482. An Fr. Kistner.

Verehrtester Herr Kistner,

Vielleicht gefällt Ihnen etwas an der folgenden Idee. Ich möchte die Sonate, welche Sie, wie ich glaube als Hr. Moscheles hier war, von Clara gehört haben, unter diesem Titel herausgeben;

Sonate
f. d. Pianoforte.
Clara
zugeeignet
von
Eusebius u Florestan.

Das Räthselhafte des Titels wird gewiß manchen anziehn. Jedenfalls sollen die Kosten herauskommen. Dafür will ich sorgen. Hätten Sie Lust sie zu verlegen, so würde ich Sie nur um 30 Freiexemplare angehn. Schönen Druck und Papier urgire ich nicht, da dies bei Ihnen garantirt ist, mehr jedoch einen etwas aparten aber zarten Titel mit etlichen Emblemen, worüber sich jedoch noch sprechen ließe, vor Allem aber Eile der Herausgabe, da ich sie zum gewissen Zweck schon im Juni fertig haben möchte.[504]

Gingen Sie darauf nicht ein, so habe ich eine andere Bitte: daß Sie, wenn ich sie auf meine Rechnung erscheinen ließe, gestatten wollten, Ihre Firma auf den Titel setzen lassen zu können, und Sie gegen den üblichen Commissionsrabatt den Debit besorgen möchten. Papier würde ich geben. Was aber das andere als . . Stich, Platten, Druck, Titel, Umschläge anlangt, so würden Sie mir sicher Kosten ersparen, wenn Sie mir dies durch Ihre Arbeiter machen ließen. In diesem Falle wollen Sie mir gefälligst berechnen, was 24 Platten, deren Stich, Druck von 200 Exemplaren, Titel und Umschläge kosten und wieviel Absatz nöthig ist, die Auslagen zu decken.

Daß mir der Glätte des Geschäfts halber am liebsten wäre, Sie nehmen die Sonate unter Ihren unmittelbaren Verlegerschutz, brauche ich Ihnen nicht zu sagen. Da das Ganze auf eine Ueberraschung abgesehn ist, so bitte ich Sie auf Ihr Wort um Verschwiegenheit gegen Jedermann.

Freundschaftlichst ergeben

L[eipzig], 19/3 36. Robert Schumann.

483. An Fr. Kistner.

L[eipzig], 13/4 36.

Nach der Sonate möchte ich ein Dutzend Faschingsschwänke herausgeben; ich bitte Sie um Genehmigung der folgenden Anzeige, die ich in m. Ztsch. abdrucken lassen will und die Sie vielleicht auch in die allgem. Ztg. einrücken möchten.[505] Sollten Sie keine Lust zum Verlag der letztern haben, so nehme ich es auf meine Kosten und ersuche Sie, wie schon früher, um den Genuß Ihrer Firma.

484. An Fr. Kistner.

Lpz., 3ten Juli 1836.

Hier, mein verehrter Herr Kistner, den lustigen Carnaval. Ich habe viel darin gestrichen, daß er höchstens 20 Platten bildet und also, (was mir lieber, da es ein Ganzes vorstellt) in einem Hefte erscheinen könnte. Wünschten Sie dennoch zwei zu machen, so würde ich von den Sphinxen in jedes eine setzen. Die Sphinx ist nämlich die Chiffre und die musikalischen Buchstaben S. C. H. A. in meinem Namen, mit denen fast alle Sätze anfangen.

Irre ich nicht ganz, so wird die Geschichte einigen Spektakel machen und jedenfalls sich gut, ja ausnehmend verkaufen, da sie übrigens nicht schwer zu spielen ist.

Da Sie mir durch die schnelle und schöne Herausgabe der Sonate einen großen Dienst erwiesen und ein Opfer gebracht, so verlange ich vor der Hand kein Honorar. Erlauben Sie aber, was Sie gewiß billig finden müssen, da ich auch zu leben brauche, daß ich nach einem Zeitraum mich nach dem Absatz erkundige. Hat er sich dann gut gestellt, so vergüten Sie mir sicher auf eine Weise, was ich an Fleiß u. Zeit an eine meiner liebsten Compositionen gesetzt.

Daß es so rasch, wie Ihnen möglich, erschiene, wünschte ich allerdings. Für einen feinen Titel müßte man auch sorgen: darüber mündlich; eben so mit dem Stecher.

Das Manuscript ist bis auf eine letzte Durchsicht, die ich morgen damit vornehmen möchte, gut geschrieben und correct.

Antwort hole ich mir diesen Nachmittag.[506]

Ihr sehr ergebener

Robert Schumann.

485. An Fr. Kistner.

Leipzig, 19 December 1836.

Verehrter Herr Kistner,

Da ich weiß, wie willig Sie zur Ausführung einer schönen Idee die Hand reichen, wende ich mich an Sie.

Florestan und Eusebius wünschen gern etwas für Beethovens Monument zu thun und haben zu diesem Zwecke etwas unter folgendem Titel geschrieben:

Ruinen. Trophaeen. Palmen.
Große Sonate f. d. Pianof.
Für Beethovens Denkmal
von

Wie ist es aber zu machen, daß bei einer Herausgabe Componist und Verleger nicht etwa aus ihrer Tasche baar zu bezahlen haben und dennoch etwas für das Denkmal erübrigt werde? Ich denke so. Im Falle Sie das Werk unter Ihren Schutz nehmen wollten, würde ich Sie bitten, dem Bonner Comité hundert Exemplare gratis zu überlassen, die das Comité bald unterbringen würde. Der Ertrag dafür (gegen 80 Thaler) bliebe dem Monument.

Beim allgemeinen Interesse für die Sache würden Sie nun aber sicherlich genug aus Ihrer Hand verkaufen, um sich für die hundert verschenkten Exemplare und den Kostenaufwand, der nicht mehr als bei der früheren Sonate betragen würde, zu entschädigen. Auch könnte man überhaupt, wenn die Ausstattung glänzend wäre, einen höheren Preis als gewöhnlich stellen. Es wird sich doch verkaufen.

Ueber die Ausstattung nun habe ich meine besonderen Gedanken und denke ich mir sie, der Würde des Gegenstandes gemäß, ganz wundervoll. Ein schwarzer Umschlag, oder noch besser Einband mit Goldschnitt, auf dem mit goldenen Buchstaben die Worte stünden:

„Obolus auf Beethovens Denkmal"

Auf dem Haupttitelblatt könnten etwa Palmenblätter die obersten Worte überhangen. Auf der folgenden Seite wäre dedicationsmäßig zu setzen:

„Für B's Denkmal
von
Componist u. Verleger".

Bitte — denken Sie darüber nach: ich brenne darauf und kann Ihnen wie auch mir Ehre von der Sache versprechen. Auch ist die

Sonate an sich merkwürdig genug. In den „Palmen“ kömmt das Adagio aus der A dur-Symphonie vor.

Dies für heute, worüber ich morgen ausführlicher mit Ihnen sprechen möchte. Ich wünsche sehnlich, wir verständigten uns bald u. Sie setzten die Sache unverzüglich ins Werk.[507]

Ihr ergebener

R. Schumann.

486. An Raimund Härtel.

L. 22sten Mai 37.

Mit Vergnügen komme ich der Bitte des Fräuleins [Elise] Müller nach. Sechs mit Sorgfalt ausgewählte Lieder werden ein recht hübsches Heft bilden. Doch bin ich in diesen sechs bereits ausgewählten auf Einzelheiten gekommen, die ich unmöglich gutheißen oder vertreten kann. Wollen Sie dem Fräulein M. vielleicht schreiben, daß ich ihr meine Vorschläge sehr gern schriftlich mittheilen würde, wenn sie es wünscht. Nimmt sie solche an, gut; — wo nicht, hab ich wenigstens meine Pflicht gethan.

Ich nehme hier die Gelegenheit wahr, Sie, wie ich schon längst im Sinne hatte, um Verlagsübernahme zweier Compositionen von mir zu ersuchen. Eine heißt: „Carnaval“; die andere: „Phantasien [Phantasiestücke] für Pianoforte“. Der Carnaval erscheint gleichzeitig, aber in etwas anderer Gestalt und mehr für die Franzosen verändert, bei Schlesinger in Paris, und würde ich Sie bitten, dessen Firma mit auf dem Titel zu erwähnen. Vielleicht würden Sie mir auch einen sich auszeichnenden Titel nach meiner Idee lithographiren lassen, worüber mündlich.[508]

487. An Breitkopf und Härtel.

Leipzig, d. 7ten August 1837.

Hochverehrte Herren,

Beifolgend die Phantasiestücke, die ich Ihrem gütigen Wohlwollen empfehle. Sie werden wohl am besten thun, wenn Sie sie in zwei Hefte bringen. Jedes wird ungefähr zwölf bis dreizehn Seiten geben. Könnten beide Hefte bis zum letzten September erscheinen, so würden Sie mich sehr verbinden. Sie sollen auch einige Freude daran haben, hoffe ich.

Ihr

ganz ergebener

Robert Schumann.

488. An Raimund Härtel.

[Leipzig], den 4ten Februar 1838.

Verehrtester Herr,

Es schreibt mir ein Herr Simonin de Sire aus — (den Namen kann ich nicht lesen) einen sehr verbindlichen Brief und beruft sich dabei auf ein Schreiben an Sie, in dem er Sie um gefällige Besorgung meiner Oeuvres complets, wie er sagt, ersucht hätte. Im Verzeichniß, das er mich zu ergänzen bittet, vermisse ich folgende:

Variations sur le Nom Abegg (Kistner) Op. 1
Papillons (Kistner) Op. 2
Etudes nach Paganini Liv. 1. Op. 3 (Hofmeister)
Davidsbündlertänze. 2 Hefte Op. 6 (Friese)
Sonate von Florestan u. Eusebius Op. 11 (Kistner) und
Etudes symphoniques Op. 13 (Haslinger).

Am besten aber, ich lege Ihnen den ganzen Brief bei, damit keine Irrung geschieht. Haben Sie die Güte, mir ihn gelegentlich zurückzuschicken und dazu den Wohnort [Dinant], den ich durchaus nicht lesen kann, zu bemerken. Oder kann ich vielleicht bei Ihnen einen Brief einlegen?

Mit allem Eifer bin ich jetzt beim Ausarbeiten und theilweise Abschreiben mehrerer neuer Sachen: 2te Sonate für Pianoforte, — Phantasien f. Pfte., — Novelletten für Pfte. — und 3te Sonate f. Pfte., — die einzigen, die ich in den nächsten zwei Jahren herauszugeben gedenke. Gern möchte ich bei Ihnen bleiben, wenn Sie wollten; es geht bei Ihnen so leicht und ohne große Worte von statten, wie es der Künstler nur lieben kann. Sie haben also alles, was Sie wollen, und ich hole mir in diesen Tagen eine Antwort, wenn Sie nicht sie mir etwa vorher schriftlich geben wollten.

In treuer Ergebenheit

Robert Schumann.

489. An Fr. Kistner.

Leipzig, den 7ten Februar 38.

Eben heute, als ich zufällig einen Bestellzeddel meiner sämmtlichen Claviercompositionen in die Hände bekam, worauf allein die Florestan-Eusebiussche Sonate fehlte, fiel mir ein, ob es nicht für Sie wie für mich vortheilhafter wäre, wenn Sie einen neuen Titel mit dem wahren

Namen ohne romantischen Beisatz anfertigen ließen. Steht dem nichts entgegen, so ersuche ich Sie, ihn folgender Art zu stellen:

I ste
Sonate für Pianoforte.
Frl. Clara Wieck
zugeeignet
von
R. S.[509]

490. An Raimund Härtel.

Leipzig, d. 21sten März 1838.

Verehrtester Herr,

Die beifolgenden Kinderscenen empfehle ich Ihrem Wohlwollen; sie sollten erst den Anfang zu den Novelletten bilden, doch finde ich es passender, daß sie in einem aparten Hefte erscheinen, wo sie wohl zehn bis eilf Platten geben.

Hier hätte ich einen Vorschlag. Meiner Ansicht nach eignen sich diese kleinen Stücke gut zu Geschenken, schon ihrem Inhalte nach, und überdies sind sie leicht und Allen zugänglich. Es würde mir gefallen, wenn Sie die Kinderscenen ähnlich stechen ließen wie Ihr Album [f. 1838], und sagte dies dem Charakter der Musik gewissermaßen zu. Doch bespricht sich dergleichen mündlich viel besser, weshalb ich mir erlauben werde, Sie morgen aufzusuchen.

Ihr ergebenster
R. Schumann.

491. An Raimund Härtel.

Leipzig, den 24sten März 1838.

Verehrtester Herr Härtel,

Gestern Abend traf ich Sie leider nicht mehr an und heute kann ich nicht abkommen. Mit dem Honorar für die „Kinderscenen“ halten wir es wohl wie mit den anderen Sachen. Rechnen Sie drei Louisd'or. Einige Freiexemplare mehr würden mir erwünscht sein, da ich so manches verschenken muß.

Was die Ausstattung anlangt, so meinte ich nur das ähnliche zierliche Format des Notenstiches, da ich gerne leiden mag, wenn das Aeußere einigermaßen dem inneren Charakter entspricht. Das Format des Papieres könnte dasselbe bleiben wie gewöhnlich, den breiten Rand könnte man vielleicht durch Linien einfassen.

Auch zum Titel möchte ich etwas Niedliches, wie ich gestern einen in Ihrer Handlung sah zu neuen Variationen v. Kalkbrenner, das der Herzogin von Orleans dedicirt ist.

Zu den Schriften des Titels wie der einzelnen Stücke nehmen Sie gefälligst eine hübsche deutsche. Im Uebrigen überlasse ich alles Ihrem Geschmack.

Eile des Stiches und Druckes wäre mir vorzüglich erwünscht.

Freundschaftlichst mich empfehlend Ihr

ergebenster

R. Schumann.

492. An Diabelli & Co. in Wien.

Leipzig, den 18ten Mai 1838.

Geehrteste Herren,

Sie haben mir durch Ihre Widmung[510] eine Freude gemacht, — ich muß gestehen, die größte, die mir je von Außen auf so zarte Weise geworden ist. Dazu nun das schöne Gewand, mit dem Sie diese höchst merkwürdigen letzten Gedanken dieses geliebten Künstlers ausgestattet — nehmen Sie meinen besten Dank dafür.

Vielleicht daß ich Ihnen diesen bald mündlich bringen kann, da es mein Wunsch ist, vielleicht noch in diesem Sommer Ihr schönes Wien mir genauer anzusehen. Erlauben Sie denn, Verehrteste, mich Ihnen persönlich vorstellen zu dürfen und über manches Rücksprache zu nehmen, was bis jetzt einer freundlichen Verbindung mit Ihrer geschätzten Firma auch hindernd im Wege gestanden.

Um ferneres Wohlwollen bittend Ihr

ganz ergebener

R. Schumann.

493. An Breitkopf und Härtel.

Wien, den 6ten Januar 1839.

Verehrteste Herren,

In einer mich besonders interessirenden Angelegenheit wende ich mich heute an Sie. Ich war vor einigen Tagen bei dem Bruder von Franz Schubert[512] und sah mit Verwunderung die Schätze, die in seinem Verwahr sind. Es sind einige Opern, vier große Messen, vier bis fünf Symphonien und vieles Andere. Auf mein Befragen, ob er, der Bruder, noch Niemandem davon zum Verlag angeboten hätte, antwortete er verneinend, — „die Wiener Verleger hätten ohnedem noch viel aus seines Bruders Nachlaß zu drucken". Da er mich bat, mich für die Herausgabe zu verwenden, was in meinen Kräften steht, so hatte ich gleich meine Gedanken auf Sie, verehrteste Herren, gerichtet. Namentlich erlaube ich mir Sie auf die höchst merkwürdigen Messen und Symphonien aufmerksam zu machen. Die Symphonien könnten Sie im vierhändigen Arrangement erscheinen lassen, welcher Arbeit ich mich gern selbst unterziehen würde. Von den Messen wären freilich die Partituren wünschenswerth. Dies alles nun nach Ihrem Gutdünken. An Honorar würden Sie bescheidene Forderungen antreffen, namentlich wenn Sie vielleicht alles in Bausch und Bogen an sich kaufen wollten. Ganz auf Honorar verzichten kann aber Schuberts Bruder nicht, da er gänzlich unbemittelt, Vater von acht Kindern, und der Nachlaß seine ganze Habe ist.[511] Das Genauere melde ich Ihnen später, sobald ich irgend Antwort von Ihnen habe.

Mit dieser Bitte um eine baldige gütige Antwort verbinde ich eine andere, mich selbst betreffend: Es würde mir in meinen hiesigen augenblicklichen Verhältnissen zu großer Empfehlung gereichen, wenn mehrere meiner Compositionen gedruckt erschienen. Sie haben noch manchen Bogen von mir. Ist es Ihnen irgend möglich, so verpflichten Sie mich wahrhaft durch baldige Herausgabe namentlich der an Liszt dedicirten Phantasie, der Sie dann nach einiger Frist die Novelletten nachschicken möchten. Ich ersuche Sie freundlichst um Berücksichtigung dieser meiner Bitte . . .

Haben Sie die Güte, mir bald eine Antwort zukommen zu lassen und halten mich stets für Ihren

ergebensten

Rbt. Schumann.

Liszt kömmt im Februar selbst hierher, wahrscheinlich auch nach Leipzig.

494. An Raimund Härtel.

Wien, den 2ten März 1839.

Mein verehrtester Herr Härtel,

Wie mich die Kinderscenen gefreut, kann ich Ihnen nicht sagen; es ist das Lieblichste, was mir von Musikausstattung vorgekommen.

Haben Sie vielen Dank dafür und möchte es Ihnen belohnt werden! Wie ich Angst hatte um Druckfehler, so ist es auch geworden, woran das schlimme Manuscript [Schuld] ist. Haben Sie die Güte, das beifolgende Blatt Correcturen bei der nächsten Auflage zu benutzen! ... Bei den Novelletten ist mir eingefallen, ob Sie sie nicht ähnlich wie z. B. die drei Capricen von Mendelssohn eintheilen könnten. Da sie sehr eng zusammenhängen, so wäre mir das sehr lieb.

495. An Raimund Härtel.

Wien, den 29sten März 1839.

Verehrtester Herr,

Daß Sie Schuberts Symphonie [C dur] drucken wollen, hat mich sehr gefreut, der Symphonie, wie auch seines Bruders halber, der ein armer Schullehrer mit acht Kindern. Gleich nachdem ich Ihre gütigen Zeilen erhalten, schickte ich zu ihm; er hat mich hierauf noch nicht besucht, kömmt aber gewiß dieser Tage. So viel weiß ich aber gewiß, daß er auch nicht ein einziges Lied von seinem Bruder hat, da ich ihn selbst für die Frieseschen Beilagen [zur Zeitschrift] darum bat, und Sie müßten da auf einen andern Ausweg sinnen. Meiner Ansicht nach ist das Honorar überhaupt zu hoch; der Componist hätte es verdient, der Erbe aber kann auch mit Wenigerem zufrieden sein. Leider ist es mir unmöglich, Ihre Antwort hier abzuwarten, da ich schon den 6ten—8ten April hier abreise. Jedenfalls spreche ich aber vorher noch mit Hrn. Schubert, und ich bin überzeugt, er gibt Ihnen die Symphonie auch für 180 Gulden. Seine bestimmte Antwort bringe ich Ihnen dann mündlich.

Der beifolgende Brief von Schubert ist der letzte, den er überhaupt geschrieben, und hat in dieser Hinsicht ein Interesse. Doch werde ich seinen Bruder noch um ein Musikblatt für Sie bitten. Hätte ich von Ihrer [Autographen-]Sammlung nur eher gewußt; ich hätte Ihnen hier noch manches verschaffen können. Doch geht es auch später durch Hrn. Aloys Fuchs. Von Czerny haben Sie wohl schon? —

Eben zur günstigen Stunde war Hr. Schubert* bei mir, und ist mit 180 fl. völlig zufrieden. Haben Sie die Güte, ihm nun selbst zu schreiben. Er bittet nur noch um fünf Freiexemplare.

Viel hab' ich noch heute zu besorgen und muß meine eiligen Zeilen schließen. Ole Bull hat großes Aufsehen gemacht; eine höchst merkwürdige Erscheinung. Auch Mrs. Shaw ist vor einigen Tagen angekommen, ebenso die Taglioni und die italienische Oper. So viel trifft freilich in Leipzig selten zusammen. Doch freue ich mich auf das Wiedersehen, und dann ein Mehres von Ihrem

ergebenen

R. Schumann.

* Lieder hat er keine [Autographen] mehr, wie ich Ihnen schon schrieb.

496. An Fr. Hofmeister.

[Leipzig] 18. Juni 1839.

Verehrter Herr Hofmeister,

Sie thun der Redaction Unrecht, wenn Sie ihr Vernachlässigung Ihres Verlages vorwerfen; es sind seit Februar fünf Ihrer besseren Artikel, und sämtlich empfehlend, angezeigt. Wäre dies aber auch nicht, so wissen Sie ja, daß in einem Blatt, das wöchentlich nur einmal erscheint, nicht alles gleich nach der Versendung berichtet werden kann — beim besten Willen nicht. Es würden dann auch nur Handwerksrecensionen entstehen, die Sie selbst am wenigsten dulden mögen.

Schicken Sie mir fernerhin von Ihrem Verlag, so danke ich es Ihnen und betrachte es als eine mir persönlich gethane Gefälligkeit, da mich alles Neue interessirt, und man nicht alles Neue im Leihinstitut haben kann. Wünschen Sie Compositionen zurück, so bedarf es nur eines Wortes.[512] Ihr ergebenster

R. Schumann.

497. An Raimund Härtel.

Leipzig, den 29sten August 39.

Verehrtester Herr Härtel,

Wäre es Ihnen wohl möglich, mir bis zum 13ten September ein gutes Exemplar meiner Sonate [G moll] anfertigen zu lassen? Es wäre mir das ein großer Gefalle. An diesem Tag ist der Geburtstag von Clara Wieck, die gerade diese Sonate gern hat, und der ich eine Freude machen möchte.[513]

Ich bitte Sie um diesen Liebesdienst.

Ihr ergebenster

R. Schumann.

498. An Fr. Hofmeister.

[Leipzig, October 1839.]

Es scheint mir jetzt an der Zeit, auf Mendelssohns Hochzeit des Camacho, die wie ich glaube Ihr Verlag, in einem größeren Artikel aufmerksam zu machen. Geben Sie mir gefälligst Nachricht, ob Sie mir zu diesem Zwecke ein Exemplar zuschicken wollen.[514] — Dessauers Oper [„Ein Besuch in St. Cyr"] kommt in 14 Tagen daran. — Die Vergleichung der älteren Stücke von Liszt mit den Haslingerschen ist allerdings sehr interessant; die älteren gefallen mir sogar besser. Können Sie mir nicht sagen, wo sie zuerst und seit wie lange sind erschienen?[515]

499. An Breitkopf und Härtel.

Leipzig, den 23sten Februar 1840.

Hochverehrteste Herren,

Beifolgend erlaube ich mir eine Sammlung zu schicken, an der ich lange mit Lust und Liebe gearbeitet [Liederkreis von Heine]. Da man mich nur als Claviercomponisten kennt, so denke ich, daß sie hier und da Interesse erregen wird. Lieb wäre es mir, wenn sie bald erschiene, im Übrigen unter den früheren Bedingungen. Auf einige Freiexemplare mehr, etwa zehn bis zwölf, kömmt es Ihnen wohl nicht an. Die Theilung in zwei Hefte wird Ihnen recht sein; sonst hätte ich es auch gern, wenn die Sammlung, die ein Ganzes bildet, in einem erschiene.

Hochachtungsvoll

Ihr ergebenster

Robert Schumann.

500. An Fr. Kistner.

Leipzig, d. 7ten März 1840.

Verehrtester Herr Kistner,

Seit lange hege ich einen Lieblingsgedanken, zu dessen Mitausführung Sie sich vielleicht verstehen. Es soll ein Brautgeschenk werden, das eine Ausschmückung verlangt, wie gerade Sie sie so sinnig und zart immer zu geben wissen. Der Titel ist:

Myrthen

Liedercyklus

in vier Heften

von R. Sch.

Die Texte sind von Rückert, Goethe, Heine, Burns und Byron. Jedes Heft würde im Ladenpreis etwa 16 Gr. zu stehen kommen. Die zwei ersten wünschte ich bis Ende Mai, die letzten zwei bis Ende August beendigt, und dafür Ende Mai ein Honorar von 12 Louisd'or für die zwei ersten, und für die zwei letzten Ende August ein gleiches Honorar. Die Lieder selbst, glaub' ich mich nicht zu täuschen, werden sich rasch verbreiten und viel gesungen werden; wer davon gehört hat, sagt mir das, und der Componist weiß ja immer auch am besten, was ihm von Herzen gekommen ist und was wirken muß. Das erste Heft enthält: „Widmung" v. Rückert, „Lotosblume" von Heine, „Jemand" von Burns, zwei Brautlieder v. Rückert, und „Mein Herz ist im Hochland" v. Burns. Montag erhalte ich die Reinschrift des 1sten Heftes und Sie könnten gleich mit dem Stich beginnen lassen.

Sagt Ihnen mein Gedanke zu, so sprechen wir noch über das Aeußere.[516] Daß Sie Niemandem noch davon sagen möchten, ersuche ich noch freundlich, damit Clara nichts davon erfahre!

Hochachtungsvoll

Ihr ergebenster

Robert Schumann.

501. An Breitkopf und Härtel.

Leipzig, den 3ten Juli 1840.

Hochverehrteste Herren,

Meinen Wunsch, eines Ihrer schönen Instrumente zu besitzen, sprach ich Ihnen schon mündlich aus. Ist es Ihnen nicht möglich, von dem mir angegebenen Preise noch etwas abgehen zu lassen? Ich denke, da ich Musiker bin, da der Flügel zu einem Geschenk für eine Künstlerin [Clara Wieck] bestimmt ist — Sie nehmen ein wenig Rücksicht darauf. Aufrichtig gesagt, ich habe mir zu dem Zweck 400 Thlr. Pr. Cour. bestimmt, und darf gerade jetzt, wo mir manche andere Ausgabe bevorsteht, diese Summe nicht überschreiten. Schreiben Sie mir gütigst von Ihrer Entschließung. Die Summe liegt bereit und ich möchte das Instrument (jenes das an der Wand steht) je eher je lieber.

Hochachtungsvoll grüßend

Ihr ergebenster

Dr. Robert Schumann.

502. An Breitkopf und Härtel.

Wegen der heutigen Uebergabe des Flügels habe ich mir nun Folgendes ausgesonnen und bitte um Ihre freundliche Hülfeleistung.

Um 1/25 Uhr wollte ich meine Braut zu einem Spaziergang abholen. Geben Sie den Trägern also gefälligst Auftrag, den Flügel (bis 1/26 Uhr etwa) in die Reichsstraße Nro. 13 1ste Etage[517] zu bringen. Den schon dort stehenden Flügel bitte ich von denselben Trägern zu mir, und dann den auf meiner Stube stehenden noch zu Hrn. Klemm in der hohen Lilie transportiren zu lassen. Nach 6 Uhr hoffe ich dann alles bereit zu finden.

Nochmals meinen Dank für Ihre Freundlichkeit in dieser Angelegenheit. Im Verlaufe des Tages bringe ich Ihnen meine Schuld selbst.

Hochachtungsvoll ergebenst

D. 4. Juli 1840. Dr. Robert Schumann.

503. An Dr. Härtel.

Verehrtester Herr Doctor,

Sie sprachen mir neulich von einem Liedchen. Lassen Sie mich gefälligst wissen, ob Sie es zu einem bestimmten Zweck wünschten, damit ich dann passend wählen kann. Es sollte mich freuen, Ihren Wünschen ganz nachkommen zu können.

Der Flügel hat große Freude angerichtet, wie Sie sich wohl denken können.[518]

Noch habe ich heute eine Bitte. In einer der neusten Nummern der Schlesingerschen Gazette soll ein Artikel über mich von Hrn. Kastner enthalten sein. Könnten Sie mir nicht die Nummer [41] auf einen Tag zur Durchsicht verschaffen?

Ihrem freundlichen Wohlwollen mich empfehlend

Ihr ergebenster

[Leipzig] den 7ten Juli 1840. Robert Schumann.

504. An Fr. Kistner.

Verehrtester Herr Kistner,

Seit einiger Zeit beschäftigt mich ein Gedanke, der sich vielleicht Ihre Theilnahme gewinnt. Meine Frau hat nämlich einige recht interessante Lieder componirt, die mich zur Composition einiger anderer aus Rückerts „Liebesfrühling" angeregt haben, und so ist daraus ein recht artiges Ganzes geworden, das wir auch in einem Hefte herausgeben möchten. Der Titel sollte dann ungefähr so lauten, wie auf dem Blättchen steht. Haben Sie Lust, das Heft (vielleicht 20—22 Platten) freundlich ausgestattet bis Anfang September an das Licht zu fördern, so würden wir uns darüber freuen. Ueber das Uebrige dann später mündlich.[519]

Meiner Frau wegen, die ich damit überraschen möchte, wünschte ich übrigens, daß die Sache unter uns bliebe, und bin wie immer

Ihr ergebenster

V. H. den 22sten April 1841. Robert Schumann.

505. An Breitkopf und Härtel.

Hochverehrteste Herren,

Eine Frage und Bitte. Ich möchte meiner Frau an ihrem Geburtstag, der Mitte September fällt, eine kleine Freude bereiten mit Folgendem: Wir haben zusammen eine Anzahl Rückertscher Lieder componirt, die sich wie Fragen und Antworten auf einander beziehen, u. s. w. — Diese Sammlung hätte ich ihr nun gern an jenem Tag gedruckt beschert. Ist es Ihnen nun möglich, dies Heft bis zu jener Zeit fertig zu bringen? Ich denke mir, die Lieder müssen Interesse erregen; auch sind sie fast durchgängig leicht und einfach gehalten, und recht mit Lust und Liebe geschrieben.

Was das Honorar betrifft, so stell' ich folgenden Vorschlag: ich wähle mir um den Ladenpreis von zwölf Louisd'or Musikalien und zwar zwei Drittel aus Ihrem Verlag und ein Drittel aus anderen — und denke, Sie finden dabei nichts Unbilliges. Geben Sie mir darüber gefälligst recht bald eine Antwort.

Mit der Symphonie [B dur] geht es mir schlimm; sie liegt fertig da — ich muß sie aber durchaus noch einmal hören, und dazu ist in jetziger Jahreszeit so schwer Gelegenheit. Das Musikfest, von dem ich Ihnen schrieb, ist aber auf September verschoben — und so müßt' ich am Ende so lange warten. In jedem Falle aber denke ich Ihnen das Manuscript bis September zuschicken zu können.

Ihrem freundlichen Wohlwollen mich empfehlend

V. Haus, Ihr ergebener

den 23sten Juni 1841. Robert Schumann.

506. An Raimund Härtel.

Geehrtester Herr Härtel,

Nach längerem Unwohlsein, das mich an allem angestrengten Arbeiten hinderte, bin ich nun so weit mit der Symphonie, daß sie binnen 8 Tagen probirt werden könnte. Ich komme hierbei auf den freundlichen Vorschlag Ihres Herrn Bruders, „eine besondere Probe im Gewandhaus zu veranstalten und uns wegen der Kosten mit einander zu besprechen“. Wollen Sie, so theilen wir uns darein. Die Probe kostet etwa 20 Th., die Copialien etwa 9 Th. — Die letzteren benutzen Sie dann gleich zum Stich, der dann sofort beginnen, so daß die Symphonie schon Anfang October in die Welt gehen könnte.[520] Schreiben Sie mir nun gefälligst, ob Ihnen dies Alles so recht ist, daß ich dann mit David das Weitere bespreche.

Mit dem Wunsche, daß es in Ihrem Hause recht wohl gehen möge, und mit Empfehlungen meiner Frau

Ihr ergebenster

[Leipzig] d. 3ten August 1841. R. Schumann.

507. An N. Simrock in Bonn.

Leipzig, den 27sten Mai 1842.

Hochverehrtester Herr,

Von meinen Liedern, die hier viel gesungen werden, wünschte ich, daß sie auch am Rhein bekannt würden. Vielleicht haben Sie Lust, eines der angezeigten Hefte oder beide in Verlag zu nehmen, was mich freuen würde.[521] Ich benutze die Gelegenheit, mich Ihrem freundlichen Andenken zu empfehlen und hoffe Sie bald einmal, vielleicht noch diesen Herbst, am Rhein zu begrüßen.

Hochachtungsvoll

Ihr

ergebener

Dr. Robert Schumann.

Können Sie mir über den Stand der Beethoven-[Denkmal-]Angelegenheit etwas Sicheres mittheilen?

508. An Raimund Härtel.

Verehrtester Herr Härtel,

Ich habe in den Sommermonaten mit großem Eifer an drei Quartetten für Violine zc. geschrieben. Wir haben sie mehremal bei

David gespielt, und sie schienen Spielern und Hörern, namentlich auch Mendelssohn, Freude zu machen. Es kommt mir nicht zu, mehr darüber zu sagen. Verlassen Sie sich aber darauf, daß ich keine Mühe gespart, etwas recht Ordentliches hervorzubringen, ja ich denke mir manchmal, mein Bestes.

Die Quartette sind von mittlerer Größe. Sie werden also auf die Plattenzahl ungefähr schließen können. Mein Hauptwunsch und Anliegen dabei wäre nun auch freilich, daß eine Partitur davon erschiene. In diesem Falle würde ich selbst 10 Exemplare für meine Rechnung zum Nettopreise behalten. Versprechen Sie sich nun vom Verlage Gutes, und erscheint Ihnen als Honorar für die drei Quartette, dasselbe, was Sie mir für die Symphonie gaben, nun nicht unbillig, so sollte es mich freuen, auch in dieser Gattung durch Sie in das Publikum eingeführt zu werden und von Ihnen recht bald Bestimmteres über Möglichkeit der Zeit des Erscheinens zu erfahren.[522]

Noch etwas. Ich habe in der letzten Zeit, namentlich von Fremden oft hören müssen, daß es ihnen unbekannt ist, daß meine Symphonie [B dur] im 4händigen Auszug da ist. Sie wissen, verehrtester Freund, daß ich in meiner Zeitung über meine Compositionen nichts sagen lasse, und daß ich so freilich Ihrem Interesse, wie meinem eigenen, wenig oder gar nicht förderlich sein kann. Dies aber ließe sich machen, daß das Erscheinen meiner Compositionen, wenn vom Verleger ausgehend, in kurzer Inseratweise bekannt gemacht würde. Ist Ihnen recht, wenn das in meiner Zeitschrift zuweilen geschieht? Eine Berechnung der Inserate würde dabei natürlich nicht stattfinden. Zugleich bitte ich Sie aber auch, daß des Arrangements der Symphonie gelegentlich auch in Ihrer Zeitung gedacht werden möge.

Gestern empfingen wir einen Brief von Mad. Henselt. Sie läßt Sie bitten, ihr den Bericht über Henselt zukommen lassen zu wollen, der in einer der letzten Nummern Ihrer Zeitung stand.[523] Schicken Sie mir die Nummer zu, wenn Sie gerade keine andere Gelegenheit haben.

Nun verzeihen Sie den langen Brief und behalten mich in freundschaftlichem Andenken,

Ihren ergebenen

V. H. d. 15ten Oct. 42. Robert Schumann.

509. An Fr. Hofmeister.

5. November 1842.

Verehrter Herr Hofmeister,

Der vorgestrige Abend und der Antheil, den das Publikum meiner Symphonie schenkte, haben mich an ein anderes Orchesterwerk von mir erinnert, das ich nun auch gern in die Welt schicken möchte. Sie haben es vielleicht in unserem letzten Concert gehört, aber freilich noch nicht in der Vollkommenheit. Ich will es nennen, wie auf dem Beiblatt geschrieben steht,[524] es unterscheidet sich von der Form der Symphonie dadurch, daß man die einzelnen Sätze auch getrennt spielen könnte; namentlich verspreche ich mir aber von der Ouvertüre guten Erfolg. Das Ganze hat einen leichten, freundlichen Charakter; ich schrieb es in recht fröhlicher Stimmung.

Könnten wir uns nun über den Verlag des Stückes verständigen, so sollte es mich freuen, es so thätigen Händen anvertraut zu wissen. Meine Honorarforderung hab' ich gleichfalls auf dem Blatt bemerkt; ich wünsche, daß Sie sie billig finden . . .

Noch wegen einer andern Geschäftssache wollte ich Sie fragen. Sie verlangten auf dem letzten Abrechnungszeddel meiner Impromptus noch einige Exemplare. Ich habe keine mehr, möchte aber vielleicht das ganze Opus mit den Platten verkaufen (pro Platte 1 Thlr., Titel 2 Thlr.). Dasselbe möchte ich mit meinen Davidsbündlertänzen, die bei Friese erschienen und, da dieser kein Musikalienhändler ist, fast gar nicht bekannt geworden sind, was sich gewiß ändern würde, sobald sich ein ordentlicher Verleger dafür interessirte, denn grade diese Stücke müßten leicht Anklang auch in Dilettantenkreisen finden. Statt des mystischen Titels, oder unter ihn, auf einem neuen Blatte, müßte man vielleicht: „Zwölf Charakterstücke" setzen. Von den Davidsbündlertänzen werden noch circa 170 ganze Exemplare vorräthig sein.

Ueberlegen Sie sich nun gefälligst auch diesen Vorschlag und lassen mir wohl bald eine Antwort zukommen[525] . . .

Mit Hochachtung Ihr ergebener

Robert Schumann.

510. An Raimund Härtel.

Verehrtester Herr Härtel,

Beifolgend die Quartette, die Ihnen die schönsten Früchte bringen möchten.

... Hat mein Quintett einen freundlichen Nachklang bei Ihnen hinterlassen,[526] so verständigen wir uns vielleicht über die Herausgabe, die jedenfalls bis zur Sommerzeit Zeit hat.

Wie immer
[Leipzig] d. 7. Dec. 1842. Ihr ergebener
Rob. Schumann.

511. An Raimund Härtel.

Hier auch der Titel zu den Quartetten.[527] Könnten Sie alle drei bis zu Mendelssohns Geburtstag — ich glaube den 3ten Februar — fertig bringen, so wäre mir das am liebsten.

Von der ersten Correctur konnte ich erst Violino I° machen — die anderen bringe ich gegen Abend selbst. Die Probe[528] ist Freitag früh 9 Uhr; bis dahin besorgen Sie mir wohl gefälligst die 2te Correctur bogenweise abgezogen, so daß sich auch gut daraus spielen läßt. David hätte sehr gewünscht, seine Stimme schon morgen früh zu erhalten, um sie noch einmal durchzugehen. Ist das möglich?

d. 4ten Januar 1843.

512. An Raimund Härtel.

Verehrtester Herr Härtel,

Eine Menge hab' ich Ihnen heute zu schreiben. Zuerst — ich soll einen Flügel für die Musikschule bis zum Preis von höchstens 280 Thlr. aussuchen. Der besondere Zweck will aber auch eine besondere Wahl; der Flügel müßte ein vorzugsweise robuster, auch in der Spielart schwerer als die gewöhnlichen deutschen sein. Haben Sie vielleicht ein ähnliches fertig — oder könnten Sie bei einem noch zu bauenden auf jenen Zweck Rücksicht nehmen? Bis zum letzten dieses müßte er freilich fix und fertig sein.

Mein Quintett liegt zum Druck bereit. Es hängt ganz von Ihnen ab, wann Sie es erscheinen lassen wollen. Gern möchte ich es aber zum Geburtstage meiner Frau (Anfang September) haben![529] Als Honorar wird Ihnen wohl 20 Ld'or nicht zu viel erscheinen.

... Und nun noch eine Bitte. Ich habe einen Variationcyklus für zwei Pianoforte, zwei Violoncells und Horn geschrieben, die ich gern bald einmal hören möchte. Mendelssohn will so gut sein, eine Partie zu übernehmen. In unserm Logis wäre aber der Platz zu beschränkt. Ginge das vielleicht in Ihrem Magazin an einem der nächsten Tage?[530]

Auf meine Fragen und Bitten alle hole ich mir morgen oder übermorgen die Antwort selbst. Wie immer

Ihr ergebener

R. Schumann.

Hätten Sie keine Lust, etwas von Berlioz zu verlegen? Der Zeitpunkt scheint mir günstig und ein Arrangement namentlich seiner Harold- und Romeo-Julie-Symphonie gewiß ein gutes Geschäft. Die Brochüre über Instrumentation ist höchst geistreich; die wird viel gelesen werden![531]

d. 7ten März 1843.

513. An Raimund Härtel.

Verehrtester Herr Härtel,

Leider treffe ich Sie nicht und schreibe Ihnen daher, was ich Ihnen sagen wollte, wegen Berlioz nämlich. Er schreibt mir von vier Symphonien, die er noch hat, und verlangt für eine davon 500 Francs, was mir sehr billig scheint. Haben Sie nun Lust, mit ihm das Weitere zu besprechen, so adressiren Sie den Brief gefälligst nach Weimar. Wo nicht, so schreiben Sie mir ein paar Worte in den nächsten Tagen.

Berlioz reist von Weimar direct nach Paris und kömmt nicht über hier zurück. Freundlich grüßend

Mittwoch, [d. 3. Mai 1843.] R. Sch.

514. An Breitkopf und Härtel.

Den 7ten Sept. 1843.

Verehrteste Herren,

Hierbei die Variationen [Op. 46] mit dem Wunsche besten Erfolges. Da das Ganze eine etwas zärtliche Pflanze ist, so wünschte ich ihm auch ein entsprechendes Gewand und dachte an eine Ausstattung wie die der Kinderscenen. Doch ist das nur ein Vorschlag.

An Hrn. Franz[532] habe ich geschrieben; er wird sich nun direct an Sie wenden. Haben Sie Dank für Ihre Bereitwilligkeit.

Bis Montag, spätestens Dienstag, hoffe ich gewiß auf ein Exemplar des Quintetts; doch bitte ich, mir es nicht ins Haus zu senden, da ich mir's selbst abholen will.

Freundschaftlich grüßend

Ihr ergebener

R. Schumann.

515. An Dr. Härtel.

[Ohne Datum. Anfang December 1843.]

Verehrtester Herr Doctor,

Vielen Dank für Ihr freundliches Entgegenkommen; es ist mir ein Beweis, daß meine Peri nicht ganz spurlos gestrebt und gerungen, wie sehr ich auch weiß, daß ein großer Theil der Wirkung dem reizenden Gedicht zuzuschreiben ist.

Möchten Sie meine Bedingungen annehmbar finden; es sind diese:

1) Herausgabe des Clavierauszugs, der Auflagestimmen und der Partitur gegen ein Honorar von 100 Ld'ors, für welche Summe Sie gleich den fertigen Clavierauszug, den meine liebe Frau, im Eifer mir zu nützen, schon vollendet, miterhalten. Die Hälfte der Summe wünschte ich nach Ablieferung des Clavierauszugs, die andere nach der der Partitur.
2) Der Stich des Clavierauszugs könnte schon im nächsten Monat beginnen; das andere wünschte ich bis Schluß 1844 vollendet.
3) Würde ich mir das Eigenthumsrecht für Frankreich und England vorbehalten; namentlich hoffe ich von England einigen Nutzen, wo ich es auch selbst aufzuführen gedenke.

Dies sind wohl die Hauptpunkte und ich will nur wünschen, daß sie mit Ihren Gedanken im Ganzen übereinstimmen.

Daß der Text dem Clavierauszug und der Partitur vorgedruckt wird, ist jetzt üblich und würde der schnelleren Auffassung des Ganzen nur förderlich sein.

So viel für heute mit meinem und meiner Frau besten Grüßen.

Ihr ergebener

R. Schumann.

Vielleicht daß ich nächsten Montag [d. 11. Dec.] die Peri noch einmal gebe. Noch bitte ich Sie um die Rechnung für die Texte und die Concertbillets, um mich mit der Einnahme berechnen zu können.

516. An Dr. Härtel.

Geehrtester Herr Doctor,

Leider traf ich Sie gestern nicht zu Hause, Sie zu begrüßen und dann auch wegen der Peri noch mit Ihnen zu sprechen. Gern erkläre ich mich bereit, Ihnen, wenn Sie sich, außer zu den übrigen Bedingungen, auch zur Herausgabe der Partitur bis December nächsten Jahres verstehen, eine kleinere Composition zuzugeben und schlage Ihnen dazu ein Concert-Allegro für Pianoforte mit Begleitung des Orchesters[533] vor. Möchten Sie meinen guten Willen daraus erkennen und bald mit einer Antwort erfreuen

Ihren ergebenen

d. 14ten Dec. 1843. R. Schumann.

517. An Breitkopf & Härtel.

St. Petersburg, den 2ten April 1844.

In Henselt hab' ich oft gedrungen, sein Concert fertig zu machen; denn es fehlt noch vieles in der Instrumentation, und auch die Clavierstimme ist noch nicht ganz klar. Er ist aber so sehr mit Stundengeben beschäftigt, daß ich sehe, er wird es nicht vor den Sommermonaten beendigen können. Uebrigens versicherte er mir gestern, als ich ihm davon sprach, nochmals, daß er gewiß Niemandem Andern, als Ihnen, das Werk zum Verlag übergäbe.[534]

518. An C. F. Peters in Leipzig.

Leipzig, den 8ten Aug. 1844.

Euer Wohlgeboren

erinnern sich vielleicht, daß ich Sie bei Besprechung der Herausgabe meiner Lieder [der „Dichterliebe"] um 6 Freiexemplare bat; vier erhielt ich neulich — ich ersuche Sie noch um die beiden anderen, die ich einigen Bekannten zugedacht — zugleich mit Dank für die vorzüglich schöne Ausstattung.[535]

Ew. Wohlgeboren

ergebenster

R. Schumann.

519. An Dr. Härtel.

[17. August 1844.]

... Für die Mittheilung des [Clavier-]Quartetts [Op. 2] des Hrn. Helsted aus Kopenhagen vielen Dank. Es gereicht dem Componisten zur Ehre und verdient wohl die Veröffentlichung ...

Herrn Raimund Härtel viele Empfehlungen, und daß wir ihn, wenn er es erlaubt, einmal in Lindenau zu seinem Quartettmorgen überraschen würden ... Beim Wort Quartett fällt mir ein, daß (dem Repertorium nach) die Gebrüder Müller in B[raunschweig] meine bei Ihnen erschienenen Quartette einem hiesigen Verleger mit dem etwas cynischen Urtheil: Schofles Zeug zurück geschickt haben sollen. Ich glaube es nicht, und das Ganze ist wohl eine Klatscherei. Indeß schien es mir doch in meinem wie in Ihrem Interesse räthlich, die Quartette, die noch nirgends eine Besprechung erhalten, einem guten Musiker zur Anzeige zu übergeben, vielleicht Herrn MD. Richter, was mich freuen würde, da ich weiß, daß er die Quartette schon früher genau durchgegangen. Für diesen Fall lege ich Ihnen die Partitur bei.

520. An C. F. Peters.

Durch Hrn. Nottebohms gefällige Vermittelung ließ ich vor Kurzem bei Ihnen anfragen, ob Sie zum Verlag eines neuen Trios [A moll] für Piano, Violine und Cello von mir geneigt seien, worauf mir Hr. N. sagte, daß Sie die Bedingungen zu wissen wünschten. Ich habe für ähnliche Arbeiten gewöhnlich 20 Louisd'or erhalten; das Trio ist aber nicht so groß (in Partitur etwa 30 Platten) und das Honorar daher auf 15 Louisd'or von mir festgestellt.[536]

Lpz., d. 12. December 1844.

521. An Breitkopf und Härtel.

Dresden, den 9ten Januar 1845.

Geehrteste Herren und Freunde,

Durch die Güte des Hrn. Professor Moscheles wird mir eben Gelegenheit, einen Brief an Th. Moore sicher zu befördern. Gern hätte ich ihm gleich den Clavierauszug [der Peri] beigelegt, besitze aber kein Exemplar mehr, und wollte Sie nun bitten, sogleich nach Empfang dieser Zeilen Hrn. Prof. Moscheles eines in das Hôtel de Bavière zu schicken, und den Betrag mir von meinem kleinen Guthaben an Musikalien abzuziehen, was ich, wie ich glaube, noch bei Ihnen habe.

Die Sonate von Thalberg [C moll, Op. 56] hat meine Frau erhalten und dankt Ihnen vielmals dafür, sie ist eben beim Aufschreiben mehrerer kürzerer Claviercompositionen, die sie, Ihrer früheren freundlichen Aufforderung eingedenk, Ihnen ehestens zuzusenden hofft. Die Compositionen sind ein kleines Impromptu, ein Scherzo und ein Heft von vier kurzen Sätzen. Ein Wort von Ihnen, ob diese Sachen bald zum Stich kommen könnten, würde sie, wie ich glaube, zur schnelleren Vollendung antreiben.

Mir geht es noch immer gar nicht gut; die Anfälle von großer Nervenschwäche erscheinen leider eher öfter als seltener — und so blick' ich denn oft recht besorgt in die Zukunft.

Haben Sie noch nichts von der neuen englischen Ausgabe der Händelschen Werke für mich erhalten? Ich freue mich darauf, wie auch auf das 1ste fertige Exemplar der Partitur der Peri . . .

Mit der Bitte, unser immer freundlich zu denken,

stets der Ihrige

Robert Schumann.

522. An Dr. Härtel.

Dresden, den 31sten Januar 1845.

Verehrtester Herr Doctor,

Mit großer Freude habe ich die Partitur der Peri empfangen und wünsche nur, daß Ihnen Ihre freundlichen Bemühungen um mein Werk reichlich vergolten werden mögen. Da Sie es wohl jedenfalls in Ihrer Zeitung besprechen lassen, so erlauben Sie mir wohl den Wunsch auszusprechen, daß dies womöglich von jemandem geschehe, der es in Leipzig bei den Aufführungen im December 43 gehört. Wäre er das R., das in einer der letzteren Nummern meine Quartette in so theilnahmvoller Weise angezeigt,[537] so würde es mich doppelt freuen. Doch soll dieser mein Wunsch eher einen Dank für die wohlwollende Gesinnung jenes Kritikers aussprechen, als im Geringsten Ihren Entschließungen vorgreifen.

Seit lange beschäftigt mich eine Idee, über die ich wohl Ihre Ansicht zu wissen wünschte. Es fehlt nämlich nach meiner Meinung noch an einer recht schönen Ausgabe des wohltemperirten Claviers von J. S. Bach. Die Czernysche mit ihrem unnöthigen Fingersatze und den wirklich albernen Vortragsbezeichnungen ꝛc. scheint mir wie eine Caricatur; die älteren sind zum größten Theil incorrect. Dazu kommen die abweichenden Lesarten, die die Sache noch mehr verwirren, so daß Niemand weiß, an welche Ausgabe sich zu halten. Da nun aber viele der variirenden Lesarten von Bach selbst herrühren, so schiene eine Untereinanderstellung dieser im Druck von großem Interesse. Vor Allem würde ich auch Mendelssohn und Hauser in Wien zu Rathe ziehen, die viele Nummern des wohltemperirten Claviers in der Originalhandschrift besitzen; von Hauser weiß ich es gewiß, und Mendelssohn besitzt wenigstens die ältesten Ausgaben des Werkes. Also eine möglichst correcte, auf die Originalhandschrift und die ältesten Drucke gestützte, mit Angabe der verschiedenen Lesarten versehene Ausgabe bezweckte ich und es würde mir die Ausführung der Idee eine wahre Gewissenssache sein. Daß sich das Unternehmen auch für den Verleger rentiren würde, bin ich ganz fest überzeugt. Darüber möchte ich nun auch Ihre Ansicht kennen lernen und ob wir uns über die Herausgabe des temperirten Claviers in neuer Gestalt vielleicht einigen könnten. Sie geben mir darüber wohl gelegentlich eine Antwort.

Wegen des Honorars für die beiden Werklein meiner Frau [Scherzo Op. 14, Pièces fugitives Op. 15] trägt mir diese auf, daß Sie es nach dem Verhältniß der Plattenzahl ihres früher bei Ihnen erschienenen Scherzos einrichten möchten, und dankt Ihnen für Ihre letzten freundlichen Zeilen.

Herzliche Grüße Ihrem Herrn Bruder und Ihnen die Versicherung aufrichtiger Hochachtung

Ihres ergebenen

Robert Schumann.

523. An F. Whistling in Leipzig.

Dresden, den 6ten Mai 1845.

Geehrter Herr Whistling,

Beiliegend die Anzeige einer neuen Composition [Canon. Studien f. Pedalflügel], die ich Ihnen zu den früheren Bedingungen (zehn Thaler für den Druckbogen und zehn Freiexemplare) zum Verlag anbiete. Es ist etwas Neues damit, darum ich unter der vorläufigen Anzeige einige erklärende Worte für durchaus nöthig halte; Sie haben dann weiter nichts als Ihren Namen als Verleger darunter zu setzen. Diese

Anzeige bitte ich Sie nun sogleich in der Härtelschen und Brendelschen Zeitung abdrucken zu lassen. Man kann in solchen Dingen nicht schnell genug sein, und es schnappt einem der erste Beste die Idee auf und weg. Darum bitt ich Sie auch auf Ihr Ehrenwort als Geschäftsmann, vor dem Abdruck der Anzeige gegen Niemanden, auch Ihre und unsere Freunde nicht, etwas verlauten zu lassen. Offen gesagt, ich lege einiges Gewicht auf die Idee, und glaube, daß sie mit der Zeit einen neuen Schwung in die Claviermusik bringen könnte. Ganz wundervolle Effecte lassen sich damit machen und meine Frau spielt einige der Studien schon recht schön. Sollten Sie nun aber auf den Verlag nicht eingehen, so senden Sie mir, worum ich Sie dringend ersuchen muß, die Anzeige sogleich umgehend zur Post zurück; bis spätestens Donnerstag erwarte ich aber in jedem Falle eine Antwort von Ihnen. — Das Manuscript selbst erhalten Sie bis etwa in 14 Tagen.

Mit freundschaftlichem Gruße

Ihr ergebener

Rob. Schumann.

524. An F. Whistling.

Dresden, den 14ten Mai 1845.

Geehrte Herren,

Für das Erste muß ich mich gegen den Irrthum verwahren, als hätte ich Ihnen den Druckbogen irgend einer meiner Compositionen zu 8 Th. Gold überlassen. Den Chamissoschen Liederkreis berechnete ich mit 8 Ld'or (s. meinen Brief vom 8ten Mai 1843), das Quartett mit 20 Ld'or (Brief v. 24sten Aug. 1843), für die Balladen verlangte ich für jede einzelne 2 Ld'or (derselbe Brief v. 24sten Aug.), worauf wir aber den Druckbogen der Balladen auf 10 Thaler festsetzten (s. m. Brief vom 6ten October 1843.) Von einer Feststellung von 8 Thlr. Gold für den Bogen war also nie die Rede, und konnte es nicht sein, da meine letzten Arbeiten (wie die Peri) um das Doppelte dieses Betrags (4—5 Ld'or für den Bogen) immer verkaufen konnte.

Nun ist mir aber die Verzögerung der Anzeige der Pedalstudien fatal, und es kommt mir auch gar nicht auf das kleine Plus oder Minus an; nur gegen die Rückwirkung Ihrer Annahme wollte ich mich verwahren. Ich überlasse Ihnen also die Pedalstudien für 8 Thlr. Gold mit der ausdrücklichen Bedingung jedoch, daß Sie davon Niemandem sprechen, da mir dies nur Schaden bringen könnte, — zugleich mit der Bitte, die Anzeige ungesäumt zu befördern, so daß sie jedenfalls in den musikalischen Zeitungen der nächsten Woche erscheint[538] . . .

Ihr ergebener

R. Schumann.

525. An Dr. Härtel.

Dresden, den 1sten Juli 1845.

. . . In Leipzig lebt ein junger Clavierlehrer, Alfred Dörffel, den ich als einen geschickten jungen Mann kenne. Er schrieb mir unlängst, ob ich ihm nicht zu Aufträgen von Arrangements für das Clavier behülflich sein könne. Ich glaube nun, daß Sie an Musikern, die derlei übernehmen, nichts weniger als Mangel haben. Es fiel mir aber dabei ein, ob sich nicht etwa ein 4händiges Arrangement meines Quintetts der Mühe verlohne, und ob Sie in diesem Falle die Arbeit dem jungen Dörffel anzuvertrauen Lust hätten. Ich würde auf eine bejahende Antwort Ihrerseits das Weitere mit Hrn. D. mit Vergnügen selbst einleiten.[539]

Die Idee wegen des wohltemperirten Claviers ruht vor der Hand; wie es so geht, ein Project verdrängt oft das andere; doch, denke ich, nehmen wir es später vielleicht wieder einmal auf.

Vorgestern waren wir bei Hillers; es kamen gerade die Bach-Gellertschen Lieder[540] an, an denen wir uns sehr erfreut.

526. An Fr. Kistner.

Dresden, den 10ten August 1845.

Geehrter Herr,

In Erinnerung der freundschaftlichen Geschäfts-Verbindung, in der ich mit Ihrem Hrn. Bruder gestanden, bin ich so frei, Ihrer Firma[541] das beifolgende Manuscript zum Verlag anzubieten. Es sind Skizzen für den Pedalflügel (oder auch f. das Pianoforte zu 3 oder 4 Händen) — die erste Composition in ihrer Art und ein Seitenstück zu den bei Whistling erscheinenden Studien für den Pedalflügel.

Das Honorar habe ich auf 5 Louisd'or, zahlbar nach Annahme des Manuscriptes, festgestellt, und bedinge mir außerdem 6 Frei-exemplare. Es sollte mich freuen, auf diese Weise mit Ihrer geschätzten Firma wieder in eine Verbindung zu treten.

Mit der Bitte, mich bald mit einer Antwort zu erfreuen,

Ihr
hochachtungsvoll ergebener
Robert Schumann.

527. An Breitkopf und Härtel.

Dresden, den 17ten August 1845.

Hochgeehrte Herren und Freunde,

Recht sehr haben wir bedauert, Sie bei unserer Durchreise durch Leipzig neulich nicht zu Hause anzutreffen. Unsere Empfehlungen sind Ihnen hoffentlich ausgerichtet worden. Leider bekam mir das Reisen, das ununterbrochene Fahren so schlecht, daß wir vorzogen, nur einige kürzere Touren durch Thüringen zu machen und die Reise an den Rhein ganz aufzugeben. Seit einigen Tagen sind wir denn wieder zurück und es geht mir jetzt auch um Vieles besser.

Was ich Ihnen bei unserer Durchreise mündlich zu sagen gedachte, hole ich nun schriftlich nach. Henselt hat uns nämlich vor Kurzem durch eine Petersburger Dame sein Concert geschickt und dazu meiner Frau sagen lassen, sie möge es öffentlich spielen, wo und wann sie wolle — im Uebrigen aber kein Wort dazu geschrieben. Da ich nun weiß, daß Henselt Ihnen das Concert versprochen, so dachte ich, interessire es Sie, Obiges zu erfahren, und er werde sich auf eine Anfrage Ihrerseits gewiß über den Zeitpunkt der Herausgabe erklären. Ich überlasse nun Ihrem weiteren Ermessen, welchen Gebrauch Sie von meiner Notiz machen wollen.

Mit den Präludien und Fugen meiner Frau hätte ich diese gern zu ihrem Geburtstage d. 13ten September überrascht. Würde es Ihnen möglich sein, das Heft bis dahin fertig zu bringen? In diesem Falle bitte ich Sie, die letzte Revision nicht direct an mich, sondern an meinen Schwiegervater zu schicken, damit meine Frau nicht davon erfährt.

In aufrichtiger Hochachtung Ihr
ergebener
R. Schumann.

528. An Fr. Kistner.

Wollen Sie mir wegen Verlagsübernahme meiner Ouvertüre mit Scherzo und Finale wie meines Concertes für Pianoforte womöglich bis Morgen früh etwas Bestimmteres sagen lassen, so wäre es mir lieb. Ich würde nicht drängen, wenn nicht Härtels ein Anerbieten mir gestern gemacht hätten und ich die Sache noch während meines Hierseins in Ordnung gebracht wünschte. Darum entschuldigen Sie die Eile.

Das Honorar für das erstere Werk (inclusive des schon fertigen Clavierauszuges, der sich, wie ich glaube, gut verkaufen wird) ist zwanzig Louisd'or, das für das Concert fünfundzwanzig.[542]

Mittwoch. [Leipzig, d. 31. December 1845.]

529. An Dr. Härtel.

Dresden, den 21sten Januar 1846.

Mit vielem Dank für Ihr freundliches Entgegenkommen sende ich Ihnen heute mein [Clavier-]Concert; möchte sich das Interesse, das Sie meinen Bestrebungen so oft gezeigt, immer mehr belohnen. Die Orchesterstimmen folgen in einigen Tagen nach. — Was das Honorar anlangt — der leidige Punkt, der nun allemal berührt werden muß, so wünsche ich, daß der Preis von 25 Ld'or Ihnen ein annehmlicher erscheine . . .

Prof. Rietschel werden wir morgen zum erstenmale sitzen; er scheint selbst noch nicht recht zu wissen, wie es am besten zu machen; „wir gingen einer ganz ungewissen Zukunft entgegen", meinte er. Doch freuen wir uns sehr auf die Vollendung.

Mit Freuden haben wir oft der genußreichen Stunden in Leipzig gedacht; ich bin nun gesunder und erfrischter zurückgekommen. Haben auch Sie Dank für alle bewiesene Freundlichkeit.

530. An F. Whistling.

Dresden, den 15ten März 1846.

Lieber Herr Whistling,

Nach einem anhaltenden ernsteren Unwohlsein komme ich erst heute dazu, Ihren freundlichen Brief zu beantworten, Ihnen zu danken für die Theilnahme, die sich darin ausspricht.

Daß es mir nur Freude macht, mit einem so prompten, liebenswürdigen Geschäftsmann, der die Kunst nicht allein als „melkende Kuh" betrachtet und sie um ihretwillen selbst liebt, in dauernder Geschäftsverbindung zu bleiben, glauben Sie mir. Um so leider thut es mir, gerade wegen des Trios [A moll] Ihnen eine abschlägliche Antwort geben zu müssen. Ich habe es schon seit Jahr und Tag Peters versprochen, ein 2tes (noch gar nicht fertiges) desgleichen an Schuberth in Hamburg. So hab' ich denn nur zum Druck so ziemlich fertig liegen 1) sechs größere Fugen über den Namen BACH für Orgel, aber auch auf dem Clavier gut ausführbar, zum Theil sehr brillant; es ist dies eine Arbeit, an der ich das ganze vorige Jahr gearbeitet, um es in etwas des hohen Namens, den es trägt, würdig zu machen, eine Arbeit, von der ich glaube, daß sie meine anderen vielleicht am längsten überleben wird. Das ganze Opus wird circa 34 Platten geben; zu Ihrem Vortheil müßten Sie es so einrichten, daß die einzelnen Nummern auch einzeln zu haben wären.

Sodann könnte ich Ihnen später ein Heft Lieder für Chor (Texte von R. Burns) [Op. 55] überlassen, und noch später vielleicht ein 2tes mit gemischten Texten [Op. 59]. Wegen der BACH-Fugen berechnen wir uns wie früher (8 Thlr. Gold für 4 Druckseiten); das Heft der Lieder notiren Sie mir mit 5 Louisd'or. Gefallen Ihnen meine Propositionen, so antworten Sie mir baldigst.

Zum 4ten Heft der Balladen [Op. 64] fehlt mir noch eine Nummer, die ich mit des Himmels Willen doch noch in diesem Jahre zu vollenden hoffe. Schöne Texte habe ich noch genug; vielleicht daß ich dem 4ten Heft von Zeit zu Zeit ein neues nachfolgen lassen kann ...

Grüßen Sie die Bekannten vielmals, Dr. Reuter, Wenzel, Nottebohm, Ihren Hrn. Bruder, und seien Sie selbst freundlichst gegrüßt von Ihrem ergebenen

Robert Schumann.

531. An Raimund Härtel.

Dresden, den 20sten März 1846.

Verehrtester Herr Härtel,

Die ausgeschriebenen Stimmen zum Henseltschen Concert folgen in dem beiliegenden Paquet; das Arrangement für zwei Pianofortes wie die Partitur sind schon vor längerer Zeit an Henselt abgegangen und im Augenblick gewiß schon in seinen Händen.

... Ist seit der 1sten Liedertafel schon wieder eine gewesen, und hat man vielleicht eines oder das andere meiner Lieder probirt? Haben sie angesprochen? Schreiben Sie mir es ganz offen; das ist mir immer das Liebste.

Eine Bitte noch! In der zweiten Hälfte des Jahrgangs 1833 [1831] Ihrer Zeitung muß ein Aufsatz von mir über Chopins Là ci darem la mano stehen, — könnten Sie mir nicht diese Nummer verschaffen? ich brauche sie gerade zu einer Arbeit, die ich jetzt vorhabe; Sie thäten mir einen großen Gefallen damit.

Das Bild [Relief-Portrait] von Rietschel wird nun hoffentlich in Ihren Händen sein; sie finden es alle hier vortrefflich und es erhält gewiß auch Ihren Beifall. Nochmals unsern herzlichen Dank!

Eben als ich schließen will, kommen zwei Berichte an, einer über die Aufführung der Peri in Chemnitz, der andere aus Holland über Symphonie und Peri. Gerade in der Ansprache an meine freundlichen Herren Verleger begriffen, glaube ich, daß sie Sie vielleicht interessiren, und lege sie bei.

In aufrichtiger Hochschätzung Ihr
freundschaftlich ergebener
Robert Schumann.

532. An F. Whistling.

Dresden, den 17ten April 1846.

Lieber Herr Whistling,

Sie hätten mir schon immer einmal schreiben können — es würde Ihnen nichts geschadet haben! — Einstweilen berichtete mir mein Schwiegervater mündlich und ich erwarte das Nähere von Ihnen. Den Bach-Fugen-Cyklus könnten Sie in 2—3 Wochen erhalten.

Für heute veranlassen mich zwei andere Anliegen zum Schreiben an Sie, bei deren Erfüllung Ihrerseits ich freilich sehr auf Ihre alt gewohnte Freundlichkeit zu zählen habe.

1) Wir haben für circa 100 Th. ältere und neuere Musikalien, meistens Doubletten, aus unseren Noten aussortirt, die wir, wenn Sie sie gebrauchen könnten, gern gegen andere (namentlich Partituren) eintauschen möchten. Erlauben Sie nun, daß wir Ihnen das Paquet zuschicken, damit Sie selbst sehen und uns schreiben können, für wie viel Musikalien im Ladenpreis Sie die Noten anzunehmen im Stande sind?

2) Könnten wir nicht in Ihrem Leihinstitut in der Art uns abonniren, daß Sie uns allmonatlich eine Partie Nova zusendeten? Auf pünktliche Zurücksendung dürften Sie sich verlassen. Die Auswahl des zu Sendenden (für vielleicht 15—20 Th. monatlich) würden wir

Ihnen überlassen — Sie kennen ja die Componisten, für die wir uns interessiren, also Mendelssohn, Chopin, Bennett, — Sonaten, Trios, wenn auch von Unbekannteren, wären uns gleichfalls erwünscht. Namentlich meiner Frau würden Sie durch Erfüllung dieser Bitte einen Gefallen thun. Hr. Paul hier ist zwar sehr gefällig und leiht uns, was wir wünschen — will aber dafür keine Zahlung annehmen — und so sind wir gebunden und können nicht so viel bekommen, als wir von Neuerscheinendem kennen lernen möchten.

Ist es wahr, daß das Repertorium aufgehört hat? Hätte der Spaß schon aufgehört? Den Kikeriki-Canon schicke ich Ihnen mit den Noten zurück. Ein lustiges Grabgeläute das! —

Die Beethovenschen Partituren hab ich erhalten.

Schreiben Sie mir bald und seien noch vielmals gegrüßt.

Ihr ergebener

R. Schumann.

533. An F. Whistling.

Dresden, den 20sten November 1846.

... Sodann wegen der Symphonie von Schubert. Da bin ich denn gleich gegen das Beiwort: Tragisch, das mir nicht einmal von Schubert selbst geschrieben scheint. Nennen Sie sie einfach Symphonie in C moll; an eine tragische würde man ganz andere Ansprüche machen. Jedenfalls gehört sie zu den bedeutenderen Jugendarbeiten Sch.s und namentlich gefallen mir Scherzo und letzter Satz. Daß ich Ihnen vor der Hand nur zur Herausgabe des Clavierauszugs rathe, wird Ihnen Wenzel gesagt haben. Sie riskiren so weniger und können, wenn sich das Arrangement rentirt, die Stimmen dann später noch folgen lassen.

Die in meinen Händen noch befindliche Sonate von Schubert lege ich gleichfalls bei; wie schade, daß der letzte Satz unvollendet ist.

Mein Rath wäre nun, den Titel vielleicht so zu stellen:

Allegro, Andante und Menuet
aus einer Sonate
von
F. Schubert

und nach dem Schluß der Menuett in einer Bemerkung zu sagen, daß dieser Menuett noch ein Rondo hätte folgen sollen, von dem sich aber nur ein Fragment vorgefunden, das den Freunden und Verehrern der

Schubertschen Musik nicht vorzuenthalten Sie für Pflicht hielten 2c. 2c. — und dann das Rondo, so weit es da ist . . .

Das Manuscript der Schubertschen Sonate bitte ich gut zu halten und mir aufzuheben. — Das Arrangement der Symphonie von Schubert wäre in R. Franz' Händen gewiß in den besten. Mit Vergnügen bin ich auch zu einer Revision der Sonate u. d. Symphonie in Correcturexemplaren bereit.

534. An C. F. Peters.

Es thut mir leid, auf Ihre Anfrage keine ganz genügende Antwort Ihnen mittheilen zu können. Hr. Ferdinand Schubert, dem ich Ihren Brief zusandte, ließ mir neulich sagen, er habe allerdings noch einige Manuscripte seines Bruders, und ich möchte nur zu ihm kommen und sie mir ansehen. Nun hatte ich aber beim besten Willen keine Zeit dazu und übrigens wäre es der Artigkeit gemäß gewesen, Hr. Schubert, in dessen Hauptinteresse doch die Sache ist, hätte sich mit seinen Manuscripten zu mir bemüht oder sie mir wenigstens geschickt. Ich bedaure somit, Ihnen nicht besser dienen zu können, und rathe Ihnen, sich vielleicht nun direct an Hrn. Schubert zu wenden. Den Brief schicken Sie am besten durch Haslinger oder Diabelli . . .

Wien, d. 20sten Januar 1847.

535. An F. Whistling.

Dresden den 22sten Mai 1847.

Herr Whistling — ja Herr Whistling ohne
Lieber —

Wenn Sie nicht etwa auf dem Weg hieher sind und nur deshalb so lange nicht geantwortet, um mir es mündlich zu sagen, so verdienten Sie wirklich eine tüchtige Strafpredigt. Auf drei Sendungen sind Sie stumm geblieben; bleiben Sie es auch auf diese vierte, so fürchten Sie alles von meiner Rache und Zersprengung aller Bande 2c. 2c.

Auf folgende Punkte antworten Sie mir gleich:

Den 30sten Juni soll in Zwickau eine große Musikaufführung sein (zum Besten der Nothleidenden im Erzgebirge). Ist es möglich, bis dahin die Quartettstimmen meiner Symphonie so weit fertig zu bringen, daß aus Correcturexemplaren gespielt werden kann? Ich hoffe, ja — es geht alles, wenn man will — mit zwei, im Nothfall drei Stechern in jedem Fall — und so bitte ich Sie, die Sache energisch zu betreiben, wie auch, sobald eine Anzahl Platten fertig ist, sie mir gleich zur Correctur zu schicken — und nicht etwa die ganzen vier Stimmen auf einmal! . . .

Wenzeln und Reutern viele Grüße. Sagen Sie ihnen, ich brütete Tag und Nacht über zwei Opernplänen — einer schöner wie der andere — und hoffte von einem wenigstens baldiges Gelingen — dann ging' es an die Musik, worauf ich mich ganz außerordentlich freute — denn die Texte wären herrlich —

Nun genug! Gehen Sie in sich, denken ernstlich gut zu machen, was Sie an mir verbrochen, und gehaben sich wohl.

Ihr ergebener

R. Sch.

536. An Dr. Härtel.

Dresden, den 3ten December 1847.

Verehrtester Herr Doctor,

Die letzte Hand habe ich nun an das Trio [D moll] gelegt und sende es Ihnen hier. Wir haben es noch vorgestern in einer Soirée bei Bendemann gehört, und wie es, von meiner Frau und den beiden Schubert gespielt, ganz herrlich ging, so schien es auch Eindruck auf die Versammlung zu machen.[543] Ich dachte, nun kannst Du es in die Welt schicken — also, sobald Sie wollen und mögen! . . .

Was das Honorar anbetrifft, so dachte ich wegen des Trios folgendes: Sie zahlen mir dasselbe wie für das Quintett, was Sie nicht zu hoch finden werden, da ja ein Trio auf viel größere Verbreitung rechnen darf, und doch auch die Theilnahme für meine Compositionen gegen früher im Wachsen begriffen ist, wie es mich wenigstens öftere sehr vortheilhafte Anträge vermuthen lassen. Aber ich habe dieser Bedingung noch einen Wunsch beizufügen:

Meine bei Ihnen erschienenen Quartette haben durch den Tod Mendelssohns, dem sie gewidmet sind, besondere Bedeutung für mich wiedergewonnen. Ich betrachte sie noch immer als mein bestes Werk der früheren Zeit, und Mendelssohn sprach sich oft in demselben Sinne gegen mich aus.

Sie erinnern sich nun vielleicht, daß ich Ihnen die Quartette um ein sehr billiges Honorar überließ, weil ich die Herausgabe der Partitur an die Honorarbedingung knüpfte. Auch antwortete mir Ihr Hr. Bruder in einem Brief, den ich eben wieder durchgelesen, daß er sicher glaube, der Verkauf der Ausgabe in Stimmen stelle sich später so heraus, daß Sie die Partituren nachliefern würden.

Sie errathen nun meinen Wunsch, verehrter Hr. Doctor, und werden ihn erfüllen, wenn nicht die Quartette gar zu absatzlos gewesen — und wenn dies auch, so übertragen Sie ein Kleines auf das Trio; es wird sich sicher ausgleichen in Zukunft, denk' ich.

Ach, es wird mir schwer, über solche Dinge mit Ihnen, von dem ich eben weiß, daß Sie noch andern Antheil als bloß kaufmännischen an uns nehmen, sprechen zu müssen. Aber wir sind eben nicht alle Lord Byrons, der in der ersten Zeit seines Auftretens durchaus nichts annehmen wollte von seinen Verlegern. Freilich in der letzten Zeit hat er sich zehn- und mehrfach gerächt dafür. Vor so einer Rache sind Sie wenigstens bei mir sicher, und ich glaube, Sie kennen mich in dieser Beziehung seit Jahren und genug. —

Auch Mendelssohns 2tes Trio (in C moll) haben wir neulich bei Bendemann wieder gehört. Wundervolle Stellen sind darin. Jetzt, nachdem er so früh scheiden mußte, kann ihr Sinn Niemandem mehr verhüllt sein.

Wenn sein letztes Liederheft [Op. 71] fertig ist, denken Sie vielleicht an eine alte Verehrerin von ihm, die Sie übrigens freundlich grüßt wie Ihre verehrte Frau Gemahlin.

Wie immer Ihr ergebener Robert Schumann.

537. An Fr. Kistner.

Dresden d. 9ten December 1847.

Verehrter Herr,

Sie empfangen beiliegend den Titel einer neuen Composition von mir, dem, sobald Sie sie zum Verlag wünschen, unverzüglich das Opus selbst nachfolgen soll.

Wem hätten nicht die Siege der alten freien Schweiz das Herz gerührt! In den Eichendorffschen Gedichten fand ich nun eines [„Der Tyroler Nachtwache. 1810.“], wie es auf die augenblicklichen Zustände nicht schöner passen konnte, und dazu höchst poetisch.

Soll so ein Stück einschlagen, so muß es rechtzeitig in der Welt erscheinen. Also Eile, höchste Eile der Herausgabe wäre nothwendig. Antworten Sie mir umgehend, so erhalten Sie das ganze Manuscript bis Montag, und das ganze Heft ließe sich noch als gutes Weihnachtsgeschenk dem Fürst Metternich bescheren.

Also bitte ich Sie um augenblickliche Antwort; damit ich, im Fall Sie keine Lust zur Verlagsübernahme hätten, mich anderweitig umthun kann.

Die Texte der anderen Gesänge sind nicht minder schön, wie denn das ganze Heft der Componist im Feuer geschrieben. Es sollte mich freuen, fänden es andre auch.

Die prosaische Honorarangelegenheit zu berühren, so muß es nun einmal so sein. Für 10 Ld'or — nicht mehr und nicht weniger — biete ich Ihnen das ganze Heft an und bitte um Zahlung nach Empfang des Manuscripts[544] ... Ihr ergebener

R. Schumann.

538. An Dr. Härtel.

Dresden, den 14ten December 1847.

Wäre es im Punkte unserer Quartettangelegenheit nicht ein Ausweg, wenn Sie vorläufig eines der Quartette in Partitur brächten, und die andern im Verlauf der nächsten Jahre? Gewiß liegt es nur in meinem Interesse — aber wünscht nicht jeder Künstler ein Werk, das er mit Liebe geschaffen, der Welt in seiner ursprünglichen Gestalt vorgeführt und erhalten? Eine Stimmenausgabe derartiger Werke kömmt mir wie ein geviertheilter Mensch etwa vor — man weiß nicht, wo ihn anpacken und festhalten, man kann zu keinem Genuß kommen. Es finden sich selten vier Musiker zusammen, die ohne Partitur die schwierigeren Combinationen eines solchen Musikstückes auch nach öfterem Zusammenspiel zu fassen wüßten. Was ist die Folge? Sie legen es nach flüchtigem Durchspielen bei Seite. Mit der Partitur in der Hand aber werden sie dem Componisten leichter Gerechtigkeit widerfahren lassen 2c. Darum glaub' ich sicher, eine Partitur-Ausgabe hilft dem Vertrieb der Stimmenausgabe erst auf. Und glauben Sie nicht, daß die Partituren der älteren Meister (Mozart, Haydn, Beethoven) dem Verständniß und der Verbreitung, also auch dem Vertrieb der Stimmenausgaben erst recht förderlich gewesen? Uebrigens sans comparaison — das wissen Sie von mir, daß ich das nicht meine. Aber auch das weiß ich — für die neuere und letzte Richtung der Musik in dieser Gattung sind die Quartette bezeichnend und charakterisirend — und die Gattung ist auch noch keineswegs erschöpft, und es werden neue Meister kommen, sie zu verherrlichen.

Eile hat es natürlich mit der Ausgabe gar nicht — und wollen Sie mir mit dem ersten ein Geschenk zum Geburtstag machen — der in den Sommer fällt — so danke ich es Ihnen herzlich. Aber ganz die Hoffnung aufzugeben, wie gesagt, das würde mich auch betrüben.

Meine Frau dankt Ihnen für die letzte Sendung und schreibt Ihnen in den nächsten Tagen selbst. Es geht ihr recht gut. Auch mir. Ich habe jetzt die Direction der Liedertafel und bin eben bei Gründung eines größeren Vereins, in dem namentlich der große Chorgesang gepflegt werden soll, und der auch viel Theilnahme bei dem besseren musikalischen Theil des Publikums zu finden scheint. Dies beschäftigt mich viel und regt auch zu allerhand Compositionen an.

539. An F. Whistling.

Dresden, den 22sten Dec. 1847.

Lieber Herr Whistling,

— Sie werden nie in den Himmel kommen! Ich will Ihnen sagen, warum nicht? Wenn Ihnen Sanct Peter das Thor aufmachen möchte, werden Sie noch allerhand Ausflüchte machen, z. B. daß Sie das Schnupftuch vergessen (von der Erde her) — kurz, Sie kehren noch einmal um — und später wird es dann zu spät sein. — Ein höchst saumseliger Freund und Verleger sind Sie. — Aber es soll Ihnen alles vergessen sein, wenn ich nur bald etwas von den Männer-Chören sehe. — Es ist nämlich Ende Januar großes Stiftungsfest der Liedertafel mit allerhand Feierlichkeiten — da wünscht ich denn gern, daß einige der Lieder gesungen würden.

Lassen Sie also (ich bitte) vor Allem die einzelnen Stimmen in Arbeit nehmen, und senden mir von dem ersten Correcturabzug von jeder Stimme 6 Abzüge gegen Berechnung des Papiers, daß ich sie noch zum Fest vorher einstudiren kann.

Gut wär es auch, Sie richteten die Ausgabe so ein, daß die Lieder in einzelnen Heften (Nummern) zu haben wären. Denn ich fürchte, das 1ste Lied darf z. B. nicht nach Oestreich, während es mit den andern keine Schwierigkeit hat. — In Oestreich gerad aber, glaub' ich, florirt jetzt der Männergesang — und so müssen Sie daran denken, daß Ihnen wegen des 1sten Liedes nicht das ganze Heft verboten wird . . .

Mein neuer Chorverein wächst sehr an zu meiner Freude (über 100 Mitglieder) — auch an der Liedertafel hab' ich Freude; kurz, diese Wirksamkeit ist recht nach meinem Sinn.

Antworten Sie gleich! R. Schumann.

540. An F. Whistling.

Nachschrift d. 26sten [Juni 48]. Im musikalischen u. sonstigen Trouble der letzten Woche ist der Brief [v. 17. Juni] vergessen worden. Einstweilen haben wir gestern den Faust gehört und ich schließe ein paar Worte für die Leipziger Bekannten über die Aufführung an. Das Orchester (die Capelle aus Gefälligkeit) spielte nach einer Probe vortrefflich; die Soli im Einzelnen sehr gut, auch die Chöre. Der Stoff, und deshalb natürlich die Musik auch, erinnert an die Peri darin, daß beide, nachdem sie lange geirrt und gestrebt, den Himmel erlangen. Im Charakter der Musik mag sich der Faust von der Peri unterscheiden — so wünscht' ich wenigstens — wie Abend- und Morgenland. Von Vielen ist mir gesagt worden, die Musik erleichtere das Verständniß des Textes — und dies hat mich sehr gefreut. Der Eindruck einzelner Stellen, so namentlich gleich des 1sten Chores, u. dann des Chores: „Alles Vergängliche ist nur ein Gleichniß" war der gewünschte. Auch Gretchens erstes Erscheinen mit den Worten „Neige, neige" gefiel dem Componisten sehr gut. Der letzte Chor „Das Ewig-Weibliche zieht uns hinan", über den der Comp. einigemal stark in Desperation gerathen, und den er mehremal componirt, immer im Glauben, daß es noch nicht das Rechte sei, brachte in seiner ersten Gestalt beinahe den meisten Eindruck hervor — ganz unverhoffter Weise.

Nun genug. Lieb ist mir's, daß wenigstens eine Leipzigerin — Frau Dr. Seeburg — das Stück gehört. Ich musicire nun einmal am liebsten den Leipzigern vor; hier kann man noch nicht recht begreifen, daß man noch um etwas anderes componirt, als um den Leuten zu gefallen. Natürlich mit Ausnahmen.

541. An F. Whistling.

Dresden, den 30sten Juni [1848].

Lieber Herr Whistling,

Können Sie mir nicht eiligst schleunigst folgende Bücher à Cond. zur Ansicht verschaffen:

Hanko, der Roßhirt von C. Beck (im Verlag von Bösenberg erschienen)

und

Gesänge unter den Palmen (bei Winter in Heidelberg erschienen).

Sollte Hanko durchaus nicht aufzufinden sein, so erinnern Sie doch gefälligst Dr. Herrmann daran, der ihn mir zu verschaffen versprach...

Eine hübsche Überraschung machte mir neulich Hr. C. Reinecke in Hamburg durch einige Hefte Transcriptionen meiner Lieder, die er in Schuberths Auftrag für ihn angefertigt. Sie sind so vortrefflich, wie sie sich der Componist nur wünschen kann — und recht poetisch aufgefaßt. — Wünschen Sie vielleicht in Zukunft eine ähnliche Arbeit, so wenden Sie sich ja an Reinecke; es macht es Niemand besser.

Antworten Sie mir gelegentlich, wie es in L[eipzig] geht und steht! — Den künftigen Weltereignissen kann man nur mit Grauen entgegensehen! —

Leben Sie recht wohl!

R. Schumann.

In Prag ist, wie man mir geschrieben, die Symphonie in C zweimal nacheinander mit gutem Erfolg gegeben worden. — Auch der König von Schweden hat etwas geschickt, was mich recht gefreut hat. Das sind freilich Lappalien, der Gegenwart gegenüber. Ihnen aber, als Verleger, wollt' ich es nicht verschweigen.[545]

542. An F. Whistling.

Dresden, den 8ten August 1848.

Lieber Herr Whistling,

Nun kommen Sie gleich daran mit der Symphonie. Vorgestern hab' ich mit frohem Herzen meine Oper beendigt, will heute nach Pillnitz u. der sächs. Schweiz, und hoffe dann bis Ende der Woche mit dem [vierhändigen] Auszug fertig zu sein. Sie dachten sich wohl, daß die Oper der eigentliche Hemmschuh war — und ich danke Ihnen, daß Sie so viel Geduld gehabt — aber ich war zu sehr im Schreibefeuer, und alles Andere bleibt dann liegen. Nun möchte ich die „Genoveva" freilich gern sehen und hören, und namentlich den Leipzigern zuerst vorführen — aber die Zeit und wohl auch die dortige Bühne ist noch zu ungünstig. So heißt es denn in Geduld abwarten! —

Eine große Freude hatte ich in den vorigen Tagen. Aus einem Flecken in Hinterpommern, der nicht einmal auf der Landkarte zu finden [Wussekén], schickt mir Einer, Namens Wettig mehrere Compositionen, darunter ein Clavierstück mit Orchester, das mir als etwas ausgesucht Vorzügliches vorkömmt — meine Frau soll es, denk' ich, in L[eipzig] gelegentlich spielen. Nun schrieb ich ihm, das Stück müsse gedruckt werden — und warte seine Antwort ab. Ihnen aber möchte ich rathen, das Stück sich nicht entgehen zu lassen, wenn er es Ihnen anbietet, da ich Sie ihm als Verleger vorgeschlagen. Auch hab' ich mir vorgenommen, ihn selbst durch die mus. Zeitungen einzuführen. Seit Gade ist der der Erste wieder, der mich wahrhaft interessirt.[546]

Im Chorgesangverein verleben wir jetzt viel fröhliche Stunden; wir kommen nämlich oft außerhalb der Stadt zusammen, wandeln dann bei Sternenschein zurück, und dann erklingen Mendelssohnsche und sonstige Lieder durch die Nacht, und Alle sind so fröhlich, daß man es mit werden muß . . .

Schreiben Sie mir bald. R. Sch.

543. An Dr. Härtel.

Geehrter Herr Doctor,

Mit nochmaligem Dank für die schöne Partitur-Ausgabe der Quartette sende ich Ihnen hier die Revision zurück. Es waren wenig oder gar keine Fehler darin.

Von den Quartetten hat Hr. O. Dresel ein sehr gutes 4händiges Arrangement gemacht und bat mich, Ihnen deshalb mein Urtheil zu sagen. Ich will hiermit das günstigste ausgesprochen haben, so sehr ich auch zweifle, daß Sie jetzt an die Herausgabe eines Arrangements denken.[547]

Sie erinnern sich wohl des Namens Carl Wettig, eines jungen Componisten, von dem ich Ihnen bei Ihrem letzten Hiersein sprach. Er wollte Ihnen nun in den nächsten Tagen einen Gesang „Sehnsucht" von Geibel und ein Scherzo für Pfte zuschicken, zwei sehr schöne Stücke, wie ich Ihnen denn den Componisten nicht genug empfehlen kann. Damit will ich nicht sagen, er sei ein genialer Neuerer oder dergl. — dies nicht, gewiß aber ein schönes reines Talent, dessen Leistungen Künstlern wie Laien gleich gefallen müssen. Ich glaubte dem jungen Künstler, der durch einige Zeilen von mir bei Ihnen eingeführt zu werden wünschte, dies Zeugniß nicht versagen zu dürfen, und bitte Sie, ihm Ihre Theilnahme zuzuwenden.[548]

Hochachtungsvoll

Ihr ergebener

D[resden], 9ten October 1848. R. Schumann.

544. An Fr. Kistner.

Dresden, d. 12. Januar 1849.

Vor Kurzem habe ich ein kleines Opus: Sechs vierhändige Stücke für das Pianoforte [„Bilder aus Osten"] beendigt; sie sind nicht schwer und (glaubt der Componist wenigstens) nicht ungefällig. Das ganze Heft würde circa 30—32 Platten geben; doch stelle ich es Ihnen frei, es in zwei Hefte zu theilen. Als Honorar will ich Ihnen in Rücksicht der schlimmen Zeiten, die ja alle drücken, das möglichst billigste stellen, zwölf Louisd'or nämlich.

545. An Dr. H. Härtel.

Mit vielem Dank erhalten Sie die Partitur des vortrefflichen Octetts [von Mendelssohn] zurück. Wir haben es in der letzten Soirée gegeben, und, wider mein Vermuthen, schien es den Leuten sehr zu gefallen; ich war sehr vergnügt, es bei den Herren von der Capelle durchgesetzt zu haben, die in jede neue Composition wie in einen sauern Apfel beißen.

Mit der Aufführung der Genoveva hat es sich wieder um 14 Tage hinausgeschoben, was mir sehr ärgerlich ist. Kommt sie nicht bis spätestens Mitte März heraus, so habe ich Lust, sie für diese Saison gar nicht, und erst zu Anfang Winters aufführen zu lassen. Ich möchte wohl darüber auch Ihre Meinung wissen.

Dresden, d. 9ten Februar 1849.

546. An Dr. Härtel.

Die Ritornelle [für Männerchor] sende ich noch nicht; der Schreiber hat sie noch nicht fertig gebracht. Vielleicht bringe ich sie selbst mit. Der Theater-Director schreibt mir nämlich, daß meine Oper gleich nach der Vestalin in Scene gesetzt wird, und so denke ich denn bald in Leipzig zu sein.

Den Zeddel hab' ich geöffnet; nach bestem Gewissen kann ich aber nicht so viel verlangen, sondern nur acht Louisd'or. Halten Sie dies für keine Ziererei. Die Stücke sind klein — und Männergesangsachen ohnedies für ein kleineres Publikum. Also bitte ich, berechnen Sie mir nicht mehr, als wie ich sagte. Ich bin vollkommen zufrieden damit.

Könnte ich Ihnen nur einmal etwas leisten, was Ihnen rechten

Gewinn brächte! Oft denke ich darüber nach, — habe auch eine Idee, die Ihnen vielleicht gefällt; doch ist sie noch nicht ganz reif. Später werde ich darauf zurückkommen, wenn Sie erlauben.

Dresden, d. 15. Febr. 1849.

547. An Dr. Härtel.

Dresden, den 27sten Februar 1849.

... Heute möchte ich Ihren gütigen Rath in einer andern Angelegenheit.

Weder von Hrn. Rietz, noch vom Director des Theaters kann ich etwas vom Stand meiner Opernangelegenheit erfahren. Kömmt sie nicht vor der Messe heraus, so daß sie auch zur Messe gegeben werden kann, so bin ich jedenfalls dafür, daß sie bis zum Herbst zurückgelegt werde. Darüber ist nun der ganze diesjährige Winter verflossen, und ich habe in Leipzig, das mich stets so aufgemuntert hat, nichts von meinen neuen Arbeiten vorführen können, wie ich so gern gewünscht. Mancherlei liegt im Pult, was ich gern hören und hören lassen möchte.

Kömmt nun die Aufführung der Oper vor Ostern nicht zu Stande, so gedachten wir in einer der letzten Wochen des März ein großes Concert mit Orchester zu geben. Darin wollte ich auch die Schlußscene aus Faust, ein Concertstück für vier Hörner mit Orchester (etwas ganz curioses, glaub' ich) und vielleicht auch eine Scene aus der Genoveva geben. Meine Frau würde natürlich spielen, vielleicht auch Mad. Schröder-Devrient darin singen, wenn sie nicht etwa selbst Concert gibt. — (Vom letzteren sprach sie, doch ändert sie sich fast stündlich in ihren Plänen).[549]

Würden Sie vielleicht von Hrn. Rietz — doch nicht in meinem Namen, also, wenn Sie die Güte haben wollten, quasi sub rosa — herausbekommen können, wie es mit meiner Oper steht, so ließe sich der Tag und die ganze Sache gleich festsetzen. An Hrn. Rietz mag ich aber deshalb nicht schreiben, weil er mir Antwort schuldig ist, mich gewöhnlich sehr lange auf Antwort warten läßt, und ich nicht gern zudringlich erscheinen möchte.

Hier haben Sie, verehrter Hr. Doctor, das ganze Complot, das wir gegen die gute Stadt L. ausgesponnen, und wie daß wir Sie auch gern hineinziehen möchten, weil wir wissen, Sie sind uns gut und freundlich gesinnt...

548. An Fr. Kistner.

Dresden, den 22sten April 1849.

Obwohl Sie nun noch ein Manuscript von mir in Händen haben, so glaube ich doch interessirt es Sie vielleicht, das beifolgende Spanische Liederspiel [Op. 74] kennen zu lernen. Ich glaube, es ist kein ganz unglücklicher Einfall, dieses Liederspiel. Wir haben es gestern zum erstenmal probirt, und der Totaleindruck schien mir so freundlich, wie ich ihn nur wünschen konnte. Ich glaube, es werden dies meine Lieder sein, die sich vielleicht am weitesten verbreiten. Und dies liegt mit an den heitern reizenden Dichtungen.

Doch ich habe vielleicht schon mehr gesagt, als es nur dem Verfasser erlaubt ist. Doch mußte ich Ihnen einige Andeutungen geben, da das Unternehmen allerdings kein kleines ist.

Nur noch so viel: Jeder der Gesänge ist auch für sich abgeschlossen; aus dem Verkauf der einzelnen Lieder würde sich erst der Hauptertrag ergeben. Die Ausgabe müßte also so eingerichtet werden, daß jedes auch einzeln verkäuflich wäre. Doch über dies, wie über die Ausstattung,[550] über die ich allerhand Gedanken habe, später, wenn Sie überhaupt auf den Verlag eingehen.

Was das Honorar betrifft, so ist es mir freilich unter 40 Ld'or nicht feil.

Am hübschsten wäre es, Sie hörten es sich selbst an; wir wollen es nämlich heute über acht Tage — kommt nichts dazwischen — in einem Freundeskreise aufführen. Die Frls. Schwarzbach u. Jacobi, die Hn. Rudolph u. Mitterwurzer werden es singen. Da machen Sie sich auf, lieber Hr. Kistner, und hören selber.

549. An Fr. Kistner.

Dresden, den 30sten April 1849.

Geehrter Herr Kistner,

Wären Sie doch gestern hier gewesen, daß Sie mein Liederspiel gehört hätten; sie sangen es ganz reizend, dazu meine Frau am Clavier. Es war ein Vergnügen.

Ich denke, wir einigen uns wegen des Verlages. Für das Ganze, wie Sie es kennen, wäre das Gebot, das Sie mir thaten, nach dem Maßstab, wie mir jetzt meine Gesangsachen bezahlt werden, allerdings ein verhältnißmäßig zu geringes gewesen, und ich hätte nicht darauf eingehen können. Nun habe ich mich überzeugt (und hatte es schon in der Hauptprobe) daß zur concentrirteren Wirkung des Ganzen zwei der langsamern Lieder ausfallen müssen, nämlich Nro. 4, ein Lied für Alt, und Nro. 6 für Bariton. Diese sind, an und für sich, von nicht unanmuthiger Wirkung, halten aber wie gesagt den dramatischen Fortgang des Liederspieles auf — und ich habe sie opfern müssen.

In dieser Form nun, d. h. ohne jene zwei Nummern, bin ich bereit, Ihnen das Liederspiel für Ihr Gebot zu überlassen.

Auch der Contrabandist gehört, streng genommen, nicht in die Handlung, und auch ihn wollte ich ganz herausnehmen. Da er aber, wie ich glaube, gerade für den Verleger eine einträgliche, vielleicht die einträglichste Einzelnummer werden könnte, so gebe ich ihn als einen Appendix, und Sie mögen ihn entweder als Anhang zum Liederspiel, oder als eine besondere Nummer mit besonderem Titel drucken lassen . . .

Mit freundschaftlichen Empfehlungen Ihr

ergebener

R. Schumann.

550. An Dr. Härtel.

Dresden, den 2ten Mai 1849.

Geehrter Herr Doctor,

Mit vielem Dank für Ihren letzten Brief erhalten Sie beifolgend den Clavierauszug und die Singstimmen zu Op. 71, das Ihnen wie mir ein freudebringendes sein möchte. „Adventlied“, wie es Rückert selbst genannt, wollte ich es nicht nennen, weil dies an eine bestimmte Jahreszeit erinnert und die Aufführung des Stückes dadurch gewissermaßen an eine Zeit gebannt wäre. „Cantate“ ist ein ziemlich verbrauchtes Wort — und so blieb mir nichts als das einfache: Geistliches Gedicht, womit Sie, wie ich wünsche, vielleicht einverstanden sein werden[551] . . .

Hr. Lewy, der 1ste Hornist an der hiesigen Capelle, wird Ihnen in diesen Tagen ein Heft Etüden für Horn zuschicken. Er bat mich, Sie mit einem empfehlenden Worte darauf vorzubereiten. Da er überdies die billigsten Bedingungen stellt, so gehen Sie vielleicht auf die Herausgabe ein. Was ich davon gesehen, schien mir gut und praktisch, wie es sich von Jemandem, der sich sein Instrument zur Lebensaufgabe gestellt, auch nicht anders erwarten läßt.[552]

Das kleine Medaillon[553] sahen wir noch nicht. Ihr Hr. Bruder war heute bei uns, hatte es aber vergessen.

Empfehlen Sie uns Ihrer verehrten Frau Gemahlin — und vergessen Sie nicht, uns im Sommer einmal mit Ihrem Besuche zu erfreuen.

Ihr ergebener
R. Schumann.

551. An Dr. Härtel.

Kreischa, d. 28sten Mai 1849.

Verehrter Herr Doctor,

So leid es mir thut, daß Sie auf die Randzeichnungen [zum Lieder-album Op. 79] nicht eingehen, so würde es mir nicht minder leid sein, wenn sich deshalb die Sache zerschlüge. Es handelt sich also noch um das Honorar, und scheint Ihnen dieses — 40 Ld'or — annehmbar, so wollen wir darüber abschließen.

Daß die Ausstattung der des Schuberthschen Albums zum mindesten gleichkomme, und daß Sie namentlich auf ein entsprechendes Titelblatt Rücksicht nehmen möchten, den Wunsch werden Sie mir wohl erfüllen. Ich glaube gewiß, daß eine Ausstattung, die das Werk auch als ein Festgeschenk passend erscheinen läßt, dem Verkauf nur sehr förderlich sein kann. Aber wo eine gute Zeichnung hernehmen, wenn nicht von einem Künstler! — Das Titelblatt zum Schubertschen Album kostete — Zeichnung und Lithographie — 6 Ld'or, wobei freilich Hr. Prof. Richter aus Gefälligkeit für mich sich mit 2 Ld'or begnügte und dem Lithographen das andere überließ. Da ich mir aber die Zeichnung zum Lideralbum einfacher, weniger figurenvoll denke, so würden Sie sie, hoffe ich, zu dem gleichen Preise von Richter erhalten, und es soll, wenn Sie einstimmen, mein erstes Geschäft in der Stadt sein, dies mit Richter zu besprechen . . .

Sonst leben wir hier unser Leben im Grünen und Freien friedlich fort und möchten vor der Hand gar nicht wieder fort.

Ihr ergebener
R. Sch.

552. An F. Whistling.

Dresden, d. 17ten Juni 1849.

Lieber Hr. Whistling,

Sie erhalten hier ein paar Märsche — aber keine alten Dessauer — sondern eher republicanische. Ich wußte meiner Aufregung nicht besser Luft zu machen — sie sind in wahrem Feuereifer geschrieben.

Bedingung: sie müssen gleich gedruckt werden —

Sie müssen mit sehr großen Notenköpfen gestochen werden —

Und da ich die Ausstattung meiner Compositionen immer dem Inhalte gemäß eingerichtet wünsche, so soll auf den Titel nichts als auf dem Beiblatt steht, kommen — dies Wenige aber mit den größten Schriften — und zwar mein Name obenhin, da ich sonst das 1849 nicht anzubringen weiß, das diesmal nicht fehlen darf.

Eben so wünscht ich einen Umschlagtitel mit wo möglich noch größerer Schrift — wie sie ja jetzt Mode sind. —

Um schnell zu Stand zu kommen, senden Sie mir diesmal auch die 1ste Correctur . . .

Viele Grüße an Reuter u. Wenzel. Seit Dienstag sind wir wieder in der Stadt. — Nächstens ausführlicher. R. Sch.

Das Honorar f. d. Mscpt. (das 5 Bogen gibt) wollen wir auf zehn Ld'or bestimmen. —

Können Sie es nicht übernehmen, so schicken Sie mir es wohl gleich zurück . . .

553. An Dr. Härtel.

Dresden, den 23sten Juni 1849.

Verehrter Herr Doctor,

Vielen Dank für die schönen Ausgaben, auch die Lieder von Franz, [Transscriptionen von Liszt] für den es mich freut, daß vielen seiner poetischen Dichtungen auf diese Weise neue Wege eröffnet werden.

Lange schrieben wir Ihnen nicht, da wir immer viel beschäftigt waren. Sonst ging es uns recht wohl, namentlich meiner Frau, die sich oft nach dem Landaufenthalt zurücksehnt.

Die letzten Tage war ich mit dem Ordnen des Liederalbums viel beschäftigt . . . Für heute schick' ich nur ein Lied, mit der Bitte, mir vielleicht bis dahin, wo ich Ihnen das vollständige Manuscript zuschicke, eine Probeplatte fertigen zu lassen. Haben Sie sich vielleicht die Beilage zur Neuen Zeitschrift f. Musik (ein Lied von Riccius) angesehen? Der Notenkopf, wie namentlich die deutsche Schrift schienen mir sehr hübsch.

Mit Prof. Richter sprach ich vor einigen Tagen; er wird gewiß etwas Anmuthiges liefern. Die Größe des Formats bezeichnete ich ihm als die des Schuberthschen Albums, was Ihnen wohl recht ist . . .

Hr. Wirsing schrieb mir vor 14 Tagen, daß ich schnellmöglichst nach L. kommen möchte zum Einstudiren der Oper. Doch darf ich in den nächsten Wochen meine Frau nicht verlassen, die bald ihrer Niederkunft entgegensieht. So wird denn die Oper erst im August daran kommen.

Wir hörten, daß Rietz nach Berlin ginge an Nicolais Stelle. Bestätigt sich dies? Mir wäre es sehr leid, wenn meine Oper in andere Hände als die seinigen fiele. Vielleicht können Sie mir etwas Genaueres darüber sagen.[554]

Frau Dr. Frege ist wohl wieder zurück. Wollen Sie sie vielmals von uns grüßen. Sie schrieb meiner Frau ihre besondere Zustimmung zu dem Liede Mignons „Kennst du das Land“, das das letzte im Album ist, was mir große Freude gemacht. Ich schrieb das Lied, freilich nicht ohne Erregung, aber unter wahrhaftem Kinderlärm in Kreischa. Vielleicht singt es Ihnen Frau Dr. Frege vor!

Freundliche Grüße von uns.

Ihr ergebener
R. Schumann.

554. An Dr. Härtel.

[Anfang August 1849]

Geehrter Herr Doctor,

Sie erhalten hier 1) die Partitur [zur Faust-Musik], 2) ein Exemplar sämmtlicher Stimmen excl. die Gesangsolostimmen, die mithin aus der Partitur copirt werden müßten, 3) einige Textbücher für die Copisten, da sie sonst sich schwerlich herausfinden würden. So wird es vielleicht möglich, das Ganze noch fertig zu bringen — viele Hände werden freilich in Bewegung gesetzt werden müssen ...

Daß zwischen der Walpurgisnacht und der Scene aus Faust etwas eingeschaltet wird, ist ganz nach meinem Sinn ...

Auch in Weimar wird das Stück gegeben — und da möchte ich denn für diesen Tag Fausts Mantel haben, um überall sein und hören zu können. Wie sonderbar, das Stück hat mir fünf Jahre im Pulte gelegen, von Niemandem gekannt, von mir selbst beinahe vergessen — und nun muß es gerade zu der seltenen Feier zu Tag kommen! —

Noch fällt mir etwas ein: Das Adventlied hat einen gewissen Zeitbezug — und da möchte ich wohl, daß die Jahreszahl (1849) auf dem Titelblatt irgendwo angebracht würde. Ginge das noch zu machen? —

Mit freundschaftlichem Gruße
Ihr ergebener
R. Schumann.

555. An F. Whistling.

Dresden, den 20sten Nov. 1849.

Lieber Herr Whistling,

Fürs erste einige Bemerkungen zu den beiliegenden Sachen.

Zum Eichendorffschen Liederkreis wünschte ich einen entsprechenden Umschlag, vielleicht silber- oder aschgrau, nur mit den Worten:

Liederkreis
von
J. Frhr. v. Eichendorff
für eine Singstimme
mit Begleitung des Pianoforte
von
R. S.
Op.

Das ist wohl schnell gemacht. Senden Sie mir gefälligst aber einen Probedruck.

Die Kreisleriana sind stark revidirt. Ich verdarb mir leider in früheren Zeiten meine Sachen so oft, und ganz muthwilliger Weise. Dies ist nun alles ausgemerzt.

Wie nun aber wegen des Titels? Eine Andeutung Kreislers ist nicht gegen meinen Sinn. Der Haslingersche scheint mir freilich etwas zu handgreiflich. Sprechen Sie mit Wenzel darüber! Lassen Sie entweder den Haslingerschen copiren oder einen neuen machen, wo vielleicht nur das Wort „Kreisleriana" aus einer phantastischen Verzierung herausguckt. Jedenfalls senden Sie mir auch davon einen Probeabzug . . .[555]

Mit freundschaftlichen Grüßen
R. Schumann.

556. An Dr. Härtel.

[Dresden, November 1849.]

Hr. Fritz Spindler bat mich gestern um ein paar Zeilen an Sie wegen Aufführung einer Symphonie, die er componirt. Ich war aber gestern zu sehr beschäftigt, und will es heute mit dem Bemerken nachholen, daß mir die Symphonie einer Aufführung durchaus werth scheint und daß Sie dem Componisten dazu behülflich sein möchten. —

Noch habe ich Ihnen für die Sendung der Liederalbums Dank zu sagen, auch mein Bedauern, daß Ihnen der Titel [von L. Richter] so sehr theuer zu stehen gekommen; er ist freilich auch der schönste Schmuck ... Sodann scheint mir nöthig, daß Sie kurz vor der Weihnachtzeit in einigen hiesigen und Leipziger Blättern auf das Album aufmerksam machen müßten, namentlich in dem hiesigen Anzeiger. Sie kennen mich genug, als daß ich glauben sollte, Sie hielten mich deshalb für einen Freund der Trompetenstöße, wie sie manche Verleger der Welt versetzen; aber das Publikum ist vergeßlicher Natur und will hin und wieder auf etwas aufmerksam gemacht sein ...

Ende Januar hoffen wir Sie dann in Leipzig zu sehen, wo nach der auf Ehrenwort gegebenen Versicherung des Hrn. Theaterdirector gleich an die Oper gegangen werden soll. So steht denn manches bevor und die freundlichen Genien, wollen wir hoffen, versagen uns die Kraft nicht zur Ausführung. Ihr

ergebener
R. Schumann.

557. An C. F. Peters.

Verehrtester Herr,

Mit dem Wunsche, daß unsere freundlich begonnenen Unterhandlungen zu einem erfreulichen Ende führen möchten, bin ich so frei, Ihnen meine weiteren Bedingungen und sonstigen Gedanken wegen Herausgabe der Oper mitzutheilen.

Der Clavierauszug gibt circa 190 Platten, also etwa 60 Platten mehr als der meines Oratoriums „die Peri", für die ich von den H. Verlegern mit 100 Ld'or honorirt wurde. Dabei wäre noch zu dem Vortheile des Verlags der Oper zu erwähnen, einmal, daß ich dabei nicht, wie bei der Peri, auf den Stich der Partitur bestehe, sondern daß ja eine Oper voraussichtlich immer ein größeres Betriebsterrain hat, wie ich denn auch hoffe, daß sich die Ouvertüre allein einer günstigen Aufnahme zu erfreuen haben wird.

Alsdann muß ich, was bei der Peri nicht der Fall war, auch den Text in Anschlag bringen, für den ich dem theilweisen Verfasser, Hrn. Reinick in Dresden, 20 Ld'or zu zahlen habe.

Wollen Sie dies alles in Erwägung ziehen, so denke ich, finden Sie ein Honorar von 160 Ld'or (von denen mir nach Abzug des Texthonorars, 140 Ld'or blieben), kein unbilliges. Dafür erhalten Sie aber auch den fertigen zweihändigen Clavierauszug der Ouvertüre u. der Oper mit, den meine liebe Frau zum größten Theil schon vollendet hat.

Den 4händigen Clavierauszug der Ouvertüre habe ich einem sehr guten mir bekannten Musiker in Dresden, Hrn. Pfretzschner, übergeben, der ihn Ihnen auf das Billigste und Beste liefern wird ...

Daß das Eigenthumsrecht an meiner Oper sich nicht bis auf mein Verhältniß zu den Bühnendirectionen erstreckt, brauche ich wohl nicht besonders zu erwähnen.

Dies wären die Hauptpunkte. Mancherlei wäre noch zu besprechen; vielleicht daß wir noch vor unserer Wegreise von hier, nächsten Sonnabend, uns verständigen, was mir eine Freude sein soll.

In Hochschätzung u. Ergebenheit

Leipzig, d. 27sten Februar 1850. R. Schumann.

558. An F. Whistling.

Dresden, den 19ten April 1850.

Vorläufig die Beilage [„Beim Abschied zu singen" Op. 84]. Ich wünsche sie bald gedruckt — in kleinem Format. Die Gesangstimmen lassen Sie natürlich auch stechen. Die Blasinstrumentstimmen sind nicht nöthig.

Für Fugen [Op. 72] und Abschiedslied schreiben Sie mir 10 Ld'or gut. Haben Sie keine Lust dazu, so remittiren Sie mir umgehend beide Manuscripte[556] ...

In den letzten Seiten der „Frühlingsnacht" im Eichendorffschen Liederkreis steckt doch der T***. Denken Sie sich. Die Lind singt es in Hamburg im Concert aus einem neuen Exemplar. Wie sie (im Concert) die vorletzte Seite umwendet, steht ein anderes Lied da. Sie sang aber ruhig fort. Mit der größten Ruhe sagte sie mir's, nachdem es vorüber war; — sie kannte es auswendig, d. h. weil sie mußte, weil Ihre Exemplare Schuld daran waren. Die Geschichte hat uns aber sehr ergötzt.

559. An C. F. Peters.

Dresden, den 16ten August 1850.

Mit großem Vergnügen habe ich Ihre Sendung empfangen und mich des sauberen, schönen Stiches des 1sten Actes, wie der Ouvertürenausgaben erfreut. Recht sehr habe ich Sie freilich wegen des Manuscriptes um Nachsicht zu bitten. Aber da Eile der Herausgabe noth thut, so unterließ ich es, das Ganze noch einmal copiren zu lassen, da dann wieder allerhand Aufenthalt entsteht ... Es liegt mir viel an der Beendigung des Clavierauszugs der vielen verkehrten Urtheile halber, die über die Oper gefällt worden sind, und die mich, weniger, weil sie mich belasten, ärgern, als eben weil sie so sehr verkehrt sind. Da gibt denn die Ansicht des Clavierauszugs den Verständigen den einzigen Halt, sich eine Ansicht zu bilden. Beschleunigung wünschte ich auch deshalb, um den Clavierauszug auch bei der Versendung der Partitur an die Theaterdirectionen beilegen zu können, was einer rascheren Entschließung wegen der Annahme nur förderlich sein kann.

560. An Fr. Kistner.

Geehrter Herr Kistner,

Ein eigner Fall veranlaßt mich, Ihnen die Lenauschen Lieder eher zuzuschicken, als ich erst wollte.

Im Glauben, daß der Dichter, wie ich gelesen hatte, schon vor Jahresfrist gestorben sei, hängte ich dem Cyklus ein Requiemlied an. Gestern erfahre ich nun, daß Lenau wirklich am 22sten [August] gestorben ist, daß ihm, ohne es zu wissen, von mir ein Todtenlied gesungen worden ist.

Es wäre mir nun ganz recht, wenn Sie die Lieder früher, als ich Ihnen schrieb, vielleicht schon in der nächsten Zeit erscheinen lassen wollten. Das Titelblatt könnte vielleicht mit Traueremblemen — mit einem Trauerflor, hinter dem sich ein Stern zeigt — geschmückt sein. Das Blatt in der Mitte, mit dem Kreuz und dem lateinischen Texte wünschte ich, wie es in dem Manuscript steht, für sich bestehend.

Es soll mich freuen, wenn Sie mir die Hand reichten, dem unglücklichen, aber so herrlichen Dichter mit diesem Werke ein kleines Denkmal zu setzen, und wie ich Sie kenne, werden Sie es gewiß in einer sinnigen Weise ausstatten helfen.[557]

Wir bleiben noch bis Freitag hier. Haben Sie mir noch irgend etwas mitzutheilen, so bitte ich darum bis Freitag.

Mit freundschaftlichem Gruße

Ihr ergebener

D[resden], d. 26sten August 1850. R. Schumann.

561. An Dr. Härtel.

Düsseldorf, den 24sten Febr. 1851.

... Noch erlaube ich mir ein Manuscript eines jungen, hier lebenden höchst talentvollen Musikers, J. Tausch, beizulegen, der von Mendelssohn noch hierher empfohlen wurde. Ich glaube nicht, daß Gefahr dabei ist, wenn Sie es in Verlag nähmen, wozu ich denn das Meinige beitragen möchte.[558]

Ich habe gesehen, daß mir Gade eine [Violin-]Sonate [D moll, Op. 21] dedicirt hat, die bei Ihnen erschienen. Sie senden mir wohl gelegentlich ein Exemplar ...

Noch fällt mir ein: Ein junger Componist in Göttingen Namens G. Jansen hat mir ein Arrangement meiner 1sten Symphonie für 8 Hände auf 2 Pianofortes zugeschickt, das sich ganz vortrefflich ausnimmt. Haben Sie vielleicht Lust, den Druck zu übernehmen, so schreiben Sie mir ein Wort[559] ...

562. An N. Simrock.

Düsseldorf, den 1sten März 1851.

Geehrter Herr,

Mein Schreiben betrifft heute die Herausgabe eines größeren Werkes.

Ich habe in letzter Zeit eine Symphonie [Es dur] componirt, auch schon hier und in Cöln aufgeführt. Es kömmt mir nicht zu, über das Werk, wie über dessen Aufnahme mehr zu sagen; ich glaube nur, es könne ohne Gefahr für den Verleger in die Oeffentlichkeit treten.

Die Symphonie hat fünf Sätze, ist aber deshalb nicht länger, als andere mittleren Umfangs. Wünschen Sie, so kann ich Ihnen Partitur wie ausgeschriebene Stimmen zur Ansicht mittheilen.

Wie derartige größere Stücke nur nach und nach fruchttragend sind, weiß ich, und würde bei dem Honoraransatz gewiß darauf Rücksicht nehmen.

Vor der Hand wollte ich Sie nur von der Existenz des Werkes benachrichtigen. Vielleicht haben Sie Lust zur Herausgabe, was mich freuen würde.[560]

Hochachtungsvoll
Ihr ergebener
R. Schumann.

563. An F. W. Arnold in Elberfeld.

Düsseldorf, den 30sten Mai 1851.

Geehrter Herr,

Nach vielem Hin- und Hersinnen bin ich auf den Titel: Bunte Blätter gekommen. Denn auch mir war der andere [„Spreu"] nicht recht, und ich hatte ihn für das Opus gewählt, da es früher aus etwa 30 kürzeren Stücken bestand.

Lassen Sie mich nun wissen, ob ich Ihnen das Opus mit dem neuen Namen wieder zustellen soll, worauf Sie es unverzüglich empfangen.

Ihr
ergebener
R. Schumann.

564. An Fr. Kistner.

Düsseldorf, den 10ten Juni 1851.

Sie erhalten hier ein Liederheft [von Elisabeth Kulmann] eigenthümlicher Art; ein Blick darein wird Sie über dessen Inhalt aufklären. Mir liegt vor Allem daran, daß die Lieder so bald wie möglich erscheinen. Wäre Ihnen dies nicht möglich, so haben Sie wohl die Güte, mir umgehend es zu melden, das Heft aber an sich zu behalten, wo ich es dann bei einem der andren Herren in L[eipzig] erscheinen lassen möchte. Von derselben Dichterin, nach meiner Meinung einem der außerordentlichsten Wesen und nicht allein als Dichterin, habe ich vier ganz leichte „Mädchenlieder" für zwei Soprane fertig, die ich gern gleich mitgeschickt hätte, wenn mich nicht der Copist im Stich gelassen. Sie können sie aber im Verlauf der nächsten Wochen haben, und bitte ich deshalb um Ihre Antwort . . .

Haben Sie auch vielen Dank für die Gadesche ganz reizende Symphonie [B dur, Partitur]. Im verflossenen Winter war es mir nicht mehr möglich, sie aufzuführen; gewiß aber im nächsten.

565. An C. F. Peters.

Düsseldorf, den 22sten Aug. 1851.

Verehrtester Herr,

... Wie oft ich daran dachte, Ihnen ein Werk zum Verlag anzubieten, von dem ich glaubte, daß es Ihnen einen rechten Gewinn brächte, so will es mir doch nicht gelingen, aber es fängt mich an zu beunruhigen, daß Sie auch für die großen Kosten der Oper entschädigt werden. Und nicht an meinem Werk liegt es, wenn es sich Ihnen nicht so rasch lohnt, sondern sicher an den schlimmen Theaterverhältnissen, an dem schrecklich versunkenen Geschmack des Theaterpublikums. Doch fürchte ich nicht, daß nicht die Oper hier und da wieder zum Vorschein kommen sollte. Vor der Hand möchte ich nur eine Beruhigung durch Sie, ob der Absatz einigermaßen nur Ihren Wünschen entspricht. Ich werde gewiß darauf sinnen, Ihnen bald eine Composition zu liefern, die mir voraussichtlich eine dem größeren Publikum zugängliche zu sein scheint.

Fertig habe ich im Augenblick nur ein Heft Romanzen für Pianoforte allein (im Ganzen drei Bogen); schwer sind sie nicht, aber freilich auch nicht leicht. Ich sende sie Ihnen gern zur Ansicht — und obwohl ich dies sonst nicht thue, da ich es zu meiner Freude sehe, daß die Verleger auch ohnedies gern von meinen Compositionen drucken, so möchte ich doch gerade Ihnen, der Sie so viel an die Oper gewandt, diesen Beweis meiner aufrichtigen Rücksicht geben, in welchem Sinn ich dies zu deuten bitte.

Glauben Sie, nachdem Sie die Romanzen [3 Fantasiestücke Op. 111] sich angesehen, daß sie im Verlegersinn gut sein möchten, so werden wir uns über das Andere leicht verständigen.

Hochachtungsvoll

Ihr ergebener

R. Schumann.

566. An N. Simrock.

Düsseldorf, den 25sten Dec. 1851.

Geehrter Herr,

Beifolgend erhalten Sie das Nachtlied [für Chor u. Orchester, Op. 108]. Vielleicht bringen Sie es bis zum Herbst fertig, daß es nächsten Winter noch hier und da zur Aufführung kommen kann.

Die Exemplare des 4händigen Auszugs der Symphonie habe ich erhalten und danke Ihnen dafür. Ueber die Aufnahme in Leipzig machte mir auch Hr. Moscheles eine Mittheilung, die mich gefreut hat. Es interessirt vielleicht auch Sie u. ich lege sie bei, mit der Bitte, den Brief mir gelegentlich zurückzuschicken.

Eine große Freude machte mir meine Frau am gestrigen Fest durch die Partituren des Fidelio und des Elias. Von der ersteren wußte ich überhaupt gar nicht, daß sie existire, und war sehr überrascht — und nun vollends bei Ihnen in so naher Nachbarschaft gedruckt . . .

Zum nahen Jahreswechsel bringe ich Ihnen meine besten Wünsche und bitte um fernere freundliche Gewogenheit.

Ihr ergebener

R. Schumann.

567. An Fr. Kistner.

Düsseldorf, den 27sten Dec. 1851.

Verehrtester Herr Kistner,

Ihrer letzten freundlichen Aufforderung eingedenk bin ich so frei, Ihnen heute eine Composition anzubieten, die sich vielleicht Ihres Antheils erfreuen dürfte. Es ist die „Pilgerfahrt der Rose“, ein sehr anmuthiges Märchenidyll, das ich auch hier schon am Clavier aufgeführt und Ende Januar auch mit Orchester hier aufzuführen gedenke. Die Theilnahme der Zuhörer war für mich eine besonders erfreuliche, und ich dachte das Werk in die Welt zu schicken, damit es noch vielleicht zu nächstem Winter fertig würde.

. . . Wegen des Honorars (incl. mit dem Clavierauszug) möchte ich vorschlagen bei Ablieferung des Manuscriptes eine Zahlung von 40 Ld'or, und eine gleiche nach Erscheinung des Clavierauszugs. Dabei bemerke ich, daß dies der billigste Satz ist, den ich veranschlagt habe, und dies besonders mit Rücksicht auf die Ausgabe der Partitur, die aber nicht unterbleiben kann, — da ich die Erfahrung unzähligemal gemacht, daß ein Werk, von dem keine Partitur existirt, sich keine Bahn brechen kann, oder wenigstens in sehr langsamer Zeit.

Hier haben Sie denn den Antrag und meine Bedingungen. Es sollte mich freuen, wenn Sie, der meine Kinder immer so anmuthig ausstattet, beides recht annehmbar fänden.[561] . . .

Ihr ergebener
R. Schumann.

568. An Dr. Härtel.

Verehrter Herr Doctor,

Sie haben heute früh das Trio von A. Dietrich gehört, und von ihm vielleicht den Eindruck eines bedeutenden Werkes erhalten, wie es ihn wenigstens stets auf mich gemacht. Der junge Componist verdient gewiß die höchste Aufmunterung. Und es wäre ihm gewiß die größte, wenn sein Werk veröffentlicht würde, und wenn Sie sich vielleicht dazu geneigt zeigten. Honorar würde er, wie ich glaube, nur ein sehr mäßiges beanspruchen, und ich bin mit Vergnügen bereit, Ihnen deshalb das Nähere mündlich mitzutheilen.[562]

Und da wir ja irdische Wesen sind und von irdischen Dingen reden müssen, so kann ich auch hier wegen des Manfred meine Vorschläge anknüpfen mit dem Wunsche, daß sie Ihnen gefallen möchten. Ich dachte an ein Honorar von 50 Ld'or für das Ganze, einschließlich des noch zu liefernden 2händigen Clavierauszuges der Ouvertüre. Über alles Übrige hoffe ich Sie noch vor unserer Abreise, vielleicht morgen in den Vormittagsstunden selbst zu sprechen, Ihnen auch noch zu danken für alle Ihre freundliche Güte, die Sie uns immer von Neuem beweisen.

Ihr
ergebener
R. Schumann.

[Leipzig] d. 19. März 1852.

569. An Dr. Härtel.

Düsseldorf, den 24sten Mai 1852.

Verehrter Herr Doctor,

Sie erhalten beifolgend die Partitur des Manfred, vorläufig nur zum Stich der Ouvertüre, und dann ein ganz correctes Exemplar der Partitur meiner 1sten Symphonie, die Sie, wie Sie mir zu meiner Freude sagten, diesen „Sommer" in Arbeit nehmen lassen wollten . . .

Von Weimar verlautet noch nichts wegen der Aufführung, und scheint es Liszt bis zum Winter verschoben zu haben, was mir auch recht ist.

Einstweilen haben wir auch den ersten Bach-Jahrgang erhalten, und ich kann nicht umhin, Ihnen darum meine große Freude auszudrücken. Gewiß, daß die Ansicht, die dadurch das Publikum erhält, dem Unternehmen Hunderte von Theilnehmern zuführen wird. NB. Nur ein paar falsche Noten hab' ich gefunden. S. 123, Syst. 4, Tact 4 müssen die drei letzten Baß-Noten heißen:  . Sonst ist die Ausgabe ein Muster in jeder Hinsicht . . .

Mit bestem Gruß

Ihr

ergebener

R. Schumann.

570. An F. Whistling.

Düsseldorf, den 25sten Mai 1852.

Lieber Herr Whistling,

Sie erhalten hier, von dem ich Ihnen schon sprach, den „Königssohn“. Wir haben ihn hier vor Kurzem aufgeführt und ich glaube, er ist unter allen meinen Compositionen von der schlagendsten Wirkung. So hat er auch hier gewirkt, und es war der Abend der Aufführung eine große Freude für mich. Doch davon mehr zu sprechen, geziemt mir nicht.

Damit Sie nun gleich die Art und den Umfang des Werkes kennen lernen, lege ich Ihnen Partitur und Clavierauszug bei. Es kömmt noch etwas dazu, was für das Bekanntwerden und den äußern Erfolg der Composition später sehr ersprießlich sein könnte. Nächstes Jahr wird nämlich das Musikfest hier in Düsseldorf gehalten — und da man mich als Dirigenten in jedem Fall auffordern wird, etwas von mir aufzuführen, so wüßte ich nichts Passenderes als die Ballade, wie man mir denn auch schon davon gesprochen hat. Dazu wäre nun freilich nöthig, daß die Chorstimmen — im Ganzen 20 Platten — bald, zu spätestens Februar fertig sein müßten, um sie rechtzeitig an die verschiedenen Vereine zu versenden. Ob Sie die Orchesterstimmen stechen wollen (Kistner druckt auch die zur Rose), — weiß ich nicht. Es ist freilich eine große Ausgabe. In jedem Falle müßte aber bis etwa Ende März auch die Partitur und der Clavierauszug fertig sein, was übrigens bei so viel Zeit noch keine Hexerei wäre... Was das Honorar betrifft, so kennen Sie ja meinen Satz ungefähr. Wir werden uns darüber verständigen.[563]

Nun fällt mir noch etwas ein. Ich habe nämlich in letzter Zeit mein Opus 93, die Rückertsche Motette, für Orchester instrumentirt, in welcher Gestalt sie, glaub' ich, ungleich größer wirken und sich um so schneller verbreiten würde. Aber das Publikum muß es natürlich auch erfahren, daß eine Orchesterbegleitung davon da ist, für welchen Fall ich einige Zeilen aufgesetzt, die Sie, Ihre Zustimmung dazu vorausgesetzt, vielleicht in ein musikalisches Blatt (wie die Signale, das wohl das verbreitetste ist) setzen lassen. Sollten Sie Hrn. Organist Langer sehen, der die Motette vielleicht im Herbst mit Orchester aufführen wollte, so sagen Sie ihm, daß ich die Arbeit beendigt habe...

Viele Grüße an Wenzel! Er kennt wohl die Hefte von Th. Kirchner [20 Clavierstücke Op. 2]? Es sind ganz geniale Sachen.

Wie immer

Ihr ergebener

R. Sch.

571. An Dr. Härtel.

Düsseldorf, den 3ten Juni 1852.

Geehrter Herr Doctor,

Mit einem Antrag eigenthümlicher Art stelle ich mich heute Ihnen vor. Mein Verleger sollen Sie werden, aber nicht musikalischer, der Sie ja schon längst sind, sondern buchhändlerischer. Die Sache verhält sich so:

Ich kam vor einiger Zeit ins Lesen alter Jahrgänge meiner musikal. Zeitschrift. Das ganze Leben bis zur Zeit, wo Mendelssohn in höchster Blüthe wirkte, entfaltete sich immer reicher vor mir. Da fuhr es mir in den Sinn: ich wollte die zerstreuten Blätter, die ein lebendiges Spiegelbild jener bewegten Zeit geben, die auch manchem jüngeren Künstler lehrreiche Winke geben über Selbsterfahrenes und Erlebtes, in ein ganzes Buch sammeln zum Andenken an jene Zeit, wie auch an mich selbst. Schnell machte ich mich an die Arbeit, die eine bedeutende wurde wegen der großen Anhäufung des Materials. Nun habe ich sie so ziemlich beendet, kann das Ganze überschauen.

Es würden nach meiner Schätzung etwa zwei Bände, jeder zu 25—28 Druckbogen werden. In der Beilage finden Sie den Titel, wie eine Inhaltsanzeige. Das J. v. W. bedeutet Hrn. v. Wasielewski, der mir getreulich beigestanden beim Ordnen. Auch wünsche ich diese Form der Herausgabe meiner jetzigen Künstlerstellung nach.

Nun bitte ich Sie, geehrter Herr Doctor, meinen Antrag in Erwägung zu ziehen. Die Ausgabe wünschte ich natürlich möglichst anständig und vor dem Beginn des Ganzen einen Probedruck des Formats, Druckes und Papiers zu sehen. Auch das möchte ich, daß die beiden Bände gleichzeitig erschienen.

Wegen des Honorars bin ich nicht im Zweifel, daß wir uns darüber verständigen, weiß ich nur einmal, daß Sie überhaupt auf den Antrag einzugehen gewillt sind.[564]

So nehmen Sie noch meine freundlichen Grüße und erfreuen bald durch eine Antwort Ihren

ergebenen

R. Schumann.

Um Rücksendung der Beilage bitte ich jedenfalls.

572. An Dr. Härtel.

Düsseldorf, den 12ten Juli 1852.

Leider konnte ich, eines heftigen rheumatischen Leidens halber, der Aufführung [des Manfred] in Weimar nicht beiwohnen. Es thut mir dies sehr leid, auch deshalb, weil ich, außer der Ouvertüre, von den übrigen Musikstücken noch nichts gehört. Nun möchte ich wissen, ob es mit Ihrer Meinung übereinstimmt, daß wir vorläufig nur die Ouvertüre (mit Arrangements) herausgäben und die übrige Musik, die ich jedenfalls bis zu Anfang Winter. hier oder in Weimar zu hören hoffe, im Laufe des nächsten Winters. Wollen Sie mir deshalb eine Antwort zukommen lassen?[565]

573. An Dr. Härtel.

Düsseldorf, den 23sten Sept. 1852.

Leider kann ich Ihnen auch heute noch nicht das vierhändige Arrangement der [Manfred-]Ouvertüre mitschicken. Der Arrangeur hat mir wider Erwarten große Noth damit gemacht; es ist in dieser Fassung kaum zu gebrauchen und dazu so unleserlich, daß ich nach der Überarbeitung noch eine Copie davon machen lassen muß . . .

Aus Scheveningen sind wir seit erst vier Tagen zurück. Die Bäder haben mir gute Dienste geleistet, weniger meiner lieben Frau, die dort erkrankte, mit des Himmels Hülfe aber wieder ganz genesen ist. Ich selbst muß mich noch vor aller angestrengten Arbeit in Acht nehmen, daher Sie entschuldigen wollen, wenn die noch restirenden Correcturen etwas länger ausbleiben sollten, als es sonst geschieht.

574. An Fr. Hofmeister.

Düsseldorf, d. 1. Nov. 1852.

Geehrter Herr,

Das Concert für Violoncell mit Orchester, von dem ich Ihnen bei meiner letzten Anwesenheit in Leipzig sprach, ist jetzt druckfertig, und erlaube ich mir, Ihnen weitere Mittheilung zu machen. In Rücksicht des gewählteren Publikums, das Compositionen für dieses Instrument haben, habe ich das Honorar, so billig wie möglich, auf 24 Louisd'or gestellt, wofür Sie auch den fertigen Clavierauszug mit erhalten. Anderentheils glaube ich, daß gerade, da so wenig Compositionen für dies schöne Instrument geschrieben werden, der Absatz ein den Wünschen entsprechender sein wird.

Auf den Stich der Partitur dringe ich nicht, so wünschenswerth es wäre, wohl aber müßten die Orchesterstimmen einzeln gestochen werden. Wünschen Sie es, so bin ich gern bereit, Ihnen sämmtliche ausgeschriebenen Stimmen samt Partitur und Clavierauszug zur Ansicht zu schicken und sehe deshalb Ihrer gefälligen Antwort entgegen.[566]

Ihr ergebener

R. Schumann.

575. An F. Whistling.

Lieber Herr Whistling,

Sie sind ein unverbesserlicher Schweiger, und wären Sie nicht ein so langjähriger Geschäftsfreund, so hätte ich allen Grund, Sie bedeutend anzufahren. Nur durch Hrn. Dietrich erhielt ich eine dunkle Andeutung, Sie wollten jetzt dem Königssohn gehörig zu Leibe gehen. Aber im Ernst, es wird auch Zeit, da im Februar hier u. in den

Nachbarstädten die Chorproben zum Musikfest beginnen sollen u. doch auch die Correcturen Zeit wegnehmen.

... Endlich — wie steht es mit dem 3ten Heft der Chorballaden? Ich wünschte, da schon viel spätere Opusnummern erschienen, daß sie nicht zu lange in Rückstand bleiben.

Im Übrigen geht es mir seit einigen Wochen viel besser, als es in den Sommermonaten war; nur muß ich mich noch vor größeren Anstrengungen, namentlich Dirigiren hüten, was mir freilich sehr weh thut.

Viele Grüße zum Schluß an die alten Bekannten, an Dr. Reuter, an Wenzel, an Ihren Bruder, wie an Sie selbst, vorausgesetzt, daß Sie sich bessern.

Ihr ergebener

Düsseldorf, d. 12. Nov. 1852. R. Schumann.

Wie steht es mit dem Trio von W. Bargiel? Ich glaube, Sie haben kein Risico dabei![567]

576. An Georg Wigand in Leipzig.

Düsseldorf, den 17ten November 1852.

Hochgeehrter Herr,

Erinnern Sie sich dieser Handschrift nicht mehr, so doch vielleicht ihres Schreibers. In besonderer Angelegenheit erlaube ich mir, mich Ihnen heute vorzustellen. Ich habe, von vielen meiner Freunde dazu aufgefordert, meine literarischen Arbeiten über Musik und musikalische Zustände der letztvergangenen Zeit zusammengestellt, überarbeitet und mit Neuem vermehrt, und möchte, was zerstreut und meistens ohne meine Namensunterschrift in den verschiedenen Jahrgängen der Neuen Zeitschrift für Musik erschienen, als Buch erscheinen lassen, als ein Andenken an mich, das vielleicht Manchen, die mich nur aus meinem Wirken als Tonsetzer kennen, von Interesse sein würde.

Es liegt mir nicht daran, mit dem Buche etwa Reichthümer zu erwerben; aber daß es unter gute Obhut käme, wünschte ich allerdings. Auf der Beilage finden Sie eine genaue Angabe des Inhalts, wie ich Sie auch bitten würde, den beigelegten, das Buch einleitenden Worten eine Durchsicht zu gönnen.

Wie stark das Buch werden würde, könnte ich nur annähernd bestimmen; ein Blick in das Manuscript, das ich Ihnen auf Ihren

Wunsch vollständig mittheilen könnte, würde Ihnen dies am schnellsten klar machen.

Möchten Sie denn meinen Antrag in freundliche Erwägung ziehen und mir bald geneigte Antwort zukommen lassen,[568]

Ihrem ergebenen

Robert Schumann.

Das Inhaltsverzeichniß mit Vorrede wollen Sie mir gefälligst wieder zurücksenden.

D. O.

577. An Fr. Kistner.

Düsseldorf, den 17. Dec. 1852.

Sie erhalten hier ein kleines Manuscript. Es ist etwas, wie noch nicht existirt und von sehr eigenthümlicher Wirkung, wie sich das in geselligen Kreisen kundgab, wo wir die Ballade manchmal aufführten. Vielleicht macht es Ihnen Plaisir, das kleine Opus in die Welt zu schicken.[569] Das Honorar hab' ich auf 25 Th. festgestellt.

... Ich dachte daran, ob es nicht ersprießlich wäre, ein 2händiges Clavierarrangement meiner Ouvertüre, Scherzo und Finale zu ediren. Ich würde die Arbeit gern selbst übernehmen und Ihnen dafür gewiß die billigsten Bedingungen stellen. Auch möchte ich wissen, ob nicht eine Aussicht vorhanden wäre, daß Sie einmal eine Partitur des Werkes brächten. Es ist das einzige Instrumentalwerk von mir, von dem keine Partitur existirt. Möchten Sie das in freundliche Erwägung nehmen![570]

578. An Dr. Härtel.

Düsseldorf, den 4ten Januar 1853.

Verehrter Herr Doctor,

Vielen Dank für die letzte Sendung und dann einen Gruß zum neuen Jahr! Wir haben es fröhlicher angetreten, als wir nach der Krankheitszeit, die uns der Herbst brachte, erwarten durften, und hoffen bald wieder in der ganzen alten Rüstigkeit wirken zu können.

Für heute habe ich einige geschäftliche Anfragen. Bei meiner letzten Anwesenheit in Leipzig frugen Sie mich, ob ich schon meine 2te Sonate für Violine und Pfte. vergeben. Da ich aber die Sonate noch nicht veröffentlichen wollte, hielt ich mit einer bestimmten Antwort zurück, halte es aber für meine Schuldigkeit, jetzt wo sie druckfertig ist, sie Ihnen zuerst zu offeriren.

Sodann habe ich noch eine Idee, die sich vielleicht Ihres Beifalls erfreuen wird. Ich hörte neulich die Ciacona von Bach mit der Begleitung von Mendelssohn, sah mir darauf auch die andern Sonaten an und fand eine Menge Stücke, die durch eine Clavierbegleitung bedeutend gehoben, einem größeren Publikum zugänglich gemacht würden. Die Arbeit ist freilich keine leichte, aber reizt mich eben deshalb, und finden Sie Gefallen an meinem Vorschlag, so würde ich Ihnen dann das Genauere über Umfang des Werkes, wie über die anderen Bedingungen mittheilen. Der Titel würde heißen: Stücke aus den Sonaten von J. S. Bach für Violine, mit einer Clavier-Begleitung von R. S.

Dies bringt mich gleich auf die Bachgesellschaft, in deren Schuld ich noch bin mit meinem wie dem Beitrag des auf Hrn. Tausch gestellten Exemplars, die ich beilege. Für das nächste Jahr möchte ich das Exemplar für Hrn. Tausch zurückziehen, da ich mich auf andere Weise mit ihm abgefunden habe.

Hr. Tausch wollte Ihnen auf seiner Reise durch Leipzig auch seine Aufwartung machen und, wie er mir sagte, eine Sonate für Violine und Pfte. zum Verlag anbieten. Es ist ein nicht sehr schweres Stück und von anmuthiger und lebendiger Wirkung, das ich Ihnen nach bester Überzeugung empfehlen kann[571] ...

Vielmals grüßend, auch von meiner Frau,

Ihr stets ergebener

R. Schumann.

579. An Dr. Härtel.

Düsseldorf, d. 17ten Januar 53.

Verehrtester Herr Doctor,

Die Bearbeitung der Bachschen Sonaten hat mich länger aufgehalten, als ich glaubte; daher die verspätete Antwort auf Ihr letztes freundliches Schreiben. Dann ward es mir während der Arbeit klar, daß mit einer Auswahl aus den Sonaten der Sache nicht gut und künstlerisch gedient sei. Die einzelnen Sätze der Sonaten hängen meistens so innig zusammen, daß das Original durch Hinweglassung nur entstellt würde. So habe ich denn bis jetzt die zwei ersten Sonaten vollständig bearbeitet und lege sie bei. Ich dachte mir, daß jede in einem besonderen Hefte erschiene, vielleicht von Viertel- zu Vierteljahr je eine, so daß das Ganze in $1\frac{1}{2}$ Jahr fertig wäre. Sind Sie mit dieser Ansicht einverstanden, so theilen Sie mir es gefälligst mit. Im Übrigen liegt gerade in diesen Compositionen Bachs ein Schatz verborgen, von dem wohl die Wenigsten wissen, und den zu heben, die harmonischen Tragebänder, die ich ihm anlegte, hoffentlich etwas beitragen werden.

Meine eigene Sonate lege ich noch nicht bei, da sie meine Frau in einer bald stattfindenden Soirée mit Hrn. R. Becker zu spielen vorhat, denke Ihnen sie aber dann so bald als möglich zu schicken.

Noch fällt mir ein, daß ich mich über den Honorarpunkt wegen der Bach-Sonaten noch nicht ausgesprochen. Ähnlichen Druck wie den der Ciacona v. Mendelssohn vorausgesetzt, würde ich den Druckbogen auf 1 Louisd'or festsetzen, was Sie denn als ein annehmliches finden möchten. Noch möchte ich mir für diese Bearbeitung der Sonaten, wie für meine eigene, das Eigenthumsrecht für England vorbehalten, da mir von einem Londoner Hause (R. Cocks und Comp.) in dieser Hinsicht Anträge gemacht worden sind.

So eben sehe ich, daß in der Ausgabe der Ciacona die Violinstimme mit kleinerem Notenkopf als das Pianoforte gedruckt ist. In meinem Manuscript ist es umgekehrt, da ich das Original hervorheben wollte. Für den Clavierspieler ist freilich die andere Weise günstiger. Ich überlasse die Entscheidung darüber Ihrem Ermessen.

Wir sind jetzt hier an Vorbereitungen zum großen Musikfest. Sollten Sie nicht zu jener Zeit an den Rhein zu kommen Lust haben?

Vielmals grüßend Ihr

R. Sch.

580. An Dr. Härtel.

Düsseldorf, den 17ten März 1853.

Wegen der 2ten Sonate für Pfte. und Violine haben wir, wie ich glaube, noch nicht über das Honorar gesprochen. Für die 1ste bei Hrn. Hofmeister erschienene erhielt ich 25 Ld'or. Die 2te ist nun freilich um vieles größer, beinahe um die Hälfte. Vielleicht legen Sie etwas zu, was ich Ihnen anheimstelle.

581. An N. Simrock.

Düsseldorf, den 22sten April 1853.

Einen Verlagsantrag wollte ich Ihnen heute machen, der sich vielleicht Ihrer Theilnahme erfreuen wird. Um am letzten Tage des Musikfestes, das uns bevorsteht, ein Musikstück zu haben, das das Concert schließt und auch den Chor beschäftigt, habe ich eine Festouvertüre mit Gesang und zwar über Motive des Rheinweinliedes componirt, in das am Schluß der ganze Chor einstimmt. Die Musik hat einen heiteren Charakter und ich denke, sie wird gerade am Rhein willkommen sein.

582. An N. Simrock.

Geehrtester Herr Simrock,

Wenn ich nicht irre, so hat eine Recension in der Cölnischen Zeitung Sie in Sorge versetzt. Diese Recension war aber, nach dem Urtheil aller Unparteiischen, eher ein Pasquill als eine Kritik. Ich kann Sie versichern, daß die Ouvertüre von der ersten Probe an von den Ausführenden wie den Zuhörenden mit der freundlichsten Theilnahme aufgenommen wurde und auch so im Concert wirkte. Hr. v. Wasielewski wird Ihnen das bestätigen. Auch sind mir Anfragen aus Coblenz und Kreuznach zugekommen, die um leihweise Ueberlassung der Ouvertüre bitten, was ich in der Voraussetzung, daß sie bald erschiene, natürlich ausschlug, Sie als den Verleger der Composition bezeichnend. Dies that ich auch gegen Andere, die mich darum fragten, da das Geschäft zwischen uns doch klar abgesprochen war. Also auf eine Zurücknahme des Vertrags kann ich nicht eingehen, bin aber gern bereit, ihn so viel wie möglich zu Ihren Gunsten zu erleichtern. Ich will das Honorar auf 20 Friedrichsd'or herabsetzen, auch nicht auf den Druck der Orchesterstimmen bestehen, die immer die größten Ausgaben verursachen. Von dem Absatz des zweihändigen und vierhändigen Clavierauszugs, wie der Partitur, bin ich überzeugt, daß er die Auslagen im Verlauf einiger Zeit gewiß decken wird.

So hoffe ich denn, daß Ihnen meine Vorschläge zusagen möchten und lege noch ein Zeitungsblatt bei, das mir eben zugeschickt wird und von der Ouvertüre in andrer Weise spricht als der, die Sie mit Zweifel erfüllt zu haben scheint.

In Hochachtung
Ihr ergebener
R. Schumann.

Düsseldorf,
d. 30. Mai 1853.

583. An C. F. Kahnt in Leipzig.

Düsseldorf, den 11. Juli 1853.

Geehrter Freund,

... Nun noch etwas, worüber ich Ihren Rath und womöglich Vermittelung mir erbitte. Ich habe in der letzten Zeit meine literarischen und musikalischen Aufsätze in den früheren Jahrgängen der Zeitschrift zu sammeln begonnen und möchte sie in Auswahl und mit der größten Strenge überarbeitet, als ein Ganzes unter dem Titel: „Aufzeichnungen über Musik und Musiker aus d. Jahren 1834—44" erscheinen lassen. Es würde nach meinem Vorschlag zwei Bände, jeder von 30 Bogen, haben. Nun dachte ich, daß es wohl angemessen wäre, dem jetzigen Verleger der Zeitschrift zum Ersten davon wissen zu lassen und bitte Sie denn, dies zu thun. Ist er dazu geneigt, so werde ich ihm dann selbst das Genauere auseinandersetzen. Es liegt mir nicht daran, etwa Schätze damit zu erwerben; ich möchte ein Andenken an mich hinterlassen, wenn ich sagen darf, gewissermaßen den Text zu meinem productiven Schaffen. Noch bitte ich Sie auch, das Vorige als etwas im Vertrauen Gesagtes zu nehmen und außer Hrn. Hinze[581] Niemandem etwas davon mitzutheilen.

Hier ist es musikalisch sehr still und ich habe mehr Ferienzeit, als ich wünschte. Doch steht mir im Herbst eine desto größere Anstrengung bevor. Es wird in der Pfalz ein dreitägiges Musikfest stattfinden, das zu dirigiren man mich invitirt hat. Wären Sie doch bei unserem gewesen! Eine solche Gewalt der Musik, namentlich des Orchesters, habe ich vordem noch nie empfunden.

Ich werde mich bemühen, Ihnen für die nächste Musiksaison einen guten Berichterstatter zu verschaffen, obgleich an solchen, wie überall, auch hier kein Überfluß ist. Andrerseits wäre der künstlerische Sinn, der schon seit einer Reihe von Jahren über das hiesige Musikleben waltet, und das ich vorfindend nur weiter zu pflegen hatte, manchen anderen größeren Städten gegenüber gar wohl hervorzuheben.

Nun genug für heute und lassen Sie bald wieder von sich hören.

Ihr ergebener

R. Schumann.

584. An Fr. Kistner.

Düsseldorf, den 15ten Juli 1853.

Sie erhalten hier das Spanische Liederspiel zurück und ein neues dazu [Op. 138] zu gefälliger Ansicht. Das 2te unterscheidet sich vom ersten, daß es eine vierhändige Clavierbegleitung hat, was, wie wir uns durch öftere Aufführungen in geselligen Kreisen überzeugt haben, von ungleich reizenderer Wirkung ist. Doch habe ich auch ein zweihändiges Arrangement, das gleichfalls beiliegt, ausgearbeitet, was der Verbreitung jedenfalls günstig sein wird. Die Ausstattung wünschte ich dem 1sten ähnlich, auch an Honorar das nämliche, aber mit einer Vergünstigung. Das 2te Liederspiel hat mir doppelte Arbeit gemacht, wie Sie auf den ersten Blick sehen werden. Ich will aber keine baare Vergütung, sondern eine Auswahl von Musikalien Ihres Verlags im Werth von 50 Th. Ladenpreis.[572]

585. An Raimund Härtel.

Düsseldorf, den 1sten Sept. 1853.

... Noch lege ich diesem Briefe ein Manuscript bei: Drei Characterstücke f. d. Pfte. von Woldemar Bargiel. Obwohl er mir verwandt ist und ich gerade vielleicht deshalb Ansprüche an ihn stelle, so kann ich doch nicht anders, als dieser Composition ein Lob zu ertheilen, wie ich es keinem andern der jüngeren, ja selbst vielleicht vielen der älteren Künstler [kaum] ertheilen kann. Dieselbe Wirkung brachten sie auch gestern Abend in einer musikalischen Gesellschaft, die wir zu Ehren Joachims bei uns hatten, auf alle Anwesenden hervor. Ich glaube, Sie können die Stücke mit der Aussicht des besten Erfolges übernehmen und auch dem jungen Künstler, der sich trotz ungünstiger äußerer Lebensverhältnisse so viel Kraft und Muth erhält, so höchst eigenthümliche, tiefe und zarte, theilweise geniale Werke hervorzubringen, ein seinen Leistungen, denen früher oder später die Anerkennung nicht ausbleiben kann, angemessenes, wenn auch kleines Honorar bewilligen. Dies sei denn Ihnen und Ihrem Hrn. Bruder zu freundlicher Rücksichtsnahme empfohlen![573]

586. An Dr. Härtel.

D. 8. Oct. 1853.

Wir leben jetzt recht in musikalischer Zeit. Es ist hier ein junger Mann erschienen [Brahms], der uns mit seiner wunderbaren Musik auf das Allertiefste ergriffen hat und, [bin] ich überzeugt, die größte Bewegung in der musikalischen Welt hervorrufen wird.[574] Ich werde Ihnen gelegentlich Näheres und Genaueres mittheilen.

587. An Dr. Härtel.

Düsseldorf, den 13ten Oct. 1853.

Über den jungen Brahms, einen Hamburger, werden Sie in der Neuen Zeitschrift f. Musik binnen Kurzem einen mit meinem Namen unterzeichneten Aufsatz finden, der Ihnen näheren Aufschluß geben wird. Ich werde Ihnen dann genauere Mittheilung über die Compositionen machen, die er herauszugeben beabsichtigt. Es sind Clavierstücke, Sonaten für Pfte., dann eine Sonate f. Violine und Pfte., ein Trio, ein Quartett, dann viele Lieder, alle von ganz genialer Art. Er ist auch ein außerordentlicher Spieler.

588. An Breitkopf und Härtel.

Düsseldorf, den 3ten Nov. 1853.

Geehrte Herren,

Mancherlei habe ich Ihnen heute mitzutheilen, den Aufsatz über Johannes Brahms und dann etwas Bestimmteres über die Werke, welche er zunächst zu ediren wünschte. Es sind: ein Quartett für Streichinstrumente (Op. 1), ein Heft von 6 Gesängen (Op. 2), ein (großes) Scherzo für Pianoforte (Op. 3), ein Heft von 6 Gesängen (Op. 4) und eine große Sonate (in C dur) für Pfte. (Op. 5). Meine Ansicht über seine Zukunft habe ich in dem Aufsatz ausgesprochen; ich weiß dem nichts hinzuzufügen.

Es wäre nun ein Übereinkommen zu treffen, daß er einen kleinen Vortheil an Ehrensold zöge, und Sie sich trotzdem einem nicht zu großen Risico aussetzten, ich meine in der Art, daß Sie ihm ein dem Gehalt der Werke nur mäßig entsprechendes Honorar bewilligen, aber mit dem Vorbehalt, daß Sie ihm, vielleicht nach 5jähriger Frist, wenn der Absatz Ihren Erwartungen entspricht, einen von Ihnen zu bestimmenden Vortheil später noch gewähren. Im Übrigen ist er ein höchst bescheidener Mensch und hat sich mit seiner persönlichen Liebenswürdigkeit Aller Herzen erobert. — Ich führe noch an, wie er die oben genannten Compositionen honorirt wünschte, Quartett und Sonate jedes zu 10 Ld'or, das Scherzo zu 8, die Liederhefte jedes zu 6. Haben

Sie nun gutes Vertrauen, so schreiben Sie mir, natürlich ohne sich, ehe Sie die Manuscripte gesehen, zu etwas zu verpflichten. Dann werde ich Ihre Bestimmung ihm mittheilen und er sich persönlich mit Ihnen in Verbindung setzen.[575] Er ist, ein Intimus von Joachim, in Hannover und wird den Winter daselbst bleiben.

Beifolgend erhalten Sie auch einiges Neue von mir, was Sie vielleicht anmuthen wird. Es sind meistens fröhliche, mit guter Lust geschriebene Stücke. Den „Kinderball“ wünschte ich in zierlicher Ausgabe, wie etwa die „Kinderscenen“. Die Zusammenstellung der Instrumente in den „Märchenerzählungen“ ist von ganz eigenthümlicher Wirkung. Das Violoncellconcert ist vielleicht auch etwas, das, da es an solchen Compositionen sehr mangelt, Manchem erwünscht kommen wird. Auch dieses Concert ist ein durchaus heiteres Stück. Das Honorar habe ich für die 2 ersten Werke auf 25 Ld'or für jedes, für das Concert, das größere Kosten verursacht, auf 20 Ld'or bestimmt.

Nun noch etwas. Wenn man älter wird, so fängt man auf sein zurückgelegtes Leben zurückzublicken [an] und man wünscht seinen geistigen Hausrath in guter Ordnung zu hinterlassen. Es existirt zwar schon ein Katalog meiner Compositionen; aber es ist an der Einrichtung manches auszusetzen, und dann, glaub' ich, ist es für theilnehmende Freunde das Anziehendste, gerade die Zeit der Entstehung zu wissen. In dieser Art habe ich nun einen neuen Katalog skizzirt, dem auch die seitdem gegen 40 neu erschienenen Werke einverleibt sind, und den ich beilege mit dem Wunsch, daß Sie ihn veröffentlichten. Auf eine thematische Ausgabe dringe ich nicht; dies mag späterer Zeit überlassen bleiben...

Joachim hat eine höchst großartige Ouvertüre zu Shakespeares Hamlet, wie ein nicht minder eigenthümliches und wirkungsvolles Concertstück für Violine mit Orchester geschrieben, die ich Ihnen mit wärmster Theilnahme empfehlen kann.[576]

So habe ich Ihnen denn vieles heute vorgelegt, und will wünschen, daß es eine gute Aufnahme bei Ihnen finden möge.

Freundschaftlich grüßend Ihr ergebener

R. Schumann.

589. An Breitkopf und Härtel.

Düsseldorf, d. 9ten Nov. 1853.

Es hat mich sehr erfreut, daß Sie sich meinen Vorschlägen und Anliegen so willfährig zeigen. An Brahms werde ich heute noch schreiben und ihn veranlassen, daß er persönlich sobald als möglich nach Leipzig reist und seine Compositionen selbst vorführt. Sein Spiel gehört eigentlich zu seiner Musik; so ganz eigenthümliche Klangeffecte erinnere ich mich nie gehört zu haben.

590. An Fr. Kistner.

Düsseldorf, d. 17. Nov. 1853.

Geehrter Herr,

Sie erhalten hier eine Composition, die Ihnen vielleicht zum Verlag annehmlich erscheinen möchte. Es fehlt ganz an solchen brillanten Concertstücken für die Violine; dieses insbesondere hat noch einen sehr heitren Charakter. Joachim hat es hier vor Kurzem mit dem größten Effect in einem unserer Concerte gespielt und wird es, wie er mir sagt, bald auch in Leipzig und Berlin. Er spielt es auswendig und mit einer Meisterschaft, wie er nur sie hat. Je eher Sie die Composition brächten, je vortheilhafter, glaub' ich, würde es für Sie sein.

Was das Honorar betrifft, so habe ich es auf 26 Friedrichsd'or festgesetzt. Die Principalstimme müßte aus dem Clavierauszug noch besonders gestochen werden.

Noch habe ich eine andere Anfrage. Sie wissen vielleicht, daß bei Breitkopf und Härtel eine Bearbeitung der Bachschen Violinsonaten von mir erscheint (in 6 Heften); ich habe in gleicher Weise die Violoncellosonaten bearbeitet und würde sie Ihnen zu den nämlichen Bedingungen, wie Härtels, überlassen. Dies sind die schönsten und bedeutendsten Compositionen, die es für Violoncell gibt.[577]

Ergebenst

R. Schumann.

Wenn Zeit übrig bleibt, so bitte ich, die Phantasie Hrn. David zum Durchspielen zu geben, auch die Partitur.

591. An Breitkopf und Härtel.

Düsseldorf, den 3ten Januar 1854.

Geehrteste Herren,

Da Sie mir durch so schnelle und erfreuliche Mittheilung der Correcturen [der Bach-Sonaten] eine Überraschung bereitet, so möchte ich sie durch eine eben so schnelle Zurücksendung erwidern . . .[578]

Noch fällt mir ein — wegen der Moliqueschen Bearbeitung brauchen Sie sich nicht zu beunruhigen. Das sind nur acht Stücke, wie überhaupt eine solche Verzeddelung nicht sehr künstlerisch ist.[579] Die Bachschen Sonaten hängen so gut zusammen, wie andere, ja noch viel besser. Also glaub' ich, kann das nichts schaden, eher nützen, da sich die, denen die Auswahl gefällt, gelegentlich auch das complete Werk anschaffen.

So will ich denn wünschen, daß diese Zeilen Sie, geehrte Herren und Freunde, im guten Wohlsein treffen möchten. An ein Kommen nach Leipzig unsererseits ist leider vor der Hand nicht zu denken, aber, wie wir hoffen, vielleicht zu nächsten Winters Anfang.

Auch meine Frau läßt Sie herzlich grüßen. Sie hat mich zum Weihnachtsfest mit einem Sohnschen Portrait von sich überrascht, über das Alle, die es sahen, in Bewunderung geriethen.

Mit Glückwunsch zum neuen Jahre

Ihr ergebener

R. Schumann.

———— — —

[1] (S. 7) Wiedebeins Brief in Jansens „Davidsbündler", 1883, S. 119.

[2] (S. 13) Emil Flechsig, stud. theol., geb. 1808 zu Wiesenburg, seit 1822 Gymnasiast in Zwickau, — „mein treuster und anregendster Freund, später [1828] Stubenbursche in Leipzig", (sagt Schumann in seinen Aufzeichnungen von 1840) „Schwärmen in Jean Paul, Franz Schubert". Übersetzungen a. d. Französischen von ihm in d. Zeitschr. v. 1836. † 1878 zu Zwickau als emer. Protodiaconus.

[3] (S. 15) Schumann traf am 21. Mai in Heidelberg ein und bezog eine Wohnung beim Fuhrmann Panzer in der Seminarstraße. Seine Hausgenossen waren außer G. Rosen: stud. jur. Schiffner aus Wiesbaden, stud. jur. Geib aus Lambsheim, stud. jur. Herber aus Eltville, stud. med. Mencke aus Bremen, stud. pharm. Seyfarth aus Hildburghausen und stud. jur. Klugkist aus Bremen. — An der Stelle des ehemaligen Panzerschen Hauses ist später das Amtsgerichtsgebäude aufgeführt worden.

[4] (S. 15) Schumann schrieb damals außerordentlich klein; seine Briefe u. Tagebücher aus 1827—34 sind theilweise gar nicht zu entziffern.

[5] (S. 18) Schumann wurde am 11. Juni 1831 in Zwickau für mündig erklärt.

[6] (S. 21) Dem Vater.

[7] (S. 23) Schumann zog Michaelis 1829 zum Kaufmann Ritzhaupt, Hauptstr. Nro. 160, 3. Stock. Das Wohnzimmer lag der Dreikönigstraße gerade gegenüber, die Kammer nach dem Hof hinaus. Das Haus, dessen Erdgeschoß wesentlich umgebaut worden ist, gehört jetzt dem Hoflieferanten Leopold Mayer.

[8] (S. 25) Schumann war zum Entschluß gekommen, die Rechtswissenschaft aufzugeben und sich ganz der Musik zu widmen. Auf seine an die Mutter gerichteten Vorstellungen v. 30. Juli („Jugendbriefe" S. 116) holte diese zuvor den Rath Wiecks ein. Wiecks Antwort s. bei Litzmann I. S. 21.

[9] (S. 27) Unter den Schulden scheint Schumanns gute Stimmung nur vorübergehend gelitten zu haben. Wenigstens machte er noch vom 3.—8. August eine Vergnügungsfahrt mit seinen Commilitonen Röller und Auerswald nach Rohrbach, Bruchsal, Baden-Baden (wo er den Geiger Ernst, den er schon im Mai kennen gelernt hatte, wiedertraf) und Kehl, — von da eine Fußwanderung nach Straßburg, wo er und seine Genossen sich an dem Freiheitstaumel der Juli-Revolution ergötzten, selber auch die dreifarbige Cocarde anlegten.

[10] (S. 27) Lemke hatte am 1. Sept. eine Reise nach der Schweiz und Italien angetreten.

[11] (S. 27) Schumanns Reisetagebuch enthält unter der Überschrift: „Reise nach Holland 1830" einige orientirende Notizen über Amsterdam, Haarlem ꝛc. Am 24. Sept., Morgens 4 Uhr, reiste Sch. von Heidelberg ab, fuhr den Rhein hinunter bis Wesel, gab aber die holländische Reise wegen Geldmangel auf und reiste über

Münster und Paderborn nach Detmold zu seinem Freunde Rosen, bei dem er eine Anleihe machte. Am 2. Oct. reiste er nach Leipzig weiter.

12 (S. 27) Das Duodezblatt enthält in zierlichster Schrift das Abegg-Thema mit der Überschrift: „Je ne suis qu'un songe." Zwei aus den fünf Notenlinien gebildete Halbbogen, die Melodie enthaltend, ruhen auf einer Basis von je zwei Notensystemen, in welche die Begleitung eingetragen ist. Darunter steht: „Heidelberg 29. Aug. 30. R. Schumann."

13 (S. 28) Hesperus. Encyclopädische Zeitschrift von C. K. André. Stuttgart.

14 (S. 30) Schumann hatte die erste Unterrichtsstunde bei Dorn am 12. Juli. In seinem Tagebuch heißt es unterm 13. Juli: „Auch fing ich gestern beim Musikdirector mit dem edlen Generalbaß an! Er hatte sich vorbereitet u. schien ängstlich, war aber sonst liebenswürdig. Ich war auch gerade recht bei Kopfe u. bei hellem, lichten Verstand. Ich möchte kaum mehr wissen, als ich weiß. Das Dunkel der Phantasie oder ihr Unbewußtes bleibt ihre Poesie."

15 (S. 30) Schumann hatte schon am 6. Juni Dorn einen Besuch gemacht, war auch wiederholt bei Wieck mit ihm zusammengetroffen.

16 (S. 32) Clavierconcert in F dur, schon 1830 in Heidelberg angefangen.

17 (S. 33) Die Abegg-Variationen. Nur die Hälfte der Variationen hat Schumann veröffentlicht.

18 (S. 33) Durch den Aufsatz über Chopins Don Juan-Variationen. Jugendbr. S. 154.

19 (S. 33) Schumanns Recension wurde angenommen, die von Wieck abgelehnt.

20 (S. 34) Allgem. Mus. Ztg. 1831, S. 821.

21 (S. 35) Der Unterricht bei Dorn wurde nicht wieder aufgenommen.

22 (S. 36) „Noch aus der Gasse" bei Jean Paul. Schumann citirte aus dem Gedächtniß.

23 (S. 36) Das Anerbieten wurde nicht angenommen. Von Schumanns Aufsatz über Chopin (Ges. Schriften I, 3) ist also nur die Hälfte bekannt geworden.

24 (S. 36) Der junge Ritzhaupt, Sohn von Schumanns Hauswirth, hatte die Secunda des Gymnasiums in einem Jahr als Primus durchgemacht, was er in seiner Freude Schumann Ostern geschrieben hatte.

25 (S. 36) Schumann hatte seinem jungen Hausgenossen, den er auch gern auf Fußwanderungen mitnahm, aus Liebhaberei Clavierunterricht gegeben, — „obwohl ich" (schrieb mir der ehemalige Secundaner, Herr Geh. Reg. Rath a. D. Ritzhaupt in Karlsruhe, am 14. April 1889) „niemals hervorragende musikalische Anlagen an den Tag legte; namentlich waren es Fingerübungen nach Compositionen von Czerny, Moscheles u. a., welche Schumann mit besonderm Eifer bei mir betrieb. Er selbst beschäftigte sich ebenfalls sehr viel mit solchen, so daß er ihnen einen großen Theil seiner Zeit widmete."

26 (S. 37) Die mit 76 unterzeichnete Recension des Op. 1 u. 2 im Allgem. musikal. Anzeiger (1832 Nro. 26) war von Seyfried.

27 (S. 37) Studien nach Capricen von Paganini, Op. 3.

28 (S. 37) Seyfrieds Recension s. Anzeiger 1833 Nro. 10.

29 (S. 38) Schumann hatte damals noch die Absicht, zu seiner Ausbildung als Pianist nach Wien zu gehen (anstatt zu Hummel). In Folge eines Handleidens — einer Lähmung des 2. Fingers der rechten Hand, die sich als unheilbar erwies, — mußte er die Laufbahn als Virtuose aufgeben.

[30] (S. 38) Von einer Symphonie in G moll. — Am 26. April 1833 sandte Schumann den 1. Satz derselben an den Concertmeister Matthäi mit der Bitte, ihn „einer Durchsicht zu würdigen.“ Der diesem Satze zu Grunde liegende Rhythmus ist derselbe des Allegros der C dur-Symphonie, woraus man auf den Ideengehalt dieser unbekannt gebliebenen Symphonie schließen könnte.

[31] (S. 44) Die Gründung einer musikalischen Zeitung.

[32] (S. 45) Hans Eggert Wilibald von der Lühe, geb. um 1800, war Leutnant im 2. sächs. Inf. Rgt., privatisirte, nachdem er seinen Abschied genommen, während der ersten dreißiger Jahre in Leipzig, wo Schumann, der seine Bekanntschaft schon 1826 in Zwickau gemacht, viel mit ihm verkehrte. Dann lebte er auf seinem Gute bei Adorf. L. gab das Militär-Convers.-Lex. (1833—41) im Selbstverlage (Adorfer Verlagscomtoir) heraus; auch erschien das Damen-Convers.-Lex. (1834—38) bei ihm.

[33] (S. 45) Anspielung auf Rom und Mosens Aufenthalt in Italien. — M. lebte ein Jahr in Leipzig, wo Schumann im Sommer 1831 einen Abend mit ihm zusammen war.

[34] (S. 45) Mosen hat keine Beiträge für die Zeitschr. geliefert.

[35] (S. 46) Aus einer Notiz in Schumanns Tagebuch von 1831 ist zu ersehen, daß er Gottfr. Webers „Versuch einer geordn. Theorie d. Tonsetzkunst“ studirte. Ende 1831: „Studien in Bach.“ — 1832 schrieb er an Kuntsch, daß er die Bach-schen Fugen „der Reihe nach bis in ihre feinsten Zweige zergliedert habe“. — Wasielewski sieht als ausgemacht an, daß das Selbststudium Schumann „nicht viel Nutzen gebracht haben könne“, daß seine ersten beiden Werke die „theoretische Unwissenheit“ bestätigen, und bedauert wiederholt die „zu spät begonnenen Studien.“ Wenn Wasielewski Recht hätte, so müßte Schumann zu jener Zeit recht kindische Begriffe von der Nothwendigkeit theoretischer Studien gehabt haben. Aber ist es denkbar, daß derselbe Schumann, dessen poetisches Formgefühl schon so frühzeitig ausgebildet war, sich in der Musik einem flachen Naturalismus hingegeben haben sollte? Aus seinen Briefen und Kritiken ist das nicht zu erweisen, wie es denn auch am überzeugendsten durch seine ersten Compositionen widerlegt wird. Und doch wird noch jetzt Wasielewski so gläubig nachgesprochen und nachgeschrieben, Schumann habe damals gute Naturanlagen und musikalischen Instinct für ausreichend zum Componiren gehalten!

[36] (S. 46) Webers Kritik s. Caecilia 1834, S. 94.

[37] (S. 47) Als Schumann diesen Brief schrieb, war ihm die in der Iris v. 10. Jan. 1834 erschienene Besprechung der Intermezzi noch nicht bekannt geworden. Eine Anzeige der Impromptus erschien erst in Nro. 33, da Rellstab das betr. Packet, dem Schumanns Brief v. 13. Jan. beigeschlossen war, erst am 13. Aug. 1834 geöffnet hatte.

[38] (S. 48) Töpken schrieb in den ersten Jahren Correspondenzen, auch einige Besprechungen (- pk -) für die Zeitschrift.

[39] (S. 48) Scherzhaft gemeint, — Töpken war nicht verheirathet.

[40] (S. 49) Lemke schrieb nur wenige Correspondenzen für die Zeitschr.

[41] (S. 49) Durch ein Briefchen, worin Frau Voigt ihren Dank für die so eben empfangene Toccata ausgesprochen hatte.

[42] (S. 50) Leo [- Löwe, d. h. Carl Loewe -] Tonleben ist der Held eines musikal. Romans, den Keferstein (pseud. K. Stein) in d. Cäcilia veröffentlicht hatte.

Erschien 1838 unter d. Titel: „König Mys von Fidibus oder Drei Jahre auf d. Universität. Wahrheit u. Dichtung aus d. Leben eines Künstlers.“

43 (S. 50) Ernestine v. Fricken, mit der Schumann am 28. Juli Wiecks Tochter Cäcilie in der Nicolaikirche aus der Taufe heben sollte. Am 26. hatte er sich Frau Voigts Rath wegen eines Pathengeschenks für Ernestine erbeten.

44 (S. 50) Wurde angenommen. „Mit Schumann und Schunke viele schöne quatre-mains von Schubert gespielt“, heißt es in Frau Voigts Tagebuch v. 27. Juli.

45 (S. 51) Schumanns Ges. Schriften I, 70.

46 (S. 51) N. Zeitschr. f. M. 1834, 130.

47 (S. 54) † d. 20. Mai 1834.

48 (S. 54) Vielmehr das vorletzte.

49 (S. 54) Sie war nun im Geheimen mit Schumann verlobt; Frau Voigt war die alleinige Vertraute.

50 (S. 55) Der Hauptmann v. Fricken kam am 1. Sept. nach Leipzig, um Ernestine nach Asch zurückzuholen.

51 (S. 56) Henriette, Ernestine, Ludwig.

52 (S. 56) Schumann hatte Variationen über den sog. Sehnsuchtswalzer geschrieben.

53 (S. 56) Abschied von Ernestine.

54 (S. 56) Frau Voigt hatte ihrem Briefe an Schumann ein für ihn zurückgelassenes Andenken Ernestinens beigefügt, auch einige an sie selbst gerichtete kürzere Zuschriften von Ernestine.

55 (S. 57) Ein Brief Ernestinens an Frau Voigt scheint den Rath für Schumann enthalten zu haben, zunächst an ihre Mutter zu schreiben, während der Vater erst allmählich vorbereitet werden solle.

56 (S. 57) Gemeint ist Schumanns Brief an Fricken (Jugendbr. S. 251), den Frau Voigt ihrem Schreiben an Ernestine beischloß.

57 (S. 58) Allegro p. l. P. »dédié à Mademoiselle la Baronne Ernestine de Fricken«. Schumann gab es auf eigene Kosten heraus.

58 (S. 58) Eine Composition über den Namen A s c h.

59 (S. 59) Frickens Lebenselement war Musik und Poesie. Seine Erscheinung und Haltung zeigte den Soldaten, den „alten, guten Haudegen, der im Profil Ähnlichkeit mit Blücher hat“. (H. Voigts Tagebuch.)

60 (S. 59) Schumann kehrte am 15. Dec. nach Leipzig zurück zur Verhandlung mit Hartmann, dem der Verlag der Zeitschr. genommen und J. A. Barth übergeben wurde.

61 (S. 59) Es erschien erst im März 1835.

62 (S. 60) Fricken hatte Variationen geschrieben, durch deren Thema Schumann ebenfalls zu Variationen (»Etudes symphoniques«) angeregt wurde. Aus Schumanns Nachlaß erschienen 1873 noch 5 Variationen, die zu den kostbarsten der ganzen Sammlung gehören. Wasielewski hat sie nicht gekannt, sie wenigstens nicht in der 3. Aufl. seiner Schumann-Biographie (1880) erwähnt. — Es scheint kaum beachtet worden zu sein, daß dieses Cis moll-Thema in Schumanns Manfred-Musik wieder auftaucht und zwar im „Geisterbannfluch“, dessen drei Anfangstacte — abgesehen von einer geringen harmonischen Abweichung im 3. Tacte — so auffallend mit dem Frickenschen Motiv übereinstimmen, daß hier eine zufällige Reminiscenz nicht anzunehmen sein dürfte.

[63] (S. 60) Er starb am 7. Dec. 1834.

[64] (S. 60) Nach diesen beiden Briefen ist als sicher anzunehmen, daß Schumann, wenigstens bis Mitte Dec. 1834, nicht in Asch gewesen ist. — Näheres über Ernestine enthält ein auf persönlichen Nachforschungen beruhender Aufsatz von R. Frhrn. Prochäzka in „Arpeggien", 1897, S. 107. — Ernestine war ein illegitimes Kind (geb. d. 7. Sept. 1816 zu Neuburg), das in dem Hause des kinderlosen Hauptmanns v. Fricken großgezogen, aber erst am 13. Dec. 1834 formell adoptirt wurde. Sie heirathete Ende 1838 einen Grafen Wilh. Zedtwitz, wurde schon im folgenden Jahre Witwe und starb am 23. Nov. 1844. Sie hat Schumann von der Zeit seiner Verlobung mit Clara an immer die freundschaftlichste Gesinnung bewiesen, auch mit ihm correspondirt. Ihre entschiedene Parteinahme für ihn in der Conflictszeit bezeugt ihr Antwortschreiben an Wieck, der ihr Belastungsmaterial gegen Schumann zu entlocken suchte. Ernestinens Brief, aber mit der falschen Jahreszahl 1836 st. 1838, bei Kohut S. 104. — Schumann widmete 1841, nach seiner Verheirathung, der Gräfin Zedtwitz seine Chamissoschen Gesänge Op. 31. — Auch Schumann und der Hauptmann v. Fricken haben immer in freundschaftlichen Beziehungen zu einander gestanden, was einige erhalten gebliebene Briefe Frickens an Schumann (in der Kgl. Bibl. zu Berlin) bestätigen. Ein paar Auszüge daraus seien hier mitgetheilt. In einem Briefe v. 31. März 1840 mit der Anrede: „Verehrter Herr Artifex ingeniosus et Judex elegans" [einem Citat aus Schumanns Doctordiplom] heißt es: „Es scheint, daß der Großfürst aller Clavierspieler [Liszt] Leipzig nicht minder wie Prag in Aufruhr gebracht hat. Das Urtheil beider Städte über diesen Heros campi, gegen den wir andern Sach- und Werkverständigen nur Pecora campi sind, ist sich so ziemlich gleich, und auch in Leipzig wird's nicht ohne ein Anekdötchen zu Ende gehen. Von Ihnen möchte ich gern erfahren, in welchem Verhältniß sich die Clara, als Großfürstin aller Clavierspielerinnen, gegen jenes musikalische Ungethüm befindet. [Folgt die Bitte, ihm Liszts Hexameron zu besorgen.] ... Meine Tochter spielt viel Ihre und Chopins Werke, jetzt studirt sie dessen erstes Concert. Hat es mindern oder größeren Werth wie sein zweites? ... Was macht Clara, und wo ist sie alleweile?

Akrostichon.

Kaum warst Du der Welt geboren,
Ließ Gott Apoll die Leier sinken,
Ahnend: daß Du auserkoren.
Rings ja Dir nur Lorbeern blühten,
Am Olymp zu laben — Götterohren."

Am 16. April 1840 sendet Fricken drei Dichtungen: eine Romanze (Einmarsch österreich. Truppen in Italien, vermuthlich nach einem eigenen Erlebniß); ferner Eine Art Hochzeitsgedicht und eine 40zeilige Umschreibung des Vaterunsers.

Unterm 12. Juni 1840 mahnt Fricken, auch im Auftrage seiner Tochter, um Antwort auf mehrere Briefe, — „meine Tochter will zwei, sie hat zwei geschrieben an Sie ... Clara ist diesen Monat wohl in Leipzig, meine Tochter schrieb ihr am 5. d. M. nach Berlin. Wir grüßen Sie alle bestens und wünschen viel Vergnügen beim Gutenberg-Jubiläum ... Wie stehen Ihre Aspecten, und wann führen Sie die treue Braut heim? Leben Sie wohl und lassen Sie uns bald das Beste von Schumann und Clara wissen. Ihr aufrichtiger Freund v. Fricken, Hauptmann."

Am 12. Dec. 1840: „Sie verhalten sich mit Ihrer werthen Ehehälfte sehr passiv gegen Ihre Freunde ... Wie sieht es mit der Reise nach Petersburg unter diesen Umständen aus? ... Meine Tochter spielt freilich noch fleißig, aber kommt leider nicht weiter, da es hier zu sehr an Aufmunterung mangelt."

Am 23. Jan. 1841: „Chopins 3 Walzer [Op. 34] finden wir sehr hübsch. Liszts Hussitenlied haben wir auch; meiner Tochter haben Liszts Werke bis jetzt nicht gefallen. Bei mir ruhen schon lange alle Wälder. Wenn bei meiner Tochter der Fleiß so groß wäre als das Talent, so könnte sie auf den Rang einer künstlerischen Virtuosin Anspruch machen."

Im Herbst 1842 schreibt Fricken, daß Ernestine ¾ Jahre auf Reisen, 7 Monate in Wien gewesen sei, „ohne daß für die Kunst im Clavierspiel ein großer Gewinn sichtbar ist". Sie hat auch öffentlich gespielt und „scheint überall gern gewesen und gesehen zu sein. In Teplitz hat sie [im August] eine fremde Dame Henselts Variationen über den Liebestrank mit ungeheurer Bravour und s. g. deutscher Seele spielen hören — unentgeltlich; es erhebt sich unter rasendem Beifall — die Mad. Schumann geb. Wieck; vgl. Akrostichon, gefertigt 1834."

[65] (S. 61) Der Violoncellist Cipriano Romberg hatte einen Empfehlungsbrief von Töpken überbracht.

[66] (S. 64) Zuccalmaglios Pseudonym.

[67] (S. 64) Der zuerst abgedruckte Aufsatz war: „Die große Partitur", 1835, III, 53. — Am 27. Sept. schrieb Schumann an Zuccalmaglio: „Es gefällt mir etwas in Ihren Aufsätzen, für das ich noch keinen rechten Namen finden kann, wenn es nicht das leise und tiefe Versenken ins Gemüth ist, und die Klarheit, in der Sie es an den Tag bringen, was Sie unten gesehen. Fahren Sie ja fort zu senden und zu erfreuen". Und am 17. Dec.: „Wedel ist zum Davidsbündler ernannt, selbst gegen Ihren Willen ... Uns verlangt nach unzähligen Blättern aus Wedels Tagebuche."

[68] (S. 65) Bezog sich auf eine „Berichtigung" vom Hofr. Hand. 1835, III, 36.

[69] (S. 65) „Der Ton Des". 1835, III, 138.

[70] (S. 65) Anspielung auf eine Stelle in der vorgenannten Novelle.

[71] (S. 65) Lebensbild von Carl Loewe.

[72] (S. 66) Nauenburg sang am 9. Nov. in Claras Concert.

[73] (S. 66) Ist nicht erschienen.

[74] (S. 66) Ernst Becker — 1830 bis 1834 Untersuchungsrichter am Bergamt in Schneeberg, bis 1836 Secretär im Finanzministerium in Dresden, dann in Freiberg (ins Bergamt zurückversetzt) — gehörte zu Schumanns und Claras vertrautesten Freunden. Schumann musicirte namentlich 1833 viel in seinem Hause, blieb wohl auch, wenn die „Serapionsbrüder" noch Abends spät in Musik geschwärmt hatten, gleich zu Nacht da. Beckers Leistungen im Clavierspiel gingen über die eines Dilettanten hinaus. „Ich habe Robert viel von Ihnen erzählt, wie schön Sie seine Compositionen spielen," schrieb Clara ihm am 8. Oct. 1839. Als Henselt einmal in einem Kreise von Kunstfreunden in Dresden um den Vortrag seiner Vöglein-Etüde gebeten wurde, erwiderte er, auf Becker zeigend: „Die lassen Sie sich von dem vorspielen".

[75] (S. 68) Schumann hatte sich im Februar mit Clara verlobt. (Sein erster Brief an sie bei Litzmann I, 27). Wieck erfuhr von einer Zusammenkunft der Beiden, worauf er Clara aufs strengste jeden ferneren Verkehr mit Schumann verbot

und an Schumann in den schroffsten und beleidigendsten Ausdrücken schrieb. Die bisherigen freundlichen Beziehungen Schumanns zum Wieckschen Hause waren damit zu Ende.

[76] (S. 69) Ouvertüre zu Schillers Jungfrau von Orleans.

[77] (S. 69) Moscheles' Schwiegervater.

[78] (S. 70) Der Name ist in der Zeitschr. nicht genannt.

[79] (S. 70) John Thomson schrieb 1835, 36 u. 38 Berichte aus England.

[80] (S. 72) Wilhelm Ulex lebte später als Musiklehrer in Hamburg, wo er, fast verschollen, 1858 starb.

[81] (S. 73) Schumann hatte auf die Widmung und Zusendung der am 8. Juni (seinem Geburtstage) erschienenen Fis moll-Sonate an Clara die zwar von ihr geschriebene, aber von ihrem Vater erzwungene Antwort erhalten, daß sie die Auswechselung ihrer beiderseitigen Briefe wünsche. Seine verzweifelte Stimmung darüber mag Schumann unter fröhlichen Trinkgenossen gewaltsam betäubt haben, — er kam öfter erst zu später Stunde nach Hause, phantasirte dann wohl noch auf dem Flügel und störte dadurch die Nachtruhe seiner Hausgenossen. Darüber hatte seine Hauswirthin ihm Vorstellungen gemacht.

[82] (S. 74) Schumann blieb wohnen.

[83] (S. 75) Die F moll-Sonate erschien, nach Ausscheidung der beiden Scherzos, unter dem Titel: Concert sans Orchestre.

[84] (S. 76) Moscheles' Recension N. Zeitschr. 1836, V, 135.

[85] (S. 76) Frau Voigt hatte sich am Fuß verletzt.

[86] (S. 78) Ein Bericht über das im Juni unter Dorns Leitung abgehaltene Musikfest in Riga.

[87] (S. 79) Weitzmann lieferte nur wenige Beiträge.

[88] (S. 80) Schumanns Ges. Schriften I, 299.

[89] (S. 82) Geburtstag der Frau Voigt. Schumann sandte sein Concert Op. 14 und einige heitere Clavierstücke von Bennett. (J. Gensel: „Schumanns Briefwechsel mit H. Voigt", 1892, S. 16.) — Clara Wieck überbrachte ihr ein Stammbuchblatt mit einer eigenen Composition: „Une scène dramatique".

[90] (S. 83) Vermuthlich die „Sonate für Beethovens Denkmal", später „Fantasie" genannt.

[91] (S. 83) F dur, Op. 32, Frau Voigt gewidmet. Schumann hatte eben eine Besprechung von Trios in der Zeitschr. abgeschlossen.

[92] (S. 84) 1837, VI, 9. Der Aufsatz enthielt am Schlusse sehr innige Worte über Mendelssohn.

[93] (S. 85) Beckers Recension erschien bereits in der Nummer v. 17. Febr.

[94] (S. 86) Über die „Sammlung vorzügl. Gesangstücke ꝛc. mit histor. Nachweisungen", herausgeg. v. F. Rochlitz, dessen „unkritisches" Verfahren Becker getadelt hatte.

[95] (S. 86) Am 26. April schrieb Schumann an Becker: „Was macht der Aufsatz über Rochlitz? Der von Weber [i. d. Cäcilia 1837, S. 65, worin Rochlitz' Ausgabe besonders ausgezeichnet wurde] hat mir wieder Lust zur Aufnahme des Ihrigen gemacht". Dieser erschien denn auch in den Nummern v. 2. u. 5. Mai.

[96] (S. 86) Die Fahrt nach Zwickau wurde am 4. Mai, Morgens fünf Uhr angetreten. „Es regnete die ganze Zeit", heißt es in Bennetts Tagebuch.

[97] (S. 86) Frau Therese Schumann fiel durch ihre schöne und vornehme Erscheinung auf. — Schumann und seine Schwägerin Therese waren einander in herz-

licher Freundschaft zugethan. Sie schrieb mir 1882 mit warmen Worten über den „wohlthuenden" Verkehr mit Schumann. Waren auch die Erinnerungen der 79jährigen Frau, die seit vielen Jahren einem anderen Kreise angehört hatte, sehr „zusammen geschmolzen", so ist doch das, was sie zur Charakteristik des jungen Schumann sagt, werthvoll genug, um hier mitgetheilt zu werden. „Die freundschaftliche und verwandtschaftliche Zuneigung Schumanns" — so heißt es in einem Briefe v. 25. Nov. 1882 — „hat damals meinem jungen Herzen wohlgethan, und ich habe sie unbefangen und herzlich erwidert, ohne daß ich mich dabei rühmen darf, Schumann ein Verständniß für seine künstlerische musikalische Bedeutung entgegen gebracht zu haben, — unsere Beziehungen waren rein verwandtschaftlicher Art, und wenn er denselben eine höhere Bedeutung beimaß, so ist dies lediglich auf eine warme, freigebige Illusion seinerseits zurückzuführen. Schumann hatte ein reines, edles, warmes, vertrauensvolles Gemüth, — er liebte, weil er lieben mußte, in seiner Liebe erschloß sich die ganze Reinheit seiner Seele, jede gewöhnliche Regung war ihm dabei fremd. Diesen Eindruck habe ich von ihm empfangen und festgehalten, — alles Andere aber auch, was ihm begegnete, sah er vertrauend mit den reinen Augen dieser Liebe an."

98 (S. 87) Zuccalmaglio hatte seinen Besuch in Leipzig angemeldet, worauf Schumann ihm am 16. April erwiderte: „Herzlich freue ich mich, Sie hier zu sehen. An mir ist indeß nichts zu haben; ich spreche fast gar nicht, Abends mehr, und am Clavier das Meiste . . . Mendelssohn treffen Sie leider nicht mehr hier, auch Bennett nicht (ein Engel von einem Tonkünstler), wenn Sie nicht bald kommen, aber David und Clara Wieck, die beide bedeutend".

99 (S. 88) In der 2. Beilage (1838) erschienen 2 Lieder von Rieffel.

100 (S. 89) Ein Schreiben von Kuhnau aus 1720 und eines von S. Bach aus 1730, das Leipziger Kirchenmusikwesen betreffend, wurde in der Zeitschr. 1837, VII, S. 145 u. 149 abgedruckt.

101 (S. 89) Am 13. August, in Clara Wiecks Matinée. Von Schumann enthielt das Programm: „3 Etudes symphoniques nebst vorhergehendem Thema". Das Werk war Ende Juni im Druck erschienen.

102 (S. 89) Clara spielte Liszts Divertissement über eine Cavatine von Pacini (Op. 5) auswendig, verlor einmal den Faden, ließ sich aber nicht dadurch verwirren.

103 (S. 89) Schumann hatte sich eben jetzt mit Clara verlobt, was ihr Vater noch nicht wußte.

104 (S. 90) In Claras Matinée am 13. August: das Andante mit Etüde (später „Poëme d'amour" genannt), Etüde „Wenn ich ein Vöglein wär'" und Etüde in Es moll.

105 (S. 90) Das Versprechen, ihm zu schreiben.

106 (S. 90) Miß Laidlaw kam Ende Juni 1837 nach Leipzig, wo sie etwa 14 Tage verweilte und am 2. Juli eine Matinée gab. Schumann verkehrte in jenen Tagen viel mit der lebhaften und bildschönen Engländerin. Näheres in Jansens: „R. Schumann und Robena Laidlaw", Grenzboten 1895, IV, 320 und: „Miß A. R. Laidlaw", Zeitschr. d. internat. Musikgesellsch. 1902, 188.

107 (S. 90) Die Fantasiestücke Op. 12 waren schon vor Miß Laidlaws Aufenthalt in Leipzig componirt, dem Verleger bereits am 22. Mai 1837 angetragen, erschienen

aber erst im Februar 1838. Auf dem Miß L. nach Petersburg gesandten Exemplar steht von Schumanns Hand:

„An Fräulein Anna Robena Laidlaw
Erinnerung an die Julytage 1837
Robert Schumann."

108 (S. 90) Zusatz von Schumann selbst.

109 (S. 91) Louis Anger in Leipzig (1842—70 in Lüneburg). Der „Don Juan-Abend" bezieht sich auf ein Scherzwort der Miß Laidlaw auf dem Heimwege von einem heiteren Abendessen im Hôtel: daß ihr die Wanderung durch die stillen Straßen „wie ein Don Juanstreich vorkäme".

110 (S. 91) Die Reisebegleiterin ihrer Tochter.

111 (S. 91) „Sendschreiben an Herrn H. Berlioz." Zeitschr. 1837, VI, 147 ff.

112 (S. 91) Schumanns Ges. Schriften I, 226.

113 (S. 91) Zuccalmaglios Gegenartikel: „Sendschreiben an die deutschen Tonkundigen", mit „Nachwort" von Schumann, 1837, VII, 185 ff.

114 (S. 92) Bezieht sich auf Nicolais Aufsatz: „Einige Betrachtungen üb. d. ital. Oper, im Vergleich zur deutschen" (1837, VI, 99 ff.). Der in strenger Schule erzogene Verf. verrieth darin eine bedenkliche Hinneigung zu der neusten ital. Opernmusik und kam bei den Erwägungen, wie der deutschen Kunst in Italien Eingang zu verschaffen sei, zu dem Resultat, daß eine „Vereinigung beider Schulen" angestrebt werden müsse. Wedels Entgegnung 1837, VI, 195 ff.

115 (S. 93) Dies kam nicht zur Ausführung.

116 (S. 93) Das 1. Heft der Beilage (1838) brachte Praeludium u. Fuge (Es dur) von Moscheles, Rhapsodie (F moll) von Henselt, und 2 Lieder: „Das Waldschloß" von Mendelssohn und „Was mir wohl übrig bliebe" von Spohr (später in Op. 139). Chopin hat nichts zu den Beilagen beigesteuert.

117 (S. 93) Clara Novello wurde engagirt. Sie sang, wie Schumann nach ihrem Abschiedsconcert (8. Jan. 1838) schrieb, „mit dem ganzen Zauber der Einfachheit und Natürlichkeit".

118 (S. 93) Schumann wollte, nach Verabredung mit seiner Verlobten, am 13. September — Claras Geburtstage — schriftlich bei Wieck um die Hand seiner Tochter anhalten. Das Bewerbungsschreiben sandte er zuvor an Becker.

119 (S. 96) „Entmuthigen, mein guter Schumann", erwiderte Becker am 10. Sept., „wollte ich Sie nicht. Es ist aber meine Art so, daß ich bei bevorstehenden verhängnißvollen Ereignissen allemal den möglichst ungünstigen Fall mir vorstelle, und darin liegt allerdings Etwas; denn jeder Umstand, der glücklicher ausfällt, wird mich dann mit besonderer Freude erfüllen, wogegen ich mich im ungünstigsten Falle schon vorher an das Unangenehme gewöhnt hatte. Ich bitte Sie also inständigst, lassen Sie sich ja durch nichts abhalten, das Vorgenommene in Ausführung zu bringen, zumal Clara gewiß am besten weiß, wie die Stimmung für Sie beschaffen ist. Aber ich wüßte auch nicht, wem ich lieber meine Tochter verlobte als einem Manne, bei dem es unterm linken Knopfloche so richtig ist als bei Ihnen, und der solche Etüden schreiben kann ... Übermorgen werde ich vorzugsweise an Euch denken ... Ich schrieb diese Zeilen auch hauptsächlich mit in der Absicht, um Sie, wie den 13. August $^3/_4$ auf 11 Uhr zum Hineingehen in Claras Concert geschah, jetzt in ähnlicher Weise zum Mitgehen zu Wiecks, wenn auch nur in Briefform, aufzufordern."

[120] (S. 96) Es handelte sich um die Widmung der Davidsbündlertänze. Die erste Form wurde gewählt.

[121] (S. 96) d. h. Schumann componirte viel — eben die Davidsbündlertänze, die in rascher Folge entstanden. Am Tage des obigen Briefes wurde Nro. 7 (G moll) componirt, am 7. Sept. Nro. 10 und Nro. 11. Die Einleitungstacte zu Nro. 1 sind einer Mazurka aus Clara Wiecks Soirées mus. (Oe. 6) entnommen.

[122] (S. 97) Schumann hatte dem Briefe eine Berechnung seines jährlichen Einkommens beigelegt, das sich auf ungefähr 1300 Thlr. belief.

[123] (S. 98) Wieck gab seiner Tochter diese an sie gerichteten Zeilen gar nicht, zeigte ihr auch die beiden anderen Briefe nicht. (Litzmann I, 125.)

[124] (S. 100) Die Etüden sind ohne Metronombezeichnung erschienen.

[125] (S. 100) Für die Zeitschrift-Beilagen: Rhapsodie (F moll Op. 4), Impromptu (C moll Op. 7) u. Romanze (B moll Op. 10).

[126] (S. 101) Henselt wurde am 24. Oct. 1837 mit Rosalie geb. Menger, der geschiedenen Gattin des Hofr. Dr. med. Vogel zu Weimar, getraut.

[127] (S. 102) Hummels Tod am 17. Oct.

[128] (S. 102) Schumann schenkte Montag das Manuscript derselben am 6. Nov. 1837.

[129] (S. 102) Chelard wurde Hummels Nachfolger.

[130] (S. 103) „Empfindung u. Gestalten. Ideen üb. d. nächste musikal. Zukunft.“ 1837, VII, 169. — Der Aufsatz über Hummel steht 1837, VII, 153 ff.

[131] (S. 104) Revue et Gazette mus. de Paris v. 12. Nov. 1837 über Op. 5, 11 u. 14 (Liszts Ges. Schriften II, 99).

[132] (S. 104) Vgl. Anmerkung 114.

[133] (S. 106) Auf die Beschuldigung Rellstabs erwiderte Schumann (Zeitschr. 1838, VIII, 28), bisher wären nur Schunke, Banck, Becker, Lorenz und er selbst (der auch die „Davidsbündler“ verträte) feste Mitarbeiter am kritischen Theile des Blattes gewesen. Von Schunkes Compositionen wären nur einige nach seinem Tode angezeigt worden, von Bancks Liedern einige Hefte in scherzhafter Weise von ihm selbst, von Becker nur eine seiner Ausgaben älterer Tonstücke, von Lorenz nichts, von den Davidsbündlern eine Sonate (durch Moscheles) und scherzweise einige kleinere Stücke, — dies in sieben Bänden und unter 1800 besprochenen Werken! „Und darauf stützt Hr. Rellstab eine so verletzende Äußerung, und das gegen ein mit Opfern erhaltenes Institut, das seine ganze Ehre gerade in seine bewiesene Unparteilichkeit, seine treu bewahrte Künstlergesinnung setzt, und gegen Künstler, die für die Verleugnung ihrer Interessen, ihre Liebe zur Sache nicht einmal die Genugthuung hatten, ihre Leistungen besprochen zu sehen, ja, freiwillig darauf verzichteten! Entscheide denn hier das Publikum! Hr. Rellstab sehe aber ein, daß er sich leeren Einbildungen hingegeben, sich einer Unwahrheit schuldig gemacht habe; im andern Falle würde er uns künftighin zu einer Art der Vertheidigung zwingen, daß er es unterlassen dürfte, sich an unbescholtene Künstler noch einmal zu vergreifen.“

[134] (S. 106) Schumann hatte kurz vorher Frau Bünau um ihre Mitwirkung in Henselts Concert (am 29. Dec.) gebeten — im Namen Henselts, der (wie er schrieb) „tausendmal besser am Clavier als am Schreibtisch sei“.

[135] (S. 106) Zuccalmaglios „Sendschreiben a. d. deutschen Tonkundigen“, das Schumann nicht zusagte und vom Verf. umgearbeitet worden war, erschien erst im December 1837. Kurz zuvor aber hatte Z., nicht mehr auf den Abdruck in der Zeitschrift rechnend, seine Philippica in der ersten Fassung an Fink gesandt, der

sie anfangs bei Seite gelegt hatte, sie nunmehr nicht ohne Schadenfreude abdruckte („Die Vehmrichter-Ouvertüre u. ihre Bewunderer" von Gottschalk Wedel, Allg. Mus. Ztg. 1838, S. 7) mit der Vorbemerkung: „Durch Zufall verspätet, aber wichtig".

136 (S. 106) Geschah so.

137 (S. 107) Zuccalmaglio studirte von Michaelis 1826—1829 in Heidelberg. — Thibaut und Baumstark haben nichts für die Zeitschr. geliefert.

138 (S. 107) Moritz Ernemann (von Zuccalmaglio als der „vorzüglichste Pianist in Warschau" bezeichnet) hatte in Warschau viel mit Chopin verkehrt. — Zuccalmaglios Notizen über Chopin s. Zeitschr. 1838, IX, S. 1 u. 2.

139 (S. 107) Schumann hatte am 17. Dec. 1837 Frau Wieck einige Wiener Zeitungsberichte über Claras Concerte zugesandt. „Die beifolgenden Schriften kennen Sie vielleicht noch nicht, sie werden Ihnen Freude machen." (Kohut, S. 109.)

140 (S. 108) Gedichte von Lenau sind nicht in der Zeitschr. erschienen.

141 (S. 109) Simonin de Sire war einer der ersten und wärmsten Verehrer, die Schumanns Musik im Auslande fand. In Wien erzogen, ein leidenschaftlicher Liebhaber der Musik, besonders der Clavier- und Orgelmusik, lernte er 1836 die ersten Compositionen Schumanns kennen, die ihn zu einem begeisterten Briefe (29. Jan. 1838) an Schumann veranlaßten. Daraus entspann sich eine Correspondenz, aus welcher Simonin de Sire vier oder fünf Briefe von Schumanns Hand bewahrte. Seine Verehrung für Schumann fand neue Nahrung, als er während eines etwa sechswöchentlichen Verkehrs mit Liszt (Anfang 1840 in Belgien) Gelegenheit hatte, die bewunderten Werke Schumanns nunmehr in denkbarster Vollendung ausführen zu hören. (Nach einem im Besitz des Herausg. befindlichen Briefe Simonin de Sires v. 6. Oct. 1861.)

142 (S. 111) Schumann an Spohr d. 21. Nov. 1837: „In den beifolgenden Zeilen unseres theuern und vortrefflichen Mendelssohn finden Sie eine Bitte ausgesprochen, die ich ohne solchen Fürsprecher kaum gewagt hätte. Die Erfüllung lege ich Ihrer gütigen Theilnahme für das redliche Streben der Zeitschrift anheim, die gerade durch solche Beilagen den Sinn für edlere und tiefere Musik überall noch mehr zu verbreiten glaubt. Vielleicht bieten Sie Ihre Hand uns — nehmen Sie von mir, Ihrem eifrigsten Verehrer, den Dank mit Worten".

143 (S. 111) Die Phantasiestücke u. Davidsbündlertänze.

144 (S. 111) Spohr an Henr. Voigt d. 22. April 1838: „Auch freuen wir uns darauf, Herrn Schumann kennen zu lernen, dessen Compositionen wir theilweise sehr liebgewonnen haben, besonders die Phantasiestücke. Vielleicht gelingt uns dies dann auch mit den Davidsbündlertänzen, wenn er sie selbst uns spielt."

145 (S. 111) Von Leipzig her, wo die Cavalcabò im Sommer 1835 mit Mozarts Sohn gewesen war.

146 (S. 112) Zu ihrer Verlobung mit d. Appellationsgerichtsr. v. Webenau in Wien. Vgl. Jansen „[20] Ungedr. Briefe v. R. Schumann", Grenzboten 1898, III, 72 ff.

147 (S. 113) Mangolds erste Correspondenz 1838, VIII, 22.

148 (S. 118) Unbekannt geblieben.

149 (S. 119) Erbeten war eine selbstgeschriebene Composition zum Geburtstage der Majorin Serre auf Maxen.

150 (S. 120) „In der Nacht", Nro. 5 aus den Phantasiestücken.

151 (S. 120) Johann Vesque von Püttlingen, Hofrath der Staatskanzlei in Wien,

pseud. J. Hoven, hatte einige Liederhefte zur Besprechung eingesandt. Näheres in Jansens „R. Schumann u. Vesque von Püttlingen", Grenzboten 1894, III, S. 20 ff.

152 (S. 121) „Über Beethoven als Contrapunctist." 1838, VIII, 189.

153 (S. 122) Schumanns Besprechung des Buches 1838, VIII, 187.

154 (S. 122) Johanna Mathieux, geb. Mockel, später Gottfr. Kinkels Gattin, lebte 1836—39 in Berlin, im Hause der Bettina v. Arnim viel verkehrend.

155 (S. 124) Wegen Verlagsübernahme der Kreisleriana, deren Widmung ursprünglich an Clara Wieck gerichtet war.

156 (S. 124) Die beiden Töchter des Nationalökonomen Friedrich List: Emilie (Clara Wiecks nahe Freundin) gest. 1902 in München, und Elise, später verh. Frau v. Pacher in Wien, gest. um 1890.

157 (S. 125) Ges. Schriften, II, 125.

158 (S. 129) In einem Briefe Claras (v. 5. Juli 1838) an Becker heißt es: „Vaters Brief müssen Sie auch nicht von der schlimmen Seite nehmen, er ist nun einmal so mißtrauisch. Heute erst bekam ich wieder einen Brief vom Vater — sein Mißtrauen erdrückt mich beinah, es macht so bitter! Täglich erfahre ich Kränkungen durch die unzarten Bemerkungen der Eltern, die es nicht bös meinen, sich aber keinen Begriff machen können von einem liebenden Herzen."

159 (S. 131) Elsners Trauermarsch erschien in d. 4. Beilage von 1838.

160 (S. 131) Die Kinderscenen sind ohne Widmung erschienen.

161 (S. 132) Karl Klingemann, seit 1828 Hannov. Gesandtschafts-Secretär in London, durch Mendelssohns Compositionen als Liederdichter bekannt, war der Sohn eines Hannoverschen Dorfschullehrers, geb. d. 2. Dec. 1798 zu Limmer (nach dem Kirchenbuch durch Dr. med. G. Fischer in Hannover festgestellt). — Für die Zeitschrift hat Kl. keine Beiträge geliefert.

162 (S. 133) Der Aufsatz kam nicht zum Abdruck.

163 (S. 133) „Gedanken üb. d. deutsche Oper", 1838, IX, 99.

164 (S. 135) Am 8. Mai 1838 hatte Schumann an Fischhof geschrieben: „Thalberg soll wieder bei Ihnen eingetroffen sein. Schickt es sich wohl, daß ich ihm ein Exemplar der Davidsbündlertänze oder Phantasiestücke schicke? Ich habe ihn nämlich noch nie gesehen. Wie stehen Sie zu ihm?"

165 (S. 136) Daraus wurde nichts.

166 (S. 137) Beethovens 9. Symphonie betreffend, 1838, IX, 80.

167 (S. 137) Zuvörderst nach Zwickau, von wo er am 26. Sept. nach Leipzig zurückkehrte. Am Abend des 27. trat er seine Reise nach Wien an. Morgens schrieb Clara an Becker: „Heut, lieber Herr Becker, hab ich einen schweren Abschied, Robert ist es, der mich verläßt und auf so lange! Gott, diesen Abschied — werd ich's ertragen? — Doch es führt ja zu unserem Glücke. Denken Sie zuweilen ein wenig an mich, die ich jetzt ganz verlassen bin. Mein Liebstes so weit — ich kann es gar nicht fassen! — Adieu, lieber Herr Becker, ich hab heut gar keinen Gedanken mehr."

168 (S. 139) „Über Wien selbst hab' ich meine eigenen Gedanken; ich passe nicht recht unter diesen Schlag Menschen; die Fadheit ist denn doch zu Zeiten zu mächtig. Indeß wird genauere Bekanntschaft mit den Einzelnen von diesem Urtheil manches löschen." (Schumann an Zuccalmaglio d. 19. Oct. 1838.)

169 (S. 140) Eine Symphonie von L. Schefer ist im Gewandhause nicht aufgeführt worden.

170 (S. 142) L. Schefer sandte nichts; Lyser eine biograph. Novelle „Vogler". 1839, X, 2 ff.

171 (S. 142) 1839, X, 164.

172 (S. 143) Lorenz selbst — „11".

173 (S. 143) Lysers Artikel in Saphirs „Humorist" v. 20. Oct. 1838, s. Schumanns Ges. Schriften I, 511.

174 (S. 143) Die Direction der Gewandhausconcerte hatte ihren Orchestermitgliedern die Mitwirkung in anderen Musikvereinen verboten und dadurch der Euterpe ihre tüchtigsten Kräfte entzogen. Nach erfolgter Ausgleichung konnten aber die Euterpeconcerte im Januar 1839 (unter Verhulsts Direction) beginnen. Verhulst lebte von Januar 1838 bis zum Herbst 1842 in Leipzig und gehörte zu Schumanns vertrautesten Freunden. Er schrieb mir am 4. April 1882: „Die Freundschaft [mit Schumann] gehört zu meinen schönsten Erinnerungen — er war ein edler Mensch und nie in den fünf Jahren, daß ich mit ihm freundlichen Umgang gehabt habe, habe ich etwas frivoles, etwas unedles von ihm gehört oder bemerkt." — Ich nehme hier Veranlassung, eine irrthümliche, aber von Verhulst selber herrührende Notiz auf S. 181 der „Davidsb." zu berichtigen. Auf meine Anfrage nämlich, wann und bei welchem Anlasse Schumann ihm das brüderliche Du angetragen, gab er das Jahr 1842 und das Quartettspiel bei David an. Daß ihn darin aber sein Gedächtniß täuschte, geht aus seinem mir kürzlich bekannt gewordenen Schreiben an Schumann v. 24. März 1840 hervor, das mit der Anrede: „Lieber bester Schumann" anfängt und mit: „Ganz der Deine Joh. Verhulst" schließt.

175 (S. 144) Mit dem Dr. med. Fr. Weber; sie heirathete aber später einen Grafen Gigliucci.

176 (S. 145) Gastwirth im Schlossergäßchen, bei dem früher auch die Künstlergesellschaft „Ludlamshöhle" getagt hatte.

177 (S. 145) C. F. D. Schubarts „Ideen zur Ästhetik d. Tonkunst", worin Schumann Mottos für die Zeitschrift gesucht hatte.

178 (S. 146) Auch an C. F. Becker richtete er (11. Febr. 1839) die Bitte, die Zeitschrift nach besten Kräften zu unterstützen. „Sie haben sie ja mit groß gezogen und werden sich ihrer sicherlich doppelt annehmen, da ich es jetzt aus so großer Entfernung selbst nicht kann."

179 (S. 147) „Erster Gesang", 1839, X, 101.

180 (S. 147) Die „Jahrbücher d. deutschen National-Vereins f. Musik u. ihre Wissenschaft", red. v. G. Schilling in Stuttgart, erschienen v. April 1839 an in Karlsruhe.

181 (S. 148) Sie hing in Schumanns Schlafzimmer.

182 (S. 149) Drei Notensysteme.

183 (S. 150) Damit wird der Faschingsschwank gemeint sein.

184 (S. 152) Erster „Brief aus Paris" von Heller (Jeanquirit) 1839, X, 7.

185 (S. 152) Sie war am 6. Febr. in Paris angekommen.

186 (S. 153) Besonders läßt die Einleitung des Aufsatzes (1839, X, 155) die „zurichtende" Hand Schumanns gewahren.

187 (S. 153) Näheres darüber bei Litzmann I, S. 276—282 u. 286—289.

188 (S. 154) Clara Wieck beabsichtigte eine Concertreise nach Belgien, Holland und England und hatte sich bereits an Vesque von Püttlingen um Empfehlungsbriefe an die dortigen österreich. Gesandtschaften gewandt. Der Plan kam nicht zur

Ausführung, weil sie bei den ersten Gerichtsverhandlungen gegen ihren Vater in Leipzig anwesend sein mußte.

[189] (S. 154) Schon am 16. Mai wurde Zuccalmaglios Ernennung officiell verkündigt.

[190] (S. 154) Mangold hatte seit dem 28. Sept. 1838 nichts gesandt. Der erbetene Bericht war über Clara Wiecks Concert, 1839, X, 159. Der Generalbericht: „Der Winter 1839 in Paris" (1839, XI, 3 ff.) war Mangolds letzter Beitrag für die Zeitschr. Er kehrte nach Darmstadt zurück.

[191] (S. 155) Beckers Besprechung 1839, XI, 78. Eine Beurtheilung der 2 ersten Bde. 1835, III, 177 ff.

[192] (S. 155) „Über Beethovens letzte Streichquartette", 1839, XI, 5 ff.

[193] (S. 156) D. h. die Einleitung zu dem Quartettaufsatz.

[194] (S. 157) Krüger war eine überwiegend kritische Natur, zum Componisten aber nicht geboren. Über ein i. J. 1847 erschienenes Clavierquartett von ihm ist nur zu sagen, daß es vom Mannheimer Musikverein preisgekrönt, in Minden verlegt, mit dem (absichtlich verdrehten) Motto: per astra ad aspera versehen und Schumann gewidmet ist.

[195] (S. 157) Die 3. Beilage (1839) brachte Koßmalys Lied: „Treu in Liebe".

[196] (S. 158) Die Besprechung der 5 letzten Quartette Beethovens wurde zu Ende geführt.

[197] (S. 158) Das für die Beilagen eingesandte Lied wurde nicht aufgenommen.

[198] (S. 160) Schumanns Brief v. 24. Juni 1839 bei Litzmann I, S. 342.

[199] (S. 161) Einert hatte, um nichts unversucht zu lassen, Tags zuvor eine mündliche Unterredung mit Wieck gehabt, um ihn auf gütlichem Wege zur Einwilligung in die Verbindung seiner Tochter mit Schumann zu bewegen. Wieck aber verharrte bei seinem Widerspruch; — „und wenn 30 dabei zu Grunde gingen", war seine Entgegnung gewesen, als der Advocat ihm vermuthlich vorgehalten hatte, daß bei diesem traurigen Processe vielleicht „alle drei" zu Grunde gingen.

[200] (S. 163) Einerts erste Eingabe an das Appellationsgericht ist v. 15. Juli 1839. Die Annahme der Klage wurde (19. Juli) abgelehnt, weil das Gericht den Fall als s. g. Eheirrung auffaßte, die vor den zuständigen Geistlichen gehörte und erst vor dem weltlichen Gericht zur Verhandlung zugelassen werden konnte, nachdem eine pfarramtliche Bescheinigung über erfolglos gebliebene Einigungsversuche vorlag. Eine solche Bescheinigung aber war dem Gericht nicht eingereicht worden. — Zu den Verhörsterminen beim Superintendenten hatten beide Parteien persönlich zu erscheinen. „Bieten Sie alles Mögliche auf", schrieb Schumann am 16. Juli an Einert, „daß es nicht zu einer Zusammenkunft zwischen uns Dreien kömmt. Wie ich uns kenne, wird damit sicher auch nichts erreicht." Das vermochte der Advocat aber nicht zu verhindern. — Die aus Einerts Nachlasse stammenden Proceßakten (»Acta privata«) besitzt die Leipziger Stadtbibliothek. Sie enthalten Einerts Eingaben im Concept (mit eigenhändigen Eintragungen Schumanns) und (nicht ganz vollständig) die gerichtlichen Verfügungen; 13 Briefe von Schumann und einer von Clara Wieck an Einert liegen bei. — Vgl. Grenzboten 1896, IV, 506 ff: „Aus Clara Schumanns Brautzeit" v. G. Wustmann.

[201] (S. 164) Es heißt in dem Briefe: „Robert wird Ihnen Vieles erzählen, Freudiges und Schmerzliches. Geduldet haben wir viel und das Schlimme wird noch kommen, doch ich wanke nicht, von Robert lasse ich nicht — auch Er wird den

Muth nicht verlieren. Erheitern Sie ihn, so viel Sie können, lieber Herr Becker, ich danke es Ihnen, und sprechen Sie manchmal mit ihm von mir, die so einsam jetzt in einem fremden Lande steht. Ja, allein mußte ich reisen, der Vater wollte mir die Liebe aus dem Herzen gewaltsam reißen — doch ich habe ja ein Wesen auf der Welt, das mich über Alles liebt, das ist ja zu beglückend! ... Ich grüße Sie nochmals und empfehle Ihnen Robert an, wenn es überhaupt nöthig ist.

Ihre Ihnen dankbare Freundin
Clara Wieck.
So wird es nun bald nicht mehr heißen
— oh schöner Gedanke."

202 (S. 166) Von Clara; er war aber vom 15. Aug. Vgl. Litzmann, I, 119.

203 (S. 167) Am 14. Oct. 1839 beschloß die von Schumann so hoch verehrte Frau ihre irdische Laufbahn, — 30 Jahre alt.

204 (S. 167) Voigts Töchterchen, geb. d. 5. Mai 1839, Schumanns Pathkind, nachherige Frau Dr. Gensel in Leipzig. Gest. d. 23. Oct. 1887.

205 (S. 168) Der Aufsatz steht 1839, XI, 18.

206 (S. 169) Wörtlich in den „Flegeljahren" (III, Nro. 52): „Lob ist Luft, die das einzige ist, was der Mensch unaufhörlich verschlucken kann und muß."

207 (S. 170) Iris 1839, S. 126.

208 (S. 170) Dorns Aufsatz wurde doch abgedruckt. 1839, XI, 94.

209 (S. 171) Sie war am 18. August in Altenburg mit Schumann zusammengetroffen. Aus Leipzig reiste sie am 3. Sept. mit ihrer Mutter (Frau Bargiel) nach Berlin ab, nachdem inzwischen ein Vergleichstermin beim Geistlichen resultatlos verlaufen war, weil Wieck sich nicht zu der anberaumten Zeit eingefunden hatte. Er kam nur, um vor dem Geistlichen zu Protokoll zu erklären:

> „daß er seine Einwilligung in diese Verbindung seiner Tochter nie geben werde, so wie, daß er nicht bestimmen könne, wann es jemals seine Geschäfte erlauben würden, einem auf andere Zeit zu verlegenden Sühneversuche beizuwohnen."

Infolge dieses Berichts wurde von weiteren Terminen beim Geistlichen abgestanden und nunmehr die Hauptverhandlung vor dem Appellationsgericht (2. Oct.) angesetzt.

210 (S. 172) Statt der Fughette (Op. 32) steuerte Schumann das Volksliedchen „Wenn ich früh in den Garten geh'" bei. Das Erscheinen des Albums verzögerte sich bis ins Jahr 1843, als Mozarts Standbild in Salzburg bereits enthüllt war.

211 (S. 172) Von Wieck an Clara, — Aufforderung, nach Dresden zu kommen, um dort die Proceßangelegenheit mit ihm zu ordnen. — Einert warnte, in die „Falle" zu gehen. Vgl. Litzmann I, 369—372.

212 (S. 172) Der Clavierbauer Conrad Graff in Wien hatte Clara einen Flügel zum Geschenk gemacht, den Wieck seiner Tochter vorenthalten wollte.

213 (S. 172) Es geschah vom 26. bis zum 30. Sept.

214 (S. 173) Wilhelm Speyer war der eigentliche Gründer der Mozart-Stiftung. Er sandte zwei Berichte (1839 u. 1840) über die Stiftung an die N. Zeitschr., regelmäßiger Correspondent wurde er nicht.

215 (S. 173) Des Oberappellationsgerichts in Dresden. Wieck war zu der Gerichtsverhandlung am 2. Oct. nicht erschienen, erhob aber Berufung dagegen, weil — ihr kein Sühneversuch vor dem Geistlichen vorhergegangen sei! Einert beantragte noch am 2. Oct. die Ablehnung des Wieckschen Protestes. Nach der Be-

merkung, daß Frl. Wieck auf den ersten Ruf ihres Vaters hergeeilt, in der Erfüllung ihres sehnlichen Wunsches aber getäuscht sei, fährt Einerts Schrift fort: „In mehrfachen solchen Besprechungen sind Bedingungen zur Sprache gekommen, die nur rein pekuniäre Verhältnisse berührten, und es sind dabei gegen diese die in Hrn. Wiecks Eingabe behaupteten Rücksichten für das Wohl seiner Tochter, das er durch die Verbindung mit Hrn. Schumann gefährdet sieht, in den Hintergrund getreten, vielmehr eigentlich gar nicht zur Sprache gekommen. Glaubte Hr. Wieck die Verständigung mit seiner Tochter nur vor dem Geistlichen erwirken zu können, so hätte er eine solche Zusammenkunft eher fördern als sie offenbar hindern müssen. Daß er letzteres gethan, liegt am Tage, wenn man seine Erklärung, daß er an demselben Tage, wo der Sühneversuch stattfinden sollte, verreisen müsse, berücksichtigt. . . Läge ihm dieser Wunsch [einer Verständigung] wirklich so am Herzen, wie er vorstellt, so hätte er denselben noch heute erfüllt sehen können, wenn er erschienen wäre, da ja bekanntlich in den Sitzungen des Hohen Appellationsgerichts auch Hochdesselben geistliche Herren Räthe gegenwärtig sind." Einert beantragte schließlich die Anberaumung eines neuen Verhörstermins und Vorladung Wiecks dazu „bei Vermeidung erhöhter Strafe und nach Befinden Realcitation." Nach erfolgter Verwerfung des Wieckschen Protestes in der Berufungsinstanz wurde ein anderweiter Verhandlungstermin auf den 18. December angesetzt. — Clara Wieck berichtete (Berlin d. 8. Octbr.) an Becker: „Der 2te October lief glücklich und auch unglücklich ab, wie Sie wollen. Der Vater kam nicht, sondern schickte eine schriftliche Appellation gegen diesen Termin ein, was uns einerseits sehr aufhält, indem diese Appellation erst nach Dresden geschickt werden muß, und so der nächste Termin kaum unter 6 Wochen stattfinden dürfte, jedoch andrerseits auch wieder das Gericht mehr für uns gestimmt hat, indem diese Appellation vom Vater doch eine große Beleidigung für den Präsidenten ist, der den Termin angesetzt hatte. Der Vater verlangt in dieser Schrift, daß die übrigen Termine beim Geistlichen nachgeholt werden sollen, indem überhaupt unsere Sache nur vor den Geistlichen gehöre. Er will uns offenbar nur hinziehen, und in so weit wird es ihm gelingen, als die Sache vor Ostern nicht entschieden sein wird. Ich wollte wieder nach Paris gehen, jedoch muß ich zu allen Terminen in Leipzig sein und kann also Deutschland nicht verlassen. Auch darin hat der Vater seine Absicht erreicht.

Ich habe ihn nicht wieder gesprochen und von meinen Sachen auch gar nichts bekommen; ich wollte nur meinen Mantel haben, da doch der Winter heranrückt, da sagte der Vater zu dem Mädchen, das ich [am 3. Oct.] geschickt, ‚ich kenne kein Fräulein Wieck, ich kenne nur zwei Fräuleins, das sind meine beiden kleinen Mädchen, eine andere kenne ich nicht.' Das mußte ich mir von dem Dienstmädchen wiedersagen lassen, ist das nicht schmerzlich? Wir haben die 3 Tage in Leipzig so Manches gelitten, mich dauert Robert so sehr, in dessen Künstlerleben ich einen trüben Schatten geworfen, ich will ihn aber auch beglücken, wie ich es kann. Ich fühle mich manchmal ganz abgestumpft durch Vaters Grausamkeit, und doch befällt mich oft bei dem Gedanken an ihn eine tiefe Wehmuth."

216 (S. 174) Von diesem Briefe hat Wasielewski nicht mehr veröffentlicht. Er hat die Briefe Schumanns an Becker (jetzt Eigenthum von Frl. Marie Schumann) zur Benutzung gehabt und diesen anscheinend verloren.

217 (S. 175) Zu der Gerichtsverhandlung am 18. Dec. erschien auch Wieck persönlich, nachdem er am 14. Dec. eine Darlegung seiner Weigerungsgründe — mit

allerlei ungeheuerlichen Behauptungen — eingereicht hatte. Bei der gerichtlichen Verhandlung erging er sich so maßlos heftig über Schumanns unordentlichen Lebenswandel, über seine Trunksucht 2c., daß der Präsident ihm wiederholt das Wort verbot. Schumann bewahrte dem gegenüber eine ruhige Haltung, sandte aber am 22. Dec. zwei ihm vom Leipziger Stadtrath und von der Sicherheitsbehörde ausgestellte Sittenzeugnisse an das Gericht ein. — Die näheren Freunde Schumanns — namentlich Reuter, Assessor Herrmann, Mendelssohn, David, Graf Reuß, Wenzel, Verhulst, Friese — waren über den günstigen Ausgang des Processes gar nicht im Zweifel. Am 21. Dec. reiste Schumann mit seiner Braut zur Weihnachtsfeier nach Berlin, nachdem er Tags zuvor noch ein paar freundschaftliche Zeilen von Mendelssohn empfangen hatte:

„Liebster Schumann

Meinen Dank für die gute Nachricht, die Sie mir in Ihrem Billet geben, und meinen herzlichsten Glückwunsch dazu zur Erfüllung Ihrer liebsten Hoffnung. Nun braucht Ihnen keiner mehr frohe Feiertage zu wünschen, die haben Sie, und nur gedenken Sie unser freundlich dabei und seien Sie stets so glücklich, wie ich's Ihnen wünsche ... und bleiben mir gut

Ihrem

Felix Mendelssohn Bartholdy."

(Orig. in d. Kgl. Bibl. zu Berlin.)

(Beiläufig: Mendelssohns Name wird meistens falsch geschrieben; er heißt richtig: Felix Mendelssohn Bartholdy ohne Bindestrich.)

218 (S. 175) Die Entscheidung des Gerichts v. 4. Jan. 1840, worin von Wiecks Weigerungsgründen allein die behauptete Trunksucht Schumanns als „erheblich" bezeichnet wurde, für die aber der Wahrheitsbeweis zu erbringen sei. — Clara Wieck schrieb (Berlin d. 19. Jan. 1840) an Besque: „Sie werden vielleicht erfahren haben, welch trauriges Verhältniß zwischen mir und meinem Vater obwaltet! Obgleich ich Alles versucht, es zu verhindern, so vermochte ich es doch nicht, meines Vaters störrischen Sinn zu lenken. Glauben Sie mir: so hat wohl selten ein Vater an seinem Kinde gehandelt, wie mein Vater an mir — um einer Liebe willen! wie schwer sind wir geprüft worden! ach, lieber Herr von Besque, wie gern spräch ich auch mit Ihnen einmal über diese meine Herzenssache, mich wenigstens vor Ihnen zu rechtfertigen, die Sie mich gewiß auch nach so manchem falschen Gerücht verkennen, auch meinen Robert, dessen Charakter gewiß der edelste ist, und ich ihn nur täglich mehr darum lieben und achten muß."

219 (S. 175) Die „Annonce" fehlt in Einerts Manual-Akten. Der „Mann" ist natürlich Wieck.

220 (S. 176) Christian Albert Schiffner (1792—1873) war cand. theol. Seine Studien über die Geographie, Statistik und Topographie Sachsens führten ihn auch nach Zwickau, wo die Bekanntschaft mit dem Gymnasiasten Schumann angeknüpft und auf Schumanns Prager Reise (23. Juli — 8. Aug. 1827) in Dresden erneuert wurde. War eine Zeitlang Zeitungsredacteur in Glauchau, dann in Dresden für d. statist. Bureau im Minist. d. Innern thätig. In der Folge fleißiger Mitarbeiter a. d. Zeitschr.

221 (S. 176) „Seb. Bachs geistige Nachkommenschaft". Mit Tabelle. 1840, XII, 89.

222 (S. 177) Schillings Jahrbücher 1840 S. 12.

[223] (S. 178) Hirschbach in s. Aufsatz: „Über Beethovens letzte Streichquartette", 1839, XI, 5.

[224] (S. 178) Diese durch Punkte bezeichneten Stellen, auch die in den noch folgenden Briefen an Keferstein, hat Wasielewski unterdrückt.

[225] (S. 178) Eine von Wieck eingereichte „Deductionsschrift" v. 26. Jan. 1840 enthielt im Wesentlichen nur seine früheren Behauptungen: die in Abrede gestellte „Erwerbsfähigkeit" Schumanns, der schon in Schumanns „Individualität und Charakter" liegende Grund zur Vorenthaltung seines Eheconsenses 2c.

[226] (S. 182) Nachdem Schumann den Entwurf der „Refutationsschrift" noch mit mehreren Zusätzen versehen hatte, wurde sie am 13. Februar dem Gericht eingereicht. Sie nimmt auch auf Wiecks Eingabe v. 14. Dec. 1839 — die bei Einerts Manual-Akten fehlt — Bezug. Was Wieck darin vorgebracht hatte, ist aus Schumanns Entgegnungen ersichtlich.

Zunächst weist Schumann sein Vermögen mit 12 688 Thlrn., seine jährliche Durchschnitts-Einnahme mit 1500 Thlrn. documentarisch nach.

Gegenüber Wiecks abfälliger Kritik seiner Compositionen verweist er auf einige auszeichnende Urtheile von Künstlern wie Moscheles, Liszt, Seyfried u. a. Dann heißt es wörtlich weiter: „Nur auf einen großen Widerspruch in den Ansichten des Hrn. Wieck glaubt er [Schumann] aufmerksam machen zu müssen, — wenn Beklagter selbst Klägers Compositionen für so unklar 2c. hält, wie kommt es, daß er seine Tochter diese Compositionen selbst auf das Eifrigste studiren ließ? Wenn Beklagter ferner Recht hätte, indem er sagt, daß Klägers Zeitschrift so unbedeutend sei, wie sollte man es denn erklären, daß so mancher geachtete in- und ausländische Verein, wie der holländische Verein zur Beförderung der Tonkunst in Amsterdam, der deutsche Nationalverein in Stuttgart u. a. auf so ehrenvolle Art Klägern zum Ehrenmitgliede ernannte? ... und daß diese Zeitschrift doch nicht so unbeliebt und ungelesen sein muß, als Beklagter sie zu schildern sich abmüht, dafür dürfte wohl noch der Umstand sprechen, daß dieselbe bereits den siebenten Jahrgang angetreten hat.

Einen andern Grund seiner Weigerung findet Beklagter in der von ihm Klägerm angedichteten Trunksucht und überhaupt in dessen Individualität, die er mit den gehässigsten Farben schildert. Kläger erwidert für jetzt hierauf nichts, als daß auch hier Beklagter sich selbst widerspricht. Den Kreis, in dessen Gesellschaft Kläger manch schönen Abend in erlaubter Heiterkeit zubrachte, und zu welchem die von Beklagtem aufgeführten Künstler und Gelehrten gehörten [in der Bierstube zum „Kaffeebaum"] besuchte Herr Wieck selbst täglich, war sogar meist der Letzte, der ihn verließ, und dies beweist wohl hinlänglich, daß er ihn nicht für so unwürdig und schädlich, wie er ihn jetzt darzustellen sich bemüht, halten mußte. Auch von Klägerm selbst hat Hr. Wieck früher eine ganz andre Meinung ausgesprochen. In seinen Briefen sagt er, daß er die ‚höchste Achtung vor seiner Person und seinem Talente und aufrichtige Theilnahme für seine künftige Stellung' hege, und hatte eine ähnliche Gesinnung auch früher schon dadurch bethätigt, daß er Klägern durch seine Bitte bestimmte, Pathenstelle bei seinem eignen Kinde zu vertreten... Wie auffallend Hrn. Wiecks jetziges Benehmen mit seinen früheren Gesinnungen in Widerspruch steht, beweist sein Brief vom 19. October 1837 aus Dresden (sub N), wo er ja den Kläger ‚einen Freund von David, Mendelssohn, Moscheles' u. a nennt, und ein zweiter Brief (sub O) an die Mitklägerin vom 7. Mai 1839, nach Paris geschrieben, in welchem er sogar verlangt, daß nächste Michael die

Verehelichung vor sich gehe, ‚denn Ihr Beide‘, fährt er, Kläger meinend, fort, ‚habt nichts mehr zu erwarten, habt das Alter dazu, habt Talente und Kräfte, um Euch zu ernähren‘ ... Die Behauptung, daß Klägers Wirthin, Mme. Devrient, ihm keinen Haus- oder Saalschlüssel mehr anvertraut habe, wird durch das (sub P) beiliegende Zeugniß derselben vollkommen widerlegt ...

Für ganz unwahr und unwürdig muß Kläger die Behauptung erklären, daß er Hrn. Wieck aufgefordert habe, mit seiner Tochter nach deren Verheirathung mit ihm Kunstreisen zu unternehmen, um dann den Gewinn, den Beklagtens Tochter durch ihre Kunstreisen erzielen würde, mit ihm zu theilen.

Um endlich auch noch zu beweisen, daß weder von Klägerm noch von der Mitklägerin Beständigkeit der Neigung zu erwarten sei, führt Beklagter an, daß beide früher eine andre Neigung gehabt hätten. Die Verhältnisse und Verbindungen, welcher Beklagter als solche erwähnt, waren rein freundschaftlicher Art. Nie hat Kläger um das Jawort zu einer Verbindung mit Fräulein von Fricken, seit November 1838 verheirathete Gräfin v. Zedtwitz, den Vater derselben angegangen, welchem letzteren übrigens Hr. Wieck Klägern mit den glänzendsten Farben geschildert und gerühmt hatte, wie Kläger aus eigenen Briefen des Hrn. Wieck beweisen kann. Durch die gehässige Darstellung des Hrn. Wieck ist man leider gezwungen, auch jener sich für gar keine öffentliche Besprechung schicklichen Privatverhältnisse eine Erwähnung zu thun ... Man wird leicht erkennen, daß nicht triftige Gründe es sind, die Herrn Wieck bewogen, seine Einwilligung zur Verbindung seiner Tochter mit Klägerm zu versagen, sondern persönlicher unbegründeter Haß, den er auf Klägern geworfen hat, vielleicht auch andere Absichten, deren nähere Bezeichnung aus Rücksicht gegen das bestehende und erwartete nahe verwandtschaftliche Verhältniß zu Hrn. Wieck unterbleiben mag."

[227] (S. 184) Die Männerchöre Op. 33 sind dem „Dr. K. Stein" gewidmet.

[228] (S. 185) Für theoret. Vorlesungen u. Pflege der Kammermusik.

[229] (S. 185) Es war eine „Erklärung" von Wieck, d. h. seine Eingabe v. 14. Dec. 1839 an das Leipziger Gericht, die er lithographisch vervielfältigt und nach auswärts an Freunde Schumanns u. Claras versandt hatte. Auch in Bremen war sie unter der Hand verbreitet worden. (Vgl. Litzmann I, S. 388, 403 u. 409.) Töpken rieth von einer gerichtlichen Verfolgung des Verbreiters ab.

[230] (S. 186) Von einer Klage wegen der „Annonce" enthalten die Manual-Akten nichts; Einert wird davon abgerathen haben, um eine für später zu erhoffende Aussöhnung mit Wieck nicht zu erschweren.

[231] (S. 187) Genauer von 1833—40.

[232] (S. 187) „Der Neuromantiker", musikal. Roman v. Jul. Becker, Leipzig 1840. (Darin: „Über Compositionen von Florestan u. Eusebius.")

[233] (S. 188) Wiecks Berufung gegen das Urtheil vom 4. Januar war am 12. März vom Oberappellationsgericht in Dresden verworfen.

[234] (S. 188) Schumanns Ges. Schriften II, 234 ff.

[235] (S. 188) Liszt verkehrte in Leipzig sehr freundschaftlich mit Schumann, in dessen Prozeßangelegenheit er offen auf seiner Seite stand. Von Wieck hielt er sich ganz fern, was diesen aufs Heftigste erzürnte. Daß Liszt auch nach Schumanns Tode seine damalige Parteinahme für ihn öffentlich ausgesprochen wissen wollte, zeigt sein Brief v. 9. Jan. 1857 an Wasielewski, dem er die erbetenen biographischen Mittheilungen über Schumann sandte. In dem Briefe heißt es (La Mara „F. Liszts

Briefe", 1893, II, 253): „Ich kannte Wieck und seine Tochter von Wien her und stand mit beiden in freundlicher Beziehung. Nichtsdestoweniger weigerte ich mich, Wieck in Dresden wiederzusehen, da er sich Schumann gegenüber so feindselig gestellt hatte, und allen weiteren Verkehr mit ihm abbrechend, nahm ich, wie es mir natürlich und geziemend erschien, gänzlich Partei für Schumann, was mir auch Wieck ohne Verzögerung reichlich vergolten hat nach meinem ersten Auftreten in Leipzig, wo er seiner Erbitterung gegen mich in mehreren Blättern Luft und Wind machte. Einer meiner früheren Schüler, Namens Hermann Cohen — aus Hamburg gebürtig, der in den letzten Jahren viel Aufsehen in Frankreich erregte und als Mönch (Carme déchaussé) den Namen Frère Augustin angenommen hat — ward in Leipzig der Sündenbock des von Wieck öffentlich angefachten Skandals, so daß derselbe einen Injurien-Proceß gegen Wieck anhängig machen mußte, welchen Prozeß Hermann auch durch den Beistand des Rechtsanwalts Herrn Dr. Friederici gewonnen hat." Wasielewski hat diese ganze Briefstelle unterdrückt, auch von Liszts Anerbieten am Schlusse des Briefes keinen Gebrauch gemacht: „Sollten Sie, lieber Wasielewski, diese Mittheilungen nicht langweilen, so bin ich gern bereitwillig, weiter fortzufahren und Ihnen von meinem 2ten Aufenthalt in Leipzig (Ende 41), zu welchem mir Schumann die Veranlassung gab, bis zu meinem letzten Zusammentreffen mit ihm in Düsseldorf (51) zu erzählen." Wasielewskis Schumann-Biographie enthält nichts über Liszts künstlerischen Verkehr mit Schumann. —

Wie sehr Wiecks Urtheil über Liszt, den er noch in Wien als den unvergleichlichen und liebenswürdigen Künstler pries, im Jahre 1840 umgeschlagen war, davon erzählt Dorn („Aus meinem Leben", 2. Sammlung, S. 121) ein ergötzliches Geschichtchen. „Im Jahre 1850 führte Wieck seine zweite Tochter, Marie, nach Berlin. Als ich ihm meine Gegenvisite im ‚Rheinischen Hof' abstattete, ließ er mich den Flügel probiren, auf welchem die junge Virtuosin concertiren sollte. Es war ein Tomaschek aus Prag, noch ganz nach der alten, leichten Wiener Manier gearbeitet, so daß ich behauptete, wenn Liszt eine Viertelstunde auf diesem Instrument gespielt haben würde, so müßte es kurz und klein auseinanderfallen. ‚Ja, lieber Freund', entgegnete mir Wieck, ‚dem Liszt habe ich aber auch schon vor zehn Jahren gesagt, wenn er einen ordentlichen Lehrer gehabt hätte, so wäre er der erste Clavierspieler der Welt geworden!'"

236 (S. 188) Schumann an Lobe d. 19. Jan. 1840: „Mendelssohn läßt Sie grüßen und will nichts von der Verwendung wissen, für die Sie ihm danken. Er ist ein Prachtmensch und -Künstler."

237 (S. 189) Amalie Rieffel lebte von August 1840 an etwa anderthalb Jahre in Leipzig, wo sie auch im Schumannschen Hause freundliche Aufnahme fand. Schumann widmete ihr 1841 seine Clavierstücke Op. 32. Vgl. Davidsbündler S. 228.

238 (S. 190) Wieck hatte den ihm gerichtsseitig auferlegten Wahrheitsbeweis bezügl. Schumanns Trunksucht nicht angetreten, das Gericht nach dem nunmehrigen Wegfall des „anerkanntermaßen allein vorhandenen Weigerungsgrundes" am 18. Juli den väterlichen Heirathsconsens supplirt. Das Schlußerkenntniß des Appellationsgerichts wurde am 1. Aug. publicirt.

239 (S. 191) Über Claras Concert in Jena am 8. Aug.

240 (S. 193) „Doge und Dogaresse" von E. T. A. Hoffmann.

241 (S. 194) C. August Wildenhahn, geb. d. 16. Febr. 1805 als der Sohn eines Schuhmachers in Zwickau, Schüler des Gymnasiums 1815—1824, war Theilnehmer

an den von Schumann eingerichteten musikal. Übungen. Bis 1841 Pastor in Schönefeld, dann in Bautzen, gest. als Kirchen- u. Schulrath d. 12. Mai 1868. — Verf. von Gedichten, biograph. Erzählungen, („J. S. Bach" in d. Zeitschr. 1843, XVIII, 180), Herausgeber des „Friedensboten".

242 (S. 194) Schreibfehler; die Trauung war am 12. September, zu den Trauzeugen gehörten Ernst Becker und Dr. Reuter. — Über die Feier schrieb Clara am 17. Sept. an Montag: „Alles schien sich zu vereinigen, uns diesen Tag zu einem schönen Festtag zu machen, selbst die Sonne, die sich die ganze Woche versteckt hatte, schien so mild, als habe sie Wohlgefallen an uns. Sie werden etwas ironisch lächeln, doch gerade bei solcher Gelegenheit ist man leicht geneigt, jedes kleine Wölkchen schlimm zu deuten." — Auf der Rückfahrt von Schönefeld scherzten die jungen Eheleute darüber, wer ihnen in Leipzig wohl zuerst begegnen würde, und nahmen es als gutes Omen, daß ihnen der erste Willkommengruß von Frau Henriette Bünau zugewinkt wurde. — Am Hochzeitstage verehrte Schumann seinem getreuen Becker die eben fertig gedruckten „Myrthen", die er Abends vorher (in einer Prachtausgabe mit Golddruck) Clara als Brautgeschenk dargebracht hatte.

243 (S. 197) Stamaty lebte von Sept. bis December 1836 in Leipzig, wo er hauptsächlich mit Mendelssohn, David und Schumann verkehrte. „Er hinterläßt Vielen eine schöne Erinnerung durch anmuthig Spiel und feine Sitte", sagte eine Zeitschrift-Notiz bei seiner Abreise Anfang December.

244 (S. 199) Barths Berichte aus Wien erschienen ohne Namensunterschrift.

245 (S. 199) Überbringer dieses Briefes (J. G. Kastners Biographie von H. Ludwig, 1886, II, 237) war der nachmals berühmte Bibelforscher Tischendorf.

246 (S. 199) Biograph. Aufsatz über Schumann in der Revue et Gazette mus. de Paris v. 21. Juni 1840.

247 (S. 200) Einen Beitrag für das musik. Taschenbuch „Orpheus" zu senden.

248 (S. 200) Die „Wiener Allgem. Musikztg." trat 1841 ins Leben.

249 (S. 201) Auch Schumann trug sich längere Zeit mit dem Plan einer Clavierschule. Sein „Projectenbuch" enthält die frühestens 1841 eingetragene Notiz: „Clavierschule mit Clara und Henselt zusammen (deshalb schon 1839 an Henselt nach Petersburg geschrieben)."

250 (S. 203) Am 10. Juli 1840 hatte Schumann an Stern geschrieben: „In lebhafter Theilnahme für Ihr schönes Talent wünschte ich gern es zu allgemeiner Anerkennung zu bringen. Es würde mich freuen, für die nächste, die 11te Beilage ein vierstimmiges Lied (für Männerstimmen), oder auch für die 12te ein Lied für eine einzige Stimme von Ihrer Hand zu erhalten. Vielleicht haben Sie etwas Ihnen besonders Liebes bereit." In d. 13. Beilage (1841) erschienen 2 (Burnssche) Lieder von Stern.

251 (S. 203) Die Correspondenz a. Berlin, mit G. unterz., 1841, XIV, 60, ist vermuthlich von Stern.

252 (S. 204) 1840, XIII, 158.

253 (S. 204) Die vernichtende Kritik von Schillings „Polyphonomos, oder d. Kunst, in 36 Lectionen sich eine vollst. Kenntniß d. musik. Harmonie zu erwerben" (1841, XIV, 9 ff, unterz. mit 4) war von Dorn. Schumann hatte sie noch mit einigen Verschärfungen versehen.

254 (S. 204) Christoph Hilf, ein talentvoller Schüler von David, spielte auf

Schumanns Wunsch die Violinpassagen in der B dur-Symphonie durch und versah sie mit zweckmäßiger Applicatur.

[255] (S. 204) Mendelssohn führte am Palmsonntag-Abend Bachs Matthäus-Passion in d. Thomaskirche auf; der Ertrag war zur Errichtung eines Denksteins für Seb. Bach bestimmt.

[256] (S. 205) Bericht in der Leipziger Ztg. (die den Spottnamen „Kinderfreund" hatte) über die 1. Aufführung der B dur-Symphonie in Claras Concert am 31. März.

[257] (S. 206) Den Aufsatz s. 1841, XIV, 63. Schumanns Name ist S. 64 nicht mit aufgeführt; Schumann selbst wird ihn gestrichen haben.

[258] (S. 207) Krüger hatte eine Abschrift der Composition, auf der aber kein Autorname stand. Er rieth auf Bach und mußte nun hören, daß Mendelssohn die hohe Einschätzung seiner Jugendarbeit etwas erheiterte. Der Componist selbst hielt den Psalm nicht der Veröffentlichung für werth.

[259] (S. 208) Maria Heinrich Schmidt, 1838—1845 Tenorist am Leipziger Theater, hatte schon früher einzelne Berichte („Dt.") für die Zeitschr. geschrieben. Der Artikel über Halevys Guitarrenspieler steht 1841, XV, 119. Seine Concert-Berichte (1841—44) sind mit Z. gezeichnet.

[260] (S. 208) 1841, S. 330.

[261] (S. 209) Novelle „Das Musikfest oder die Beethovener", 2. mit einer musikal. Zugabe Meyerbeers verm. Ausgabe, 1841.

[262] (S. 210) Die Symphonie, von der noch keine gedruckte Partitur vorlag, kam nicht zur Aufführung.

[263] (S. 210) Das Concert war am 22. Nov.

[264] (S. 211) Die Beziehungen des Ehepaars Schumann zu Wieck hatten sich vollständig gelöst. Die noch unerledigten Geldangelegenheiten zwischen Clara und ihrem Vater ordnete Freund Becker, dem Clara am 27. Octbr. 1841 schrieb: „Ich eile, Sie mit meiner Antwort noch in Dresden zu treffen. Wir nehmen die Papiere an, obgleich sie uns keine hinlängliche Sicherheit bieten würden, wenn wir sonst nicht auf Vaters und Martinis Rechtlichkeit vertraueten. Nachdem ich nun das Geld von Hoffmann, 200 Thlr., enthoben, haben wir das eine Papier unterschrieben, was hierbei folgt; ich habe, der Deutlichkeit wegen, noch eine Bemerkung hinzugefügt.

Nun bitte ich Sie noch wegen einer Angelegenheit mit dem Vater zu reden. Er hat versprochen, die 43 Thaler Frachtkosten für den Conrad Graff [s. Brf. 176, Anm.] an den Advocat Krause zurückzuzahlen, die ich schon beim Empfang des Flügels bezahlt habe. Stellen Sie ihm die Ungerechtigkeit dieser Forderung vor; er wird, wie er schon gethan, entgegnen, daß er besagte Fracht von seinem Gelde bezahlt, wogegen ich freilich keinen Beweis habe als mein Ausgabebuch; dann erinnern Sie ihn aber, daß er extra 8 Louisd'or von mir borgte, als ich von Leipzig nach Paris reiste, und mir auch darüber eine Bescheinigung gab. Es fiel mir bis jetzt gar nicht ein, den geringsten Gebrauch davon machen zu wollen, doch erinnern Sie ihn wenigstens daran und suchen ihn zu bewegen, daß er versprochenermaßen die 40 Thlr. an Krause zurückgibt; ich muß sie meinem Manne zurückgeben, der zu solch einer Ausgabe auf höchst ungerechte Weise gezwungen wäre."

[265] (S. 211) Becher hatte 1835—37 Berichte für die Zeitschr. geschrieben; jetzt trat er nicht wieder als Mitarbeiter ein. — Ebenfalls am 3. Jan. lud Schumann auf Zuccalmaglios Anregung Fr. Commer in Berlin zu Correspondenzen für die Zeitschr. ein — auch ohne Erfolg.

266 (S. 212) 1842, XVI, 2 ff.

267 (S. 213) „Oh che talento ha questo giovine! che con piacere nomino il mio amico; ben si può dire di lui che è **Monstrum sine vitio**, come soleva dire Scaligero, parlando di Pico della Mirandola." Aus e. Briefe d. Abbate Santini an Zelter, der Mendelssohn an ihn empfohlen hatte.

268 (S. 214) Theodor Fr. Joh. Avé Lallemant — geb. 1806 Febr. 2 in Magdeburg, seit 1828 Musiklehrer in Hamburg, 1837—1844 Vorstand der philharm. Concerte, gest. d. 9. Nov. 1890 — lernte Wieck 1835 kennen bei Claras erstem Auftreten in Hamburg. Das Aufhören der freundlichen Beziehungen zu Wieck (1840) war der Beginn einer herzlichen Freundschaft mit Clara und Schumann. — Als ich Avé Lallemant am 28. Juni 1879 aufsuchte und den alten Herrn mit den funkelnden Augen über seine Begegnungen mit Schumann, dem „durch und durch noblen Menschen" (dessen Bildniß, mit handschriftlicher Zueignung darauf, über dem Sopha hing) erzählen hörte, wurde ich durch die Eröffnung etwas enttäuscht, daß er die von Schumann empfangenen Briefe an Autographen-Liebhaber verschenkt habe. Über Wieck sprach A. L. sich nicht sonderlich hochachtungsvoll aus. Wieck hatte Anfang 1840 auch ihm seine „Erklärung" (s. Brf. 192 u. 193, Litzmann I S. 394, 397, 403, 404 u. 409) zugesandt, die aber das Gegentheil ihres Zweckes bewirkte; dazu genügte schon die ihm von Clara vorgelegte „Refutationsschrift" (s. Brf. 189), von der sie sich durch Schumann eine Abschrift hatte schicken lassen. Eine Einsicht in die Briefe Wiecks verstattete A. L. mir nicht, da sie aus der Zeit des Processes wären und am besten „der Vergessenheit anheimfielen". Beim Abschied gab er mir seine 1878 als Manuscript gedruckte Schrift: „Rückerinnerungen eines alten Musikanten. In Veranlassung des 50jährigen Bestehens der philharm. Concerte." —

Als nach dem Erscheinen der Kohutschen Schrift (1888) mein Wunsch nach den Wieckschen Briefen wieder rege wurde und ich A. L. noch einmal schriftlich um Mittheilung derselben bat, erwiderte er mir am 22. März 1889, daß er sie mir nicht geben „könne und dürfe". Von Schumann habe er allerdings noch einen längeren „schönen" Brief, der sich auf einen seiner Söhne, Schumanns Pathkind, bezöge, aber für den Biographen ohne Werth sei. Von Claras Briefen habe er diejenigen verbrannt, die „zu vertraulichen Inhaltes waren". Ebenso habe er von Wiecks Briefen „die zu verfänglichen schon verbrannt, da sie zu einer Zeit geschrieben waren, wo die Spannung zwischen ihm und seiner Tochter eine höchst peinliche war".

269 (S. 215) Becker war 1842 (ungenannter) Redacteur der Allg. Musikal. Ztg.

270 (S. 216) 1842, XVII, 75 ff.

271 (S. 216) Schumanns B dur-Symphonie. Allg. Mus. Ztg. 1842, 265.

272 (S. 216) Eine von Wasielewski unterdrückte Stelle.

273 (S. 216) Die große Feuersbrunst vom 5.—8. Mai 1842.

274 (S. 217) Herzog war Schullehrer, wollte sich ganz der Musik widmen und hatte einige seiner Compositionen Schumann zur Beurtheilung zugesandt.

275 (S. 218) Ein solcher Aufsatz von Keferstein ist nicht in der Allgem. Mus. Ztg. erschienen.

276 (S. 218) Choralvorspiel „Wachet auf, ruft uns die Stimme" v. Bach.

277 (S. 219) Enthüllung des Standbildes von Mozart am 4. Sept.

278 (S. 221) Koßmaly hatte Schumann in Leipzig besucht.

279 (S. 221) Schumann hatte seine Lieder Op. 40 (Verlag von Lose & Olsen in Kopenhagen) Andersen gewidmet.

[280] (S. 222) Die B dur-Symphonie kam am 3. Nov. unter Davids Direction zur Aufführung.

[281] (S. 224) Am 8. Jan. in Leipzig.

[282] (S. 224) Vielmehr im Januar.

[283] (S. 226) Taubert führte am 13. Febr. die Symphonie auf, deren schönen Erfolg er gleich am folgenden Tage Schumann meldete. „Ich finde in diesem Werk einen staunenswerthen Fortschritt gegen Ihre früheren. Sie sind um die Muße zu Ihren vielen Arbeiten zu beneiden. Ich komme sehr wenig zur Arbeit und ringe von Tag zu Tag nach Luft, um einmal wieder ordentlich Schmerz und Lust aussingen zu können. Viele Pläne durchkreuzen den Kopf, allein bei aller Herzenswärme, ich bin Musikdirector, Stundengeber, Familienvater, mit einem Wort geplagter Mensch —"

[284] (S. 226) Ges. Schriften II, 444.

[285] (S. 229) Dem Niederländischen Löwenorden.

[286] (S. 229) Schumann wohnte seit seiner Verheirathung Inselstraße Nro. 5.

[287] (S. 230) Wiecks Widerstand gegen Claras Verbindung mit Schumann hatte zu völliger Entfremdung zwischen Vater und Tochter geführt. Als Wieck im Mai 1842 vierzehn Tage mit seiner Familie in Leipzig zubrachte, fand er sich in seiner Erwartung getäuscht, daß Clara, wenn auch nicht ihn, so doch seine Frau und Töchter — die für sich allein bei Verwandten wohnten — aufsuchen werde. Obwohl höchst aufgebracht darüber, richtete Wieck gleich darauf das Anliegen an Becker in Freiberg (Brief v. 14. Mai 1842), „eine Art von Ausgleichung" mit Clara zu vermitteln, da die „Erbitterung" zwischen ihm und ihr „den höchsten Grad erreicht habe", durch „Claras trostloseste Umgebung u. die ungemessene Eitelkeit ihres Mannes veranlaßt". Wieck wolle Becker mündlich auseinandersetzen, warum er „für das Seelenheil seiner Tochter das Schlimmste befürchten" müsse; ihn schmerze die „tief gesunkene Tochter", die nur „eine Art von Annäherung von seiner Seite möglicherweise retten" könne. Dazu aber bedürfe es der Vermittelung eines unparteiischen Freundes, denn Clara sei von ihrem Manne, „den sie als Gott verehrt", eingeprägt, daß „er (Wieck) zu ihr kommen und die Hand zur Versöhnung bieten" müsse. Clara sei — so schrieb Wieck am 17. Mai 1842 — „nur darauf bedacht, mit ihrem Manne Rache zu nehmen" u. s. w. — Als Becker nach längeren Verhandlungen eine Aussöhnung zwischen Vater und Tochter zu Stande gebracht hatte, suchte Wieck nun auch mit Schumann wieder anzuknüpfen — Anfangs ohne Erfolg; er ließ aber nicht nach und verstand sich sogar zu einer öffentlichen Belobung des Componisten Schumann („Signale", October 1843, S. 339 u. 340), ohne daß gerade dies Annäherungsmittel sonderlichen Eindruck gemacht haben dürfte. Daß Schumann schließlich in die Aussöhnung willigte, geschah nur Clara zu Liebe. Eine im December direct an Schumann gerichtete Zuschrift Wiecks führte zum Friedensschluß und gelegentlich der Peri-Aufführung (23. Decbr. 1843) in Dresden zum Wiedersehen der Beiden. Ihr späterer Verkehr war ein äußerlich freundlicher; zu einem tiefern herzlichen Verhältniß ist es nicht gekommen. — Als ich in meiner Correspondenz mit Verhulst die Absicht aussprach, einiges aus meinen „Davidsbündlern" der Frau Schumann einzusenden, widerrieth er das, da ich über den Conflict mit dem alten Wieck doch die Wahrheit sagen müsse, was Clara schwerlich gutheißen werde. Er schrieb mir am 29. April 1882: „Daß Sie Ihr Werklein an Frau Schumann zum Durchsehen schicken wollen, scheint mir unvorsichtig. Die Tochter

wird es doch ungern sehen, wenn etwas Unangenehmes über den Vater darin steht, und es muß doch endlich offenbar werden, daß der alte Wieck sehr hart und sehr kränkend gegen Schumann gehandelt hat. In Schumanns Brief an mich [dem obigen] kommt auch etwas über den Alten vor — dies müssen Sie beibehalten. In der Wasielewskischen Biographie möchte der Alte sich gern als Schumanns guter Engel hervorthun — das ist aber unwahr." — Ich habe aber in den Davidsbündlern, noch sorgsamer in der 1. Aufl. der Briefe alles unterdrückt, was Frau Schumann irgendwie hätte aufregen können.

288 (S. 231) Beiträge für die Zeitschr. hat Hand nicht geliefert.

289 (S. 231) Es handelte sich um eine Chorprobe zur Peri. Schmidt schickte 8 Studenten, die sich „sehr tapfer gehalten" hatten, wie Schumann ihm hernach schrieb.

290 (S. 232) Krüger war im Juli in Leipzig gewesen.

291 (S. 232) Daraus wurde nichts. — Am 22. Oct. schrieb Schumann an Koßmaly: „Härtels suchen einen Redacteur für ihre Zeitung — würden Sie eine solche Stellung übernehmen wollen? Schreiben Sie mir nur ein Wort — ich könnte es wenigstens indirect anregen. Im Übrigen behalten Sie die Anfrage als eine ganz vertrauliche nur bei sich!" Neujahr 1844 wurde der Dr. jur. A. E. Wendler in Leipzig (ungenannter) Redacteur der Allg. Musikal. Ztg.; Juli 1846 trat Lobe ein.

292 (S. 232) Frau Bünau (welche die Altsolos sang) erbot sich zu einer Extraübung der Frauenchöre.

293 (S. 233) Die 1. Aufführung der Peri war am 4. Dec. Frau Livia Frege sang die Sopranpartie. „Nie wieder, wenigstens in Leipzig nicht, hat ihr eine Peri-Sängerin gleichkommen können." (Dörffels „Gesch. d. Gewandhausconcerte", 1884, S. 70.) Ein interessanter Zwischenfall in diesem Concert war, daß, als der Tenorist Schmidt auszubleiben drohte, der als Zuhörer anwesende Vesque v. Püttlingen aus Wien, ein ausgezeichneter Sänger, rasch entschlossen für ihn einsprang und die Scene des pestkranken Jünglings vom Blatt sang. In Erinnerung daran sandte Schumann ihm später das Autograph jener Periscene. —

Den Ertrag der Aufführung bestimmte Schumann zu Prämien für 6 bis 8 Conservatoristen, die theils von ihm, theils auf seinen Wunsch vom Directorium der Anstalt ausgewählt wurden. Zu den mit einem Geschenk von 25 Thlrn. bedachten Beneficiaten gehörten u. a. E. Büchner, R. Pfretzschner u. Frl. Fr. Schwarzbach.

Zu der 2. Aufführung (am 11. Dec.) lud Frau Schumann Mendelssohn (in Berlin) ein. Mendelssohn, der die Peri schon aus einer Chorprobe kannte, in der er am Schluß die übermüdete Frau Schumann am Clavier ablöste, erwiderte ihr am 10. Dec.:

„Liebe Frau Doctorin!

Hätte ich nur Ihren freundlichen Brief mit der gar zu lockenden Einladung einen Tag früher bekommen, dann hätte ich doch nicht widerstehen können, und wenn auch alle Berliner Vernunft dagegen gesprochen hätte! Aber ich bekam ihn (durch welch ein böses Ungefähr weiß ich nicht) erst jetzt eben, Sonntag Mittag, und nun ist der morgende Tag schon so besetzt mit Verabredungen, Geschäften und dergleichen, daß ich bis morgen früh nicht fort kann, so gern ich fort möchte, und daß ich morgen Abend die Aufführung wieder wie die vorige in Gedanken verfolgen und von halber Stunde zu halber Stunde begleiten muß, aber leider, leider nicht in Wirklichkeit dabei sein kann! Wie mir das von ganzem Herzen leid thut, brauche ich Ihnen und Ihrem lieben Manne nicht erst zu sagen. Abgesehen davon, daß ich so gern in Leipzig bin, daß ich so gern gute Musik höre, wäre ich gerade zu der Musik, gerade zu dem neuen Schumannschen Stück so gern gekommen, und soll nun wieder warten, bis ein anderes neues fertig ist. Das will mir gar nicht in den Kopf! Und doch muß es, nach reiflicher Überlegung nach allen Seiten. Es thut mir doch auch gar zu leid! Sagen Sie das Alles Ihrem Manne, sagen Sie ihm, wie herzlich ich mich seines schönen Erfolges gefreut habe; wer mir schrieb, der schrieb von der Peri und von der Freude, die sie ihm gemacht hätte, sogar meine Schwägerin Julie, die sonst schwer durch Musik in Enthusiasmus kommt, schrieb einen ganzen Brief darüber und war ganz entzückt von Allem, was sie gehört, und wußte von vielen Einzelheiten Rechenschaft zu geben; sagen Sie ihm, daß mir das Alles wie eine große Freude vorkommt, die mir selbst widerfahren, und freuen Sie sich Beide des morgenden Abends und des Werks, und wenn Sie selbst und Alle um Sie her recht froh sind, so denken Sie einmal daran, wie gern ich dabei wäre. Ich werde den ganzen Abend an nichts anderes denken!" —

„Die zweite Aufführung der Peri" — schrieb David am 13. Dec. an Mendelssohn — „hat mir noch mehr Freude gemacht als die erste, es ging noch besser, Schumann dirigirte viel sicherer und ist und bleibt ein prächtiger Kerl." J. Eckart „F. David u. d. Familie Mendelssohn", 1888, S. 191.)

294 (S. 233) Seeburg ersuchte in seiner Antwort von demselben Tage Schumann, womöglich den Prüfungen im Conservatorium beizuwohnen. „Sodann", fuhr er fort, „habe ich noch eine ganz vertrauliche Anfrage auf dem Herzen, die Sie in keinem Falle für indiscret, sondern nur als wohlgemeint betrachten mögen.

Sie wollen als Lehrer des Pianoforte nicht weiter eintreten. Es kam Herr Wieck in Frage. Würde aber eine solche Wahl Ihnen genehm sein?

Mag diese Frage auch von der einen Seite indiscret erscheinen, so ist sie doch von der andern Seite gewiß discret. Auch keine Antwort werde ich für eine Antwort ansehen." — Darauf ist der Brief Nro. 259 die Antwort.

295 (S. 233) Die mit Wieck eingeleiteten Verhandlungen zerschlugen sich, offenbar an der Geldfrage. „Das Conservatorium", schrieb Wieck am 16. April 1844 an Schumann nach Rußland, „will mich durchaus hinunter [d. h. nach Leipzig] haben — aber sie wollen alles halb oder ganz umsonst".

296 (S. 234) Einem Briefe entnommen, der Abends in Poppes Restauration von Dr. Reuter, Ernst Willkomm, Schumann, Actuar Thorbeck, Martin Bezeth aus Rotterdam, Schüler von David und F. Whistling an Verhulst geschrieben wurde.

297 (S. 234) Es geschah 1846 mit der Ouvertüre, Scherzo u. Finale.

298 (S. 235) „Über R. Schumanns Claviercompositionen", Allg. Mus. Ztg. 1844, 1 ff.

299 (S. 235) Schumann hatte sich nur schwer zu der russischen Reise entschlossen. „Es graut ihm vor dieser Reise", schrieb Clara (7. Jan. 1844) an Liszt, „vielleicht verständen Sie es, ihm die Sache von einer etwas freundlicheren Seite vorzustellen."

300 (S. 237) Dem Grafen Mathieu Wielhorsky, einem vorzüglichen Cellisten, widmete Schumann im folgenden Jahre sein Clavierquartett. — Das Quartett entstand 1842. Als es zum erstenmal am 5. April 1843 in einer Privatgesellschaft gespielt worden war, schrieb Schumann einem Freunde: „Es nimmt sich recht effectvoll aus, ich glaube, effectvoller als das Quintett. Doch darüber steht mir kein Urtheil zu."

301 (S. 237) Unter den vielseitigen Interessen des Prinzen Peter von Oldenburg nahm die Musik eine hervorragende Stellung ein; auch mit Composition beschäftigte er sich.

302 (S. 237) Damals noch ungedruckt. Mendelssohn hatte es Clara zu ihrem letzten Geburtstage überreicht.

303 (S. 238) Bruder von Schumanns Mutter, Regimentsarzt Schnabel, der auch in Twer aufgesucht wurde.

304 (S. 239) Während der Reise von Schumann verfaßt.

305 (S. 239) Zur Rückreise nach Deutschland.

306 (S. 239) Ein Gedicht auf den Kreml.

307 (S. 241) „Musik.-krit. Repertorium aller neuen Erscheinungen im Gebiete d. Tonkunst." 1844 u. 45.

308 (S. 242) Schumann an Zuccalmaglio d. 23. Jan. 1844: „Nun möchte ich bald an eine Oper; da wirft sich der nordische Reiseplan dazwischen und ich muß alle Pläne und Vorarbeiten vor der Hand liegen lassen. Wie schön aber, wenn ich etwas zu arbeiten vorfände nach meiner Zurückkunft, die Anfang Mai erfolgen wird! Da bitte ich Sie denn um Ihre freundliche Hülfe. Mokanna habe ich trotz Ihrer Einwürfe noch keineswegs aufgegeben; aber er ist von demselben Dichter, dem ich die ‚Peri' verdanke, spielt auch im Orient — darum will ich ihn mir für später aufheben. Am meisten sagt mir Ihr letzt gegebener Text ‚Der Einfall der Mauren in Spanien ꝛc.' zu. Möchten Sie weiter darüber nachdenken!"

309 (S. 242) Ist nicht geschehen. Vgl. Brief 361.

310 (S. 243) Andersen hatte den Abend des 22. Juli 1844 bei Schumann zugebracht und die ihm gewidmeten Lieder Schumanns von Frau L. Frege singen hören. Clara spielte eine Sonate (Es dur) von Beethoven. Zuletzt erzählte Andersen Märchen.

311 (S. 243) Der Plan kam nicht zur Ausführung.

312 (S. 244) Schumann an David d. 25. Nov. 1844: „Hier [in Dresden] kann man sich die verlorene Musiksehnsucht wieder holen, so wenig gibt's zu hören! Doch paßt es zu meinen Zuständen, da ich noch sehr an Nerven leide, und mich alles gleich alterirt und angreift."

313 (S. 244) In Schumanns Projectenbuch steht der Faust als Operntext notirt. 1844 nahm Schumann (wie Kalbeck im N. Wiener Tagebl. v. 18. Nov. 1902 mittheilt) den 2. Theil des Faust mit auf die russische Reise. In Dorpat durch Unwohlsein zu unfreiwilliger Muße verurtheilt, excerpirte er die Scenen, die ihm zur Composition besonders geeignet schienen. Ihn zog sonderlich der Schluß der Tragödie mit Fausts Verklärung an und er entwarf sogleich für sie das musikalische Concept. Nach seiner Rückkehr von der Reise führte er diese Skizzen aus. Die Opernidee trat gegen den Gedanken eines Oratoriums zurück. 1844 entstanden Nro. 1, 2, 3 und 7 (Chorus mysticus) der 3. Abtheilung.

314 (S. 247) Verhulst führte den Besuch im December aus und blieb mehrere Wochen da. Er schrieb mir darüber (d. 4. April 1882): „Als ich Schumann wiedersah (er war sehr herzlich und küßte mich) und ihn fragte, was er neues und schönes gemacht, sagte er mir, er hätte soeben eine neue Sinfonie fertig gebracht. Auf meine Frage, ob sie ihm gelungen wäre, antwortete er: „ja — ich denke, so 'ne rechte Jupiter". Es war die in C — da dachte er wieder gleich an Mozart, eben wie nach Beendigung seiner Peri. Auch hatte er zu einem Allegro für Pianoforte noch

Andante und Finale geschrieben, das war nun sein Concert geworden. Ich wohnte neben ihm, Waisenhausstr. 6 (er 5). Nachher reiste ich mit ihm und Clara nach Leipzig, wo ich der Probe seines Concerts beiwohnte; Mendelssohn dirigirte — es ging ziemlich schlecht — und die Stelle

im Finale wollte gar nicht gehen. Jetzt spielt sie jedermann und es geht von selbst."

315 (S. 249) Symphonie in C.

316 (S. 249) In dem Concert am 5. Oct. spielte Clara das Concert von Henselt aus dem Manuscript, außerdem auf Mendelssohns Wunsch noch ein paar kleinere Stücke. Sie wählte Nro. 3 u. 4 aus dem 6. Hefte der Mendelssohnschen Lieder o. W. und eine Fuge von Schumann.

317 (S. 350) Es ist Nro. 4, das s. g. Spinnerlied aus dem 6. Hefte gemeint. Die obige, etwas rätselhafte Bezeichnung desselben wird verständlich durch folgende Stelle aus J. Schubrings „Erinnerungen an F. Mendelssohn Bartholdy" (Daheim 1866, S. 376): „Warum in den herausgegebenen Briefen [Mendelssohns] keine Beziehung auf Schumann vorkommt, weiß ich nicht; das aber weiß ich, daß M. sich gegen mich einmal mit hoher Werthschätzung über Schumanns musikalische Bedeutung aussprach, und daß er nicht allein um des Clavierspiels der Frau Clara Schumann willen in freundschaftlicher Beziehung zu dem Ehepaare stand, sondern mir auch, als ich über das vierte Lied aus dem 6. Hefte der „Lieder ohne Worte" über das f im 5. Tact meine Verwunderung kund gab, seinerseits ganz verwundert entgegnete, es werde ihm nun erst klar, was Schumann Tags zuvor gemeint, da er ihm von weitem ein f entgegengefingert habe. Er selbst, Mendelssohn, finde dies f ganz natürlich, es müsse aber doch etwas Besonderes damit sein, da es uns beiden so aufgefallen sei. Ich schließe aus dieser kleinen Geschichte auf einen gemüthlichen und freundschaftlichen Umgang der beiden. Das Rendezvous, das damals für uns drei nach dem Rosenthal angesagt war, wurde leider durch einen zufälligen Umstand vereitelt."

318 (S. 250) Ruppert und Marie (nachherige Frau Sewell in Dresden), Kinder von Ernst Becker in Freiberg, waren Schüler des Conservatoriums geworden.

319 (S. 250) Eine Ausführung dieses Fugenthemas hat sich nicht gefunden.

320 (S. 251) Schumann schrieb diesen Brief, während in Leipzig die Probe zur B dur-Symphonie stattfand, die am folgenden Tage aufgeführt wurde.

321 (S. 251) Das Anfangsthema war ursprünglich so:

Da aber die Töne g und a auf den damals noch allgemein gebräuchlichen Natur-Instrumenten fast gar nicht zu Gehör kamen, so verlegte Schumann das Thema eine Terz höher. Als Schumann die (1853 gedruckte) Partitur der Symphonie Verhulst übergab, sprach er sein Bedauern aus, die Änderung vorgenommen zu haben. Verhulst hat denn auch das Anfangsthema der Symphonie immer in der ersten Fassung blasen lassen.

322 (S. 252) Wagner hatte die Partitur — einen Überdruck seiner Handschrift —

Schumann zum Geschenk gemacht und darauf geschrieben: „An Robert Schumann zum Andenken von Richard Wagner.“

323 (S. 252) Die Leitung der neu begründeten Abonnementsconcerte war Hiller und Schumann zugedacht, Schumann aber konnte seines Gesundheitszustandes wegen nicht dabei thätig sein.

324 (S. 253) Es geschah so. Joachim spielte das Mendelssohnsche Concert.

325 (S. 253) Das Concert fand nicht statt.

326 (S. 254) Es ist das im vorigen Briefe erwähnte, aus Mendelssohns Nachlaß als Allegro brillant Op. 92 veröffentlichte Duo in A. Über das Original-Manuscript — „Duett für das Pianoforte zu 4 Händen. Leipzig, d. 26. März 1841“ — sagte Liepmannssohns Autographen-Catalog von 1892: „Ist als Op. 92 ... veröffentlicht, jedoch mit sehr erheblichen Veränderungen. Namentlich fehlt die sehr schöne Einleitung (53 Tacte Andante) gänzlich. Es ist anzunehmen, daß für den Druck eine verkürzte Bearbeitung gedient hat. In der hier vorliegenden Form kann das Stück mit Recht als unedirt bezeichnet werden.“

327 (S. 255) Schumanns Clavierconcert kam am 1. Jan. 1846 im Gewandhause zum erstmaligen Vortrage; Schumann schrieb am folgenden Tage sehr erfreut an Hiller: „Leben und Menschen hier muthen uns doch wieder sehr an. Früher oder später glaube ich doch, daß wir uns hier wieder ansiedeln.“

328 (S. 255) Das Schumann in einer neuen wohlfeilen Ausgabe herstellen wollte.

329 (S. 257) Die Herren hatten Schumann in Grabaus Hause seine Streichquartette, auch das Clavier-Quintett und -Quartett vorgespielt.

330 (S. 257) Er hatte am 1. Mai seinen einzigen Sohn, Carl, der Ostern die Universität beziehen wollte, durch den Tod verloren.

331 (S. 258) Zur Mitarbeit an der Allg. Mus. Ztg., deren Redaction Lobe am 1. Juli übernommen hatte.

332 (S. 259) Die Musik zum Lebensberuf zu wählen.

333 (S. 260) Geschah; die Symphonie kam am 5. Nov. zur 1. Aufführung.

334 (S. 260) Clara Schumann gab doch am 16. Nov. ein eigenes Concert, worin Mendelssohn wieder die C dur-Symphonie dirigirte.

335 (S. 261) Schumann schrieb am 3. Dec. 1846 aus Wien, daß er mit Mendelssohn gesprochen habe. „Dieser rieth, Sie möchten in einem Schreiben an das Directorium des Conservatoriums um den Eintritt Ihres Sohnes in die Anstalt und um vorläufige Stundung des Honorars für ein Jahr anhalten, sich dabei auf Mendelssohn und mich berufen und daß wir Ihnen Hoffnung auf jene Begünstigung gemacht, — dabei aber vielleicht ein obrigkeitliches Zeugniß beilegen, daß Ihnen die Erhaltung Ihres Sohnes nicht leicht falle 2c. 2c. ... Suchen Sie es zu ermöglichen, daß Ihr Sohn noch zu Neujahr nach Leipzig komme.“ Das geschah.

336 (S. 263) Die Notiz in den Signalen war nicht von Wieck, man sieht aber, daß Schumann ihm dergleichen doch noch immer zutraute. Wieck schrieb jetzt nicht mehr öffentlich gegen Schumann, aber mündlich und in Privatbriefen ließ er sich unverhohlen genug über ihn aus. So sagte er z. B. über Schumanns eben erschienene vierhändige Clavierstücke Op. 85 in einem Brief vom 28. Sept. 1850: „Schumanns Kinderstücke für Große und Kleine à 4 m. sind ungezogene, abgelebte, gemachte und unerquickliche und unbegreiflich arrangirte Kinder bis auf Nr. 2. So ist es, wenn man alles können will!“ (N. Mus. Ztg.

1894, S. 176.) Das Verhältniß der beiden zu einander hat den ehemals freundschaftlichen Charakter nicht wiedergewonnen, was Schumann noch in Düsseldorf gegen Kirchner ausgesprochen hat. Es überrascht daher nicht, daß Schumann i. J. 1850 eine neue Ausgabe seiner Impromptus Op. 5 ohne die alte Widmung an Wieck herausgab, wogegen er bei den Neudrucken der Quartette und der Kreisleriana die Widmungen an Mendelssohn und Chopin beibehielt, obwohl diese nicht mehr am Leben waren. — Wiecks kalte Gleichgültigkeit gegen Schumann fiel auch Fernerstehenden auf, z. B. dem holländischen MD. Ferd. Böhme, der kurz nach einem Besuche bei Schumann in Düsseldorf (1852) mit Wieck in Dresden zusammen war. Er hatte ihm gleich von seinem Schwiegersohne gesprochen, der wohlauf gewesen sei u. s. w. — alles hatte Wieck schweigend angehört, mit keinem Wort darauf erwidert. Dies auffällige Verhalten war Böhme (wie er dem Herausg. im Sommer 1877 sagte) erst später verständlich geworden. — Eigenthümlich ist es auch, daß Wieck Schumanns Haus in Düsseldorf niemals aufgesucht hat.

337 (S. 263) Minna Schulz, Wiecks Pflegetochter und Gesangschülerin, später verh. Günther.

338 (S. 263) Die Bezeichnung „Clara Wieck-Schumann" war weder nach Schumanns noch nach Claras Geschmack. „Meine Frau bittet auf dem Zeddel ihren Mädchennamen wegzulassen", schrieb Schumann 1841 an Chelard, „sie will nun einmal heißen wie ich, und ich habe sie nur um so lieber darum." — Sie hat sich stets nur „Clara Schumann" genannt, und wird unter diesem Namen in der Musikgeschichte fortleben. — Die Angabe in Joß' II. Schrift S. 75, daß Schumanns Enkel Ferdinand „den Namen Schumann-Wieck führt", ist unrichtig; der genannte Herr nennt und schreibt sich Ferdinand Schumann.

339 (S. 264) Carlo Mechetti, Procurist in der Musikhandlung seines Vaters Pietro M., ein auch musikalisch gebildeter, ungemein liebenswürdiger Mann; er war körperlich leidend und starb schon im 38. Lebensjahre, am 3. Sept. 1847.

340 (S. 264) Clara Schumann hatte unterlassen, zwei Zeitungsredacteuren zu ihrem letzten Concerte Freibillets, wie zu den früheren, zu schicken; darüber entstand gewaltiges Lärmen und Toben gegen die Virtuosen. Saphir forderte alle seine Kollegen auf, ein Kartell abzuschließen und die Virtuosen in Zukunft ganz zu ignoriren.

341 (S. 265) Eine Besprechung der Bach-Fugen von Becker war nicht aufzufinden.

342 (S. 267) Mit „—l" unterz., Zeitschr. 1847, XXVI, 17.

343 (S. 267) Worin die Viardot-Garcia sang u. der Concertmeister Hub. Ries bei Schumanns Quintett mitwirkte.

344 (S. 267) M. konnte sich in die Disciplin des Conservatoriums nicht finden und war insbesondere mit Mendelssohn unzufrieden. Er trat bald wieder aus und wurde Schüler von A. F. Riccius.

345 (S. 269) Einladung, in einem Concert für die Nothleidenden im sächs. Erzgebirge die Peri zu dirigiren.

346 (S. 271) Es fiel aus.

347 (S. 273) Das Trio wird in dieser Zeit entstanden sein; fertig gemacht für den Druck wurde es erst später. Das Originalmanuscript (im Besitz des Herrn E. Speyer in Ridgehurst, England) trägt die Schlußdaten: 1. Satz „20. August 1847", 3. Satz „31. August 1847", 4. Satz „Dresden, den 7ten September 1847. R. Schumann".

[348] (S. 274) Dem Besque angehörte.

[349] (S. 276) Es wurde nichts aus der Sache. Das Conservatorium wurde durch die Stürme des Jahres 1848 ganz außer Thätigkeit gesetzt und erst 1851 neu wieder organisirt. Preyer zog seinen Verzicht auf die Stelle auf Drängen seiner Schüler zurück.

[350] (S. 276) Die Gründung eines Tonkünstlervereins. Die „Erste Versammlung deutscher Tonkünstler u. Musikfreunde in Leipzig" war am 13. u. 14. Aug. 1847.

[351] (S. 278) Schumann kam nicht. Brendel verlas seinen Brief in der Versammlung und brachte den Antrag auf Abschaffung der französ. Titel 2c. zur Besprechung.

[352] (S. 279) Hiller war jetzt städtischer Musikdirector in Düsseldorf.

[353] (S. 281) Einige Tage später ließ Schumann an Reuter und Wenzel bestellen, sie sollten Titus Ullrichs „Victor" der Ende 1847 mit der Ziffer 1848 als letztes vor den Märztagen beschlagnahmtes Preßerzeugniß erschienen war) lesen — „der ist der wahre Revolutionsprophet gewesen."

[354] (S. 281) Jean-Joseph-Bonaventure Laurens, geb. d. 14. Juli 1801 zu Carpentras (Südfrankreich), zuerst Beamter der städt. Hauptkasse, später Secretär der medizinischen Facultät zu Montpellier, — vielseitig begabt als Maler, Musiker und Schriftsteller, mit vielen ausgezeichneten Musikern seiner Zeit freundschaftlich verbunden. Gest. d. 29. Juni 1890. Vgl. N. Mus.-Ztg. 1901, S. 4ff: „J. J. B. Laurens" v. Olga Stieglitz, nach d. Schrift: „Une Vie Artistique. J. J. B. Laurens. Sa vie et ses œuvres. Par XXX." Carpentras 1899. — 6 Briefe Schumanns an Laurens („Membre de l'Académie des Sciences et Lettres à Montpellier en France") bewahrt die Bibl. zu Carpentras in Abschriften. Darnach sind Nr. 1 u. 6 hier mitgetheilt worden, von Nro. 2 bis 4 lagen mir auch Abschriften von Clara Schumann vor.

[355] (S. 282) Mendelssohn schätzte Laurens sehr, hatte auch Zeichenstudien bei ihm gemacht und ihm einigemal über neue musikal. Erscheinungen in Deutschland berichtet.

[356] (S. 283) Der König Friedrich August von Sachsen hatte Schumann für die Widmung der B dur-Symphonie am 31. Dec. 1841 eine goldene Dose überreichen lassen.

[357] (S. 283) Reinecke war längere Zeit in Kopenhagen gewesen.

[358] (S. 285) „Goethes Faust. Andeutungen üb. Sinn u. Zusammenhang des 1. u. 2. Theils d. Tragödie" v. F. Deycks.

[359] (S. 286) Der fragl. Aufsatz „Romantik in der Musik" 1848, XXIX, S. 1ff.) war von C. Kretschmann, Oberlandsg.-Auscultator in Magdeburg.

[360] (S. 286) Wettigs Brief war aus Wusseken, einem Dorf i. Pommern.

[361] (S. 290) Das Jugendalbum Op. 68. Darauf bezüglich hatte Schumann am 14. Sept. an Reinecke geschrieben, er hoffe seine theilnehmenden Freunde Weihnachten mit einer Arbeit überraschen zu können, die ihm „unsägliche Freude" gemacht habe. — Schumann sandte das Album Reinecke zur Abgabe an Schuberth. — In dem Album ist (nach Erler II, 60) eine Nummer „Vöglein auf dem Baum" gestrichen worden.

[362] (S. 290) Reinecke hatte Lieder aus Schumanns Op. 33 und 36 theils für Pianoforte allein, theils für 2 Soprane mit Pianoforte übertragen.

[363] (S. 291) Das traf ein. Der Verleger hat später Clara Schumann noch einmal ein Honorar nachgezahlt — nach Schuberths eigener Angabe 100 Louisd'or.

364 (S. 291) Hier fehlen 2 Tacte Noten, die im „Zeitgeist" v. 22. Mai 1899, dem dieser Brief entnommen ist, nicht mit abgedruckt waren.

365 (S. 292) Carl Wettig, geb. d. 16. März 1827 zu Mannstedt bei Weimar, trat 1844 ins Leipziger Conservatorium ein, lebte dann einige Jahre in Weimar, wo er den Unterricht Montags genoß. Anfang der 50er Jahre war er Musikdirector am Sommertheater in Erfurt, dann in Naumburg, endlich Theatercapellmeister in Brünn, wo er am 2. Juli 1859 starb, nachdem er kurz vorher eine Oper „Wittekind" beendet hatte.

366 (S. 293) Laurens legte seinen Briefen immer kleine Aquarelle bei, Illustrationen zu Schumannschen Compositionen.

367 (S. 295) Dr. jur. Julius Alfred Becher — während der „Katastrophe", der Einnahme von Wien, noch Redacteur des Demokratenblattes „Der Radicale" — wurde am 23. Nov. 1848 standrechtlich erschossen.

368 (S. 296) Um Rücksendung der Partitur der Genoveva. — Die Oper kam in Dresden nicht zur Aufführung.

369 (S. 298) Die Aufführung kam nicht zu Stande.

370 (S. 299) Die Symphonie kam erst am 18. Febr. zur Aufführung unter Schumanns Direction.

371 (S. 300) Die Aufführung von Schumanns C dur-Symphonie betreffend; Otten hatte sich speciell über das schwermüthige Adagio und das so charakteristisch darin verwendete Fagott ausgesprochen.

372 (S. 301) D moll, aus Bachs 1. franz. Suite; Reinecke hatte vierhändige Variationen (Op. 24) über das Thema geschrieben.

373 (S. 301) Reinecke schrieb ein neues Finale.

374 (S. 302) Carl Ritter, geb. zu Narwa d. 30. Oct. 1830, zuerst Hillers Schüler, hat nur 5 Werke herausgegeben (1857), unter denen eine Sonate in C moll (Op. 5, „Dem Andenken seines verewigten Lehrers Robert Schumann gewidmet") als das reifste erscheint; aber auch hier ist Schönes und echt Poetisches mit mancherlei Gewöhnlichem und Schülerhaftem versetzt. — Ritter ging 1855 nach Zürich, 1859 für immer nach Italien und starb 1891 in Verona.

375 (S. 303) Schuberth forderte Schumann bald nachher auf, einen „Pendant" dazu zu schreiben. Der aber erwiderte ganz entrüstet: „Lieber gar Pendants! Was fällt Ihnen ein! Sie sollten doch wissen, daß ich auf Pendants nicht ausgehe."

376 (S. 303) 1849, XXX, 189. Und S. 187.

377 (S. 304) Caroline Mayer, erste Sängerin am Leipziger Theater, die Darstellerin der Genoveva.

378 (S. 304) Rietz blieb bis 1854 Capellmeister am Theater.

379 (S. 305) Gemeint ist der Abend des 9. Juni 1848, an welchem Schumann mit Liszt einen Zusammenstoß hatte, der (gekürzt und ohne Nennung des Namens) schon in den „Davidsbündlern" (S. 51) erwähnt worden ist, wo es heißt, daß der für gewöhnlich schweigsame Schumann bis zur Heftigkeit lebhaft werden konnte, wenn man Künstler oder Kunstwerke angriff, die er liebte, — und daß er sich bei solchem Anlasse einmal bis zu völligem Vergessen der gesellschaftlichen Rücksichten habe hinreißen lassen. Dieser Vorfall spielte sich so ab. Liszt hatte den Wunsch geäußert, Schumanns neues Trio (D moll) zu hören. Schumann lud daher die Brüder Schubert zum Spielen, daneben Bendemann, Hübner und Frl. Constanze

Jacobi (eine von Schumann besonders geschätzte Sängerin, die spätere Gattin Bogumil Dawisons) als Zuhörer ein. Liszt — der die Gesellschaft anderthalb Stunden auf sich hatte warten lassen und dadurch den in allen Dingen an größte Pünktlichkeit gewöhnten Schumann schon verstimmt hatte — hörte das Trio und meinte, es gefiele ihm besser als das Quintett, das er „Leipziger Musik" nannte. Nach Tisch spielte auch Liszt (u. a. aus dem Carnaval), aber so nachlässig, so unkünstlerisch, daß es Alle verdroß, Bendemann sogar zum Fortgehen veranlaßte. Bei Schumann bedurfte es nur eines geringen Anlasses, um seine Entrüstung zum Ausbruch kommen zu lassen, und als Liszt einige geringschätzige Bemerkungen über Leipzig und Mendelssohn machte, da hielt Schumann nicht mehr an sich. Er fuhr auf, faßte seinen Gast an beiden Schultern und sagte mit erregter Stimme: „Herr, wer sind Sie, daß Sie über einen Meister wie Mendelssohn so reden dürfen!" — und verließ das Zimmer. — Als ich 1879 bei Frau Schumann die Rede auf diesen Vorfall brachte, bestätigte sie alles und sagte, ihr sei die Scene äußerst peinlich gewesen, Liszt aber habe sich sehr gewandt benommen, nach kurzer Pause sich mit einigen verbindlichen Worten von ihr verabschiedet und hinzugefügt: „Sagen Sie Ihrem Manne, nur von Einem in der Welt nähme ich solche Worte ruhig hin, wie er sie mir eben geboten." — In „Moscheles' Leben", 1873, II 194, ist die Sache auch kurz berührt. — Das freundschaftliche Verhältniß der beiden Künstler zu einander erlitt übrigens keine Trübung. Auf Schumanns Auslassung im obigen Briefe erwiderte Liszt am 5. Juni 1849: „Hochverehrter Freund, Vor allem erlauben Sie mir, Ihnen zu wiederholen, was Sie eigentlich nach mir am besten seit langer Zeit wissen sollten, nämlich daß Sie niemand aufrichtiger verehrt und bewundert als meine Wenigkeit. Gelegentlich können wir allerdings über die Bedeutung eines Werkes, eines Mannes, ja sogar einer Stadt freundschaftlich discutiren." (Liszts Briefe, I, 78).

380 (S. 306) Einige Tage später schrieb Clara Schumann aus Kreischa an Wenzel: „Hier ist es himmlisch, und haben wir nie das Frühjahr schöner genossen als gerade dies Jahr inmitten aller Wirren der Außenwelt. Es ist, als ob das Schreckliche von außen ganz entgegengesetzte Empfindungen in meinem Manne erregt; denn gerade in letzterer Zeit hat mein Mann die lieblichsten, friedlichsten Lieder [Jugendlieder-Album] gemacht, wo Jeder glaubte, er würde sich in den fürchterlichsten Schlachtsymphonien auslassen."

381 (S. 306) Tonkünstler-Versammlung am 26. Juli. Schumann kam nicht hin.

382 (S. 307) Schumann hatte privatim die Absicht geäußert, sich um die Stelle des Dirigenten der Gewandhaus-Concerte zu bewerben, wenn Rietz, wie das Gerücht ging, Nicolais Nachfolger in Berlin würde.

383 (S. 308) Zum Goethe-Jubiläum in Dresden.

384 (S. 310) Am 21. Aug. schrieb Schumann an Montag, er möge Liszt noch sagen, daß er sich „die ganze Composition ohne Unterbrechung hintereinander fortgesungen denke. Nur zwischen Nro. 4 und 5 mag eine kleine Pause gehalten werden."

385 (S. 312) Schumanns Honorare steigerten sich mit den Jahren. Hatten ihm z. B. 1839 die Kinderscenen (13 Clavierstücke) 3 Ld'or, 1843 „Frauenliebe" (8 Lieder) 8 Ld'or eingetragen, so erhielt er

1849 für die 3 Fantasiestücke Op. 73. . . 12 Ld'or = 204 Mk.
1849 für die 4 Duette Op. 78 . . . . 180 „

1851 für die 5 Cellostücke Op. 102 . . . . 300 Mk.
1852 für die 6 Gesänge Op. 107 . . . . 360 =
1852 für die 4 Märchenbilder Op. 113 . . . . 600 =

[386] (S. 313) Concertmeister der Euterpe wurde Hugo Zahn, Musikdirector A. F. Riccius.

[387] (S. 313) Sie war eine Tochter des Musikdir. H. B. Schulze in Zwickau, kam 1843 auf das Leipziger Conservatorium. — Jetzt wurde sie für 2 Euterpeconcerte engagirt.

[388] (S. 313) Frau Schumann spielte nicht in der Euterpe.

[389] (S. 314) Otto Ludwig lebte, als er noch mit dem Plan umging, sich zum Musiker zu bilden, etwa ein Jahr (1839—1840) in Leipzig. Das Conservatorium hat er nicht besucht.

[390] (S. 315) Zu einer Aufführung der Genoveva in Berlin kam es nicht.

[391] (S. 315) Fritz Spindlers Symphonie H moll, später als Op. 60 gedruckt, wurde nicht angenommen, dagegen auf Schumanns Empfehlung am 13. Dec. 1849 im Gewandhause (unter Leitung des Componisten) aufgeführt. Vgl. Brf. 556.

[392] (S. 315) 1848, XXXI, 189.

[393] (S. 317) Schumann war um eine musikal. Beilage zu Schads Musen-Almanach gebeten worden, hatte aber die ihm gesandten handschriftlichen Gedichte verlegt. Am 17. Nov. 1849 erbat er sich andere Gedichte, von denen das zweistimmige Lied „Sommerruh" dem Jahrgang 1850 des Almanachs beigegeben wurde.

[394] (S. 317) Das Gedicht lautete:

Sommerruh.

Traumverschönte Sommerruh,
O wie reich, wie gut bist du!

Wipfel wehn und winken Schweigen,
Flieder streun mit süßem Neigen
Rundum träumerische Ruh.

Nachtigallenseelen tragen
Ihre weichen, süßen Klagen
Sich aus dunkeln Lauben zu.

Leise Wellen kräuselnd blinken,
Wie wenn weiße Schultern winken
Mondverklärte Liebesruh.

Klare Glockenklänge klingen
Auf der Lüfte lauen Schwingen
Von der mondumblitzten Fluh.

Gute Götter, welch ein Fühlen,
Lüfte kommen, gehn und kühlen,
Halten mir die Augen zu.

Traumverschönte Sommerruh,
Welch ein Himmelreich bist du!

Nach Schumanns Änderung:

Sommerruh, wie schön bist du!
Nachtigallenseelen tragen
Ihre weichen süßen Klagen
Sich aus dunkeln Lauben zu.
Sommerruh, wie schön bist du!

Sommerruh, wie schön bist du!
Klare Glockenklänge klingen
Auf der Lüfte lauen Schwingen
Von der mondumblitzten Fluh.
Sommerruh, wie schön bist du!

Sommerruh, wie schön bist du!
Welch ein Leben, himmlisch Weben,
Engel durch die Lüfte schweben
Ihrer blauen Heimath zu.
Sommerruh, wie schön bist du!

395 (S. 318) Die Stelle als städt. Musikdirector in Düsseldorf zu übernehmen.

396 (S. 319) Der Königsberger Ztg. v. 7. Nov. 1849, die einen begeisterten Aufsatz Ehlerts über Schumann enthielt.

397 (S. 319) In einem zweiten (verloren gegangenen) Briefe bot Schumann, nachdem er sich für die Uebersiedelung nach Düsseldorf entschieden hatte, Ehlert die Direction seines Dresdener Gesangvereins an, ohne freilich über diesen direct verfügen zu können. Ehlert lehnte das ab, da er es für unstatthaft hielt, daß ein junger Mensch ohne allen Namen der Nachfolger Schumanns werde.

398 (S. 320) Wettigs Ouvertüre (A moll) kam am 4. Jan. 1850 zur Aufführung.

399 (S. 322) Dieser undatirte Brief ist von Brendel irrthümlich in den „Anfang 1850" gesetzt worden. Er ist aber ein Begleitschreiben zu dem Zeitschrift-Bericht: „Aus Dresden" v. 1. Dec. 1849 (XXXI, 275), der aus Schumanns Feder stammt. Schumann hatte sich am 2. Sept. 1849 Mangolds „Hermannsschlacht, ein Päan f. Männerchor u. Orchester", durch Whistling zur Ansicht schicken lassen, war bei der Aufführung des Werkes am 1. Dec. zugegen und schrieb noch an demselben Tage den erwähnten Bericht für die Zeitschrift. Am 2. Dec. sprach er Mangold selbst seine Freude aus (Brf. Nro. 364).

400 (S. 324) Friedr. Wilh. Traugott Schöpff, pseud. Wilfried von der Neun, geb. d. 15. Nov. 1826 zu Dresden, lebt als Pastor a. D. in Niederlößnitz b. Dresden. Veröffentlichte 1852 Gedichte „Herz und Welt" unter dem angegebenen Pseudonym, 3. Aufl. unter seinem wirklichen Namen.

401 (S. 324) Schumann componirte am 10. u. 11. Mai 1850 den „Abendhimmel" und das „Herbstlied", bald nachher noch sechs Lieder. Am 14. Mai lud er Schöpff zu einer Zusammenkunft in Leipzig ein, die am 28. Mai stattfand und am 4. Juni wiederholt wurde. Über den damals von Schumanns Persönlichkeit empfangenen Eindruck schrieb Herr Pastor Schöpff dem Herausg. im Sept. 1887: „Schumann sprach freundlich, völlig ohne Herablassung, und ich erinnere mich, daß ich stolz nach Hause ging, was nicht der Fall gewesen sein würde, wenn er stolz oder eitel gewesen wäre. Von Zeit zu Zeit nahm er, mit mir in den Gängen des Gartens [beim Kaufmann Preußer] wandelnd, ein Blatt zwischen die Lippen, so daß seine Sprache noch etwas gedämpfter und das Schweigen noch etwas häufiger wurde. Aber seine Worte (hauptsächlich über Liederdichtungen) waren abgewogen ... Genaueres ist mir, da ich seit Jahren dazu nicht provocirt wurde, entschwunden. Bedeutend und liebenswürdig — so ist der Eindruck mir im Gedächtniß geblieben."

402 (S. 326) Es handelte sich um die Stelle als 2. Capellmeister am Theater. C. Krebs erhielt sie.

403 (S. 328) Der letzten Nummer der Ende 1848 eingegangenen Allg. Mus. Ztg. sollten die Bildnisse von Robert und Clara Schumann und von Marx mit biographischen Notizen beigegeben werden. Da die Bildnisse aber nicht rechtzeitig fertig wurden, erschien die biographische Beilage erst im April 1850.

404 (S. 328) U. a. Kastners biograph. Aufsatz über Schumann, Revue et Gazette mus. 1840 Nro. 41.

405 (S. 329) Von dem recht dürftigen biogr. Aufsatz erhielt Schumann einen Correcturabzug, den er am 2. April dem Dr. Härtel sandte, um Zustellung einer nochmaligen Revision bittend. „Er enthielt zu viel Unrichtiges — und ist (unter uns gesagt) fast nichts als eine Übersetzung eines im J. 1836 in der Gazette mus. enthaltenen Artikels. Was der Verfasser zum Schluß hinzugefügt, hätte auch im

J. 1836 geschrieben sein können; es scheint mir sehr wenig bezeichnend für meine jetzige Stellung als Künstler. Nun, bleibe es wie es ist."

406 (S. 329) Bischoffs „Rheinische Mus. Ztg." erschien Juli 1850.

407 (S. 330) Laurens hatte eine Übersetzung der Lebensregeln an Brandus, den Verleger der Gazette mus., gesandt, der sie aber für zu unbedeutend und dem französischen Geschmack nicht zusagend erklärte, wie er überhaupt auch die der Schumannschen Musik zugeschriebene große Bedeutung nicht anerkennen könne; in Frankreich wenigstens habe sie keine Aussicht auf Erfolg ꝛc. (Brandus' Brief v. 22. Juli 1850 in Laurens, Une Vie Artistique S. 490). Das ist anders geworden!

408 (S. 331) Zu einer Aufführung in Cassel kam es nicht.

409 (S. 332) Wasielewski wurde Vorgeiger im Orchester, traf am 15. Oct. in Düsseldorf ein und blieb bis zum Frühjahr 1851 dort. — Ende September berichtete Schumann einem Freunde, er sei durch seine Amtspflichten nur wenig in seiner übrigen Thätigkeit gehindert. Sonntag d. 6. October werde er die erste katholische Messe dirigiren.

410 (S. 333) Die ihm gewidmeten Fugen Op. 72, die Schumann am 19. Oct. Reinecke als Zeichen seiner „Lieb- und Werthschätzung" übersandte.

411 (S. 334) Frau Schumann konnte wegen Schlechtbefindens die Reise nach England nicht unternehmen.

412 (S. 335) Paul Friedr. August Stracerjan, geb. d. 24. Sept. 1823 zu Jever, Artillerie-Leutnant in Oldenburg, 1850—52 auf der Kriegsschule in Berlin, hatte Schumann seine Verehrung ausgesprochen. Einer echt musikalischen Familie entsprossen, ein vorzüglicher Sänger, war seine Thätigkeit und sein Einfluß außerordentlich fruchtbringend für das Musikleben in Oldenburg. Gest. als Oberstleutnant z. D. am 5. Jan. 1891.

413 (S. 335) Pohl hatte Schillers Braut von Messina als Operntext bearbeitet und Schumann zugesandt.

414 (S. 335) Sie ist „kurz und mehr Theater- als Concertouvertüre", schrieb Schumann (23. März 1852) an Gustav Schmidt.

415 (S. 336) Mit Pohls Skizze zu einem Oratorium Luther.

416 (S. 338) Worin Verhulst auch seine Verlobung gemeldet hatte.

417 (S. 338) Vierhändiger Clavierauszug der Genoveva.

418 (S. 342) Pohl hatte das Oratorium Luther als Reformations-Trilogie — für drei Aufführungsabende — angelegt. Den ersten ausgearbeiteten Theil hatte er eingesandt.

419 (S. 342) Mit dem Vorspiele dreitheilig.

420 (S. 343) Wasielewskis zweiter Aufenthalt in Düsseldorf währte von October 1851 bis Juni 1852.

421 (S. 344) Pohl führte den Plan aus.

422 (S. 345) Pohl war vom 3.—5. Sept. in Düsseldorf. Näheres darüber in seinen „Erinnerungen an R. Schumann", D. Revue 1878, S. 169 u. 306.

423 (S. 346) Schumann hatte 8. Aug.) Verhulst ein Rendezvous in Antwerpen oder Rotterdam vorgeschlagen.

424 (S. 347) Der junge Mann hatte Schumann einen Operntext „Beatrice" zugesandt und ihm den guten Rath gegeben, dem Romantismus zu entsagen, immer „klar und allgemeinverständlich" zu schreiben. Auf dichterische Muster hinweisend, hatte er die vollendeten Formen eines Horaz, Virgil, Corneille gepriesen, von den

Neueren Redwitz (den Verf. der damals vielgelesenen „Amaranth") gegen Jean Paul erhoben ꝛc.

425 (S. 349) Das geschah; Brockhaus verlegte der Rose Pilgerfahrt (1852).

426 (S. 350) „Byrons Manfred. Einleitung, Übersetzung u. Anmerkungen von Posgaru [Karl Adolf Suckow]. Breslau 1839." Dieser Übersetzung ist Schumann fast durchweg gefolgt.

427 (S. 350) Im Sommer 1851, mit der Fürstin Caroline Wittgenstein u. deren Tochter, der nachherigen Fürstin Marie Hohenlohe.

428 (S. 352) Den fertigen Text von „Sängers Fluch".

429 (S. 353) Am 21. Nov. 1851 hatte Schumann an Horn geschrieben: „‚Hermann und Dorothea' ist ein alter Lieblingsgedanke von mir. Halten Sie ihn fest! Sobald Sie ernsthaft an die Arbeit gehen wollen, theilen Sie mir es gefälligst mit, damit ich Ihnen meine Gedanken darüber ausführlicher sagen kann." — Am 20. Dec. 1852 schrieb Schumann ihm: „Aus Hermann und Dorothea ein Concert-Oratorium zu machen, könnte mir wohl gefallen. Theilen Sie mir vielleicht gelegentlich etwas Näheres mit! Eine Ouvertüre ist bereits fertig, wie ich Ihnen wohl schrieb."

430 (S. 354) Über den „Luther" hatten Schumann und Pohl auch in Düsseldorf mündlich verhandelt, ohne zu einer Verständigung zu gelangen, und so wurde schließlich der ganze Plan aufgegeben.

431 (S. 355) Eine Recension über Genoveva von Krüger (Zeitschr. XXXIV, 129 ff.) verstimmte Schumann tief und war die Ursache, daß der Verkehr der beiden Männer aufhörte.

432 (S. 355) Am 10. Febr. 1852 hatte Schumann um Benachrichtigung gebeten, wann die Manfred-Aufführung — zu der er nach Weimar kommen wollte — voraussichtlich stattfinden werde. Frau Schumann wiederholte (28. Febr.) die Anfrage an Liszt mit dem Hinzufügen, sie hätten eine Einladung nach Leipzig (8. bis 18. März) hauptsächlich angenommen, um der Aufführung des Manfred in Weimar beiwohnen zu können; zugleich hofften sie auch auf den Lohengrin. „Wie so gern hörten wir einmal den Lohengrin! Wird er nicht vielleicht einmal in der Zeit, wo wir in Leipzig sind, gegeben? Dann kämen wir nach Weimar." (Briefe an Liszt I, 210.)

433 (S. 357) Liszt hatte am 8. Juni Schumann zu der ersten Manfred-Aufführung (13. Juni) eingeladen; der Brief war noch nicht eingegangen, als Schumann sich an Montag wandte; aber die Reise nach Weimar mußte Krankheits halber unterbleiben. Am 20. Juni schrieb Clara an Montag: „Leider ist mein Mann noch immer Patient, daher ich es übernehme, Sie zu bitten, ob Sie ihm wohl einen kleinen Bericht über die Aufführung des Manfred geben möchten. Er möchte gern wissen, welchen Eindruck das Ganze besonders auf Sie gemacht. Effect (was man sagt) kann diese Dichtung und Musik auf's allgemeine Publikum nicht machen, jedoch für den Gebildeteren, denke ich mir, muß das Ganze doch einen poetischen Eindruck hinterlassen. Wie sich das alles nun auf der Bühne macht, davon kann ich mir nun freilich keinen rechten Begriff machen. Es war doch recht ein unglückliches Zusammentreffen für uns, daß mein armer Mann gerade jetzt krank sein mußte und wirklich nicht von der Stelle kommen konnte. Als wir zur ersten Aufführung nicht kommen konnten, da besprachen wir es zur zweiten [am 17. Juni] aber da war das Unwohlsein noch viel schlimmer! seit gestern erst ist das Rheuma so weit gewichen, daß Robert wieder ausgehen kann, doch ist er noch immer sehr angegriffen. Wie war

ich so traurig! was hätte ich darum gegeben, hätten wir fort gekonnt, denn Ihnen kann ich es wohl gestehen, mir ist diese Manfred-Musik ganz besonders lieb, ich schwärme dafür, und die Ouvertüre ist für mich eine der Herrlichsten, Ergreifendsten, die ich kenne... Schreiben Sie meinem Manne recht bald eine Zeile, und recht aufrichtig über Alles!" — Am 26. Juni fragte Liszt bei Schumann an: „Soll ich Ihnen Ihre Manuscript-Partitur zurücksenden, oder wollen Sie mir damit ein schönes Präsent machen? Ich bin zwar kein Autographen-Sammler, aber die Partitur, wenn Sie sie nicht weiter bedürfen, würde mir Freude machen." Er wiederholte die Bitte auch gegen Clara, als diese die Partitur für den Druck zurückerbat. Das Theater besäße — schrieb er ihr am 11. Sept. — eine sehr genaue Abschrift davon; er wäre versucht gewesen, dies Exemplar, das für den Zweck genügen würde, zu schicken; „mais je ne sais quel scrupule de probité m'a retenu. Peut-être trouverez-vous qu'il y a lieu d'encourager généreusement ma vertu un peu chancelante; et dans ce cas vous n'aurez guère de peine à deviner ce qui me serait une récompense précieuse". Liszts Briefe, I, 113.) Schumann willfahrte dem Wunsche und schrieb auf sein Manuscript: „Musik zu Lord Byrons Manfred. An Franz Liszt zum Andenken. Robert Schumann."

434 (S. 358) Joh. Gottfr. Kuntsch, geb. d. 20. Dec. 1775 zu Wilschdorf b. Dresden, kam 1797 als Garnisonlehrer nach Zwickau, wurde 1802 als der letzte Baccalaureus und zugleich als Organist zu St. Marien angestellt. Wenn Wasielewski meint, Kuntsch habe nicht die Fähigkeit gehabt, Schumanns musikalische Anlagen „zu einer gedeihlichen Entwickelung zu bringen", seine Unterweisung sei „unzureichend" gewesen, so sagte mir dagegen der Dr. med. Herzog (auch ein Schüler von Kuntsch), er wäre ein „sehr guter aber strenger Lehrer" gewesen, von dem Schumann ohne Zweifel „tüchtig profitirt habe". Schumann selbst hat stets mit Dankbarkeit seiner gedacht, seinem „geehrten Lehrer und Freunde" 1845 die Pedalflügel-Studien gewidmet und die Verbindung mit ihm immer aufrecht erhalten. Zu seinem Organistenjubiläum am 7. Juli 1852 sandte er ihm einen Lorbeerkranz mit den obigen Begleitzeilen. Kuntsch starb d. 12. März 1855 als Zwickauer Ehrenbürger und Inhaber der goldenen Verdienstmedaille. Seine „großen Verdienste um das musikalische Leben Zwickaus" haben die vollste Würdigung gefunden. (Dr. E. Herzogs „Gesch. d. Zwickauer Gymnasiums", 1869, S. 101.)

435 (S. 358) Das Textbuch war Schumann im Auftrage der Verf. von dem Verleger zugesandt worden. Der Nibelungentext (— die ersten Scenen daraus brachte die Zeitschr. 1845, XXIII, — war für Gade geschrieben, der die Composition 1847 auch begann, aber nicht fortsetzte. 1852 wurde der Text als Manuscript gedruckt. Schumann fühlte sich von ihm angezogen, doch ist er der Sache nicht näher getreten, einmal, weil ihn zu viel andere Pläne beschäftigten, hauptsächlich aber wohl, weil sein körperlicher und geistiger Zustand durch die in den letzten Jahren bis ins Krankhafte gesteigerte Production mehr und mehr einen Besorgniß erregenden Charakter angenommen hatte. Vor seiner Abreise ins Seebad Scheveningen (August) richtete er noch das nachfolgende Schreiben an die Verf. — Vgl. „Musikal. Erinnerungen" von Luise Otto. D. Revue 1886, Februarheft.

436 (S. 359) Schumann hatte in Scheveningen viel mit Verhulst verkehrt.

437 (S. 360) Ruppert Becker, geb. d. 1. Dec. 1830 zu Schneeberg als Sohn des Bergschreibers Ernst B., war vom 23. Oct. 1852 an mit kurzer Unterbrechung im Sommer 1853 bis zum 1. Dec. 1854 Concertmeister in Düsseldorf. Nach zwanzigjähriger

Lehrthätigkeit an der Musikschule in Frankfurt a. M. privatisirt B. jetzt in Dresden.

438 (S. 360) Julius v. Bernuth, geb. d. 8. Aug. 1830 zu Rees (Rheinprovinz), war Referendar, ging 1854 ganz zur Musik über, lebte seit 1867 in Hamburg als Dirigent der philharm. Concerte und der Singakademie, dann als Director des von ihm gegründeten Conservatoriums. Gest. d. 24. Dec. 1902.

439 (S. 360) Eine begeisterte Kundgebung der „Bande Bob", wie sich eine Vereinigung von jungen Schumann-Schwärmern in Berlin nannte, der Strackerjan, Meinardus und Bernuth angehörten.

440 (S. 362) „Rolands Gralfahrt. Ein Romanzen-Cyklus von Max Maria." Leipzig 1852. — Schumann erkannte unschwer den pseudonymen Dichter — Max Maria v. Weber, damals Eisenbahn- und Telegraphendirector in Dresden — und sandte ihm durch den Verleger der Dichtung den obigen Brief. Er war in seiner Dresdener Zeit öfter mit ihm in der nahe der Post gelegenen Engelschen Restauration, dem Vereinigungsort vieler Künstler, zusammengetroffen. Auch mit seiner Mutter, der Witwe C. M. v. Webers, deren künstlerischen Feinsinn und praktisches Verständniß für musikalische Wirkung er hochhielt, verkehrte er, besonders zu Anfang 1850, gern. Seine Sympathien für Weber und dessen Frau hatte er auf den Sohn übertragen. (Nach M. M. v. Webers Aufzeichnungen.)

441 (S. 364) Pohl hatte Schumann auf den „Ritter Mond", eine phantastische Märchendichtung von M. M. v. Weber, aufmerksam gemacht, die für musikalische Behandlung wie geschaffen sei und ihm vermuthlich gern überlassen werden würde, wenn er den Dichter darum anginge.

442 (S. 364) Gade dirigirte von Neujahr bis Ostern 1853 die Gewandhausconcerte.

443 (S. 365) Sophie, Tochter von J. P. E. Hartmann.

444 (S. 365) Das Pensions-Concert (17. Jan. 1853) wurde mit Schumanns Ouvertüre zu Julius Cäsar (Manuscr.) eröffnet.

445 (S. 365) Darin irrte Schumann; nach seinem Tode stellte sich das heraus. Die Metronomisirung vieler seiner Werke ist daher unzutreffend.

446 (S. 367) Dessen Manuscript Schumann von Hebbel zum Geschenk erhielt. Das Drama erschien 1855 mit vorgedruckter Widmung an Schumann.

447 (S. 367) Die frühere Hofburgschauspielerin Christine Enghaus.

448 (S. 367) Ein vierchöriges De profundis nach dem 129. [vielmehr 130.] Psalm von Fr. Ed. Wilsing in Berlin. Dem Componisten wurde für die Widmung desselben an Friedrich Wilhelm IV. (1851) die große goldene Medaille für Kunst verliehen. Die Partitur erschien 1853 auf Kosten des Königs. Krigar hatte ein Exemplar an Schumann gesandt. Hoch erfreut über Schumanns warme Anerkennung seines Werkes, machte Wilsing im Sommer 1853 Schumann einen Besuch, bei dem er von Schumanns Persönlichkeit einen so tiefen Eindruck empfing, daß (wie er mir am 20. April 1876 schrieb) die Zusammenkunft ihm „unvergeßlich bleiben werde".

449 (S. 368) Sie fand am 29. Oct. 1853 in der Thomaskirche unter Schellenberg statt, — „lediglich durch Schumann angeregt", von dem Wilsing die Überzeugung gewonnen hatte, daß er „nicht nur mit großer Freude fremde Leistungen anerkannte, sondern auch gern erbötig war, zur weiteren Verbreitung die Wege zu ebnen."

450 (S. 369) Pohl hatte Webers Dichtung für musikalische Behandlung umgearbeitet.

451 (S. 369) Zum niederrheinischen Musikfest am 15.—17. Mai.

452 (S. 372) Schumanns Pathkind, nach ihm Robert genannt.

453 (S. 374) Joachim hatte seine Partitur des Beethovenschen Violinconcerts bei der Abreise stillschweigend in Schumanns Zimmer zurückgelassen.

454 (S. 378) Laurens kam im October nach Düsseldorf. Über seine erste Begegnung mit Schumann — in einer Gesellschaft beim Maler Schirmer am 11. Oct., wo auch Brahms und Joachim anwesend waren — berichtet er: „Trotz unserer vorhergegangenen Correspondenz redete Schumann mit mir wie mit allen übrigen wenig, worauf man mich bereits vorbereitet hatte. In jenen Tagen machte ich mit ihm regelmäßig gegen 5 Uhr Nachmittags, wenn er mit seiner Arbeit fertig war, einen Spaziergang bis zu einer in der Vorstadt gelegenen Brauerei. Er betheiligte sich an der Unterhaltung nur durch kurze Erwiderungen auf meine unausgesetzten Fragen, aber im Hinblick auf den Gegenstand dieser Fragen war seine Antwort stets sehr interessant." — Laurens entwarf in jenen Tagen vier Portraitzeichnungen von Schumann. Unter eine derselben — jetzt in der Bibliothek zu Carpentras — schrieb Schumann den Anfang der schwermüthigen Geigenmelodie aus dem 3. Satze des D moll-Trios und die Widmung:

„Herrn Laurens
zum Andenken in Werthschätzung
von
Robert Schumann."

Über Schumanns Gesundheitszustand sagt Laurens: „Während ich ihn zeichnete, war ich betroffen und erschrocken über die abnorme Erweiterung seiner Pupillen. Ich sprach mit Frau Schumann darüber, die mir in großer Besorgniß gestand, daß ihr Mann krank sei."

455 (S. 379) Die folgenden drei Zeilen waren in der mir vorliegenden Abschrift des Briefes bedauerlicherweise unlesbar gemacht. Was sich davon entziffern ließ, habe ich hierher gesetzt. Ganz verständlich ist freilich die Stelle nicht, doch steht fest, daß sie — wie auch der Anfang des Briefes — sich auf eine Schumann feindliche Partei in Düsseldorf bezieht, die schon seit längerer Zeit mehr oder weniger offen gegen ihn auftrat. Etwas Näheres darüber enthält Ruppert Beckers Düsseldorfer Tagebuch. Es heißt darin unterm 15. Dec. 1852: „Der heutige Abend brachte eine Nachricht, die Alles entrüstete. Die Concertdirection des Gesangvereins hatte Schumann einen groben Brief geschrieben, in welchem sie sich seiner Direction zu entledigen suchte! Noch sind die Begebnisse nicht voraus zu sehen, wie es kommen wird. Aber jedenfalls für Schumann unangenehm". Unterm 29. Dec. 1852: „Das Orchester könnte nur durch die größte Strenge, und durch Subordination dem Dirigenten gegenüber, Ersprießliches leisten; beides fehlt, Schumanns Wesen ist dessen nicht fähig und von Subordination ist nicht die Rede. Die Dilettanten verderben wie überall auch hier die Sache. Wie unerquicklich, mit ihnen zu musiciren! Ewig Hader und Zank! Die Kräfte sind leidlich, und mit einer Strenge und Härte, wie sie Rietz hat, könnte eine gute Aufführung der Musikstücke erzielt werden; aber? —" Im Herbst 1853 war die feindliche Strömung besonders bemerklich. Einer der jungen Künstler aus dem Schumannschen Kreise schrieb am 20. Sept. 1853 an Becker (der für den Winter wieder engagirt werden sollte) nach Freiberg: „Ich fürchte, es steht uns ein fataler Winter bevor, denn es scheinen jetzt wieder allerhand Intriguen sich zu regen, die geradezu auf Schumanns Entfernung von der Direction hinzielen.

Ich hoffe aber, das aufrührerische Gesindel wird feige und schwach genug sein, so daß es auch diesmal nichts ausrichten wird." Beckers Tagebuch v. 8. Nov. 1853: „Heute ereignete sich der von mir schon lang vorausgesehene Fall: daß Schumann von Seiten des Comités bekannt gemacht wurde, er möge künftig nur seine eigenen Compositionen dirigiren und alles Übrige dem Tausch überlassen. So schmerzlich es mich berührt, einen so bedeutenden Mann in dieser Weise behandelt zu sehen, so sehe ich doch ein, daß die Concerte unter seiner weiteren Leitung zu Grunde gegangen wären." V. 10. Nov.: „Tausch scheint sich als Dirigent machen zu wollen. Schumanns Schicksal ist doch recht hart!" V. 19. Nov.: „Schumann setzt sich Gott sei Dank über die vom Comité ihm zugefügte Beleidigung hinweg; er ist ein zu großer Künstler, um es nicht zu thun. Mein freundschaftliches Verhältniß hat nach wie vor seinen Fortbestand."

[456] (S. 380) Die Bachschen Violinsonaten mit hinzugefügter Clavierbegleitung. Die Druckcorrectur hatte Schumann Tags zuvor an Härtels zurückgesandt.

[457] (S. 380) Ein ungedruckt gebliebenes Violinconcert in D moll, comp. v. 21. Sept. bis 3. Oct. 1853. Vgl. Joachims Charakterisirung desselben bei A. Moser a. a. O. S. 128.

[458] (S. 381) Schumann meldete Joachim am 19. Oct., daß die Concertdirection das frühere Programm: Hamlet-Ouvertüre, Beethovens Violinconcert u. Schumanns Violinphantasie beibehalten wünsche. „Ich freue mich", setzte er hinzu, „daß die Zeit immer mehr heranrückt, daß wir den Vielgeliebten wieder vor uns haben."

[459] (S. 381) Schumanns hohe Werthschätzung der Joachimschen Compositionen ist auch aus folgendem Componisten-Verzeichniß zu ersehen, in das er Joachims Namen um diese Zeit eintrug. Es ist seinem „Projectenbuch" entnommen und lautet:

„Jüngere Componisten nach meinem Sinn.
(1847)

Theodor Kirchner (in Winterthur)
Robert Franz (in Halle),
Julius Schäffer (in Halle),
Emanuel Klitzsch (in Zwickau),
H. Krigar (in Berlin (theilweise),
Carl Reinecke in Kopenhagen),
G. Wöhler in Rostock (theilweise),
Stephan Heller in Paris),
Louis Ehlert (aus Königsberg),
Gustav Flügel (in Stettin (theilweise),
Otto Dresel (aus Geisenheim),
Carl Wettig (aus Thüringen) . . . [unleserlich]
C. Dupont (aus Rotterdam ?
C. Eschmann (in Cassel) ?
A. Dietrich (in Leipzig),
L. Meinardus aus Ostfriesland ?
A. Metzler aus Zwickau,
A. Horn aus Freiberg,
W. Baumgartner in der Schweiz,
H. von Sahr in Dresden,
Heuchemer in München (bedeutend),

Johannes Brahms a. Hamburg (princeps),
J. Joachim in Hannover (bedeutend)."

Die drei Fragezeichen sind erst später hinzugefügt worden, was auch die schwärzere Dinte erkennen läßt.

Eine Sichtung und Erweiterung erfuhr dieses Componisten-Verzeichniß, als Schumann in seinem Brahms-Aufsatz — „Neue Bahnen", Zeitschr. v. 28. Oct. 1853 — die bedeutenderen Talente aufzählt, nach denen der „Meister" erscheinen mußte, „der den höchsten Ausdruck der Zeit in idealer Weise auszusprechen berufen wäre." Als diese „hochaufstrebenden Künstler der jüngsten Zeit" nennt Schumann: „Joseph Joachim, Ernst Naumann, Ludwig Norman, Woldemar Bargiel, Theodor Kirchner, Julius Schäffer, Albert Dietrich, des tiefsinnigen, großer Kunst beflissenen geistlichen Tonsetzers F. E. Wilsing nicht zu vergessen. Als rüstig schreitende Vorboten wären hier auch Niels W. Gade, C. A. Mangold, Robert Franz und St. Heller zu nennen."

460 (S. 382) Das Manuscript des Aufsatzes „Neue Bahnen".

461 (S. 382) Breitkopf & Härtels entgegenkommende Beantwortung von Schumanns Brief Nro. 587.

462 (S. 383) Die Balladen „Vom Haideknaben" (v. Hebbel) und „Die Flüchtlinge" für Deklamation mit Pianoforte Op. 122, mit Widmung an v. Bruyck. Nicht lange vorher hatte dieser eine Claviersonate (Op. 2) Schumann gewidmet.

463 (S. 385) Das Gerücht von Joachims Verlobung stellte sich bald als falsch heraus.

464 (S. 385) Schumann hatte schon früher an den Compositionen Sterns freundlichen und aufmunternden Antheil genommen und verfolgte später auch seine Dirigenten-Wirksamkeit mit demselben Interesse. Als Stern Anfang 1853 einen Theil der Peri in Berlin aufführte, schrieb Schumann ihm: „Von Ihrer regen Thätigkeit habe ich oft gehört, auch daß Sie die Peri vorgenommen, was mich sehr erfreut hat. Vergessen Sie nur über die Hingabe an fremde Werke nicht, auch an eigene zu denken. Mit Freuden erinnere ich mich Ihrer früheren frischen und anmuthigen Lieder."

Stern antwortete auf Schumanns Anfrage am 25. Nov., daß er sehr gern bereit sei, in Schumanns Stellung einzutreten. „Aus dem Gelde mache ich mir nichts, ich will gute Musik gut machen."

465 (S. 386) „Hebräische Melodien" nach Eindrücken der Byronschen Gesänge f. Pianoforte u. Viola; als Op. 9 veröffentlicht.

466 (S. 387) An demselben Tage schrieb Schumann an Töpken: „Im Haag hörte ich auch der ‚Rose Pilgerfahrt' in ganz vorzüglicher Aufführung unter Capellmeister Lübeck. Nach dem Schluß verlangte das Publikum nach dem Componisten unter lautem Rufen, der dann auf das Orchester mußte und dort von den Damen mit Rosen beworfen wurde."

467 (S. 387) Eine Brieftasche, die aber gar nicht abhanden gekommen war.

468 (S. 387) Der „Abschiedsgruß" war für die Holländ. Musik-Ztg. Cäcilia (Red. Kist) bestimmt. Verhulst rieth von der Veröffentlichung desselben ab. (S. Brf. 454.)

469 (S. 388) Als Leiter eines Gesangvereins.

470 (S. 388) Vom Briefempfänger unterdrückte Stelle.

471 (S. 389) Tausch fungirte jetzt als Stellvertreter Schumanns.

[472] (S. 389) Hille in Hannover hatte eine Aufführung der Peri vorbereitet und Schumann zur Direction eingeladen, was dieser unterm 6. Januar annahm. „Es trifft sich gerade, daß jetzt zwei jüngere Kunstmeister, die ich sehr hochhalte (Joachim und Brahms), in Hannover zusammen sind, wodurch mir der längere Aufenthalt ein um so erfreulicherer wird." Hilles Plan wurde vereitelt, weil die Intendanz des Hoftheaters die Mitwirkung der Solisten von der Oper nicht gestattete. Die Reise nach Hannover wurde aber doch ausgeführt. Joachim beantwortete Schumanns Mittheilung am 9. Januar, alle Vorschläge des verehrten und geliebten Meisters mit Freuden annehmend. „Ich möchte mich für Sie und Ihre Frau gern in Stücke zertheilen — ich richte mich in allem nach Ihren Wünschen."

[473] (S. 390) Joachim war mit der Composition der Ouvertüren zu Shakespeares Heinrich IV und zu H. Grimms Demetrius beschäftigt.

[474] (S. 391) Schumanns letzte Eintragungen in seine „Compositionsübersicht" sind:

[1853. October] „Vom 15ten bis 18ten: An Diotima. Gesänge der Frühe. Für Pianoforte (1—5). —
— d. 26sten: Harmonisirung der Variationen f. Violine v. Paganini.
— vom 21sten—31sten: Sonate in A moll f. Violine u. Pfte.
November vom 2—4ten: Romanzen für Violoncell u. Pfte. (5 Nummern). —"

Hiervon sind nur die Gesänge der Frühe (Dec. 1855) im Druck erschienen. Statt der mysteriösen Widmung (— an Hölderlins „Lieder an Diotima" erinnernd —) steht in der Druckausgabe: „Der hohen Dichterin Bettina zugeeignet".

[475] (S. 391) König Georg v. Hannover hatte schon als Kronprinz die Bekanntschaft Schumanns gemacht — Sept. 1846 in Norderney, in einem Concert Claras.

[476] (S. 392) „Dichtergarten". Eine Zusammenstellung von Dichterworten über Musik, von der ältesten Zeit an bis auf die Gegenwart.

[477] (S. 392) Über Schumanns vertraulich geäußerten Wunsch, seine Düsseldorfer Stellung aufzugeben und mit Stern vielleicht zu tauschen, war durch Zufall eine Notiz in die Zeitung gekommen, was Schumann sehr verstimmte und zu einem erregten Briefe an Stern veranlaßte. Stern fühlte sich dadurch etwas gekränkt und sandte Schumann seinen Brief wieder zu. „Nehmen Sie den Brief zurück", schrieb er dabei, „der ist nicht von Ihnen, denn einen solchen Ton kann Robert Schumann nicht anschlagen". Hierauf nun ist der obige Brief die Antwort. — Das offenbare Schreibversehen im zweiten Satz desselben wird so zu verbessern sein: „Daß ich von hassesfähigem Gemüth wäre, daran zweifeln Sie wohl auch (st. nicht)." —

* * *

Über Schumanns geistigen Zustand in den Tagen vom 12.—27. Febr. enthält Beckers Tagebuch Näheres, was als Überleitung zu den nun folgenden Briefen aus der Heilanstalt Endenich hier eingeschaltet sei.

D. 14. Febr.: „Schumann sprach sich heute über eine eigenthümliche Erscheinung, die er seit mehreren Tagen wahrgenommen, aus. Es ist dies: Das innerliche Hören von wunderschönen, in der Form vollkommenen Musikstücken! Der Klang ist ihm wie ferne Blasmusik; die herrlichsten Harmonien zeichnen diese noch besonders aus. — Selbst als wir bei Junge (Restaurateur) saßen, begann sein inneres Concert, und er war gezwungen, das Lesen der Zeitung aufzugeben. — Gebe Gott, daß dies Alles auf nichts Schlimmes deute. Er sprach davon: so müßte es sein in einem anderen Leben, wenn wir unsere körperliche Hülle abgelegt hätten. — Merkwürdiger

Weise tritt diese sonderbare Erscheinung jetzt, wo Schumann seit 8 Wochen, und noch länger, nicht componirte, auf."

D. 21. Febr. „Was ich mir nicht zu denken getraute, ist eingetroffen. Schumann ist schon seit einigen Tagen geisteskrank! Gestern früh erfuhr ich's erst durch Dietrich, der mir mittheilte, daß Frau Schumann gern sieht, wenn Jemand kommt, um sie von dem fortwährenden Wachen zu befreien. — Heute habe ich ihn denn besucht, aber es würde mir nicht eingefallen sein, an die Krankheit zu glauben, wenn mir's nicht von Dietrich versichert worden wäre, — so fand ich ihn; ganz wie gewöhnlich; eine halbe Stunde unterhielt ich mich mit ihm, dann nahm ich Abschied. Frau Schumann sieht so leidend aus wie noch nie! Wenn sich die Sachen nicht ändern, so ist das Schlimmste zu befürchten; sie in dem schonungsbedürftigen Zustande — und hat seit seiner Krankheit kein Auge zugethan! Die arme, unglückliche Frau! Während der Nacht sitzt sie am Bette und lauscht auf jede Bewegung."

A. Dietrich schreibt über Schumanns qualvolle Leiden jener Tage in einem Briefe v. 19. März 1854 („Erinnerungen an Brahms", 1898, S. 14): „Nach dem ersten heftigen Verzweiflungsanfalle, zu dem ihn die Rachegeister getrieben, wurde es immer dunkler in ihm; noch einmal ging ich mit ihm spazieren, da ließ er mich sein entsetzliches Vorhaben in Etwas ahnen; — auch gegen seine Gattin deutete er es an; mit ängstlicher Vorsicht wurde er bewacht." — Schumann hatte in diesem schrecklichen Zustande auch Stunden der Ruhe und klaren Bewußtseins. Wie selten sie aber waren, geht aus seiner Bemerkung auf dem Widmungsexemplar der Märchenerzählungen an Dietrich hervor, wo er bei dem Datum „am 20. Februar 1853" [1854] in Klammern hinzusetzte: „einem guten Tage".

Am 24. Febr. war Becker zum letztenmal mit Schumann zusammen. „Ich besuchte ihn Nachmittags, Frau Schumann forderte mich auf, mit ihm spazieren zu gehen. Während einer Stunde, die ich mit ihm zubrachte, unterhielt er sich ganz vernünftig — ausgenommen, daß er mir erzählte, die Gestalt Franz Schuberts sei ihm erschienen, habe ihm eine herrliche Melodie geschickt, die er auch aufgeschrieben, und über die er Variationen componirt habe."

Als Becker ein paar Tage von Düsseldorf abwesend gewesen und am Abend des 27. Febr. zurückgekehrt war, schrieb er in sein Tagebuch: „Schrecklich war die Nachricht, die ich erhielt. Schumann hatte sich gegen die Mittagszeit aus seiner Schlafstube geschlichen (in Filzschuhen) und war direct nach dem Rhein zu gegangen bis auf die Mitte der Brücke, von wo aus er sich in den Fluß stürzte! Glücklicherweise war er schon am Eingange der Brücke aufgefallen, und zwar dadurch, daß er, da er kein Geld bei sich hatte, sein seidenes Taschentuch als Pfand übergab. Mehrere Fischer verfolgten ihn mit den Augen, nahmen, sogleich nach dem Sprung, einen Kahn und retteten ihn glücklich." — Einen Bericht über die Katastrophe s. Grenzboten, 1854, I, 437.

[478] (S. 397) Schumann hatte in Endenich auffallenderweise nach Niemand verlangt, selbst nicht nach seiner Frau. Diese schrieb noch am 17. August voll Trauer an Verhulst: „Nach mir, oder irgend einem Freunde hat er noch nicht gefragt, und ehe er selbst es nicht dringend verlangt, läßt man auch Niemand zu ihm. Die Genesung soll sich eben ganz langsam und ganz von sich selbst finden. Gewiß ist dies Princip gut, aber schrecklich für mich. Ich meine oft, nun könne ich die Trennung nicht mehr ertragen! Ach, mein lieber Freund, Sie fühlen mit mir, ich weiß es, wohl wissen Sie, wie Er mir Alles ist, wie ich seiner nur immer mit der tiefsten

Verehrung denken kann." Eine plötzliche Umwandlung geschah mit Schumann am 12. September, — seinem Hochzeitstage. Da äußerte er zum erstenmal den Wunsch nach einem Briefe von seiner Frau, was dieser sofort nach Düsseldorf gemeldet wurde. Am 13. September — ihrem Geburtstage — empfing Clara die Freudenbotschaft, und sie schrieb noch an demselben Tage an ihren Gatten. Hierauf bezieht sich das „gerade an solchem Tage."

479 (S. 398) Der Knabe wurde am 11. Juni geboren, Schumanns eigener Geburtstag war der 8. Juni.

480 (S. 398) Mendelssohn, dessen Vornamen der Knabe auch in der Taufe erhielt. Brahms war Pathe. Felix Schumann hat seinen Vater nicht gesehen und starb schon als Student. Er war poetisch beanlagt; von seinen Liedern sind: „Meine Lieb' ist grün", „Wenn um den Hollunder der Abendwind kost" und „Es brausen der Liebe Wogen" durch Brahms' Compositionen bekannt geworden.

481 (S. 399) Gemeint sind die von Litzmann (I S. 255) mitgetheilten „Kleinen Verse an Clara von R. Sch."

482 (S. 400) Später „Ballade" (in Op. 5) genannt.

483 (S. 400) Laurens hatte 1853 in Düsseldorf auf Schumanns Wunsch eine Zeichnung von Brahms gemacht.

484 (S. 400) Der jüngste Knabe.

485 (S. 400) Brahms' Variationen (Op. 9) über das Fis moll-Thema aus Schumanns „Bunten Blättern".

486 (S. 401) Oft gaben wir uns auch Räthsel auf,
Doch kam von uns Niemand darauf,
Was umwärts gelesen die Stadt der Welt
Roma für eine Bedeutung erhält —
Einstweilen die verkehrte Stadt
Zwischen uns sich aufgestellt hat —
Und wir auf weichen Lippenbrücken
Kußbotschaft hin und herüber schicken.

487 (S. 401) Die „Niederl. Gesellsch. z. Beförderung d. Tonkunst" hatte Robert und Clara Schumann zu Ehrenmitgliedern ernannt. Schumann war schon seit 1837 corresp. Mitglied derselben; darauf bezieht sich das „älteste Diplom".

488 (S. 402) Auf das Spiel des Zufalls, daß die Tage des 12., 13. und 14. August die Kalendernamen Clara, Aurora und Eusebius haben, wies Schumann schon 1835 in einem „Schwärmbrief an Chiara" (Ges. Schriften I, 159) hin. Wenn Wasielewski in der Wahl des Namens Eusebius eine „Absichtlichkeit" sieht, eine Beziehung auf Clara, so ist das eine ganz willkürliche Annahme. Florestan und Eusebius treten zuerst in Schumanns „Leipziger Lebensbuch" von 1831 auf — ganz unvermittelt. Unterm 8. Juni 1831 steht dort: „Von heute an will ich meinen Freunden schönere, passendere Namen geben. Ich tauf' Euch daher folgendermaßen: Wieck zum Meister Raro — Clara zur Cilia — Lühe zum Rentmeister Juvenal — Dorn zum Musikdirector — Semmel zum Justitiar Abrechner — Glock zur medicinischen alten Muse — Rascher zum Student Fust — Probst zum alten Maestro." Unterm 1. Juli: „Ganz neue Personen treten von heute ins Tagebuch — zwei meiner besten Freunde, die ich jedoch noch nie sah — das sind Florestan und Eusebius." Von da ab finden sich allerlei Eintragungen, die mit „Florestan sagte", oder „Eusebius meinte" eingeleitet sind. — Clara stand zu dieser Zeit erst

im zwölften Lebensjahre; irgend ein Zusammenhang des Namens Eusebius mit ihr ist nirgends ersichtlich. — Den „Davidsbündlern" begegnet man erst zwei Jahre später.

489 (S. 403) Aus Clara Wiecks 3. Werke „Romance variée", dessen Thema Schumanns Impromptus Op. 5 zu Grunde liegt. Auch in Claras Variationen über das Fis moll-Thema von Schumann taucht diese Romanze am Schluß, geistreich mit dem Fis dur-Motiv combinirt, auf. — Mit dem Manuscript dieser Variationen überraschte Clara ihren Gatten am 8. Juni 1853 — dem letzten Geburtstage, den sie mit ihm feierte.

490 (S. 406) Die in Anm. 474 erwähnten Romanzen für Cello.

491 (S. 406) Schumanns Gedächtniß täuschte ihn nicht; er war seit diesem Tage in der Heilanstalt.

492 (S. 407) Op. 3: „O versenk'" — „Wie sich Rebenranken schwingen" — „Ich muß hinaus" — „Weit über das Feld" — „Aus der Heimat hinter den Blitzen" — „Lindes Rauschen in den Wipfeln".

493 (S. 408) J. Tausch wurde Mitte 1855 als Schumanns Nachfolger angestellt. Bis dahin wurde Schumanns Gehalt ausgezahlt.

494 (S. 409) Der Verlag wurde abgelehnt.

495 (S. 413 Anfang October 1831 erschienen die Abegg-Variationen. Der Geburtstag war fingirt. Das Urbild der „Pauline Comtesse d'Abegg" — Frl. Meta Abegg — war die am 16. April 1810 geborene einzige Tochter des Kaufmanns und Stadtraths Daniel Jacob Abegg zu Elbing, der in den 20er Jahren nach Mannheim zog. Sie war eine gefeierte Schönheit und vorzügliche Clavierspielerin. J. P. Pixis widmete ihr 1831 seine Variationen Op. 113 über ein Thema von Rossini. Im Mai 1831 heirathete sie einen Herrn von Heigendorf (Sohn der berühmten Schauspielerin Jagemann in Weimar), starb aber schon 1834 in Dresden.

496 (S. 413) Mit dem Lehrer ist Kuntsch gemeint, dessen Geburtstag aber auf den 20. Dec. fiel. Die Fantasieübung, deren Verlag abgelehnt wurde, ist ungedruckt geblieben; eine zweite erschien 1834 als „Toccata". Sie sind angegeben in einem, Schumanns Tagebuch entnommenen Compositions-Verzeichniß, das 1832 begonnen, aber nur bis Juli 1833 fortgeführt wurde. Es lautet:

„Thème sur le nom Abegg, var. p. l. Pf. dedié à Mad. Pauline Comtesse d'Abegg. Op. 1.
In Heidelberg 1830 (Juli u. August).

Papillons p. l. Pft., dediés à Therese, Rosalie, Emilie, Op. 2.
1. 5. 6. 7 in Heidelberg, April 1830, die andern in Leipzig im Januar 1832.

Studien für das Pianoforte, nach Capricen von Paganini; mit Text und Beispielen.
Gearb. im April—Juni 1832 in L.

Intermezzi per il Pfte. Dedicati a Clara Wieck. Op. 3.
Gearb. im April—Juli 1832 in L.

Fandango, Rhapsodie musicale p. l. Pft. dedié à Wil. de la Lühe. Op. 4.
Im August—September 32.

Exercice fantastique pour le Pfte. dedié à Mr. J. G. Kuntsch par son élève. Op. 5.
Januar 1832, ausgearbeitet im Juli.

Etude fantastique en doubles-sons, dedié à M. de Schlegel. Oeuv. 6.
Heidelberg, Mai 1830, ausgearbeitet im Juli 1832.

Sinfonie p. gr. Orchestre. Oeuv. 7.
Im October [1832] bis Mai 1833.
Impromptus sur une Romance de Clara Wieck. Oeuv. 8.
Vom 26—30 Mai 33.
Capricen für das Pianoforte, auf dem Grund der Violinstimme von Paganini zu Studien frei bearbeitet von
Gearbeitet im April—Juli 33."

Bezüglich der Papillons sei angemerkt, daß Schumann seinen drei Schwägerinnen anfänglich ein Liederheft widmen wollte, die Papillons aber doch vorzog. Die mit der Widmung und der Opuszahl 2 versehenen 11 Lieder sind in seinem Nachlaß vorgefunden worden, von denen Brahms drei veröffentlicht hat. Zwei derselben hat Schumann in den dreißiger Jahren zu Clavierstücken umgeformt: „An Anna" (comp. d. 31. Juli 1828) zu der Aria in der Fis moll-Sonate, „Im Herbste" zu dem Andantino in der G moll-Sonate.

497 (S. 414) Der verlorene Bogen hat sich nicht wiedergefunden.

498 (S. 414) Über Op. 3. Iris 1833 S. 3.

499 (S. 415) Aus deren Op. 3: „Romance variée, dediée à Monsieur Robert Schumann." (Erschienen Ende Juli. Vgl. Litzmann I S. 64). An dieser Romanze hatte Schumann übrigens auch seinen Antheil, — der Baß war von ihm, die Melodie von Clara. — Kistner lehnte den Verlag ab.

500 (S. 415) Zu der geplanten Musikzeitung. Hofmeister war anfänglich zum Verlage derselben geneigt, zog sich aber bald zurück. Im Febr. 1834 lehnten auch Härtels die ihnen angetragene Herausgabe der Zeitung ab. C. H. F. Hartmann übernahm sie.

501 (S. 417) Sie war am 23. Nov. zur ersten Aufführung gelangt; Schumann hatte die handschriftliche Partitur von Mendelssohn geliehen.

502 (S. 417, „Episode de la Vie d'un Artiste". Durch den Druckfehler auf der Lisztschen Clavierbearbeitung: „Aufgeführt zum 1. Male am 5. Dec. 1820 im Conservatorium d. M. zu Paris" mußte Schumann zu der irrigen Annahme kommen (Ges. Schriften I, 135), daß die Symphonie vor Beethovens Neunter entstanden sei. Derselbe Druckfehler findet sich auch auf der von Liszt revidirten 2. Ausgabe des Arrangements.

503 (S. 417) Die Sachen wurden abgelehnt.

504 (S. 418) Die Fis moll-Sonate erschien am 8. Juni 1836 (Schumanns Geburtstage) unter dem noch kürzeren Titel: „Pianoforte-Sonate, Clara zugeeignet von Florestan und Eusebius".

505 (S. 419) Die Anzeige in der Zeitschr. v. 22. April lautete:
„Im Verlage des Unterzeichneten erscheinen ehestens mit Eigenthumsrecht:
Sonate für Pfte. v. Florestan und Eusebius. Op. 11.
Fasching. Schwänke auf vier Noten f. Pfte. v. Florestan. Op. 12.
Leipzig. Fr. Kistner."

506 (S. 419) Die Faschingsschwänke wurden nicht angenommen und erschienen erst 1837 als „Carnaval" bei Härtel.

507 (S. 421) Schumanns Plan kam nicht zur Ausführung. Die Sonate erschien 1839 als „Fantasie" (Op. 17) bei Härtel. Der 3. Satz wurde geändert, doch enthält er noch einen leisen Anklang an das Allegretto der A dur-Symphonie und zwar im Rhythmus des Basses zu Anfang des As dur-Theiles (bei der Parallelstelle in Des dur).

508 (S. 421) Schumann hatte schon früher den tauben Maler Lyser um ein Titelblatt zum Carnaval gebeten, aber ohne Erfolg. — Schumann strich noch mehrere Nummern aus dem Carnaval, die er später einzeln veröffentlichte: Nro. 6 in den „Bunten Blättern“, Nro. 4, 11 und 17 in den „Albumblättern“.

509 (S. 423) Eine neue (Titel-)Ausgabe der Fis moll-Sonate erschien erst im Juni 1840, aber mit französischem Titel.

510 (S. 424) Franz Schuberts „allerletzte Composition.“ Drei große Sonaten [in C moll, A und B]. „Herrn Robert Schumann in Leipzig gewidmet von den Verlegern A. Diabelli & Co.“

511 (S. 425) Ferdinand Schubert (1794—1859) war auch Componist. Ein Requiem von ihm war die letzte Musik, die sein Bruder Franz (am 3. Nov. 1828) hörte.

512 (S. 427) Hofmeister erwiderte am folgenden Tage: „Sie sollten mich besser kennen und richtiger meine Äußerungen auffassen. Es sollte kein Vorwurf, sondern nur ein Antrieb zur Beachtung meiner Bemerkungen sein. Wählen Sie sich von meinen Neuigkeiten allemal monatlich, wenn ich sie im Börsenblatt anzeige. Besser wäre freilich, Sie kämen zuweilen zu mir und sähen sich selbst um. Ich an Ihrer Stelle wäre ein täglicher Besuch in den hiesigen Musikhandlungen. Sie erführen gewiß allemal brauchbare Notizen für das Feuilleton.“

513 (S. 427) Geschah so.

514 (S. 428) Die Zeitschr. enthält keine Besprechung der Mendelssohnschen Oper.

515 (S. 428) Die „älteren Stücke“ sind ein Hofmeisterscher Nachdruck der in Lyon erschienenen 12 Etüden des 13jährigen Liszt, welche jetzt in einer Neubearbeitung als „Gr. études d'exécution transcendante“ bei Haslinger herausgekommen waren. Später cassirte Liszt auch diese 2. Aufl. und gab eine abermals umgestaltete Ausgabe mit dem Zusatz: „seule édition authentique, revue par l'auteur“ bei Breitkopf & Härtel heraus. Vgl. Liszts Briefe I, 188.

516 (S. 429) Die Myrthen erschienen erst im Sept. als Polterabendsgeschenk für Clara. Die äußere Ausstattung war dementsprechend: Das Titelblatt reich mit grünen Myrthenzweigen verziert, auf einem besonderen Blatte stand die von einem Myrthenkranz umrahmte Widmung: „Seiner geliebten Braut“. — Die Vertheilung der Lieder auf die 4 Hefte wurde eine andere.

517 (S. 430) Zu Frau Carl, der Schwester von Frau Marianne Bargiel. Clara wohnte bei ihrer Tante.

518 (S. 430) Auf dem mit Blumen geschmückten Flügel lag ein Gedicht von Robert, der vom Nebenzimmer aus der Überraschung zusah.

519 (S. 431) Die Lieder wurden abgelehnt, erschienen aber zu Claras Geburtstage bei Breitkopf & Härtel. (Brf. 505.)

520 (S. 432) Die Orchesterstimmen erschienen im November 1841.

521 (S. 432) Die zweistimmigen Lieder (Op. 43) wurden angenommen; die „Vier Balladen von Heine“ (Die Grenadiere — Der arme Peter — Die beiden Brüder — Belsatzar) nicht.

522 (S. 433) Die Quartette erschienen im Februar 1843 in Stimmen, 1849 in Partitur. — Schumann scheint sich zwei Monate hindurch besonders mit dem Studium der Quartettmusik beschäftigt zu haben, im April 1842 ließ er sich die Partituren der sämtlichen Mozartschen und Beethovenschen Streichquartette von Breitkopf & Härtel kommen. Über die Entstehungszeit seiner 3 Quartette weist die (Raimund Härtel zum Geschenk gemachte) Originalpartitur folgende Daten auf:

Nro. 1) 3ter Satz den 21. Juni
4ter „ den 24. Juni „Am Johannistag"
Nro. 2) 2ter Satz den 2. Juli
4ter „ den 5. Juli
Nro. 3) 1ter Satz den 18. Juli } 1842.
2ter „ den 20. Juli
3ter „ den 21. Juli
4ter „ den 22. Juli

Die Originalskizzen zu den Quartetten besaß Brahms. Sie tragen die Aufschrift: „Skizzen zu den drei Quartetten, Leipzig 1842. Johannes Brahms zum Gedächtniß an Robert Schumann." Nach Bestimmung von Brahms ist das Manuscript Eigenthum Joachims geworden.

523 (S. 433) Concertbericht aus Breslau, Allgem. Mus. Ztg. 1842, S. 721; über Henselts Vorträge im Leipziger Freundeskreise bei Härtels — S. 764.

524 (S. 434) „2te Symphonie
(Ouvertüre, Scherzo und Finale)
für Orchester 2c.
Honorar: 20 Louisd'or."

Der Verlag wurde abgelehnt.

525 (S. 434) Hofmeister lehnte den Verlag der beiden Werke ab, auch Whistling, dem Schumann sie am 23. Jan. 1843 anbot. Erst 1850 erschienen die neuen, vom Autor revidirten Ausgaben: Die Impromptus bei Hofmeister, die Davidsbündlertänze bei J. Schuberth.

526 (S. 435) In einer Privataufführung.

527 (S. 435) „Seinem Freunde Felix Mendelssohn Bartholdy in inniger Verehrung zugeeignet."

528 (S. 435) Zum A moll-Quartett, das nebst dem Quintett in Schumanns Morgenconcert am 5. Jan. 1843 vor einer eingeladenen Zuhörerschaft zum erstmaligen Vortrag kam. — Whistling wünschte das Quintett in Verlag zu nehmen, das aber Härtel bereits zugesagt war.

529 (S. 435) Das Quintett erschien zum 13. Sept., aber nicht in einer Partitur-Ausgabe.

530 (S. 436) Die Variationen (mit dem Schlußvermerk „7. Februar 1843") wurden in Härtels Magazin von Clara Schumann und Mendelssohn probirt. Da das Zusammenspiel den begleitenden Instrumenten viel Schwierigkeiten bot, so entschloß Schumann sich — auf Mendelssohns Anrathen — zu einer Bearbeitung der Variationen für zwei Claviere allein. In dieser neuen Fassung spielten Clara und Mendelssohn sie zum erstenmal öffentlich am 19. Aug. 1843 in einem Concert der Viardot-Garcia. — 1893 wurde das Werk in der ursprünglichen Gestalt und Besetzung (Partitur-Ausgabe, mit den von Schumann ausgeschiedenen Sätzen und dem verlängerten Schluß der späteren Lesart) durch Brahms zum Druck befördert.

531 (S. 436) Berlioz' „Kunst der Instrumentirung", übers. von J. A. Leibrock, wurde in Verlag genommen, die Symphonien nicht.

532 (S. 436) Für Robert Franz gewann Schumann gleich lebhaftes Interesse, als er dessen Lieder im Manuscript empfing. Auf seine Empfehlung druckten Whistling, Breitkopf & Härtel und Kistner die ersten Hefte.

533 (S. 438) Die im Jahre 1841 entstandene „Phantasie", die später der 1. Satz

des A moll-Concerts wurde. Die Verleger erklärten sich auf Grund der im vorigen Briefe vorgeschlagenen Bedingungen zur Herausgabe der Peri-Partitur bereit.

534 (S. 438) Henselts Concert erschien erst 1847.

535 (S. 438) Schumann hatte dem Verleger „20 Lieder von Heine, Op. 47“ angeboten, schied aber 4 davon wieder aus und nannte das Heft „Dichterliebe“. — Ein gleichzeitig angetragenes „All°. affettuoso f. Pfte. mit Orchester, Op. 48“ (s. Brf. 515) wurde abgelehnt, wie das auch schon 1841 von Seiten Kistners geschehen war; desgl. „2te Symphonie in D moll Op. 50“, die 1853 von Härtels angenommen und mit 36 Ld'or honorirt wurde.

536 (S. 439) Der Verlag wurde angenommen, das Manuscript aber noch nicht abgeliefert. Am 27. Mai 1845 schrieb Schumann dem Verleger, er habe das Manuscript absichtlich noch zurückbehalten, weil eben ein Clavierquartett von ihm erschienen und eine zu rasche Aufeinanderfolge von Compositionen derselben Gattung nicht räthlich sei. Mit der Herausgabe werde wohl besser bis zum Schluß des Jahres gewartet. Am 13. Dec. 1847 meldete er, daß bei Härtels ein kürzlich componirtes, größeres Trio [D moll] erscheinen werde. Wenn Peters das ihm angetragene Trio später noch zu drucken wünsche, so bäte er um Nachricht. — Schließlich (1850) kam das Trio nicht bei Peters, sondern bei Kistner unter der Bezeichnung „Phantasiestücke“ Op. 88 heraus.

537 (S. 440) E. F. Richter, Allgem. Mus. Ztg. 1845, S. 38.

538 (S. 443) In der N. Zeitschr. hieß es am 24. Mai unter den verm. Nachrichten:

„Von R. Schumann werden nächstens Studien und Skizzen für Pianoforte und Pianofortepedal erscheinen. Wir machen darauf aufmerksam, da unserer Ansicht nach durch diese Verbindung beider Instrumente, wenn dieselbe allgemeineren Eingang findet, nicht blos Gelegenheit gegeben ist, zu der früheren Strenge der Kunst zurückzukehren und den classischen Orgelwerken Eingang im Zimmer zu verschaffen, sondern auch die Behandlung des Pianofortes dadurch eine ganz andere wird, und eine Fülle neuer Effecte sich erschließt. Der Componist wird in diesen Blättern selbst noch näher sich darüber aussprechen.“ Letzteres ist nicht geschehen. — Whistling verstand sich nur ungern zum Verlag des Werkes, lehnte 1848 auch ein von Clara Schumann gesetztes zweihändiges Clavierarrangement dreier Stücke aus dem Hefte ab. —

Im Jahre 1895 stellte Frau Schumann 2händige Arrangements von Op. 56 (Nro. 2, 4, 5 u. 6) und von Op. 58 (Nro. 1, 3 u. 4) her, die bei Novello, Ewer & Co. in London erschienen. Sie sandte von dieser ihrer letzten Arbeit die Correcturbogen an Brahms, der seine besondere Freude über den Claviersatz aussprach.

539 (S. 443) Ein solches Arrangement wurde nicht gewünscht.

540 (S. 443) Melodien zu Gellerts geistl. Oden u. Liedern von Ph. Em. Bach. (Breitkopf & Härtel.)

541 (S. 443) Nach dem Tode Friedrich Kistners († 1844) führte Julius Kistner als Procurist für die Erben seines Bruders die Musikalienhandlung fort.

542 (S. 446) Beide Werke kamen am 1. Jan. 1846 in Leipzig zur ersten Aufführung. Die Ouvertüre 2c. wurde angenommen.

543 (S. 450) Schumann an Whistling d. 1. Dec.: „Die Soirée bei Bendemanns ist heute; wir spielen erst ein Trio von mir, dann Mendelssohnsche 2stimmige Lieder,

dann 2tes Trio von Mendelssohn, und zuletzt die schottischen Lieder v. Beethoven mit Violine u. Cello — die letzteren sind doch ganz wundervoll."

544 (S. 452) Die Chöre (Op. 62) wurden abgelehnt und erschienen Ende Febr. 1848 bei Whistling.

545 (S. 455) Diese Briefstelle ist so mißverstanden worden (Erler II, 55), als habe Schumann sich über das Geschenk des Königs unzufrieden äußern wollen. Vielmehr meinte Schumann, diese persönlichen Angelegenheiten seien ja in der politisch so erregten Zeit nur Lappalien.

546 (S. 456) Am 1. Sept. kam Schumann noch einmal auf Wettig zurück. „Ich habe Ihnen als Verleger nie etwas empfehlen können, von dem ich mir für Sie so gewinnreiche Hoffnung machte, selten auch ein junges Talent gefunden, das so schöne Eigenschaften in sich schließt. Damit will ich nicht sagen, daß er der Kunst vielleicht neue Bahnen eröffnete u. dgl. .. Umwälzerisches hat er nichts; gewiß aber sind ihm jene sanfteren Gewalten zu eigen, die Herzen unwiderstehlich an sich ziehen! — Ich prophezeie ihm eine schöne Zukunft, wenn die Blüthe seines Talentes, wie ich nicht glaube, nicht zu rasch vorübergeht. —

Wegen der näheren Bedingungen hat mir W. — wie mir vorkömmt, aus Schüchternheit — nichts geschrieben — und mich nur kurz um eine Verwendung gebeten." Schumann schlug ein Honorar von 25 Ld'or vor, aber Whistling lehnte ab.

547 (S. 456) Die Arrangements wurden angenommen, aber erst später veröffentlicht.

548 (S. 456) Härtels druckten von Wettig: „Sehnsucht" Op. 2 und „Impromptu u. 2 Bagatellen f. Pfte." Op. 3. — J. Schuberth veröffentlichte (ebenfalls auf Schumanns Empfehlung) Lieder Op. 5 und Clavierstücke. Op. 6 u. 7.

549 (S. 458) Das Concert fand nicht statt.

550 (S. 459) Darüber schrieb Schumann am 3. Mai: „Gern möchte ich dazu [zum Haupttitel] wie zu dem Titel meines Albums [Op. 68] den Zeichner zu Hilfe nehmen. Schuberth hat das Titelblatt, das Sie wohl gesehen, ziemlich billig, Zeichnung und Ausführung des Steines zusammen für 6 Louisd'or; dies aber deshalb, weil ich Prof. L. Richter persönlich kenne und sein Sohn Unterricht in der Composition bei mir hat." — Schumanns Wunsch wurde nicht erfüllt.

551 (S. 460) Die Bezeichnung „Adventlied" wurde beibehalten.

552 (S. 460) Die Etüden wurden angenommen.

553 (S. 460) Ein dem Rietschelschen Relief nachgebildetes Gypsmedaillon.

554 (S. 463) H. Dorn wurde Nicolais Nachfolger.

555 (S. 464) Der Eichendorffsche Liederkreis und die Kreisleriana waren aus dem Haslingerschen Verlag in den Whistlings übergegangen.

556 (S. 465) Anfang October 1849 hatte André in Offenbach ein paar „kürzere" Compositionen von Schumann zum Verlage gewünscht, wozu dieser sich am 8. Oct. bereit erklärte und am 19. Novbr. die beiden hier genannten Hefte einsandte. Die Fugen — schrieb er dabei — seien keine trockenen Formfugen sondern „Charakterstücke, nur in strengerer Form." André sandte die Hefte zurück. Whistling verlegte sie.

557 (S. 468) Es geschah nach Schumanns Wunsch.

558 (S. 468) Tausch' Fantasiestücke f. Pfte., Op. 1, wurden angenommen.

559 (S. 468) Der Verlag wurde abgelehnt. — Einige Monate vorher hatte

Jansen ein 8händiges Arrangement der C dur-Symphonie an Schumann gesandt, das Whistling ebenfalls ablehnte.

560 (S. 469) „Ich weiß, daß ein derartiges Unternehmen kein unbedeutendes ist," schrieb Schumann am 19. März an Simrock, „und zürne Ihnen nicht im Mindesten, daß Sie sich die Sache bedenken... Der Hauptpunkt bleibt immer das Honorar; ich will es nicht höher als für meine 2te Symphonie anschlagen, auf 200 Thaler, wobei ich nur bemerke, daß es mir nicht möglich ist, den vierhändigen Clavierauszug davon zu machen, wohl aber später, wenn Sie es wünschen, den zweihändigen. Außerdem würde ich mir eine meiner 2ten Symphonie möglichst conforme Ausgabe der Partitur ausbedingen... Mit der Herausgabe hat es übrigens keine Eile; mir wäre es auch gleich, wenn die Symphonie erst im Laufe des Jahres 1852 erschiene." Am 31. März schlug er Reinecke zur Anfertigung des 4händigen Clavierauszuges vor, der ihn vielleicht besser mache als er selbst. Im Nothfalle würde auch seine Frau dazu bereit sein.

561 (S. 472) Das Werk wurde angenommen. Am 17. Juni 1852 schrieb Schumann an Kistner, Th. Mintrop, „einer der genialsten unter den jüngeren Malern" in Düsseldorf, habe ein „ganz köstliches" Titelblatt dazu entworfen. Am 11. Juli sandte er die Zeichnung ein, die ihm „eine ganz ausgezeichnete Composition" schien.

562 (S. 472) Dietrichs Trio, Op. 9, wurde angenommen.

563 (S. 474) Es betrug 35 Ld'or.

564 (S. 475) Der Verlag wurde abgelehnt.

565 (S. 475) Wegen des Textes zur Manfred-Musik schrieb Schumann am 21. April 1853 an Härtel: „Wegen eines Einspruchs von Seiten des Verlegers der Posgaruschen Übersetzung haben wir, glaube ich, gewiß nichts zu befürchten. Sie ist ja zu einer selbständigen künstlerischen Leistung benutzt worden und nicht einmal wörtlich, sondern vielfach geändert und vorzüglich in Rücksicht auf die bühnliche Aufführung vielfach umgemodelt." An der Übersetzung von Posgaru (s. Anm. 426) hat Schumann nur wenig geändert, für die Bühnenaufführung aber einige Scenen umgestellt, auch zu Anfang statt der sieben Geister nur vier vorgeschrieben.

566 (S. 476) Der Verlag wurde abgelehnt.

567 (S. 477) Bargiels Trio (D moll, Op. 6) wurde abgelehnt und erschien bei F. E. C. Leuckart.

568 (S. 478) Wigand scheint den Verlag zuerst abgelehnt zu haben, nahm ihn aber am 25. Nov. 1853 an, nachdem inzwischen auch B. Hinze (Brf. Nro. 572) abgelehnt hatte. Anfang 1854 erörterte Wigand noch einige Druckfragen mit Schumann. Das Honorar betrug 300 Mk. — 1883 gingen Schumanns Ges. Schriften in Härtels Verlag über und erschienen 1891 in 4. Aufl. mit Nachträgen und Erläuterungen von F. G. Jansen.

569 (S. 478) Hebbels „Schön Hedwig" für Deklamation mit Begl. d. Pfte., Op. 106. Der Verlag wurde abgelehnt.

570 (S. 478) Das 2händige Arrangement arbeitete Schumann d. 20.—24. April 1853. Honorar 3 Ld'or. — Die Partitur erschien im Januar 1854.

571 (S. 479) Tausch' Duo Op. 3 wurde angenommen.

572 (S. 483) Das Werk wurde abgelehnt und erschien erst 1857 aus dem Nachlaß.

573 (S. 483) Die Charakterstücke von Bargiel, Op. 8, wurden angenommen.

[574] (S. 484) In einem undatirten Brief aus derselben Zeit an Härtel sagte Schumann von Brahms: „Das ist der, der kommen mußte."

[575] (S. 485) Brahms selbst wählte für Härtels aus: Sonate in C, Op. 1, Sonate in Fis moll, Op. 2, 6 Gesänge, Op. 3, Scherzo Es moll, Op. 4.

[576] (S. 485) Joachims Violinconcert Op. 3 und Ouvertüre zu Hamlet Op. 4 erschienen bei Härtels.

[577] (S. 486) Die Violin-Phantasie Op. 131 wurde angenommen, die Bearbeitung der Bachschen Cellosonaten nicht.

[578] (S. 486) Als der Druck der Sonaten fertig war, schrieb Schumann auf das für Joachim bestimmte Exemplar: „J. Joachim, dem besten Dolmetsch dieser Wundermusik."

[579] (S. 487) Die von Molique mit Clavierbegleitung versehenen Stücke aus der 1., 2., 3., 5. und 6. Violinsonate von Bach waren soeben bei Kistner erschienen.

Namen-Register.

(I bezieht sich auf die „Jugendbriefe", II auf die vorliegende Sammlung.)

Lightning Source UK Ltd.
Milton Keynes UK
UKHW010829160223
417122UK00011B/1049